Die §§ 333 bis 358 (S. 1775 bis 1920) folgen später, da das Manuskript noch nicht vorliegt

VIERTES BUCH

Wiederaufnahme eines durch rechtskräftiges Urteil abgeschlossenen Verfahrens

Literatur: Alsberg, Justizirrtum und Wiederaufnahme (1913); Neumann, System der strafprozessualen Wiederaufnahme (1932); Schäfer JR 1933 6ff., 18ff.; Bauer JZ 1952 209; von Hentig, Wiederaufnahmerecht (1930); Schneidewin JZ 1952 537; Kleinknecht GA 1961 45; Hirschberg, Das Fehlurteil im Strafprozeß (1960); Judex, Irrtümer der Strafjustiz; Peters, Fehlerquellen im Strafprozeß (1970).

1. Das Wiederaufnahmeverfahren unterliegt zwar analog manchen Bestimmungen der Rechtsmittel (§ 365), ist aber kein **Rechtsmittel** (vgl. näheres Vorbem. 3 a). Letzteres versucht die Rechtskraft zu verhindern, (Suspensiveffekt) wogegen die Wiederaufnahme die bereits entstandene Rechtskraft rückwirkend in Wegfall bringen will. Zudem geht das Rechtsmittel in eine höhere Instanz, wogegen der Wiederaufnahmeantrag jeweils die Instanz anruft, die seinerzeit entschieden hatte. Dabei kann sogar die untere Tatsacheninstanz einem Urteil der Revisionsinstanz die Grundlage entziehen (Müller-Sax Vorbem. 1), vgl. § 366 Anm. 3.

2. Der **Grundsatz der Rechtskraft** soll aus Gründen der Rechtssicherheit den Vorrang haben. Daher ist im Wiederaufnahmeverfahren bis zur Anordnung einer Neuverhandlung nach § 370 der Grundsatz „in dubio pro reo" nicht anwendbar. Auch soll eine Aufhebung früherer Urteile nur erfolgen, wenn die Aufrechterhaltung einen unerträglichen Rechtsverstoß enthalten würde (Müller-Sax Vorbem. 2). Daher ist die Wiederaufnahme auf die Fälle der §§ 359--373 a, des § 79 BerfGG und Fälle der erfolgreichen Verfassungsbeschwerde beschränkt. Diese Beschränkung ist als grundgesetzlich anerkannt anzusehen (BVerfG E 2, 380, 403). Es handelt sich also nicht um Fälle einer irgend einmal geschehenen Gesetzesverletzung, sondern entweder nur um die Aufdeckung grober Beweis- oder Fälschungsfehler (§ 359 Nr. 1, 2, 4 und § 362 Nr. 1, 2) Rechtsbeugung (§ 359 Ziff. 3 und § 362 Ziff. 4) oder schließlich als Hauptfall um die Vervollständigung der Beweismittel und Tatsachen in einer Weise, welche die frühere Urteilsgrundlage erschüttern kann (§ 359 Ziff. 5) (Müller-Sax Vorbem. 2, unter Hinweis auf die völlig verfehlten Motive des Gesetzgebers, der einen Ersatz einer zweiten Tatsacheninstanz für reine Revisionssachen gesucht haben soll. Das wäre allerdings nach gemachten Erfahrungen ein sehr brüchiges Argument.)

3. Der **Ablauf des Wiederaufnahmeverfahrens** in drei Stufen wird in § 368 Anm. 1 näher erwähnt werden. Daß jedes Wiederaufnahmeverfahren eine Beschwer voraussetzt, ergibt sich aus § 365. Über Gnadenerweis, Amnestie und Vollstreckungsende vgl. Anm. 5.

4. Die Wiederaufnahme des Verfahrens findet niemals durch das Gericht von Amts wegen statt, sondern *nur auf Antrag* eines Prozeßbeteiligten, der zudem behaupten muß, das Urteil sei materiell unrichtig (Röhl NJW 1960 180). Der Kreis der Prozeßbeteiligten ist in Einleitung Kapitel 8 umschrieben. Über die Wiederaufnahme des Verfahrens im objektiven Verfahren vgl. Anm. zu § 439, ferner § 359, Anm. 21.

5. a) Die Wiederaufnahme setzt voraus, daß ein Strafverfahren durch **rechtskräftiges** Urteil beendet worden ist. Ob dabei das Verfahren als Ganzes abgeschlossen sein muß oder ob auch eine *teilweise Rechtskraft* genügt, um diesen Teil des Verfahrens erneut in Gang zu bringen, ist bestritten. Die von Erbs § 359 II; Peters 539; Beling ZStW 41 152; EbSchmidt Vorbem. 6, Henkel 401; Meister MDR 1950 713; Bauer aaO.; OLG Braunschweig NJW 1950 36; OLG Köln NJW 1953 396; OLG Schleswig SchlHA 1953 270; Creifelds GA 1965 192; OLG Frankfurt OLGSt. § 359 S. 11 unter Aufgabe von NJW 1951 975 und NJW 1952 119; OLG Bremen JZ 1951 92 vertretene Ansicht, wonach

eine teilweise Rechtskraft ausreicht, verdient den Vorzug. So reicht die *rechtskräftige Erledigung des Schuldspruchs* oder eine rechtskräftige Aufrechterhaltung tatsächlicher Feststellungen entsprechend § 353 Abs. 2 aus, um diesen Teil des Verfahrens der Wiederaufnahme zu eröffnen. Während diese Wiederaufnahmefähigkeit bei Fällen der Tatmehrheit auch von Gegnern dieser am weitesten gehenden Auffassung bejaht wird, weil bei rechtlich selbständigen Handlungen die Einzelstrafe unbeschadet der Gesamtstrafenbildung der Rechtskraft fähig (RGSt. 25 297, BGHSt. 1, 252) und auch geeignete Grundlage für eine Vollstreckung sei ([OLG Oldenburg NdsRpfl. **1960** 71 unter Aufgabe von NdsRpfl. **1959** 259] Müller-Sax § 359 Anm. 1 b), sind gewichtige Stimmen gegen die Ausdehnung der Wiederaufnahme bei bloßem Schuldspruch oder bindenden tatsächlichen Feststellungen von Kl Vorbem. 3 vor § 359; OLG Hamm HESt. 1, 216, OLG Hamburg; MDR **1951** 245; OLG Celle NdsRpfl. **1952** 20; OLG Düsseldorf NJW **1954** 1499 unter Aufgabe von NJW **1951** 677 erhoben worden. Die dort vertretene Ansicht, welche einen vollständigen Abschluß des anhängigen Verfahrens bis zur Straffestsetzung einschließlich der Gesamtstrafenbildung fordert, ist zu eng und führt zu überflüssigen Verhandlungen über Feststellungen oder Rechtsfragen, von denen bereits in Zweifel steht, ob sie einem Wiederaufnahmeverfahren standhalten werden oder nicht. Sie führt sogar dahin, daß u. U. auf Grund des bisher rechtskräftigen Teils eine Strafe ausgesprochen werden muß, obwohl bereits feststeht, daß im Wiederaufnahmeverfahren freigesprochen werden wird. Hierin liegt eine nicht nur überflüssige, sondern auch dem Ansehen der Rechtspflege abträgliche Mehrarbeit. Daß Wiederaufnahmegesuche den Ablauf des noch anhängigen Verfahrens nicht ohne Grund verzögern dürfen, versteht sich dabei von selbst. Die hier vertretene Ansicht bezieht sich daher nur auf Fälle, in denen begründete Zweifel daran bestehen, ob das bisherige Verfahren auf fehlerfreien Grundlagen beruht. Wie hier mit weiteren Nachweisen Bauer aaO. Über Urteile von **Wehrmachtsgerichten, Sondergerichten, ausländischen Gerichten,** von **Besatzungsgerichten** und **Gerichten aus abgetrennten Gebieten** vgl. § 367, Anm. 1.

b) Die Wiederaufnahme ist (auch in Privatklagesachen) nur gegenüber Urteilen zulässig; (OLG Celle ZStW **43** 502; BayObLG DRZ **1930** Nr. 361) nicht dagegen gegenüber Beschlüssen (Müller-Sax § 359 Anm. 1 a; OLG Hamm JMBl. NRW 55 227, OLG Bremen NJW **1959** 353) da diese nicht die eine Strafklage verbrauchende Wirkung eines Urteils, Strafbefehls oder gerichtlich bestätigten Bußgeldbescheids haben. Zwar können Beschlüsse, die ein Verfahren abschließen (wie Feststellung einer Verjährung oder Amnestie) einen Betroffenen beschweren, sie sind aber frei widerruflich. Zu ihrer Aufhebung bedarf es daher keines der formstrengen Verfahren nach §§ 359 ff. Bei Beschlußverwerfungen gem. §§ 346, 349 Abs. 2 ist das vergeblich angefochtene Urteil Grundlage des Wiederaufnahmeverfahrens (vgl. unten c). Über die Frage, ob das Verfahren gegenüber *nichtigen* Urteilen statthaft ist, besteht Streit. Es gilt hier das Entsprechende, wie Einleitung Seite 184 ausgeführt wurde. Selbst wenn ein Fall der erkennbaren Nichtigkeit vorliegt, ist das *Wiederaufnahmeverfahren zulässig;* (a. A. EbSchmidt Vorbem. 5, allerdings wohl weil er es für überflüssig hält, was aber m. E. nicht praktikabel ist; denn das zu Unrecht ergangene Urteil ist in der Welt und der zu Unrecht Verurteilte hat einen Anspruch darauf, durch ein im Wiederaufnahmeverfahren erlassenes Urteil freigesprochen zu werden.) Die Gefahr, daß das nichtige Urteil eine fehlerhafte Grundlage einer Vollstreckung darstellen könne, besteht in zahlreichen Fällen. So ist es oft zweifelhaft, ob wirklich die Strafklage durch das frühere Urteil verbraucht ist und es besteht hier, wie in anderen Fällen, das Bedürfnis, diese Zweifelsfragen durch richterliches Urteil zu entscheiden. Es wäre schwer erträglich, wollte man diese Entscheidungen in das Vollstreckungsverfahren verlegen, wo eine Klärung durch eine Hauptverhandlung entbehrt werden muß. Mit Recht weist Arndt Ger. S. 101 190 gegenüber Gerland 298 und Beling 433 darauf hin, daß die Nichtigkeit eines Staatsaktes dessen Anfechtung nicht ausschließt, wenn der Betroffene ein berechtigtes Interesse daran hat, auch den Anschein eines gültigen Staatsaktes zu zerstören. Die Wiederaufnahme gegen ein Urteil, welches gegen den Grundsatz „ne bis in idem" verstoßen hat, ist daher mit BayOLG. = Alsberg Entsch. 2 Nr. 270 c und Köln = Alsberg Entsch. 2 Nr. 270 d zuzulassen. So Olbricht GA **48** 100; von Spindler GA 53 433; a. A. KG JW **1927** 2073 und Breslau GA **51** 375. Vgl. noch Hamburg NJW **1952** 1150; Potrykus NJW **1953** 93. Die Problematik der Nichtigkeit von Gesetzen und deren Auswirkung auf den Bestand des Urteils, falls Tateinheit vorliegt, wird unter Anm. 3 d besonders behandelt.

c) Die Wiederaufnahme gegenüber einem **rechtskräftigen Strafbefehl** ist jetzt durch § 373a ausdrücklich zugelassen. Daß hieraus keine volle Rechtskraft des Strafbefehls, welche den Verbrauch der Strafklage unbeschränkt nach sich zieht, herzuleiten ist, wurde an anderer Stelle (Einleitung Seite 106) bereits dargelegt. Bei den nach landesrechtlicher Bestimmung gem. § 413 zulässigen **richterlichen Strafverfügungen** muß im Gegensatz zu den früher zulässigen polizeilichen Strafverfügungen (Friedrich GA 72 12) eine analoge Anwendung des § 373a zugelassen werden (Kl Vorbem. 3; Müller-Sax § 359 Anm. 1a; a. A. Erbs § 359 II; Peters 539; Dallinger § 373a Anm. 1 EbSchmidt Vorbem. 1. Vgl. ergänzend § 373a Anm. 3.) Dagegen gibt es keine Wiederaufnahme gegen Beschlüsse nach § 383 Abs. 2 (OLG Hamm JMBlNRW 1952 221) und Verwerfungsbeschlüsse nach § 349 Abs. 2 StPO (vgl. oben 2b). Die gegenteilige Auffassung OLG Braunschweig NJW 1950 36 wird schon deshalb kaum praktisch werden, weil es neue Tatsachen, wenn überhaupt im Revisionsverfahren, so doch keinesfalls in einer Verfahrensform gibt, bei welcher gerade keine Tatsachen mehr berücksichtigt wurden, also das Neue sich nur gegen das Erstgericht richten kann. Ausgenommen ist allerdings der Fall des § 359 Ziff. 3 und des § 362 Nr. 3.

6. a) Der Antrag auf Wiederaufnahme des Verfahrens gehört nicht zu den Rechtsmitteln der StPO (Müller-Sax Anm. 1 vor § 359; Kl Note 3 vor § 359.) Von diesen unterscheidet er sich dadurch, daß er nicht auf im Urteil enthaltene rechtliche Fehler gegründet werden kann; (Köln MDR 1952 313,) daß er vielmehr — abgesehen von dem einzigartigen Wiederaufnahmegrund der Ziff. 3 der §§ 359 und 362 — gegen die *Beweisgrundlage* des Urteils angeht. Rechtsfehler können nur im Gnadenweg oder durch Tilgung des Strafvermerks beseitigt werden; (Peters 536; EbSchmidt Vorbem. 7; Müller-Sax Anm. 7b. OLG Hamburg MDR 1953 119, OLG Köln MDR 1952 313.) Entgegen RG 19 321 und Gerland 436 richtet sich der Antrag nicht nur gegen die Entscheidung in der **Schuldfrage**, vielmehr lassen die Ziff. 1 und 2 der §§ 359 und 362 auch Angriffe gegen Beweisannahmen zu, die außerhalb der Schuldfrage liegen. Dies gilt z. B., wenn das Schriftstück, welches den zur Strafverfolgung erforderlichen Antrag enthielt, gefälscht war oder die Unterbrechung der Verjährung auf einem gefälschten Protokoll beruht. Hier wird die Zulässigkeit der Strafverfolgung angegriffen. Entsprechendes gilt für die Frage der Wiederaufnahme gegen ein Urteil, welches sich nur mit der **Zulässigkeit eines Rechtsmittels** befaßt, falls die Verneinung der Zulässigkeit etwa auf gefälschten Vermerken über die Zustellung des Urteils usw. beruht. (Olbricht GA 48 100; Köln = Alsberg Entsch. 2 Nr. 270d; Braunschweig NJW 1950 36.) Da derartige Fragen jedoch meist im Beschlußwege erledigt werden, sind Wiederaufnahmemöglichkeiten im Rahmen dieser Vorschriften selten (Müller-Sax § 359 Anm. 1a.

Da Rechtsfragen, abgesehen von den Sonderfällen der Ziff. 3 der §§ 359 und 362 (EbSchmidt Anm. 7) dem Wiederaufnahmeantrag nicht zugrunde gelegt werden können, kann auch eine **Gesetzesänderung** nicht zum Anlaß eines solchen Antrags herangezogen werden, auch nicht die Änderung einer Rechtsauffassung höchster Gerichte. So für den Wegfall der deutschen Gerichtsbarkeit OLG Hamburg MDR 1953 119. Wohl aber kann in solchen Fällen mit einem Wiederaufnahmeverfahren versucht werden, die Beweisgrundlage jenes Urteils zu erschüttern, worauf dann allerdings bei Erfolg in der neuen Hauptverhandlung die neue Rechtsauffassung oder Gesetzesänderung zugrunde zu legen wäre (EbSchmidt Vorbem. 8, Seibert NJW 1952 251, OLG Hamm NJW 1953 918, OLG Schleswig NJW 1953 1445.) War eine Rechtsnorm von Anfang an nichtig, so ist ein Wiederaufnahmegrund gegeben. (So ganz allgemein über § 79 BVerfGG hinaus AG Dinkelsbühl NJW 1952 1190. Vgl. Seibert NJW 1952 251. EbSchmidt Vorbem. 9, Müller-Sax § 359 Anm. 2a.) Über die Folgen einer Nichtigkeit, die nur über eine Normenkontrollklage festgestellt werden kann vgl. Näheres unter Anm. 3d.

Nur die Nichtigkeit einer die Entscheidung materiell tragenden Norm führt zur Wiederaufnahme, nicht dagegen Verfassungswidrigkeiten einer Norm des Verfahrensrechts oder des GVG (BVerfG 11 263 Müller-Sax Vorbem. 7)

b) Ein Recht zur Bestellung eines neuen **Offizialverteidigers** für den Wiederaufnahmeantrag besteht nicht, Hamburg = Alsberg Entsch. 1 Nr. 314. Über Ausnahmen vgl. aber § 366 Anm. 2.

c) Das Verfahren nach § 81 ist auch im Wiederaufnahme-Zwischenverfahren zulässig (BayObLG = Alsberg Entsch. 1 Nr. 197; a. M. OLG Düsseldorf = Alsberg Entsch. 1 Nr. 198).

d) Wie zu verfahren sei, wenn eine Norm für **verfassungswidrig erklärt** wird, ist im Gesetz sehr unklar geregelt. Zweifelsfrei ist, daß es sich um einen Wiederaufnahmegrund handelt und daß die Rechtslage eine andere ist, als wenn sich Rechtsauffassungen des Gerichts geändert haben oder Gesetze nachträglich geändert worden sind (Vorb. 3 a). Wie hier EbSchmidt Vorbem. 3 vor § 359 und Müller-Sax Vorbem. 7 a vor § 359. Vgl. oben 3 a am Ende.

Gleichgültig ist auch, ob der Wegfall der Norm eine Wiederaufnahme des Verfahrens zu Ungunsten oder zu Gunsten des Verurteilten nach sich zieht. (EbSchmidt Vorbem. 3 vor § 359 und Kl vor § 359 entgegen früheren Auflagen. BGSt. NJW **1963** 820, OLG Bamberg NJW **1962** 2168, OLG Oldenburg NJW **1962** 2170, OLG Bremen NJW **1962** 2169; Rölge NJW **1960** 179, LG Aachen NJW **1962** 1973; von Stackelberg NJW **1963** 700, Bahlmann NJW **1963** 541. Es ist auch gleichgültig, wer das Nichtigkeitsverfahren in Gang gebracht hat, ob also die Regierung oder ein Betroffener auf dem Wege der Verfassungsbeschwerde oder die Gerichte nach Art. 100 GG. Soweit die Verweisung im BVerfGG unklar ist, handelt es sich um ein Redaktionsversehen (Kleinknecht NJW **1952** 1190). Da es sich nur um eine entsprechende Anwendung der Vorschriften der §§ 359ff. handelt, kann das Wiederaufnahmebegehren auch keine Grenze an § 363 finden (BGHSt. **18** 339). Während dort bei Gesetzeskonkurrenz oder bei Tateinheit unter Anwendung der Strafe aus einem Gesetz, auf das sich die Wiederaufnahme nicht bezieht, jede Wiederaufnahme ausgeschlossen ist, weil in Wahrheit allenfalls die Strafzumessung betroffen sein kann, ohne daß die Strafe aus einem „anderen Gesetz“ als bisher genommen werden muß, handelt es sich bei Nichtigkeit um einen solch einschneidenden Akt, daß jeder Betroffene Anspruch darauf hat, von dem Makel der Bestrafung befreit zu werden, auch wenn sie sich nur im Strafmaß auswirken könnte, womit er sonach nicht jeder Aburteilung entgehen kann (Kohlhaas NJW **1963** 454; Bertram MDR **1962** 535).

Da es sich ferner bei dem Wegfall einer Norm infolge Nichtigkeit im Gegensatz zu den sonstigen Wiederaufnahmefällen um keine Beseitigung der tatsächlichen Grundlagen des Urteils handelt, ist die Neuansetzung einer neuen Tatsachenverhandlung mit Zeugeneinvernahme usw. überflüssig und daher sinnwidrig. Sonach ist zwar ein Zulassungsbeschluß nach § 367 erforderlich, es kann aber von der Notwendigkeit einer Beweisaufnahme (§ 369), einer Anordnung der Hauptverhandlung (§ 370 Abs. 2) und einer Hauptverhandlung selbst keine Rede sein. Gedacht werden kann nur an einen Beschluß, der dem § 371 Abs. 2 entspricht, wo zwar nicht „freigesprochen“, aber die bisher angewandte Norm als weggefallen erklärt wird. Soweit dann eine Änderung der Strafbemessung in Betracht kommt, muß der Richter diese durch Beschluß vornehmen.

Geht man davon aus, daß die Wiederaufnahme auch zu Ungunsten des Verurteilten in der Form möglich ist, daß an Stelle der nichtigen Norm eine andere, auf den tatsächlich abgeurteilten Sachverhalt schon zur Zeit der Tat passende, Norm angewandt wird (a. A. Schmidt-Leichner NJW **1962** 1369; von Stackelberg NJW **1963** 700, Diller JR **1963** 330) und bietet die Beschlußfassung dort keine Schwierigkeiten, wo die Norm ersatzlos nicht mehr angewandt wird und nur nach bisher bereits tateinheitlich angewandten oder durch Gesetzeskonkurrenz „verdrängten“ Normen abgeurteilt wird, so ist umstritten, ob eine Berichtigung des Urteils durch Ersatzanwendung einer anderen Norm im Beschlußweg zulässig sei. Nach dem oben Ausgeführten, wonach es nicht möglich ist, eine neue Hauptverhandlung anzuordnen, weil eine Beweisaufnahme sinnwidrig ist, muß ein Ersatz der für nichtig erklärten Norm durch eine denselben Sachverhalt rechtlich schon zur Zeit der Tat erfassende Norm zulässig sein (BVerfG NJW **1963** 757 OLG Bamberg NJW **1962** 2168, Bremen NJW **1962** 2169, OLG Hamm NJW **1962** 2265).

Welches Gericht zuständig ist, richtet sich nach den zu § 369 Anm. 3 a entwickelten Grundsätzen. Sofern das frühere Urteil in der Revisionsinstanz ergangen war, bestehen keine Bedenken dagegen, daß das Revisionsgericht diese Berichtigung vornimmt, da es keine Tatsachenfeststellungen zu treffen braucht (OLG Hamm NJW **1962** 2265 **a. A.** hinsichtlich der Zuständigkeit des Revisionsgerichts OLGDüsseldorf NJW **1962** 2265, hinsichtlich der Urteilsberichtigung OLG Nürnberg NJW **1962** 2264).

Gegen die Berichtigung wird mit beachtlichen Gründen von von Stackelberg NJW 1963 700 vorgebracht, daß es Berichtigungen nur bei offenkundigen Fehlern gebe und keinesfalls eine Änderung des Schuld- oder Strafausspruchs damit ausgesprochen werden dürfe. Stackelberg macht dabei eine Unterscheidung zwischen Geldstrafen und Freiheitsstrafen im Hinblick auf Art. 104 Abs. 1 GG, weil letztere ein ordentliches Verfahren voraussetzen. Dieser Unterschied ist keinesfalls entscheidend. Ob Geldstrafe oder Freiheitsstrafe, muß gleichgültig sein; ja selbst bei Ordnungswidrigkeiten darf die Wiederaufnahme an dem dogmatischen Unterschied der beiden Verfahrensarten nicht scheitern (Kohlhaas NJW 1963 454 in Ablehnung von BayObLG NJW 1962 2166). Daher können Stackelbergs Hinweise im Ergebnis nicht überzeugen. Er beruft sich zwar mit Recht auf die Rechtskraft eines Urteils, jedoch greift der Grundsatz „ne bis in idem" gerade dort nicht durch, wo eine Tat nicht zweimal verfolgt, sondern für dieselbe Tat unter denselben tatsächlichen Feststellungen, ja sogar denselben rechtlichen Gesichtspunkten, nur unter Hinzuziehung einer inhaltlich gleichen Norm einmal bestraft wird.

7. **Die Gründe** der Wiederaufnahme werden in den §§ 359, 362, 363, die sonstigen Vorbedingungen des Antrages in den §§ 361, 364, 366 behandelt. Der § 360 bestimmt den Einfluß des Antrags auf die Strafvollstreckung. Die §§ 367 bis 373 regeln das Verfahren über den Antrag auf Wiederaufnahme, und zwar werden *drei* Stadien, die es durchlaufen kann, durch die in §§ 368, 370, 373 erwähnten Entscheidungen, gekennzeichnet.

8. **Amnestie, Begnadigung.** So wenig wie man einen Antrag auf eine Gesetzesänderung oder nachträglichen Wegfall einer Prozeßvoraussetzung stützen kann, so wenig kann er auf eine nach der Aburteilung ergangene Amnestie gestützt werden (Hamburg JR 1933 Nr. 1160). Das Übersehen einer Amnestie, bevor das Urteil in Rechtskraft erwuchs, begründet als reiner *Rechtsfehler* keinen Wiederaufnahmeantrag (Neumann aaO. 84; Schäfer JR 1929 69). Beruht die Nichtbeachtung der Amnestie jedoch auf *tatsächlichen Erwägungen* (Annahme ehrloser Gesinnung oder Ausschluß drängender Not), so kann bei Beibringen tatsächlicher Unterlagen, welche diese Annahmen entkräften können, ein Wiederaufnahmeantrag gestellt werden (Müller-Sax Vorbem. 5 vor § 359; Kohlhaas StfG 1954, § 16 A II g). Umstritten ist die Frage, ob ein aus anderen Gründen beantragtes Wiederaufnahmeverfahren von einer nach Rechtskraft des Urteils erlassenen Amnestie berührt werde. Daß ein Verfahren, welches nicht aus anderen Gründen zur Erneuerung der Hauptverhandlung gem. § 370 Abs. 2 führt, von einer Amnestie völlig unberührt bleibt, bedarf keiner weiteren Ausführung, sollte nicht einem Mißbrauch der Amnestie durch mutwillige Wiederaufnahmeanträge Vorschub geleistet werden. Dagegen ist entgegen KG JW 1926 2231, welches einer Amnestie jede Einwirkung auf das Wiederaufnahmeverfahren versagt, von dem Augenblick an, in welchem es aus anderen Gründen zu einer Anordnung der Erneuerung der Hauptverhandlungen gekommen ist, die Rechtskraft des alten Urteils bereits gebrochen. Das neue Verfahren ist wieder „anhängig", so daß es auf Grund der Amnestie niederzuschlagen und zugleich mit dem Beschluß nach § 370 Abs. 2 einzustellen ist (RG JW 1923 80; Fuchs JW 1926 2231; BayObLG HRR 1936 Nr. 86). Die Ansicht des OLG Breslau, ZStW 45 186, daß bereits die Zulassung der Wiederaufnahme (§ 369) die Amnestie wirksam mache, geht zu weit, da bis zur Anordnung der Wiederaufnahme die Rechtskraft des vor Amnestieerlaß gefällten Urteils noch ungebrochen ist, ebenso kann die Ansicht, daß die Amnestie nur einer Wiederaufnahme zuungunsten des Angeklagten entgegenstehe (von Hentig aaO.), nicht gebilligt werden. Wird ein Verfahren auf Grund der Amnestie eingestellt, so gibt es hiergegen kein Wiederaufnahmeverfahren (OLG Hamburg HRR 1937 Nr. 1685), falls der Angeklagte keine Möglichkeit gehabt hat, hiergegen anzugehen oder sie nicht wahrgenommen hat. Hat er aber das Verfahren in einer dem § 17 StFG 1954 entsprechenden Weise weitergeführt und ist dann eingestellt worden, so besteht eine Wiederaufnahmemöglichkeit, weil sonst die endgültige Einstellung einem Schuldspruch gleich steht (OLG Celle NdsRpfl. 1956 18).

Dagegen steht die *Begnadigung* einer Wiederaufnahme nicht entgegen, denn der Antragsteller darf kraft des allgemeinen Verschlechterungsverbots keinen Nachteil befürchten müssen, der auch darin liegen kann, daß er für den Fall der Erfolglosigkeit des Antrags die Gnadenfolgen verlieren würde.

Bleibt das Wiederaufnahmeverfahren erfolglos, so behält der Gnadenerweis (Erlaß oder Teilerlaß) seine Wirkung (RG GA 68 379). Auch Zuchtmittel, Erziehungsmaßregeln oder Straffreierklärungen sind der Wiederaufnahme zugänglich (Müller-Sax § 359 Anm. 1 a. M. RG St. 57 312; Mittelbach NJW **1950** 172).

Die Anwendung des § 153 Abs. 3 ist auch nach Wiederaufnahme möglich (Beling 439; Fortlage DJZ 30 1033). Dabei darf jedoch nicht übersehen werden, daß § 153 nicht der Umgehung der Schuldfrage dient, somit nur in Betracht kommt, wenn das Wiederaufnahmeverfahren zwar die Schuld nicht ausräumen kann, sie aber nun geringer und die Folgen der Tat als unbedeutender erkennen läßt.

9. In **Bußgeldsachen** gelten über § 85 weitgehend die Grundsätze der §§ 359–373 a. Auch die Verfassungswidrigkeit einer Norm kann für Bußgeldsachen im Wiederaufnahmeverfahren geltend gemacht werden (Kohlhaas NJW **1963** 454 Preiser NJW **1962** 847 a. A. BayObLG NJW 1962 2166).

§ 359

Die Wiederaufnahme eines durch rechtskräftiges Urteil abgeschlossenen Verfahrens zugunsten des Verurteilten ist zulässig:

1. **wenn eine in der Hauptverhandlung zu seinen Ungunsten als echt vorgebrachte Urkunde unecht oder verfälscht war;**
2. **wenn der Zeuge oder Sachverständige sich bei einem zuungunsten des Verurteilten abgelegten Zeugnis oder abgegebenen Gutachten einer vorsätzlichen oder fahrlässigen Verletzung der Eidespflicht oder einer vorsätzlichen falschen uneidlichen Aussage schuldig gemacht hat;**
3. **wenn bei dem Urteil ein Richter, Geschworener oder Schöffe mitgewirkt hat, welcher sich in Beziehung auf die Sache einer Verletzung seiner Amtspflichten schuldig gemacht hat, sofern diese Verletzung mit einer im Wege des gerichtlichen Strafverfahrens zu verhängenden öffentlichen Strafe bedroht und nicht vom Verurteilten selbst veranlaßt ist;**
4. **wenn ein zivilgerichtliches Urteil, auf welches das Strafurteil gegründet ist, durch ein anderes rechtskräftig gewordenes Urteil aufgehoben ist;**
5. **wenn neue Tatsachen oder Beweismittel beigebracht sind, welche allein oder in Verbindung mit den früher erhobenen Beweisen die Freisprechung des Angeklagten oder in Anwendung eines milderen Strafgesetzes eine geringere Bestrafung oder eine wesentlich andere Entscheidung über eine Maßregel der Sicherung und Besserung zu begründen geeignet sind.**

1. **Zeit des Antrags.** Der Antrag auf Wiederaufnahme des Verfahrens zugunsten des Verurteilten ist an keine Frist gebunden, kann vielmehr zu jeder Zeit gestellt werden. Vgl. § 361. Kl Anm. 1.

2. **Wiederholung des Antrags.** Die Verwerfung des Antrags auf Wiederaufnahme schließt einen abermaligen Antrag dieser Art nicht aus, falls er auf einen neuen, von der Verwerfung nicht betroffenen Grund gestützt wird. Ein zurückgenommener Antrag kann mit derselben Begründung wiederholt werden (Erbs V.).

3. **Zweck des Antrags.** Die Wiederaufnahme des Verfahrens kann nicht bloß zum Zweck der völligen *Freisprechung* des Angeklagten, sondern auch zu dem Zweck stattfinden, damit ein anderes Strafgesetz angewandt und auf Grund desselben die Tat *minderschwer* als geschehen *qualifiziert*, nicht dagegen innerhalb desselben Strafgesetzes milder beurteilt werde. Eine Abwandlung ergibt sich aus Anm. 22 b, vgl. im übrigen § 363 und die Anm. daselbst. Daher kann auch eine Teilwiederaufnahme bei selbständigen Taten oder bei Tatmehrheit erfolgen und insoweit unbeschadet des § 363 auch die Strafzumessung angegriffen werden (BGHSt. 11 361 14 88). Dasselbe gilt, wenn bei einer fortgesetzten Handlung alle Tatteile bis auf einen in Wegfall kommen sollen. Bleiben aber auch nur zwei Tatteile unangefochten, so bleibt die fortgesetzte Tat bestehen und liegt der Unzulässigkeitsgrund des § 363 vor (OLG Oldenburg NJW 1952 1029). Eine Wiederaufnahme nach Verneinung der Schuld des Angeklagten, um eine andere günstigere Beurteilung zu erlangen, ist dagegen nicht möglich (Gerland 438). Darüber, daß der Katalog der Wiederaufnahmegründe nicht erschöpfend ist, vgl. Vorbem. 3 a vor § 359 am Ende.

4. Die hier zugelassenen **Wiederaufnahmegründe** sind ihrem Wesen nach voneinander verschieden. Der unter Nr. 3 bestimmte Grund betrifft die Rechtsbeständigkeit des Verfahrens und ist den in § 338 Nr. 1–3 bezeichneten Revisionsgründen verwandt (vgl. unten Anm. 13). Bei den unter Nr. 1, 2, 4 bestimmten Gründen handelt es sich um die Beseitigung der Beweisgrundlagen des ergangenen Urteils (vgl. Anm. 9, 15), bei dem unter Nr. 5 bezeichneten Grunde endlich um die Erschütterung der in dem Urteil enthaltenen Feststellungen mittels neuer Tatsachen oder Beweismittel (vgl. Anm. 16). Die Verschiedenartigkeit der Wiederaufnahmegründe tritt auch bei der Bestimmung des § 367 hervor; vgl. dort Anm. 3. Vgl. ferner oben Vorbem. 4 vor § 359.

Zu Nr. 1.

5. Der Begriff der **„Urkunde"** ist nicht im prozessualen Sinne (§ 249 StPO), sondern im *materiellrechtlichen Sinne* (§ 267 StGB) zu verstehen. (Müller-Sax 3a; EbSchmidt 2). Der Begriff der „Urkunde" ist nicht auf Schriftstücke beschränkt, vielmehr fallen unter ihn auch andere leblose Gegenstände, die durch Zeichen einen Gedankeninhalt zum Ausdruck bringen. Auch der Nachweis einer Fälschung von Blechmarken, Nummerkarten, Kerbhölzern, Siegeln und ähnlichen Beweiszeichen kann die Grundlagen des ergangenen Urteils beseitigen (Gerland 438, Erbs VII). Eb.Schmidt weist aber mit Recht (Anm. 3) darauf hin, daß der gedankliche Inhalt nicht übersehen werden darf, daß also Fußspuren, Geschoßeinschläge und Kälberzeichen, auch wenn sie verfälscht worden sind, keine Urkunden sind, sondern allenfalls als Augenscheinsobjekte über Ziff. 5 eingeführt werden können.

6. Die Bestimmung setzt eine **unechte** oder **verfälschte** Urkunde voraus. Der Fall der schriftlichen Lüge, daß (wie z. B. bei Scheinverträgen) die in der Urkunde enthaltene Erklärung eine unwahre ist, gehört nicht hierher (Müller-Sax 3b) ebensowenig der Fall, daß ihr Inhalt mißverstanden worden ist. Der Wiederaufnahmegrund der Nr. 1 liegt auch dann nicht vor, wenn die zu benutzende Urkunde mit einer anderen, jedoch gleichfalls echten, verwechselt, hierdurch aber das Gericht in einen Irrtum versetzt wurde. In diesen Fällen wird unter Umständen die Bestimmung der Nr. 5 Anwendung finden. Die Worte „unecht oder gefälscht" sind im Sinne des StGB zu verstehen; gleichwohl läßt sich nicht aufstellen, daß die Bestimmung der Nr. 1 notwendig den Tatbestand einer *strafbaren Handlung* (Urkundenfälschung) voraussetzt. Zum Tatbestand der Urkundenfälschung ist nämlich nach § 267 StGB erforderlich, daß zur Täuschung im Rechtsverkehr gehandelt wird. So ist jedoch § 359 Nr. 1 nicht einzuschränken, vielmehr genügt hier auch eine *irrtümliche Vorlage* der unechten Urkunde ohne Täuschungsabsicht (Müller-Sax 2; EbSchmidt 4; Erbs VII). In derartigen Irrtumsfällen ist zwar eine Verurteilung gem. § 364 nicht möglich, jedoch auch nicht erforderlich. So auch Gerland 438. a. A. Müller-Sax Anm. 3b, der fordert, daß stets ein Strafurteil ergangen oder die Einstellung aus anderen Gründen als Mangel an Beweis erfolgt sein müsse. Über die Wirkung der Urkunde vgl. Anm. 9.

Zu Nr. 2.

7. Soweit **eidliche Zeugnisse** oder **Gutachten** in Betracht kommen, steht der Beeidigung der Gebrauch von Beteuerungsformeln und die Berufung auf einen früher geleisteten Eid gleich (§§ 65, 67, 79 Abs. 2 sowie StGB § 155 Abs. 3). Durch die jetzige Fassung stehen uneidliche vorsätzliche Aussagen nach StGB § 153 den eidlichen gleich. Dies gilt auch für im Ausland gemachte eidliche oder uneidliche Aussagen.

8. Der **Zeuge** oder **Sachverständige**, zu denen nach § 191 GVG auch der Dolmetscher zählt (Kl, EbSchmidt 5 mit dem Hinweis auf § 191 Satz 2, wonach das Verhalten eines Urkundsbeamten die Voraussetzung der Ziff. 2 nicht erfülle), muß sich durch die Art seiner Aussage schuldig gemacht haben. Beruht die Unwahrheit auf einem entschuldbaren Irrtum und liegt keine strafbare Handlung des Zeugen usw. vor, so ist Nr. 2 im Gegensatz zu Nr. 1 (oben 6), die nur eine objektive Unechtheit oder Verfälschung voraussetzt, nicht anwendbar, da nach § 364 eine rechtskräftige Verurteilung wegen der strafbaren Handlung ergangen sein oder ein Strafverfahren aus einem anderen Grund als wegen Mangels an Beweis nicht eingeleitet oder durchgeführt werden können muß. Wohl aber kann § 359 Nr. 5 in Betracht

kommen, da für letzteren Wiederaufnahmegrund § 364 keine Anwendung findet (so auch Müller-Sax Anm. 4d. Näheres vgl. § 364 Anm. 1). Ist die strafbare Verletzung der Aussagepflicht durch den Zeugen festgestellt, so ist der Antrag auf Wiederaufnahme gem. Nr. 2 zulässig, und er darf nicht abgelehnt werden, selbst wenn ihn das Gericht für sachlich unbegründet hält (BayObLG JW 1929 2754).

Hierin liegt der Unterschied zwischen Ziff. 2 und Ziff. 5. Ziff. 2 schafft einen absoluten Wiederaufnahmegrund, bei dem das Beruhen des Urteils auf dem Verstoß vermutet wird. Das Gericht ist verpflichtet, den Antrag nach Ziff. 2 auch auf die Voraussetzungen der Ziff. 5 zu überprüfen, wie umgekehrt ein Antrag nach Ziff. 5 Anlaß zu Ermittlungen der Staatsanwaltschaft wegen Eidesverletzung geben kann (Müller-Sax 4d). Daß im Falle der Ziff. 2 die Ziff. 5 durch Gesetzeskonkurrenz ausgeschlossen sein soll (so Schneidewin JZ 1957 530 Müller-Sax aaO.) überzeugt nicht. Es kommt auf das Ergebnis an, das am raschesten zur Wiederaufnahme führt, wenn wirklich falsche Aussagen vorliegen. Ob die *Verletzung der Aussagepflicht* in der *Angabe* unwahrer oder in dem *Verschweigen* wahrer Tatsachenbestand, ist gleichgültig (Müller-Sax 4b). Ob die Beweisperson in der Hauptverhandlung oder in anderen Verfahrensstadien vernommen wurde, ist gleichgültig. Es genügt kommisarische Vernehmung und Protokollverlesung, selbst dann, wenn diese unzulässig war und nicht beanstandet worden war (EbSchmidt 8).

Zu Nr. 1, 2.

9. Das Vorbringen der falschen Urkunde oder die Erstattung der falschen Aussage muß **„zuungunsten"** des Angeklagten erfolgt sein. Es genügt also nicht die bloße Tatsache, daß die Urkunde überhaupt als Beweismittel benutzt oder die falsche Aussage überhaupt abgegeben worden ist; vielmehr muß wenigstens die Möglichkeit bestehen, daß das Beweismittel einen Einfluß auf die Entscheidung, und zwar einen den Verurteilten ungünstigen Einfluß gehabt hat. Hierzu genügt allerdings, daß auch der richtige Teil der Aussage oder ein richtiger Teil der Urkunde auf das Urteil von Einfluß gewesen ist (OLG Düsseldorf NJW **1950** 616), da insoweit eine Trennung der Aussage oder der Urkunde in sich nicht möglich ist. Dagegen ist die Wiederaufnahme trotz der Falschheit der Urkunde oder Aussage ausgeschlossen, wenn das Beweismittel in dem Urteil ausdrücklich als einflußlos bezeichnet worden ist, ferner, wenn es nur zugunsten des Angeklagten gewirkt oder nur für die Strafbemessung (§ 363) Bedeutung gehabt haben kann (Gerland 439; Müller-Sax 3b und c). Allerdings ist die dort geäußerte Meinung, daß die Urkunde verlesen worden sein müsse, zu eng. Es ist auch denkbar, daß ein Zeuge mit Vorlage der Urkunde (Augenschein) falsches behauptet hat. Auch kann man bestimmte Beweiszeichen (vgl. oben Anm. 5) nicht verlesen. Der Gesuchsteller muß in seinem Antrag (§ 366) den Zusammenhang zwischen dem falschen Zeugnis, dem falschen Gutachten oder der Verwertung einer verfälschten Urkunde mit dem Urteil ausdrücklich dartun. Andernfalls ist der Antrag als unzulässig zu verwerfen. Eine Beweislast trifft den Verurteilten dabei hinsichtlich der Möglichkeit des Einflusses nicht. Die Annahme der Möglichkeit eines Einflusses bleibt so lange bestehen, als nicht bestimmte Gründe vorliegen, welche sie als ausgeschlossen erscheinen lassen. Über die Beachtung des Grundsatzes „in dubio pro reo" hierbei vgl. Anm. 18a.

Zu Nr. 3.

10. Die Bestimmung setzt eine mit *krimineller* **Strafe** bedrohte (nicht bloß disziplinarisch strafbare) Verletzung der Amtspflicht (vgl. z. B. StGB §§ 334, 336) voraus (vgl. § 346; EbSchmidt 3; Müller-Sax 5a).

11. Nur die Pflichtverletzung eines **Richters, Geschworenen oder Schöffen**, nicht aber die des *Staatsanwalts*, des *Urkundenbeamten* oder des *Verteidigers* begründen die Wiederaufnahme (Kl 4).

12. Der Richter, der sich der Pflichtverletzung schuldig gemacht hat, muß *bei dem angefochtenen* **Urteil** (vgl. § 367 Anm. 3) mitgewirkt haben. Die bloße Mitwirkung eines ausgeschlossenen Richters ist kein Wiederaufnahmegrund (OLG Bamberg HESt. 3 1). Bei

Mitwirkung eines Schwindlers muß hier über die bei Rechtskrafteintritt noch nicht gerügte, weil nicht erkennbare, Fehlbesetzung hinaus die Wiedereinsetzung stets gewährt werden, da Amtsanmaßung vorgelegen hat (Müller-Sax 5a). Ist das Verfahren, in welchem ein Richter eine Amtspflichtverletzung begangen hat, in einer höheren Instanz fortgesetzt worden, so wird durch das Berufungsurteil, auch bei Verwerfung nach Sachverhandlung, der Mangel geheilt. Anders aber bei Verwerfung ohne Sachprüfung (a. A. EbSchmidt 13, der auch dort nur auf das Berufungsgericht abstellt). Nach Aufhebung eines Urteils in der Revisionsinstanz und korrekter Neuverhandlung entfällt der Wiederaufnahmegrund der Ziff. 3, er gilt aber, wenn die Revision als unzulässig oder unbegründet (auch durch Beschluß) verworfen wurde, oder das Revisionsgericht in der Sache selbst entscheidet, da insoweit wegen Bindung des Revisionsgerichts an Tatsachen die Verstöße des Tatrichters nicht geheilt werden können (EbSchmidt 14).

13. Daß die geschehene Pflichtverletzung irgendwelchen **Einfluß auf die Entscheidung gehabt habe, ist nicht Erfordernis** der Wiederaufnahme (Müller-Sax 5 a).

14. Dem Verurteilten steht der Anspruch auf Wiederaufnahme nicht zu, wenn er *selbst*, oder ein Dritter in seinem Einverständnis die Pflichtverletzung **veranlaßt** hat. War die Pflichtverletzung durch eine andere Person ohne Zutun des Verurteilten, wenn schon in dessen Interesse, veranlaßt, so ist die Wiederaufnahme nicht ausgeschlossen (Kl 4).

Zu Nr. 4.

15. Das Strafurteil muß **auf das zivilgerichtliche Urteil gegründet** sein. Über das Vorhandensein dieser Voraussetzung ist von dem Gericht nach freiem Ermessen zu entscheiden. Nach Ansicht von Kl 5 sollen Entscheidungen der Verwaltungsbehörden einem zivilrechtlichen Urteil nicht gleichstehen. Man muß jedoch Entscheidungen von Verwaltungsgerichten über verwaltungsrechtliche Vorfragen, auf welchen das angegriffene Urteil beruht, entsprechend beurteilen (so jetzt auch Müller-Sax 6, EbSchmidt 16). Dies ergibt sich aus der Fassung des § 154a, worin ausdrücklich die Bedeutung derartiger Vorfragen den zivilgerichtlichen gleichgestellt ist; vgl. hierzu § 154a Anm. 1, 2. Über späteren Wegfall von Gesetzen vgl. Vorbem. 3 a am Ende.

Zu Nr. 5.

16. Im Fall der Nr. 5 richtet sich der Antrag gegen die Entscheidung der Schuldfrage (RGSt. 19 321; BayObLG = Alsberg Entsch. 2 Nr. 269, EbSchmidt 7), bezieht sich also auf keine formalen Verfahrensverstöße, welche keine Einwirkung auf die Schuldfrage und damit mittelbar auf die Straffrage haben können. Die Notwendigkeit der Beziehung auf die Schuldfrage wird auch nicht dadurch geändert, daß sich die **Wiederaufnahme auf die Strafe allein auswirken kann.** Grundlage bleibt immer nur die fehlerhafte Schuldentscheidung. Die Vorschrift, daß Ziel der Wiederaufnahme die Freisprechung oder die geringere Bestrafung in Anwendung eines milderen Gesetzes sein müsse, darf aber nicht zu eng ausgelegt werden. In manchen Fällen kann auch die *Einstellung* des Verfahrens, selbst eine solche nach § 153 Abs. 3 das Ziel eines zulässigen Wiederaufnahmeantrags sein. Denn es kann nicht angenommen werden, daß dem Verurteilten die Wiederaufnahme offenstehen soll, wenn er nur eine geringere Bestrafung erreichen kann (Einzelheiten unten Anm. 20 b), daß sie ihm aber versagt sein soll, wenn er durch Einstellung des Verfahrens von jeder Bestrafung frei werden kann (Kl 6 B a, OLG Bamberg NJW 1955 1121, EbSchmidt 30; Spindler GA 1953 433). Zur Schuldfrage sind daher nicht nur die Fragen der Zurechnungsfähigkeit, der Verhandlungsfähigkeit und der Strafmündigkeit zu rechnen. Es sind ihr auch Fragen gleichzustellen, die das Entstehen oder das Erlöschen des staatlichen Strafanspruchs betreffen. Daher kann in diesen Grenzen die Wiederaufnahme auch auf den Mangel von Prozeßvoraussetzungen im vorangegangenen Verfahren gegründet werden, so etwa auf Tatsachen, deren Bestehen zur Zeit des Urteils eine damals gültige Amnestie begründet hätten (EbSchmidt 3 vgl. oben Vorbem. 5). Hierher gehören Verjährung, rechtskräftige Aburteilung sowie der Mangel eines rechtzeitigen Strafantrags, wenn die angefochtene Entscheidung ein Antragsdelikt betraf (RGSt. 57 206 [fehlende Strafmündigkeit]); BayObLG =

Alsberg Entsch. 2 Nr. 270, Olbricht GA 48 100; Peters 539; a. A. KG = Alsberg r. 270a; vgl. Breslau = Alsberg Entsch. 2 Br. 270b; Braunschweig = Alsberg Entsch. 2 Nr. 271 b). Dagegen kann der nachträgliche Wegfall einer Verfahrensvoraussetzung (später ergangene Amnestie) nicht mehr angeführt werden (Vorbem. 5).

Zur Schuldfrage gehört dagegen nicht der Fall, daß der Angeklagte nach § 199 StGB für straffrei erklärt werden soll (Kl 3, Stettin = Alsberg Entsch. 2 Nr. 275). Wohl aber der, daß nach § 247 Abs. 2 StGB auf Grund neu festgestellter Eigentumsverhältnisse freigesprochen werden müßte (EbSchmidt 30). Außerhalb der bezeichneten Grenzen kann der Mangel einer Prozeßvoraussetzung allein den Wiederaufnahmeantrag nicht stützen. Ebensowenig genügt eine Verletzung anderer prozeßrechtlicher Vorschriften oder ein Verstoß gegen das materielle Recht. Zweck des Wiederaufnahmeverfahrens ist eine neue Prüfung der Tatfrage: Eine Änderung der Rechtsprechung oder Rechtsanschauung über Auslegung und Anwendung des Strafgesetzes kommt nicht in Betracht (BayObLG = Alsberg Entsch. 2 Nr. 252). Dasselbe gilt, wenn der Sachverhalt in einem anderen Verfahren anders beurteilt worden ist (OLG Köln MDR 1952 313). Über Nichtigkeit von Rechtsnormen vgl. Vorbem. 3 d.

17. a) Durch die Bestimmung der Nr. 5 wird die **Beibringung neuer** *erheblicher* **Tatsachen oder Beweismittel** als Wiederaufnahmegrund zugelassen, und zwar in so weitem Maße, daß eine strenge und sorgfältige Prüfung aller auf diesen Grund gestützten Anträge geboten ist, wenn anders nicht aus der Bestimmung eine Gefahr für die Strafrechtspflege erwachsen soll. Neue Anführungen willkürlich vorzubringen und Zeugen zu finden, welche diese zu bestätigen bereit sind, wird einem großen Teil der Verurteilten und, wenn diese sich in Haft befinden, ihren Angehörigen ohne Schwierigkeit möglich sein, während andererseits (was namentlich bei den zu mehrjährigen Freiheitsstrafen Verurteilten in Betracht kommt) die Widerlegung der neubeschafften Beweise mit dem Laufe der Zeit immer schwieriger wird, da in diesem die Belastungsbeweise mehr oder minder verlorenzugehen pflegen, so daß eine neue Hauptverhandlung (§ 373) den Inhalt der früheren meistens nur unvollkommen reproduzieren kann (vgl. die Anm. zu § 370 und zu § 373). Bloße Vermutungen oder Möglichkeiten sind keine neuen Tatsachen (Dresden = Alsberg Entsch. 2 Nr. 251 a und b). Ebensowenig andere Bewertungen und Rechtsauffassungen (Peters 538). Wohl aber sind politische Umstände, welche zur Zeit des Urteils weiten Kreisen nicht und dem Gericht möglicherweise nicht bekannt gewesen sind, neue Tatsachen (OLG Bamberg NJW 1962 458; Frowein NJW 1962 1288). Streitig ist, ob und inwieweit neue Gutachten von *Sachverständigen* als neue Beweismittel anzusehen sind. Grundsätzlich gehören sie zu den neuen Beweismitteln (Hamburg GA 51 210; Winkler GerS 78 370, OLG Braunschweig NdsRpfl. 1955 235, Kl 6 A, Müller-Sax 7 c, EbSchmidt 22, Gerland 440, a. A. OLG Düsseldorf Alsberg Entsch. 2 Nr. 260 a). Unbegründet ist die Besorgnis, die Zulassung neuer Sachverständiger werde die auf.Gutachten gestützten Urteile zu sehr gefährden, da sich ein Sachverständiger, der die Ansicht seiner Fachgenossen nicht teilt, immer finden werde (OLG Düsseldorf = Alsberg Entsch. 2 Nr. 260 c). Denn es genügt nicht die Behauptung, ein Sachverständiger werde einen Punkt anders, als bisher geschehen, beurteilen. Vielmehr hängt es auch im Wiederaufnahmeverfahren von dem *pflichtgemäßen Ermessen* des Gerichts ab, darüber zu befinden, ob Umstände dafür beigebracht sind, daß die bisherigen Gutachten oder die auf eigener Sachkunde des Gerichts beruhende Beurteilung unrichtig oder unzureichend seien. Das KG GA 72 218, hat angenommen, Sachverständige seien nur dann neue Beweismittel, wenn sie sich mit dem Gegenstand des Verfahrens bereits erfolgreich beschäftigt hätten und daher eine besondere Kenntnis von ihnen zu erwarten sei. Aber eine solche Beschäftigung gibt noch keine Gewähr für neue Ergebnisse; die Auslegung ist auch deshalb zu eng, weil auf manchen Gebieten, insbesondere der Wissenschaft und Technik, Fortschritte erzielt sein können, die ohne weiteres die bisherigen Gutachten als überholt erscheinen lassen (OLG Bremen NJW 1964 2218). So kann auch der bisherige Sachverständige, der kein neues Beweismittel ist, über andere von ihm erarbeitete Anknüpfungstatsachen gehört werden, ebenso wie der frühere Zeuge über neu zu bekundende Tatsachen. Das Ermessen des Gerichts wird sich deshalb der Prüfung der Frage zuwenden müssen, ob die neuen Gutachten von neuen wissenschaftlichen oder technischen oder sonstigen Erkenntnissen ausgehen (Karlsruhe NW 1931 1643 und die Besprechung dieses Urteils von Mann-

heim JW 1931 3581). In solchen neuen Erkenntnissen können, wenn sie als völlig gesichert anzusehen sind, auch *neue Tatsachen* gefunden werden (Peters 538). Es genügt, daß solche Umstände hervortreten, die geeignet erscheinen, dem die Verurteilung tragenden Gutachten den Boden zu entziehen (Klee DStR 1938 423 f). Stets aber ist Voraussetzung, daß die Vorprüfung der Gutachten auch ergibt, daß sie überhaupt zu Gunsten des Verurteilten zur Schuldfrage wirken können (EbSchmidt 22, OLG Braunschweig GA 1956 266). Als neue Tatsache kann auch der Widerruf eines in der Hauptverhandlung abgelegten Geständnisses angesehen werden (OLG Bremen NJW 1952 678), ferner der Widerruf einer belastenden Erklärung seitens eines Mitangeklagten (OLG Hamburg JR 1951 218), stets vorausgesetzt, daß diese Widerrufe glaubhaft und geeignet sind, das bisherige Geständnis zu widerlegen (EbSchmidt 24). Über Änderung von Zeugenaussagen vgl. Anm. 18 a.

b) Ein **Zivilurteil** kann ein neues Beweismittel sein: KG GA 41 158.

c) Die Behauptung einer dem ausländischen Recht angehörigen Rechtsnorm ist nicht die Behauptung einer Tatsache (KG = Alsberg Entsch. 2 Nr. 254). Ebenso nicht die **Änderung der Rechtsprechung** oder des der Verurteilung zugrunde liegenden Strafgesetzes (OLG Köln MDR 1952 313).

18. a) Die von dem Antragsteller beigebrachten Tatsachen oder Beweismittel müssen **„neue"** sein: hierunter sind alle diejenigen zu verstehen, welche dem über die Schuldfrage entscheidenden Erstinstanzgericht bzw. Berufungsgericht nicht vorgelegen haben, bei der Entscheidung also nicht in Betracht gezogen werden konnten. Auch dann, wenn das Gericht Tatsachen nicht wahrgenommen oder Aussagen falsch verstanden hat (Müller-Sax 7 a; a. A. OLG Celle NdsRpf. 1961 2317). Die Neuheit ist also nicht in Beziehung auf den Angeklagten zu prüfen, sondern in Beziehung auf das erkennende Gericht, einschließlich der Laienrichter, falls diesen aktenkundige Tatsachen nicht bekanntgegeben wurden (OLG Hamm GA 1957 90, Kl 6 A, EbSchmidt 18). Selbst wenn also der Angeklagte aus Nachlässigkeit das Beweismittel beizubringen versäumt hat, greift § 359 Ziff. 5 Platz (Peters 538). Die Auffassung, eine Ortsbesichtigung sei kein neues Beweismittel, da das Gericht sie ja seinerzeit habe durchführen können (KG JW 1928 1950 Peters 538), die von Eb. Schmidt 23 abgelehnt wird, ist in dieser lakonischen Begründung nicht haltbar. In dem Augenblick, da behauptet wird, daß sich am Ort andere Tatsachen feststellen ließen als damals, als das Gericht eine solche vorzunehmen nicht für erforderlich gehalten hat oder sie gar vorgenommen hat oder gar daß ein anderer Tatort in Betracht kommt, ist auch eine Ortsbesichtigung ein geeignetes neues Beweismittel. Nur dort, wo sie unsubstantiiert beantragt wird, kann eine Ablehnung als unzulässig erfolgen (wie hier Müller-Sax 7 d). Das Zeugnis eines rechtskräftig verurteilten Teilnehmers, er und der Angeklagte seien schuldlos, ist kein neues Beweismittel, wenn seine Angabe gegenüber der in der früheren Hauptverhandlung gemachten unverändert ist. Anders bei Widerruf eines Geständnisses, auch des alleinigen Angeklagten (OLG Hamburg JR 1951 218, OLG Bremen NJW 1952 678). Ferner ist ein Zeuge, der bisher sein Zeugnis verweigert hatte und nachträglich aussagen will, ein neues Beweismittel (OLG Hamburg, Alsberg Entsch. 2 Nr. 258), nicht dagegen, wenn der bisherige eidesunmündige Zeuge eidesmündig wird. Ein früher nicht erreichbarer Zeuge ist nunmehr ein neues Beweismittel (OLG Hamm NJW 1956 853). Bei der Entscheidung über die Zulässigkeit der Wiederaufnahme sind die von der Staatsanwaltschaft veranlaßten polizeilichen Vernehmungen der Zeugen nicht zu berücksichtigen. Dies ist Sache des Verfahrens über die Begründetheit der Wiederaufnahme. Vgl. § 369 Anm. 1. Der Umstand, daß die Strafakten vernichtet sind, genügt für sich allein noch nicht, um das Gericht von der Prüfung der Frage der Neuheit zu entbinden. Ist die Neuheit nicht festzustellen, so ist der Antrag als unzulässig abzulehnen. Zweifel wirken hier nicht zugunsten des Angeklagten (OLG Braunschweig NJW 1959 1984), jedoch ist es ein nobile officium für die Staatsanwaltschaft, der Klärung solcher Zweifel nachzugehen (Kl C). Nicht unbedenklich ist die Vermutung, daß der Angeklagte ihm seinerzeit bekannte Tatsachen und Beweismittel auch dem Gericht bekannt gemacht habe (OLG Hamm Rpfl. 1963 82).

b) Im übrigen fordert das Gesetz nur die Neuheit der Tatsache *oder* des Beweismittels; es kann also zum Erweise einer neuen Tatsache auf die früher benutzten Beweismittel

Bezug genommen, desgleichen können neue Beweismittel vorgebracht werden, um hinsichtlich einer bereits erörterten oder behaupteten Tatsache eine abweichende Beurteilung zu begründen (BayObLGSt. 19 277, Müller-Sax 7c). Aus dem Wortlaut des Gesetzes („Tatsachen") ist nicht zu folgern, daß eine *Mehrzahl* neuer Tatsachen oder Beweismittel erfordert werde.

c) Darauf, daß der im Urteil genannte Verurteilte überhaupt nicht existiert, kann kein Antrag auf Wiederaufnahme des Verfahrens gestützt werden. Das Wiederaufnahmeverfahren setzt in der Regel voraus, daß die abgeurteilte Person noch lebt (BayObLGSt. = Alsberg Entsch. 2 Nr. 256; vgl. jedoch § 361).

19. Erhebliche Tatsachen. a) Die neuen Tatsachen oder Beweismittel müssen *geeignet sein, eine von dem Urteil abweichende Entscheidung der Schuldfrage herbeizuführen;* hiermit ist das Erfordernis ihrer *Erheblichkeit* anerkannt (RGSt. 19 321). Das beschließende Gericht (§§ 368, 370) muß also in eine Prüfung der Tatfrage eintreten und sich hierbei auf den Standpunkt des erkennenden Richters stellen; es muß sich darüber schlüssig werden, ob die Tatfrage anders, als geschehen, zu entscheiden gewesen wäre, wenn das neue Beweismoment schon dem erkennenden Richter vorgelegen hätte. Es kommt somit auf die Vereinbarkeit der neuen Tatsache mit der in dem Urteil getroffenen Feststellung bzw. auf das Gewicht, welches dem neuen Beweismittel beizumessen ist, an. Der Mangel einer Urteilsgrundlage (vgl. Anm. 16) zu der auch die Zurechnungsfähigkeit des Täters gehört, kann ein Wiederaufnahmegrund nur sein, wenn er Einfluß auf die Schuldfrage gehabt hat. Bei dieser Prüfung hat das Gericht nicht bloß den Inhalt des angefochtenen Urteils, sondern den gesamten *Inhalt der Akten* in Betracht zu ziehen. Dies kann z. B. in den Fällen des § 267 Abs. 4 erheblich sein. Die Prüfung ist für die Frage der Zulässigkeit abstrakt, die Richtigkeit des Vorbringens unterstellt, vorzunehmen (OLG Köln JMBl. NRW 1952 160). Über Zweifel vgl. Anm. 18 a am Ende. Zu erwartende nutzlose Beweiserhebungen machen ein Beweismittel „unerheblich" (OLG Köln NJW 1963 967).

b) Im übrigen kommt es auf die Art des **Beweisthemas** nicht an. Die neue Tatsache kann sowohl ein Merkmal des Tatbestandes oder einen im Strafgesetz vorgesehenen, die Strafbarkeit ausschließenden, vermindernden oder erhöhenden Umstand in Frage stellen; sie kann aber auch ein bloßes Beweismoment bilden und zu dem Zwecke vorgebracht sein, eine gewisse, dem Verurteilten günstige Schlußfolgerung begründen oder einen gegen ihn geltend gemachten Beweisgrund zu beseitigen. Das Vorbringen neuer Tatsachen oder Beweismittel kann auch lediglich darauf abzielen, die Unzuverlässigkeit der bisher benutzten Beweismittel darzutun; vgl. Anm. 18 a, sie müssen sich dann aber stets auf Tatsachen beziehen (OLG Celle NdsRpfl. 1961 231).

20. a) *Über* **Einstellung** *und Straffreierklärung,* vgl. Anm. 16. Ist der Angeklagte wegen einer fortgesetzten Tat verurteilt worden und sind die von ihm vorgebrachten neuen Beweismittel geeignet, alle Einzelakte bis auf einen in Wegfall zu bringen, so liegt ein Fall des § 359 Ziff. 5 vor, da bei Verurteilung in einem Einzelfall keine fortgesetzte Handlung mehr übrigbleiben würde und somit wegen der anderen bisherigen Teilakte freigesprochen werden müßte (OLG Oldenburg NJW 1952 1029; EbSchmidt 29; a. A. OLG Kiel SchlHA 1950 198).

b) Ist die neue Anführung von der Art, daß sie nicht die Freisprechung des Verurteilten, sondern nur die **Anwendung eines milderen Strafgesetzes** herbeiführen kann, worunter nach der Wortfassung nur das in abstracto eine geringe Strafdrohung enthaltende verstanden werden kann; (vgl. § 363 Anm. 4, 5), so ist die Zulässigkeit der Wiederaufnahme noch davon abhängig, ob von letzterer auch in Ansehung der *Strafe* ein praktischer Erfolg zugunsten des Verurteilten zu erwarten steht; *beide* Erfordernisse: die Anwendbarkeit des milderen Strafgesetzes und die Wahrscheinlichkeit einer Strafmilderung, müssen zusammentreffen (Kl 6B, Müller-Sax 7g). Diese Voraussetzungen sind erfüllt, wenn mit dem Wiederaufnahmeantrag geltend gemacht wird, daß die Voraussetzungen des § 17 StGB zu Unrecht angenommen worden seien (RG JW 1929 264; JW 1933 488) oder eine maßgebende Vorstrafe sei infolge einer damals übersehenen Amnestie (vgl. Anm. 16) weggefallen oder der Vorbestrafte habe eine Vorstrafe irrigerweise als getilgt angesehen (OLG Hamm NJW 1953 1765; EbSchmidt 32). § 363 steht nicht entgegen, da die Frage des Rückfalls nur bei der Urteilsfällung zur Strafzumessung gerechnet wird (§ 263 Abs. 3). Ebenso gehören hierher die Geltendmachung, es läge, unbeschadet der Kannvorschrift des § 44 StGB, nur Versuch statt Vollendung vor (OLG Darmstadt = Alsberg Entsch. 2 Nr. 277); es sei Beihilfe statt Täterschaft anzunehmen (Peters 539), es seien andere Altersstufen gegeben gewesen, welche für die Anwendung von Jugendstrafrecht oder Halberwachsenenstrafrecht statt Erwachsenenstrafrecht von Bedeutung seien (RGSt. 57 205, OLG Hamburg). NJW 1952 1150), soweit man nicht mit Potrykus NJW 1953 93 Nichtigkeit annehmen will, die aber nach dem in Vorbem. 5 b ausgeführten der Wiederaufnahme nicht entgegensteht. Vgl. hierzu auch die entgegengesetzt zu behandelnden Fälle des § 363 Anm. 3, bei deren Vorliegen eine Wiederaufnahme ausscheidet. Entsprechendes gilt für **Maßregeln der Sicherung und Besserung**. Auch hier müssen die neuen Tatsachen und Beweismittel geeignet sein, eine wesentlich günstigere Entscheidung, also eine weniger schwerwiegende Maßnahme zu rechtfertigen (Müller-Sax 7 h). Die Anwendung eines milderen Strafgesetzes kann auch darin gefunden werden, daß an Stelle einer Gesamtstrafe für mehrere rechtlich selbständige Handlungen eine Einzelstrafe für eine fortgesetzte Handlung zu verhängen ist (Hamburg GA 64 575). Umgekehrt ist ein Antrag auf Wiederaufnahme nicht zulässig, der sich bei mehreren in Tateinheit zusammentreffenden Straftaten gegen die Verurteilung wegen einer Tat richtet, deren Strafnorm nicht als die schwerste (StGB § 73) angewandt worden ist (RG JW 1930 3422, vgl. aber für Fälle der Nichtigkeit einer Norm Vorbem. 5 b am Ende). Ferner findet die Wiederaufnahme nicht statt, wenn trotz der Anwendung des milderen Strafgesetzes entweder die erkannte Strafe aufrechterhalten werden müßte oder doch ihre Aufrechterhaltung zulässig wäre und diese von dem beschließenden Gericht nach Lage der Sache auch für angemessen erachtet wird, wobei das freie Ermessen des Gerichts entscheidet.

c) Im Wiederaufnahmeverfahren ist das Gericht nicht auf die vom Antragsteller beigebrachten Beweismittel beschränkt (OLG Hamm GA 71 116).

21. Für die **Einziehung** lehnen Müller-Sax in Anm. 7 h eine Wiederaufnahme ab. Dies entspricht aber nicht der Entwicklung des Einziehungsrechts der §§ 431 ff. und OWiG §§ 18 ff., sofern wirklich ein anderes Strafgesetz, etwa statt Bandenschmuggel einfacher Bannbruch angenommen wird.

§ 360

(1) Durch den Antrag auf Wiederaufnahme wird die Vollstreckung des Urteils nicht gehemmt.

(2) Das Gericht kann jedoch einen Aufschub sowie eine Unterbrechung der Vollstreckung anordnen.

1. Weder die Anbringung des Antrags noch dessen Zulassung (§ 368 Abs. 2) hat an sich aufschiebende Wirkung (Müller-Sax 1). Das Gericht ist jedoch befugt, aus besonderen Gründen einen Aufschub oder eine Unterbrechung der Strafvollstreckung anzuordnen. Erst der Beschluß auf Erneuerung der Hauptverhandlung (§ 370 Abs. 2) schließt, da er die Rechtswirksamkeit des von der Wiederaufnahme betroffenen Urteils tatsächlich beseitigt, eine weitere Vollstreckung dieses Urteils unbedingt aus (RGSt. 76 48; OLG Bremen NJW 1956 316). Der in Strafhaft befindliche Verurteilte ist daher von da an entweder in Freiheit zu setzen oder in Untersuchungshaft zu nehmen (Müller-Sax § 370 Anm. 4 b; Kl § 370 Anm. 5; OLG Köln = Alsberg Entsch. 2 Nr. 325 c; OLG Jena Alsberg Entsch. 2 Nr. 325 a; OLG Hamburg JW 1931 2860).

2. Unter dem Gericht (Satz 2) ist das Gericht zu verstehen, dem die Entscheidung über den Antrag zusteht; § 367 Anm. 1 und 2. Gegen die in dieser Richtung getroffene Entscheidung ist nicht die einfache, sondern nur die sofortige Beschwerde nach §§ 371, 372 statthaft (OLG Dresden Alsberg Entsch. 2 Nr. 326; Müller-Sax 3; Kl 1; EbSchmidt 3). In diesem Falle ist das Beschwerdegericht für die Gewährung von Strafaufschub zuständig

(OLG Rostock = Alsberg Entsch. 2 Nr. 336). Ist ein Gericht bereits als endgültig entscheidendes Beschwerdegericht mit dem Wiederaufnahmeantrag befaßt, so ist der von ihm ausgesprochene, den Aufschub ablehnende Bescheid unanfechtbar (OLG Neustadt NJW 1961 2363).

§ 361

(1) Der Antrag auf Wiederaufnahme des Verfahrens wird weder durch die erfolgte Strafvollstreckung noch durch den Tod des Verurteilten ausgeschlossen.

(2) Im Falle des Todes sind der Ehegatte, die Verwandten auf- und absteigender Linie sowie die Geschwister des Verstorbenen zu dem Antrag befugt.

1. **Antrag** vgl. § 359 Anm. 3 und 4.

2. Durch den **Tod des Verurteilten** wird die Zulässigkeit des Antrags zu Gunsten des Angeklagten zwar nicht ausgeschlossen, wohl aber eingeschränkt; siehe § 371 Anm. 1. Eine Begnadigung hindert die Wiederaufnahme ebensowenig wie eine Vollstreckung (Schäfer JR 1933 21, ferner Vorbem. 5 a E vor § 359). Dasselbe gilt für die Verjährung der Strafvollstreckung (BGSt. 76 48 Müller-Sax 3. Kl 1). Der Tod des Verurteilten steht der Wiederaufnahme des Verfahrens zuungunsten des Angeklagten stets entgegen (§ 362 Anm. 2).

3. **Angehörige.** Während zu Lebzeiten des Verurteilten außer der Staatsanwaltschaft (§ 296 Abs. 2) der Verteidiger (§ 297) und der gesetzliche Vertreter des Verurteilten (§ 298) neben diesem antragsberechtigt sind, enthält Abs. 2 eine Spezialbestimmung gegenüber den allgemeinen Grundsätzen des § 365. Demzufolge steht im Falle des Todes des Verurteilten die Berechtigung zu dem Antrag auf Wiederaufnahme des Verfahrens nur den in Abs. 2 genannten Personen zu. Die Vorschriften der §§ 297, 298 sind dann nicht anwendbar (Kl 2; **a. M.** OLG Hamburg = Alsberg Entsch. 2 Nr. 307b. Vgl. noch § 371 Anm. 4 a). Dagegen wird das Antragsrecht der Staatsanwaltschaft durch die Vorschrift des Abs. 2 nicht berührt (RGSt. 10 423; Hamburg Alsberg Entsch. 2 Nr. 307b; Müller-Sax 2; Kl 2).

4. Über die Folgen der erfolgreichen Wiederaufnahme vgl. § 371 Anm. 6.

§ 362

Die Wiederaufnahme eines durch rechtskräftiges Urteil abgeschlossenen Verfahrens zuungunsten des Angeklagten ist zulässig:

1. **wenn eine in der Hauptverhandlung zu seinen Gunsten als echt vorgebrachte Urkunde unecht oder verfälscht war;**
2. **wenn der Zeuge oder Sachverständige sich bei einem zugunsten des Angeklagten abgelegten Zeugnis oder abgegebenen Gutachten einer vorsätzlichen oder fahrlässigen Verletzung der Eidespflicht oder einer vorsätzlichen falschen uneidlichen Aussage schuldig gemacht hat;**
3. **wenn bei einem Urteil ein Richter, Geschworener oder Schöffe mitgewirkt hat, der sich in Beziehung auf die Sache einer Verletzung seiner Amtspflichten schuldig gemacht hat, sofern diese Verletzung mit einer im Wege des gerichtlichen Strafverfahrens zu verhängenden öffentlichen Strafe bedroht ist;**
4. **wenn von dem Freigesprochenen vor Gericht oder außergerichtlich ein glaubwürdiges Geständnis der strafbaren Handlung abgelegt wird.**

1. a) Über die **Berechtigung zu dem Antrage** auf Wiederaufnahme des Verfahrens s. § 365 Anm. 2. Ein Klageerzwingungsverfahren ist unzulässig; § 172 Anm. 9 b.

b) Verschieden von der zuungunsten des Angeklagten eintretenden Wiederaufnahme des Verfahrens ist die in gewissen Fällen statthafte **Erneuerung der Strafklage,** welche den Bestand des rechtskräftigen Urteils unberührt läßt; so bei Einstellungsurteilen nach § 260

Abs. 3 nach Wegfall eines Verfahrenshindernisses. Die Neuaufrollung eines durch Strafbefehl oder Bußgeldbescheids rechtskräftig erledigten Verfahrens bei anderer rechtlicher Qualifizierung auf Grund neuer Tatsachen hat mit § 362 ebenfalls nichts zu tun (Müller-Sax 2 vgl. Einleitung S. 106).

c) Über die Wiederaufnahme eines Verfahrens, das durch rechtskräftigen Einstellungsbeschluß beendet ist, vgl. § 211 Anm. 3ff.

2. Das zu § 359 Anm. 1, 2 Bemerkte findet auch hier Anwendung, jedoch mit der Einschränkung, daß der Eintritt der Verjährung und der Tod des Angeklagten die Wiederaufnahme des Verfahrens ausschließen (Kl 1; Müller-Sax 3). Hinsichtlich der Verfolgungsverjährung ist dies umstritten, da gesagt wird, die Verfolgungsverjährung werde mit Rechtskraft des Strafurteils durch die Vollstreckungsverjährung ersetzt. Das paßt aber auf die Fälle des Freispruchs gerade nicht, mag man nun sagen, die Verjährung ruhe (BayObLG JW 1930 3426 und OLG Dresden JW 1932 1765) oder die Tat sei der Verjährung nicht mehr unterworfen (RGSt. 76 46). Es darf nicht zum Nachteil des fälschlich Freigesprochenen sein, daß ihm nun nach Jahren erst etwas nachgewiesen werden soll, was bei seinerzeitiger Nichtanklage nunmehr verjährt wäre (a. A. EbSchmidt 3 mit starker Überzeugungskraft, aber doch von der ratio legis her bedenklich). Anders dort, wo in den Fällen der Ziff. 1–3 die abgeurteilte Tat verjährt, eine auf Grund neuer Tatsachen anders zu qualifizierende Tat aber noch nicht verjährt sein würde, da hier die Verjährung des neu festzustellenden Tatgeschehens nicht eingetreten ist (vgl. Anm. 3).

3. Die Zulässigkeit der Wiederaufnahme des Verfahrens zuungunsten des Angeklagten ist, abgesehen von dem Falle unter Nr. 4 (vgl. hierüber Anm. 7), nicht auf den Fall einer völligen **Freisprechung** beschränkt; vielmehr kann die Wiederaufnahme auch gegenüber einem *verurteilten* Angeklagten zu dem Zwecke stattfinden, damit ein anderes Strafgesetz angewendet und die Tat *schwerer*, als geschehen, *qualifiziert* werde (vgl. § 363 und die Anm. das.; Kl 1, Müller-Sax 1). Das Gesetz setzt nicht voraus, daß die schwerere Qualifikation (z. B. das Vorhandensein eines die Strafbarkeit erhöhenden, im Gesetz besonders vorgesehenen Umstandes) in dem Urteil in Betracht gezogen und verneint worden ist; das Vorbringen der falschen Urkunde oder die Ablegung des falschen Zeugnisses kann wiederholt, d. h. sowohl in der Hauptverhandlung wie auch im Vorverfahren, stattgefunden und demzufolge schon in dem Beschlusse über die Eröffnung des Hauptverfahrens zu einer unrichtigen Qualifizierung der Tat geführt haben. – Vgl. § 359 Anm. 3. Entsprechend dem in Vorbem. vor § 359 5 d Ausgeführten eröffnet § 79 BVerfGG ebenso wie sonstige Nichtigkeitsfälle einer Norm die Wiederaufnahme zu Ungunsten des Angeklagten.

Zu Nr. 1, 2.

4. Vgl. das zu § 359 Anm. 5–8 Bemerkte. Das dort Anm. 11 Gesagte findet hier mit der Maßgabe Anwendung, daß die Möglichkeit eines dem Angeklagten *günstigen* Einflusses gefordert wird. Vgl. ferner Vorbem. 3 vor § 359. Wegen des *Nebenklägers* s. § 365 Anm. 2.

Zu Nr. 3.

5. Vgl. das zu § 359 Anm. 10–14 Bemerkte. – Eine seitens des *Staatsanwalts*, Urkundsbeamten oder Verteidigers begangene Pflichtverletzung ist auch im § 362 nicht als ein Grund der Wiederaufnahme anerkannt. Auf ihr kann das Urteil nicht beruhen.

Zu Nr. 1, 2, 3.

6. Daß die hier bezeichneten strafbaren Handlungen *von dem Angeklagten* irgendwie *veranlaßt* seien, ist kein Erfordernis der Wiederaufnahme (Kl 2).

Zu Nr. 4.

7. Da in Nr. 4 (vgl. Anm. 3) im Gegensatz zu den Nr. 1 bis 3 ausdrücklich von dem „Freigesprochenen" die Rede ist, findet die Bestimmung dann keine Anwendung, wenn das Urteil sich mit einem bestimmten Sachverhalt gar nicht befaßt und somit nicht festgestellt

hat, daß ein Strafanspruch des Staates nicht bestehe, weil weder auf Grund des Eröffnungsbeschlusses noch der Ergebnisse der Hauptverhandlung Anlaß dazu bestand, derartige Feststellungen zu treffen. Ein Verbrauch der Strafklage konnte daher insoweit gar nicht stattfinden; einer Wiederaufnahme bedarf es also nicht, wenn nunmehr eine Verurteilung angestrebt wird, jedoch ist insoweit jedes Verfahrenshindernis, auch die Verjährung (Anm. 2) zu beachten. Die Anwendbarkeit der Nr. 4 setzt ferner voraus, daß der Angeklagte von dem Vorwurf der hier in Frage stehenden Tat **völlig freigesprochen** wurde; Nr. 4 findet also keine Anwendung, wenn der Angeklagte verurteilt worden ist, selbst wenn diese Verurteilung wegen einer minder als im Eröffnungsbeschluß qualifizierten Tat erfolgt ist, mag der Fehler noch so kraß gewesen sein. Dabei ist auch die Verurteilung zu einem Zuchtmittel einem Freispruch nicht gleichzustellen; JugGer. Hannover MDR **1949** 701, Müller-Sax 5 a, EbSchmidt 8. So ist eine Wiederaufnahme unzulässig, wenn der nicht wegen Mords, sondern nur wegen Körperverletzung mit tödlichem Ausgang Verurteilte nachträglich den Tötungsvorsatz zugibt. Dasselbe gilt bei Verurteilung wegen fahrlässigen Falscheids bei nachträglichem Geständnis eines Meineids (Müller-Sax 5 a). Dem Freigesprochenen steht ein Angeklagter gleich, gegen den auf Unterbringung in einer Heil- oder Pflegeanstalt erkannt worden ist, sofern er bei Erhebung der öffentlichen Strafklage außerhalb des Rahmens der §§ 429 b ff. freigesprochen worden wäre. Somit ist bei Vortäuschung einer Geisteskrankheit eine Wiederaufnahme möglich (Peters 539, EbSchmidt 7, OLG Hamm JMBlNRW **1949** 202, Müller-Sax 5 a). Daß die Verurteilung wegen einer Übertretung bei krassem Mißverhältnis einem Freispruch gleichstehe, ist entgegen Peters 539 zu verneinen.

Meist lassen sich solche Fälle über die beschränkte Rechtskraft des Strafbefehls oder der Strafverfügung (Einleitung Seite 206) erledigen. Ist aber in einem Urteil ein Schießen im Walde abgeurteilt, dann ist der nachher zugegebene Mord endgültig erledigt. Bußgeldbescheide sind der Wiederaufnahme über § 85 OWiG zugänglich, jedoch ist der Strafklageverbrauch ebenfalls eingetreten, wenn in einem Strafverfahren verhandelt worden ist und nurmehr eine Ordnungswidrigkeit übrig bleibt. Dann liegt kein absoluter Freispruch vor.

8. Die Bestimmung erfordert ein vom **„Freigesprochenen"**, also nach Freisprechung abgelegtes Geständnis. Dabei hat das Gesetz derartige Erklärungen des Freigesprochenen im Auge, durch welche er die Unrichtigkeit des freisprechenden Urteils direkt oder indirekt zugesteht. Ein vor der Freisprechung abgelegtes Geständnis, welches erst später ermittelt wird, könnte nur die Wirkung eines neuen Beweismittels haben. Auf neue Beweise kann aber die zuungunsten des Angeklagten beantragte Wiederaufnahme des Verfahrens nicht gestützt werden (Kl 3 b; Müller-Sax 5 d; EbSchmidt 10).

9. Das Gesetz erfordert kein volles Schuldbekenntnis, sondern ein **„Geständnis"** der strafbaren Handlung. Es kommt also nur darauf an, daß der Angeklagte den äußeren Tatbestand der Handlung und seine Täterschaft zugesteht; ob er Angaben hinzufügt, welche auf die Verneinung eines strafbaren Verschuldens abzielen (Trunkenheit, Notstand) ist für die Frage der Wiederaufnahme gleichgültig (BayObLG = Alsberg Entsch. 2 Nr. 291 a; OLG Rostock = Alsberg Entsch. 2 Nr. 288; EbSchmidt 9; Müller-Sax 5 c; Kl 3 c). Ebenso ist es gleichgültig, ob die Handlung in der Form, in der sie nun zugestanden wird, der früher im Eröffnungsbeschluß angenommenen Qualifikation entspricht, sofern nur die Identität der Tat (§ 264) gewahrt ist. Ist der Freispruch unter Feststellung des äußeren Tatbestands auf das Vorhandensein eines Unrechts- oder Schuldausschließungsgrundes gestützt gewesen, so muß sich das Geständnis auf den inneren Tatbestand beziehen.

Peters 539 weist sehr eindrucksvoll auf die ungenügende Fassung der Ziff. 4 hin, welche nur ein Geständnis, nicht aber sonstige eindeutige Feststellungen der Täterschaft des Angeklagten als Wiederaufnahmegrund zuläßt. Da schon ein außergerichtliches Geständnis, also auch dritten Personen gegenüber genügt, durch deren Zeugenschaft seine Abgabe festgestellt werden kann, auch wenn sie Geheimnisträger sind und sich eines Verstoßes gegen § 300 StGB schuldig machen könnten, falls nicht die bei Kapitalverbrechen stets anzunehmenden höherwertigen Interessen vorliegen, ist auch unter „vor Gericht" nicht etwa nur der Strafrichter zu verstehen. Der Anlaß des Geständnisses ist gleichgültig. Es wäre aber bei Verstoß gegen § 136 a StPO unverwertbar. Es muß ferner glaubwürdig sein, darf also nicht nur auf Ruhmrederei oder Prahlerei beruhen. Ein Widerruf des Geständnisses hat nicht die Folge, daß es nunmehr als unglaubwürdig angesehen werden müßte (Kl 3 c; Müller-

Sax 5f.; OLG Hamm GA 1957 123). Wie die Glaubwürdigkeit des Geständnisses, so ist auch die Bedeutung des Widerrufs von dem Gericht nach Lage des einzelnen Falles zu beurteilen; vgl. noch Dalcke GA 34 82; EbSchmidt 12.

10. Der freigesprochene Angeklagte muß *das* **Geständnis** *selbst abgelegt* haben. Das Geständnis eines Mittäters reicht nicht aus, um eine Wiederaufnahme zugunsten des nicht geständigen Angeklagten zu rechtfertigen (BayObLG = Alsberg Entsch. 2 Nr. 291 b; EbSchmidt 13; Müller-Sax 5 b).

11. Die Wiederaufnahme des durch **Strafbefehl** erledigten Strafverfahrens ist jetzt in § 373 a geregelt. Darüber, daß der Strafbefehl den Verbrauch der Strafklage nur in beschränktem Umfang herbeiführt, vgl. Einleitung S. 106.

§ 363

(1) Eine Wiederaufnahme des Verfahrens zu dem Zweck, eine andere Strafbemessung auf Grund desselben Strafgesetzes herbeizuführen, ist nicht zulässig.

(2) Eine Wiederaufnahme des Verfahrens zu dem Zweck, eine Milderung der Strafe wegen verminderter Zurechnungsfähigkeit herbeizuführen, ist gleichfalls ausgeschlossen.

1. **Geltungsgebiet** Die Bestimmung findet sowohl auf die in § 359 wie auf die in § 362 behandelte Wiederaufnahme Anwendung (Kl 1; Müller-Sax 1; EbSchmidt 1).

2. **„dasselbe Gesetz“.** Im Sinne des Paragraphen ist als ein *anderes* Gesetz nicht bloß jede Vorschrift anzusehen, die einen selbständigen strafrechtlichen Tatbestand bestimmt, sondern auch jede, welche gewisse die Strafbarkeit erhöhende oder vermindernde Tatumstände besonders vorsieht. Hierbei macht es keinen Unterschied, ob die Vorschrift sich in dem Gesetzesparagraphen, welcher den Tatbestand des Deliktes selbst normiert, oder in einem anderen befindet; die äußere Gesetzesordnung ist nicht entscheidend. Hierher gehört also die „Reizung zum Zorn“ im StGB § 213, ferner die §§ 228 Abs. 2 StGB, ferner die „gewinnsüchtige Absicht“ in StGB § 133 Abs. 2, „Waffenbesitz“ in StGB § 123 Abs. 2, nicht dagegen die in besonderen Absätzen erwähnten unbenannten Umstände oder schweren Fälle. Einzelheiten vgl. Anm. 3.

3. Um eine bloße **Änderung der Strafe** innerhalb des durch dasselbe Gesetz bestimmten Strafrahmens handelt es sich in den Fällen nicht, in denen die Anwendung eines milderen Strafgesetzes in Betracht kommt; vgl. hierzu § 359 Anm. 20 b; OLG Hamm NJW 1953 1765, also unter anderem bei Möglichkeit des Wegfalls des Rückfalls, der Annahme von Beihilfe statt Täterschaft, Versuch statt Vollendung, Jugendlichkeit statt Erwachsenentat (OLG Hamburg NJW 1952 1150), sogar bei der Rauschtat (OLG Hamm NJW 1964 1040). Dagegen greift § 363 Platz, wenn bei mehreren in Tateinheit zusammentreffenden Straftaten sich die Wiederaufnahme gegen eine Tat richtet, deren Strafnorm nicht als die schwerste (§ 73 StGB) angewendet worden ist (RG JW 1930 3422; Kl 3). Auch bei der sog. Gesetzeskonkurrenz ist die Wiederaufnahme unzulässig, wenn sie sich nur gegen die rechtlich in der abgeurteilten Straftat aufgehenden Handlung wendet. Ebenso fällt die Frage, ob mildernde *Umstände* vorhanden seien, lediglich in den Bereich der Strafzumessung; daher kann die Wiederaufnahme des Verfahrens nicht zu dem Zwecke stattfinden, damit das Vorhandensein mildernder Umstände anerkannt oder die in dem Urteil enthaltene Annahme ihres Vorhandenseins beseitigt werde (so OLG Dresden = Alsberg Entsch. 2 Nr. 279 c; OLG Jena = Alsberg Entsch. 2 Nr. 279 b; OLG Köln = Alsberg Entsch. 2 Nr. 279 a). Eine Sonderstellung nimmt dabei § 213 StGB ein, der benannte und unbenannte Strafmilderungsgründe kennt. Das Vorliegen der unbenannten ändert das Strafgesetz genausowenig wie sonstige mildernde Umstände (BayObLG 1949 70), wogegen die benannten Strafmilderungsgründe einen selbständigen Strafbestand normieren (Müller-Sax 2; Kl 1; a. A. EbSchmidt 5). Ebensowenig wie früher die mildernden Umstände verändert die Annahme eines besonders schweren Falles das Strafgesetz (OLG Dresden HRR 1936 Nr. 1955, BGHSt. 8 167). Dasselbe gilt für Tatsachen, die zu einer Strafaussetzung zur Bewährung führen können (BGH NJW 1954 40, OLG Hamm NJW 1955 565), sowie die einen ver-

schuldeten Verbotsirrtum begründenden Tatsachen, da dieser nur zur Herabsetzung der Strafe im allgemeinen Strafrahmen führt (OLG Oldenburg NJW 1953 435) sich also nicht von § 51 Abs. 2 StGB unterscheidet, dessen Nichtberücksichtigung durch BVerfG NJW 1956 1026 als verfassungsmäßig anerkannt ist. Anders, wenn Tatsachen beigebracht werden, die einen unverschuldeten Verbotsirrtum oder einen Fall des § 51 Abs. 1 StGB dartun könnten, da dann Freispruch in Betracht kommt. Umkehrschluß aus Absatz 2.

Ausnahmen von den hier aufgestellten Regeln sind in den verschiedenen Ahndungsgesetzen, welche nach 1945 ergangen sind, enthalten, soweit diese eine Wiederaufnahme vorsehen, wenn eine früher erkannte Strafe aus politischen Gründen zu der Schwere der Tat in offenem Mißverhältnis steht.

Über **verfassungswidrige Normen** vgl. Vorbem. 3 d vor § 359.

4. Die Verhängung einer **Maßregel der Sicherung oder Besserung** oder deren Wegfall kann auch auf Grund desselben Strafgesetzes angestrebt werden, da sie im Gegensatz zu der zeitweiligen Fassung des § 363 (EbSchmidt 6) in der Neufassung nicht genannt sind (Entstehungsgeschichte). Dasselbe gilt entgegen Müller-Sax 7 h auch für die **Einziehung**, die vielfach durch die Qualifizierung des Gesetzes begründet werden kann (vgl. § 359 Anm. 21). Das Jugendstrafrecht wird ergänzt durch § 55 JGG in Verb. mit § 365.

5. Ist die Anordnung der Wiederaufnahme erfolgt, so muß der Tatrichter, auch wenn er sie nach § 363 für unzulässig hält, die neue Verhandlung durchführen und neu erkennen und ist dabei nur an die Schranke des § 373 Abs. 2 gebunden. Vgl. § 373 Anm. 1 a.

§ 364

Ein Antrag auf Wiederaufnahme des Verfahrens, welcher auf die Behauptung einer strafbaren Handlung gegründet werden soll, ist nur dann zulässig, wenn wegen dieser Handlung eine rechtskräftige Verurteilung ergangen ist, oder wenn die Einleitung oder Durchführung eines Strafverfahrens aus anderen Gründen als wegen Mangels an Beweis nicht erfolgen kann. Dies gilt nicht im Falle des § 359 Nr. 5.

1. **Das Verhältnis** zu § 359 Nr. 5 ist nunmehr durch Satz 2 geregelt. Werden somit *neue Tatsachen* und *Beweismittel* geltend gemacht, und enthält die Geltendmachung derselben die Behauptung einer strafbaren Handlung, so ist ein Wiederaufnahmegrund gegeben, auch ohne daß ein Nachweis nach § 364 geführt werden muß. Somit bezieht sich § 364 nur auf die in § 359 Nr. 1–3 und § 362 Nr. 1–3 vorgesehenen Gründe. Satz 2 darf jedoch nicht so verstanden werden, als ob nun § 364 leicht umgangen werden könne. Die Behauptung, ein Zeuge habe falsch ausgesagt, kann ohne *neue* Tatsachen und Beweismittel nicht ohne § 364 Abs. 1 zum Erfolg führen (OLG Celle NdsRpfl. 1956 115). Ist die Tatsache aber neu, dann ist die Verurteilung des Zeugen nicht erforderlich (OLG Hamburg JZ 1957 522). Es genügt sonach auch, wenn die neuen Tatsachen und Beweismittel die Unglaubwürdigkeit des Zeugen dartun sollen (Müller-Sax 2).

2. In den in Anm. 1 genannten Fällen muß regelmäßig (Anm. 3) eine rechtskräftige Verurteilung wegen der den Wiederaufnahmegrund darstellenden strafbaren Handlung vorliegen, bevor der Antrag auf Wiederaufnahme zulässig ist. Die rechtskräftige Verurteilung bildet das Fundament des Antrages. – Selbstverständlich kann diese Verurteilung nur in einer *besonderen Untersuchung* erfolgen. Für die Frage, ob eine solche zu eröffnen und welches Gericht für sie zuständig sei, gelten die allgemeinen Bestimmungen; insbesondere finden die §§ 151, 172 auch hier volle Anwendung. – Kann eine Untersuchung wegen *Mangels an Beweis* nicht eröffnet oder nicht bis zur Urteilsfällung durchgeführt werden, so liegt der Fall ebenso, wie wenn diese mit einem freisprechenden Urteil endet: der Wiederaufnahmegrund ist alsdann nicht vorhanden.

3. Nur dann greift ein abweichendes Verfahren Platz, wenn eine Untersuchung „aus anderen Gründen als wegen Mangels an Beweis" *nicht eingeleitet oder nicht durchgeführt werden kann.* Kann die Verfolgung des Beschuldigten wegen eines tatsächlichen oder rechtlichen Hindernisses (wegen Todes, Abwesenheit, Verjährung, derzeitige Geisteskrankheit,

Amnestie) nicht mehr stattfinden, so fällt das Erfordernis einer vorgängigen rechtskräftigen Verurteilung fort. Es tritt das in den §§ 369ff. vorgeschriebene regelmäßige Verfahren ein. Es werden also Beweiserhebungen angeordnet; falls sich aus ihnen ergibt, daß die in dem Antrag behauptete strafbare Handlung bei Durchführbarkeit wenigstens zur Einleitung eines Ermittlungsverfahrens geführt hätte, so wird die Untersuchung neu eingeleitet. Wird der jetzt Beschuldigte wegen Unzurechnungsfähigkeit zur Zeit der Tat außer Verfolgung gesetzt oder freigesprochen, so liegt eine strafbare Handlung, wie sie § 364 voraussetzt, nicht vor und ebensowenig ein der Einleitung und Durchführung des Strafverfahrens entgegenstehendes Hindernis, jedoch ist die Feststellung, daß der Zeuge damals schon geisteskrank war, eine neue Tatsache, welche seine Glaubwürdigkeit über § 359 Nr. 5 erschüttern kann. Ist der Zeuge, der sich strafbar gemacht haben soll, rechtskräftig außer Verfolgung gesetzt worden, aber dann gestorben, so ist die Wiederaufnahme gem. § 364 nach Maßgabe des zu § 211 ausgeführten möglich, sofern ein Verfahren gegen den noch lebenden Beschuldigten durchgeführt werden könnte (OLG Dresden HRR 1937 Nr. 841. Müller-Sax 3; EbSchmidt 4).

§ 365

Die allgemeinen Bestimmungen über Rechtsmittel finden auch bei dem Antrag auf Wiederaufnahme des Verfahrens Anwendung.

1. Bezug genommen wird auf die §§ 296 bis 303. Von der **Staatsanwaltschaft** kann der Antrag sowohl zugunsten wie zuungunsten des Angeklagten gestellt werden (§ 296; RGSt. 20 46). Ist der Antrag zuungunsten des Angeklagten gestellt, so vgl. auch die §§ 5 u. 8 des Ges. betreffend die Entschädigung für unschuldig erlittene Untersuchungshaft, vom 14. 7. 1904 (RGBl., 321, geändert am 8. 9. 1969 RGBl. I 1582). Der freigesprochene **Angeklagte** kann nicht zu seinen Ungunsten die Wiederaufnahme beantragen. Für den **Verteidiger** findet § 297, für den **gesetzlichen Vertreter** § 298 Anwendung. Eine Abweichung s. zu § 361 Anm. 3. Ebenso gelten die §§ 300, 301, 302 Abs. 1 Satz 2. Über die Weiterfunktion des früheren Verteidigers vgl. § 366 Anm. 2. Der Verteidiger kann den Antrag nicht gegen den Willen des Verurteilten stellen (OLG Dresden Alsberg Entsch. 2 Nr. 301). Für Jugendliche gilt § 67 Abs. 3 JGG. Der Antrag ist unbefristet.

2. Der **Privatkläger** und der **Nebenkläger** können die Wiederaufnahme nur zuungunsten des Verurteilten beantragen, und zwar nur durch eine durch einen Rechtsanwalt unterzeichnete Schrift (§§ 390 Abs. 1 und 2, 397). Der Nebenkläger kann es nur so weit tun, als ein rechtlicher Gesichtspunkt vorliegt, der ihn seinerzeit zur Nebenklage berechtigt haben würde (RGSt. 69 246; OLG Karlsruhe NJW 1954 167) also mit dem Ziel, wegen des Nebenklagedelikts eine Verurteilung herbeizuführen. Daß er es im vorhergegangenen Verfahren nicht getan hatte, ist dabei nicht maßgebend; es kommt nur darauf an, ob er es früher auf Grund der Eröffnung des Hauptverfahrens hätte tun können, da er es vielleicht im Vertrauen auf die gerichtliche Aufklärung unterlassen hatte und nun erst neue Tatsachen oder Beweismittel beibringen kann (a. A. noch 20. Aufl. unter Bezugnahme auf BayObLG DRiZ 1933 Nr. 354, ebenso EbSchmidt 2). Ein Klageerzwingungsverfahren findet nicht statt. § 172 Anm. 9.

§ 366

(1) In dem Antrag müssen der gesetzliche Grund der Wiederaufnahme des Verfahrens sowie die Beweismittel angegeben werden.

(2) Von dem Angeklagten und den im § 361 Abs. 2 bezeichneten Personen kann der Antrag nur mittels einer von dem Verteidiger oder einem Rechtsanwalt unterzeichneten Schrift oder zu Protokoll der Geschäftsstelle angebracht werden.

1. **Inhalt des Antrages.** Die Prüfung erstreckt sich nur auf den im Antrag angegebenen gesetzlichen Grund. Es genügt kein Hinweis auf eine Gesetzesstelle, es müssen vielmehr die Tatsachen angegeben werden, auf welchen der Wiederaufnahmegrund beruht sowie die

Beweismittel angegeben werden, die zu ihrem Nachweise dienen. Das Gericht ist nicht befugt, aus anderen Gründen die Wiederaufnahme anzuordnen; vgl. Anm. 1 vor § 359. Fehlt die Angabe eines Wiederaufnahmegrundes, so ist der Antrag unzulässig (Kl 1; Müller-Sax 1; EbSchmidt 2).

2. **Form des Antrags.**

a) Die Vorschrift entspricht den Formvorschriften des § 345 Abs. 2. Es gilt das dort Ausgeführte. Der Vorschrift des Abs. 2 ist nicht genügt, wenn Form und Inhalt des Schriftstücks ergeben, daß der Verteidiger, Rechtsanwalt oder Urkundsbeamte in keiner Weise auf seine Abfassung eingewirkt hat (OLG Schleswig SchlHA 1952 156). Der Grundsatz, daß eine Verweisung auf andere Schriftstücke unzulässig ist, gilt auch für den Wiederaufnahmeantrag (Düsseldorf NJW 1947/48 194; OLG Freiburg SJZ 1950 622). OLG Schleswig NJW 1953 1445 ist insoweit einengender, als es die Unterzeichnung der Anlagen durch den Verteidiger genügen läßt (wie hier EbSchmidt 3). Für völlige Freiheit der Bezugnahme auf frühere Wiederaufnahmeanträge, sofern neue Beweismittel oder Tatsachen dies frühere Vorbringen stützen können Müller-Sax 2, Cüppers NJW 1947/48 195. Die Funktion des notwendigen, ob gewählten oder bestellten Verteidigers dauert für das Wiederaufnahmeverfahren fort (RGSt. 22 99, 29 279, 40 5), jedoch gestattet die frühere Vollmacht Rechtsmittel zurückzunehmen, keine Ausdehnung auf allgemeine nicht ausdrücklich erklärte Vollmacht zur Zurücknahme des Wiederaufnahmeantrags (OLG Braunschweig NJW 1960 1970. Die allgemeine Vollmacht erlischt erst mit dem Beschlusse, der nach § 370 Abs. 2 die Erneuerung der Hauptverhandlung anordnet (RGSt. 29 281, 40 5). Der Offizialverteidiger kann eine kostenfreie Ausfertigung des Urteils verlangen. Die Bestimmung des Abs. 2 findet auch dann Anwendung, wenn der gesetzliche Vertreter des Angeklagten oder der Ehemann nach § 290 (vgl. § 365) die Wiederaufnahme des Verfahrens beantragt. Trotz der weiterlaufenden Funktion des früheren Verteidigers ist für den Antrag auf Wiederaufnahme die Bestellung eines anderen Verteidigers möglich (OLG Hamm NJW 1961 932; a. A. EbSchmidt § 140 8). Die Staatsanwaltschaft stellt ihren Antrag schriftlich.

b) **Geschäftsstelle** ist nur die Geschäftsstelle des Gerichts, das die Entscheidung erlassen hat (BayObLG = Alsberg Entsch. 2 Nr. 302) oder gemäß § 367 (Anm. 1) für die neue Entscheidung zuständig ist. Vgl. OLG Schleswig SchlHA 52 156. Für den nicht auf freiem Fuß befindlichen Verurteilten gilt § 299 Abs. 1. Im übrigen § 345. Nimmt der Urkundsbeamte aber formlose Schriftstücke unzulässigerweise entgegen, so kann der Antrag, da er unbefristet ist, in gehöriger Form nachgeholt werden. Über die *Wiederholbarkeit des Antrags* trotz Verwerfung als unzulässig bei reinen Formfehlern vgl. § 372 Anm. 5.

§ 367

(1) Über die Zulassung des Antrags auf Wiederaufnahme des Verfahrens entscheidet das Gericht, dessen Urteil mit dem Antrag angefochten wird. Wird ein in der Revisionsinstanz erlassenes Urteil aus anderen Gründen als auf Grund des § 359 Nr. 3 oder des § 362 Nr. 3 angefochten, so entscheidet das Gericht, gegen dessen Urteil die Revision eingelegt war.

(2) Die Entscheidung erfolgt ohne mündliche Verhandlung.

1. **Zuständigkeit.** Für das Wiederaufnahmeverfahren ist nur das Gericht *zuständig*, das zuvor mit der Sache befaßt gewesen war und das angefochtene Urteil erlassen hat. Bedenken gegen diese Regelung erhob früher Peters 540. Die Problematik ist nun durch § 23 entschärft, als dieselben Richter nicht mehr im Wiederaufnahmeverfahren tätig sein dürfen. Zuständig ist, falls keine besondere Geschäftsverteilung für solche Fälle erfolgt, die Kammer, an welche der Fall kommen würde, wenn neu angeklagt würde, aber unter Ausschluß der früheren Richter. Ist eine andere Kammer zuständig, so ist ein etwa inzwischen dort tätig gewordener Richter ebenfalls kraft Gesetzes ausgeschlossen. Die Zuständigkeit gilt auch dann, wenn diesem Gericht nunmehr die *Gerichtsbarkeit* über den Angeklagten fehlt (so für Wegfall der deutschen Gerichtsbarkeit OLG Schleswig NJW 1953 1445; Seibert

NJW 1952 252; OLG Hamm NJW 1953 118). Dies selbst dann, wenn dieser Mangel schon zur Zeit der Urteilsfällung bestand und nicht erkannt wurde (RGSt. 12 125). In einem solchen Falle kann die mit der Aufhebung des Urteils zu verbindende anderweite Entscheidung in der Sache (§ 373 Abs. 1) allerdings nur auf Einstellung des bisherigen Verfahrens lauten, so daß alles Weitere dem zuständigen Gericht vorbehalten bleibt. Zweifel über das zur Entscheidung nach § 367 zuständige Gericht können namentlich dann entstehen, wenn infolge einer Änderung der Gerichtsorganisation, welche die sachliche Zuständigkeit berührt, das Gericht, dessen Urteil angefochten wird, nicht mehr besteht, weil Gerichte dieser Art aufgehoben worden sind. Eine Ausnahme ist ausdrücklich in Art. 4 VI des Gesetzes zur allgemeinen Einführung eines zweiten Rechtszugs in Staatsschutzsachen ausgesprochen. Hier entscheidet das nunmehr für einen etwaigen ersten Rechtszug zuständige Gericht (also etwa OLG anstatt BGH). Für Urteile von *Sondergerichten* und *Wehrmachtsgerichten* gilt insoweit nur zugunsten des Verurteilten — das Zuständigkeitsergänzungsgesetz vom 7. 8. 1952 (BGBl. I 407). Änderungen der Zuständigkeit zwischen Schwurgericht-Strafkammer oder Einzelrichter-Schöffengericht haben keine Wirkung (vgl. Anm. 5). Wenn die Erneuerung der Hauptverhandlung angeordnet ist, ist es rechtlich nicht ausgeschlossen, daß die erneute Hauptverhandlung wegen Sachzusammenhangs mit einer vor einem anderen Gericht anhängigen Sache vor dem letzteren Gericht stattfindet (§ 373), jedoch ist für das vorausgehende Verfahren (§§ 365—370) nur das früher befaßte Gericht zuständig. Änderungen der *örtlichen* Zuständigkeit durch Umgestaltung der Gerichtsbezirke ändert grundsätzlich nichts an der Zuständigkeit des früheren Gerichts. Eine Ausnahme ist lediglich für die Fälle zugelassen, in welchen durch Gebietsabtretungen und die Verluste zeitweilig besetzter Gebiete ein Wiederaufnahmeverfahren an Ort und Stelle unmöglich geworden ist, sofern der Verurteilte zur Zeit der Aburteilung und zur Zeit der Antragstellung Deutscher war. Bei Sondergerichten und Wehrmachtsgerichten ist diese Staatsangehörigkeit nicht zwingend vorausgesetzt. Zuständig wird hier, ebenso wie bei den erwähnten Wehrmachts- und Sondergerichten die Strafkammer des Landgerichts, in dessen Bezirk der Verurteilte zur Zeit des Inkrafttretens des Zuständigkeitsergänzungsgesetzes vom 7. 8. 1952 (BGBl. I 407) seinen Wohnsitz oder in Ermangelung eines solchen seinen gewöhnlichen Aufenthalt. Ist er erst nach dem 7. 8. 1952 im Geltungsbereich der deutschen Gerichtsbarkeit ansässig geworden, so ist die Strafkammer oder das Schwurgericht zuständig in deren Bezirk er erstmals einen Wohnsitz begründet hat. Andernfalls bestimmt der BGH das Gericht (§ 19 des Zuständigkeitsgesetzes). Wiederaufnahmeverfahren gegen Urteile von Gerichten, die in der DDR liegen, sind nicht möglich, neue Verfahren mit dem Ziel der Rehabilitierung sind allerdings nach § 11 des Gesetzes über innerdeutsche Rechtshilfe vom 2. 5. 1953 möglich. Anträge gegen Urteile früherer Besatzungsgerichte werden nach § 13 a einem Gerichtsstand zugeführt.

2. Wird die nach § 367 zu treffende Entscheidung, sei es auch nur auf Zeit verweigert, so ist die sofortige **Beschwerde** nach § 372 gegeben. Dagegen sind Beschlüsse, welche weder die Frage der Zulässigkeit noch der Begründetheit betreffen noch einem solchen Beschluß vorangehen (§ 305) mit der einfachen Beschwerde anfechtbar. OLG Koblenz NJW 1961 1418.

3. Bei **Urteilen verschiedener Instanzen** läßt die Bestimmung Zweifel darüber offen, *welches Urteil* als das durch den Antrag *angefochtene* anzusehen und welches Gericht demzufolge für die Entscheidung über den Antrag zuständig ist. Für das Verhältnis der Revisionsinstanz den Vorinstanzen und das der Berufungsinstanz zu der ersten Instanz zu unterscheiden:

a) **Revisionsinstanz.** Hat das Revisionsgericht die *Revision* als unbegründet oder unzulässig verworfen, so ist das Urteil der Vorinstanz das durch den Wiederaufnahmeantrag angefochtene, es sei denn, daß der Antrag auf einen Wiederaufnahmegrund gestützt wird, welcher *innerhalb des Revisionsverfahrens* liegt; nur in diesem Falle ist das Urteil des Revisionsgerichts angefochten und dieses Gericht somit für die Entscheidung über den Antrag zuständig. Hierbei geht das Gesetz von der Annahme aus, daß das Revisionsverfahren nur den in § 359 Nr. 3 und § 362 Nr. 3 vorgesehenen Wiederaufnahmegrund darbieten kann. Eine Ausdehnung über den klaren Wortlaut hieraus ist nicht möglich (EbSchmidt 7; Müller-Sax 3). Allerdings würde ein Wiederaufnahmegrund nach §§ 359, 362 jeweils

Nr. 3 auch bei Beschlüssen nach § 349 Abs. 2 und 4 StPO Platz greifen (EbSchmidt 7; OLG Braunschweig NKW 1950). In Fällen der Nichtigkeit einer Norm (Vorbem. 3 d vor § 359) ist das Revisionsgericht, wenn es zuvor ein Urteil bestätigt hatte, selbst zuständig, weil es sich nicht um Tatsachen, sondern um weggefallene Rechtsgrundlagen handelt. Hat das Revisionsgericht das Urteil der Vorinstanz *aufgehoben und in der Sache selbst erkannt*, so kann zwar nur noch das Urteil des Revisionsgerichts Gegenstand der Anfechtung durch den Antrag sein; allein nach der ausdrücklichen Gesetzesvorschrift ist in diesem Falle das Gericht der Vorinstanz für die Entscheidung zuständig, ausgenommen nur den Fall, daß es sich um einen innerhalb des Revisionsverfahrens liegenden Wiederaufnahmegrund aus §§ 359 Nr. 3, 362 Nr. 3 handelt (Müller-Sax 3). Es gilt also hier dasselbe wie im Falle der Verwerfung der Revision. Der Grund, aus welchem das Gesetz die Entscheidung dem Gericht der Vorinstanz überträgt, ist der, daß, abgesehen von dem genannten Ausnahmefalle, der Wiederaufnahmeantrag die Beseitigung der Feststellungen des Urteils bezweckt und daß die letzteren, auch wenn der Revisionsrichter in der Sache selbst erkannt hat, doch nur von dem Vorderrichter getroffen sein können. – Hat das Revisionsgericht ein Urteil aufgehoben und die Sache zur abermaligen Entscheidung *in die Vorinstanz zurückverwiesen*, so kommt *dieses* Revisionsurteil bei einem Antrage auf Wiederaufnahme des Verfahrens keinesfalls in Betracht; Gegenstand der Anfechtung durch den Antrag können alsdann nur die neuen Urteile sein, die infolge kener Zurückverweisung ergangen sind; EbSchmidt 6 (OLG Hamm HESt. 1 316).

Steht in den genannten Ausnahmefällen die Entscheidung über einen Wiederaufnahmeantrag dem *Revisionsgericht* zu und wird der Antrag für begründet befunden, so ist die Folge hiervon nur, daß das *Revisionsverfahren* wieder aufgenommen und evtl. ein neues Revisionsurteil erlassen wird; das Urteil der Vorinstanz wird von dem Wiederaufnahmeverfahren an sich (im Gegensatz zu dem neuen Revisionsurteil) noch nicht berührt. – Steht die Entscheidung dem Gericht der Vorinstanz zu und wird der Antrag für begründet befunden, so hat dieses Gericht bei Erlassung des neuen Urteils (§ 373) das Urteil des Revisionsgerichts ausdrücklich aufzuheben, falls dieses in der Sache selbst entschieden hatte. Dagegen wird ein die Revision verwerfendes Urteil durch die Aufhebung des Urteils der Vorinstanz von selbst hinfällig, ohne daß es der Aufhebung des Revisionsurteils bedarf.

Das Revisionsgericht entscheidet dann, wenn es dies nach § 370 unmittelbar kann (BGHSt. 18 339). Bei jeder Tatsachenprüfung ist der Tatrichter zuständig (OLG Düsseldorf NJW 1962 2265).

Über das Verfahren bei *Nichtigkeit einer Norm* vgl. Vorbem. 3 d vor § 359

b) **Berufungsinstanz.** War gegen ein Urteil des Schöffengerichts oder des Amtsrichters die Berufung eingelegt, so ist (sofern nicht etwa später Revision eingelegt worden war und nach a) das Revisionsgericht für die Entscheidung über den Antrag zuständig ist) der *Regel* nach das Urteil der Berufungsinstanz, nicht das der ersten Instanz, als angefochten anzusehen und somit das *Berufungsgericht* für die Entscheidung über den Antrag zuständig. Dies folgt daraus, daß nach den Vorschriften der StPO der Berufungsrichter die Schuldfrage selbständig und unabhängig von den Feststellungen des ersten Richters zu entscheiden hat. Hierbei macht es auch keinen Unterschied, ob der Berufungsrichter das Urteil erster Instanz aufgehoben und neue Feststellungen getroffen oder ob er unter Beibehaltung der erstrichterlichen Feststellungen die Berufung verworfen hat: soweit er eine Feststellung beibehält, macht er sie zu der seinigen. Eine *Ausnahme* von der Regel greift jedoch Platz, wenn der Berufungsrichter nicht über die Schuldfrage entschieden, also Feststellungen weder neu getroffen, noch auch beibehalten hat. Dies ist der Fall bei Verwerfung des Rechtsmittels als unzulässig oder bei Beschränkung des Rechtsmittels auf den Strafausspruch. In diesen Fällen kann das Berufungsurteil nur dann als angefochten angesehen werden, wenn der Antrag auf einen innerhalb des Berufungsverfahrens liegenden Wiederaufnahmegrund gestützt wird; In allen anderen Fällen dieser Art muß das Urteil erster Instanz als angefochten gelten (OLG Celle JR 1960 229; OLG Braunschweig NdsRpfl. 1961 1082; Müller-Sax 2; EbSchmidt 3).

Steht die Entscheidung über den Antrag dem Berufungsgericht zu und wird der Antrag für begründet befunden, so ist die Folge hiervon die, daß das *Berufungsverfahren* wieder aufgenommen wird; das Urteil erster Instanz wird hiervon nicht berührt. Umgekehrt werden, wenn das Gericht erster Instanz sein Urteil aufhebt, hiermit die Urteile der höheren Instanzen von selbst hinfällig.

4. Beantragt der Verurteilte die Wiederaufnahme eines Strafverfahrens, in dem er unter Einrechnung der von *anderen Gerichten* gegen ihn ausgesprochenen Strafen zu einer Gesamtstrafe verurteilt worden ist, hinsichtlich der sämtlichen gegen ihn ergangenen Urteile, so entscheidet über die Zulassung des Antrages jedes einzelne der Gerichte insoweit, als sein Urteil angefochten ist (München = Alsberg Entsch. 2 Nr. 304). EbSchmidt 10, stimmt zu, weist aber auf peinliche Gefahren divergierender Entscheidungen hin.

5. Da nach Abs. 2 die Entscheidung **ohne mündliche Verhandlung** erfolgt, so entscheidet an Stelle des Schöffengerichts der *Amtsrichter* (GVG § 30 Abs. 2). Die Strafkammer beschließt in allen Fällen in der Besetzung mit drei Richtern (GVG § 76), gleichviel ob es sich um ein Urteil erster oder zweiter Instanz oder um ein schwurgerichtliches Urteil (GVG § 82) handelt. Das *Oberlandesgericht* und der Bundesgerichtshof entscheiden in der durch GVG §§ 122, 139 vorgeschriebenen Richterzahl. Zu Abs. 2 vgl. noch § 368 Anm. 1, 3.

6. Der Richter, dessen Urteil mit dem Wiederaufnahmeantrag angefochten ist, ist als solcher vom Richteramt im Wiederaufnahmeverfahren nunmehr gem. § 23 ausgeschlossen (vgl. Anm. 1).

7. Die **Staatsanwaltschaft** ist gem. § 33 zur Frage der Zulässigkeit zu hören (Eb. Schmidt 3; Müller-Sax Anm. 1). Daß auch der Privatkläger zu hören sei, leitet Kl 2 aus BVerfG NJW 1958 2011 her. Das dürfte aber kaum gangbar sein, es sei denn, man fordere gemäß Art. 103 Abs. 1 GG auch die Anhörung des Verurteilten beim Antrag der Staatsanwaltschaft, was aber Müller-Sax 1 ausdrücklich erst nach Zulassung für erforderlich halten. So wohl auch EbSchmidt 3, vgl. § 368 Anm. 4.

§ 368

(1) Ist der Antrag nicht in der vorgeschriebenen Form angebracht, oder ist darin kein gesetzlicher Grund der Wiederaufnahme geltend gemacht oder kein geeignetes Beweismittel angeführt, so ist der Antrag als unzulässig zu verwerfen.

(2) Anderenfalls ist er dem Gegner des Antragstellers unter Bestimmung einer Frist zur Erklärung zuzustellen.

1. Der § 368 behandelt die **Entscheidung, die über die Zulässigkeit des Antrages ergeht,** wogegen in § 370 von der über das *Begründetsein* des Antrages, also der über die Wiederaufnahme selbst ergehenden Entscheidung die Rede ist; vgl. § 370 Anm. 3 b und RGSt. 35 351. Da die §§ 371 ff., vor allem § 373 das neue Hauptverfahren selbst betreffen, zerfällt das Wiederaufnahmeverfahren also in drei Abschnitte (Peters 540; EbSchmidt 1). Ohne vorgängige Entscheidung über die Zulässigkeit des Antrags kann nicht sogleich über seine Begründetheit geurteilt werden. Es ist daher zunächst keine weitere Sachprüfung angezeigt, sondern nur darauf, ob gesetzliche Wiederaufnahmegründe nach §§ 359, 362 Ziff. 1 bis 3, ein Geständnis nach § 362 Ziff. 4, neue Tatsachen oder neue Beweismittel (§ 359 Anm. 17 a) behauptet werden, welche mit dem Falle, ihre Richtigkeit zunächst unterstellt, etwas Ausschlaggebendes zu tun haben könnten (EbSchmidt 1; OLG Hamburg NJW 1951 218; OLG Köln JMBlNRW 1952 160). Es ist also nach dem Gesetzeswortlaut jede Schlüssigkeiysprüfung ausgeschlossen. Die von Müller-Sax geforderte Schlüssigkeitsprüfung entspringt aber berechtigterweise der neuartigen Entwicklung der Rechtsprechung zu § 359 Nr. 5. Es ist leicht, die gem. §§ 359, 362 Ziff. 1 bis 3 angeführten Gründe zunächst einmal als zulässig ansehen und dann erst ihre Richtigkeit nachprüfen zu können. Jedoch gibt die Trennung zwischen dem *gesetzlichen Grund der Wiederaufnahme* und den *geeigneten Beweismitteln* notwendigerweise das Recht dazu, schon im Zulässigkeitsverfahren zu prüfen, was überhaupt eine geeignete Behauptung sein könne. Zwar liegt erst dann, wenn ein Wiederaufnahmeantrag als zulässig anerkannt und deshalb Beweis erhoben ist, die prozessuale Möglichkeit vor, die Entscheidung, der Antrag sei unbegründet, zu treffen (OLG Dresden =

Alsberg Entsch. 2 Nr. 319). – Für die in § 359 Nr. 5 und § 362 Nr. 4 bestimmten Wiederaufnahmegründe besteht jedoch der Unterschied zwischen einem Beschlusse, der den Antrag als unzulässig, und einem solchen, der ihn als unbegründet verwirft, im wesentlichen darin, daß der letztere Beschluß auf Grund einer *Beweisaufnahme* (§ 369) ergeht. Falls sich *ohne* eine solche die Grundlosigkeit des Antrages erkennen läßt, ist die in § 368 vorgesehene alsbaldige Verwerfung stets statthaft. Die letztere kann insbesondere auch wegen der Unerheblichkeit der angeführten Tatsachen erfolgen. Kein Antrag, vor allem nicht ein auf § 359 Nr. 5 gestützter, darf *zum Teil für zulässig* erklärt, *zum Teil als unzulässig* verworfen werden (KG GA 57 414, OLG Hamburg = Alsberg Entsch. 2 Nr. 312 a, BayObLG JW 1929 1491; OLG Frankfurt NJW 1955 73; EbSchmidt 3, vgl. aber unten Anm. 4 b).

2. **„nicht in der vorgeschriebenen Form“.** Hierzu vgl. § 366 Anm. 2. Kl 2 a und unten Anm. 6.

3. **„kein gesetzlicher Grund der Wiederaufnahme“.** Hierzu vgl. § 364 und Anm. 1 zu § 366. Die Zulässigkeitsprüfung enthält insoweit, vor allem in den Fällen des § 359 Nr. 5 nur eine Sachprüfung, bei welcher von den Angaben des Antragstellers auszugehen ist; (Peters 540; OLG Köln JMBl. NRW 1952 160, vgl. aber Anm. 1). Bei dieser Sachprüfung müssen jedoch im Freibeweis Erhebungen darüber angestellt werden, ob diese Tatsachen dem früher mit dem Fall befaßten Gericht bekannt gewesen sind oder nicht. Dies um so mehr, als ja jetzt das Gericht anders besetzt ist (§ 23 Abs. 2). Hierzu ist die Einholung dienstlicher Erklärungen möglich (OLG Celle GA 1957 90). Daß etwas nicht im Urteil oder in den Akten steht, ist für sich noch kein Indiz für die Neuheit. Wohl aber ist der Umstand, daß es darin steht, ein widerlegbares Gegenindiz (Müller-Sax 2 II).

4. **Kein geeignetes Beweismittel.** Während in den Fällen der §§ 359 Ziff. 1 bis 3 die bloße Behauptung, es sei eine Verurteilung ergangen, leicht nachprüfbar war, also die Zulässigkeit ohne weiteres bejaht und dann die Begründetheit unschwer nachzuprüfen war, ist innerhalb der neuen Tatsachen und Beweismittel die Notwendigkeit erwachsen, die von Müller-Sax erwähnte Schlüssigkeitsprüfung, die in früheren Auflagen hier abgelehnt wurde, besonders zu beachten. Zwar ist von den Angaben des Antragstellers auszugehen, wie bisher vertreten (vgl. auch Peters 540). Hier ist zweierlei zu prüfen: einmal die *Neuheit* und zudem die *Geeignetheit.* Zwar ist diese Prüfung, wie oben Anm. 1 erwähnt, abstrakt und hat vom Vorbringen des Antragstellers auszugehen (OLG Köln NJW 1963 967). Ferner ist jede Überprüfung der Zuverlässigkeit des Beweismittels vorweg in diesem Verfahrensteil unzulässig (BGHSt. 17 302). Jedoch kann sich aus vielen Anträgen ergeben, daß die Beweiserhebung von vornherein völlig nutzlos sein werde (OLG Köln NJW 1963 967), weil schon das Vorbringen der angeblichen Zeugen so unschlüssig ist, daß es nach Ansicht des Gerichts keinerlei neue Beweisgrundlage ergeben könnte. Ferner weil der neu benannte Sachverständige nach dem bislang voraussehbaren Inhalt seines Gutachtens und der ihm gegebenen Forschungsmittel und Erkenntnisse gar nicht geeignet sein wird, nach den Grundsätzen des § 244 Abs. 4 (vgl. die Anmerkungen dort) die bisherigen Feststellungen zu erschüttern. (OLG Braunschweig NdsRpfl. 1955 235). Allerdings geben neue Wiederaufnahmeverfahren sowohl Anlaß dazu, die Omnipotenz vieler Sachverständiger zu bezweifeln, wie umgekehrt die schon zu § 359 Anm. 17 a erwähnten Bedenken besonders deutlich bestätigt werden, daß man mit späteren Gutachten nach dem Tod und Vergeßlichkeit der Zeugen zu Freisprüchen kommt, die mit Händen zu greifen falsch sind. Zur Schlüssigkeitsprüfung gehört im seltenen Falle des § 362 Nr. 4 auch die „Glaubwürdigkeit“ des Geständnisses. Die Wahrheitsprüfung fällt unter § 370.

5. a) Das Gericht muß, bevor es gemäß Abs. 2 verfahren kann, über die Zulassung des Antrages eine **ausdrückliche Entscheidung** treffen. Die Anhörung des Gegners ist bei unzulässigem Antrag ausgeschlossen, setzt einen zulässigen Antrag voraus (RGSt. 35 352; Peters 541). § 33 wird durch diese Bestimmung nicht berührt. Die Staatsanwaltschaft muß daher schon vor der Prüfung der Zulässigkeit des Antrags gehört werden (OLG Dresden = Alsberg Entsch. 2 Nr. 309; EbSchmidt 5; Müller-Sax 4; OLG Bamberg HESt. 3 3). Über die Bedenken hiergegen vgl. § 367 Anm. 8. Unterbleibt die Anhörung der Staatsanwaltschaft, so kann dieser Mangel des Verfahrens die Revision nicht begründen, da das evtl.

neue Urteil auf diesem Mangel nicht beruhen kann. Da Beschwerde möglich ist (Anm. 6) liegt der Fall nicht anders als bei Fehlern in der Voruntersuchung; § 178 Anm. 4. Ist die Staatsanwaltschaft vor der Zulassung nach § 33 gehört worden, so bedarf es ihrer nochmaligen Anhörung nach § 368 Abs. 2 zu demselben Antrage dennoch abermals (Eb. Schmidt 5, Müller-Sax 4). Die Zulassung darf nicht auf die Erhebung einzelner bestimmter Beweise beschränkt werden (KG GA 57 414; OLG Hamburg = Alsberg Entsch. 2 Nr. 321 a; OLG Stuttgart GA 71 193). Der Antrag ist, wenn er überhaupt zugelassen wird, in vollem Umfang zuzulassen. – Wiederaufnahmegründe, die der Antragsteller hat fallenlassen, unterliegen der Nachprüfung des Gerichts nicht.

b) Ist nur *eine* von mehreren vorgetragenen Tatsachen geeignet, die Wiederaufnahme herbeizuführen, so muß der Antrag zugelassen werden. Es ist in dem weiter auf die Zulassung folgenden Verfahren zu entscheiden, ob und in welchem Umfange die Tatsachen zu erörtern sind, die der Angeklagte außer der für die Zulassung entscheidenden Tatsache vorträgt. Ein Antrag, der nur auf eine der in § 359 aufgeführten Gruppen von Tatsachen gestützt wird, kann nicht teilweise zulässig und teilweise unzulässig sein (KG GA 57 414 = Alsberg Entsch. 2 Nr. 312; OLG Hamburg = Alsberg Entsch. 2 Nr. 312a und b; BayObLG JW 1929 1491 OLG Köln JMBl. NRW 1963 48; ferner Anm. 1 a E). *Teilzulassung* ist aber dort möglich, wo abtrennbare Urteilsabschnitte betroffen sind, etwa bei Wegfall der Voraussetzungen des § 17 StGB (Rückfall) oder bei Angriff gegen Sicherungsmaßregeln ohne Berührung des Schuldspruchs oder wo Tatmehrheit vorliegt (Müller-Sax 5 a).

c) Der Zulassungsbeschluß nach § 368 ist nicht präjudiziell für die künftige Entscheidung über die Wiederaufnahme (KG JW 1929 1073, auch nicht hinsichtlich der Zulässigkeit. OLG Köln = Alsberg Entsch. 2 Nr. 314 b, EbSchmidt 4). Er kann nicht nachträglich aufgehoben werden (OLG Hamburg = Alsberg Entsch. 2 Nr. 314 a).

6. Ergänzung des Antrags. Ist der Antrag nur unvollständig oder leidet er an einem anderen leicht zu behebenden Mangel, so kann das Gericht, statt ihn alsbald zu verwerfen, zunächst den Antragsteller unter Bestimmung einer Frist *zur Vervollständigung* usw. *auffordern.* Ein solches Verfahren ist um so mehr zu empfehlen, als der Antragsteller jederzeit befugt ist, einen verworfenen Antrag nach Behebung des betreffenden Mangels zu erneuern (vgl. § 359 Anm. 2, § 362 Anm. 2; Müller-Sax 3).

7. Anfechtung der Entscheidung. Sowohl der den Antrag zulassende als auch der ihn verwerfende Beschluß können mit der sofortigen Beschwerde *angefochten* werden (§ 372). Die Ausnahme des § 372 Satz 2 gilt hier nicht, daher sind Verstöße, welche dem Beschluß vorangehen, nicht geeignet, die Revision zu begründen. Jedoch ist bei solchen Verstößen die einfache Beschwerde zulässig, sofern nicht § 305 dem entgegensteht. § 367 Anm. 2. Die sofortige Beschwerde ist auch bei Beschränkung der Zulassung möglich (vgl. Anm. 4 b). Dagegen kann ein im Zulassungsbeschluß erfolgender Hinweis auf bestimmte Beweise mit der Beschwerde gegen den nach § 370 Abs. 1 ergehenden Beschluß erfolgen (Eb. Schmidt 8, OLG Frankfurt NJW 1955 73).

8. Die Erklärung des Gegners ist an keine Form gebunden. Auch der Gegner kann *neue Tatsachen und Beweismittel* vorbringen. Er kann auch Anträge auf erst einzuholende unterstützende oder Gegenbeweise stellen.

9. Kosten. Die allgemeinen Bestimmungen gelten auch hier. Vergebliche Anträge der Staatsanwaltschaft führen zur Auferlegung der Kosten und notwendigen Auslagen auf die Staatskasse (§ 473 Abs. 1 und 2). Sonst trägt der erfolglose Antragsteller die Kosten.

10. Die Beschlußbegründung ist so zu fassen, daß sie über den Gesetzeswortlaut hinaus eine Grundlage für eine etwaige Beschwerde gem. § 372 gibt. (Vgl. Anm. zu §§ 34, 35). Eine Verbindung der Zulassung und der Wiederanordnung der Hauptverhandlung ist nur bei sofortiger Entscheidungsreife und nach vorheriger gleichzeitiger Stellungnahme der Staatsanwaltschaft, des Privat- und Nebenklägers möglich (Müller-Sax 5 d).

§ 369

(1) Wird der Antrag für zulässig befunden, so beauftragt das Gericht mit der Aufnahme der angetretenen Beweise, soweit dies erforderlich ist, einen Richter.

(2) Dem Ermessen des Gerichts bleibt es überlassen, ob die Zeugen und Sachverständigen eidlich vernommen werden sollen.

(3) Bei der Vernehmung eines Zeugen oder Sachverständigen und bei der Einnahme eines richterlichen Augenscheins ist der Staatsanwaltschaft, dem Angeklagten und dem Verteidiger die Anwesenheit zu gestatten. Die §§ 194, 224 Abs. 1 und § 225 gelten entsprechend. Befindet sich der Angeklagte nicht auf freiem Fuß, so hat er einen Anspruch auf Anwesenheit nur, wenn der Termin an der Gerichtsstelle des Ortes abgehalten wird, wo er sich in Haft befindet, oder seine Mitwirkung der mit der Beweiserhebung bezweckten Klärung dienlich ist.

(4) Nach Schluß der Beweisaufnahme sind die Staatsanwaltschaft und der Angeklagte unter Bestimmung einer Frist zur weiteren Erklärung aufzufordern.

1. a) Hat das Gericht den Antrag für zulässig befunden (vgl. § 368 Anm. 4) und der Gegner des Antragstellers seine Erklärung (§ 368 Abs. 2) abgegeben oder die ihm gestellte Frist verstreichen lassen, so bedarf es einer weiteren Entschließung des Gerichts darüber, ob vor Erlassung des Beschlusses über die Wiederaufnahme des Verfahrens (§ 370) noch eine **Beweisaufnahme** *erforderlich* ist oder nicht. Einer solchen wird es in den Fällen des § 359 Nr. 5 regelmäßig bedürfen; doch sind auch Fälle denkbar, in denen sie entbehrlich ist; (RG GA **44** 145). Daher ist in klaren Fällen sogar die Verbindung der Beschlüsse über Zulässigkeit und Begründetheit denkbar (OLG Bremen GA **1960** 216, Müller-Sax § 368 Anm. 5 d, RGSt. **35** 351. a. A. EbSchmidt, der einem solchen Beschluß die Eignung als weitere Verfahrensvoraussetzung abspricht).

b) **Aufnahme der angetretenen Beweise.** Wenngleich der Paragraph nur von den *„angetretenen"* Beweisen spricht, so ist das Gericht doch befugt, *noch andere* Beweise zu erheben, auch solche, welche geeignet sind, die von dem Antragsteller vorgebrachten zu entkräften (EbSchmidt 3), keinesfalls aber eidesstattliche Versicherungen (BGHSt. **17** 303). Ohne diese Befugnis könnte das Gericht in die Lage kommen, auf Grund unglaubwürdiger neuer Aussagen die Hauptverhandlung erneuern zu müssen. Auch für das Wiederaufnahmeverfahren gilt das Offizialprinzip. Das Gericht ist also nicht auf die von dem Antragsteller bezeichneten Beweismittel beschränkt (OLG Hamm GA **71** 116). Demgemäß ist auch die Beobachtung des Verurteilten in einer öffentlichen Heil- oder Pflegeanstalt gemäß § 81 zulässig (Voss GA **55** 199; Winkler Ger. S. **78** 371; Kl 1; Müller-Sax 3. OLG Hamburg NJW **1954** 974. Vgl. auch Anm. 5).

2. **Auftrag zur Beweisaufnahme.** Der Ausdruck *„beauftragt"* ist gegenüber der sonstigen Terminologie der StPO ungenau: das Gericht kann die Beweisaufnahme auch durch einen *ersuchten* Richter bewirken (EbSchmidt 2). In allen Fällen muß jedoch ein *Richter* mit der Beweisaufnahme betraut werden (BGHSt. **18** 419). Die Erhebung von Beweisen durch eine Polizeibehörde genügt nicht (Kl 2). Dasselbe gilt für staatsanwaltschaftliche Ermittlungen. Ein Antrag auf Voruntersuchung ist ausgeschlossen (EbSchmidt 2). Wenn der Beschluß dem Amtsrichter (§ 367 Anm. 5) zusteht, paßt die Fassung Abs. 1 ohnehin nicht. Er kann nur die Beweise selbst erheben oder einen anderen Richter um deren Erhebung ersuchen. (EbSchmidt 2; Müller-Sax 4). Wenn das Gericht ein Beweismittel für geeignet im Sinne des § 359 Abs. 5 hält, muß es den Wiederaufnahmeantrag für zulässig erklären und die gerichtliche Vernehmung des oder der Zeugen anordnen. Zweck der etwaigen Beweisaufnahme ist, die notwendigen tatsächlichen Unterlagen für die Prüfung zu gewähren, ob die gesetzlichen Voraussetzungen der Wiederaufnahme für dargetan zu erachten sind und daher eine erneute mündliche Verhandlung anberaumt werden soll. — Das Gericht kann jederzeit und insbesondere auch noch nach Eingang der in Abs. 4 gedachten Erklärungen eine *weitere* Erhebung von Beweisen beschließen (KG GA **69** 445 = Alsberg Entsch. 2 Nr. 333). Ein und derselbe Antrag kann nicht zu einem Teile nach § 368 Abs. 1, zu andern nach § 369 Abs. 1 beschieden werden. Nach Zulassung des Antrags darf auch nicht das Begehren des Verteidigers, weitere Zeugen zu vernehmen, als unzulässig abgelehnt werden (BayObLG

JW 1929 1491). Das Gericht muß nicht alle Beweise erheben, sofern schon ein Teil der Erhebung zur Wiederaufnahme ausreicht. Entscheidet es aber unter Nichterhebung von Beweisen, die angeboten sind, gegen den Antragsteller, so führt dieser Mangel zur Anfechtbarkeit (OLG Hamburg = Alsberg Entsch. 2 Nr. 333 c).

Das Gericht darf die Polizei und die Staatsanwaltschaft keinesfalls mit Beweiserhebungen, sondern allenfalls mit der Beischaffung gegenständlicher Beweismittel beauftragen (so für Fertigung und Vorlage photographischer Aufnahmen Müller-Sax 2). Der mit der Beweiserhebung beauftragte Richter muß bei der späteren Beschlußfassung nicht mitwirken (Hamburg SJZ 1950 622), er ist aber auch nicht daran verhindert (BGH NJW 1954 891).

3. **Eidliche Vernehmung.** Zu Abs. 2 vgl. § 66. Die hier getroffene Bestimmung beruht darauf, daß es mit dem Wesen der Wiederaufnahme einer bereits rechtskräftig entschiedenen Untersuchung nicht verträglich erscheint, diese auf unbeeidigte Aussagen zu gründen. Die Aussetzung der *Beeidigung* ist daher in diesem Verfahren die Ausnahme, aber nicht ganz ausgeschlossen (Müller-Sax 5). Die Bestimmung gilt jedoch nur für den dem Ermittlungsverfahren analogen Teil des Wiederaufnahmeverfahrens und nicht für die Fälle des § 371 Abs. 1 u. 2, in denen die allgemeinen Regeln über die Notwendigkeit der Beeidigung gelten (RGSt. 29 64). Die Berufung auf einen in der früheren Hauptverhandlung geleisteten Eid ist nicht zulässig (RGSt. 18 417). Das Gericht muß in dem Beschluß, in welchem Beweiserhebungen angeordnet werden, bestimmen, ob die Aussagen der Zeugen beeidet werden sollen oder nicht (Müller-Sax 5). Dem vernehmenden Richter steht dann die Entscheidung über die Frage der Beeidigung, dort wo sie zulässig wäre, nicht zu (BGH NJW 1965 891). Dies bedeutet aber nicht, daß er dort, wo er positiv nach §§ 60ff. Beeidigungsverbote feststellt, etwa beeidigen müsse (EbSchmidt 4).

4. **Parteienöffentlichkeit.** Die schon in der 21. Auflage vertretene Auffassung, daß der Betroffene trotz des Hinweises auf §§ 193, 194 ein Anwesenheitsrecht haben müsse, hat nun eine gesetzliche Fundierung gefunden. Der Regierungsentwurf BRDrucksache 9/62 S. 44 ging von der engen Auffassung der Bezugnahme auf §§ 193, 194 aus, die eine Anwesenheit nur bei der Vernehmung von Zeugen und Sachverständigen vorschreiben, falls diese voraussichtlich nicht in der künftigen Hauptverhandlung erscheinen können oder zu erscheinen brauchen. Der Grund dafür, daß nunmehr im Gesetz ausdrücklich ein erweitertes Anwesenheitsrecht festgelegt wird, liegt in der hier schon früher vertretenen Auffassung, daß es ja vorkommen kann, daß eine neue Hauptverhandlung gar nicht stattfindet, weil nach § 370 Abs. 1 der Antrag ohne mündliche Verhandlung trotz Zulassung als unbegründet verworfen werden kann (Kl 4).

5. Jede **Vernehmung eines Zeugen oder Sachverständigen** wie auch die Einnahme eines Augenscheins ist nun der Parteienöffentlichkeit unterworfen, und zwar sind der Verteidiger und der Staatsanwalt sowie Privat- und Nebenkläger (§§ 397, 385 Abs. 1 S. 1), die sich auch anwaltlich, nicht aber durch Beistände vertreten lassen können (Kl 4 a), sowie in Jugendsachen die Erziehungsberechtigten und gesetzlichen Vertreter (§ 67 Abs. 1 u. 2 JG 9) stets zur Anwesenheit berechtigt, der Angeklagte dagegen nur in der Regel. Die Ausnahmen liegen vor, wenn zu befürchten ist, daß der Zeuge in Gegenwart des Angeklagten die Wahrheit nicht sagen werde (§ 194). Die Beteiligten sind von dem Termin zur Beweisaufnahme zu benachrichtigen, soweit dies nicht wegen Gefahr im Verzug untunlich ist (was im Wiederaufnahmeverfahren kaum anzunehmen ist, da ihm ohnehin lange Erörterungen voranzugehen pflegen). Die Niederschrift über die Beweisaufnahme ist der Staatsanwaltschaft und dem Verteidiger vorzulegen. Der Anwesenheit der Beteiligten bei den Vernehmungen bedarf es nicht (auch nicht in den Fällen notwendiger Verteidigung). Dies ergibt sich aus der Verweisung auf § 224 Abs. 1. Die Berechtigung zur Teilnahme am Augenschein ergibt sich aus der Verweisung auf § 225. Im Regierungsentwurf war auch die Verweisung auf § 224 Abs. 2 enthalten gewesen, wonach der Angeklagte, der sich in Haft befindet, nur Anspruch auf Anwesenheit hat, wenn er sich an dem Ort in Haft befindet, wo die gerichtliche Handlung stattfindet. Soweit im Entwurf vom „Verurteilten" gesprochen wird, ist darauf hinzuweisen, daß auch ein Freigesprochener oder sonst einem Wiederaufnahmeantrag der Staatsanwaltschaft Ausgesetzter sich in anderer Sache in Haft befinden kann. Auch dann hat er dies

Anwesenheitsrecht am Ort zweifellos. Eine Verweisung auf § 244 Abs. 2 ist aber zu eng. Der Gesetzgeber hat die vermittelnde Lösung gesucht, daß der in Haft befindliche Betroffene das Anwesenheitsrecht hat, wenn seine Mitwirkung der mit der Beweisaufnahme bezweckten Klärung dienlich ist. Das ist vor allem dort der Fall, wo etwa ein neu benannter Zeuge etwas bestreitet, was er dem Betroffenen selbst erzählt haben soll, also wo eine Gegenüberstellung erforderlich erscheint. Die Tatsache, daß ein Verteidiger anwesend ist, schließt die Sachdienlichkeit der Anwesenheit des Angeklagten nicht schlechthin aus, wenn es gerade auf Vorhalte ankommt, die er persönlich machen kann. Über die Dienlichkeit entscheidet der mit der Beweiserhebung nach Abs. 1 beauftragte Richter. Im übrigen bestehen keine Bedenken dagegen, die Beweisaufnahme an den Ort der Haftanstalt zu verlegen, ja sie in der Anstalt stattfinden zu lassen, sofern dies rein reisekostenmäßig vertretbar ist.

6. Andere Maßregeln. Wenngleich in § 369 nur von der *Aufnahme* der Beweise die Rede ist, so sind doch in dem hier behandelten Stadium des Verfahrens auch die *Untersuchungshandlungen* statthaft, welche, wie die Beschlagnahme und die Durchsuchung zum Zwecke der *Herbeischaffung* von Beweismitteln erforderlich sein können. Eine *Verhaftung* des Angeklagten kommt nur dann in Frage, wenn die Wiederaufnahme zu seinen Ungunsten beantragt ist (§ 362; EbSchmidt 6). Die Verhaftung ist nur auf Grund neuer Tatsachen und Beweismittel zulässig (Müller-Sax 3).

7. Der Angeklagte wird, soweit er nicht der Beweisaufnahme beigewohnt hat, die in Abs. 4 gedachte **„weitere Erklärung"** (vgl. § 368 Anm. 7) nur abgeben können, wenn ihm das Ergebnis der Beweisaufnahme bekanntgemacht wird. Dabei gelten die Bestimmungen des § 33 Abs. 1 (Staatsanwaltschaft) und des § 33 Abs. 3 (Angeklagter). Einem Antrage des Angeklagten auf Mitteilung der aufgenommenen Protokolle muß stets stattgegeben werden. Außer der Erteilung von Abschriften kann auch die Verlesung der Protokolle oder die mündliche Eröffnung ihres wesentlichen Inhalts durch eine mit Vernehmung des Angeklagten beauftragte Gerichtsperson in Frage kommen. Hat der Angeklagte einen Verteidiger, so kann die Aufforderung an ihn gem. § 145 auch über den Verteidiger ergehen. Dann kann er aber nur beanspruchen, daß diesem die *Akteneinsicht* gestattet werde. Die beschränkende Bestimmung des § 147 Abs. 2 kann hier nicht Platz greifen. Auch die Staatsanwaltschaft muß nach Schluß der Beweisaufnahme gehört werden (OLG Rostock ZStW 42 718). Über die Art der Mitteilung entscheidet das freie Ermessen des Gerichts. Ist der Vorschrift des Abs. 4 nicht genügt, so ist die Entscheidung aufzuheben.

8. Ist eine **Frist** nicht bestimmt oder zeitlich nicht angemessen oder dem Antragsteller nicht bekanntgemacht, so kann dieser Mangel zur Aufhebung des den Antrag verwerfenden Beschlusses (§ 370) führen (OLG Breslau ZStW 43 518).

9. Beschwerde ist in diesem Zwischenstadium entgegen dem zu § 367 Anm. 2 Ausgeführten gemäß § 304 nicht möglich, da erst das Ergebnis von § 370 Abs. 1 abzuwarten ist. (EbSchmidt 8). Jedoch hat die Neufassung des Abs. 3 ein Beschwerderecht insoweit eröffnet, als gegen die Ablehnung eines Antrags auf Anwesenheit des Betroffenen, der sich in Haft befindet, mit der Begründung, es bedürfe seiner Mitwirkung nicht, weil sie der Klärung nicht dienlich sei, eine Anrufung der oberen Instanz nach § 304 möglich ist. Hier kann die Entscheidung nach § 370 Abs. 1, die möglicherweise materiell von dieser versagenden Gegenüberstellung abhängt, nicht abgewartet werden. Dagegen kann gegen die unterbliebene Benachrichtigung vom Termin schon deshalb keine Beschwerde erhoben werden, weil hier die Beteiligten erst nachträglich von der bereits vollzogenen Beweisaufnahme erfahren. Desgleichen wird die Beschwerde gegen die Ablehnung des Antrags auf Anwesenheit mit dem Beweistermin selbst gegenstandslos. Dann kann nur die ergangene Entscheidung gemäß § 372 angefochten werden (Kl 4 d).

§ 370

(1) Der Antrag auf Wiederaufnahme des Verfahrens wird ohne mündliche Verhandlung als unbegründet verworfen, wenn die darin aufgestellten Behauptungen keine genügende Bestätigung gefunden haben, oder wenn in den Fällen des § 359 Nr. 1 und 2 oder des § 362

Nr. 1 und 2 nach Lage der Sache die Annahme ausgeschlossen ist, daß die in diesen Vorschriften bezeichnete Handlung auf die Entscheidung Einfluß gehabt hat.

(2) Anderenfalls ordnet das Gericht die Wiederaufnahme des Verfahrens und die Erneuerung der Hauptverhandlung an.

1. **Entscheidung, ob der Antrag begründet ist.** In dem Beschluß, von welchem § 370 handelt, liegt der Schwerpunkt des ganzen Wiederaufnahmeverfahrens: Hat das Gericht nämlich einmal gem. Abs. 2 die Wiederaufnahme rechtskräftig beschlossen, *so ist das frühere Urteil tatsächlich beseitigt* (RGSt. **9** 36, **27** 382, **29** 280, **30** 421, **41** 106, **57** 317, **58** 52; BGHSt. **14** 64, 85; Hamburg JW **1931** 2860; Gerland 445; Kl 4; Müller-Sax 4; a. A. KG GA **69** 128; Oetker Ger. S. **65** 455, **66** 124). Der rechtskräftige Beschluß gemäß § 370 stellt eine *Prozeßvoraussetzung* für das weitere Verfahren dar (BayObLG **1952** 78). Er ist von Amts wegen zu beachten. Sein Fehlen muß zur Einstellung des Verfahrens führen; (Müller-Sax 3; EbSchmidt 2; BayObLGSt. **1952** 80). Bis zu seiner Rechtskraft steht einem neuen Hauptverfahren die Rechtskraft des bisherigen Urteils entgegen (RGSt. **35** 353, **67** 54; RG HRR **1938** 718, **1939** Nr. 279). Würde ein die Wiederaufnahme des Verfahrens zuungunsten des Verurteilten anordnender Beschluß diesem nicht zugestellt, so ist, wenn er verurteilt ist, die Rüge einer Verletzung des § 370 vom Revisionsgericht zu beachten und die Einstellung des Verfahrens auszusprechen (Dresden JW **1928** 1882). Eine formelle Beschlußfassung darüber, ob der Antrag auf Wiederaufnahme *begründet* sei, ist daher unentbehrlich (RGSt. **35** 352). Das erkennende Gericht (§ 373) ist an den Beschluß insofern gebunden, als es nicht befugt ist, die Zulässigkeit der Wiederaufnahme von neuem zu prüfen (RGSt. **35** 352, **57** 317, **58** 52).

Der aufs neue erkennende Richter kann seine Überzeugung aus nichts anderem als aus dem Inhalt der *neuen* Verhandlung schöpfen; das frühere Urteil kommt hierbei nicht in Betracht (RGSt. **57** 317). Es kann also sehr wohl vorkommen, daß der frühere Verurteilte, obwohl die von ihm beigebrachten neuen Tatsachen usw. sich in der neuen Hauptverhandlung als ganz unerheblich erweisen, doch freigesprochen werden muß, weil die Belastungsbeweise inzwischen teilweise verlorengegangen sind und die noch vorhandenen zur Überführung nicht ausreichen. Prinzipiell gilt aber auch für die Berufungsrichter dasselbe (RGSt. **2** 323). Nicht nur hinsichtlich der Beweisfrage, sondern auch in jeder anderen Hinsicht ist das neue Urteil von dem früheren unabhängig. Die in § 373 Abs. 2 bestimmte Einschränkung ist die einzige, welcher das freie Ermessen des aufs neue entscheidenden Richters unterliegt. Selbst dann, wenn die Feststellungen des neuen Urteils mit denen des früheren völlig übereinstimmen, der Wiederaufnahmeantrag also seinen Zweck völlig verfehlt hat, ist das Gericht nicht gehindert, auf eine mildere Strafe, als die früher verhängte, zu erkennen, und hat die *Pflicht,* ganz neu auch über die Straffrage zu befinden (RGSt. **30** 421). Dieser Ansicht steht der § 363 nicht entgegen: er verbietet zwar, die Wiederaufnahme zum Zwecke einer bloßen Strafermäßigung *eintreten* zu lassen; er beschränkt jedoch das Gericht in seinem freien Ermessen nicht, sobald die Wiederaufnahme zur neuen Hauptverhandlung geführt hat. Das Gericht hat ferner selbst im Falle des § 359 Nr. 5 nicht nur die Wahl zwischen Freisprechung und Verurteilung, sondern es hat geeignetenfalls auch die Einstellung des Verfahrens auszusprechen (RGSt. **20** 46 und § 367 Anm. 1). Daraus ergibt sich, daß auf „Aufrechterhaltung" des früheren Urteils nur dann zu erkennen ist, wenn das Gericht auf Grund der neuen Hauptverhandlung zu derselben Entscheidung gelangt, wie das früher urteilende Gericht. Eine sachliche Bedeutung hat diese im Gesetz nur für einen ganz bestimmten Fall vorgeschriebene *Formel* nicht (RGSt. **2** 326, **57** 317). Es soll nur vermieden werden, daß das bisherige Urteil aufgehoben und alsdann ein neues Urteil mit demselben Inhalt verkündet wird. Es handelt sich insoweit also nur um eine Formalbezeichnung (Hamburg GA **75** 316; JW **1931** 2860). Aus dem vorstehend über die Wirkung und Tragweite dieses Beschlusses Gesagten erhellt, daß das Gericht die Wiederaufnahme des Verfahrens nicht beschließen darf, ohne die Notwendigkeit auf das genaueste geprüft zu haben; vgl. bes. § 359 Anm. 17.

2. **Zuständigkeit.** Der Beschluß wird von demselben *Gericht* erlassen, das über die Zulassung des Antrages (§ 367) entschieden hat; s. § 367 Anm. 1. Eine Mitteilung der durch die Beweisaufnahme gemäß § 369 erzielten Ergebnisse ist nicht erforderlich.

3. a) **Umfang der Prüfungspflicht.** Worauf die *Prüfung des Gerichts* sich zu richten hat, hängt davon ab, welcher Wiederaufnahmegrund von dem Antragsteller geltend gemacht ist. In den Fällen der Nr. 1, 2 der §§ 359, 362 wird es sich auf Grund der Vorschrift des § 364 regelmäßig um die Frage handeln: welchen Einfluß das Vorbringen der falschen Urkunde bzw. die Abgabe der falschen Aussage auf das angefochtene Urteil gehabt haben könne; vgl. § 359 Anm. 9. (Bei dem Beschlusse über die Zulassung des Antrages (§ 368) kommt diese Frage noch nicht in Betracht.) Um die Prüfung von Beweisergebnissen wird es sich in solchen Fällen nur ausnahmsweise handeln können; vgl. § 364 Anm. 3, § 359 Anm. 8. – In dem Falle der Nr. 3 der §§ 359, 362 begründet die in § 364 vorausgesetzte rechtskräftige Verurteilung ohne weiteres die Wiederaufnahme; vgl. § 359 Anm. 13. Wie in den Fällen der Nr. 1, 2, so kann es sich auch hier nur ausnahmsweise um die Prüfung von Beweisergebnissen (§ 364 Anm. 3) handeln. – In dem Falle des § 359 Nr. 4 kommt es darauf an, ob das angefochtene Strafurteil auf das betreffende zivilgerichtliche Urteil gegründet war und ob das letztere nunmehr durch ein anderes, und zwar rechtskräftiges Urteil, aufgehoben ist; vgl. § 359 Anm. 15. – In dem Falle des § 359 Nr. 5 handelt es sich darum, ob die neuen Ausführungen durch die stattgehabte Beweisaufnahme (§ 369) eine genügende Bestätigung gefunden haben, es also wahrscheinlich ist, daß sie in der Hauptverhandlung nachgewiesen werden (EbSchmidt 6). Außerdem ist das Vorhandensein aller in Nr. 5 bezeichneten Erfordernisse der Wiederaufnahme von neuem zu prüfen; vgl. § 359 Anm. 15 ff. Haben die neuen Tatsachen, welche die Freisprechung usw. des Angeklagten zu begründen geeignet sind, genügende Bestätigung gefunden, dann darf das Gericht den Antrag nicht auf Grund von Tatsachen verwerfen, die es für erwiesen erachtet, die in dem früheren Verfahren aber nicht für erwiesen erachtet waren (RGSt. 57 317). Wohl aber sind auch vom Gesuchsteller nicht geltend gemachte neue Tatsachen, die sich in der Beweisaufnahme ergeben haben, zu seinen Gunsten zu berücksichtigen. (OLG Hamburg NJW **1954** 974.) – In dem Falle des § 362 Nr. 4 endlich ist zu prüfen, ob der Angeklagte das behauptete Geständnis abgelegt hat und ob es für glaubwürdig anzusehen ist; vgl. § 362 Anm. 9, 11.

b) **Unverbindlichkeit des Zulassungsbeschlusses.** Der über die *Zulassung* des Antrages ergangene Beschluß (§ 368) ist für die Entscheidung über die Wiederaufnahme (§ 370) *in keiner Weise* bindend; das Gericht hat die Verwerfung des Antrages auch dann auszusprechen, wenn es findet, daß es gerechtfertigt gewesen wäre, ihn ohne weiteres als unzulässig zu verwerfen. Unzulässigkeitsgründe, die später erkannt werden, sind auch noch im Verfahren gemäß § 370 zu beachten (OLG Dresden HRR **1937** Nr. 841).

4. **Anfechtung.** Der Beschluß, der die Verwerfung des Antrags ausspricht, muß daher begründet werden; über die Ausnahme des § 372 Satz 2 vgl. dort. Er ist mit der sofortigen Beschwerde *anfechtbar* (§ 372).

5. Ist nach Rechtskraft des angefochtenen Urteils eine auf die Tat anzuwendende **Amnestie** erlassen, so ist das Verfahren niederzuschlagen und zugleich mit dem Beschluß nach § 370 Abs. 2 einzustellen (EbSchmidt 8; BayObLGSt. **1952** 78). Das Nähere hierüber und über die verschiedenen Meinungen Vorbem. 5 vor § 359.

6. a) Ist die Wiederaufnahme rechtskräftig ausgesprochen, so wird (abgesehen von den in § 371 Abs. 2 bestimmten Ausnahmefällen) eine **neue Hauptverhandlung** anberaumt, und zwar in *der Instanz,* in welcher das durch den Wiederaufnahmeantrag angefochtene Urteil ergangen war; das Nähere hierüber s. zu § 367 Anm. 2. Dabei ist die Zuständigkeit den zur Zeit des Wiederaufnahmeverfahrens geltenden Regeln anzupassen (RGSt. 9 37, 29 279; EbSchmidt 13; Müller-Sax 5).

b) Es ist zulässig, die **neue Hauptverhandlung,** statt vor dem früher befaßten Gericht, vor einem **Gericht niederer Ordnung** stattfinden zu lassen, wenn die noch in Frage kommende strafbare Handlung zur Zuständigkeit des letzteren Gerichts gehört (RG GA 29 278). Jedoch sind dort, wo das GVG besondere absolute Zuständigkeiten geschaffen hat (§ 80 GVG), solche Abweichungen vom Eröffnungsbeschluß her nicht möglich (BGHSt. **14** 64).

c) Eine **vorläufige** Einstellung des Verfahrens gemäß § 205 StPO kennt die StPO in diesem Stadium des Verfahrens nicht (OLG Köln = Alsberg Entsch. 2 Nr. 321. Eb. Schmidt 11). Eine solche Einstellung kann erst nach Anordnung der Wiederaufnahme erfolgen. Dasselbe gilt für Einstellungsfälle nach § 206 a. Vgl. aber § 371 Anm. 3.

7. Der Wiederaufnahmebeschluß hat grundsätzlich nur die Erneuerung der Hauptverhandlung zur Folge. An sich können also versäumte Fristen nicht nachgeholt werden (RGSt. 35 410). Mit Recht weist aber EbSchmidt 14 darauf hin, daß sich die Situation bei Beantragung eines Pflichtverteidigers gegen früher entscheidend verändert haben kann. Zu helfen wird zwar meist über § 140 Abs. 2 sein, jedoch kann es auch Fälle geben, in denen die Unterlassung einer Belehrung nach § 201 Abs. 1 zusammen mit Fristsetzung nach § 140 Abs. 3 gegen den Grundsatz der richterlichen Fürsorge verstoßen würde. Ein form- und fristgerecht gestellter Strafantrag kann nicht mehr zurückgenommen werden. Da § 12 eine Übertragung im ersten Rechtszug, solange das Urteil noch nicht erlassen ist, vorsieht (§ 12 Anm. 5) kann mit dem Wegfall des früheren Urteils auch die Übertragung an ein anderes örtlich zuständiges Gericht durch das gemeinsame obere Gericht nach § 12 Abs. 2 zulässig sein. Die Verlesung des Wiederaufnahmebeschlusses in der neuen Hauptverhandlung ist nicht notwendig, aber zulässig (RG Recht 25 2296). Eine Nachprüfung, ob der Wiederaufnahmebeschluß formell zu Recht ergangen ist, findet in der Hauptverhandlung nicht mehr statt, vgl. Anm. 1 und § 372 Anm. 4. Es beginnt eine neue Verfolgungsverjährung, vgl. aber § 362 Anm. 2.

8. Über die Unzulässigkeit weiterer **Strafvollstreckung** vgl. § 360 Anm. 1, über den Fortfall einer zugesprochenen **Entschädigung**, wenn zuungunsten des Angeklagten die Wiederaufnahme beschlossen ist, § 5 des G., betr. Entschädigung für unschuldig erlittene Untersuchungshaft vom 14. 7. 1904 (RGBl. 321) zuletzt geändert am 8. 9. 1969 (BGBl. I 1582) und § 4 des G., betreffend die Entschädigung der im Wiederaufnahmeverfahren freigesprochenen Personen, v. 20. 5. 1898 (zuletzt geändert am 8. 9. 1969 BGBl. I 1582).

9. Zum **Inhalt** der neuen Hauptverhandlung s. § 373 Anm. 1.

§ 371

(1) Ist der Verurteilte bereits verstorben, so hat ohne Erneuerung der Hauptverhandlung das Gericht nach Aufnahme des etwa noch erforderlichen Beweises entweder die Freisprechung zu erkennen oder den Antrag auf Wiederaufnahme abzulehnen.

(2) Auch in anderen Fällen kann das Gericht, bei öffentlichen Klagen jedoch nur mit Zustimmung der Staatsanwaltschaft, den Verurteilten sofort freisprechen, wenn dazu genügende Beweise bereits vorliegen.

(3) Mit der Freisprechung ist die Aufhebung des früheren Urteils zu verbinden. War lediglich auf eine Maßregel der Sicherung und Besserung erkannt, so tritt an Stelle der Freisprechung die Aufhebung des früheren Urteils.

(4) Die Aufhebung ist auf Verlangen des Antragstellers durch den Bundesanzeiger bekanntzumachen, und kann nach dem Ermessen des Gerichts auch durch andere Blätter veröffentlicht werden.

Zu Abs. 1.

Tod des Verurteilten. 1. Die Bestimmung des Abs. 1 hätte in Verbindung mit den Bestimmungen des § 361 ihre Stelle in einem besonderen Paragraphen finden sollen, da sie für den Fall des *Todes des Verurteilten* sowohl hinsichtlich der Zulässigkeit der Wiederaufnahme wie auch hinsichtlich des Verfahrens besondere, von den allgemeinen Vorschriften abweichende Normen aufstellt. Die *Besonderheiten* des Falles sind folgende: a) Die Wiederaufnahme des Verfahrens kann *nur zum Zweck der völligen Freisprechung*, nicht aber zu dem Zweck stattfinden, damit die Tat minder schwer, als geschehen, qualifiziert werde; vgl. § 359 Anm. 3. — b) Bei der schließlichen Entscheidung (vgl. § 370) ist nicht zu prüfen, ob die Voraussetzungen der *Wiederaufnahme* des Verfahrens, sondern ob die Voraussetzungen der

Freisprechung vorhanden sind. Die zur Begründung dieser Entscheidung erforderlichen Beweiserhebungen werden in ihrem ganzen Umfange auf dem in § 369 Abs. 1 bestimmten Wege bewirkt. Hierbei müssen die eidesfähigen Zeugen und die Sachverständigen notwendig, unbeschadet der gesetzlich vorgeschriebenen oder zulässigen Ausnahmen der §§ 60ff., eidlich vernommen werden, da die Beweiserhebungen eine Beweisaufnahme in der Hauptverhandlung ersetzen sollen; § 369 Anm. 3 a. E. Die Prozeßbeteiligten haben Anspruch auf Anwesenheit in den Terminen und auf Benachrichtigungen von ihnen (KG GA 37 313 = Alsberg Entsch. 2 Nr. 324); Verzicht ist auch hier zulässig (RG GA 46 211). – c) Erachtet das Gericht die völlige Freisprechung des Verurteilten nicht für gerechtfertigt, so hat es den Antrag nicht zu verwerfen, sondern *„abzulehnen"*; diese Verschiedenheit der Ausdrucksweise entspricht der materiellen Verschiedenheit, welche nach dem vorstehend (a, b) Bemerkten zwischen dem in Rede stehenden Falle und dem regelmäßigen Falle des § 370 besteht. – d) Wird die völlige Freisprechung für gerechtfertigt erachtet, so beschließt das Gericht nicht die Wiederaufnahme des Verfahrens, sondern es erläßt, *ohne* daß eine *neue Hauptverhandlung* stattfindet, alsbald den freisprechenden Beschluß, vgl. Anm. 6.

2. **a)** Abs. 1 findet sowohl Anwendung, wenn der Antrag erst nach dem Tode des Verurteilten angebracht war (§ 361), also auch, wenn der Verurteilte ihn *selbst* gestellt hatte, *demnächst* aber **verstorben** ist und nunmehr statt seiner ein Berechtigter (§ 361 Abs. 2 oder die Staatsanwaltschaft (BGHSt. 21 373) das Verfahren weiter betreibt. Die Wiederaufnahme des Verfahrens geht also weiter, auch wenn der Verurteilte im Laufe desselben verstirbt; (Hamburg = Alsberg Entsch. 2 Nr. 323) auch wenn der Wiederaufnahmebeschluß noch zu Lebzeiten ergangen und damit das alte Urteil in Wegfall gekommen war und daher Abs. 1 dem Wortlaut nach nicht zutrifft. Sonst wäre der Verurteilte dem Rufe nach schlechter gestellt, als wenn seine Angehörigen das Verfahren erst nach dem Tode weiterbetrieben haben (Müller-Sax 1c; Blei NJW **1957** 1961; a. A. OLG Hamm NJW **1957** 473). In diesem Fall wird, falls kein Berechtigter an die Stelle des Antragstellers tritt, das Wiederaufnahmeverfahren formlos erledigt, da dessen Fortgang das Vorhandensein eines Antragstellers voraussetzt; EbSchmidt 5;

b) Auch dann, wenn gegenüber **Mitverurteilten** die Erneuerung der Hauptverhandlung stattfindet, ist bezüglich eines verstorbenen Verurteilten nach Abs. 1 zu verfahren (RGSt. 10 423; EbSchmidt 6, der bei Verstoß einen Revisionsgrund als gegeben ansieht).

c) Auch im **Privatklageverfahren** ist ein Antrag des Verurteilten auf Wiederaufnahme des Verfahrens nach dem Tode des Privatklägers zulässig (Stuttgart = Alsberg Entsch. 2 Nr. 308 a a. A. OLG Dresden = Alsberg Entsch. 2 Nr. 308 b).

Zu Abs. 2.

Sofortige Freisprechung eines lebenden Verurteilten.

3. Auch die Freisprechung eines **lebenden Verurteilten** kann ausnahmsweise „sofort", auch in Verbindung mit dem Beschluß der Anordnung der Wiederaufnahme (OLG Bremen JZ **1956** 100) als reine Ermessenssache, d. h. ohne Erneuerung der Hauptverhandlung, erfolgen, wenn die Lage des *Beweises* eine so zweifellose ist, daß die abermalige mündliche Verhandlung sich als überflüssig darstellt, und auf *völlige Freisprechung* zu erkennen ist. Erste Voraussetzung der sofortigen Freisprechung, ist gem. Abs. 2, daß der Verurteilte noch lebt; (BayObLG Alsberg Entsch. 2 Nr. 256). Hierzu tritt bei öffentlichen Klagen das fernere Erfordernis, daß die *Staatsanwaltschaft* ihre Zustimmung zu der sofortigen Entscheidung und zur Freisprechung erklärt hat. Diese soll nach den Richtlinien (Ziff. 153) nur ausnahmsweise erklärt werden. Das Gericht kann, wenn die Zustimmung einmal erteilt ist, auch dann durch Beschluß entscheiden, wenn es zuvor einen Hauptverhandlungstermin angesetzt hatte (RG DRiZ **1934** Nr. 53). Im Privatklageverfahren bedarf es der Zustimmung des Privatklägers nicht. Infolgedessen ist auch die Zustimmung des Nebenklägers nicht notwendig (§ 397). Die des Verurteilten wird in keinem Falle erfordert. Die Bestimmung des Abs. 2 kommt vor allem in Frage, wenn ein anderer Täter später wegen der Tat rechtskräftig verurteilt worden ist. Ferner bei Verurteilung eines wegen Meineids überführten und verurteilten einzigen Zeugen, auf dessen Zeugnis die Verurteilung allein beruhte. Außerdem kom-

men die Fälle in Betracht, in denen die Strafverfolgung bereits vor der früheren Verurteilung verjährt war (KG GA **69** 130) sowie die Fälle, in denen der Verurteilte wegen unheilbarer Geisteskrankheit oder aus anderen Gründen dauernd verhandlungsunfähig ist (Hamburg = Alsberg Entsch. 2 Nr. 322). Desgleichen gehört der Fall hierher, daß neben der Freisprechung wegen einzelner von mehreren real konkurrierenden Delikten die Bildung einer neuen Gesamtstrafe nötig wird (RGSt. **47** 169; GA **71** 315; JW **1928** 68), stets vorausgesetzt, daß nur wegen dieser Delikte Wiederaufnahme beantragt und zugelassen worden ist (EbSchmidt 9). Das in Abs. 2 zugelassene außergewöhnliche Verfahren paßt zu dem ganzen sonstigen Organismus des Prozesses nicht, und die Klarheit der Beweisfrage kann den Wegfall der Hauptverhandlung hier ebensowenig rechtfertigen, wie sie ihn in dem Berufungsverfahren würde rechtfertigen können. Keinesfalls sollte gegen den Willen des Verurteilten von der Erneuerung der Hauptverhandlung Abstand genommen werden, da der Verurteilte gerade in dieser oftmals ein viel wirksameres Mittel zur Wiederherstellung seiner Ehre erblicken wird als in der öffentlichen Bekanntmachung, die der Abs. 4 des Paragraphen vorsieht. Allerdings besteht das Erfordernis der Zustimmung des Verurteilten nicht (EbSchmidt 8c).

Zu Abs. 1 und 2.

4. Die ohne Erneuerung der Hauptverhandlung stattfindende **Freisprechung erfolgt durch Beschluß** und nicht durch Urteil. (BGHSt. **8** 383, 1466; Börker NJW **1951** 391; Henkel JZ **1956** 502; Kl 1; Müller-Sax 1.) Zwar ist die Aufhebung eines Urteils durch einen Beschluß dem System der StPO an sich fremd, wenn man von der – für Revisionen die zugunsten des Angeklagten wirken müssen – gegebenen Möglichkeit absieht, Revisionen durch Beschluß für offensichtlich begründet zu erklären. Andererseits kennt § 371 die Ablehnung der Wiederaufnahme durch Beschluß, und es ist nicht einleuchtend, weshalb Entscheidungen innerhalb derselben Rechtsnorm verschiedener Natur sein sollen. Auch ist eine Berufung oder Revision gegen ein ohne mündliche Hauptverhandlung ergangenes Urteil dem System der StPO nicht weniger fremd. Für die hier vertretene Ansicht spricht auch, daß außerhalb der Hauptverhandlung das beschließende Gericht (also ohne Schöffen und Geschworene) entscheidet, was mit der Fällung eines Urteils, welches sonst dem erkennenden Gericht vorbehalten ist, nicht vereinbar ist. Auch spricht die Stellung in § 371 vor § 372, der nur die sofortige Beschwerde kennt, für die hier vertretene Ansicht. **a. A.** unter Hinweis darauf, daß in § 4 Abs. 2 des Gesetzes über unschuldig erlittene Untersuchungshaft nur von Urteilen die Rede sei und daß es ferner systemwidrig sei, Urteile durch Beschlüsse aufzuheben (EbSchmidt 10; Peters 542; Fuhrmann-Dalcke 4; Kern 208 sowie früher RGSt. **28** 146, **29** 65, **47** 166). Kl 1 will auch die sofortige **Einstellung** unter § 371 Abs. 2 einbezogen wissen. (OLG Bamberg NJW **1955** 1121). Das ist prozeßökonomisch richtig aber nur mit Einverständnis des Betroffenen, der primär auf Freispruch ausgeht.

5. Abs. 3 Satz 2 bezieht sich auf diejenigen Fälle, in denen neben Freispruch oder nur im Sicherungsverfahren nach § 429a ff. auf eine **Maßregel** der Sicherung und Besserung erkannt worden war (EbSchmidt 13).

Zu Abs. 1, 2, 3.

6. Seit Geltung des G. v. 20. 5. 1898 (BGBl. 345) zuletzt geändert am 8. 9. 1969 (BGBl. I 1582), betr. die **Entschädigung der im Wiederaufnahmeverfahren freigesprochenen Personen,** ist nach § 4 bei erfolgender Freisprechung gleichzeitig mit dem Beschluß, vgl. Anm. 4, auch darüber Beschluß zu fassen, ob die *Verpflichtung der Staatskasse* zur *Entschädigung* auszusprechen ist. Dies hat im Falle des Abs. 1 (wenn der Verurteilte verstorben ist) allerdings nur Bedeutung für die in § 1 Abs. 2 des G. v. 20. 5. 1898 benannten Personen, da für den Verstorbenen selbst ein erst durch den gerichtlichen Beschluß entstehender Entschädigungsanspruch überhaupt nicht mehr erwachsen, somit auch nicht auf dessen Erben übergehen kann. Der Anspruch auf Entschädigung ist ausgeschlossen, wenn der Verurteilte die frühere Verurteilung vorsätzlich oder grob fahrlässig herbeigeführt hatte, wobei die Versäumung von Rechtsmitteln nicht als grobe Fahrlässigkeit zu gelten hat; Müller-Sax 1d. – Im Falle der *Ablehnung* des Antrags auf Wiederaufnahme (oben

Anm. 1) kann auch dann, wenn die Beweisergebnisse eine zu schwere Bestrafung ergeben haben, eine Entschädigungspflicht nicht ausgesprochen werden.

7. Entsprechend der in Anm. 4 vertretenen Ansicht, daß die Aufhebung des bisherigen Urteils durch Beschluß erfolge, ist auch nur das **Rechtsmittel** der sofortigen Beschwerde des § 372 gegeben (BGHSt. 8 333). Bei gegenteiliger Ansicht, also Annahme, daß die Entscheidung aus § 371 ein Urteil sei, gelten dieselben Rechtsmittelzüge wie für ein in der Hauptverhandlung ergangenes Urteil. Der in Anm. 6 besprochene Beschluß ist nach der ausdrücklichen Bestimmung des G. v. 25. 5. 1898 § 4 jeglicher Anfechtung durch Rechtsmittel entzogen (EbSchmidt 12). Er kommt nur mit dem Hauptbeschluß in Wegfall.

Zu Abs. 4.

8. Die **öffentliche Bekanntmachung** hat auf Kosten der Staatskasse zu erfolgen. Sie bezieht sich nur auf die Ausnahme des § 371, nicht auf die Regel des § 373; da die Bestimmung des § 371 einen Ersatz für die fehlende Verhandlung darstellen soll; (RGSt. 42 116; JW 1931 1099; EbSchmidt 14). Das Verlangen auf öffentliche Bekanntmachung ist an keine Frist gebunden. Es kann noch geltend gemacht werden, wenn das Urteil bereits rechtskräftig geworden ist. Nur in den Fällen, in denen das erste Urteil öffentlich bekannt gemacht worden war, kann der Verurteilte auch außerhalb des § 371 die Bekanntmachung des späteren freisprechenden Urteils verlangen (RGSt. 15 188, 42 115).

§ 372

Alle Entscheidungen, welche aus Anlaß eines Antrags auf Wiederaufnahme des Verfahrens von dem Gericht im ersten Rechtszug erlassen werden, können mit der sofortigen Beschwerde angefochten werden. Der Beschluß, durch den das Gericht die Wiederaufnahme des Verfahrens und die Erneuerung der Hauptverhandlung anordnet, kann von der Staatsanwaltschaft nicht angefochten werden.

1. a) Unter allen **Entscheidungen** sind praktisch nur die über die Zulässigkeit (§§ 360 Abs. 2, § 368 Abs. 1) oder die Begründetheit (§ 370 Abs. 1) sowie die Beschlüsse nach § 371 (vgl. dort Anm. 7) zu verstehen (a. A. EbSchmidt), ferner diejenigen, welche über ein gemäß § 360 Abs. 2 gestelltes Ersuchen um Aufschub der Strafvollstreckung ergehen; vgl. §§ 360 Anm. 4; Dresden = Alsberg Entsch. 2 Nr. 326). Auf Beschlüsse der erkennenden Gerichte findet § 372 keine Anwendung. § 305 gilt im übrigen auch im Wiederaufnahmeverfahren (so für vorbereitende Entscheidungen OLG Frankfurt NJW 1965 314 und für Beweiserhebungsmaßnahmen EbSchmidt Anm. 2). Ferner sind Beschlüsse, die nicht unmittelbar mit der Beschlußfassung, Zulässigkeit, Begründetheit oder Strafvollstreckung zusammenhängen (Antrag auf Verteidigerbestellung) und nicht unter § 305 fallen, weil sie der Beschlußvorbereitung dienen, nach § 304 anfechtbar (OLG Koblenz NJW 1961 1418). Für analoge Anwendung des § 305 OLG Hamm MDR 1969 950. — In den Fällen des § 371 Abs. 1, 2 geht der Wiederaufnahmebeschluß in dem alsbald zu erlassenden freisprechenden Urteile auf. — Die *Beschwerde* ist an die Form an § 306 Abs. 1 gebunden (EbSchmidt 3). *Neue Tatsachen* und *Beweismittel*, welche die Wiederaufnahme begründen sollen, können in der Beschwerdeinstanz nicht vorgebracht werden, da dem Antragsteller zur Prüfung seines Vorbringens der volle Instanzenzug zur Verfügung stehen und ferner das Gericht, welches das Urteil erlassen hat, prüfen muß, ob das Vorbringen „neu" im Sinne des Gesetzes ist (OLG Oldenburg NJW 1952 1068; OLG Hamm JMBl., NRW 1953 118; OLG Braunschweig NdsRpfl. 1954 31). Die Tatsachen müssen in der Form des § 366 bei dem nach § 367 zuständigen Gericht angebracht werden (EbSchmidt 4, der hinzufügt, daß es ein nobile officium des Gerichts sei, in solchen Fällen die Beschwerde nicht zu verwerfen, sondern den Gesuchsteller darüber zu belehren, daß er statt der Beschwerde einen neuen Antrag stellen solle; a. A. Kl 1 B).

b) Da eine Frist für die Begründung der Beschwerde nicht bestimmt ist, so muß das Beschwerdegericht auch nach **Ablauf** der Beschwerdefrist bis zur Entscheidung eingehende Ausführungen berücksichtigen (EbSchmidt Anm. 8; Körner JW 1929 292; a.M. Breslau = Alsberg Entsch. 2 Nr. 329).

2. **„von dem Gericht im ersten Rechtszug“.** Die Entscheidung steht nicht immer dem Erstinstanzgericht, sondern nach Verschiedenheit der Fälle bald diesem, bald einem Gericht höherer Instanz zu; vgl. § 367 Anm. 2. Der Ausdruck „im ersten Rechtszug“ ist daher nicht gleichbedeutend mit „erkennendes Gericht im ersten Rechtszug“; die Beschlüsse der Oberlandesgerichte sowie des Bundesgerichtshofs unterliegen keiner Anfechtung (§ 304 Abs. 4; EbSchmidt 5).

3. Das **Beschwerderecht der Staatsanwaltschaft** ist nunmehr in den Fällen abgeschafft, in welchen das Gericht gemäß § 370 Abs. 2 die Wiederaufnahme des Verfahrens und die Erneuerung der Hauptverhandlung angeordnet hat. Damit geht der Gesetzgeber einen sehr gefährlichen Weg, der zudem nicht durchdacht ist und der auch nicht auf dem Regierungsentwurf beruht. Da nämlich Privat- und Nebenkläger ein Antragsrecht auf Wiederaufnahme zuungunsten des Angeklagten haben, könnte bei dieser Fassung der Staatsanwalt nicht einmal eine gegen den Angeklagten angeordnete Wiederaufnahme und Neuverhandlung anfechten, was sicher nicht der Zweck dieser rein pro reo gedachten Zusatzklausel gewesen ist. Aber ganz abgesehen hiervon, ist bisher auch von durchaus pro reo denkenden Autoren immer nachdrücklich darauf hingewiesen worden, daß man zwar darüber streiten kann, ob ein Beschwerderecht gegen die Ablehnung der Eröffnung des Hauptverfahrens zulässig sein soll, daß aber die Auswirkungen der Anordnung der Erneuerung der Hauptverhandlung völlig andere und außerordentlich weittragend sind. Man wird die Auswirkungen der Bestimmung, wonach der Staatsanwalt kein Beschwerderecht mehr gegen die Wiederaufnahme nach § 370 Abs. 2 hat, mit abwartender Skepsis betrachten müssen, um so mehr, als Nebenkläger und Privatkläger das Beschwerderecht haben (a. A. Kl 1 d). Es könnte also in einem Falle, wo eine Wiederaufnahme beschlossen wird, der Staatsanwalt sich hiergegen nicht wehren, wohl aber der Sohn des angeblich Ermordeten; ja, er könnte sich der öffentlichen Klage erst zum Zwecke der Einlegung einer sofortigen Beschwerde anschließen.

Der Nebenkläger hat in dem zu § 395 Anm. 15 gezogenen Rahmen ein Beschwerderecht gegen die Ablehnung seines Antrags. Ebenso der Antragsteller, dessen Antrag verworfen oder abgelehnt wird sowie die nach § 361 Abs. 2 antragsberechtigten Personen, sofern der Verurteilte gestorben ist und daher keinen Gebrauch von seinem Beschwerderecht mehr machen kann. Vgl. § 361 Anm. 3 (Müller-Sax 4).

4. **Rechtskraft des Wiederaufnahmebeschlusses.** Ist der die Wiederaufnahme des Verfahrens anordnende Beschluß (§ 370 Abs. 2) durch den Ablauf der Beschwerdefrist oder durch die Verwerfung der eingelegten sofortigen Beschwerde unanfechtbar geworden, so steht die *Rechtsmäßigkeit der Wiederaufnahme endgültig* fest. In der erneuten Hauptverhandlung unterliegt diese nicht weiter der Prüfung des Gerichts (RGSt. 35 353). Dementsprechend kann auch die Revision (oder Berufung) gegen das neue Urteil (vgl. § 373 Anm. 3) nicht darauf gegründet werden, daß die Wiederaufnahme zu Unrecht beschlossen worden sei (RGSt. 20 46; Kl 2).

5. Aus der **Rechtskraft des die Wiederaufnahme** in einer Sachentscheidung etwa wegen Nichtneuheit der Tatsachen oder Nichteignung der Beweismittel (gleichgültig ob als „unzulässig oder unbegründet“), **ablehnenden Beschlusses** folgt, daß auf *dieselben Tatsachen und Beweismittel* ein neuer Antrag nicht gestützt werden kann (OLG Düsseldorf NJW **1947/48** 194). Zulässig aber ist er auf Grund neuer Beweismittel und Tatsachen (BayObLG GA 55 310), wobei die alten abgelehnten Beweise und Tatsachen unterstützend herangezogen werden können (Müller-Sax 6). Wurde der Antrag aber nicht „sachlich“ abgelehnt, sondern nur, weil es an einer Form der Anbringung fehlte (§ 368 Anm. 1), so kann er trotz scheinbarer Rechtskraft wiederholt werden (EbSchmidt 8).

§ 373

(1) In der erneuten Hauptverhandlung ist entweder das frühere Urteil aufrechtzuerhalten oder unter seiner Aufhebung anderweit in der Sache zu erkennen.

(2) Das frühere Urteil darf in Art und Höhe der Strafe nicht zum Nachteil des Verurteilten geändert werden, wenn lediglich der Verurteilte, zu seinem Gunsten die Staatsanwalt-

schaft oder sein gesetzlicher Vertreter, die Wiederaufnahme des Verfahrens beantragt hat. Diese Vorschrift steht der Anordnung der Unterbringung in einer Heil- oder Pflegeanstalt, einer Trinkerheilanstalt oder einer Entziehungsanstalt nicht entgegen.

1. a) Die **„erneute Hauptverhandlung"** ist nach Verschiedenheit der Fälle eine Verhandlung vor dem Gericht erster Instanz oder vor dem Berufungsgericht oder vor dem Revisionsgericht; vgl. § 367 Anm. 2, § 370 Anm. 6. — Findet sie vor dem *Gericht erster Instanz* oder vor dem *Berufungsgericht* statt, so ist sie in *jeder* Beziehung eine *neue und selbständige* Verhandlung, also keineswegs nur eine Wiederholung der früheren Verhandlung unter Hinzunahme des in dem Wiederaufnahmeantrage oder der Gegenerklärung (§ 362 Abs. 2) neu Vorgebrachtem (RGSt. 57 317; Kl 1); das Vorbringen neuer Tatsachen und Beweise ist ohne Einschränkung statthaft und der Grundsatz des § 246 wiederum in vollem Maße anwendbar (RGSt. 2 323, 30 421, RG GA 36 314). Auch ist die Bezugnahme in einem neuen Berufungsurteil auf das erstinstanzliche Urteil — soweit möglich — zulässig (Müller-Sax 5e). Eine erneute Hauptverhandlung in der *Revisionsinstanz* hat nur die Revision, über welche das frühere Urteil ergangen, zum Gegenstande (vgl. § 352; Kl 5).

b) Die **Richter**, welche bei der Zulässigkeitsprüfung nur am **Beschlusse** über die Wiederaufnahme des Verfahrens (§ 370) mitgewirkt haben, sind im Gegensatz zu den Richtern (§ 23 Abs. 2) von der Mitwirkung der neuen Hauptverhandlung nicht ausgeschlossen (RGSt. 4 426; vgl. § 367 Anm. 8; Kl 1; EbSchmidt 4).

c) In der neuen Hauptverhandlung ist der **Beschluß über die Zulassung der Auflage** (§ 203) wiederum zu *verlesen* (§ 243), dagegen ist eine Verlesung des Beschlusses über die Wiederaufnahme des Verfahrens (§ 370) nicht vorgeschrieben und darum nicht notwendig, aber zum Verständnis der Prozeßlage mindestens zweckmäßig (RGSt. 4 426; 35 410; Kl 1; EbSchmidt 5; **a.M.** Gerland 447). Ist ein Eröffnungsbeschluß überhaupt nicht ergangen, wie in früheren Verfahren vor seiner Wiedereinführung oder im Schnellverfahren nach §§ 212—212b oder ist er verlorengegangen, so ist an Stelle des Eröffnungsbeschlusses das Schriftstück zu verlesen, aus dem sich der Gegenstand der Anklage ergibt. Dies kann je nach den Umständen der Antrag auf Anberaumung der Hauptverhandlung, das Sitzungsprotokoll, der Verweisungsbeschluß oder der die Wiederaufnahme anordnende Beschluß sein (EbSchmidt 6). — Die Verlesung des angefochtenen *Strafurteils* ist nicht unzulässig (RGSt. 5 429; Kl Anm. 11 a. A. RG HRR 1933 1477).

d) Personen, welche in dem früheren Verfahren mitverurteilt sind, sind nicht als Angeklagte, sondern als **Zeugen** zu vernehmen (RG GA 52 88). Über die ***Beeidigung*** der Zeugen vgl. § 67 Anm. 4. Ebenso wie danach Berufung auf den in der früheren Hauptverhandlung geleisteten Eid unzulässig ist, ist auch die Berufung des Zeugen auf den in der nach § 369 erfolgten Beweiserhebung geleisteten Eid unzulässig (RGSt. 18 419; Kl 1). Ob Beeidigungsverbote bestehen sowie andere Vereidigungsfragen richten sich nach dem zur Zeit der neuen Hauptverhandlung geltenden Recht (EbSchmidt 6).

e) Die neue Hauptverhandlung erstreckt sich nicht von selbst auf eine in dem früheren Urteil **übergangenen Straftat** (RGSt. 19 227) § 153 Abs. 3 ist in der neuen Hauptverhandlung anwendbar (§ 153 Anm. 8, Vorbem. 5 vor § 359; Kl 1). Die Einstellung erfolgt durch Beschluß. Über dessen Anfechtung vgl. § 153 Anm. 15. § 325 ist in der neuen Hauptverhandlung anwendbar (RG JW **1930** 937; EbSchmidt 5). Der Hinweis auf eine Veränderung des rechtlichen Gesichtspunktes (§ 265) ist in der neuen Hauptverhandlung zu wiederholen. Es genügt nicht, wenn der Angeklagte durch das frühere Urteil auf die Veränderung hingewiesen worden war, da dies Urteil nicht mehr existiert (RGSt. 58 52; EbSchmidt 7). Handelt es sich um ein wiederaufgenommenes Privatklageverfahren, so ist auch Erledigung durch Vergleich möglich (Hamburg JW **1931** 2860; EbSchmidt 8).

2. Darüber, daß das *neue Urteil* von dem früheren unabhängig ist, sowie über die Bedeutung des Ausdrucks **„aufrechtzuerhalten"**; desgleichen über die Nichtbindung an § 363 vgl. § 370 Anm. 1.

3. Das neue Urteil unterliegt der Anfechtung durch **Rechtsmittel** in derselben Weise wie andere Urteile des betreffenden Gerichts. Das Rechtsmittel darf nicht damit begründet werden, daß die Wiederaufnahme zu Unrecht angeordnet worden sei. Auch ein Urteil des Revisionsgerichts ist nicht anfechtbar. Wird aber nach § 354 verfahren, so wird der normale Rechtsmittelzug in Gang gesetzt (Müller-Sax 8).

Auch ein *abermaliger Antrag auf Wiederaufnahme* des Verfahrens ist dem neuen Urteil gegenüber nicht ausgeschlossen. Vgl. § 359 Anm. 2.

4. Darüber, welche **Folgen** die Wiederaufhebung eines rechtskräftigen Strafurteils hat, enthält die StPO (vgl. aber Anm. 4 b) keine Bestimmung; sie geht davon aus, daß diese Folgen sich aus der Natur der Sache von selbst ergeben. – Ist in dem neuen Urteil wiederum auf Strafe erkannt, so muß eine aus dem aufgehobenen Urteil bereits vollstreckte Strafe auf die nunmehr erkannte in *Anrechnung* gebracht werden, auch wenn dies in dem neuen Urteil nicht ausdrücklich ausgesprochen ist (RG GA 47 296, Müller-Sax 5c). War in dem aufgehobenen Urteil eine *Geldstrafe* verhängt, während das neue Urteil eine solche nicht festsetzt, so ist der gezahlte oder beigetriebene Betrag dem Verurteilten ohne Möglichkeit einer Verrechnung mit einer neuen Freiheitsstrafe (Müller-Sax 5 c) zu erstatten, da, wie infolge der Wiederaufhebung des Urteils feststeht, der Staat diesen Betrag ohne Rechtsgrund empfangen hatte. Ebenso verhält es sich mit der Rückgabe eines Gegenstandes, dessen *Einziehung* auf Grund des wiederaufgehobenen Urteils erfolgt war. War in dem aufgehobenen Urteil dem Verletzten die Befugnis zur *öffentlichen Bekanntmachung* des Urteilstenors zugesprochen und ist diese erfolgt, so ist auf Antrag des nunmehr Freigesprochenen auch die öffentliche Bekanntmachung der Aufhebung jenes Urteils anzuordnen (RGSt. 15 188; Kl 4). Der jetzt nicht mehr zulässige Verlust der bürgerlichen Ehrenrechte wirkt nach Art. 89, 90 des 1. StrÄndG nicht mehr weiter, soweit die Erlangung von Orden und Ehrenzeichen, Würden und Titel sowie die Fähigkeit, Zeuge bei Aufnahme von Urkunden zu sein, berührt ist. Auch die nunmehr zulässige Folge der Amtsunfähigkeit nach § 31 Abs. 1 StGB ergibt sich nur aus dem neuen Urteil. In diesem Falle ist der Zeitraum, in dem die Aberkennung der bürgerlichen Ehrenrechte auf Grund des ersten Urteils wirksam war, anzurechnen (RGSt. 57 312). Dagegen leben die aberkannten bürgerlichen Ehrenrechte, soweit sie noch wirksam bleiben, im Falle der Aufhebung des früheren Urteils, falls nicht erneut auf Verlust der Amtsfähigkeit erkannt wird, wieder auf. Beschränkungen und Verwirkungen aus Nebengesetzen, die mit dem Verlust der bürgerlichen Ehrenrechte verbunden waren, gibt es nicht mehr, ebenso nicht die mit einer Verurteilung zu Zuchthaus verbundenen Folgen des Urteils.

War der Verurteilte Inhaber eines *öffentlichen Amtes*, und war er dessen infolge der Verurteilung verlustig gegangen, so ist in Abweichung vom früheren Rechtszustand nach § 51 des deutschen Bundesbeamtengesetzes zu verfahren. Wird somit ein Urteil, demzufolge der Beamte aus dem Beamtenverhältnis ausgeschieden ist, im Wiederaufnahmeverfahren durch ein Urteil ersetzt, welches diese Folgen nicht nach sich zieht, so erhält der Verurteilte von der Einbehaltung an rückwirkend die Bezüge, die er zu erhalten hätte, wenn er nicht ausgeschieden wäre. Entsprechend wird die ruhegehaltsfähige Dienstzeit berechnet. Auch Wohnungsgelder, Kinderzuschläge, Dienstalterszulagen und gesetzliche Verbesserungen (aber auch Verschlechterungen) der Bezüge sind dabei anzurechnen, nicht dagegen im Verwaltungsweg möglicherweise angeordnete Maßnahmen wie Beförderungen. Diese Rechtsfolgen des § 51 aaO. treten kraft Gesetzes ein, es bedarf keiner Neubegründung des Beamtenverhältnisses. Es ist jedoch daran festzuhalten, daß der Amtsverlust keine kriminelle, in dem Urteil auszusprechende Strafe, sondern eine Wirkung ist, die gesetzlich an die Verhängung bestimmter Strafen geknüpft ist. Das Beamtenverhältnis wird also zunächst so aufgelöst, daß die Regierung befugt ist, die Planstelle neu zu besetzen, da die Frage des Verlustes der Beamtenstellung wegen der unbefristeten Möglichkeit eines Wiederaufnahmeverfahrens sonst stets in der Schwebe bleiben müßte. Aus dieser Befugnis für den Staat, die Planstelle neu zu besetzen, ergibt sich die Besonderheit, wonach der Beamte zwar die Stellung eines Wartestandsbeamten, aber die vollen Bezüge erhält. Die Regelung nach den Beamtengesetzen schließt die Geltendmachung von Ansprüchen auf Grund des Gesetzes vom 20. 5. 1898 (vgl. Anm. 5) ausdrücklich aus.

5. Durch das genannte Gesetz vom 20. 5. 1898 betreffend die Entschädigung der im Wiederaufnahmeverfahren freigesprochenen Personen (RGBl. 345 zul. geändert am 8. 9. 1969 BGBl. I 1582) ist für den Fall des Freispruchs oder der Verurteilung zu einer geringeren, aber schon vollstreckten Strafe dem insoweit schuldlos Verurteilten auch ein im Rechtsweg verfolgbarer **Anspruch auf Entschädigung** gewährt. Aus den einzelnen Bestimmungen dieses Gesetzes ist vor allem § 4 hervorzuheben, wonach über den Entschädigungsanspruch durch einen besonderen, gleichzeitig mit dem Urteil zu erlassenden, aber nicht mit zu verkündenden Beschluß zu befinden ist (Vgl. § 371 Anm. 5, Müller-Sax 6).

6. Das **Verbot der Schlechterstellung** im Abs. 2 entspricht dem Verbot der §§ 331 und 358 Abs. 2 (RGSt. 57 317). Auf dortige Anmerkungen wird Bezug genommen.

7. **Rechtsmittel** gegen das neue Urteil sind nach allgemeinen Regeln gegeben. Daß eine Revision nicht darauf gestützt werden kann, daß beim Antrag auf Wiederaufnahme und bei Entscheidung über die Zulässigkeit und Begründetheit desselben Verfahrensverstöße vorgekommen seien, ist bereits in § 370 Anm. 1 erwähnt.

8. Die Kostenentscheidung entspricht § 473. Bei Freispruch fallen auch frühere erfolglose Revisionskosten der Staatskasse zur Last. BGH LM Nr. 3 zu § 373.

§ 373 a

Für die Wiederaufnahme eines durch rechtskräftigen Strafbefehl abgeschlossenen Verfahrens gelten die Vorschriften der §§ 359 bis 373 entsprechend.

Entstehungsgeschichte: Eingeführt durch Art. 3 Nr. 158 des Vereinheitlichungsgesetzes, um die Streitfrage, ob ein Wiederaufnahmeverfahren auch gegen einen rechtskräftigen Strafbefehl zulässig sei, zu bereinigen. Dabei wurde § 413, der gleichzeitig geschaffen wurde, übersehen. Vgl. Anm. 2.

1. Mit der Einfügung des § 373 a ist keine Stärkung der nur **beschränkten Rechtskraftwirkung** des Strafbefehls bezweckt oder verbunden gewesen. Es bleibt also auch jetzt dabei, daß die Wiederaufrollung eines durch Strafbefehl erledigten Falles dann möglich ist, wenn dieselbe Tat unter einem rechtlichen Gesichtspunkt verfolgt werden soll, der in dem früheren Strafbefehl nicht gewürdigt worden war und eine höhere Strafbarkeit begründet. Vgl. Einleitung Seite 106. So wirkt auch § 373 a praktisch nur **zugunsten des Verurteilten,** mag er auch seinem Wortlaut nach jede Wiederaufnahme decken (BGHSt. 3 16 Kl, Müller-Sax Anm. 1, EbSchmidt 3). Ist nämlich die Tat *rechtlich* ungenügend gewürdigt worden, hat der Strafbefehl eine unvollkommene Rechtskraft, so daß es eines Umwegs über § 373 a zur Wiederaufrollung des Verfahrens zuungunsten des Abgeurteilten nicht bedarf. Die bloße Veränderung des Strafausspruches, also innerhalb desselben rechtlichen Gesichtspunktes rechtfertigt abgesehen von § 363 eine neue Verfolgung selbst dann nicht, wenn der Unrechtsgehalt der Tat im Strafbefehl etwa wegen Übersehens überwiegender Teilakte einer fortgesetzten Handlung ganz unvollkommen gewertet wurde (Vgl. hierzu BGHSt. 6 122).

2. Die **richterliche Strafverfügung** nach § 413 muß entsprechend behandelt werden. Zwar spricht der Wortlaut dafür, daß der Gesetzgeber eine verschiedene Behandlung gewollt habe, man würde aber damit dem Sinn des Gesetzes Gewalt antun und dem Zufall, ob eine Übertretung durch die Staatsanwaltschaft oder die Polizei ans Gericht gebracht wurde, übergroßes Gewicht verleihen. Dies um so mehr, als das OWiG die Wiederaufnahme für Bußgeldbescheide (§ 85 OWiG) kennt (wie hier Müller-Sax Anm. 2, Kl 1, Both JZ **1958** 530; AG Landsberg NJW **1961** 134 mit Anm. von Rutkowski LG Hagen NJW **1965** 2335. Gegen diese Annahme eines Redaktionsversehens LG Kassel NJW **1958** 1104, Peters § 76 IV, EbSchmidt Vorbem. 1 vor § 359, Dallinger 1, Erbs § 359 Anm. 3, Fuhrmann-Dalcke allerdings mit widerspruchsvollem Inhalt vgl. Anm. 4). Das BVerfG hat die Frage offengelassen. Die eine Analogie ablehnende Auffassung verstoße nicht gegen das Grundgesetz (MDR **1968** 208).

3. **Wird das Verfahren wieder aufgenommen,** so kann weder durch Strafbefehl noch durch Strafverfügung, sondern nur durch Hauptverhandlung (Ausnahme des § 371 vorbehalten) entschieden werden, weil durch den Wiederaufnahmebeschluß das Hauptverfahren eröffnet ist (vgl. § 370 Anm. 1 Müller-Sax Anm. 3). Dann wirkt die Staatsanwaltschaft auch in ehemaligen Strafverfügungssachen mit (Pontz GA 1965 202).

4. **Keine Wiederaufnahme** in den Fällen des § 75 JGG. Wer wie OLG Köln für die Strafverfügungen einer Feldkommandantur Wiederaufnahme zuläßt (GA 1957 249) muß folgerichtig auch richterliche Strafverfügungen unter § 373 a einreihen. Das übersieht Fuhrmann-Dalcke bei Anm. 2 am Ende. Die Ausführungen in der Vorauflage über Friedensgerichte sind an sich überholt. Festzuhalten ist aber, daß jede gerichtliche Entscheidung der Wiederaufnahme zugänglich sein muß (Mittelbach NJW 1949 72).

Die §§ 374 bis 406 d (S. 1960 bis 2128) folgen später, da das Mánuskript noch nicht vorliegt

SECHSTES BUCH

Besondere Arten des Verfahrens

1. Das 6. Buch umfaßt die Abschnitte Nr. 1 Verfahren bei Strafbefehlen, Nr. 2 Verfahren bei Strafverfügungen, Nr. 3 Sicherungsverfahren, Nr. 4 Verfahren bei Einziehungen und Vermögensbeschlagnahmen und Nr. 5 Verfahren bei Festsetzung von Geldbußen gegen juristische Personen und Personenvereinigungen. Das Gemeinsame dieser 5 Verfahren, das es rechtfertigt, sie als „besondere" Verfahrensarten aus dem allgemeinen Verfahren herauszuheben, besteht nicht darin, daß hier für bestimmte Fälle Modifikationen vorgesehen wären wie etwa beim beschleunigten Verfahren (§§ 212 ff.), sondern besteht in *grundsätzlichen* Abweichungen von dem allgemeinen Verfahren. So weichen das Strafbefehls- und das Strafverfügungsverfahren von dem die StPO beherrschenden Grundsatz, daß die Entscheidung über Schuld und Strafe nur auf Grund einer Hauptverhandlung erfolgt, dadurch ab, daß die Entscheidung im schriftlichen Verfahren ergeht und daß diese Entscheidung nicht einem mit Devolutionseffekt ausgestatteten Rechtsmittel unterliegt, sondern dem Rechtsbehelf des Einspruchs, der zur Nachholung der vorher unterbliebenen Hauptverhandlung führt. Das Wesen des Sicherungsverfahrens besteht darin, daß nicht, wie sonst im gerichtlichen Verfahren, eine Entscheidung über Schuld und Strafe wegen schuldhafter Verletzung eines Strafgesetzes getroffen, sondern über die Notwendigkeit einer Vorbeugungsmaßnahme aus Anlaß einer wegen Zurechnungsunfähigkeit schuldlos erfolgten Verwirklichung eines Straftatbestandes entschieden wird. Der 4. Abschnitt regelt verschiedene Bereiche. Einziehung, Vernichtung, Unbrauchbarmachung und ähnliche Nebenfolgen (§ 442 StPO) werden grundsätzlich im Verfahren gegen einen bestimmten Beschuldigten und in Verbindung mit einer Entscheidung über die gegen ihn erhobene Beschuldigung angeordnet; die §§ 430 ff. regeln die Frage, ob und inwieweit in einem solchen subjektiven Verfahren, in dem über die Einziehung eines Gegenstandes usw. zu entscheiden ist, dritte unbeteiligte Personen, die also nicht Beschuldigte sind, mit prozessualen Befugnissen zu beteiligen sind, wenn nach den materiellrechtlichen Vorschriften über die Voraussetzungen (§§ 40 ff. StGB) der Einziehung und ihre Wirkungen (§ 41 a StGB) in ihre Rechte eingegriffen werden kann („Einziehungsbeteiligte"). § 440 regelt den Fall, daß nach den Vorschriften des sachlichen Rechts die Einziehung usw. eines Gegenstandes als *selbständige* Maßnahme auch außerhalb eines subjektiven Strafverfahrens, also ohne gleichzeitige Verurteilung eines Tatbeteiligten, angeordnet werden kann. Eine Vorbeugungsmaßnahme ist schließlich auch die in § 443 vorgesehene Vermögensbeschlagnahme, die bei Staatsverbrechen dem Beschuldigten während des gegen ihn anhängigen Verfahrens die Verfügung über sein Vermögen entziehen soll, um eine weitere Verwendung zu gesetzwidrigen Zwecken zu verhindern. Der 5. Abschnitt (§ 444) endlich bringt die verfahrensrechtliche Ergänzung des § 26 OWiG 1968; vgl. dazu Anm. 5 g zu § 407.

Auch bei den besonderen Verfahrensarten finden die allgemeinen Verfahrensvorschriften Anwendung, soweit ihre Anwendbarkeit nicht durch ausdrückliche Vorschriften oder durch Sinn und Zweck des besonderen Verfahrens ausgeschlossen ist.

2. **Keine besondere Verfahrensart** ist dagegen das Adhäsionsverfahren (§§ 403 ff.), das die Verlagerung eines Zivilrechtsstreits in den Strafprozeß zum Gegenstand hat und nur in Verbindung mit einem Strafverfahren nach den allgemeinen Vorschriften möglich ist. Keine besondere Verfahrensart ist auch das Bußgeldverfahren nach dem OWiG, denn hier handelt es sich nicht um die Entscheidung über Kriminalschuld und -strafe oder sonstige aus der Verwirklichung eines Strafrechtstatbestandes sich ergebende Folgen (vgl. Einleitung S. 31 ff.).

3. Wegen der Befugnisse der **Landesgesetzgebung** s. § 3 Abs. 2, 3 EGStPO.

ERSTER ABSCHNITT

Verfahren bei Strafbefehlen

Literatur über den Strafbefehl im allgemeinen: Hertzsch, Der amtsrichterliche Strafbefehl (Erlanger Diss.), 1897; Friedländer, Das Verfahren bei amtsrichterlichen Strafbefehlen ZStW **18** [1898] 495 ff.; Wernicke, Zur Konstruktion des amtsrichterlichen Strafbefehls (Breslauer Diss.), 1901; Hellm. Mayer, Das Strafbefehlsverfahren (GerS. **96** [1928] 397); derselbe, Der amtsrichterliche Strafbefehl (GerS **98** 330, **99** 36 [1929/30]); Schorn, Streitfragen im Verfahren bei amtsrichterlichen Strafbefehlen (GA **76** 199); Schorn, Das Strafbefehls- und Strafverfügungsverfahren, 1962; Crohne, Vereinfachte Verfahrensarten im Bericht der amtl. Strafprozeßkommission 1938.

§ 407

(1) Bei Übertretungen und Vergehen kann die Strafe durch schriftlichen Strafbefehl des Amtsrichters ohne Hauptverhandlung festgesetzt werden, wenn die Staatsanwaltschaft schriftlich hierauf anträgt.

(2) Durch Strafbefehl dürfen nur die folgenden Strafen, Nebenfolgen und Maßregeln der Sicherung und Besserung, allein oder nebeneinander, festgesetzt werden:

1. Freiheitsstrafe bis zu drei Monaten, Geldstrafe, Fahrverbot, Einziehung, Vernichtung, Unbrauchbarmachung, Verfallerklärung, Bekanntmachung der Entscheidung und Geldbuße gegen eine juristische Person oder Personenvereinigung sowie

2. Entziehung der Fahrerlaubnis, bei der die Sperre nicht mehr als ein Jahr beträgt.

(3) Die Staatsanwaltschaft kann bei dem Antrag auf Erlaß des Strafbefehls zugleich den in § 25 Nr. 2c des Gerichtsverfassungsgesetzes bezeichneten Antrag für den Fall stellen, daß der Amtsrichter die Sache zur Hauptverhandlung bringt oder der Beschuldigte Einspruch erhebt.

(4) Der Antrag auf Erlaß eines Strafbefehls steht im Sinne des § 147 Abs. 5 und des § 169a Abs. 1 der Einreichung einer Anklageschrift gleich. § 169a Abs. 2 und § 169b sind nicht anzuwenden. Der vorherigen Anhörung des Beschuldigten durch das Gericht (§ 33 Abs. 3) bedarf es nicht.

Vorbemerkungen.

1. Entstehungsgeschichte. Nach der ursprünglichen Fassung der Vorschrift war ein Strafbefehl nur zulässig bei Übertretungen und den nach § 27 Nr. 2 der damaligen Fassung des GVG zur Zuständigkeit der Schöffengerichte gehörigen leichten Vergehen (nicht z. B. bei Betrug, Diebstahl und Unterschlagung). Das Höchstmaß der durch Strafbefehl verhängbaren Freiheitsstrafe betrug 6 Wochen, das der Geldstrafe 150 Mark. Die Verhältnisse des ersten Weltkrieges und der Nachkriegszeit (Personalmangel, Anwachsen zeitbedingter Straftaten, Ersparnistendenzen) führten zu erweiterter Zulässigkeit des Strafbefehls (VO vom 4. 6. 1915 [RGBl. 325], VO vom 7. 10. 1915 [RGBl. 631], Ges. vom 21. 10. 1917 [RGBl. 957], Art. I § 8 Abs. 2 der VO vom 27. 11. 1919 [RGBl. 1911], Ges. zur Entlastung der Gerichte vom 11. 3. 1921 Art. III Nr. 7 [RGBl. 231]). Die Emmingerreform brachte eine weitgehend dem heutigen § 407 Abs. 2 Nr. 1 entsprechende Fassung (§ 37 der VO vom 4. 1. 1924 [RGBl. I 26]). In der Folgezeit erhielt Abs. 3 („Die Überweisung des Beschuldigten an die Landespolizeibehörde darf in einem Strafbefehl nicht ausgesprochen werden") durch Art. 2 Ziff. 36 des Ges. vom 24. 11. 1933 (RGBl. I 1000) und § 8 Ziff. 3 des Ges. vom 23. 3. 1934 (RGBl. I 213) den Ausspruch, daß Maßregeln der Sicherung und Besserung in einem Strafbefehl nicht angeordnet werden dürften. Wie während des 1. Weltkrieges, so führte auch der Richtermangel während des 2. Weltkrieges zu erweiterter Zulassung des Strafbefehls (Erhöhung des Höchstmaßes der Freiheitsstrafe auf 6 Monate durch § 23 der VO vom 1. 9. 1939 [RGBl. I 1658], Zulassung des Strafbefehlsverfahrens auch bei Verbrechen durch Art. 3 der VO vom 13. 8. 1942 [RGBl. I 508]). Durch die ZuständigkeitsVO vom 21. 2. 1940 (RGBl. I 405) und die DVO vom 13. 3. 1940 (RGBl. I 480) wurde Abs. 4 (heute Abs. 3) gestrichen. Das Vereinheitlichungsges. vom 12. 9. 1950 beseitigte die seit 1939 erfolgten Änderungen und Erweiterungen und erweiterte seinerseits – von lediglich stilistischen Änderungen des Abs. 1 abgesehen – den Abs. 2 dahin, daß außer Einziehung und Urteilsveröffentlichung auch „die Befugnis zur Beseitigung eines gesetzwidrigen Zustandes" neben einer Hauptstrafe festgesetzt werden konnte. Durch Art. 2 Nr. 5 des 2. Straßenverkehrssicherungsges. v. 26. 11. 1964 (BGBl. I 921) trat an die Stelle der bisherigen Abs. 2,3 der heutige Abs. 2 mit der Zulassung von Fahrverbot und (in beschränktem Umfang) der Entziehung der Fahrerlaubnis; Abs. 4 wurde Abs. 3. Durch Art. 2 Nr. 4 StPÄG v. 19. 12. 1964 (BGBl. I 1067) wurde der jetzige Abs. 4 eingefügt. Schließlich wurden durch Art. 2 Nr. 13 des EGOWiG v. 24. 5. 1968 (BGBl. I 503) am Ende des bisherigen Abs. 2 Nr. 1 unter Streichung der Worte „Befugnis zur Beseitigung eines gesetzwidrigen Zustandes" die Worte „und Geldbuße gegen eine juristische Person oder Personenvereinigung" angefügt.

2. Hierzu aus dem **Jugendgerichtsgesetz**

a) § 79 Abs. 1: Gegen einen Jugendlichen darf kein Strafbefehl erlassen werden.

b) § 104 Abs. 1: In Verfahren gegen Jugendliche vor den für allgemeine Strafsachen zuständigen Gerichten gelten die Vorschriften dieses Gesetzes über
1.–13.
14. den Ausschluß von Vorschriften des allgemeinen Verfahrensrechts (§§ 79 bis 81).

c) § 109: (1) Von den Vorschriften über das Jugendstrafverfahren (§§ 43 bis 81) sind im Verfahren gegen einen Heranwachsenden § 43, § 50 Abs. 2 und 3, §§ 67 bis 70 und 73 entsprechend anzuwenden....
(2) Wendet der Richter Jugendstrafrecht an (§ 105), so gelten auch die §§ 52 bis 66, § 74, § 79 Abs. 1 und § 81 entsprechend.

3. Förmliche Vorschriften, die das Strafbefehlsverfahren betreffen, finden sich **außerhalb der StPO** und des JGG in §§ 435, 440 RAbgO i. d. F. des Ges. v. 10. 8. 1967 (BGBl. I 877) – betr. Recht des Finanzamts, bei Steuervergehen anstelle der Staatsanwaltschaft beim Amtsgericht den Erlaß eines Strafbefehls zu beantragen (vgl. Anm. 8 d zu § 407) und betr. Mitwirkung des Finanzamts im Strafbefehlsverfahren, bevor gemäß § 408 Abs. 2 StPO Hauptverhandlung anberaumt oder Einspruch gegen den Strafbefehl erhoben wird – und in § 63 Abs. 2 OWiG – betr. Mitteilung des Antrags auf Erlaß eines Strafbefehls, soweit er sich auf eine Ordnungswidrigkeit bezieht, an die Verwaltungsbehörde – (vgl. Anm. 15 zu § 407).

Übersicht

1. Anwendungsbereich des Strafbefehlsverfahrens.

Das Strafbefehlsverfahren ist nur zulässig bei **Übertretungen und Vergehen** (§ 1 Abs. 2–4 StGB), also nicht bei Verbrechen. Weitere Voraussetzung des Strafbefehlsverfahrens ist, daß der Amtsrichter im Einzelfall in Übereinstimmung mit der Staatsanwaltschaft keine härtere Strafe als Freiheitsstrafe von drei Monaten (soweit eine solche nach § 14 StGB in

Betracht kommt) für verwirkt hält. Wie hoch die bei Vergehen angedrohte Höchststrafe ist, ist für die Zulässigkeit eines Strafbefehls bedeutungslos. Es handelt sich also um Straftaten, für die nach § 25 Nr. 1 und 2 b GVG der Amtsrichter als Einzelrichter zutändig ist, oder die, wenn Anklage erhoben würde, nach § 25 Nr. 2 c vor den Einzelrichter gebracht werden können. In den letzteren Fällen begründet — in Übereinstimmung mit dem Grundgedanken des § 25 Nr. 2 c — der Strafbefehlsantrag der Staatsanwaltschaft die Zuständigkeit des Amtsrichters für die summarische Entscheidung durch Strafbefehl, aber auch nur für diese (s. unten Anm. 9). Bei Vergehen, die der amtsrichterlichen Zuständigkeit entzogen sind (§§ 74 a, 120 GVG), ist das Strafbefehlsverfahren ausgeschlossen.

2. **Strafgewalt des Amtsrichters.**

a) **Freiheitsstrafe.** Die *Strafgewalt des Strafbefehlsrichters* ist maximal beschränkt auf *primäre Freiheitsstrafen* (Freiheitsstrafe nach § 18 StGB und Strafarrest nach §§ 8, 9 WStG) von nicht mehr als drei Monaten*). Wird für mehrere Straftaten eine *Gesamtfreiheitsstrafe* festgesetzt (§§ 74, 75 StGB), so darf diese — nicht anders als im Fall des § 25 Nr. 2 c GVG (vgl. die dort. Anm.) — drei Monate nicht übersteigen (heute allg. M.; vgl. EbSchmidt 7; Kl [29] 3 A; Müller-Sax [6] 2 a; Schorn S. 60; über abweichende Auffassungen des älteren Schrifttums vgl. Anm. 2 a der Vorauflage).

b) **Geldstrafe** ist innerhalb der gesetzlichen Höchstgrenzen (§§ 27 bis 27 c StGB) ohne Beschränkung zulässig. Auch ist ihre Höhe unbeschränkt, wenn für mehrere Taten in einem Strafbefehl eine Gesamtgeldstrafe oder gesondert neben einer Freiheitsstrafe eine Geldstrafe oder eine Gesamtgeldstrafe festgesetzt wird (§ 74 Abs. 1, 2 StGB).

c) Auch die Höhe der in einem Strafbefehl festsetzbaren **Ersatzfreiheitsstrafe** richtet sich lediglich nach §§ 29, 75 Abs. 4 StGB; das für die primäre Freiheitsstrafe geltende Höchstmaß von 3 Monaten spielt hier keine Rolle. *Materiellrechtlich* ist die Höhe der Ersatzfreiheitsstrafe nur insofern von Bedeutung, als bei Bildung einer Gesamtfreiheitsstrafe aus Freiheits- und Geldstrafe bei der Bestimmung der Summe der Einzelstrafen (§ 75 Abs. 2 StGB) die Ersatzfreiheitsstrafe maßgebend ist (§ 75 Abs. 3 StGB).

Die Frage ist indessen *streitig*. Nach EbSchmidt, NachtrBd. I 9 b; Müller-Sax [6] 2 b; Kl [29] 3 B; Grethlein DRiZ 57 264; Schorn S. 58 ist auch die Ersatzfreiheitsstrafe auf 3 Monate begrenzt, weil auch sie letztlich eine „Freiheitsstrafe" i. S. des § 407 sei. Noch weiter in der Einschränkung gehen Kl [30] 3 B; Grethlein DRiZ 57 265; Schorn S. 61 wonach auch solche Fälle, in denen das Gesetz die Bestrafung einer Tat *zugleich* mit Freiheits- und Geldstrafe zuläßt oder vorsieht (vgl. z. B. §§ 108 b, 266, 285, 302 a bis 302 e StGB), durch Strafbefehl nur geahndet werden können, wenn die Freiheitsstrafe und die Ersatzfreiheitsstrafe zusammen die Dreimonatsgrenze nicht überschreiten. Das müßte dann auch gelten, wenn bei Tatmehrheit Freiheits- und Geldstrafe zusammentreffen, ohne daß eine Gesamtfreiheitsstrafe gebildet wird (§ 74 Abs. 2 Satz 2 StGB). Dem kann aber nicht gefolgt werden. Allerdings wollte Art. 70 Ziff. 21 Entw. EGStGB 1930 ausdrücklich auch die Höhe der in einem Strafbefehl festsetzbaren Ersatzfreiheitsstrafe auf 3 Monate begrenzen, weil es einem der leitenden Grundsätze der Strafrechtsreform, die Persönlichkeit des Beschuldigten mehr als bisher in den Vordergrund zu stellen, widerstreite, eine längere Freiheitsentziehung, wenn auch nur in der Form der Ersatzfreiheitsstrafe, im Strafbefehlsverfahren zuzulassen, in dem das Gericht regelmäßig keinen persönlichen Eindruck von dem Täter gewinne. Dieser Vorschlag ist aber nicht Gesetz geworden, obwohl es bei den mehrfachen Änderungen, die § 407 seitdem erfahren hat, nahe gelegen hätte, ihn zu verwirklichen, wenn der spätere Gesetzgeber sich die Auffassung des Entw. 1930 zu eigen gemacht hätte. Im Gegenteil ist die Strafgewalt des Strafbefehlsrichters seitdem nach mehreren Richtungen ausgedehnt worden — durch Zulassung des Fahrverbots und (mit Einschrän-

---

*) Nach einem auf Initiative des Bundesrats (Beschl. v. 18. 12. 1970, BR=Drucks. 346/70) im Bundestag eingebrachten Entw. (BT=Drucks. VI/1954) soll § 407 dahin geändert werden, daß im Hinblick auf § 14 StGB primäre Freiheitsstrafen durch Strafbefehl nicht mehr festgesetzt werden können; dagegen soll die Festsetzung von Geldstrafen mit einer Ersatzfreiheitsstrafe bis unter 6 Monaten zulässig sein. Damit verlöre die im Text unter c behandelte Streitfrage ihre Bedeutung. Ferner soll die Höchstdauer der Sperrfrist bei Fahrerlaubnisentziehung auf 2 Jahre heraufgesetzt werden.

kungen) der Entziehung der Fahrerlaubnis –, oder es ist wenigstens der Umfang der im Strafbefehl verhängbaren Maßnahmen gegenüber einschränkenden Tendenzen im Schrifttum vom Gesetzgeber ausdrücklich im Sinne einer weiteren Auslegung klargestellt worden. So ist der an den früheren Wortlaut („... Geldstrafe *oder* Freiheitsstrafe ...") anknüpfenden Auffassung, es könne im Strafbefehl nur entweder auf Freiheits- oder auf Geldstrafe erkannt werden, und es könne mithin in den oben erwähnten Fällen, in denen das Gesetz zugleich Freiheits- und Geldstrafe vorschreibt, ein Strafbefehl überhaupt nicht erlassen werden (vgl. Anm. 2 c der Vorauflage), mit der Neufassung des Abs. 2 durch das 2. Straßenverkehrssicherungsgesetz („allein oder nebeneinander") bewußt der Boden entzogen worden. In gleicher Weise wurde klargestellt, daß außer der früher allein genannten Einziehung auch die einziehungsähnlichen Maßnahmen (Vernichtung usw.) angeordnet werden können; damit wurden die früher insoweit abweichenden Auffassungen des Schrifttums (vgl. Anm. 3 a und 4 der Vorauflage) gegenstandslos.

Im Licht dieser auf Erweiterung des Strafbefehlsbereiches gerichteten Entwicklung erscheint es nicht sinnvoll, den Anwendungsbereich des Strafbefehlsverfahrens wieder dadurch einzuschränken, daß die Höhe der Geldstrafe, die durch Strafbefehl festgesetzt werden kann, mittelbar wieder durch die Rücksichtnahme auf die Ersatzfreiheitsstrafe begrenzt wird. Es ist dabei auch zu erwägen, daß primäre Freiheitsstrafen unter 6 Monaten nach § 14 StGB die Ausnahme bilden und dies bereits eine weitgehende Einengung des Strafbefehlsverfahrens bedeutet, so daß das Strafbefehlsverfahren jetzt praktisch auf die Festsetzung von Geldstrafen (und hier meist von Vergehensgeldstrafen) beschränkt ist. Die Vollstreckung von Ersatzfreiheitsstrafen aber ist schon im Hinblick auf §§ 28, 29 Abs. 4 StGB praktisch weitgehend die Ausnahme – der Zweck ihrer Festsetzung besteht überwiegend in dem psychologischen Druck, die Geldstrafe zu bezahlen –, so daß hier der in der Begrenzung der primären Freiheitsstrafe zum Ausdruck kommende gesetzgeberische Gedanke, tiefer eingreifende Freiheitsentziehungen nicht dem summarischen Verfahren zu überlassen, ohnedies zurücktritt. Allerdings verbietet dieser Gedanke die Festsetzung von Ersatzfreiheitsstrafen, die die Dreimonatsgrenze (der primären Freiheitsstrafe) *wesentlich* überschreiten, und zwar auf jeden Fall dann, wenn das Gericht den Akten keine deutlichen Anhaltspunkte für die Persönlichkeit und die wirtschaftlichen Verhältnisse des Beschuldigten entnehmen kann.

3. Erlittene **Untersuchungshaft** ist auch bei Festsetzung der Strafe durch Strafbefehl nach § 60 StGB anrechenbar. Selbstverständlich darf auch bei einer solchen Anrechnung die festgesetzte Freiheitsstrafe die Grenze des § 407 Abs. 2 nicht übersteigen, denn nur auf die Höhe des Strafausspruchs, nicht auf die eines etwa noch zu verbüßenden Strafrestes kommt es bei § 407 Abs. 2 an.

4. Auch die **Strafaussetzung zur Bewährung** (§§ 23 ff. StGB) kann im Strafbefehl in gleicher Weise wie in einem Urteil ausgesprochen werden. Der Beschluß gemäß § 268 a StPO über die Dauer der Bewährungszeit, über Auflagen, Weisungen und Bewährungshilfe wird zugleich mit dem Strafbefehl erlassen.

5. **Nebenstrafen und Nebenfolgen.** *Neben der Hauptstrafe* sind nur zulässig die Festsetzung

a) der Nebenstrafe des **Fahrverbots** (§ 37 StGB). Auf seine Dauer (von 1 bis 3 Monaten) kann gemäß § 60 Abs. 4 StGB die Dauer einer vorläufigen Entziehung der Fahrerlaubnis (§ 111 a StPO) und die Dauer der Verwahrung, Sicherstellung oder Beschlagnahme des Führerscheins (§ 94 StPO) angerechnet werden;

b) einer verwirkten **Einziehung** nach §§ 40 ff. StGB in Verbindung mit anderen die Einziehung vorschreibenden oder zulassenden Vorschriften, und zwar gleichviel, ob sie den Charakter einer Nebenstrafe (§ 40 Abs. 2 Nr. 1), einer Sicherungsmaßnahme (§ 40 Abs. 2, Nr. 2, Abs. 3 StGB), einer strafähnlichen Maßnahme (§ 40 a) oder einen gemischten Charakter (beim Zusammentreffen von § 40 Abs. 2 Nr. 1 und 2 StGB) hat, und ob sie den Täter (Teilnehmer) oder einen tatunbeteiligten Dritten (bei Sicherungseinziehung und nach § 40 a StGB) trifft.

Der Begriff Einziehung i. S. des § 407 umfaßt sowohl die Einziehung von Gegenständen, d. h. von Sachen und Rechten (§ 40 StGB) wie die Einziehung des Wertersatzes gemäß

§ 40 c StGB, wie auch z. B. die Einziehung des Entgelts oder eines ihm entsprechenden Geldbetrages nach § 92 b Abs. 2 StGB. Unter den Begriff der Einziehung fallen auch die Anordnungen nach § 40 b Abs. 2 StGB.

Einziehungsbeteiligte i. S. des § 431 StPO sind nach Maßgabe des § 432 schon im vorbereitenden Verfahren zu hören. In dem Strafbefehlsantrag, der auf Festsetzung der Einziehung gerichtet ist (§ 408 Abs. 1), beantragt die Staatsanwaltschaft zugleich die richterliche Anordnung der Beteiligung des Einziehungsinteressenten. Der Amtsrichter trifft diese Anordnung in Anwendung des § 431 Abs. 1, 2 regelmäßig im Strafbefehl. Der die Einziehung aussprechende Strafbefehl wird dann auch dem Einziehungsbeteiligten zugestellt (§ 438) und zwar mit dem Hinweis über die Wirkung des Ausspruchs der Einziehung gegenüber dem Einziehungsbeteiligten (§ 438 Abs. 1 Satz 2, der § 435 Abs. 3 Nr. 1 für *entsprechend* anwendbar erklärt). Der Einziehungsbeteiligte kann dann unabhängig vom Beschuldigten Einspruch einlegen und hat damit rechtliches Gehör (vgl. dazu § 438 Abs. 2).

Die Entscheidung über die *Entschädigung* eines Einziehungsbeteiligten (§ 41 c StGB) steht dem Strafrichter nur unter den Voraussetzungen des § 436 Abs. 3 StPO zu. Im Strafbefehlsverfahren entfällt eine solche Entscheidung, weil hier der in § 436 Abs. 3 Satz 3 vorgeschriebene Hinweis vor der Entscheidung nicht in Betracht kommt;

c) der **Vernichtung.** Die Anordnung der Vernichtung von Gegenständen durch strafgerichtliche Entscheidung ist nur noch vereinzelt in Nebengesetzen vorgesehen, z. B. in § 30 des Warenzeichenges. i. d. F. v. 2. 1. 1968 (BGBl. I 29) – Beseitigung einer widerrechtlichen Kennzeichnung auf Waren oder Vernichtung der Waren selbst –. Nicht hierher gehört die Vernichtung rechtswidrig hergestellter, verbreiteter oder zur rechtswidrigen Verbreitung bestimmter Vervielfältigungsstücke und der zur rechtswidrigen Herstellung bestimmten Vorrichtungen nach § 98 des Urheberrechtsges. v. 9. 9. 1965 (BGBl. I 1273); hier handelt es sich lediglich um einen zivilrechtlichen Anspruch des Verletzten, der nach § 110 des Ges. im Adhäsionsprozeß geltend gemacht werden kann; über solche Ansprüche kann aber im Strafbefehlsverfahren nicht entschieden werden (vgl. die Anm. zu § 403).

Die früher als Nebenfolge im Strafbefehl zugelassene „*Befugnis zur Beseitigung eines gesetzwidrigen Zustandes*", die einer Besonderheit des früheren bayerischen Polizeistrafrechts Rechnung trug (vgl. Anm. 3 b der Vorauflage), ist weggefallen, weil sie jetzt weder im Bundes- noch im Landesrecht als Nebenfolge einer Straftat vorgesehen ist;

d) der **Unbrauchbarmachung** (§ 41 Abs. 1 Satz 2 StGB);

e) der **Verfallerklärung,** z. B. nach § 335 StGB, § 12 UWG. Eine Verfallerklärung ist auch die Anordnung der Abführung des Mehrerlöses nach § 8 WiStG 1954;

f) der **Bekanntmachung der Entscheidung.** Hierher gehört nicht nur der Fall, daß die Bekanntmachung selbst (als eine von der Vollstreckungsbehörde durchzuführende Maßnahme) in der strafrichterlichen Entscheidung angeordnet werden kann oder muß (z. B. gemäß § 200 Abs. 2 StGB), sondern auch der, daß die Entscheidung sich damit zu begnügen hat, dem Verletzten die Befugnis zur öffentlichen Bekanntmachung zuzusprechen (vgl. z. B. §§ 165, 200 Abs. 1 StGB., § 23 UWG, § 30 Abs. 2 WZG; § 49 Abs. 3 Patentges., § 111 des Urheberrechtsges.). Ein solcher Zuspruch der Veröffentlichungsbefugnis ist ein Minus gegenüber der Anordnung der Veröffentlichung und per argumentum a maiore im Strafbefehl aussprechbar; es wäre auch kein innerer Grund erkennbar, warum die Veröffentlichungsbefugnis im Gegensatz zur Veröffentlichungsanordnung nicht in den Strafbefehl aufgenommen werden dürfte (ebenso Müller-Sax [6] 2 c 4; EbSchmidt 15; Schorn S. 64; allg. M.);

g) der **Geldbuße gegen eine juristische Person oder Personenvereinigung.** Nach § 26 OWiG 1968 kann, wenn eine natürliche Person als vertretungsberechtigtes Organ einer juristischen Person oder als Vertretungsberechtigter einer Personenvereinigung (nicht rechtsfähiger Verein, Personenhandelsgesellschaft) eine Straftat begangen hat, durch die eine die juristische Person oder die Personenvereinigung treffende Pflicht verletzt wurde oder diese bereichert werden sollte, als Nebenfolge der Straftat gegen die juristische Person oder Personenvereinigung eine Geldbuße im subjektiven Strafverfahren gegen die natürliche Person durch den Strafrichter festgesetzt werden. Diese Regelung, neben der Bestrafung der natürlichen Person als Täter auch die juristische Person (Personenvereinigung) mit nichtkrimineller Geldbuße belegen zu können, bezweckt in erster Linie, „einen Ausgleich dafür zu ermöglichen, daß der juristischen Person, die nur durch ihre Organe zu handeln imstande ist, zwar die Vorteile dieser in ihrem Interesse vorgenommenen Betätigung [der natürlichen Person] zufließen, daß sie aber beim Fehlen einer Sanktionsmöglichkeit nicht den Nachteilen ausgesetzt wäre, die als Folge der Nichtbeachtung der Rechtsordnung im Rahmen der für sie vorgenommenen Betätigung eintreten können. Die juristische Person wäre dann gegenüber der natürlichen Person [dem Einzelunternehmer, der die Straftat begeht] besser gestellt. . . .“ (Begr. zu § 19 des Entw. OWiG). Auch soll die Geldbuße gegen die juristische Person oder Personenvereinigung die präventive Wirkung haben, daß deren Mitglieder bei der Auswahl ihrer Organe nicht nur auf geschäftliche Tüchtigkeit, sondern auch auf deren Rechts- und Gesetzestreue achten (Göhler [2] Vorb. 3 zu § 26 OWiG). Auf weitere Einzelheiten zu § 26 OWiG selbst, insbesondere auf die Frage der Verfassungsmäßigkeit der Regelung und ihre dogmatische Vereinbarkeit mit dem Schuldprinzip, ist hier nicht einzugehen (vgl. dazu LK = Schäfer [9] 1 zu § 42 StGB; Göhler [2] Vorb. 4 vor § 26 OWiG).

Die verfahrensrechtliche Stellung der juristischen Person oder Personenvereinigung im Strafverfahren regelt § 444 StPO; ihre Stellung als „Nebenbeteiligte“ entspricht etwa derjenigen eines Einziehungsbeteiligten (oben zu b). Im Strafbefehlsantrag beantragt die Staatsanwaltschaft auch die Anordnung der Beteiligung der juristischen Person (Personenvereinigung) am Verfahren. Das Gericht ordnet die Beteiligung in der Regel im Strafbefehl an. Unterbleibt eine ausdrückliche Anordnung, so kann sie in der Festsetzung einer Geldbuße erblickt werden, sofern die jur. Person (Personenvereinigung) förmlich im Strafbefehl als die Nebenbeteiligte bezeichnet wird, gegen die sich die Festsetzung der Geldbuße richtet (Kl [30] 4 D zu § 407). Der Strafbefehl wird dann auch den Nebenbeteiligten zugestellt, und zwar mit dem Hinweis, daß der Strafbefehl sich auch (hinsichtlich der Geldbuße) gegen sie richte (§ 438). Die Nebenbeteiligten können den Strafbefehl unabhängig von der mit Strafe belegten natürlichen Person mit Einspruch anfechten (§ 444 Abs. 2);

h) der **Entziehung der Fahrerlaubnis** (§§ 42 m, o StGB), sofern die Dauer der Sperre (§ 42 n StGB) nicht mehr als ein Jahr beträgt. Mit der Zulassung der Fahrerlaubnisentziehung ist der früher in § 407 Abs. 3 a. F. aufgestellte Grundsatz, daß Maßregeln der Sicherung und Besserung (i. S. des § 42 a StGB) in einem Strafbefehl nicht angeordnet werden dürften, insoweit aufgehoben. Für die Berechnung der Sperrdauer gilt § 42 n Abs. 5 StGB. Soweit dort in Satz 2 auf die Zeit „nach Verkündung des Urteils“ abgestellt ist, steht der Verkündung des Urteils schon der Erlaß des Strafbefehls (durch Unterzeichnung), nicht erst dessen Zustellung gleich, da schon der Erlaß der letzte Zeitpunkt ist, zu dem die in Abs. 5 Satz 2 bezeichnete Prüfung noch vorgenommen werden konnte (str.; wie hier AG Düsseldorf NJW **1967** 586; LG Freiburg NJW **1968** 1791; Seib DAR **1965** 292; Dreher [32] 5 B zu § 42 n StGB; Kl [30] 5 zu § 407; Schönke-Schröder [15] Rz 13 zu § 42 n; a. M. LG Coburg DAR **1965** 245; LG Düsseldorf NJW **1966** 897 m. Anm. Miersch NJW **1966** 2024).

Da die Sperre mit der Rechtskraft des Strafbefehls beginnt (§ 42 n Abs. 5), ist in der Regel kein Raum für die Bestimmung eines kalendermäßig festgelegten Endtermins, vielmehr ist die Dauer — unter Beachtung des gesetzlichen Mindestmaßes (§ 42 n Abs. 1, 3, 4) — auf die Dauer eines Jahres oder nach vollen Monaten zu bestimmen (vgl. BayObLG NJW **1966** 2371; OLG Saarbrücken NJW **1968** 460). Zulässig ist auch eine Beschränkung der Sperre gemäß § 42 n Abs. 2 StGB. Wegen weiterer Einzelheiten ist auf die Erläuterungen zu §§ 42 m ff. in den Erläuterungsbüchern zum StGB zu verweisen.

6. Nach § 407 Abs. 2 können die in dieser Vorschrift zugelassenen Strafen, Nebenfolgen und Maßregeln **„allein oder nebeneinander“** festgesetzt werden. Wie sich aus der Entstehungsgeschichte (s. oben 2 b) ergibt, war mit der Einfügung der Worte „allein oder nebeneinander“ vorzugsweise beabsichtigt, in bejahendem Sinn die durch den früheren Wortlaut der Vorschrift hervorgerufene Streitfrage zu klären, ob im Strafbefehl Freiheits- und zugleich Geldstrafe in den Fällen festgesetzt werden kann, in denen das Gesetz für dieselbe Tat neben einer Freiheitsstrafe eine Geldstrafe zuläßt oder vorschreibt. Dagegen ist es nicht der Sinn dieser Wendung, daß grundsätzlich *Nebenfolgen allein* ohne Verbindung mit einer Hauptstrafe, also selbständig, festgesetzt werden dürften, denn das Strafbefehlsverfahren ist

ein subjektives Strafverfahren. Eine selbständige Einziehung, die nach § 41 b StGB voraussetzt, daß keine bestimmte Person verfolgt oder verurteilt werden kann, kann also nicht durch Strafbefehl angeordnet werden; das selbständige Einziehungsverfahren richtet sich vielmehr nach §§ 440, 441 StPO. Anders liegt es dagegen bei der *Entziehung der Fahrerlaubnis*, die nach § 42 m StGB auch dann ausgesprochen werden kann, wenn der Täter nur deshalb nicht zu einer Hauptstrafe verurteilt wird, weil seine Zurechnungsfähigkeit erwiesen oder nicht auszuschließen ist; in diesem Fall kann das subjektive Strafverfahren mit dem beschränkten Ziel der Entziehung der Fahrerlaubnis auch im Wege des Strafbefehlsverfahrens durchgeführt werden. Dagegen kann das *Fahrverbot* als Nebenstrafe nur neben einer Hauptstrafe festgesetzt werden.

7. Unzulässige Nebenfolgen.

a) § 407 Abs. 2 enthält eine **abschließende Aufzählung** („dürfen nur") der Strafen, Nebenfolgen und Maßregeln der Sicherung und Besserung, die durch Strafbefehl festgesetzt werden können. Durch Strafbefehl kann daher z. B. nicht ausgesprochen werden die Zulässigkeit von Polizeiaufsicht (§ 37 StGB), die Entziehung des Jagdscheins (§ 41 des Bundesjagdges.), auch nicht eine Buße (§§ 188, 231 StGB), die nach § 406 d nur im Adhäsionsverfahren geltend gemacht werden kann, und über die nach §§ 404, 406 Abs. 1 StPO durch Urteil nach Hauptverhandlung entschieden wird (OLG Tübingen GA 1953, 159).

b) Über **Erweiterungen** des Inhalts des Strafbefehls, die sich aus dem OWiG ergeben, vgl. im Zusammenhang unten Anm. 15

8. Bedeutung des Strafbefehlsantrags. Zuständigkeit zur Antragstellung.

a) Entsprechend dem Anklagegrundsatz (§ 151 StPO) setzt ein Tätigwerden des Amtsrichters im Strafbefehlsverfahren einen schriftlichen **Antrag der Staatsanwaltschaft** voraus; dieser Antrag tritt, wenn gemäß § 408 Abs. 2, § 411 Abs. 1 Hauptverhandlung erforderlich wird, an die Stelle der Anklage (vgl. Anm. 2 a zu § 411). Mit der Stellung des Antrages tritt **Rechtshängigkeit „im weiteren Sinne"** ein (vgl. Vorbem. 17 vor § 151). Daraus folgt, daß die Staatsanwaltschaft wegen der Tat nicht anderweit Anklage erheben kann und umgekehrt, daß der Antrag nicht zulässig ist, wenn die Klage bereits in anderer Weise erhoben war und das Gericht daraufhin das Hauptverfahren oder die Voruntersuchung eröffnet hatte (Feibelmann LZ 12 897). Indessen ist mit Rücksicht auf die beschränkte Rechtskraftwirkung eines unanfechtbar gewordenen Strafbefehls (vgl. Anm. 2 zu § 410) die Staatsanwaltschaft nicht gehindert, schon in der Zeit zwischen dem Erlaß des Strafbefehls und dem Eintritt seiner Rechtskraft wegen der Tat insoweit erneut Anklage zu erheben, als sie dies auch nach Eintritt der Rechtskraft des Strafbefehls kann.

b) Wird versehentlich ein während Rechtshängigkeit des Strafbefehlsverfahrens auf Anklage betriebenes anderes Verfahren nicht eingestellt, und wird sowohl der Strafbefehl als auch das in dem anderen Verfahren ergangene Urteil rechtskräftig, so entnimmt Kl [30] 5 vor § 407 aus BGHSt. **18** 127, 129 den Grundgedanken, daß der Strafbefehl unwirksam sei, weil das nur im summarischen Verfahren gewonnene Straferkenntnis dem „höherwertigen" – nämlich dem auf Grund einer Hauptverhandlung zustandegekommenen – Urteil weichen müsse. Dem kann nicht zugestimmt werden. Die **Rechtskraftwirkung** des Strafbefehls ist zwar beschränkt (Anm. 2 ff. zu § 410); soweit sie aber reicht, ist sie nicht geringer als die eines rechtskräftigen Urteils. Ist daher eine Sache durch Strafbefehl rechtskräftig erledigt, so liegt bei erneuter Entscheidung durch Urteil der Fall nicht anders, als wenn ein Gericht eine Sache durch Urteil entscheidet, ohne zu wissen, daß sie bereits vorher Gegenstand eines rechtskräftigen Urteils war. Wegen der Behandlung solcher Fälle vgl. die Einleitung zu diesem Werk S. 108 ff.

c) Im übrigen sind an die Stellung des Strafbefehlsantrags nicht in vollem Umfang die sonst mit der Erhebung der öffentlichen Klage verbundenen **Wirkungen** geknüpft. Während nämlich grundsätzlich nach § 156 StPO die öffentliche Klage nach Eröffnung des Hauptverfahrens nicht mehr zurückgenommen werden kann, läßt § 411 auch noch nach Erlaß des Strafbefehls ein „Fallenlassen der Klage" bis zum Beginn der Hauptverhandlung zu.

d) Das Strafbefehlsantragsrecht steht nur der **Staatsanwaltschaft** zu. Eine **Ausnahme** ergibt sich aus §§ 421, 435 RAbgO (i. d. F. des Ges. v. 10. 8. 1967, BGBl. I 877), wonach das **Finanzamt** beim Amtsgericht den Erlaß eines Strafbefehls beantragen kann, wenn es selbständig das Ermittlungsverfahren wegen einer Tat durchgeführt hat, die ausschließlich Steuerstrafgesetze verletzt, oder die zugleich andere Strafgesetze verletzt, und deren Verletzung Kirchensteuern oder andere öffentlichrechtliche Abgaben betrifft, die an Besteuerungsgrundlagen, Steuermeßbeträge oder Steuerbeträge anknüpfen.

e) In gleicher Weise wie die Staatsanwaltschaft wegen Sachzusammenhangs mit öffentliche Klage gegen mehrere Personen in einer Anklageschrift zusammenfassen kann, kann sie auch einen Strafbefehlsantrag stellen, der sich **gegen mehrere Beschuldigte** richtet (vgl. Krüger NJW **1969** 1336). Es liegt dann im Ermessen des Richters, ob er in *einem* Strafbefehl die Straffestsetzungen gegen die mehreren Beschuldigten zusammenfassen oder gesonderte Strafbefehle erlassen will (s. dazu auch unten Anm. 15).

9. Zuständigkeit zum Erlaß des Strafbefehls; Bedeutung des § 407 Abs. 3.

a) Zum **Erlaß eines Strafbefehls** ist ausschließlich der Amtsrichter als Einzelrichter zuständig. Er kann auch dann einen Strafbefehl erlassen, wenn im Fall des § 25 Nr. 2 c GVG bei Erhebung der öffentlichen Klage durch Einreichung einer Anklageschrift nicht der Einzelrichter, sondern das Schöffengericht zuständig wäre. In diesem letzteren Fall ist nämlich nach BVerfGE 22 259 = NJW **1967** 2151 (dazu kritisch Grünwald JuS **1968** 452) bei verfassungskonformer Auslegung des § 25 Nr. 2 c GVG die Zuständigkeit des Einzelrichters auf Strafsachen „von minderer Bedeutung" beschränkt. „Nur in solchen Sachen darf die Staatsanwaltschaft Anklage beim Einzelrichter erheben. Sie hat demnach keinen Ermessensspielraum, sondern ist durch den unbestimmten Rechtsbegriff der ‚Sache von minderer Bedeutung', der in § 25 Nr. 2 c zwar nicht ausdrücklich erwähnt, aber nach Sinn und Zusammenhang in dieser Bestimmung enthalten ist, gebunden. Die Staatsanwaltschaft hat also nicht ein Wahlrecht auszuüben, sondern einen Tatbestand einer Norm zu subsumieren" (BVerfG aaO.). Diese Subsumierung unterliegt in vollem Umfang der richterlichen Nachprüfung: der Einzelrichter darf das Hauptverfahren nicht vor sich eröffnen, wenn nach seiner Auffassung die Sache größere Bedeutung hat; bei einem Fall von geringerer Bedeutung darf nicht vor dem Schöffengericht eröffnet werden (BVerfG aaO.).

b) Diese Grundsätze gelten aber — dies gegen LG Kleve AnwBl. 1969 251 — im Strafbefehlsverfahren **nur mit Einschränkungen.** Auch wenn die Staatsanwaltschaft bei Abwägung der Bedeutung der Sache Anklage zum Schöffengericht erheben würde, kann sie, wenn der Fall nach ihrer Auffassung zur Erledigung im summarischen Verfahren geeignet ist, einen Strafbefehlsantrag stellen, und der Amtsrichter ist nicht berechtigt, „Bedenken" i. S. des § 408 nur daraus herzuleiten, daß er zwar die beantragte Strafe für angemessen hält, der Sache aber eine mehr als „mindere Bedeutung" beimißt. Diese Auffassung entspricht dem (durch das EGOWiG 1968 nicht geänderten) Abs. 4 des § 407. Denn wenn § 407 Abs. 4 Satz 2 bestimmt, daß § 169 a Abs. 2 und § 169 b — die auch den Fall regeln, daß die Staatsanwaltschaft die sachliche Zuständigkeit des Schöffengerichts für begründet hält — unanwendbar seien, so geht das Gesetz offensichtlich davon aus, daß die Staatsanwaltschaft den Strafbefehlsantrag auch dann stellen könne, wenn sie eine öffentliche Klage durch Einreichung einer Anklageschrift zum Schöffengericht erheben würde und — bei Beachtung der Grundsätze von BVerfG E 22 254 — erheben müßte; andernfalls hätte der ausdrückliche Ausschluß der Anwendbarkeit des § 169 a Abs. 2 und des § 169 b keinen rechten Sinn. Diese Auffassung ist aber auch innerlich gerechtfertigt: das Strafbefehlsverfahren als ein Mittel, einfachere Streitfälle billig und rasch zu erledigen, liegt nicht nur im Interesse der staatlichen Strafgerichtsbarkeit, sondern auch im Interesse des Staatsbürgers selbst (BVerfGE 25 158 = NJW **1969** 1103). Seine Bedeutung würde — zum Nachteil der Strafrechtspflege wie des betroffenen Staatsbürgers — geschmälert, wenn über die aus §§ 407 Abs. 2, 408 Abs. 1 Satz 2 entnehmbaren Voraussetzungen eines Strafbefehls hinaus zu prüfen wäre, ob es sich um eine „Sache von minderer Bedeutung" handele. Die Vorteile des summarischen Verfahrens rechtfertigen es, den Nachteil in Kauf zu nehmen, daß, wenn es — wohl nur ausnahmsweise — infolge Einspruchs zur Verhandlung vor dem Schöffengericht kommt, der Beschuldigte die gesetzlichen Einwirkungsmöglichkeiten nicht hat, die ihm bei einer unmittelbar zum Schöffengericht erhobenen Anklage zustehen würden (vgl. §§ 169a Abs. 2, 169b Abs. 1, 201).

c) Von diesem Standpunkt aus gewinnen die in BVerfGE 22 259 aufgestellten **Grundsätze** Bedeutung nur für die Auslegung des § 407 Abs. 3. Danach kann die Staatsanwaltschaft beim Antrag auf Erlaß eines Strafbefehls zugleich den in § 25 Nr. 2c GVG bezeichneten Antrag für den Fall stellen, daß der Amtsrichter die Sache (wegen Bedenken i. S. des § 408 Abs. 1) zur Hauptverhandlung bringt oder der Beschuldigte Einspruch erhebt. Diese Vorschrift wurde früher (vgl. Anm. 5a der Vorauflage) dahin verstanden, daß § 25 Nr. 2c der Staatsanwaltschaft einen Ermessensspielraum gewähre, ob sie die Zuständigkeit des Einzelrichters oder die des Schöffengerichts begründen wolle, und daß sie dieses „Wahlrecht" nicht mit der Stellung des Strafbefehlsantrags endgültig ausgeübt habe, sondern für den Fall, daß es zur Hauptverhandlung kommt, die Zuständigkeit des Einzelrichters durch einen „besonderen" Antrag aufrechterhalten könne, der mit dem Strafbefehlsantrag verbunden, aber auch noch bis zum Beginn der Hauptverhandlung nachgeholt werden könne (BayObLG Rpfleger **1962** 96). Dieser Auslegung ist allerdings durch BVerfGE 22 259 der Boden entzogen. Kommt es zur Hauptverhandlung, so hat der Amtsrichter nunmehr ohne Rücksicht darauf, ob ein Antrag nach § 407 Abs. 3 gestellt ist, und ohne Bindung daran, wenn er gestellt ist (§ 209 Abs. 2), zu prüfen, ob die Sache wegen minderer Bedeutung in die Zuständigkeit des Einzelrichters fällt, oder ob sie vor das Schöffengericht zu verweisen ist. Der „Antrag" der Staatsanwaltschaft stellt daher nur das Ergebnis ihrer nicht bindenden Beurteilung der Zuständigkeitsfrage dar; hält der Amtsrichter entgegen dem Antrag die Zuständigkeit des Schöffengerichts für gegeben, so hat er die Staatsanwaltschaft gemäß § 33 Abs. 2 vor der Abgabe zu hören.

10. Zum Anschluß des Nebenklägers am Strafbefehlsverfahren.

a) Die seit langem viel erörterte Frage, **zu welchem Zeitpunkt der Nebenkläger sich anschließen kann** (vgl. Anm. 5c der Vorauflage), ist noch immer streitig, wenn sich auch, wie es scheint, inzwischen eine als „herrschend" zu bezeichnende Meinung herausgebildet hat. Die Streitfrage ist aber an anderer Stelle ausführlicher darzustellen (vgl. die Anm. zu § 395). Der Stand der Streitfrage ist im vorliegenden Zusammenhang nur der Vollständigkeit halber kurz nach der grundsätzlichen Seite (unter Verzicht auf die Erörterung nuancierender Auffassungen) zu skizzieren. Bei der Intensität, mit der der Meinungsstreit seit langem geführt wird, sind wohl alle Gründe und Gegengründe so erschöpfend zu Wort gekommen, daß zu dem Problem kaum mehr neue Gesichtspunkte beigetragen werden können. Für jede der entgegengesetzten Auffassungen lassen sich gute Gründe anführen; die Abwägung läuft in solchen Fällen praktisch fast schon auf einen emotionalen Willensentschluß hinaus. An Schrifttum aus neuerer Zeit sind u. a. zu nennen: Spranger NJW **1968** 1264; Simon DRiZ **1968** 412; Kiessling Rpfleger **1969** 397; Däubler-Gmelin AnwBl. **1970** 87, jeweils mit Nachweisen). Eine Zusammenstellung der neueren Rechtsprechung, auf die hier verwiesen werden muß, findet sich nach dem Stand von Anfang 1968 bei LG Oldenburg MDR **1968** 688 = DAR **1968** 136 = AnwBl. **1968** 236 und LG Lüneburg NdsRpfl. **1968** 233; sie ist vervollständigt und bis Anfang 1969 fortgeführt bei LG Krefeld NJW **1969** 1264 = VersR **1969** 648. Ergänzend wären aus späterer Zeit etwa zu nennen: LGe Kiel SchlHA **1969** 126; Lübeck SchlHA **1969** 126; Mannheim AnwBl. **1969** 373; Würzburg MDR **1969** 411; Landau AnwBl. **1969** 449; Kleve AnwBl. **1969** 451; Hildesheim AnwBl. **1970** 63; Wuppertal JMBl. NRW **1970** 32; München I AnwBl. **1970** 274; Hannover AnwBl. **1970** 273; Karlsruhe DAR **1971** 50. Wegen des Schrifttums und der Rechtsprechung in zurückliegender Zeit vgl. Anm. 5c der Vorauflage.

b) Nach der **einen Auffassung** sind die Voraussetzungen des § 395, wonach sich der Nebenkläger „der erhobenen öffentlichen Klage" anschließen kann, erst gegeben, wenn Hauptverhandlung anberaumt werden muß, weil wegen „Bedenken" nach § 408 Abs. 2 vom Erlaß des Strafbefehls abgesehen wird, oder wenn der Beschuldigte gegen den Strafbefehl Einspruch eingelegt hat. Eine Einreichung der Anschlußerklärung vor diesem Zeitpunkt ist zwar zulässig, hat aber nur Bedeutung für den Fall und vom Zeitpunkt der Verweisung zur Hauptverhandlung oder Einspruchseinlegung ab. Begründet wird diese Auffassung, von der dogmatisch-konstruktiven Überlegung, daß die §§ 407 ff. abschließend den Kreis der am Strafbefehlsverfahren (im engeren Sinn) Beteiligten bestimmten, abgesehen, mit Wesen und Zweck des Strafbefehlsverfahrens; mit dem Zweck einer Beschleunigung des Verfahrens sei vor den genannten Zeitpunkten eine das Verfahren beeinflussende Tätigkeit eines Nebenklägers unvereinbar. Das öffentliche Interesse an beschleunigter Ahndung verdiene den Vorrang vor — an sich verständlichen — Wünschen des Verletzten, Einfluß auf das Verfahren zu gewinnen, dessen Ausgang und Ergebnisse für die Durchführung zivilrechtlicher Entschädigungsansprüche von Bedeutung sein können. Im übrigen habe der Verletzte auch ohne die Eigenschaft als Nebenkläger die Möglichkeit, durch Anregungen und Hinweise auf die Entschließungen der Strafverfolgungsorgane einzuwirken.

c) Nach der **Gegenmeinung,** die jetzt jedenfalls in der Rechtsprechung durchaus überwiegt, aber auch im Schrifttum Vertreter findet, entspricht i. S. des § 395 bereits der Antrag auf Erlaß des Strafbefehls der Erhebung der öffentlichen Klage. Der Verletzte kann sich danach nach Stellung des Strafbefehlsantrags dem Verfahren als Nebenkläger anschließen; dazu genügt, daß seine Erklärung dem Gericht vor Erlaß des Strafbefehls zugeht. Ob der Beschuldigte dann gegen den Strafbefehl Einspruch einlegt oder den Einspruch zurücknimmt, ist für die Wirksamkeit des Anschlusses ohne Bedeutung. Da die Entscheidung über die Berechtigung zum Anschluß (§ 396 Abs. 2) rein deklaratorische Bedeutung hat, kann sie auch nach rechtskräftigem Abschluß des Strafverfahrens ergehen. Nach Erlaß des Strafbefehls komme aber ein Anschluß nur in Betracht, wenn der Beschuldigte dagegen Einspruch einlegt, da andernfalls (wenn der Beschuldigte den Strafbefehl rechtskräftig werden läßt) in der Zeit vom Erlaß des Strafbefehls bis zum Ablauf der Einspruchsfrist keine Möglichkeit einer sinnvollen Betätigung als Nebenkläger bestehe (LG Heidelberg NJW **1967** 2420; LG Kleve AnwBl. **1969** 451).

Diese Auffassung widerspreche nicht dem Sinn und Zweck des Strafbefehlsverfahrens. Denn „auch im Strafbefehlsverfahren steht, wie bei der durch Anklageschrift erhobenen öffentlichen Klage, eine sachgerechte Bestrafung unter gleichmäßiger weitmöglichster Berücksichtigung berechtigter Interessen aller Beteiligten — des Täters *und des Betroffenen* — im Vordergrund" (LG Krefeld NJW **1969** 1264). Der Verletzte habe im Stadium von Antragsstellung bis zum Erlaß des Strafbefehls aus Gründen der Genugtuung wie auch im Interesse einer gerechten Rechtsfindung ebenso wie der Täter ein Recht auf ausreichendes *rechtliches Gehör* (Art. 103 Abs. 1 GG). Dieses dürfe ihm nicht durch Hinausschiebung der Wirksamkeit einer Anschlußerklärung bis zum Übergang des Strafbefehls- in das ordentliche Verfahren verkürzt werden, zumal seine Einwirkungsmöglichkeiten, die sich im allgemeinen auf Anträge und Ausführungen zur Sach- und Rechtslage, ggf. auf die Beschwerde nach § 210 bei Ablehnung des Strafbefehlsantrages durch den Amtsrichter beschränkten, ohnedies schwach genug seien, da er weder einen eigenen Bestrafungsantrag stellen oder den Strafbefehl abwenden, noch Einspruch gegen den Strafbefehl erheben könne. Auch lasse sich eine Verzögerung des Verfahrens bei Anhörung des Nebenklägers vor Erlaß des Strafbefehls durch Setzung kurzer Fristen in Grenzen halten; sie könne überdies wegen der Vervollständigung des Prozeßstoffes und der Aufdeckung etwaiger Fehler (z. B. Übersehung eines gestellten Strafantrags) für die Festsetzung der gerechten Strafe von Vorteil sein. Freilich könne es der Beschuldigte, wenn er sich bei dem Strafbefehl beruhige und auf Einspruch verzichte, als ärgerlich empfinden, wenn er durch die bloße vorangegangene Anschlußerklärung und etwaige Akteneinsicht des anwaltlich vertretenen Nebenklägers mit (von seinem Standpunkt aus vermeidbaren) Kosten belastet werde; doch sei Kostenersparnis für den Angeklagten jedenfalls nicht der Hauptzweck des summarischen Verfahrens, sondern nur eine von mehreren für ihn möglichen Nebenfolgen. Das sind Überlegungen von Gewicht.

d) Die Rechtsprechung bekennt sich, wie schon erwähnt, jetzt ganz überwiegend zu dieser letzteren Betrachtungsweise, und zwar zahlreiche Gerichte unter Aufgabe ihres früheren abweichenden Standpunktes. Daß diese Entwicklung aufgehalten oder rückläufig werden könnte, ist nach den im Schrifttum für die Gegenmeinung aufgewandten Bemühungen nicht zu erwarten. Im Interesse der Rechtssicherheit und einheitlicher Rechtsanwendung wäre es wünschenswert, wenn sich nunmehr unter Auflösung der verhärteten Kontroverse eine möglichst einheitliche Rechtsprechung bildete.

11. Strafbefehl gegen Abwesende (vgl. dazu Anm. 3 zu § 277).

a) Hält sich der Beschuldigte **im Ausland** (nicht nur vorübergehend) auf, und ist sein Aufenthalt bekannt, so kann ohne weiteres ein Strafbefehl mit dem Inhalt des § 407 Abs. 2 gegen ihn erlassen werden, wenn seine Vernehmung im Ermittlungsverfahren (§ 163 a Abs. 1; s. unten Anm. 13) und die Zustellung des Strafbefehls, wenn auch nur im Wege der internationalen Rechtshilfe, möglich ist. Das ist unproblematisch (vgl. Oppe NJW **1966** 2237, 2240). Sinn hat ein solches Verfahren freilich nur, wenn zu erwarten ist, daß der Beschuldigte sich mit dem Strafbefehl abfindet oder im Falle eines Einspruchs entweder selbst erscheint oder sich durch einen mit schriftlicher Vollmacht versehenen Verteidiger (§ 411 Abs. 2) vertreten läßt. Denn wenn er Einspruch einlegt, ohne in der Hauptverhandlung anwesend oder vertreten zu sein, bliebe der Staatsanwaltschaft nichts anderes übrig, als entweder die vorläufige Einstellung des Verfahrens nach § 205 StPO zu beantragen oder (bis zum Beginn der Hauptverhandlung) die Klage fallen zu lassen, um nach §§ 276 ff. verfahren zu können. Eine Durchführung der Hauptverhandlung ohne den Angeklagten nach § 232 StPO käme nicht in Betracht, da diese Vorschrift nur gilt, wenn es sich nicht um Abwesende i. S. des § 276 handelt.

b) Ist der Beschuldigte aber **abwesend i. S. des § 276**, so ist eine Bestrafung durch Strafbefehl in nicht weiterem Umfang zulässig als nach § 277 Abs. 2 die Festsetzung einer Strafe durch Urteil gestattet ist, denn nach § 410 erlangt der unangefochten gebliebene Strafbefehl die Wirkung eines rechtskräftigen Urteils. Aber selbst in diesem Umfang den Erlaß eines Strafbefehls für zulässig zu erklären (so Müller-Sax [6] 4; Dalcke-Fuhrmann-Schäfer [37] 2; EbSchmidt 8 zu § 276; Kl [30] 12; Ben-Beling 658 Anm. 14; Zimmerle GerS **50** 55; Gerland Strafpr. 461) erscheint bedenklich. Folgerichtig müßten dann auch die weiteren im Verfahren gegen Abwesende zum Schutz des Angeklagten getroffenen Bestimmungen Anwendung finden, d. h. es müßte der Strafbefehl in der nach § 279 für die Ladung zur Hauptverhandlung gegen den Abwesenden vorgeschriebenen Form öffentlich bekanntgemacht werden, und es müßte ferner gegen den unangefochten gebliebenen Strafbefehl die erleichterte Wiederaufnahme des Verfahrens (§§ 282 c, 373 a) zulässig sein (aM Oppe NJW **1966** 2237, 2240). Eine öffentliche Zustellung nach § 40 StPO durch zweiwöchige Anheftung an der Gerichtstafel – wie sie gegenüber einem Einziehungsbeteiligten nach § 435 Abs. 1 zur Gewährung des rechtlichen Gehörs ausreicht – genügen zu lassen stößt auf das Bedenken, daß es mit Art. 103 Abs. 1 GG schwerlich vereinbar ist, wenn Strafe gegen einen Beschuldigten rechtskräftig festgesetzt wird, obwohl es bei dieser Art der Bekanntmachung so gut wie ausgeschlossen ist, daß er überhaupt davon erfährt. Aus solchen Erwägungen hatten schon die Entwürfe – § 412 Abs. 3 Entw. 1920; Art. 70 Nr. 223 Entw. EGStGB 1930, § 394 Abs. 3 S. 4 Entw. 1939 – die öffentliche Zustellung des Strafbefehls schlechthin ausdrücklich für unzulässig erklären wollen. Kommt danach allenfalls eine öffentliche Zustellung nach §§ 279, 280 StPO unter gleichzeitiger Anwendung des § 282 c in Betracht, so fragt sich, welchen Sinn die Inanspruchnahme des für die beschleunigte Ahndung von Bagatellsachen gedachten Strafbefehlsverfahrens in solchen Fällen noch haben soll. Es ist danach davon auszugehen, daß gegen Abwesende ein Strafbefehl unstatthaft ist (ebenso Stenglein 2, Mewes HH 2 387; Schorn S. 31). Nach Nr. 174 Abs. 4 RiStBV soll der Erlaß eines Strafbefehls nur beantragt werden, wenn der Aufenthalt des Beschuldigten bekannt ist, so daß ihm in der regelmäßigen Form zugestellt werden kann; andernfalls ist das Verfahren vorläufig einzustellen, oder, wenn sich die Abwesenheit erst nach den Strafbefehlsantrag herausstellt, bei dem Amtsrichter die vorläufige Einstellung nach § 205 StPO zu beantragen.

c) Eine **Abhilfe** gegenüber diesen Schwierigkeiten, die insbesondere bei durchreisenden ausländischen „Verkehrssündern" auftreten können, ermöglichen in den Fällen, in denen nicht eine Freiheitsstrafe, sondern nur eine Geldsanktion mit Nebenfolgen in Betracht kommt, §§ 127 a, 132 StPO (dazu Dünnebier NJW **1968** 1752).

d) Gegen **verhaftete** oder **vorläufig festgenommene Personen** ist ein Strafbefehl ohne weiteres zulässig; einen Antrag, dies als unzulässig auszuschließen, hatte die RTK abgelehnt (Prot. S. 1058 ff.). Jedoch ist zu prüfen, ob nicht das beschleunigte Verfahren nach § 212 StPO eine raschere Erledigung ermöglicht (Nr. 174 Abs. 6 RiStBV).

12. Allgemeine Grundsätze für das Strafbefehlsverfahren. Wesen des Strafbefehls.

a) Das Strafbefehlsverfahren spielt als das **Mittel für eine rasche, Kräfte und Kosten sparende Erledigung** weniger bedeutsamer Fälle in der Praxis eine große Rolle. Da es „nicht nur im Interesse der staatlichen Strafgerichtsbarkeit liegt, sondern auch im Interesse des Staatsbürgers, dem daran gelegen ist, einfachere Straffälle verhältnismäßig billig und auch diskret ohne Zeitverlust und Aufsehen erledigen zu können" (BVerfGE **25** 158, 164), ist die Staatsanwaltschaft in Nr. 174 Abs. 1 RiStBV angewiesen, es in allen geeigneten Fällen anzuwenden. Nach den Mitteilungen von Crohne (Bericht der amtl. Strafprozeßkomm. (1938) 457) wurden in den Jahren 1930 bis 1935 etwa 2/3 aller Strafsachen durch Strafbefehl erledigt. Auch heute noch wird, obwohl inzwischen die Mehrzahl der Übertretungs- und der leichteren Vergehenstatbestände in Ordnungswidrigkeitstatbestände umgewandelt sind, in etwa der Hälfte der in die amtsgerichtliche Zuständigkeit fallenden Vergehensfälle der Weg des Strafbefehls ergriffen; so standen z. B. in Hessen i. J. 1969 32904 Anklagen bei den Amtsgerichten wegen Vergehens 30836 Anträge auf Erlaß eines Strafbefehls gegenüber (vgl. HessJMBl. **1970**, 552).

b) Der Anwendungsbereich des Strafbefehlsverfahrens ist im Lauf der Zeit nicht unerheblich **erweitert** worden (vgl. Vorbem. vor Anm. 1). Bei Freiheitsstrafen von 3 Monaten, Vergehensgeldstrafen bis zum gesetzlichen Höchstbetrag und Ersatzfreiheitsstrafen, die über 3 Monate hinausgehen können, wie sie durch Strafbefehl festsetzbar ist, kann zwar von „einfacheren" Strafsachen, aber schon längst nicht mehr von „Bagatellsachen" als Gegenstand des Strafbefehlsverfahrens die Rede sein. Solche Strafen können — *jedenfalls gemäß den heute maßgeblichen Rechtsanschauungen* — nach rechtsstaatlichen Grundsätzen nur verhängt werden, wenn der Richter — freilich nur auf der Grundlage der in einem schriftlichen Verfahren bestehenden und gegenüber einer durchgeführten Hauptverhandlung notwendigerweise beschränkten Erkenntnismöglichkeiten — die *Überzeugung* gewonnen hat, daß der Beschuldigte sich strafbar gemacht hat und die von der Staatsanwaltschaft beantragte Strafe eine angemessene und ausreichende Sühne darstellt (so auch Henkel [2] 402; Müller-Sax [6] 1 b zu § 408; OLG Celle NJW **1967** 746; Lüttger GA **1957** 108).

c) Maßgebend ist dabei die Überlegung, daß der Strafbefehl „seinem **Inhalt** nach ein auf Strafe lautendes, Tenor und Gründe enthaltendes Urteil" darstellt (Kern [8] 286). Das ist besonders deutlich, seitdem das StPÄG 1964 dem Beschuldigten im Ermittlungsverfahren vor Beantragung des Strafbefehls förmlich Verteidigungsmöglichkeiten zugesprochen hat, nämlich in Form der obligatorischen Vernehmung oder wenigstens der Pflicht, dem Beschuldigten Gelegenheit zu schriftlicher Äußerung zu geben (§ 163 a StPO), verbunden mit dem Recht des Beschuldigten, die Aufnahme von Beweisen zu seiner Entlastung zu beantragen (§ 163 a Abs. 2), und in Form des Akteneinsichtsrechts des Verteidigers (§ 407 Abs. 4 i. Verb. m. § 147 Abs. 5 StPO). Aus dieser Natur des Strafverfahrens folgt, daß es nur angewendet werden darf, wenn die schriftlichen Unterlagen für die Schuldfeststellung, die rechtliche Beurteilung und die Strafzumessung ausreichen (Koffka JR **1969** 431; Müller-Sax [6] Vorbem. 1 vor § 407).

d) Diese Auffassung vom **Wesen** des Strafbefehls ist aber auch heute noch nicht Allgemeingut. Abweichende Auffassungen knüpfen daran an, daß das Strafbefehlsverfahren nur eine „summarische" Erledigung bezwecke; auch wirken noch Betrachtungsweisen des älteren Schrifttums nach, die nicht nur durch die Änderung der gesetzlichen Vorschriften überholt sind, sondern unabhängig davon auch mit den heutigen Vorstellungen von einer rechtsstaatlichen Anforderungen entsprechenden Strafrechtspflege nicht in Einklang zu bringen sind.

aa) Die übliche Wendung, das Strafbefehlsverfahren bezwecke eine *„summarische Erledigung"* ist geeignet, den Blick dafür zu verdunkeln, daß das „Summarische" an dem Verfahren lediglich in dem Versuch, eine Hauptverhandlung zu ersparen, und der damit verbundenen Notwendigkeit besteht, sich mit einer auf beschränkter Grundlage gewonnenen *Überzeugung* zu begnügen. Bei den Erörterungen über Sinn und Zweck des Strafbefehlsverfahrens finden sich, namentlich im älteren Schrifttum, häufig genug Auffassungen, die im Grunde darauf hinauslaufen, das Strafbefehlsverfahren entspreche etwa dem Mahnverfahren des Zivilprozesses. So vertrat H. Mayer GerS 99 65 in Übereinstimmung mit Oetker, Festschrift für Dernburg 120 die Ansicht, das Strafbefehlsverfahren sei überhaupt kein Strafprozeß, weil es an Parteien fehle und es nicht auf die Feststellung des wirklichen Bestehens eines staatlichen Strafanspruchs gerichtet sei; danach ist das Strafbefehlsverfahren nur der „Versuch, einen Vollstreckungstitel außerhalb des Prozesses zu erlassen". Zum Erlaß des Strafbefehls soll genügen, daß dem Richter die tatsächlichen Behauptungen der Staatsanwaltschaft glaubhaft erscheinen. Nach Beling Lehrb. 472 läuft das Strafbefehlsverfahren auf vertragsähnliche (zweiseitig-rechtsgeschäftliche) Abmachung der Angelegenheit hinaus (durch Unterlassung des Einspruchs des Beschuldigten; zum Erlaß des Strafbefehls soll dringender Tatverdacht ausreichen (S. 474 Anm. 2). In Anm. 8 der 19. Aufl. dieses Werkes wurde der Gedanke einer *Fiktion* der Schuld und der Berechtigung der Strafe, wenn der Beschuldigte den Strafbefehl hinnimmt, vertreten. „Der Richter verhängt hier eine kriminelle Strafe, ohne sich vorher auf Grund einer Hauptverhandlung von der Schuld des Beschuldigten überzeugt und ohne ihn über die Beschuldigung gehört zu haben. Andererseits aber steht dem Beschuldigten das Recht zu, den Strafbefehl durch einfachen Einspruch außer Wirksamkeit zu setzen und hierdurch die mündliche Verhandlung und die Erlassung eines Urteils herbeizuführen; unterläßt er die Erhebung des Einspruchs, so greift die Annahme Platz, daß er wirklich schuldig und die Strafe mit Recht verhängt sei; die hierin liegende Abweichung von den allgemeinen Grundsätzen findet ihre Rechtfertigung in der Geringfügigkeit derjenigen Delikte, bei denen das hier geregelte Verfahren anwendbar ist (Lucas DStRZ 5 5)". Nach EbSchmidt 1 zu § 409; JR **1962** 469 ist der Strafbefehl eine Sachentscheidung mit einer *Straffestsetzung ohne Schuldspruch;* der Strafbefehl stelle nicht die Schuld fest, sondern erkläre nur, daß der Beschuldigte einer bestimmten Tat „beschuldigt" werde; und nach EbSchmidt NachtrBd. I [1967] Rz. 3 zu § 409 ist mit dieser „Straffestsetzung" überhaupt noch keine „Bestrafung" erfolgt, obwohl doch die „Straffestsetzung" die Wirkung eines rechtskräftigen Urteils erlangen kann (§ 410). Ebensogut könnte behauptet werden, auch der Strafausspruch eines Urteils stelle, solange es anfechtbar ist, noch keine „Bestrafung" dar (s. dazu auch Eser JZ **1966** 665).*

bb) Nach BVerfG NJW **1954** 69 stellt der Richter im Strafbefehl nicht die strafrechtliche Schuld fest, sondern *unterstellt* sie entsprechend den Behauptungen der Staatsanwaltschaft im Strafbefehl als wahr: „Der Strafbefehl besagt lediglich, daß durch den im Strafbefehlsantrag behaupteten und vom Richter mangels eigener Feststellung als wahr unterstellten Tatbestand das angegebene Strafgesetz verletzt und daher die festgesetzte Strafe gerechtfertigt ist." Die Staatsanwaltschaft behauptet, und der Richter unterstellt als wahr: daß das *nicht* richtig ist, zeigt schon der Blick auf § 408 Abs. 1, 2. Im übrigen ist es „im modernen Strafrecht selbstverständlich, daß ... dem Täter Tat und Schuld nachgewiesen werden müssen" (BVerfG DVBl. **1959** 362), ja, das Schuldprinzip wird geradezu zu einem Verfassungsgrundsatz erklärt. Auch würde die Auffassung des Strafbefehlsverfahrens als eines Verfahrens, bei dem der Richter keine eigene Tatsachen- und Schuldfeststellung trifft, bedeuten, daß es, — im Widerspruch zu Art. 6 MRK — kein Verfahren wäre, in dem über die Stichhaltigkeit der gegen den Beschuldigten erhobenen strafrechtlichen Anklage entschieden wird (Vogler ZStrW **82** [1970] 767).

Die hier abgelehnten Auffassungen gehen von der Vorstellung aus, daß eine die Festsetzung von Unrechtsfolgen aus der Verwirklichung eines Straftatbestandes rechtfertigende richterliche Überzeugung — gewissermaßen mit begrifflicher Notwendigkeit — nur durch eine Beweisaufnahme in Form einer Hauptverhandlung gewonnen werden könne. Dem ist nicht so. Die Hauptverhandlung als Grundlage für die Bildung der richterlichen Überzeugung ist zwar die Regel. Aber die StPO geht davon aus, daß in Fällen von geringerer Bedeutung die Überzeugung auch im schriftlichen Verfahren gewonnen werden könne, gibt dann allerdings in der Regel dem Beteiligten das Recht, eine Hauptverhandlung zu verlangen (Ausnahme: § 460, wonach die Festsetzung einer Gesamtstrafe ohne mündliche Verhandlung erfolgt).

*) Auch die Charakterisierung des Strafbefehls als „Angebot an den Beschuldigten, die Sache nach summarischer Beurteilung in bestimmter Weise durch Unterwerfung zu erledigen", das der Beschuldigte annehmen und durch Einlegung des Einspruchs ablehnen kann (so Kl [30] 3 und 5 vor § 407), verdunkelt mehr als sie erhellt; ebensogut könnte man das mit Rechtsmitteln noch anfechtbare Urteil als ein „Angebot zur Unterwerfung" bezeichnen.

Solche Vorschriften finden sich z. B. in §§ 437 Abs. 4, 438 Abs. 2, 441 Abs. 2, 3, 442, 444 Abs. 2, 3 StPO. Auch bei Einspruch gegen den *Bußgeldbescheid der Verwaltungsbehörde* kann der Amtsrichter durch Beschluß entscheiden, wenn er in den vorliegenden Unterlagen eine genügende Grundlage für seine Entscheidung sieht und die Beteiligten (Betroffener und Staatsanwaltschaft) diesem Verfahren nicht widersprechen; andernfalls muß er auf Grund einer Hauptverhandlung entscheiden (§ 72 OWiG). Er darf also im Beschlußverfahren auch bei Nichtwiderspruch der Beteiligten eine Geldbuße nur festsetzen, wenn ihm eine Hauptverhandlung entbehrlich erscheint, weil schon die schriftlichen Unterlagen ihm die *Überzeugung* von der Schuld des Betroffenen vermitteln, wenn er aus den Ermittlungen der Verwaltungsbehörde die Überzeugung gewonnen hat, daß der Betroffene den inneren und äußeren Tatbestand einer Ordnungswidrigkeit verwirklicht hat und die festgesetzte Geldbuße schuldangemessen ist. Trägt er aber Bedenken, lediglich auf Grund schriftlicher Unterlagen zu entscheiden, so muß er mündliche Verhandlung anberaumen. Nicht anders im Strafbefehlsverfahren: reichen ihm die schriftlichen Unterlagen, die die Staatsanwaltschaft mit dem Strafbefehlsantrag überreicht, nicht aus, die Schuld und Strafwürdigkeit in Übereinstimmung mit der Staatsanwaltschaft zu bejahen, so kann er die Staatsanwaltschaft um ergänzende Ermittlungen bitten (vgl. Anm. 6 d zu § 408). Versagt sich die Staatsanwaltschaft einem solchen Ersuchen oder scheint dem Amtsrichter eine genügende Aufklärung auf diesem Weg nicht erfolgversprechend, so bringt er die Sache zur Hauptverhandlung (vor dem Einzelrichter oder dem Schöffengericht, vgl. Anm. 9 c) (§ 408 Abs. 2) und ebenso findet Hauptverhandlung statt, wenn nach dem Erlaß des Strafbefehls der Angeklagte durch Einlegung des Einspruchs eine solche begehrt. Die Abweichung von den vorerwähnten Fällen besteht nur darin, daß der Beschuldigte die Hauptverhandlung nicht von vornherein, sondern erst nach Erlaß des Strafbefehls verlangen kann; nach Nr. 174 Abs. 5 RiStBV soll aber die Staatsanwaltschaft einen Strafbefehl schon gar nicht beantragen, wenn ein Einspruch des Beschuldigten zu erwarten ist.

13. Vorbereitung des Strafbefehlsverfahrens.

Das dem Strafbefehlsverfahren vorangehende Ermittlungsverfahren richtet sich nach den allgemeinen Vorschriften für das Ermittlungsverfahren vor Erhebung der Anklage durch Einreichung einer Anklageschrift, soweit sich nicht aus § 407 Abs. 4 Abweichungen ergeben.

a) Erwägt die Staatsanwaltschaft, Antrag auf Erlaß eines Strafbefehls zu stellen, so vermerkt sie den Abschluß der Ermittlungen zu den Akten (§ 169 a Abs. 1, § 407 Abs. 4 Satz 1). Unanwendbar sind jedoch § 169 a Abs. 2 und § 169 b (§ 407 Abs. 4 Satz 2); der Abschluß der Ermittlungen wird also dem Beschuldigten (seinem Verteidiger) nicht mitgeteilt; ein Schlußgehör entfällt. Es bedarf auch vor dem Erlaß des Strafbefehls — abweichend von § 33 Abs. 3 StPO — keiner gerichtlichen Anhörung des Beschuldigten (§ 407 Abs. 4 Satz 3), denn sein rechtliches Gehör (Art. 103 Abs. 1 GG) ist dadurch gewährleistet, daß er gegen den Strafbefehl Einspruch einlegen und dadurch eine Hauptverhandlung erzwingen kann (BVerfGE 3 248, 253; 25 158, 165; durch die letztere Entscheidung erledigen sich die Bedenken von Eser JZ 1966 660, 664, Fußn. 55, soweit er BVerfGE 3 248 als durch BVerfGE 9 89 ff. überholt ansieht).

b) Vor dem Antrag auf Erlaß des Strafbefehls muß der Beschuldigte durch die Polizei oder die Staatsanwaltschaft vernommen oder in einfachen Sachen gehört sein. Das ergibt sich, obwohl § 407 — im Gegensatz zu § 413 Abs. 1 — das Erfordernis einer vorgängigen Anhörung nicht ausdrücklich erwähnt, aus § 163 a Abs. 1, für den § 407 Abs. 4 keine Ausnahmevorschrift enthält (allg.M.). Die Unterlassung der Vernehmung ist kein Verfahrenshindernis; sie wird gegenstandslos, wenn der Beschuldigte gegen den Strafbefehl Einspruch einlegt, da er jetzt zu richterlichem Gehör kommt (OLG Stuttgart MDR 1966 257 = JZ 1966 683). Der Amtsrichter darf aber, wenn er den Verfahrensmangel bemerkt, den Strafbefehl nicht erlassen, sondern muß die Akten der Staatsanwaltschaft zur Nachholung der Vernehmung (Anhörung) zurückgeben (vgl. Anm. 6 zu § 408). Wird ein ohne Vernehmung erlassener Strafbefehl rechtskräftig, so ist der Mangel nach allgemeinen Grundsätzen durch die Rechtskraft geheilt (Oske MDR 1968 885). Daß der Beschuldigte im Ermittlungsverfahren keinen Anspruch auf richterliches Gehör hat, schließt nicht aus, eine richterliche Vernehmung nach § 162 StPO herbeizuführen (EbSchmidt NachtrBd. I Rz 23; Eser JZ 1966 661). Die Abs. 2 bis 4 des § 163 a finden ebenfalls Anwendung.

c) Sobald der Abschluß der Ermittlungen in den Akten der Staatsanwaltschaft vermerkt ist, ist der Verteidiger befugt, die **Akten**, die dem Gericht vorliegen oder ihm bei Antrag auf Erlaß des Strafbefehls vorzulegen wären, uneingeschränkt **einzusehen.** Vor diesem Zeitpunkt kann ihm die Akteneinsicht unter den Voraussetzungen des § 147 Abs. 2 versagt werden.

d) Die Staatsanwaltschaft darf – nicht anders als bei Erhebung der Klage durch Einreichung einer Anklageschrift – den Erlaß eines Strafbefehls nur beantragen, wenn der Beschuldigte nach dem Ergebnis der Ermittlungen unter Berücksichtigung seiner Vernehmung einer strafbaren Handlung **„hinreichend verdächtig"** ist i. S. des § 203 (so ausdrücklich Nr. 174 Abs. 3 RiStBV; allg.M.; vgl. z. B. EbSchmidt NachtrBd. I Rz. 23 m. w. Nachw.) Auch ergibt sich als Sinn des § 409 Abs. 1, wonach die Beweismittel zu bezeichnen sind, daß nicht nur die Angabe etwa vorhandener Beweismittel vorgeschrieben ist, sondern daß Beweismittel vorhanden, erforderliche Beweise also im vorbereitenden Verfahren vor Erlaß des Strafbefehls erhoben sein müssen. In Übereinstimmung hiermit weist Nr. 174 Abs. 3 RiStBV die Staatsanwaltschaft an: „Der Antrag darf nicht ohne ausreichende Aufklärung des Sachverhalts nur in der Erwartung gestellt werden, daß der Beschuldigte Einspruch einlegen werde, wenn er sich nicht schuldig fühlt." Die Staatsanwaltschaft darf also den Antrag nur bei einem nach genügender Sachverhaltsaufklärung bestehenden hinreichenden Tatverdacht stellen; der Richter aber darf – wie oben ausgeführt – den Strafbefehl nur erlassen, wenn er auf dieser Grundlage – gegebenenfalls nach Ergänzung der Ermittlungen durch die Staatsanwaltschaft auf seine Anregungen hin – die **Überzeugung** gewonnen hat, daß der Beschuldigte die ihm vorgeworfene Tat begangen und die beantragte Strafe verdient hat. Im übrigen hat die Staatsanwaltschaft zu erwägen, ob sich die Sache überhaupt *schon zur Aburteilung eignet,* was zu verneinen ist, wenn damit gerechnet werden kann, daß sich in absehbarer Zeit schwere Folgen aus der Tat ergeben (vgl. Anm. 6 a zu § 408).

e) Von der **Befugnis aus § 154 a Abs. 1,** Unwesentliches auszuscheiden, darf die Staatsanwaltschaft nicht lediglich zu dem Zweck Gebrauch machen, um die Tat im Strafbefehlsverfahren erledigen zu können (EbSchmidt Nachtr.Bd. I Rz. 19 a zu § 408).

14. Jugendliche und Heranwachsende.

a) Bei **Jugendlichen** und bei **Heranwachsenden,** sofern Jugendstrafrecht anzuwenden ist, ist nach den oben angeführten Vorschriften des JGG der Erlaß eines Strafbefehls ausgeschlossen, weil das Strafbefehlsverfahren eine ausreichende jugendgemäße Behandlung nicht ermöglicht. Die jugendrichterliche Verfügung (§ 75 JGG) ersetzt nicht den Strafbefehl, sondern die richterliche Strafverfügung des § 413 StPO. Maßgebend für die Unzulässigkeit des Strafbefehls ist das Alter des Beschuldigten zur Zeit der Tat, nicht etwa das zur Zeit des Antrages oder Erlasses eines Strafbefehls (§ 1 Abs. 2). Wird unter Verstoß gegen §§ 79, 104 JGG gegen einen Jugendlichen oder dem Jugendstrafrecht unterliegenden Heranwachsenden ein Strafbefehl erlassen und infolge Unterlassung eines rechtzeitigen Einspruchs unanfechtbar, so ist er auch materiell rechtskräftig; die auf seltenste Ausnahmefälle beschränkte Nichtigkeit eines formell rechtskräftigen Strafbefehls (vgl. Anm. 3 c zu § 408) kommt hier nicht in Betracht (BayObLG NJW **1957** 838 = JZ **1957** 389; Dallinger-Lackner [2] Rz. 5 zu § 79 JGG, Schorn S. 40; vgl. auch Einl. S. 186).

b) Bei **Heranwachsenden, auf die Jugendstrafrecht nicht Anwendung findet,** ist zwar der Erlaß eines Strafbefehls (durch den Jugendrichter, §§ 33, 107 JGG) zulässig und in vielen Fällen, namentlich bei Verkehrsdelikten leichterer Art auch unentbehrlich (Grethlein-Brunner [3] 2 b zu § 109); gleichwohl ist hier insgesamt bei der Anwendung des Strafbefehlsverfahrens Zurückhaltung geboten (vgl. Dallinger-Lackner [2] 32 – 38 zu § 109 JGG).

Zunächst ist zu beachten, daß der Staatsanwalt gegen einen Heranwachsenden einen Strafbefehl nur beantragen darf, wenn er auf Grund eingehender Ermittlungen (§§ 43, 38 Abs. 3, §§ 109 Abs. 1, 107 JGG) zu dem Ergebnis gekommen ist, daß das allgemeine Strafrecht anzuwenden ist (Nr. 2 der Richtlinien zu § 109). Bei diesen Ermittlungen ist auch die Jugendgerichtshilfe zu beteiligen, von deren Heranziehung nur bei Übertretungen und auch nur dann abgesehen werden kann, wenn ihre Mitwirkung für die sachgemäße Durchführung des Verfahrens entbehrlich ist (§ 38 Abs. 3 JGG). In gleicher Weise wie bei Erwachsenen (vgl. oben Anm. 12) darf der Richter einen Strafbefehl nur erlassen, wenn er auf Grund der Vorermittlungen, gegebenenfalls nach deren Ergänzung (vgl. Dallinger-Lackner aaO. 32) die Überzeugung erlangt hat, daß die Voraussetzungen für die Anwendung des Erwachsenenstrafrechts vorliegen (OLG Hamburg NJW **1963** 67 = GA **1963** 54). Er darf keinesfalls gegen den Heranwachsenden Erwachsenenstrafe in der Erwartung festsetzen, daß dieser schon Einspruch einlegen werde, wenn er sich ungerecht behandelt fühle (Dallinger-Lackner Anm. 32 aaO. mit weiteren Zitaten). Auch wo danach die Anwendung von Erwachsenenstrafrecht unbedenklich erscheint, wird bei erheblicherer Bedeutung der Bestrafung (bei Freiheitsstrafen oder wenn die Verurteilung sonst das Fortkommen des Heranwachsenden zu beeinträchtigen geeignet ist) die Staatsanwaltschaft vom Antrag auf Strafbefehl zweckmäßigerweise absehen (Dallinger-Lackner [2] 33; Grethlein-Brunner [3] 2b zu § 109).

c) Eine **Abgabe des Verfahrens** durch den mit dem Strafbefehlsantrag angegangenen Jugendrichter an das Jugendgericht des Aufenthaltsorts gemäß § 42 Abs. 3 JGG kommt erst nach Beginn der auf rechtzeitigen Einspruch hin anberaumten Hauptverhandlung in Betracht, da erst von diesem Zeitpunkt ab die Staatsanwaltschaft, in deren Rechte nicht eingegriffen werden soll, an ihre erhobene Anklage gebunden ist (BGH St. **13** 186; vgl. auch Anm. 3 zu § 411). — Ist der Strafbefehl gegen den Heranwachsenden versehentlich beim Erwachsenengericht beantragt und von diesem erlassen worden, so kann dieses nach Einspruch das Verfahren an den Jugendrichter abgeben (BGH St. **18** 173 = MDR **1963** 429). Nach der neueren Rechtsprechung des BGH (BGH St. **18** 79 = NJW **1963** 60; s. dazu Einleitung S. 129) ist das versehentliche Eindringen in den Geschäftsbereich des Jugendgerichts nicht unter dem Gesichtspunkt des Verfahrenshindernisses der sachlichen Unzuständigkeit, sondern nur unter dem des Übergriffs in den Geschäftsbereich einer anderen Gerichtsabteilung gleichen Ranges zu werten (anders früher BayObLG NJW **1960** 2013; **1961** 1829).

d) **Landesrechtlich** ist bei bestimmten Zuwiderhandlungen gegen Landesstrafgesetze eine Erhebung der öffentlichen Klage nur durch Stellung eines Strafbefehlsantrages vorgesehen (vgl. §§ 27 ff. des preuß. Ges. betr. den Forstdiebstahl v. 15. 4. 1878 [GS 222] in der Fassung v. 12. 3. 1924 [GS 127] und § 53 des preuß. Feld- und Forstpolizeiges. v. 1. 4. 1880 [GS 230] in der Fassung v. 21. 1. 1926 [GS 83); § 37 des Hess. Feld- und Forstges. v. 30. 3. 1954 [GVBl. 39]). Auch hier ist das Strafbefehlsverfahren gegen Jugendliche und dem Jugendstrafrecht unterliegende Heranwachsende ausgeschlossen (vgl. die Anm. zu § 24 GVG).

15. Strafbefehl bei Ordnungswidrigkeiten.

Im Strafverfahren ist die Staatsanwaltschaft für die Verfolgung der Tat auch unter dem rechtlichen Gesichtspunkt einer *Ordnungswidrigkeit* zuständig (§ 40 OWiG 1968), und das Gericht beurteilt die in der Anklage bezeichnete Tat zugleich unter dem rechtlichen Gesichtspunkt einer Ordnungswidrigkeit (§ 82). Ist eine Handlung gleichzeitig Straftat und Ordnungswidrigkeit (Tateinheit), so wird nach § 17 OWiG nur das Strafgesetz angewendet; die Ordnungswidrigkeit tritt dann in dem Tenor der gerichtlichen Entscheidung nicht in Erscheinung, kann aber u. U. bei der Strafzumessung eine Rolle spielen (BGH NJW **1970** 2255; Göhler [2] 3 A zu § 17). Jedoch kann auf Nebenfolgen der Ordnungswidrigkeit erkannt werden (§ 17 OWiG); es ist also auch möglich, auf Antrag der Staatsanwaltschaft in einem Strafbefehl neben Strafe und Nebenfolge einer Straftat die Nebenfolgen einer durch die Straftat verdrängten Ordnungswidrigkeit festzusetzen.

Nach § 42 OWiG kann ferner die Staatsanwaltschaft die Verfolgung einer Ordnungswidrigkeit übernehmen, die mit einer verfolgten Straftat zusammenhängt. Ein solcher Zusammenhang ist nach § 42 Abs. 1 Satz 2 OWiG gegeben, wenn jemand sowohl einer Straftat als auch einer Ordnungswidrigkeit (persönlicher Zusammenhang), oder wenn hinsichtlich derselben Tat (im verfahrensrechtlichen Sinn des § 264 StPO) eine Person einer Straftat und eine andere einer Ordnungswidrigkeit (sachlicher Zusammenhang) beschuldigt wird. Nach § 64 OWiG *„erstreckt"* die Staatsanwaltschaft, wenn sie in den Fällen des § 42 wegen der Straftat die öffentliche Klage erhebt, diese auf die Ordnungswidrigkeiten. Öffentliche Klage i. S. des § 64 ist, wie auch sonst, auch der Antrag auf Erlaß eines Strafbefehls. Die Staatsanwaltschaft beantragt also („erstreckt") in diesen Fällen einen *einheitlichen* Strafbefehl; bei sachlichem Zusammenhang kann sie beantragen, in *einem* Strafbefehl gegen den einer Straftat Beschuldigten Strafe und Nebenfolgen der Straftat und gegen den Betroffenen, der einer Ordnungswidrigkeit beschuldigt wird, Geldbuße in bestimmter Höhe und Nebenfolgen der Ordnungswidrigkeit festzusetzen (vgl. Göhler [2] 1 zu § 64 OWiG; Kl [30] 15 zu § 407; Krüger NJW **1969** 1336; **a. M.** Friehling NJW **1969** 1058, der bei sachlichem Zusammentreffen die Möglichkeit eines einheitlichen Strafbefehls verneint, und Müller, Straßenverk.R II [22] 5 ff., wonach der Amtsrichter auch einen „Bußgeldbescheid" erlassen kann).

Der Betroffene, dem nur eine Ordnungswidrigkeit zur Last gelegt wird, behält trotz Ahndung der Tat durch Strafbefehl zwar die rechtliche Stellung eines „Betroffenen"; er ist nicht „Beschuldigter". Die einheitliche Ahndung von Straftat und Ordnungswidrigkeit hat aber zur Folge, daß die für das Strafbefehlsverfahren geltenden Vorschriften grundsätzlich Anwendung finden. Der Antrag auf Erlaß des Strafbefehls ist also gemäß § 408 auf eine bestimmte Geldbuße und bestimmte, nach dem OWiG zulässige Nebenfolgen zu richten. Legen Beschuldigter und Betroffener Einspruch ein, so findet Hauptverhandlung gemäß § 411 StPO statt, und § 72 OWiG — Möglichkeit der Entscheidung nach Einspruch gegen den Bußgeldbescheid durch Beschluß ohne Hauptverhandlung — ist unanwendbar (Göhler [2] 1 zu § 64). Die verfahrenseinheitliche Behandlung endet, wenn der Gesichtspunkt des sachlichen Zusammenhangs entfällt, also der der Straftat Beschuldigte sich mit dem Strafbefehl abfindet und nur der Betroffene Einspruch gegen die Bußgeldfestsetzung einlegt: dann wird entsprechend dem Rechtsgedanken des § 82 Abs. 2 OWiG das Verfahren als reines Bußgeldverfahren mit der Maßgabe weitergeführt, daß auch in diesem Fall die Hauptverhandlung obligatorisch, § 72 OWiG also unanwendbar ist (Göhler aaO.). Vgl. im übrigen oben Anm. 5 g und Anm. 8 zu § 408).

§ 408

(1) Der Antrag ist auf eine bestimmte Strafe, Nebenfolge oder Maßregel der Sicherung und Besserung zu richten. Der Amtsrichter hat ihm zu entsprechen, wenn dem Erlaß des Strafbefehls Bedenken nicht entgegenstehen.

(2) Der Amtsrichter hat Hauptverhandlung anzuberaumen, wenn er Bedenken hat, ohne Hauptverhandlung zu entscheiden. Dasselbe gilt, wenn der Amtsrichter eine andere als die beantragte Strafe, Nebenfolge oder Maßregel der Sicherung und Besserung festsetzen oder über die Strafaussetzung zur Bewährung abweichend vom Antrag der Staatsanwaltschaft entscheiden will und die Staatsanwaltschaft bei ihrem Antrag beharrt.

Entstehungsgeschichte: Das Vereinheitlichungsgesetz vom 12. 9. 1950 hat Abs. 2 S. 1 ohne sachliche Änderungen nur stilistisch neu gefaßt. Durch das 3. Strafrechtsänderungsges. vom 4. 8. 1953 (BGBl. I 735) sind in Abs. 2 S. 2 hinter „festsetzen" die Worte „oder über die Strafaussetzung zur Bewährung abweichend vom Antrag der Staatsanwaltschaft entscheiden" und durch das 2. Strafverkehrssicherungsges. v. 26. 11. 1964 (BGBl. I 921) in Abs. 1 und 2 jeweils hinter „Strafe" die Worte „Nebenfolge oder Maßregel der Sicherung und Besserung" eingefügt worden.

Schrifttum: Zimmerle GerS 50 44

Übersicht

1. Antrag der Staatsanwaltschaft.

a) Inhalt des Antrags. § 408 schreibt nur vor, daß der Antrag auf eine bestimmte Strafe, Nebenfolge oder Maßregel zu richten und daß, wie sich aus Abs. 2 Satz 2 ergibt, bei Freiheitsstrafen, soweit sie nach § 14 StGB in Betracht kommen, zur Frage der Strafaussetzung zur Bewährung (§ 23 StGB) Stellung zu nehmen ist, indem entweder Strafaussetzung beantragt oder ein solcher Antrag nicht gestellt oder (was auf das gleiche hinauskommt) förmlich beantragt wird, Strafaussetzung nicht zu gewähren. Da der Antrag aber der Erhebung der öffentlichen Klage entspricht und die Grundlage für den Strafbefehl bildet (vgl. Anm. 8 a zu § 407) und ggf. in einer späteren Hauptverhandlung als Anklagesatz zu verlesen ist (vgl. Anm. 2 b zu § 411), ergibt sich ohne weiteres, daß er den Erfordernissen einer beim Einzelrichter erhobenen Anklage (§ 200) entsprechen muß (allg.M.; vgl. z. B. Müller-Sax [6] 1 a; Kl [30] 1 und aus der älteren Lit. v. Kries 740, Ben-Beling 657, Zimmerle aaO. 49). Der Amtsrichter könnte ja auch nicht über den Antrag materiell befinden, wenn daraus nicht ersichtlich wäre, in welchen Tatsachen die Staatsanwaltschaft die strafbare Handlung findet und welches Strafgesetz sie für anwendbar hält. Die neuen Entwürfe einer StPO bestimmen ausdrücklich, daß der Antrag *die für die Anklageformel vorgeschriebenen Angaben sowie die Bezeichnung der Beweismittel* enthalten muß (§ 422 Abs. 1 der Entw. 1908 und 1909, § 410 Abs. 1 des Entw. 1920; § 392 Entw. 1939). In der Praxis wird dies dadurch erreicht, daß nach Nr. 176 RiStBV zur Vereinfachung und Beschleunigung des Geschäftsgangs der Staatsanwalt den Strafbefehlsantrag grundsätzlich in der Weise stellt, daß er einen (vom Richter lediglich zu unterzeichnenden) Strafbefehlsentwurf einreicht und beantragt, einen Strafbefehl dieses Inhalts zu erlassen. — Mit dem Antrag hat die Staatsanwaltschaft die bisher geführten *Verhandlungen* dem Gericht vorzulegen; vgl. Anm. 7 zu § 170.

b) Lautet der Antrag auf eine bestimmte primäre Strafe und auf **Anrechnung** der vollen oder eines Teils der erlittenen **Untersuchungshaft** oder auf deren Nichtanrechnung (§ 60 Abs. 1 Satz 2 StGB), so gehört die Entscheidung über die Anrechnung der Untersuchungshaft nicht zum Inhalt der beantragten Strafe i. S. des § 408 Abs. 2, so daß insoweit der Amtsrichter nicht gehindert ist, von dem Antrag der Staatsanwaltschaft abzuweichen; (Schorn S. 30, 53; **a. M.** Müller-Sax [6] 3).

c) Lautet der Antrag auf *Geldstrafe,* so gehört zu ihrer Bestimmtheit auch die genaue Angabe der festzusetzenden **Ersatzfreiheitsstrafe** (§ 29 StGB, § 459 StPO).

d) **Beantragt** die Staatsanwaltschaft, wenn sie auf Freiheitsstrafe anträgt, deren **Aussetzung zur Bewährung,** so ist es zwar zulässig, aber nicht erforderlich, daß sie eine bestimmte Dauer der Bewährungszeit oder bestimmte Bewährungsauflagen und -Weisungen (§§ 24 bis 24c StGB) bezeichnet; sie kann die nach dieser Richtung zu treffenden Anordnungen dem Ermessen des Richters überlassen. Demgemäß ist, wenn sie ihren Strafbefehlsantrag auch auf diese Punkte erstreckt, der Richter nicht daran gebunden (ebenso Müller-Sax [6] 3; Penz NJW **1954** 142; EbSchmidt NachtrBd. I Rz. 10; a. M. Kl [30] 3 A zu § 407).

e) **Negativ** ist im Strafbefehlsantrag zum Ausdruck zu bringen, wenn nach Auffassung des Staatsanwalts eine Freiheitsstrafe nicht zur Bewährung ausgesetzt (Nr. 177 Abs. 2 RiStBV) und die Fahrerlaubnis nicht entzogen werden soll (vgl. 6 zu § 409).

2. Ablehnung des Antrags.

§ 408 trifft keine erschöpfende Bestimmung darüber, wie der Amtsrichter auf den Antrag zu verfügen hat. Er hat nur die Prüfung der Zulässigkeit und Angemessenheit der von der Staatsanwaltschaft gewählten *Verfahrensart* und der beantragten *Strafe* usw. im Auge; unter diesem Gesichtspunkt unterscheidet er zwischen dem Erlaß des Strafbefehls (Abs. 1) und — bei Bedenken — der Verweisung der Sache zur Hauptverhandlung (Abs. 2). Der Fall, daß der Amtsrichter den Antrag als unzulässig oder unbegründet ansieht, wo er also bei Erhebung einer Anklage die Eröffnung des Hauptverfahrens ablehnen würde, wird von § 408 nicht berührt; in diesem Fall hat der Amtsrichter lediglich den *Antrag zurückzuweisen.* Seine Befugnis hierzu ist nicht zweifelhaft (Koch MDR **1962** 628; allg. M.). Denn da, wo die Sachlage die Ablehnung der Eröffnung des Hauptverfahrens rechtfertigen würde (vgl. Anm. 2 zu § 203), kann der Amtsrichter zu einer Eröffnung, wie sie in einer Verweisung zur Hauptverhandlung liegt, nicht dadurch genötigt sein, daß die Staatsanwaltschaft ihren Antrag auf Erlaß eines Strafbefehls richtet. Überdies wäre die Hauptverhandlung zwecklos, wenn über den Grund, aus dem der Antrag sich als unzulässig usw. darstellt, eine weitere Aufklärung bei mündlicher Verhandlung nicht erzielt werden kann. Danach ist der Antrag insbesondere zurückzuweisen, wenn es an einer Prozeßvoraussetzung (z. B. dem erforderlichen Antrag des Verletzten) fehlt, wenn die Strafklage verbraucht oder der Strafanspruch in anderer Weise weggefallen ist, wenn es klar ist, daß die in dem Antrag bezeichnete Tat unter kein Strafgesetz fällt, wenn der Amtsrichter örtlich oder sachlich nicht zuständig ist. Hat der Amtsrichter dagegen lediglich Bedenken gegen die rechtliche Bewertung der Tat durch die Staatsanwaltschaft, und beharrt diese auf ihrer Auffassung, so kommt nicht Zurückweisung des Antrags, sondern Anberaumung der Hauptverhandlung in Betracht (s. Anm. 3). Auch die Prüfung der Beweisfrage kann zu einer Zurückweisung des Antrags führen, aber nur, wenn die Unzulänglichkeit der angeführten Beweise klar zutage liegt und eine Rückgabe der Sache an die Staatsanwaltschaft zur Ergänzung der Ermittlungen keine Änderung der Beweislage erwarten läßt. Wo jedoch der Amtsrichter lediglich von der Schuld nicht überzeugt ist, ohne einen hinreichenden Tatverdacht verneinen zu können (vgl. Anm. 12b, 13d zu § 407), muß er — nicht anders als nach förmlicher Erhebung der öffentlichen Klage — Hauptverhandlung anberaumen und damit praktisch das Hauptverfahren eröffnen. Die Entwürfe sehen die Ablehnung des Antrags, „wenn die Voraussetzungen vorliegen, unter denen auf eine Anklage die Eröffnung des Hauptverfahrens abzulehnen wäre", ausdrücklich vor (§ 424 Abs. 1 der Entw. 1908 und 1909, § 411 Abs. 1 Entw. 1920; Entw. EGStGB Art. 70 Ziff. 222, Entw. 1939 § 393), die Begründungen heben aber hervor, daß insoweit lediglich eine Klarstellung der jetzt schon geltenden Rechtslage vorliegt. — Wegen der Anfechtung der Ablehnung s. unten Anm. 7b

3. Bindung des Richters an den Antrag. Folgen unzulässiger Abweichung. Bedeutung anderer Gesetzesverstöße bei Erlaß des Strafbefehls.

a) Der Amtsrichter **erläßt den Strafbefehl,** wenn dieser nach seiner Ansicht einem Bedenken weder in rechtlicher noch in tatsächlicher Hinsicht unterliegt. — Er kann aber *nur genau nach dem Antrag* der Staatsanwaltschaft (vgl. Anm. 6) erlassen werden; es steht dem Amtsrichter nicht zu, in irgendeiner Richtung inhaltlich (die Formulierung steht ihm frei) von dem Antrag abzuweichen. Dies gilt von der Bestimmung der Strafe, der Nebenfolgen und

Maßregeln, wie auch von der Qualifizierung der Tat; der Amtsrichter kann ein anderes als das in dem Antrag bezeichnete Strafgesetz nicht anwenden (a. M. Schorn S. 52: bei Tateinheit könne der Richter im Strafbefehl noch weitere als die im Strafbefehlsantrag als verletzt bezeichneten Gesetze anführen, wenn er die Strafe dem im Strafbefehlsantrag erwähnten Gesetz als dem schwersten Strafgesetz entnehme). Die völlige Übereinstimmung von Ankläger und Richter in der Beurteilung des vorliegenden Straffalles ist Voraussetzung für die Erledigung der Sache im Wege des Strafbefehls.

b) Eine Beschränkung durch **Ausscheidung von Unwesentlichem** und durch Ausscheidung der Einziehung (§ 430) und ähnlicher Nebenfolgen (§ 442) ist nach § 154 a Abs. 2, § 430 Abs. 1 nur mit Zustimmung der Staatsanwaltschaft möglich. Hält der Richter eine solche Beschränkung für angebracht, und ist die Staatsanwaltschaft damit einverstanden, so reicht sie zweckmäßig unter Rücknahme des weitergehenden Antrags einen neuen Strafbefehlsantrag ein; versagt sie sich der Anregung, so muß der Richter den Strafbefehl in der beantragten Form erlassen, da nunmehr der Zweck einer Verfahrensvereinfachung nicht erreichbar ist. Auch eine *Wiedereinbeziehung* im Ermittlungsverfahren ausgeschiedener Teile der Nebenfolgen ist gemäß § 408 Abs. 1 nur mit Zustimmung der Staatsanwaltschaft möglich; ist diese zur Zustimmung nicht bereit, so wird der Amtsrichter, wenn er an seiner Auffassung festhält, die Sache zur Hauptverhandlung bringen, in der die Wiedereinbeziehung gemäß §§ 154 a Abs. 3, 430 Abs. 3 ohne weiteres möglich ist (EbSchmidt NachtrBd. I Rz. 12).

c) **Weicht aber der Richter** bei Erlaß des Strafbefehls, sei es zugunsten, sei es zuungunsten des Beschuldigten von dem Antrag der Staatsanwaltschaft **ab**, so bewirkt das nicht, daß der Strafbefehl „unwirksam" in dem Sinn wäre, daß er auch bei Eintritt der formellen Rechtskraft infolge unterlassener Anfechtung durch wirksam eingelegten Einspruch unbeachtlich wäre (anders die 19. Aufl. dieses Werkes Anm. 3 unter Berufung auf KG LZ **16** 395; dort wurde auch angenommen, daß bei Übergehen einer von der Staatsanwaltschaft beantragten Nebenfolge – Einziehung usw. – im Strafbefehl dessen Rechtswirksamkeit davon abhänge, ob die Anordnung der Nebenfolge einen wesentlichen Bestandteil des staatsanwaltschaftlichen Antrags bilde oder nicht). Allerdings ist es richtig, daß der Staatsanwaltschaft gegen einen von ihrem Antrag abweichenden Strafbefehl weder der Einspruch noch ein sonstiges Rechtsmittel zusteht (a. M. KG LZ 1923 39, EbSchmidt 20, Schorn S. 107: Beschwerderecht der Staatsanwaltschaft in entsprechender Anwendung der §§ 204, 210 Abs. 2). Indessen begründen nach jetzt durchaus h. M. nur allergröbste Verstöße gegen das sachliche oder das Verfahrensrecht, die es schlechthin unannehmbar machen, eine formell rechtskräftig gewordene Entscheidung hinzunehmen, deren absolute Nichtigkeit (vgl. Einl. S. 184 ff.). Von einem solchen Ausnahmetatbestand kann aber bei einem bloßen Abweichen des Strafbefehls vom Antrag keine Rede sein. Ein solcher Verstoß wiegt nicht schwerer als wenn etwa beim Erlaß eines Strafbefehls das zulässige Höchstmaß der Freiheitsstrafe oder der Dauer des Fahrverbots überschritten wurde, z. B. durch Festsetzung von 4 Monaten Freiheitsstrafe unter Anrechnung von 1 Monat erlittener Untersuchungshaft (Phantasiefälle wie Festsetzung einer langdauernden Freiheitsstrafe oder sonstiger „unerträglicher Festsetzungen" – vgl. dazu Müller-Sax [6] 3 b; Kl [30] 5 zu § 409 – bedürfen keiner Erörterung), oder wenn Verfahrenshindernisse übersehen worden sind oder ein Strafbefehl gegen einen Jugendlichen oder einen dem Jugendstrafrecht unterliegenden Heranwachsenden erlassen wurde (vgl. Anm. 14 zu § 407), wenn die Strafe wegen eines Verbrechens festgesetzt, oder wenn bei der rechtlichen Würdigung mehr oder weniger grobe sachlichrechtliche Verstöße begangen wurden. Solche Mängel müssen nach Eintritt der Rechtskraft um der Rechtssicherheit willen hingenommen werden (a. M. EbSchmidt 8, 9 zu § 409 und NachtrBd. I Rz. 8: Nichtigkeit bei Festsetzung einer im Strafbefehlsverfahren nicht zulässigen Strafe). Demgemäß bewirkt auch der nicht antragsgemäß ergangene Strafbefehl den Verbrauch der Strafklage (ebenso OLG Köln DRiZ 1931 Nr. 793; HRR 1932 Nr. 83, 217; Schorn S. 54), soweit die Rechtskraftwirkung nicht aus anderen Gründen (vgl. Anm. 2 zu § 410) beschränkt ist.

d) Legt der Beschuldigte gegen den (z. B. hinsichtlich der Strafe) abweichend vom Antrag der Staatsanwaltschaft erlassenen Strafbefehl Einspruch ein, so stellt die Abweichung auch nicht ein Verfahrenshindernis für die weitere Durchführung des Verfahrens dar, denn der Strafbefehl übernimmt die Funktion des Eröffnungsbeschlusses, und in dieser Hinsicht weist er trotz der Abweichung vom Strafbefehlsantrag alle Merkmale eines Eröffnungsbeschlusses auf (BayObLGSt. 1958 130).

4. Einstellung nach § 153.

Der Richter kann nach Eingang des Strafbefehlsantrags das Verfahren gemäß § 153 Abs. 3 mit Zustimmung der Staatsanwaltschaft einstellen. Eine Anhörung des Beschuldigten dazu ist nicht vorgeschrieben, denn § 153 Abs. 3 fordert die Anhörung des „Angeschuldigten", während § 407 Abs. 3, 4 den Betroffenen auch nach Stellung des Strafbefehlsantrags technisch als „Beschuldigten" bezeichnet. Zu diesem mehr formalen Argument tritt ein innerer Grund: Wenn § 153 Abs. 3 nach Klageerhebung die Anhörung des „Angeschuldigten" fordert, so hat er den Fall einer Erhebung der öffentlichen Anklage durch Einreichung einer Anklageschrift im Auge, die dem „Angeschuldigten" mitgeteilt wird (§ 201); die Anhörung soll dem Angeschuldigten Gelegenheit geben, auf eine andere Art der Verfahrensbeendigung hinzuwirken, die ihn von dem belastenden Verdacht freistellt. Dieser Gesichtspunkt entfällt insofern, als dem Beschuldigten der Antrag auf Erlaß des Strafbefehls nicht mitgeteilt wird; auch kann geltend gemacht werden, daß es dem Wesen des summarischen Verfahrens widerspreche, den beschleunigten Ablauf des Verfahrens durch Vorerörterungen aufzuhalten. Indessen steht nach h. M. dem Nebenkläger, der sich dem Verfahren anschließt, das Recht zu, vom Antrag auf Erlaß des Strafbefehls ab durch Anträge und Ausführungen zur Sach- und Rechtslage auf das Verfahren einzuwirken (vgl. Anm. 10 zu § 407). Macht der Nebenkläger von diesem Recht Gebrauch, so läßt es sich schwer begründen, warum nicht der Beschuldigte dann ein Recht auf Anhörung haben soll, wenn das Gericht die Einstellung des Verfahrens erwägt. Im übrigen bleibt es dem Gericht unbenommen, den Strafbefehlsantrag der Staatsanwaltschaft mit dem Anheimgeben zurückzureichen, eine Einstellung nach § 153 Abs. 2 zu prüfen und zugleich seine Zustimmung zu einer Einstellung zu erteilen (Kl [30] 2 C).

5. Verfahren bei Strafaussetzung zur Bewährung und Anordnung von Fahrverbot.

a) Wird die Vollstreckung der festgesetzten Freiheitsstrafe **antragsgemäß zur Bewährung ausgesetzt** (vgl. dazu oben Anm. 1 d), so wird gemäß § 260 Abs. 4 Satz 2, § 268 a Abs. 1 im Strafbefehl nur die Aussetzung ausgesprochen, während die Anordnungen über die Dauer der Bewährungsfrist und über Bewährungsauflagen in einem besonderen Beschluß getroffen werden, der zusammen mit dem Strafbefehl zugestellt wird (vgl. Anm. 7 a zu § 409). Die in § 409 Abs. 1 Satz 2, § 268 a Abs. 2 vorgeschriebene Belehrung erfolgt grundsätzlich schriftlich zugleich mit der Zustellung des Strafbefehls und des Beschlusses über die Bewährungsdauer und -auflagen, sonst mündlich in einem besonderen Termin durch den Strafbefehlsrichter oder den von ihm ersuchten Amtsrichter des vom Gerichtssitz verschiedenen Wohn- oder Aufenthaltsorts des Beschuldigten (§ 453 a). Wird infolge Einspruchs nach Hauptverhandlung durch Urteil entschieden, so verliert die durch den Strafbefehl angeordnete Aussetzung ihre Bedeutung; sie wird gegebenenfalls, wenn das Gericht sie nach dem Ergebnis der Hauptverhandlung für angezeigt hält (vgl. § 411 Abs. 3), erneut im Urteil angeordnet. Wird dagegen der Strafbefehl rechtskräftig, so ist gegen den mit dem Strafbefehl ergangenen Beschluß nach § 268 a Abs. 1 die Beschwerde gemäß § 305 a StPO zulässig.

b) Die bei Anordnung eines **Fahrverbots** in § 409 Abs. 1 Satz 2, § 268 c Satz 1 vorgeschriebene Belehrung bezieht sich nur auf den Beginn der Verbotsfrist (§ 37 Abs. 4 Satz 1 StGB). Sie dient der Unterrichtung des Beschuldigten, da der Beginn und damit die Dauer des Fahrverbots von mannigfachen Umständen abhängt und die Rechtskraft des Strafbefehls allein nicht maßgebend ist. Sie erfolgt im oder zugleich mit dem Strafbefehl. Eine dem § 453 a StPO entsprechende Vorschrift über die Nachholung der unterbliebenen Belehrung ist nicht in das Gesetz aufgenommen. Gleichwohl muß der Richter, wenn er das Versehen bemerkt, die Belehrung (schriftlich) nachholen (EbSchmidt NachtrBd. II Rz 4), und die Vollstrekkungsbehörde muß es tun, wenn sie die Herausgabe des Führerscheins zur Vollstreckung verlangt (§ 59 a Abs. 4 Satz 1 StVollstrO.; Kl 30 1 zu § 268 c).

6. Verfahren bei Bedenken, ohne Hauptverhandlung zu entscheiden.

Trägt der Amtsrichter **Bedenken, ohne Hauptverhandlung zu entscheiden,** so hat er nach dem Wortlaut des § 408 Abs. 2 Satz 1 Hauptverhandlung anzuberaumen. Es ergeht nicht etwa zugleich ein Beschluß, daß der Erlaß des Strafbefehls abgelehnt werde (ebenso EbSchmidt 13; a. M. Kl 30 3); das ergibt sich schon daraus, daß nach dem erkennbaren Willen des Gesetzes die Entschließung des Amtsrichters unanfechtbar, § 304 Abs. 1 also unanwendbar ist (unten Anm. 7 a). Hauptverhandlung hat er nach Abs. 2 Satz 2 auch anzuberaumen, wenn er nicht einen dem Antrag genau entsprechenden Strafbefehl (Anm. 3) erlassen will, hier aber erst, wenn er der Staatsanwaltschaft seine Bedenken gegen den Antrag bekannt gegeben hat, diese jedoch auf ihrem Antrag beharrt und der Amtsrichter seine Bedenken nicht fallen läßt. Aber auch im Fall des Abs. 2 Satz 1 ist der Amtsrichter nicht verpflichtet, alsbald Hauptverhandlung anzuberaumen, vielmehr kann er, wenn seine Bedenken dahin gehen, daß die bisherigen Ermittlungen ihm eine abschließende Beurteilung nicht gestatteten, zunächst eine weitere Aufklärung anregen (Nr. 178 Abs. 1—3 RiStBV, s. unten d).

a) **In Betracht kommende Bedenken.** Bedenken, ohne Hauptverhandlung zu entscheiden, sind insbesondere dann begründet, wenn ein Einspruch des Beschuldigten gegen den beantragten Strafbefehl mit Wahrscheinlichkeit zu erwarten ist, denn dann wird mit dem Erlaß des Strafbefehls nur unnütz Zeit vertan und Schreibwerk aufgewendet (vgl. Anm. 12 e zu § 407). Eine Anberaumung der Hauptverhandlung ist ferner dann gerechtfertigt, wenn die schriftlichen Unterlagen zur rechtlichen Beurteilung und zur Strafzumessung nicht ausreichen, oder wenn eine Hauptverhandlung zur vollständigen Aufklärung auch aller Nebenumstände oder aus anderen Gründen, z. B. wegen eines nachfolgenden Dienststrafverfahrens oder wegen des Aufsehens, das die Tat in der Öffentlichkeit erregt hat, geboten oder zweckmäßig ist (Nr. 174 Abs. 5 RiStBV). Ebenso können sich Bedenken gegen eine Entscheidung ohne Hauptverhandlung z. B. ergeben, wenn der Amtsrichter über eine beantragte Strafaussetzung zur Bewährung nicht ohne einen persönlichen Eindruck von dem Beschuldigten entscheiden will. Bedenken gegen den Erlaß eines Strafbefehls ergeben sich schließlich, wenn der Erfolg der Straftat noch nicht zum Abschluß gekommen ist, so insbesondere in den nicht seltenen Fällen von fahrlässigen Körperverletzungen, bei denen nach Art und Schwere mit der Möglichkeit eines tötlichen Ausgangs gerechnet werden muß (OLG Saarbrücken VRS 37 49 = JR 1969 430 m. Anm. Koffka; vgl. dazu Anm. 3 a, bb zu § 410).

b) **Zuständiger Richter für die Hauptverhandlung.**
Die Anberaumung der Hauptverhandlung erfolgt vor dem Amtsrichter als Einzelrichter, wenn dessen Zuständigkeit nach § 25 Nr. 1 und 2 b GVG kraft Gesetzes gegeben, oder wenn er in Übereinstimmung mit einem Antrag der Staatsanwaltschaft (§ 407 Abs. 3) seine Zuständigkeit als Einzelrichter wegen der geringeren Bedeutung der Sache aus § 25 Nr. 2 c GVG als gegeben ansieht. Andernfalls verweist er die Sache an das Schöffengericht (vgl. Anm. 9 zu § 407).

c) **Kein Eröffnungsbeschluß.**
Ein besonderer (förmlicher) **Eröffnungsbeschluß** ist im Gesetz nicht vorgesehen. Er ist demgemäß nicht nur entbehrlich (so auch frühere Entwürfe; vgl. § 424 Abs. 3 der Entw. 1908 und 1909, § 411 Abs. 3 des Entw. 1920; a. M. Ben.-Beling 658, Rosenfeld § 105, Hertzsch 18, Michaelsen DRiZ 1952 133), sondern ausgeschlossen. Denn die der Eröffnung entsprechende Entscheidung liegt schon darin, daß der Amtsrichter den Strafbefehlsantrag nicht zurückweist; die zwangsläufige Folge ist die Anberaumung der Hauptverhandlung.

Das ist auch nicht grundgesetzwidrig. Denn wenn schon der Erlaß des Strafbefehls mit der der Rechtskraft fähigen Straffestsetzung ohne vorherige Anhörung des Beschuldigten durch das Gericht mit Art. 103 Abs. 1 GG vereinbar ist, weil ihm das rechtliche Gehör durch die Möglichkeit des Einspruchs verbürgt ist (vgl. Anm. 13 a zu § 407), so kann es noch weniger bedenklich sein, der Anordnung der Hauptverhandlung gemäß § 408 Abs. 2, die alsbald zur Gewährung des rechtlichen Gehörs führt, die Bedeutung eines Eröffnungsbeschlusses beizumessen, der ohne vorheriges gerichtliches Gehör ergeht (vgl. dazu auch Anm. 2f zu § 411).

Das bedeutet allerdings im Hinblick auf § 215, daß der Angeklagte nicht durch einen Eröffnungsbeschluß erfährt, wegen welcher Beschuldigung er zum Termin geladen wird. Da ferner an die Stelle einer Anklageschrift der Strafbefehlsantrag tritt, würde dem Angeklagten auch die ihm sonst nach § 201 mitzuteilende Anklageschrift nicht mitgeteilt werden, und er würde auch in keinem Fall Kenntnis von dem wesentlichen Ergebnis der Ermittlungen erhalten, wenn eine schriftlich erhobene Anklage eine solche enthielte (vgl. § 200 Abs. 2 Satz 2). Daß der Beschuldigte vor der Hauptverhandlung von dem Inhalt der Beschuldigung keine Kenntnis erhält, ist aber ein unmögliches, weil von vornherein seine Verteidigung beeinträchtigendes Ergebnis (so mit Recht Michaelsen DRiZ 1952 133). § 393 Abs. 4 StPO = Entw. 1939 wollte hier durch eine Vorschrift Abhilfe schaffen, daß bei der Ladung dem Angeklagten der Strafbefehlsantrag des Staatsanwalts ohne die beantragte Strafe mitzuteilen sei. Dem lag freilich der (später durch die VO vom 29. 5. 1943 [RGBl. I 342] verwirklichte) Gedanke zugrunde, auf einen besonderen gerichtlichen Eröffnungsbeschluß allgemein zu verzichten und der Erhebung der Anklage die Anberaumung der Hauptverhandlung folgen zu lassen, und von einer solchen Verfahrensgestaltung hat sich das Vereinheitlichungsges. vom 12. 9. 1950 abgewendet. Es geht aber nicht an, daraus (mit Michaelsen aaO.) zu folgern, daß es nach der Absicht des Vereinheitlichungsges., wenn der Amtsrichter Bedenken hat, ohne Hauptverhandlung zu entscheiden, eines Eröffnungsbeschlusses bedürfe, weil die Anberaumung einer Hauptverhandlung lediglich auf die Klage hin den gesetzgeberischen Absichten widerspreche. Die StPO kennt vielmehr ausnahmsweise eine Hauptverhandlung ohne Eröffnungsbeschluß und gerade der Fall des § 408 Abs. 2 S. 1 ist einer dieser Ausnahmefälle. Als Parallele bietet sich mithin die für einen weiteren Ausnahmefall, das beschleunigte Verfahren, in § 212a Abs. 3 S. 2 getroffene Regelung, wonach dem Beschuldigten mit der Ladung mitzuteilen ist, was ihm zur Last gelegt wird. Da im Fall des § 408 Abs. 2 S. 1 die Beschuldigung in einer den Anforderungen an eine Anklageschrift genügenden Form (vgl. Anm. 1 a) bereits schriftlich niedergelegt ist, ist es, wie es § 393 Abs. 4 Entw. 1939 vorschlug, die sinnvollste Lösung, den Strafbefehlsantrag ohne die beantragte Strafe spätestens mit der Ladung mitzuteilen. Müller-Sax [6] 4b; Schorn S. 50 empfehlen anscheinend die Übersendung einer Abschrift des vollständigen Strafbefehlsantrages.

Nach Kl [30] 3 ist „der Beschluß, daß der Erlaß des Strafbefehls abgelehnt und Hauptverhandlung anberaumt wird, dem Beschuldigten mit der Ladung und mit dem Antrag der StA auf Erlaß des Strafbefehls zuzustellen (§§ 35 Abs. 2, 215)“; indessen ergeht kein den Erlaß des Strafbefehls ablehnender Beschluß (oben Anm. 6).

d) Verfahren bei nicht genügend aufgeklärtem Sachverhalt

Hat der Amtsrichter Bedenken gegen den Erlaß des Strafbefehls, **weil der Sachverhalt ihm nicht genügend aufgeklärt erscheint,** so kann er die Staatsanwaltschaft um weitere Ermittlungen bitten (RiStBV Nr. 178 Abs. 3); je nach dem Ausfall der neuen Ermittlungen kann diese den Antrag fallen lassen, ihn ändern oder ihn unverändert aufrechterhalten. Lehnt die Staatsanwaltschaft weitere Ermittlungen ab, weil sie keinen Erfolg versprächen oder keine andere Beurteilung rechtfertigen könnten, so kann der Amtsrichter dann einen Strafbefehl erlassen, wenn er nunmehr die Überzeugung von der Schuld gewonnen hat oder er kann den Antrag zurückweisen, wenn er einen hinreichenden Verdacht für die Verwirklichung der Merkmale des äußeren oder inneren Tatbestands verneint. Sieht er den Beschuldigten aber als hinreichend verdächtig an, so muß er die Sache zur Hauptverhandlung verweisen. Nach Müller-Sax [6] 4b soll er auch dann verpflichtet sein, Hauptverhandlung anzuberaumen, wenn er hinreichenden Tatverdacht nicht für genügend erwiesen ansieht, einen Tatverdacht aber auch nicht „endgültig verneinen“ kann; indessen hat die Staatsanwaltschaft, wie oben Anm. 2 ausgeführt, nicht das Recht, auf dem Weg über den Strafbefehlsantrag eine Hauptverhandlung zu erzwingen, die sie durch Erhebung der förmlichen Klage nicht herbeiführen könnte (ebenso Kl [30] 2 B und 3).

e) Erhebung einzelner Beweise durch den Amtsrichter

Streitig ist, ob der Amtsrichter, wenn er eine weitere Aufklärung für erforderlich hält, **einzelne Beweise** (entsprechend § 202) **selbst erheben** oder nur den vorstehend zu d) bezeichneten Weg beschreiten kann. Vielfach wird, namentlich im älteren Schrifttum, das Recht zu eigener Beweiserhebung mit der Begründung verneint, es sei mit dem Wesen des Strafbefehlsverfahrens als eines Mittels zu einfacher und rascher Erledigung weniger bedeutender Sachen unvereinbar (so die 19. Aufl. dieses Werkes Anm. 4c, Meves HH 2 392, Stenglein Anm. 2, 5, Zimmerle aaO. 52, Lucas DStRZ 5 5 Anm. 1; Erbs Anm. III D; Müller-Sax [6] 3. Wenn dann zugleich ausgeführt wird, falls gerichtliche Beweiserhebungen notwendig seien, so müsse die Sache zur Hauptverhandlung gebracht werden, so fragt man sich zunächst, worin dann eigentlich die Beschleunigung bestehen soll; denn eine Beweiserhebung verursacht in der Regel einen geringeren Aufwand an Zeit und Kosten als eine Hauptverhandlung, ganz abgesehen davon, daß eine Beweiserhebung alsbald, eine Hauptverhandlung bei einem stark besetzten Terminkalender aber erst nach einem mehr oder weniger großen Zeitraum stattfinden kann. Von dem vorstehend unter d) eingenommenen Standpunkt aus käme übrigens eine Anberaumung der Hauptverhandlung nur dann in Betracht, wenn auch ohne die weiteren Beweise wenigstens hinreichender Tatverdacht besteht. Ein Grund, eine richterliche Aufklärung zuzulassen, ist um so mehr gegeben, als der Weg der Anregung an die Staatsanwaltschaft, ihrerseits die weitere Aufklärung zu betreiben, mitunter gar nicht geeignet ist, die gewünschte Aufklärung zu verschaffen, so, wenn der Richter glaubt, sich ein Bild, ob Strafaussetzung zur Bewährung angezeigt ist oder ob ein Heranwachsender nach Jugend- oder Erwachsenenstrafrecht zu beurteilen ist (vgl. Anm. 14 zu § 407), nicht ohne einen persönlichen Eindruck von dem Beschuldigten machen zu können: warum soll es ihm dann verboten sein, den Beschuldigten zu diesem Zweck vorzuladen? Die Zulässigkeit richterlicher Beweiserhebung bejahen Peters [2] 491; Gerland 462; v. Hippel 642; Henkel [2] 401; Kl [30] 2; EbSchmidt 11; Schorn S. 48 (Nachweise über das ältere Schrifttum in Anm. 5e der 20. Aufl.). Die Entw. 1908, 1909 wollten dem Amtsrichter dieses Recht ausdrücklich einräumen (§ 423); vgl. N. KommB. S. 3673.

7. Verfahren, wenn der Richter den Strafbefehl nicht erläßt

a) Indem das Gesetz vorschreibt, daß bei Bedenken der Amtsrichter Hauptverhandlungen anzuberaumen hat, schließt es zugleich stillschweigend (vgl. § 304) die **Beschwerde** gegen die entsprechende Entschließung des Amtsrichters aus; für eine solche Beschwerde ist nach der Natur der Sache kein Raum (h. M.).

b) Dagegen ist ein den Antrag der Staatsanwaltschaft zurückweisender Beschluß (Anm. 2), da er sachlich dem in § 204 Abs. 1 bezeichneten Beschluß gleichkommt, mit der sofortigen Beschwerde (§ 210 Abs. 2) anfechtbar; das ist allgemein anerkannt (vgl. z. B. KG LZ 16 39, LG Dortmund NJW 1957 1731; EbSchmidt 23). Sieht das Beschwerdegericht – nach vorheriger Anhörung des Beschuldigten, § 308 Abs. 1; vgl. BVerfGE 9 261 – die Beschwerde als begründet an, so erläßt es nach § 309 Abs. 2 „die in der Sache erforderliche Entscheidung". Grundsätzlich trifft danach das Beschwerdegericht die Entscheidung, die der Vorderrichter hätte erlassen müssen, wenn er seine zunächst bestehenden Bedenken bei besserer Überlegung als unbegründet erkannt hätte. Hier ergeben sich indessen Schwierigkeiten, die in der Besonderheit des Strafbefehlsverfahrens begründet sind. Hat z. B. der Amtsrichter den Erlaß eines Strafbefehls abgelehnt, weil das dem Beschuldigten zur Last gelegte Verhalten nicht einmal den äußeren Tatbestand einer strafbaren Handlung verwirkliche oder weil ein Verfahrenshindernis entgegenstehe und hält das Beschwerdegericht dieses Bedenken für unbegründet, so kann es jedenfalls nicht selbst einen Strafbefehl erlassen, denn einen Strafbefehl kann nach § 407 Abs. 1 nur der Amtsrichter erlassen (h. M.; a. M. Pick JR 1927 246). Aber auch eine Aufhebung des angefochtenen Beschlusses verbunden mit der Anweisung an den Amtsrichter, den Strafbefehl nach Antrag zu erlassen (so Stenglein 3, v. Kries 741, Ullmann 559, v. Valta BayZ 10 443, Feisenberger StPO 1, Dosenheimer DRZ 1926 238, 1927 57), scheidet aus. Denn das würde in unzulässiger Weise in die Entschließungsfreiheit des Amtsrichters eingreifen. Würde er in dem vorgenannten Beispielsfall angehalten, den äußeren Tatbestand als verwirklicht oder das Verfahrenshindernis als nicht durchgreifend anzusehen, so muß er nunmehr prüfen, ob der innere Tatbestand als gegeben anzusehen ist, ob unverschuldeter Verbotsirrtum in Frage steht, ob die beantragte Strafe angemessen ist usw., Fragen, mit denen sich das Beschwerdegericht nicht befassen konnte, weil insoweit eine beschwerdefähige Entscheidung des Amtsrichters noch gar nicht vorlag. Aber selbst wenn man annehmen wollte, daß das Beschwerdegericht über diese bisher nicht geprüften Gesichtspunkte selbst entscheiden dürfe, so bleibt zu bedenken, daß dem Amtsrichter stets die Wahl bleibt zwischen dem Erlaß des Strafbefehls und der Anberaumung der Hauptverhandlung und die Ausübung dieses Wahlrechts ist einer Beschwerde entzogen und kann dem Amtsrichter auch nicht dadurch genommen werden, daß das Beschwerdegericht ihn auf eine Beschwerde gegen die Zurückweisung des Strafbefehlsantrags hin anweist, einen Strafbefehl zu erlassen. Allenfalls könnte danach die Beschwerdeentscheidung dahin lauten, daß der Amtsrichter angewiesen wird, den Erlaß eines Strafbefehls nicht aus den bisher von ihm geltend gemachten Gründen abzulehnen, d. h. die Beschwerdeinstanz würde unter Aufhebung des angefochtenen Beschlusses die Sache zur weiteren Behandlung an den Amtsrichter zurückweisen, der nur in der Beurteilung des vom Beschwerdegericht entschiedenen Punktes an die Beschwerdeentscheidung gebunden, im übrigen darin frei wäre, den Erlaß des Strafbefehls aus anderen Gründen abzulehnen, einen Strafbefehl zu erlassen oder Hauptverhandlung anzuberaumen (so die in Art. 70 Ziff. 22 des Entw. EGStGB [1930] vorgeschlagene Lösung) Die h. M. (vgl. Müller-Sax [6] 2e; Dalcke-Fuhrmann-Schäfer [37] 2; Kl [30] 5; EbSchmidt NachtrBd. I Rz. 25; Schorn 49; Binding 216, Fritsch DStRZ 9 234, Jochheim DRZ **1927** 387, Körfer DRZ **1926** 350) erklärt indessen mit Recht eine solche Behandlung für unvereinbar mit dem Zweck des Strafbefehlsverfahrens, eine Sache beschleunigt und einfach zu erledigen; nach ihr muß das Beschwerdegericht, wenn es die Beschwerde für begründet hält, sich entweder mit der Aufhebung des Beschlusses begnügen und die weitere Behandlung dem Amtsrichter überlassen oder diesen anweisen, Hauptverhandlung anzuberaumen. § 393 Abs. 2 StPO = Entw. 1939 wollte diese Auffassung gesetzlich niederlegen („Ist diese [die Beschwerde der Staatsanwaltschaft] begründet, so bestimmt das Beschwerdegericht, daß der Amtsrichter die Hauptverhandlung anzuberaumen hat"). Eine bloße Zurückverweisung an den Amtsrichter zur weiteren Behandlung wird wohl lediglich da in Frage kommen, wo nur formale Bedenken zu beheben sind und eine Verweisung zur Hauptverhandlung eine unangebrachte Verzögerung bedeuten würde, wie etwa, daß der Amtsrichter bereit wäre, den beantragten Strafbefehl zu erlassen, aber seine örtliche Zuständigkeit nicht als gegeben ansieht und der Zuständigkeitszweifel ohne weiteres zu klären ist (ebenso EbSchmidt aaO.).

c) Ist der den Strafbefehlsantrag zurückweisende Beschluß unangefochten geblieben, so hat er die in § 211 bezeichnete Wirkung.

8. Ordnungswidrigkeiten

a) Lautet der Strafbefehlsantrag nur auf Straffestsetzung wegen einer Straftat, während das Gericht auf Grund seiner Prüfung nach § 82 OWiG (vgl. Anm. 15 zu § 407) nur eine Ordnungswidrigkeit als gegeben annimmt, so muß es, wenn die Staatsanwaltschaft bei ihrem Antrag beharrt, Hauptverhandlung anberaumen unter Hinweis auf die Veränderung des rechtlichen Gesichtspunkts (so die überwiegend vertretene Auffassung; vgl. BGH NJW **1970** 2255; Göhler [2] 2 B zu § 82). Kommt das Gericht in der Hauptverhandlung zu der Überzeugung, daß nur eine Ordnungswidrigkeit vorliegt oder die Tat wegen eines ihrer Aburteilung als Straftat entgegenstehenden Verfahrenshindernisses nur unter dem Gesichtspunkt einer Ordnungswidrigkeit geahndet werden kann, so spricht es durch Urteil eine Geldbuße aus (BGH NJW **1970** 2255; dort auch zu der Frage, ob i. S. des § 29 Abs. 2 Satz 2 OWiG betr. Dauer der Verjährungsfrist einer Bußgeldentscheidung die strafgerichtliche Entscheidung gleichsteht, wenn erst das Rechtsmittelgericht die Tat lediglich als Ordnungswidrigkeit wertet). Ist nach Auffassung des Gerichts nur eine Ordnungswidrigkeit gegeben, deren Ahndung nicht geboten ist (vgl. § 47 Abs. 2 OWiG), so lehnt es auch die Anberaumung der Hauptverhandlung ab (§ 204); es stellt zugleich das Verfahren ein, wenn die Staatsanwaltschaft insoweit zustimmt (Göhler aaO.).

b) Wird Strafbefehlsantrag wegen einer Tat (i. S. des § 264 StPO) gestellt, und kommt dabei Tatmehrheit von Straftat und Ordnungswidrigkeit in Betracht, so kann wegen des Grundsatzes der verfahrenseinheitlichen Behandlung (Anm. 15 zu § 407) der Antrag nur in vollem Umfang abgelehnt oder die Sache nur in vollem Umfang zur Hauptverhandlung gebracht werden. Lautet dagegen der Antrag auf Festsetzung von Strafe für eine Straftat und auf Festsetzung von Geldbuße für eine selbständige Ordnungswidrigkeit wegen persönlichen Zusammenhangs (§ 42 Abs. 1, 2 OWiG), und lehnt der Amtsrichter den Antrag wegen nicht hinreichenden Verdachts der Straftat ab, so entfällt damit, wenn der Beschluß unangefochten bleibt, der Gesichtspunkt der einheitlichen Aburteilung von Straftat und Ordnungswidrigkeit; den Strafbefehlsantrag wegen der verbleibenden Ordnungswidrigkeit nimmt die Staatsanwaltschaft zurück und gibt die Sache an die Verwaltungsbehörde ab. Entsprechendes gilt, wenn wegen sachlichen Zusammenhangs durch einheitlichen Strafbefehlsantrag gegen eine Person Festsetzung von Strafe wegen einer Straftat, gegen eine andere Person von Bußgeld wegen einer Ordnungswidrigkeit beantragt wird und das Gericht den Antrag hinsichtlich der Straftat mangels hinreichenden Tatverdachts oder wegen Eingreifens eines Verfahrenshindernisses ablehnt (vgl. Göhler [2] 2 C zu § 82).

§ 409

(1) Der Strafbefehl muß außer der Festsetzung der Strafe, Nebenfolge oder Maßregel der Sicherung und Besserung die strafbare Handlung, das angewendete Strafgesetz und die Beweismittel bezeichnen, auch die Eröffnung enthalten, daß er vollstreckbar wird, wenn der Beschuldigte nicht binnen einer Woche nach der Zustellung bei dem Amtsgericht schriftlich oder zu Protokoll der Geschäftsstelle Einspruch erhebt. Wird die Strafe zur Bewährung ausgesetzt oder ein Fahrverbot angeordnet, so ist der Beschuldigte zugleich nach § 268 a Abs. 2, § 268 c Satz 1 zu belehren.

(2) Der Strafbefehl wird auch dem gesetzlichen Vertreter des Angeklagten mitgeteilt.

(3) Die Vorschriften des § 267 Abs. 6 Satz 2, der §§ 297 bis 300 und des § 302 gelten entsprechend.

Zur Entstehungsgeschichte: Das Ges. v. 9. 7. 1927 (RGBl. I 175) ersetzte „Gerichtsschreiber" in Abs. 1 durch „Geschäftsstelle". Durch das 3. Strafrechtsänderungsges. vom 4. 8. 1953 (BGBl. I 735) wurde der bisherige Abs. 2 („Auf den Einspruch kann vor Ablauf der Frist verzichtet werden") durch die jetzigen Abs. 2 und 3 ersetzt. Das 2. Straßenverkehrssicherungsges. v. 26. 11. 1964 (BGBl. I 921) fügte in Abs. 1 Satz 1 hinter „Strafe" die Worte „Nebenfolge oder Maßregel der Sicherung und Besserung" und in Abs. 3 die Verweisung auf § 267 Abs. 6 Satz 2 ein. Satz 2 des Abs. 1 wurde angefügt durch das EGOWiG v. 24. 5. 1968 (BGBl. I 503).

Übersicht

1. Verwertbarkeit der Rechtsprechung zu § 66 OWiG für die Auslegung des § 409

Dem § 409 Abs. 1, der die inhaltlichen Erfordernisse des Strafbefehls bezeichnet, ist der *§ 66 Abs. 1 Nr. 3, 4, 5, Abs. 2 Nr. 1 a OWiG* betr. den Inhalt des Bußgeldbescheids *nachgebildet.* Da für das Bußgeldverfahren sinngemäß die Vorschriften der allgemeinen Gesetze über das Strafverfahren, namentlich der StPO gelten, ist die Rechtsprechung zu den genannten Vorschriften des § 66 OWiG in der Regel auch für die Auslegung des § 409 Abs. 1 verwendbar, wie umgekehrt die Rechtsprechung zu § 66 OWiG auch auf die zu § 409 entwickelten Grundsätze zurückgreift. In den folgenden Ausführungen sind deshalb auch die zu § 66 ergangenen Entscheidungen verwertet, ohne daß es erforderlich gewesen wäre, jeweils hervorzuheben, ob die angeführten Entscheidungen die Auslegung des § 409 Abs. 1 oder die entsprechenden Vorschriften des § 66 OWiG betreffen.

2. Unterzeichnung des Strafbefehls

a) Anders als ein Urteil, das durch mündliche Verkündung wirksam wird (§ 268), kann der schriftliche (§ 407 Abs. 1) Strafbefehl nur als **urkundlich verkörperte Willenserklärung des Gerichts** ins Rechtsleben treten. Zum Wesen der Urkunde gehört aber, daß sich aus der Urkunde die Person dessen ergibt, der die urkundlich verkörperte Entscheidung erlassen hat. § 275 Abs. 2 verlangt beim Urteil die Unterschrift aller Richter, die bei der Entscheidung mitgewirkt haben, und zwar nicht, um ihre Namen festzulegen, denn diese ergeben sich schon aus dem Protokoll und Urteilskopf (§ 272 Nr. 2, § 275 Abs. 3), sondern um eine Gewähr zu schaffen, daß Urteilsformel und Gründe in der schriftlich niedergelegten Form dem Willen und der Auffassung der beteiligten Richter oder doch beim Kollegium dem der maßgeblichen Mehrheit entsprechen. Man könnte daraus folgern, daß erst recht beim Strafbefehl dessen unterschriftliche Vollziehung zu verlangen sei, um dem Erfordernis der Schriftlichkeit zu genügen und die Person des ihn erlassenden Richters über jeden Zweifel hinaus eindeutig zu kennzeichnen, sowie die Authentizität von Schuldspruch und Straffestsetzung zu dokumentieren. Und so wenig beim Urteil ein bloßes Namenszeichen zur Unterschrift ausreicht, sondern der Name auszuschreiben ist, so wenig, so sollte man meinen, kann bei der weitergehenden Bedeutung, die der Unterschrift beim Strafbefehl zukommt, ein bloßer Anfangsbuchstabe des Namens (Paraphe) oder dergl. genügen.

b) Die h. M. zieht solche Folgerungen aber nicht, da § 275 Abs. 2 auf Beschlüsse nicht anwendbar sei (vgl. RGSt. **43** 218). Sie verlangt zwar, dem Wesen des schriftlich zu erlassenden Strafbefehls entsprechend, eine **Unterzeichnung**, begnügt sich aber mit anderen Formen als der vollständigen Namensunterschrift, sofern sie zweifelsfrei erkennen lassen, daß der Strafbefehl die Willensäußerung des Richters — und welches Richters — ist. Unter dem Gesichtspunkt der Erkennbarkeit der Identität wird zwar herkömmlicherweise — wie beim Bußgeldbescheid der Verwaltungsbehörde (vgl. OLGe Frankfurt NJW **1970** 161; Oldenburg NJW **1970** 719, 720 m. Nachw.) — die vollständige Namensunterschrift mehr oder weniger dringlich empfohlen, „damit jederzeit mit Sicherheit festgestellt werden kann, welcher Richter den Strafbefehl erlassen hat" (so Nr. 164 RiStV 1953; seit der Neufassung der RiStV 1966 fehlt es an einem solchen Hinweis), aber die Unterzeichnung nur mit einem Namenszeichen als genügendes Identitätsmerkmal angesehen, wenn nur die Urschrift aus sich selbst heraus zweifelsfrei erkennen läßt, welcher Richter den Strafbefehl erlassen hat (vgl. KG VRS **26** 445; Müller-Sax [6] 1; Kl [30] 3; EbSchmidt Rz. 7 und NachtrBd. I Rz. 5; Schorn S. 70); auch ein Faksimilestempel wird als genügend zur Feststellung der Identität angesehen (RGSt. **62** 53).

c) Eine andere Frage ist, welche **Anforderungen** zu stellen sind, damit noch eine Identitätszweifel ausschließende „Unterzeichnung" vorliegt. Eine „geschlängelte Linie" genügt nach OLG Düsseldorf NJW **1956** 923 (s. auch JMBlNRW **1959** 196) nicht. Erforderlich sei ein die Identität des Unterschreibenden ausreichend kennzeichnender individueller Schriftzug, „d. h. Linienführung, die sich als Schrift darstellt, ihrer Art nach einmalig ist und entsprechende charakteristische, individuelle Merkmale aufweist" (vgl. dazu wegen des Erfordernisses der Unterschrift bei unterschriftsbedürftigen Prozeßhandlungen BGHSt. **12** 317 und wegen der Unterschrift des ein Urteil ausfertigenden Urkundsbeamten BGH VersR **1966** 827). Zu strenge Anforderungen dürfen in dieser Hinsicht freilich nicht gestellt werden.

d) Das *Fehlen* einer Unterschrift ist zwar ein wesentlicher Mangel, macht aber – nicht anders als beim Eröffnungsbeschluß; vgl. BayObLG MDR **1957** 374; Anm. 5 zu § 203 – den Strafbefehl nicht unwirksam, vorausgesetzt, daß ein richterlicher Willensakt tatsächlich vorliegt. Das (versehentliche) Fehlen der Unterschrift bildet dann also, wenn es zur Hauptverhandlung gekommen ist, kein Verfahrenshindernis (so auch EbSchmidt NachtrBd.I Rz. 5; OLG Stuttgart MDR **1970** 68 und im Ergebnis, aber mit abw. Begr. BayObLG NJW **1961** 1782 mit Anm. von Maywald NJW **1962** 549; Schorn S. 70; s. Anm. 7e zu § 411), noch wird die Rechtswirksamkeit des rechtskräftig gewordenen Strafbefehls dadurch berührt. Anders, wenn ein bloßer nicht unterschriebener Entwurf eines Strafbefehls vorliegt, der versehentlich herausgegangen ist (vgl. OLG Saarbrücken JBl.Saar. **1961** 134 = VRS 21 217). Entsprechendes gilt beim Fehlen der grundsätzlich erforderlichen Datumsangabe (BayObLG DAR **1971** 191).

e) Rechtlich bedeutungslos ist es auch für das spätere Verfahren, wenn sich die *Urschrift* des unterzeichneten Strafbefehls *nicht bei den Akten* befindet, sofern sich nur nach den Regeln des Freibeweises feststellen läßt, daß die Verfahrensvoraussetzung des Erlasses eines Strafbefehls gegeben ist (BGH MDR **1970** 858; OLGe Frankfurt NJW **1970** 160; Oldenburg NJW **1970** 719 m. Nachw. gegen LG Wiesbaden DAR **1970** 24).

3. Inhaltliche Erfordernisse des Strafbefehls. Inhaltlich muß jeder Strafbefehl aufweisen:

a) die festgesetzte **Strafe**, Nebenfolge oder Maßregel, einschließlich einer angeordneten Strafaussetzung zur Bewährung;

b) die **strafbare Handlung** (§ 66 OWiG verdeutlicht dies durch die Worte: „die Tat, die dem Betroffenen zur Last gelegt wird, Zeit und Ort ihrer Begehung, die gesetzlichen Merkmale der Ordnungswidrigkeit"). Sie muß in dem Strafbefehl so bezeichnet werden, daß der Beschuldigte aus ihm genau ersehen kann, wessen er beschuldigt ist. Es genügt also nicht, die gesetzlichen Merkmale des Tatbestandes mit den Ausdrücken des Strafgesetzes anzuführen, vielmehr ist auch die Angabe der konkreten Tatsachen, insbesondere – was § 66 OWiG ausdrücklich hervorhebt – von Ort und Zeit der Begehung, erforderlich, in denen jene Merkmale gefunden werden (vgl. BGH NJW **1970** 2222; OLGe Braunschweig NJW **1964** 2364; Hamm NJW **1970** 579). Es muß zweifelsfrei feststehen, welcher *Lebensvorgang* erfaßt werden soll, damit auch ein in Rechtsfragen unerfahrener Bürger erkennen kann, gegen welchen Vorwurf er sich verteidigen muß. Übrigens ist eine genaue Bezeichnung der strafbaren Handlung auch insofern von Wichtigkeit, als es mit Rücksicht auf den Umfang der Rechtskraft des Strafbefehls (§ 410) darauf ankommt, die Identität der von ihm betroffenen Tat auch für die Zukunft außer Zweifel zu stellen. Die Höhe der Anforderungen, in welcher Weise der konkrete Lebensvorgang darzutun ist, richtet sich nach dem Einzelfall; es ist dabei zu berücksichtigen, daß der Beschuldigte regelmäßig vor Erlaß des Strafbefehls vernommen oder gehört ist und dadurch weiß, worauf es bei seiner Verteidigung ankommt (vgl. BGH NJW **1970** 2222). Bei einem einfachen und häufig vorkommenden Sachverhalt können allgemein bekannte und geläufige Kurzfassungen genügen (OLG Hamm NJW **1970** 579). Vgl. noch RiStBV Nr. 177: „Der Strafbefehl muß übersichtlich und leicht verständlich sein. Er darf sich nicht darauf beschränken, die strafbare Handlung formelhaft mit den Worten des Gesetzes zu bezeichnen. Lange Sätze sind zu vermeiden . . .";

c) das **angewendete Strafgesetz** (vgl. Anm. 5 zu § 267);

d) die **Beweismittel.** Diese müssen nach Möglichkeit so genau bezeichnet sein, daß der Beschuldigte prüfen kann, ob der ihm gemachte Schuldvorwurf beweisbar ist, und die Erfolgsaussichten eines Einspruchs abwägen kann. Unzulänglich sind deshalb Angaben wie „Augenschein" oder „Zeugenaussage"; der Beschuldigte hat im Interesse seiner Verteidigung ein Recht zu wissen, wer als Zeuge zur Verfügung steht (OLG Hamm NJW **1970** 579); neben dem Namen ist auch die Anschrift des Zeugen anzugeben (OLG Celle NJW **1970** 580; BayObLG MDR **1970** 440). Die (in dieser Form sehr unzweckmäßige) Bezugnahme auf die „Anzeige" ist die Angabe eines Beweismittels, denn sie bedeutet, daß die Aussage des Beamten, der die Anzeige erstattet hat, als Beweismittel in Betracht kommt (BayObLG JW **1928** 1751; GA 71 518; a. M. KG GA 71 46; EbSchmidt 3; Schorn S. 30).

e) die **Kostenentscheidung** (§ 464 Abs. 1), ggf. verbunden mit einer Belehrung über die Anfechtbarkeit nach § 464 Abs. 3; vgl. dazu § 71 GKG;

f) die **Belehrung** über den Rechtsbehelf des **Einspruchs.**

4. Bedeutung des Fehlens inhaltlicher Erfordernisse

Fehlt es im Strafbefehl an der **Festsetzung einer Strafe,** so liegt rechtlich ein Nichts vor; das gilt auch, wenn es an einer Festsetzung der Dauer oder Höhe der Strafe fehlt (wegen der Überschreitung der zulässigen Höchststrafe s. Anm. 3 c zu § 408).

Ist die Dauer eines **Fahrverbots** nicht bestimmt, so kann nichts anderes gelten, als wenn die Dauer einer Freiheitsstrafe nicht festgesetzt wurde (etwa der Strafbefehl nur auf „Festsetzung von Freiheitsstrafe" lautet); eine Umdeutung in ein Fahrverbot bis zur gesetzlichen Höchstdauer (so wohl Göhler [2] 8 zu § 66) erscheint nicht statthaft. Die Mindestdauer des Fahrverbots braucht dagegen nicht angegeben zu werden, da sie sich unmittelbar aus dem Gesetz – § 37 Abs. 1 Satz 1 StGB – ergibt.

Fehlt die **Belehrung über die Einspruchsmöglichkeit,** so bildet dies in entsprechender Anwendung der §§ 35 a, 44 S. 2 (vgl. auch § 412 Abs. 2) kraft Gesetzes einen Wiedereinsetzungsgrund (so auch Müller-Sax [6] 3 c; Kl [30] 1 zu § 410; jetzt auch EbSchmidt NachtrBd. I Rz. 10 zu § 409 unter Aufgabe seiner früheren Auffassung, wonach bei fehlender Belehrung ein „Strafbefehl" überhaupt nicht vorliegt; **a. M.** – für den Strafbefehl – Warda MDR **1957** 717; wohl auch – aber dann im Gegensatz zu 1 zu § 410 – Kl [30] 3 vor § 407, wonach bei fehlender Belehrung „der Strafbefehl des Charakters eines Straferkenntnisses vollständig entkleidet wird" und – für den Bußgeldbescheid – Göhler [2] 9 zu § 66 unter Berufung auf EbSchmidt [der diese Auffassung aber aufgegeben hat] und gegen die im Schrifttum zu § 66 OWiG überwiegend vertretene Auffassung).

Unterbleibt eine **Kostenentscheidung,** so fehlt es an einem Titel, um den Bestraften für die Kosten in Anspruch zu nehmen; eine spätere Nachholung ist nicht möglich (LG Berlin NJW **1968** 1733).

Ist bei der Festsetzung einer Geldstrafe die Festsetzung einer **Ersatzfreiheitsstrafe** unterblieben, so kann sie nach § 459 nachgeholt werden.

Alle sonstigen Mängel des Strafbefehls sind bedeutungslos, wenn der Strafbefehl rechtskräftig wird.

Wird der Strafbefehl mit **Einspruch** angefochten, so übernimmt für das anschließende Hauptverfahren der Strafbefehl die Funktion des Eröffnungsbeschlusses. Mängel des Strafbefehls sind dann nur bedeutsam, wenn sie in der Hauptverhandlung wegen ihrer Schwere nicht behoben werden können. Das ist auch der Fall, wenn der Strafbefehl überhaupt nicht ersichtlich macht, welche konkrete Tat dem Angeklagten zur Last gelegt wird, wenn der Sachverhalt derart unvollständig oder ungenau wiedergegeben ist, daß er nicht ermöglicht, die dem Beschuldigten zur Last gelegte Tat gegenüber anderen möglichen gleichartigen oder ähnlichen Taten in einer die Verwechslungsgefahr ausschließenden Weise abzugrenzen. Weist der Strafbefehl solche Mängel auf, so ist das Verfahren einzustellen (BGH NJW **1970** 2222; OLGe Hamm NJW **1970** 579; Düsseldorf NJW **1970** 699). Dagegen sind andere Mängel bei der Konkretisierung der Tat, die die Abgrenzung der Tat gegenüber anderen Taten nicht in Frage stellen, sondern nur die Vorbereitung der Verteidigung des Angeklagten erschweren, für die Rechtswirksamkeit des Strafbefehls als Verfahrensgrundlage bedeutungslos; sie können, falls sie nicht schon vorher, etwa durch Akteneinsicht des Verteidigers, behoben sind, durch entsprechende Aufklärung und Belehrung des Angeklagten durch den Vorsitzenden in der Hauptverhandlung geheilt werden (BGH aaO. m. Nachw.; OLG Bremen MDR **1953** 616), wie z. B. eine offensichtlich irrtümliche Angabe der Tatzeit (OLGe Hamm NJW **1958** 1836; Schlesw. SchlHA **1970** 201). Bedeutungslos ist insbesondere auch, wenn der Strafbefehl keine Beweismittel angibt (BayObLG JW **1928** 1751) oder sie unzulänglich bezeichnet (OLGe Frankfurt NJW **1970** 160; Hamm NJW **1970** 579; Celle NJW **1970** 580 m. w. Nach.; BayObLG MDR **1970** 441; h. M.), oder das angewendete Strafgesetz nicht oder unrichtig angibt; ein solcher Strafbefehl hat trotz seines Mangels verjährungsunterbrechende Wirkung – § 68 StGB – (BayObLGSt. 26 42; **1951** 355; HRR **1926** Nr. 981; Alsberg Entsch. 3 139).

5. Abweichungen der Ausfertigung von der Urschrift des Strafbefehls

Enthält die Urschrift des Strafbefehls die vorgeschriebenen Angaben, die dem Beschuldigten zugestellte Ausfertigung dagegen nicht, oder weicht die Ausfertigung in wesentlichen Teilen von der Urschrift ab (z. B. durch Fehlen des angeordneten Fahrverbots), so kann dieser Mangel durch nachträgliche Zustellung einer vollständigen Ausfertigung beseitigt werden. Die Zustellung einer solchen mit der Urschrift nicht übereinstimmenden oder unvollständigen Ausfertigung setzt die Einspruchsfrist nicht in Lauf (KG LZ **13** 168; **1923** 116; Alsberg Entsch. 3 140). Erst mit der Zustellung der inhaltlich richtigen Ausfertigung beginnt der Lauf der Frist (OLG Hamm GA **1959** 287 = DAR **1958** 274; OLG Oldenburg VRS 32 356).

6. Der Negativvermerk bei Abstandnahme von Entziehung der Fahrerlaubnis

Eine über die im Gesetz vorgeschriebenen Angaben hinausgehende **Begründung** des Strafbefehls ist nicht vorgeschrieben (§ 66 Abs. 3 OWiG spricht dies für den Bußgeldbescheid ausdrücklich aus), auch nicht üblich, wenn auch nicht unzulässig (vgl. Göhler [2] 12 zu § 66).

Eine **Durchbrechung dieses Grundsatzes** enthält **§ 409 Abs. 3,** soweit er den § 267 Abs. 6 Satz 2 für entsprechend anwendbar erklärt. Danach muß der Amtsrichter, wenn er in Übereinstimmung mit dem Antrag der Staatsanwaltschaft von der Entziehung der Fahrerlaubnis absieht, obwohl die Entziehung nach der Art der strafbaren Handlung in Betracht kommt, im Strafbefehl (kurz) begründen, weshalb die Entziehung nicht angeordnet worden ist (vgl. RiStBV Nr. 177 Abs. 3). Mehr als formelhafte Wendungen können aber nicht erwartet werden (Nüse JR **1965** 44). Die Bedeutung des **„Negativvermerks"** ergibt sich aus § 4 Abs. 3 Satz 2 StVG, wonach die Verwaltungsbehörde im verwaltungsmäßigen Entziehungsverfahren nicht zum Nachteil des Beschuldigten vom Inhalt des Strafbefehls oder einer Strafverfügung abweichen darf, soweit er sich auf die Feststellung des Sachverhalts oder die Beurteilung der Schuldfrage oder die Eignung zum Führen von Kraftfahrzeugen bezieht; der Negativvermerk im Strafbefehl bindet also die Verwaltungsbehörde. Der Negativvermerk ist auch (und hier sogar besonders) erforderlich, wenn im Strafbefehl auf Fahrverbot erkannt ist. Unterbleibt der Negativvermerk, der nur in Verbindung mit der Entscheidung möglich ist, also nicht nachgeholt werden kann, so ist dies für den Bestand des Strafbefehls ohne Bedeutung; die Verwaltungsbehörde ist dann nicht gebunden (Floegel-Hartung-Jagusch [17] Rz. 23).

7. Besondere Obliegenheiten

Außer dem obligatorischen Inhalt jedes Strafbefehls (Anm. 3) sieht das Gesetz eine Reihe weiterer **Maßnahmen des Strafbefehlsrichters** vor, die aber nur z. T. zum Inhalt des Strafbefehls gehören:

a) bei **Aussetzung** der Strafe zur **Bewährung** ist nach § 409 Abs. 1 Satz 2 der Beschuldigte **zugleich** nach § 268 a Abs. 2 zu belehren. Der Beschluß nach § 268 a Abs. 1 wird üblicherweise zugleich mit dem Strafbefehl zugestellt. Seine förmliche Zustellung ist aber nicht erforderlich, weil er mit der einfachen Beschwerde anfechtbar ist (§ 305 a Abs. 1) und daher keine Frist in Lauf gesetzt wird (§ 35 Abs. 2 Satz 2). Eine Belehrung über die Beschwerdemöglichkeit ist nicht vorgeschrieben, kann sich aber empfehlen, um einen Beschuldigten, der sich nur gegen den Beschluß wenden will, vom Einspruch abzuhalten (Kleinkn. [29] 4). Legt der Beschuldigte aber Einspruch ein, so wird der Beschluß nach § 268 a Abs. 1 gegenstandslos, da über die Aussetzung zur Bewährung dann im Urteil zu entscheiden ist. Auch die Belehrung nach § 268 a Abs. 2 erfolgt grundsätzlich zugleich schriftlich mit dem Strafbefehl. Unterbleibt dies, so kann sie nach § 453 a nachgeholt werden (vgl. Anm. 5 a zu § 408).

b) bei Anordnung eines **Fahrverbots** hat zugleich eine Belehrung nach § 268 c zu erfolgen. Geschieht dies nicht, so fehlt es zwar an einer dem § 453 a entsprechenden Vorschrift; die Belehrung kann aber sowohl vom Richter, der den Strafbefehl erlassen hat, wie von der Vollstreckungsbehörde nachgeholt werden (vgl. Anm. 5 b zu § 408);

c) bei **Nichtanordnung der Fahrerlaubnisentziehung** (§ 42 m StGB) oder einer Sperre (§ 42 n Abs. 1 Satz 2 StGB) bedarf es ggbf. eines Negativvermerks im Strafbefehl (§ 409 Abs. 3 i. Verb. mit § 267 Abs. 6 Satz 2; s. dazu oben 6);

d) bei **Einziehung täterfremden oder mit Rechten Dritter belasteten Eigentums** (s. Anm. 5 b zu § 407) erfolgt, soweit dies nicht bereits vor Erlaß des Strafbefehls geschehen ist, die Anordnung der Einziehungsbeteiligung (§ 431 Abs. 1 Satz 1) im Strafbefehl; dieser muß auch den Hinweis an den Einziehungsbeteiligten nach § 435 Abs. 3 Nr. 2 i. Verb. mit § 438 Abs. 1 Satz 2 enthalten, daß die Entscheidung über die Einziehung auch ihm gegenüber wirksam ist. Entsprechende Vorschriften gelten bei der Anordnung der *Nebenbeteiligung* gemäß § 444.

Die Unterlassung der Beteiligungsanordnung nach § 431 läßt dem Betroffenen die Möglichkeit offen, seine Rechte im Nachverfahren nach § 439 zu wahren. Der Hinweis nach § 438 Abs. 1 Satz 2 belehrt den Einziehungsbeteiligten darüber, daß eine ihm gegenüber wirksame Nebenfolge festgesetzt ist, deren er sich durch Einspruch erwehren kann. Praktisch liegt darin der in § 409 Abs. 1 geforderte Hinweis auf die Möglichkeit und die Notwendigkeit des Einspruchs, wenn der Betroffene die ihn treffende Wirkung der Einziehung abwenden will; es ist deshalb angebracht — in gleicher Weise wie bei der Belehrung des Täters über die Einspruchsmöglichkeit (oben 4 c) —, die Unterlassung des Hinweises als Wiedereinsetzungsgrund zu behandeln.

8. Zustellung des Strafbefehls

a) Nach § 409 Abs. 1 wird die Einspruchsfrist durch **Zustellung** (unter den Voraussetzungen des § 145 a auch an den Verteidiger, BayObLG NJW **1966** 2323) in Lauf gesetzt. Das Gesetz geht dabei von dem Regelfall aus, daß die Bekanntgabe auf schriftlichem Weg erfolgt; es bedarf dann der förmlichen Zustellung an den Beschuldigten, während seinem gesetzlichen Vertreter der Strafbefehl nach § 409 Abs. 2 nur „mitzuteilen" ist, so daß die formlose Übersendung einer Abschrift des Strafbefehls genügt (Nr. 179 Abs. 3 RiStBV). Durch diese Regelung wird nicht ausgeschlossen, daß der **Richter** — nicht etwa ein Beamter der Geschäftsstelle — einem anwesenden Beschuldigten den (fertigen, also auch unterschriftlich vollzogenen) Strafbefehl durch Verkündung, also mündlich bekannt macht (Nr. 179 Abs. 1 RiStBV). Ein solches Verfahren kann bei vorläufig festgenommenen oder aus der Untersuchungshaft vorgeführten Personen, aber auch z. B. dann in Betracht kommen, wenn eine festgesetzte Freiheitsstrafe zur Bewährung ausgesetzt wird und mit der Bekanntgabe die mündliche Strafaussetzungsbelehrung (§§ 409 Abs. 1 Satz 2, 268 a Abs. 2, 453 a Abs. 1, 2) verbunden werden soll.

b) Zeitweise war sehr streitig, ob § 232 Abs. 4 — Zustellung des in Abwesenheit des Angeklagten ergehenden Urteils durch Übergabe — auf die Zustellung des Strafbefehls (und der Strafverfügung) entsprechend anwendbar sei, und ob bejahendenfalls nicht schon eine Ersatzzustellung nach § 37 StPO, §§ 181, 183 ZPO, jedenfalls aber eine solche durch Niederlegung (§ 37 StPO, § 182 ZPO) ausgeschlossen sei (vgl. die Übersicht über den Streitstand in Anm. 3 b der Vorauflage und ergänzend etwa LG Waldshut u. Krefeld NJW **1966** 216, 2078). Schließlich hat sich aber der BGH (vgl. BGHSt. **11** 152, 156; **13** 182, 184; **22** 52, 55; s. auch OLG Karlsruhe NJW **1967** 458) zutreffend auf den Standpunkt gestellt, daß § 232 Abs. 4 auf die besondere Situation des ungehorsamen Angeklagten abstelle und in erhöhtem Maße Vorsorge treffe, daß er von der ihn belastenden Entscheidung Kenntnis erhält, während Gesichtspunkte dieser Art beim Erlaß des Strafbefehls und der Strafverfügung nicht vorliegen und deshalb für eine Abweichung von den nach § 37 StPO anwendbaren Zustellungsvorschriften der ZPO hier kein Bedürfnis und keine Veranlassung besteht.

Endgültig ist für die Praxis dem Streit der Boden entzogen durch BVerfGE **25** 158 = NJW **1969** 1103 (dazu Endemann NJW **1969** 1197) und BVerfG NJW **1969** 1531; die erstere Entscheidung betrifft die Grundgesetzmäßigkeit der Ersatzzustellung einer Straf*verfügung* durch Niederlegung bei der Postanstalt, die letztere Entscheidung die der entsprechenden Ersatzzustellung eines *Strafbefehls*. Mit Recht wird dort ausgeführt, daß die Durchführbarkeit des summarischen Strafverfahrens, dessen Bestand zur verhältnismäßig billigen und raschen Erledigung einfacherer Straffälle nicht nur im Interesse der staatlichen

Strafgerichtsbarkeit, sondern auch im Interesse des Staatsbürgers liege, von der Möglichkeit abhänge, Ersatzzustellungen vorzunehmen. Auch durch eine Ersatzzustellung nach § 182 ZPO werde das Recht des Betroffenen, sich im Einspruchsverfahren rechtliches Gehör zu verschaffen, nicht in verfassungswidriger Weise beschnitten; verfassungsrechtlich bestehe zwischen einer Ersatzzustellung nach § 182 und einer solchen nach § 181 ZPO kein wesentlicher Unterschied im Sinne einer besseren Wahrung des Anspruchs auf rechtliches Gehör, zumal bei einer Ersatzzustellung nach § 181 ZPO nicht einmal eine Benachrichtigung des Empfängers vorgeschrieben sei. Jedoch werden Härten, die sich bei einer vorübergehenden Abwesenheit des Beschuldigten von seiner ständigen Wohnung z. B. bei einer dreiwöchigen Urlaubsreise, dadurch ergeben können, daß die in seiner Abwesenheit ersatzzugestellte summarische Festsetzung rechtskräftig geworden ist, ohne daß er von der Zustellung erfuhr, im Sinne der Gewährleistung des rechtlichen Gehörs abgemildert, indem es bei dem Antrag auf Wiedereinsetzung in den vorigen Stand — von Ausnahmen abgesehen — nicht als *verschuldete* Unkenntnis von der Zustellung (§ 44 Satz 2 StPO) anzusehen ist, wenn er für die Zeit einer solchen Abwesenheit keine besonderen Vorkehrungen traf, daß mögliche Zustellungen ihn erreichten.

c) Zulässig ist auch die Zustellung an einen **Zustellungsbevollmächtigten** (vgl. dazu §§ 127a Abs. 3, 116a Abs. 3 StPO).

9. Zurücknahme und Änderung des Strafbefehls vor Zustellung

Solange der Strafbefehl nicht durch Zustellung oder mündliche Mitteilung nach außen Wirksamkeit erlangt hat, kann die Staatsanwaltschaft ihren Antrag **zurücknehmen** und unabhängig von einer solchen Maßnahme auch der Amtsrichter den Strafbefehl auch stillschweigend zurücknehmen und demgemäß auch ändern (BayObLGSt. **1** 245; **34** 109; HRR **1935** Nr. 410; OLG Rostock HRR **1929** Nr. 1546). Erst mit der vorbezeichneten Bekanntgabe (und nicht etwa schon mit der unterschriftlichen Vollziehung) ist der Strafbefehl **erlassen** (vgl. OLG Hamburg NJW **1963** 874 und dazu Anm. 3 a, cc zu § 410).

10. Der Einspruch gegen den Strafbefehl (s. dazu auch Anm. 1, 2 zu § 411).

a) Der Einspruch hat nur die Wirkung, daß Hauptverhandlung stattfinden muß, bewirkt aber (unbeschadet des etwaigen Übergangs der Sache vom Einzelrichter auf das Schöffengericht, vgl. Anm. 9 zu § 407) keine Verschiebung der zur Entscheidung berufenen Instanz und ist daher kein Rechtsmittel, sondern ein **Rechtsbehelf. Abs. 3** erklärt jedoch die für Rechtsmittel geltenden Vorschriften der §§ 297—300 und 302 als auf den Einspruch entsprechend anwendbar. Bedeutungslos ist diese Verweisung für § 302 Satz 2, da die Staatsanwaltschaft gegen einen Strafbefehl kein Einspruchsrecht, auch kein Rechtsmittel hat.

b) Einspruchsberechtigt sind weder die Staatsanwaltschaft oder das strafbefehlsantragstellende Finanzamt im Falle der §§ 421, 435 RAbgO — s. Anm. 8 zu § 407 — (OLG Tübingen JZ **1953** 314), noch der Nebenkläger, wohl aber neben dem Beschuldigten der Einziehungsbeteiligte (vgl. § 438 Abs. 2), der Nebenbeteiligte (§ 444 Abs. 2 Satz 2) und der Betroffene, soweit eine Ordnungswidrigkeit durch Strafbefehl geahndet wird (vgl. dazu Anm. 15 zu § 407).

c) Der Beschuldigte kann Einspruch bereits nach dem aktenmäßigen Erlaß, mithin vor Zustellung des Strafbefehls einlegen (RGSt. **64** 428; OLG Hamm MDR **1970** 949). Unwirksam ist aber ein „ins Blaue hinein" eingelegter Einspruch, daß ein Strafbefehl, von dem der Beschuldigte nicht weiß, ob er erlassen ist und welchen Inhalt er gegebenenfalls hat, für den Fall, daß er bereits erlassen sei, angefochten werde (BayObLG JR **1961** 390 = NJW **1961** 1637 mit abl. Anm. von Erdsiek). Der Einspruch bedarf keiner Begründung, jedoch hat nach Nr. 180 RiStBV bei Einlegung zur Niederschrift der Geschäftsstelle der Urkundsbeamte darauf hinzuwirken, daß der Einspruch begründet und die Beweismittel bezeichnet werden. Ein schriftlich eingelegter Einspruch ist nicht wegen fehlender Unterschrift unwirksam; es genügt, daß die Person des Einlegenden aus dem Schriftstück deutlich hervorgeht (BayObLG HRR **1929** Nr. 1081; OLG Düsseldorf NJW **1962** 551); auch genügt der von einem Bevollmächtigten eingelegte Einspruch (BayObLGSt. **28** 296).

d) Ein **Verzicht** auf Einlegung des Einspruchs (§ 302) kann nur in der gleichen Form wie die Einlegung des Einspruchs, d. h. schriftlich beim Amtsgericht oder zu Protokoll der Geschäftsstelle erklärt werden (vgl. Anm. 3 zu § 302). Er kann also niemals schon darin liegen, daß der Angeklagte die im Strafbefehl festgesetzte Geldstrafe zahlt (LG Hannover MDR **1950** 630). Auch ein schriftliches Gesuch um Ratenzahlung stellt keinen Verzicht dar, wenn der Verzichtswille nicht durch zusätzliche Angaben eindeutig zum Ausdruck gebracht ist (OLG Hamm VRS **36** 217).

e) Entsprechendes gilt auch für die **Zurücknahme** eines eingelegten Einspruchs; hier kann die Zurücknahme auch durch Erklärung gegenüber dem Richter gemäß § 411 Abs. 1 erfolgen.

f) Ob das Recht des **gesetzlichen Vertreters** aus § 298 Abs. 1, Rechtsmittel zugunsten des Beschuldigten einzulegen, auch die Befugnis einschließe, Einspruch gegen einen Strafbefehl einzulegen, war früher streitig (vgl. Anm. 3 zu § 411 in der 19. Aufl.). Der durch das 3. Strafrechtsänderungsges. vom 4. 8. 1953 eingefügte Abs. 3 hat das Einspruchsrecht des gesetzlichen Vertreters klargestellt. Hat der Jugendrichter gegen einen Heranwachsenden einen Strafbefehl erlassen (vgl. Anm. 14 zu § 407), so steht nach §§ 67 Abs. 3, 109 JGG das Einspruchsrecht auch dem **Erziehungsberechtigten** zu, sofern dieser mit dem gesetzlichen Vertreter nicht personengleich ist. Über den Begriff des gesetzlichen Vertreters vgl. Anm. 1 zu § 298 u. Vorbem. 8 vor § 137 (bei minderjährigen Kindern Vater und Mutter gemeinsam, vgl. BVerfG NJW **1959** 1483; doch kann ein Elternteil mit Ermächtigung des anderen auch allein handeln). Die beim Vorhandensein mehrerer Erziehungsberechtigter in § 67 Abs. 5 JGG getroffene Regel (vgl. dazu Dallinger-Lackner [2] Rz. 22ff. zu § 67) ist, wenn mehrere gesetzliche Vertreter vorhanden sind, entsprechend anwendbar (s. dazu JZ **1957** 67).

Der gesetzliche Vertreter (Erziehungsberechtigte) kann (binnen der für den Beschuldigten laufenden Frist) den Einspruch **kraft eigenen Rechts** einlegen (vgl. Anm. 3 zu § 298); er kann dies auch gegen den Willen des Beschuldigten tun, der selbst sich bei dem Strafbefehl beruhigen möchte. Hieraus ergeben sich beim Strafbefehl gewisse Schwierigkeiten. Während nämlich die Einlegung eines Rechtsmittels (Berufung, Revision) durch den gesetzlichen Vertreter wegen des Verbots der reformatio in peius nicht dazu führen kann, daß durch Einlegung eines Rechtsmittels gegen den Willen des Angeklagten dessen Strafe verschärft wird, würde die Bestimmung des § 411 Abs. 3 dazu führen, daß es bei Einlegung des Einspruchs durch den gesetzlichen Vertreter zu einer für den Angeklagten gegenüber dem Strafbefehl ungünstigeren Entscheidung kommen kann. Um diesen dem Angeklagten drohenden Nachteil auszuschließen, nahmen schon die Vorauflagen (vgl. Anm. 3 zu § 411 der 19. Aufl.) an, die Lage des Beschuldigten dürfe durch einen nicht von ihm selbst eingelegten Einspruch nicht verschlechtert werden; es gelte also hier, abweichend von § 411 Abs. 3, das Verbot der reformatio in peius (ebenso Schorn S. 94; **a. M.** Stenglein Anm. 2). Diese Auffassung läßt sich jetzt auch auf § 409 Abs. 3 stützen, indem die entsprechende Anwendbarkeit des § 298 Abs. 1 dahin verstanden wird, daß der Einspruch des gesetzlichen Vertreters (und des Erziehungsberechtigten nach § 67 Abs. 3 JGG) in vollem Umfang wie ein Rechtsmittel behandelt wird, also auch hinsichtlich des bei einem Rechtsmittel geltenden Verbots der reformatio in peius. — Vgl. noch Anm. 1 f. zu § 412.

g) **Beschränkter Einspruch** *aa)* Die bei Rechtsmitteln zulässige *Beschränkung auf einen Teil* der Entscheidung (vgl. die Anm. zu § 318 und zu § 344) kommt beim Einspruch gegen einen Strafbefehl jedenfalls insoweit nicht in Betracht, als es sich um die Beschränkung auf das Strafmaß oder auf die neben der Hauptstrafe festgesetzten Nebenfolgen und Maßnahmen handelt. Der Umstand, daß dem Erlaß des Strafbefehls keine vollständige Aufklärung des Sachverhalts vorausgeht, macht es erforderlich, bei der Urteilsfindung auf Grund der Hauptverhandlung auf Einspruch hin jede Bindung an den Strafbefehl aufzuheben (§ 411 Abs. 3). Der Angeklagte kann dann aber eine Bindung auch nicht dadurch herbeiführen, daß er nur beschränkt Einspruch einlegt; denn das würde bei einer Beschränkung des Einspruchs auf die Straffrage dazu führen, daß das Gericht an eine außerhalb einer Hauptverhandlung, also auf einer unvollkommenen Grundlage getroffene Schuldfeststellung gebunden die Strafe festsetzen müßte, auch wenn es weder den in der vorangegangenen Entscheidung angenommenen Sachverhalt für zutreffend oder erschöpfend noch dessen rechtliche Beurteilung für vertretbar hält. Eine solche Beschränkung ist daher unwirksam und der Einspruch führt, wenn er nicht zurückgenommen wird (§ 411 Abs. 1), zu einer den ganzen Sachverhalt umfassenden Entscheidung. Insoweit besteht Einhelligkeit (vgl. RGSt. **63** 345, **76** 251; OLG Königsberg DRiZ **1931** 459, KG DJZ **1930** 368; **1933** 569, DStR **1937** 263, Schleswig SchlHA **1954** 298; Saarbrücken NJW **1965** 411; Salger und Skibbe NJW **1953** 852; Schmidt MDR **1965** 435; Henkel [2] 402).

bb) Eine andere Frage ist, ob, wenn in einem Strafbefehl *mehrere selbständige Straftaten* geahndet sind, der Einspruch auf einzelne Taten beschränkt werden kann. Sie wird vielfach *verneint* (so OLGe Celle DAR **1962** 343; Stuttgart NJW **1953** 1156 = JZ **1954** 167 mit zust. Anm. von Kleinknecht; Kl [30] Vorbem. 4 vor § 407 [aber nur, soweit es sich um eine Tat i. S. des § 264 handelt]; Schmidt MDR **1965** 435; Müller-Sax [6] 6 e), weil es an einer die Teilanfechtung — wie bei Berufung und Revision, §§ 327, 344 — zulassenden Vorschrift fehle und es, wenn der Versuch einer summarischen Erledigung mißlungen sei, nicht im Belieben des Beschuldigten stehen könne, den Umfang der nunmehr erforderlich gewordenen Nachprüfung zu beschränken. Für die *Bejahung* der Frage (so BayObLG HRR **1936** Nr. 514; zustimmend Nachtrag **1940** 182 der 19. Aufl. dieses Werkes; Erbs Anm. IV; s. auch OLG Neustadt VRS **27** 28) läßt sich geltend machen, daß es nicht entscheidend darauf ankommen könne, ob zwei selbständige Taten desselben Angeklagten zufällig in *einem* Strafbefehl geahndet wurden oder ob wegen jeder Tat ein besonderer Strafbefehl (durch das gleiche oder durch verschiedene Gerichte) ergingen; daß in letzterem Fall der Angeklagte sich darauf beschränken kann, nur den einen Strafbefehl anzufechten, den anderen aber rechtskräftig werden zu lassen, steht außer Zweifel. Andererseits ist aber zu bedenken, daß *ein* Strafbefehl wegen mehrerer Straftaten meist dann erlassen werdenwird, wenn die Gesetzesverletzungen in einem inneren Zusammenhang (Sachzusammenhang) stehen, insbesondere, wenn auch nicht notwendig (OLG Saarbrücken NJW **1965** 411) in einem solchen zeitlicher und örtlicher Art, wie etwa bei fahrlässiger Körperverletzung durch Verkehrsunfall und anschließender Verkehrsunfallflucht. In solchen Fällen kann vielfach schon zweifelhaft sein, ob die im Strafbefehl vorgenommene rechtliche Wertung als Tatmehrheit zutrifft oder nicht vielmehr Tat- oder Gesetzeseinheit oder Fortsetzungszusammenhang anzunehmen ist; die Bindung an den unangefochtenen Teil des Strafbefehls würde dann bewirken, daß bei der erst in der Hauptverhandlung möglichen vollständigen Aufklärung des Sachverhalts die rechtliche Bewertung als (möglicherweise zum Nachteil des Angeklagten) unrichtig erkannt würde und die Festsetzung der richtigen Strafe für die verbleibende Straftat auf die gleichen Schwierigkeiten stieße wie bei einer Bindung des Gerichts an eine außerhalb der Hauptverhandlung getroffene Schuldfeststellung. Daher kann in Fällen der genannten Art eine Beschränkung des Einspruchs nicht wirksam erfolgen: fühlt sich der Angeklagte durch einen Teil des Strafbefehls beschwert — womöglich mit der Begründung, daß es einer (bisher unterbliebenen) vollständigen Aufklärung des Sachverhalts bedürfe —, so muß er sich entsprechend dem Grundsatz des § 411 Abs. 3 gefallen lassen, daß alle Folgerungen gezogen werden, die sich aus der nunmehr erst erfolgenden vollständigen Aufklärung des Sachverhalts ergeben. Nicht gefolgt werden kann auch der Auffassung von Salger und Skibbe NJW **1953** 853, daß zwar bei Tatmehrheit eine Beschränkung des Einspruchs nicht möglich sei, daß aber insoweit, als sich der Angeklagte mit dem Strafbefehl abgefunden habe, das Verbot der reformatio in peius in gleicher Weise Platz greife wie in dem Fall, daß sich der Beschuldigte bei dem Strafbefehl beruhigt, aber der gesetzliche Vertreter oder der Erziehungsberechtigte Einspruch einlegt (vgl. vorstehend zu f). Denn dort ergibt sich die Anwendbarkeit dieses Verbots aus der Erwägung, es sei unbillig, den Beschuldigten darunter leiden zu lassen, daß ein anderer ohne sein Zutun Einspruch einlegt, während es der Beschuldigte selbst in der Hand hat, ob er Einspruch einlegen will oder nicht (ebenso Schmidt MDR **1965** 436).

Anders liegt es, wenn es sich um Tatmehrheit dergestalt handelt, daß ein sachlicher Zusammenhang nicht besteht, also bei „völlig getrennten", bei „heterogenen" Taten. Hier sind allerdings keine durchgreifenden Bedenken gegen die Zulässigkeit einer Einspruchsbeschränkung auf die eine oder andere Tat erkennbar (ebenso OLG Celle DAR **1962** 343; Saarbrücken NJW **1965** 411; Henkel [2] 402; Kl [30] 6; Schorn S. 99; für den Einspruch gegen den Bußgeldbescheid nach § 67 OWiG Göhler [2] Vorbem. 4 vor § 67; offen gelassen von OLG Dresden und Stuttgart aaO.). Wenn demgegenüber Kleinknecht

JZ 1954 167 – vgl. aber jetzt Kl [30] 6 – meint, daß es dann, um die richtige **Gesamtstrafe** bemessen zu können, häufig noch ergänzender Feststellungen bzgl. der infolge Einspruchsbeschränkung rechtskräftig erledigten Tat bedürfe und sich dabei höchst unerfreuliche Widersprüche (zwischen dem im Strafbefehl und dem in der Hauptverhandlung festgestellten Sachverhalt) ergeben könnten, so tauchen die gleichen Schwierigkeiten auf, wenn nur **ein** Strafbefehl wegen **einer** Tat ergangen und rechtskräftig geworden ist und dann wegen einer vorher begangenen Tat eine Aburteilung im gewöhnlichen Verfahren erfolgt und nach § 76 StGB im Urteil eine Gesamtstrafe zu bilden ist oder wenn eine rechtskräftig durch Strafbefehl und eine rechtskräftig durch Urteil festgesetzte Strafe nachträglich (§ 460) auf eine Gesamtstrafe zurückzuführen sind, ohne daß sich daraus besondere Unzuträglichkeiten ergeben hätten. Übrigens will auch Kleinknecht JZ **1954** 167 (ähnlich Müller-Sax [6] 6 e) ein der Teilanfechtung entsprechendes Ergebnis ermöglichen: der Einspruch erfasse zwar den Strafbefehl in vollem Umfang, aber das Gericht könne, wenn es ein Bedürfnis für eine vollständige Nachprüfung verneint, die Verbindung der mehreren Straftaten durch Trennungsbeschluß beenden und dann dem Angeklagten anheimgeben, den Einspruch insoweit zurückzunehmen. Im praktischen Ergebnis dürfte das auf die hier vertretene Auffassung über die Voraussetzungen einer Beschränkung des Einspruchs hinauslaufen. – Die Beschränkung des Einspruchs auf einen Teil des Strafbefehls wollte (mit Einschränkungen) Art. 70 Nr. 225 Entw. EGStGB 1930 zulassen.

cc) Ist ein Betroffener (oben Anm. 10 b) zugleich Beschuldigter, so kann er seinen Einspruch auf die aus der Ordnungswidrigkeit sich ergebenden Festsetzungen beschränken; dann ist § 82 Abs. 2 OWiG anwendbar.

§ 410

Ein Strafbefehl, gegen den nicht rechtzeitig Einspruch erhoben worden ist, erlangt die Wirkung eines rechtskräftigen Urteils.

Literatur: Schierlinger u. Müller, SeuffBl. 57 1, 17, **60** 145; Friedländer ZStW **18** 690; Bommer, Die Rechtskraft des Strafbefehls (Würzb. Diss., 1902); Weidenhaupt, Die Rechtskraft des amtsrichterlichen Strafbefehls (Erlanger Diss. 1907); Merkel ZStrW 35 553ff.; Schlosky, GA 71 327; Vogler, Die Rechtskraft des Strafbefehls, 1959 (Freiburger rechts- und staatswissenschaftl. Abhandlungen Nr. 11); Hellmer JuS **1963**, 311.

Übersicht

1. § 410 knüpft den **Eintritt der Rechtskraftwirkung des Strafbefehls** an den ungenutzten Ablauf der Einspruchsfrist. Die gleiche Wirkung haben aber auch der Verzicht auf den Ein-

spruch (vgl. Anm. 10d zu § 409), die Zurücknahme eines fristgemäß eingelegten Einspruchs (§ 411 Abs. 1) und die Verwerfung des Einspruchs nach § 412.

2. Beschränkte materielle Rechtskraftwirkung

Nach seinem an sich unzweideutigen Wortlaut hat der formell rechtskräftig gewordene Strafbefehl die gleiche Wirkung wie ein in der Sache ergangenes rechtskräftiges Strafurteil gleichen Inhalts. Danach müßte, wenn man mit dem Wortlaut ernst macht, die Rechtskraft des Strafbefehls folgende Wirkung haben

a) seine Vollstreckbarkeit (§ 449),
b) den Verbrauch der Strafklage wie beim Urteil,
c) die Unterstellung des Strafbefehls unter das Wiederaufnahmerecht.

a) Übersicht über die ältere Rechtsprechung

Die Folgerung zu a) steht außer Streit. Die Folgerung zu c) ist nach jahrzehntelangem Meinungsstreit (vgl. die Nachweise der 19. Aufl. Vorbem. z. 4. Buch Anm. 2) durch die Einfügung des § 373 a gezogen worden; diese Ergänzung des StPO erfolgte durch die VO vom 29. 5. 1943 (RGBl. I 342), und das Vereinheitlichungsges. vom 12. 9. 1950 hat sie übernommen. Die Folgerung zu b) dagegen hat die *Rechtsprechung* von Anfang an nicht gezogen und hält an dieser Auffassung auch heute noch fest. Das RG (zuerst in RGSt. 4 234 vom 2. 6. 1881 und von da ab in ständiger Rechtspr.; vgl. RGSt. 9 321; **14** 360; **15** 112; **28** 83; **29** 156; **34** 167; **39** 375; **46** 54; **50** 239; **52** 183, 241; **54** 285; **56** 253; **65** 292; **76** 250; JW 1937, 2423; **1938**, 41 und ebenso die OLGe. (vgl. die Nachweise in Anm. 2a der 19. Aufl.) legten den § 410 einengend dahin aus, daß dem Strafbefehl strafklageverbrauchende Wirkung nur in einem gegenüber dem rechtskräftigen Urteil beschränkten Umfang zukommen könne. Der Grundsatz ne bis in idem in seiner vollen Schärfe setze eine Entscheidung voraus, die auf Grund umfassender Prüfung in einer Hauptverhandlung mit der Möglichkeit der Klageänderung nach § 265 StPO ergangen sei. Da der Strafbefehlsrichter zu einer so umfassenden Prüfung nicht in der Lage sei, müsse es im Interesse der Gerechtigkeit möglich sein, die Tat nochmals unter einem rechtlichen Gesichtspunkt zu verfolgen, der in dem Strafbefehl nicht gewürdigt sei und eine erhöhte Strafbarkeit begründe. Gelegentlich und mehr beiläufig – nicht, wie BGHSt. 9 10 meint, in ständiger Rechtsprechung – ist auch ausgesprochen worden, die Rechtskraftwirkung entfalle, wenn außerdem die Würdigung der Tat unter dem neuen Gesichtspunkt nicht zur Zuständigkeit des Einzelrichters gehöre (so RGSt. 34 167; 39 167); BGHSt. 9 10 hat diesen Gesichtspunkt wieder aufgegriffen (s. unten Anm. 3 a, ee).

b) Stellungnahme des älteren Schrifttums

Demgegenüber hat sich das *Schrifttum früher* ganz überwiegend unter Berufung auf den Wortlaut des § 410 und die Bedürfnisse der Rechtssicherheit auf den Standpunkt gestellt, daß eine unterschiedliche Abgrenzung der Rechtskraftwirkung von Strafbefehl und Urteil wohl de lege ferenda wünschenswert, aber mit dem geltenden Recht nicht vereinbar sei (vgl. v. Kries 596, Birkmeyer 770, Ben.-Beling 424, Beling Lehrb. [1928] 475, Binding Grundr. 277, SächsArch. 9 8, 9, Abh. 2 318; Ullmann 560, Rosenfeld § 87 Anm. 15, Strafprozeßrecht 2 56 Anm. 3, Oetker in der Zeitschrift „Rechtsgang" 1 20, Graf zu Dohna 243, Reiffel GA **44** 129, Friedländer, Levis, Dietz, Merkel ZStW **18** 690, **19** 366, **28** 815, **35** 554, Müller SeuffBl. **60** 145, Pfizer GerS. **40** 345, Oetker BayZ 7 6, v. Hippel 644; Gerland Stpr. 465). Aber auch bei einer künftigen gesetzlichen Regelung, so wurde weiter vielfach geltend gemacht, gehe es nicht an, die Rechtsprechung des RG zu legalisieren. Die Erhebung einer neuen Klage stets zuzulassen – so führte insbesondere Merkel ZStrW 35 553 ff. (1914) aus –, wenn irgendein neuer straferhöhender rechtlicher Gesichtspunkt zutage trete, entwerte den Strafbefehl, der doch auch ein Richterspruch sei, und führe zu dem seltsamen Ergebnis, daß ein Beschuldigter, der sich bei dem Strafbefehl beruhige, stets mit erneuter Verfolgung rechnen müsse, habe er aber die Kühnheit, Einspruch einzulegen und werde er durch Urteil mit der gleichen Strafe wie im Strafbefehl belegt, so habe er sich damit die Garantie weiterer Unverfolgbarkeit verschafft, möge das Urteil materiell noch so unrichtig sein. Um die Belange der Gerechtigkeit mit denjenigen der Rechtssicherheit in Einklang zu bringen, schlug Merkel vor, die Wiederaufnahme des Verfahrens gegen den Strafbefehl zuzulassen mit der Erweiterung – im Anschluß an § 356 österr. StPO –, daß sie zuungunsten des Angeklagten auch zulässig sein solle, wenn sich herausstelle, daß die im Strafbefehl als Übertretung geahndete Tat in Wahrheit ein Verbrechen (i. S. des § 1 StGB) darstelle.

c) Änderungsvorschläge der Entwürfe

Während sich die älteren Entwürfe mit einer Legalisierung der reichsgerichtlichen Rechtsprechung hatten begnügen wollen, wollte der Entw. = EGStGB 1930 in deutlicher Anknüpfung an den Vorschlag Merkels und unter Hinweis auf § 356 österr. StPO in Art. 70 Ziff. 228 das Problem durch einen neuen § 412 a StPO lösen: „(1) Für die Wiederaufnahme des Verfahrens gegen einen rechtskräftigen Strafbefehl gelten die Vorschriften der §§ 359 bis 373 entsprechend. (2) Gegen einen rechtskräftigen Strafbefehl findet die Wiederaufnahme zuungunsten des Verurteilten auch dann statt, wenn nach Erlaß des Strafbefehls neue Tatsachen bekannt werden, aus denen sich ergibt, daß die als Übertretung abgeurteilte Tat ein Verbrechen oder Vergehen oder die als Vergehen abgeurteilte Tat ein Verbrechen ist und daß die deswegen zu erwartende Strafe außer jedem Verhältnis zu der erkannten Strafe steht." Auch der StPO-Entw. 1939 wollte für eine erneute Verfolgung lediglich den Weg der Wiederaufnahme zur Verfügung stellen und dabei die Verfolgung unter einem anderen rechtlichen Gesichtspunkt auf schwerwiegende Fälle beschränken. In § 399 Abs. 2 war vorgesehen: „Für die Wiederaufnahme eines durch rechtskräftigen Strafbefehl geschlossenen Verfahrens gelten die §§ .... (d. h. die allgemeinen Wiederaufnahmevorschriften) entsprechend. Das Verfahren wird auch dann wieder aufgenommen, wenn die Tat unter einem anderen rechtlichen Gesichtspunkt gewürdigt werden soll, und danach 1. die Tat zur Zuständigkeit der Strafkammer, des Oberlandesgerichts oder des Volksgerichtshofs gehört oder 2. eine Tat, die mit dem Tode oder mit lebenslangem Zuchthaus bedroht ist ... oder ein Meineid (§§ ...) in Frage kommt." Dabei ist zu bemerken, daß die Zuständigkeit der „Strafkammer", wie sie dem Entw. vorschwebt (vgl. S. 2 der Begr.), sich auf Sonderfälle der schweren Kriminalität beschränken sollte. Um die Tragweite dieser – in der Folgezeit in ihren wesentlichen Punkten zum Gesetz erhobenen – Vorschläge richtig zu beurteilen, muß man sich freilich vor Augen halten, daß der Entwurf die Voraussetzungen einer Wiederaufnahme zuungunsten des Angeklagten wesentlich erweitern wollte; sie sollte bereits stattfinden, wenn neue Tatsachen oder Beweismittel die Verurteilung eines Freigesprochenen oder eine wesentlich strengere Ahndung zu begründen geeignet wären und die neue Verfolgung „zum Schutz des Volkes oder zur Sühne der Tat" geboten sei; die Voraussetzungen der Wiederaufnahme zugunsten wie zuungunsten des Angeklagten sollten gleichgestaltet und die Wiederaufnahme auch mit dem Ziel einer wesentlich milderen oder einer wesentlich strengeren Ahndung im Rahmen desselben (des im früheren Urteil angewendeten) Gesetzes zugelassen werden. Die beim Strafbefehl vorgesehene Erweiterung der Wiederaufnahmevoraussetzungen (strengere Würdigung unter einem anderen rechtlichen Gesichtspunkt) hatte demnach den Fall im Auge, daß *ohne Beibringung* neuer Tatsachen und Beweismittel die Tat sich als im Strafbefehl infolge Nichtberücksichtigung anderer in Betracht kommender rechtlicher Gesichtspunkte viel zu mild geahndet erwies; bei Urteilen sollte ein solcher Mangel die (zeitlich eng begrenzte) Nichtigkeitsbeschwerde des Oberreichsanwalts beim Reichsgericht rechtfertigen (§ 370 des Entw. 1939). In der „Amtlichen Strafprozeßkommission", auf deren Vorarbeiten die im Entw. 1939 vorgesehene Regelung des Wiederaufnahmerechts beruhte, bestand nach dem Bericht von Doerner (in Gürtner, Das kommende deutsche Strafverfahren [1938] S. 437) Einverständnis, daß die reichsgerichtliche Rechtsprechung über die beschränkte Rechtskraftwirkung mit der Ausdehnung des Wiederaufnahmerechts auf Strafbefehle und mit der erwähnten Erweiterung der Voraussetzungen für die Wiederaufnahme zuungunsten des Verurteilten ihre Bedeutung verliere.

d) Die Regelung der VO v. 29. 5. 1943

Als die VO vom 29. 5. 1943 auf der Grundlage dieser Vorschläge des Entw. 1939 die Wiederaufnahmevoraussetzungen neu regelte und bei dieser Gelegenheit den § 373 a einfügte, der die Wiederaufnahme gegen rechtskräftige Strafbefehle entsprechend den nunmehr für die Wiederaufnahme gegen Urteile geltenden Vorschriften vorsah, verzichtete sie darauf, die Frage der erneuten Verfolgung unter einem neuen straferhöhenden Gesichtspunkt zu regeln. Denn inzwischen war durch Art. 7 § 2 der VO vom 13. 8. 1942 (RGBl. I 508) allgemein die Nichtigkeitsbeschwerde des Oberreichsanwalts eingeführt worden, die dieser selbst oder kraft Ermächtigung durch den Oberreichsanwalt der Generalstaatsanwalt beim Oberlandesgericht erheben konnte, wenn die Entscheidung — also auch ein rechtskräftiger Strafbefehl — „wegen eines Fehlers bei der Anwendung des Rechts ungerecht ist". Daß es aber auch die Absicht der VO vom 29. 5. 1943 war, durch die Einführung des § 373 a die Rechtsprechung des RG über die beschränkte Rechtskraftwirkung gegenstandslos zu machen, hebt Grau DJust. **1943** 354 in seinen Erläuterungen der VO vom 29. 5. 1943 ausdrücklich hervor.

e) Auswirkungen der Regelung des Vereinheitlichungsgesetzes vom 12. 9. 1950

Das Vereinheitlichungsges. vom 12. 9. 1950 hat das frühere Wiederaufnahmerecht der StPO wiederhergestellt, die Vorschriften über die — schon vorher beseitigte oder unanwendbar gewordene — Nichtigkeitsbeschwerde förmlich aufgehoben, den § 373 a aber aufrechterhalten. Es kann nicht zweifelhaft sein, daß nunmehr der § 373 a die ihm in den Entw. von 1930 und 1939 und in der VO vom 29. 5. 1943 zugedachte Aufgabe, abschließend die Voraussetzungen und den Weg für eine erneute Beurteilung des dem Strafbefehl zugrunde liegenden Sachverhalts zu umgrenzen, nicht mehr haben konnte (a. M. Busch ZStW **68** 12). Denn das hätte bedeutet, daß nur unter den Voraussetzungen des § 362 Nr. 2, 3 eine erneute Verfolgung möglich wäre; so weit hat aber keiner der früheren Entwürfe gehen wollen und eine solche Ausweitung der Rechtskraftwirkung des Strafbefehls wäre allerdings mit dem praktischen Bedürfnis und den Erfordernissen der Gerechtigkeit nicht in Einklang zu bringen (vgl. dazu unten Anm. 4). Die Rechtsprechung der Revisionsgerichte hat sich bei dieser Sachlage — ohne sich mit der Frage anderweitiger Einschränkungsmöglichkeiten zu beschäftigen — ohne Zögern in Anknüpfung an die Rechtspr. des RG auf den Standpunkt gestellt, daß nach dem auf dem Vereinheitlichungsges. vom 12. 9. 1950 beruhenden Rechtszustand (wieder) die Verfolgung unter einem neuen, im Strafbefehl nicht gewürdigten und eine erhöhte Strafbarkeit begründenden rechtlichen Gesichtspunkt zulässig sei (so z. B. BGH NJW **1951** 894; BGHSt. **3** 13 = NJW **1952** 900; BGHSt. **6** 122 = NJW **1954** 1376 = MDR **1954** 496; BGHSt. **9** 10 = NJW **1956** 600 = MDR **1956** 310; BGHSt. **18** 141 = NJW **1963** 260, 549; MDR **1963** 431; OLGe. Frankfurt NJW **1950** 717; **1952** 158; Braunschweig NJW **1958** 2030; KG JR **1961** 468; **1962** 468; OLGe. Köln NJW **1968** 314; Saarbrücken JR **1969** 430).

f) Die Bedeutung des § 373 a für die Rechtskraftfrage

Die Bedeutung des § 373 a besteht danach darin, daß er die Verfahrenswiederaufnahme gegen den Strafbefehl zugunsten des Verurteilten ermöglicht (so BGHSt. 3 13). Das bei den Erörterungen vorgebrachte Bedenken, die Auffassung von der beschränkten Rechtskraftwirkung des Strafbefehls sei mit dem jetzt durch Art. 100 Abs. 3 GG zum Verfassungssatz erhobenen Grundsatz ne bis in idem unvereinbar, wies BVerfGE 3 248 = NJW **1954** 69 — freilich auf der Grundlage einer unzutreffenden Würdigung des rechtlichen Wesens des Strafbefehls (vgl. Anm. 12 d zu § 407) — mit der Erwägung zurück, durch Art. 100 Abs. 3 GG sei der Grundsatz ne bis in idem nur in den Grenzen verfassungsmäßig garantiert, die ihm durch den Stand des Prozeßrechts und dessen Auslegung bei Inkrafttreten des GG gezogen worden seien. Mag auch diese Argumentation, deren Überzeugungskraft auch sonst bezweifelt wird (vgl. EbSchmidt NachtrBd. I Rz. 3; Schorn 104), nicht schlechthin zwingend sein — denn bei der Auslegung des Art. 103 Abs. 1 GG (Grundsatz des rechtlichen Gehörs) hat das gleiche Gericht (BVerfG NJW **1957** 17) die Auffassung vertreten, die Vorschrift habe selbständige Bedeutung und nehme keine Rücksicht auf die vorverfassungsmäßige Prozeßgesetzgebung, deren Auslegung und Handhabung —, so läßt sich doch die Folgerung nicht umgehen, daß der Grundsatz ne bis in idem seine „immanente" Einschränkung in den die Wiederaufnahme des Verfahrens regelnden Vorschriften findet. Art. 103 Abs. 3 hat nur institutionelle Garantiefunktion, d. h. er läßt dem Gesetzgeber Raum, durch (einfaches) Gesetz die Wiederaufnahmevoraussetzungen mehr oder weniger eng zu ziehen. Kann entstehungsgeschichtlich und aus zwingenden praktischen Gründen § 373 a nicht die Bedeutung haben, abschließend zu bestimmen, wann gegenüber dem rechtskräftigen Strafbefehl eine nochmalige Nachprüfung zulässig ist, so ist eine Regelung (beim Fehlen einer ausdrücklichen Regelung eine durch Auslegung gewonnene) nicht grundgesetzwidrig, die wegen veränderter Sachlage eine nochmalige Verfolgung zuläßt. Fraglich kann dabei nur sein, welche Anforderungen zu stellen sind, um von einer Änderung der Sachlage sprechen zu können, die es rechtfertigt, den Grundsatz ne bis in idem wegen seiner immanenten Grenzen als nicht verletzt anzusehen. In dieser Hinsicht erheben sich aber Zweifel, ob in der Rechtsprechung des RG und des BGH die Voraussetzungen für eine nochmalige Verfolgung nicht zum Schaden der Rechtssicherheit zu weit gezogen sind (s. unten Anm. 4).

g) Stellungnahme des neueren Schrifttums

Im neueren Schrifttum fand – im Gegensatz zu früher, z. T. auch als Folge nicht zu billigender Vorstellungen über das Wesen des Strafbefehls (vgl. Anm. 12 zu § 407) – die Lehre von der beschränkten Rechtskraft des Strafbefehls zunächst überwiegend Zustimmung, wobei allerdings hervorzuheben ist, daß sich unter den Zustimmenden auch solche befinden, die schon dem rechtskräftigen *Urteil* eine gegenüber der herrschenden Meinung eingeschränkte Verzehrwirkung beimessen (vgl. Einleitung S. 103). Dem BGH stimmen grundsätzlich – in Einzelheiten z. T. abweichend – u. a. zu: Peters [2] 492; Henkel [2] 403; Kern [8] 288; EbSchmidt Lehrkomm. I [2] Rz. 323–325, II 3 zu § 410, JR **1962** 469; NachtrBd. I Rz. 3 ff. [hier aber mit gewissen Einschränkungen; vgl. unten Anm. 4 c]; Müller-Sax [6] 2; Kl [30] 2; Stock, Grundriß 184; Kohlhaas MDR **1952** 56; ZStW **77** 562; Erbs II; Niese DRZ **1950** 507. Inzwischen ist der Widerspruch, insbesondere aus verfassungsrechtlicher Sicht (Art. 103 Abs. 3 GG) wieder lebhafter geworden (vgl. Rabe NJW **1952** 1150; Jescheck JZ **1957** 30; Vogler, Die Rechtskraft des Strafbefehls **1959**; Geerds, Konkurrenz 401 ff., 413 ff.; Maunz-Dürig-Herzog [3] Rz. 133; Hamann Anm. 5, je zu Art. 103 GG; Roth-Stielow DAR **1962** 13; Schorn, Schutz der Menschenwürde im Strafverf. 90 ff.; wohl auch Busch ZStW **68** 12; Bedenken auch bei Bruns JZ **1960** 585). Wegen der eigenen Stellungnahme s. unten Anm. 4 c.

h) Beschränkung der Rechtskraft zugunsten des Beschuldigten?

Eine im Schrifttum vertretene Meinung (EbSchmidt Anm. 8; NachtrBd. I Rz. 13; JR **1962** 469; Schorn S. 105) will sich zwar mit der Lehre von der beschränkten Rechtskraft des Strafbefehls abfinden, meint aber, daß aus Gründen der Gerechtigkeit auch eine *Rechtskraftbeschränkung zugunsten des Beschuldigten* eintreten, d. h. ein neues Verfahren zulässig sein müsse, wenn eine mildere Strafnorm hätte angewendet werden müssen. Das erscheint vertretbar, doch ist nach den bisherigen Erfahrungen die praktische Bedeutung dieses Problems sehr gering (s. auch Kohlhaas ZStrW **77** 570).

3. Voraussetzung erneuter Verfolgung nach der Lehre von der beschränkten Rechtskraft

Nach der **vorstehend dargestellten Rechtsprechung** ist also die erneute Verfolgung zulässig wegen

a) eines *neuen*, in dem Strafbefehl nicht gewürdigten
b) *rechtlichen* Gesichtspunktes, der
c) eine *erhöhte Strafbarkeit* begründet.

a) Neuheit des Gesichtspunkts

aa) Neu ist nach RG und BGH ein rechtlicher Gesichtspunkt nicht erst dann, wenn er durch neue Tatsachen oder Beweismittel bekannt wird, sondern immer schon dann, wenn dieser Gesichtspunkt im Strafbefehl *nicht gewürdigt* worden ist (RGSt. **56** 253; **65** 292; **76** 251). Es genügt auch, daß er beim Erlaß des Strafbefehls erkennbar war, aber *übersehen* wurde (BGHSt. **18** 141, 144 = NJW **1963** 260; OLG Saarbrücken NJW **1969** 84); Diese Ausweitung auf Fälle des Übersehens ist indessen auch bei Anhängern der Lehre von der beschränkten Rechtskraft auf Widerspruch gestoßen (so sind z. B. **a. M.** Kohlhaas

ZStrW 77 578; OLG Celle NJW 1967 745; wohl auch Kl [30] 2, wonach die neuen Tatsachen oder Beweismittel dem Richter „unbekannt" gewesen sein müssen).

bb) Streitig ist, ob eine erneute Verfolgung zulässig ist, wenn der Strafbefehlsrichter einen rechtlichen Gesichtspunkt nicht übersehen hat, sondern ihn aus *verfahrensrechtlichen Gründen* (wegen Vorliegens eines — behebbaren — Verfahrenshindernisses) *nicht berücksichtigen konnte,* z. B. wenn — in der Zeit vor Umwandlung der Verkehrsübertretungen in Verkehrsordnungswidrigkeiten — bei tateinheitlichem Zusammentreffen einer Verkehrsübertretung mit fahrlässiger Körperverletzung der zur Verfolgung unter dem letzteren Gesichtspunkt erforderliche Strafantrag bei Erlaß des Strafbefehls noch nicht vorlag, sondern erst später gestellt wurde. Die Frage wird *bejaht* von OLG Frankfurt NJW 1952 158 = MDR 1952 552 mit Anm. von Kohlhaas; KG JR 1962 468 mit zust. Anm. von EbSchmidt; Kl [30] 2; OLG Köln VRS 34 214 = NJW 1968 314 = MDR 1968 261); dagegen *verneint* von OLG Jena JW 1937 1837; Hellmer JuS 1963 311 (zweifelnd auch OLG Celle NJW 1967 746 und Kl [30] 2), weil die Nichtberücksichtigung nicht auf unzulänglicher Aufklärung im summarischen Verfahren, sondern auf Verfahrensvorschriften beruhe, die auch bei einem Urteil nach vorangegangener Hauptverhandlung zu beachten gewesen wären. Da indessen auch bei einem rechtskräftigen Urteil das Verbot der Doppelverurteilung nur so weit reicht, wie der frühere Richter rechtlich in der Lage war, den Sachverhalt abzuurteilen, hindert die Rechtskraft des ersten Urteils nicht, nach Behebung des Verfahrenshindernisses die Tat unter dem rechtlichen Gesichtspunkt erneut zu verfolgen, der wegen des bestehenden Verfahrenshindernisses von dem ersten Richter notwendigerweise unberücksichtigt bleiben mußte (vgl. BGHSt. 15 259, 260). Für den Fall einer Aburteilung durch Strafbefehl kann nichts anderes gelten. Das Ergebnis wird im übrigen auch durch die Erwägung gerechtfertigt, daß bei einer Verfolgung der Übertretung im ordentlichen Verfahren die nach Sachlage noch zu erwartenden, die Strafbarkeit erhöhenden Umstände dazu Veranlassung geben würden, mit der Aburteilung einzuhalten, bis die Folgen des Gesetzesverstoßes übersehbar sind (vgl. Anm. 6 a zu § 408).

cc) Erst recht steht ein rechtskräftiger Strafbefehl wegen fahrlässiger Körperverletzung einer erneuten Verfolgung wegen fahrlässiger Tötung nicht entgegen wenn der Tod des Verletzten erst nach dem Erlaß des Strafbefehls eingetreten ist, denn diese Folge konnte *begrifflich* nicht Gegenstand des Strafbefehls sein, wie denn auch ein rechtskräftiges Urteil in diesem Fall einer erneuten Verfolgung nicht entgegenstünde (vgl. Einleitung S. 102 Fußnote 58). BGHSt. 18 141 = NJW 1963 260 = MDR 1963 323, dem sich OLG Saarbrücken VRS 37 49 = JR 1969 430 m. zust. Anm. Koffka und EbSchmidt NachtrBd. I Rz. 8 anschließen, begründet auch hier die erneute Verfolgbarkeit wegen des erst nach Erlaß des Strafbefehls eingetretenen Erfolgs mit der Erwägung, die Rechtskraft des Strafbefehls hindere nicht die Verfolgung unter einem neuen, erhöhte Strafbarkeit begründenden rechtlichen Gesichtspunkt, so daß es auf den Tag des Erlasses des Strafbefehls nicht ankomme (daher brauchte sich OLG Hamburg NJW 1963 874, das in der Frage der Verzehrwirkung des Strafbefehls der h. M. folgen will, in dem Fall, daß der Tod des Verletzten nach der Unterzeichnung, aber vor Zustellung des später rechtskräftig gewordenen Strafbefehls wegen fahrlässiger Körperverletzung eintrat, nicht mit der Frage zu befassen, wann der Strafbefehl „erlassen" sei).

dd) Erfolgte in dem oben (bb) genannten Beispielsfall Ahndung im Strafbefehl nur wegen Verkehrsübertretung und blieb eine ideell konkurrierende fahrlässige Körperverletzung unberücksichtigt, weil weder der Verletzte Strafantrag stellte noch die Staatsanwaltschaft wegen eines besonderen öffentlichen Interesses an der Strafverfolgung ein Einschreiten von Amts wegen für geboten hielt (§ 232 StGB), so würde zwar das der Verfolgung wegen fahrlässiger Körperverletzung entgegenstehende Verfahrenshindernis entfallen, wenn die Staatsanwaltschaft nachträglich ein besonderes öffentliches Interesse bejaht und damit erst die Voraussetzungen einer Verfolgung schafft. Der Rechtssicherheit würde es aber widerstreiten, wenn schon die bloße Änderung der Beurteilungsfrage ein neues Verfahren ermöglichte, ohne daß neue Tatsachen (z. B. erhebliche Verschlimmerung der verschuldeten Folgen der Körperverletzung) hervorgetreten sind, die den Wechsel in der Beurteilung des besonderen öffentlichen Interesses an der Verfolgung rechtfertigen (vgl. OLGe. Braunschweig

NJW **1958** 2030; Celle NJW **1967** 746; Schorn 106; zweifelnd EbSchmidt NachtrBd. I Rz. 9; a. M. Müller-Sax [6] 2 a).

ee) Die Rechtsprechung ist schließlich geneigt, den neuen rechtlichen Gesichtspunkt auch in dem Verfahrenshindernis der *fehlenden sachlichen Zuständigkeit* zu erblicken. So wurde in BGHSt. 9 10, wo der Strafbefehlsrichter Betrug angenommen hatte, der BGH aber auch ein Vergehen nach § 100e a. F. StGB als gegeben ansah, die Zulässigkeit der neuen Verfolgung aus diesem Gesichtspunkt unter Berufung auf RGSt. 34 167 und 34 375 (auch) mit der Erwägung begründet, daß der Amtsrichter wegen der nach § 134 a. F. GVG damals gegebenen Zuständigkeit des BGH außerstande gewesen sei, die Handlungsweise unter diesem Gesichtspunkt mitzubeurteilen. BGH NJW **1963** 260f. wirft die Frage auf, ob die Verzehrwirkung nicht auch deshalb entfalle, weil die im Strafbefehl geahndete Tat zur Zuständigkeit des Schwurgerichts gehöre. Dieser Gesichtspunkt erscheint aber ungeeignet, denn er hat mit der Ergänzung der unvollständigen Ahndung nichts zu tun, sondern läuft darauf hinaus, dem Strafbefehl wegen verfahrensrechtlicher Mängel die Rechtskraftwirkung abzusprechen (so auch Jescheck JZ **1957** 30; Kl [30] 2).

b) Rechtlicher Gesichtspunkt

aa) Nur unter einem neuen *rechtlichen* Gesichtspunkt ist nach der h. M. eine erneute Verfolgung möglich, nicht, wenn bei unveränderter rechtlicher Beurteilung neue tatsächliche Umstände hervortreten, die, wären sie früher bekannt gewesen, zu einer wesentlich schärferen Strafe im Rahmen der Strafzumessung geführt hätten. In dem Fall BGHSt. 6 122 war auf Grund von 7 bekannten Einzelfällen wegen fortgesetzten Betrugs durch Strafbefehl eine Geldstrafe festgesetzt worden. Später stellte sich heraus, daß bis zur Zustellung des Strafbefehls weitere 226 Einzelhandlungen begangen waren. Der BGH billigte die Einstellung wegen dieser 226 Einzelhandlungen, weil die Strafklage insoweit durch den rechtskräftigen Strafbefehl verbraucht sei, insoweit also in Übereinstimmung mit der Regel des § 363 StPO. Bei einer Veränderung des Bildes lediglich in tatsächlicher Hinsicht überwiege, so wird ausgeführt, die Rechtssicherheit gegenüber dem Strafverfolgungsanspruch des Staates; sie und das Ansehen der Rechtspflege verböten den Verzicht auf die „Rechtskraftwirkungen in ihrer unabdingbaren Starrheit".

bb) Wird aber fälschlich ein *Teilakt einer fortgesetzten Handlung* im Strafbefehl als selbständige Handlung gewertet, so schließt dies — ebenso wie bei einem entsprechenden Urteil — die Verfolgung der übrigen Teilakte nicht aus, die neue Entscheidung darf aber den rechtskräftig erledigten Einzelakt nicht einbeziehen (BGH NJW **1963** 549 = MDR **1963** 431). Demgegenüber hält es Martin JZ **1963** 247 (zur Zustimmung neigend EbSchmidt NachtrBd. I Rz. 7) für richtiger, die durch Strafbefehl abgeurteilte Einzeltat in das spätere Urteil einzubeziehen und die im Strafbefehl erkannte Strafe auf die Strafe für die gesamte Fortsetzungstat anzurechnen, denn es könne für die Begrenzung der Rechtskraft des Strafbefehls sachlich keinen Unterschied rechtfertigen, ob eine strengere Strafe deshalb zu erwarten sei, weil ein strengerer Strafrahmen eingreife, oder weil ein Höhergreifen im Strafmaß innerhalb desselben Strafrahmens angezeigt erscheine. Bei einer solchen „aufsehenserregenden Neuerung" (so Martin aaO.) bliebe indessen von der Verzehrwirkung des rechtskräftigen Strafbefehls nicht viel übrig.

c) Erhöhte Strafbarkeit begründen. Der neue rechtliche Gesichtspunkt muß eine erhöhte Strafbarkeit begründen (vgl. dazu BGHSt. 9 10). In der Regel handelt es sich um Fälle der Tat- oder Gesetzeseinheit, z. B. — nach früherem Recht — schwerer Diebstahl oder Rückfalldiebstahl statt einfachen Diebstahls (RGSt. 52 241; OLG Frankfurt NJW **1950** 717; KG JR **1961** 468), wobei die erhöhte Strafbarkeit in der Anwendbarkeit eines strengeren Strafrahmens erblickt wird. Die Anforderungen nach dieser Richtung sind indessen nicht groß: in NJW **1951** 894 war die Bestrafung durch Strafbefehl wegen Vergehens gegen §§ 1, 16 des Ges. über den Verkehr mit unedlen Metallen erfolgt (Strafrahmen damals: Gefängnis oder Geldstrafe); die neue Verfolgung geschah unter dem Gesichtspunkt tateinheitlich damit begangener Hehlerei (Strafrahmen damals: Gefängnis, Geldstrafe nur unter den Voraussetzungen des früheren § 27b StGB, der jetzt durch § 14 Abs. 2 StGB ersetzt ist); die „erhöhte Strafbarkeit" bestand also, wenn man von § 262 StGB absieht, in dem Wegfall der

Möglichkeit, ohne die Voraussetzungen des früheren § 27b auf Geldstrafe zu erkennen. Nach OLG Stuttgart NJW 1959 1380 kommt sogar eine „erhöhte Strafbarkeit" bei Tateinheit auch dann in Betracht, wenn die Strafrahmen die gleichen bleiben, aber eine höhere Strafe angemessen erscheint, weil sich infolge der geänderten rechtlichen Beurteilung und des Hinzutretens neuer Taten ein höherer Schuld- und Unrechtsgehalt ergibt; dem kann nicht zugestimmt werden (so auch Kl [30] 2; BGHSt. 9 10 und BGHSt. 17 101, 104 haben die Frage offengelassen). Stets erhöht ist nach BGHSt. 9 10 die Strafbarkeit, wenn innerhalb des gleichen geschichtlichen Vorgangs (§ 264 StPO) zu dem im Strafbefehl abgeurteilten Vergehen eine weitere selbständige Handlung hinzutritt, weil nunmehr gemäß §§ 74, 76 StGB auf eine Gesamtstrafe zu erkennen sei, die höher als die im Strafbefehl festgesetzte Strafe sein müsse.

4. Einwendungen gegen die h. M.

a) Wäre der Vorschlag in Art. 70 Nr. 228 Entw. EGStGB 1930 (vgl. oben Anm. 2c) Gesetz geworden, so wäre in keinem der Fälle, in denen der BGH die erneute Verfolgung für zulässig erklärt hat, eine Wiederaufnahme des durch den rechtskräftigen Strafbefehl erledigten Verfahrens möglich gewesen. Denn dort sollte die Wiederaufnahme an drei kumulative Voraussetzungen geknüpft sein: a) das Bekanntwerden neuer Tatsachen; damit wäre bei bloßem Übersehen eines rechtlichen Gesichtspunktes die nochmalige Befassung mit der Sache ausgeschlossen gewesen; b) der Übergang von einer Deliktsart in die höhere; damit wäre, wenn auch unter dem neuen rechtlichen Gesichtspunkt eine im Strafbefehl als Vergehen bewertete Tat Vergehen blieb, die erneute Verfolgung auch dann nicht möglich gewesen, wenn für das nicht gewürdigte Vergehen ein strengerer Strafrahmen zur Verfügung stand, erst recht aber, wenn beide Strafrahmen übereinstimmten; c) daß die unter dem neuen Gesichtspunkt zu erwartende Strafe außer jedem Verhältnis zu der erkannten Strafe steht; damit wäre eine Wiederaufnahme nur deshalb, weil die künftige Strafe wenigstens um eine Strafeinheit höher sein müsse als die erkannte (so BGHSt. 9 10; vgl. dazu OLG Köln NJW 1968 314: Erhöhung der ursprünglichen Strafe von 140 auf 160 DM), von vornherein unzulässig gewesen.

b) Diese Vorschläge sind nun freilich nicht Gesetz geworden. Inzwischen ist aber auf einem *verwandten Rechtsgebiet* eine Regelung erfolgt, die die allgemeine Einstellung des heutigen Gesetzgebers zu einschlägigen Problemen deutlich macht und zeigt, daß sie Berührungspunkte mit der Betrachtungsweise des genannten Entwurfs hat und die ferner gewisse Rückschlüsse zuläßt, welche Mindestanforderungen bei einer künftigen Strafprozeßform für eine neue Verfolgung nach vorgängigem, rechtskräftigem Strafbefehl zu erwarten sein dürften, sofern auch künftig der Gesetzgeber an dem Grundsatz festhält, daß eine Wiederaufnahme zuungunsten des Angeklagten nur unter wesentlich strengeren Voraussetzungen als die zugunsten des Verurteilten möglich ist. (Die Rechtslage, die sich unter der Herrschaft des § 65 OWiG 1952 ergab, ist in Anm. 4 der Voraufl. erörtert worden).

aa) § 84 Abs. 1 OWiG 1968 regelt für den rechtskräftigen *Bußgeldbescheid der Verwaltungsbehörde* die materiellen Rechtskraftwirkungen und die Möglichkeit eines erneuten Vorgehens zuungunsten des Betroffenen wegen des dem Bußgeldbescheid zugrunde liegenden geschichtlichen Vorgangs. Nach § 84 Abs. 1 kann, wenn der Bußgeldbescheid rechtskräftig geworden ist, dieselbe Tat (= derselbe geschichtliche Vorgang i. S. des § 264 StPO) nicht mehr als Ordnungswidrigkeit verfolgt werden. Eine erneute Verfolgung unter dem Gesichtspunkt einer Ordnungswidrigkeit ist also stets auch dann ausgeschlossen, wenn im Bußgeldbescheid eine tateinheitlich oder eine im Rahmen des geschichtlichen Vorgangs liegende tatmehrheitlich zusammentreffende Ordnungswidrigkeit nicht gewürdigt oder übersehen worden ist, die eine erhöhte Ahndbarkeit begründet. Unberührt bleibt allerdings die Möglichkeit, die Tat unter dem Gesichtspunkt einer *Straftat* zu verfolgen, da die Wirkung der Rechtskraft nicht weiter reichen kann als die auf Ordnungswidrigkeiten beschränkte Befugnis der Verwaltungsbehörde zur Entscheidung (Göhler [2] 3 A zu § 84). An sich wäre auch eine Übertretung in diesem Sinn eine Straftat. Da aber durch die Umwandlung der Mehrzahl der bisher vorhandenen Übertretungen in Ordnungswidrigkeiten und die durch Art. 164 EGOWiG i. d. F. des Art. 59 des 1. Strafrechtsreformges. v.

25. 6. 1969 (BGBl. I 645) angeordnete Subsidiarität eines Teils der verbliebenen Übertretungstatbestände die Zahl der für eine erneute Verfolgung in Betracht kommenden Übertretungen zusammengeschrumpft und hier außerdem die kurze Verjährungsfrist (§ 67 Abs. 3 StGB) zu berücksichtigen ist, scheidet praktisch weithin eine erneute Verfolgung unter dem Gesichtspunkt der Übertretung aus, und es kommt im allgemeinen auch in der Zeit bis zum vollständigen Verschwinden der Übertretungstatbestände eine erneute Verfolgung nur unter dem Gesichtspunkt eines Verbrechens oder Vergehens in Betracht.

bb) Wesentlich wichtiger für die uns beschäftigende Frage ist aber § 84 Abs. 2 OWiG, der die Rechtskraftwirkung einer *gerichtlichen* Bußgeldentscheidung regelt, denn nur eine solche Entscheidung ist dem gerichtlichen Strafbefehl vergleichbar. Nach § 84 Abs. 2 Satz 1 steht das rechtskräftige Urteil über die Tat als Ordnungswidrigkeit auch ihrer Verfolgung als *Straftat* entgegen. Dabei stehen dem rechtskräftigen Urteil, zu dem auch Strafbefehl und Strafverfügung rechnen (§ 410; s. Anm. 15 zu § 407 und 8 zu § 408), nach § 84 Abs. 2 Satz 2 auch der rechtskräftige Beschluß des Amtsrichters nach § 72 OWiG, also die ohne Hauptverhandlung nach Einspruch des Betroffenen gegen den Bußgeldbescheid der Verwaltungsbehörde in Beschlußform ergangene Entscheidung, und der Beschluß des Beschwerdegerichts (§ 79 Abs. 1, 5) über die Tat als Ordnungswidrigkeit gleich. Die Erweiterung der Rechtskraftwirkung der gerichtlichen Bußgeldentscheidung gegenüber dem rechtskräftigen Bußgeldbescheid der Verwaltungsbehörde beruht auf der Erwägung, daß das Gericht die Tat im Bußgeldverfahren nach § 81 OWiG auch unter strafrechtlichen Gesichtspunkten zu würdigen hat (Göhler [2] 4 zu § 84). Eine erneute Verfolgung der in der gerichtlichen Entscheidung nur als Ordnungswidrigkeit gewerteten „Tat" als *Straftat* ist dann nur im förmlichen Wiederaufnahmeverfahren möglich, wobei § 85 Abs. 3 Satz 2 die Voraussetzungen des § 362 StPO für die Wiederaufnahme des Verfahrens zuungunsten des Verurteilten dahin erweitert, daß die Wiederaufnahme auch dann zulässig ist, wenn neue Tatsachen oder Beweismittel beigebracht sind, die geeignet sind, die Verurteilung des Betroffenen wegen eines *Verbrechens* zu begründen. Diese Erweiterung der Wiederaufnahmevoraussetzungen beruht auf der doppelten Überlegung, einmal, daß das Verfahren nicht von vornherein eine Straftat zum Gegenstand hatte, sondern dem Gericht im Bußgeldverfahren nur die Möglichkeit einer Beurteilung unter strafrechtlichen Gesichtspunkten eröffnet war, und im übrigen, daß das Verfahren in vereinfachter Weise durchgeführt worden war.

cc) Damit sind, vom Standpunkt der heutigen Rechtswirklichkeit aus gesehen, die Vorschläge des Art. 70 Nr. 228 Entw. EG StGB 1930 praktisch schon weithin verwirklicht, ja durch § 85 Abs. 3 OWiG schon übertroffen. Denn die heutigen Ordnungswidrigkeiten umfassen die Gesetzesverstöße, die früher Übertretungen und leichtere Vergehen waren oder gewesen wären, und die vorzugsweise durch Strafbefehl erledigt wurden. Insoweit ist das Bußgeldverfahren an die Stelle des Strafbefehlsverfahrens getreten; das zeigt der starke Rückgang der Strafbefehlsanträge (vgl. die Geschäftsübersichten für Hessen, wo im Jahre 1966 95880, im Jahre 1969 aber nur noch 30836 Strafbefehlsanträge gestellt wurden). Bei dieser Sachlage aber erscheint es zulässig, die Regelung der Rechtskraftwirkung der Bußgeldentscheidung bei der Abgrenzung der Rechtskraftwirkung des Strafbefehls im Wege der Gesetzesauslegung maßgeblich zu berücksichtigen, da — vom Bußgeldverfahren vor der Verwaltungsbehörde ganz abgesehen — das „summarische" Strafbefehlsverfahren dem gerichtlichen Bußgeldverfahren mit seinen Verfahrensvereinfachungen und den damit verbundenen geringeren Garantien für die Wahrheitsfindung (vgl. z. B. § 72 OWiG: Möglichkeit der Entscheidung im schriftlichen Verfahren ohne Hauptverhandlung, § 78 Abs. 1: Bestimmung des Umfangs der Beweisaufnahme bei Durchführung einer Hauptverhandlung nach Ermessen des Gerichts) weitgehend vergleichbar ist. Diese geringeren Garantien haben aber eben bei der Bußgeldentscheidung nicht dazu geführt, eine erneute Verfolgung wegen eines neuen, in der Bußgeldentscheidung nicht gewürdigten rechtlichen Gesichtspunkts zuzulassen, der eine erhöhte Ahndbarkeit begründet, sondern eine erneute Verfolgung wegen derselben Tat kommt bei rechtskräftigem Bußgeldbescheid der Verwaltungsbehörde (praktisch) nur bei Hervortreten eines Vergehens oder Verbrechens, bei gerichtlichen Bußgeldentscheidungen nur bei Hervortreten eines Verbrechens in Betracht.

c) **Im Sinne dieser Rechtsentwicklung** wird man also als Voraussetzungen erneuter Verfolgung nach Rechtskraft eines Strafbefehls wenigstens verlangen müssen: a) daß eine erneute Verfolgung *nur auf Grund neuer Tatsachen oder Beweismittel* zulässig ist. Das erfordert im Hinblick auf Art. 103 Abs. 3 GG die Rechtssicherheit ebenso sehr wie das Ansehen einer richterlichen Entscheidung (so auch OLG Celle NJW **1967** 746), b) daß die Ahndung einer Tat im rechtskräftigen Strafbefehl als *Übertretung* eine nochmalige Verfolgung nur zuläßt, wenn diese unter dem Gesichtspunkt eines Vergehens oder Verbrechens betrieben werden soll (ebenso EbSchmidt NachtrBd. I Rz. 5), c) Man braucht im übrigen zwar nicht so weit zu gehen (obwohl sich auch das vertreten ließe), aus § 85 Abs. 3 OWiG zu folgern, daß die als Vergehen geahndete Tat nur unter dem Gesichtspunkt eines Verbrechens nochmals verfolgt werden dürfte, wie dies der Entw. EG StGB 1930 vorsah. Aber wenigstens ist aus § 85 Abs. 3 OWiG herzuleiten, daß nicht schon die Erwartung einer noch so geringfügigen Erhöhung der Strafe infolge des Zutritts eines neuen rechtlichen Gesichtspunkts die Verfolgbarkeit begründet, sondern nur dann, wenn eine wesentliche Verschärfung der Strafe zu erwarten steht (so auch Kl [30] 2). Dabei verlangte der Entw. EG StGB 1930, daß die unter dem neuen rechtlichen Gesichtspunkt zu erwartende Strafe „außer jedem Verhältnis zu der erkannten Strafe steht“. Wem das zu weitgehend oder noch „zu unbestimmt und vieldeutig“ erscheint (so EbSchmidt NachtrBd. I Rz. 5), muß wenigstens dem Grundgedanken des § 154 entnehmen, daß die erneute Verfolgung entfällt, wenn die zu erwartende erhöhte Strafe gegenüber der rechtskräftig im Strafbefehl festgesetzten Strafe nicht ins Gewicht fällt, so daß für eine neue Verfolgung jedenfalls Fälle ausscheiden, in denen nur eine unwesentliche Erhöhung der im Strafbefehl festgesetzten Geldstrafe zu erwarten ist (vgl. dazu den Fall des OLG Köln NJW **1968** 314: Erhöhung von 140 auf 160 DM).

Nur mit dieser dreifachen Einschränkung läßt sich der Satz von der beschränkten Rechtskraftwirkung des Strafbefehls aufrechterhalten, wenn er für sich in Anspruch nehmen will, daß er mit rechtsstaatlichen Grundsätzen in Einklang steht und auf den Verfassungssatz ne bis idem die gebührende Rücksicht nimmt. Nur so läßt sich die Diskrepanz in erträglicher Weise herabmindern, die darin besteht, daß derjenige, der sich beim Strafbefehl beruhigt, sich dadurch in weitem Umfang der Gefahr einer erneuten Verfolgung aussetzt, während er die Rechtskraftgarantien des Urteils erwirkt, wenn er nur kühn Einspruch einlegt, lediglich das Strafmaß bemängelt und auf Grund der Hauptverhandlung zu der gleichen oder gar einer geringeren als der im Strafbefehl festgesetzten Strafe verurteilt wird. Zwar trifft es gewiß zu, wenn BGHSt. 3 13 = NJW 1952 900 hervorhebt, es seien „die Erkenntnismöglichkeiten, die sich dem Strafrichter in der Hauptverhandlung bieten, in einem auch noch so gewissenhaft geführten Ermittlungsverfahren und bei noch so gründlicher Durcharbeitung der schriftlich vorliegenden Ermittlungsvorgänge durch den Richter auch nicht annähernd gegeben“. Eine andere Frage ist nur, ob diese in thesi bestehenden erweiterten Erkenntnismöglichkeiten in der Masse der Fälle und namentlich dann ausgeschöpft werden, wenn es dem Angeklagten nur darum geht, durch Einlegung des Einspruchs eine geringere Strafe zu erreichen.

5. Das neue Verfahren

In dem **neuen Verfahren** nach Erlaß des Strafbefehls (vgl. Anm. 3), das durch Anklage und Eröffnungsbeschluß in Gang gebracht wird, hat das Gericht die Tat in vollem Umfang zu prüfen, ohne an die Feststellungen im Strafbefehl gebunden zu sein (BGHSt. 17 101, 110). Das neue Verfahren ist also kein bloßes „Ergänzungsverfahren“, das, auf der Grundlage der rechtskräftigen Schuldfeststellung des Strafbefehls, den Sachverhalt nur unter dem neuen Gesichtspunkt der erhöhten Strafbarkeit zu prüfen hätte. Andererseits bedeutet dies aber – gegen EbSchmidt NachtrBd. I Rz. 19 und Kl [30] 3 – nicht, daß (vergleichbar dem die Wiederaufnahme des Verfahrens und die Erneuerung der Hauptverhandlung anordnenden Beschluß nach § 370 Abs. 2) der Eröffnungsbeschluß den Strafbefehl völlig gegenstandslos machte. Vielmehr ist *Prozeßvoraussetzung des neuen Verfahrens*, daß sich die Annahme einer erhöhten Strafbarkeit unter einem neuen rechtlichen Gesichtspunkt als begründet erweist. Daraus ergibt sich

a) Endet das Verfahren mit einer erneuten **Verurteilung** wegen derselben Tat, so wird der Strafbefehl gegenstandslos; das ist in der neuen Entscheidung zur Klarstellung und zur Berichtigung des Zentralregisters auszusprechen. Im übrigen kommt es darauf an, ob die im Strafbefehl verhängte Strafe bereits vollstreckt ist oder nicht. Ist sie noch nicht vollstreckt, so ist im Urteil der **Wegfall** der im Strafbefehl erkannten Strafe auszusprechen (RGSt. 50 237; HRR 1936 Nr. 778; BGH NJW 1951 894; BGHSt. 15 259, 263). Ist die Strafe bereits vollstreckt, so muß sie nach dem Grundsatz des § 60 Abs. 2 StGB auf die neue Strafe angerechnet werden, d. h. eine Freiheitsstrafe oder eine an Stelle einer uneinbringlichen Geldstrafe verbüßte Ersatzfreiheitsstrafe ist von der später erkannten Freiheitsstrafe, eine gezahlte Geldstrafe von der später erkannten Geldstrafe in Abzug zu bringen, und zwar schon im Urteil, nicht erst bei der Strafvollstreckung (RGSt. 9 321 a. E., 46 55, 52 183; BayObLGSt. 5 57; OLG Darmstadt DJZ 1900 99; Stuttgart GA 71 194; Alsberg Entsch. 3 143; OLG Köln NJW 1968 314; a. M. Reiffel GA 42 93, 44 131; Beckmann NJW 1968 2350). War die im Strafbefehl verhängte Geldstrafe gezahlt und wird demnächst auf Freiheitsstrafe erkannt, so ist nicht etwa die (nicht verbüßte) Ersatzfreiheitsstrafe nach dem im Strafbefehl festgesetzten Umrechnungsmaßstab auf die Freiheitsstrafe anzurechnen (so aber RG Recht 24 Nr. 3288; DStRZ 8 58; RGSt. 52 184; JW 1938 41), sondern die Geldstrafe zurückzuzahlen (RGSt. 54 286; 69 93; RG DR 1943 142; BGH NJW 1951 894; BGHSt. 15 259, 263; 17 101, 110).

b) Läßt sich in dem neuen Verfahren der neue rechtliche, die Strafbarkeit erhöhende Umstand nicht nachweisen, so ist mit Rücksicht auf die wieder durchgreifende Rechtskraft des Strafbefehls das Verfahren (durch Urteil) **einzustellen** und zur Klarstellung der Fortbestand des Strafbefehls auszusprechen (h. M.; s. etwa OLG Celle NJW 1967 745, 747; Schorn S. 111; a. M. OLG Frankfurt HESt. 2 353). Dies gilt auch dann, wenn das Gericht in dem neuen Verfahren auf Grund anderer Würdigung der bereits aus dem Strafbefehlsverfahren bekannten Tatsachen oder Beweismittel zu dem Ergebnis kommt, daß dem Angeklagten auch die durch den Strafbefehl geahndete Tat nicht nachzuweisen sei (KG JR 1961 468; Müller-Sax [6] 3 a; a. M. Nüse JR 1961 453). Nur unter den Voraussetzungen des § 373 a, also auf Grund – gegenüber dem Strafbefehlsverfahren – neuer Tatsachen und Beweismittel kann auch der Strafbefehl beseitigt werden.

6. Keine Nachholung vom Strafbefehl nicht angeordneter Nebenfolgen

Nach Rechtskraft des Strafbefehls ist ein neues Strafverfahren zum Zwecke der **Nachholung von Nebenfolgen und Maßregeln**, die im Strafbefehl hätten angeordnet werden können, nicht zulässig (KG ZStrW 43 94; OLG Köln HRR 1932 Nr. 83; BayObLG NJW 1955 760; Müller-Sax [6] 2 b).

§ 411

(1) Bei rechtzeitigem Einspruch wird zur Hauptverhandlung geschritten, sofern nicht bis zu ihrem Beginn die Staatsanwaltschaft die Klage fallenläßt oder der Einspruch zurückgenommen wird.

(2) Der Angeklagte kann sich in der Hauptverhandlung durch einen mit schriftlicher Vollmacht versehenen Verteidiger vertreten lassen.

(3) Bei der Urteilsfällung ist das Gericht an den in dem Strafbefehl enthaltenen Ausspruch nicht gebunden.

Übersicht

1. Zu Abs. 1.

a) Wegen **der Rechtzeitigkeit des Einspruchs** vgl. Anm. 10 zu § 409. Bei unbehebbaren Zweifeln über die Rechtzeitigkeit ist der Einspruch als rechtzeitig eingelegt anzusehen (BayObLG JR **1966** 146; s. dazu Einleitung S. 88 ff.). Rechtzeitig ist der Einspruch auch, wenn der Beschuldigte ihn zwar zu spät eingelegt, aber gegen die Versäumung der Frist Wiedereinsetzung in den vorigen Stand (§ 44) erlangt hat (vgl. § 412 Abs. 2). Sonst wird ein zu spät erhobener oder sonst unzulässiger Einspruch ohne Hauptverhandlung durch Beschluß als unzulässig verworfen. Gegen den Verwerfungsbeschluß findet einfache Beschwerde (§ 304) statt (KG JR **1955** 432; OLG Köln GA **1956** 92; LG Dortmund NJW **1957** 173; Schorn S. 99; **a. M.** EbSchmidt NachtrBd. I Rz. 2, der im Interesse der Rechtssicherheit nur die sofortige Beschwerde als gegeben ansieht).

b) Ist auf einen nicht fristgerechten Einspruch hin versehentlich Hauptverhandlung angeordnet und durchgeführt worden, und wird erst jetzt das Verfahrenshindernis der bereits eingetretenen Rechtskraft bemerkt, so muß gemäß § 260 Abs. 1 der Einspruch durch **Urteil** verworfen werden, das mit der Berufung anfechtbar ist (BayObLGSt. **1961** 195 = NJW **1962** 118 [unter Aufgabe der abweichenden Auffassung BayObLGSt. **1959** 84 = Rpfleger **1960** 62, daß auch hier die Verwerfung durch mit Beschwerde anfechtbarem Beschluß zu erfolgen habe; ebenso Kl [30] 2; **a. M.** EbSchmidt NachtrBd. I Rz. 15).

c) Ist die Verspätung des Einspruchs **unbemerkt geblieben** und nach durchgeführter Hauptverhandlung Sachurteil ergangen, so ist das Verfahrenshindernis der in Wirklichkeit eingetretenen Rechtskraft des Strafbefehls in den Rechtsmittelinstanzen von Amts wegen zu beachten und führt zur Verwerfung des Einspruchs unter Aufhebung des amtsgerichtlichen Urteils sowie des etwaigen die Rechtskraft ebenfalls übersehenden Berufungsurteils (BGHSt. 13 306 = NJW **1960** 109). Haben die späteren Urteile zu einer gegenüber dem Strafbefehl oder dem ersten Urteil milderen Strafe geführt, so muß, wenn der Angeklagte dagegen ein Rechtsmittel eingelegt hat, das Rechtsmittelgericht dem Verbot der Verschlechterung Rechnung tragen und darf unter Aufhebung des angefochtenen Urteils den Einspruch nur mit der Maßgabe als unzulässig verwerfen, daß es bei der herabgesetzten Strafe verbleibt (BGHSt. **18** 127 = NJW **1963** 166; BayObLGSt. **1953** 34). Diese Auffassung hat auch im Schrifttum überwiegend Zustimmung gefunden; zweifelnd aber EbSchmidt NachtrBd. I Rz. 15; vgl. zu alledem auch Einleitung S. 86, 109. Ist aber das unter Übersehung der Rechtskraft des Strafbefehls ergangene Urteil rechtskräftig geworden, so ist es unter Beseitigung des Strafbefehls wirksam (ebenso BGHSt. 13 306, 309; BayObLGSt. **1953** 35; Müller-Sax [6] 7; **a. M.** – Nichtigkeit des Urteils – OLG Dresden JW **1929**, 2773), solange es nicht im Wege der Wiederaufnahme des Verfahrens oder der Verfassungsbeschwerde beseitigt ist (s. Einleitung S. 110, 194).

2. Wirkung des Einspruchs

a) Der rechtzeitige Einspruch hat — unbeschadet der Möglichkeit, wegen eines hervorgetretenen Verfahrenshindernisses gemäß § 206 a oder wegen Geringfügigkeit mit Zustimmung der Staatsanwaltschaft gemäß § 153 Abs. 3 das Verfahren einzustellen (vgl.

OLG Hamm NJW 1961 233) – ohne weiteres die Anberaumung einer Hauptverhandlung zur Folge (Kreß BayZ 13 16). Ein das Hauptverfahren eröffnender Beschluß wird nicht erlassen (vgl. Anm. 6c zu § 408). Der Strafbefehlsantrag ersetzt die Anklage (BayObLG NJW 1957 838; LG München II NJW 1965 774; Schorn S. 28), **der Strafbefehl übernimmt die Funktion des Eröffnungsbeschlusses.** Demgemäß sind die bei Mangelhaftigkeit des Eröffnungsbeschlusses geltenden Grundsätze (vgl. Einleitung S. 94) auch auf den Strafbefehl anzuwenden (OLG Düsseldorf NJW 1956 923; BayObLG 1960 2013). So kann ein Strafbefehl ohne richterliche Unterzeichnung nicht Verfahrensgrundlage sein und kann auch nicht durch den Strafbefehlsantrag als Verfahrensgrundlage ersetzt werden (ebenso EbSchmidt NachtrBd. I Rz. 5 zu § 409; a. M. BayObLG NJW 1961 1782; s. dazu 2d zu S. 409).

b) Eine nur theoretische Frage ist es, ob der Staatsanwalt als „**Anklagesatz**" (§ 243 Abs. 3 Satz 1) den Strafbefehlsantrag, soweit er die Beschuldigung betrifft (so OLG Frankfurt NJW 1970 159, 161; Kl [30] 6 D zu § 243), oder den entsprechenden Teil des Strafbefehls (so EbSchmidt NachtrBd. I Rz. 8a zu § 411; Gegenfurtner DRiZ 1965 335; wohl auch Kl [30] 5 zu § 411) verliest, da Strafbefehlsantrag und Strafbefehl sich insoweit decken. Nur wenn ausnahmsweise eine Abweichung vorliegen sollte (vgl. Anm. 3c zu § 408), würde es dem Sinn des § 243 Abs. 3 entsprechen, wenn er den Strafbefehlsantrag verliest und die Abweichungen im Strafbefehl vorträgt. Die im Strafbefehl festgesetzten Unrechtsfolgen werden nicht verlesen.

c) Im Anschluß an die Verlesung erfolgt die Feststellung, daß der Einspruch form- und fristgerecht eingelegt ist.

d) Nach Einlegung des Einspruchs ist der amtierende Einzelrichter erkennender Richter i. S. des § 28 Abs. 2 Satz 2, so daß ein eine Ablehnung als unbegründet zurückweisender Beschluß nur noch mit dem Urteil zusammen angefochten werden kann (OLG Köln MDR 1967 437).

e) Nicht unzulässig ist es, daß der Amtsrichter vor der Terminsanberaumung bei dem Staatsanwalt eine Ergänzung der Ermittlungen oder eine Rücknahme der Klage (Anm. 3) anregt.

f) Eine **gründsätzlich andere Auffassung über die Bedeutung des Strafbefehls nach rechtzeitigem Einspruch** vertritt Kl [30] Vorb. 5 vor § 407. Von dem Standpunkt aus, daß der Strafbefehl lediglich ein Angebot an den Beschuldigten darstelle, die Sache nach summarischer Beurteilung in bestimmter Weise durch Unterwerfung zu erledigen (vgl. dazu und dagegen Anm. 12d zu § 407), bedeutet der Einspruch die Ablehnung des Angebots. Der Strafbefehl als „Angebot" verliert damit seine verfahrensrechtliche Bedeutung. Es bleibt dann nur der Strafbefehlsantrag, soweit er die öffentliche Klage enthielt, übrig, und diese führt, ebenso wie der Antrag der StA im Fall der §§ 212, 212a, unmittelbar zur Hauptverhandlung, ohne daß ein Eröffnungsbeschluß in Betracht kommt, mit der Folge, daß die Rechtshängigkeit erst am Beginn der Hauptverhandlung eintritt, mit dem die Befugnis der StA zur Rücknahme der Klage erlischt. Diese Konstruktion soll das dogmatische Bedenken vermeiden, daß – nach der hier vertretenen Auffassung – dem Strafbefehl die Bedeutung eines Eröffnungsbeschlusses beigelegt wird, der ohne rechtliches Gehör des Beschuldigten zustandekam. Diese Bedenken bestehen aber nicht (vgl. dazu Anm. 6c zu § 408). Den Vorteil der Konstruktion von Kleinknecht sieht aber Meyer-Gossner NJW 1970 415 darin, daß sie dem Gericht die Möglichkeit eröffne, im Stadium nach Einlegung des Einspruchs und vor Beginn der Hauptverhandlung ergänzende Beweiserhebungen vorzunehmen. Indessen genügt einem Bedürfnis nach ergänzenden Beweisen die Möglichkeit, solche bei der StA anzuregen.

3. Zurücknahme der öffentlichen Klage

a) Die Staatsanwaltschaft kann bis zum Beginn der Hauptverhandlung die erhobene öffentliche Klage „fallenlassen", d. h. zurücknehmen. Hatte das Finanzamt wegen eines Steuervergehens den Erlaß des Strafbefehls beantragt (vgl. Anm. 8d zu § 407), so nimmt es nach § 440 RAbgO die Rechte und Pflichten der Staatsanwaltschaft nur wahr, solange nicht nach § 408 Abs. 2 StPO Hauptverhandlung anberaumt oder gegen den Strafbefehl Einspruch eingelegt ist; daher kann auch hier nur die Staatsanwaltschaft die Klage fallenlassen.

b) Diese Abweichung von dem Grundsatz des § 156 findet „darin ihre Begründung, daß in diesen Fällen die Vorbereitung der öffentlichen Klage nicht immer ausreichend geschehen kann, und daß es nicht erforderlich erschien, offenbar unbegründete Untersuchungen dem richterlichen Endurteil zu unterwerfen" (Mot. S. 164). Im Schrifttum (vgl. Müller-Sax 2; Schorn 125; auch die Voraufl. Anm. 3) wird z. T. aus den Eingangsworten des § 411 („Bei rechtzeitigem Einspruch . . .") gefolgert, daß die Rücknahmebefugnis erst durch die Einlegung des Einspruchs begründet werde, also im Stadium zwischen Erlaß des Strafbefehls und Einlegung des Einspruchs nicht bestehe. Mit EbSchmidt NachtrBd. I Rz. 2 ist aber davon auszugehen, daß diese Beschränkung weder im Wortlaut noch in Sinn und Zweck des § 411 eine Stütze findet. Auch bei der ähnlichen Regelung des § 69 OWiG wird überwiegend angenommen, daß die Verwaltungsbehörde ihren Bußgeldbescheid schon vor dem Einspruch des Betroffenen zurücknehmen könne (vgl. Göhler [2] 2 A).

c) Die erst mit Beginn der Hauptverhandlung eintretende Bindung der Staatsanwaltschaft an die von ihr erhobene Klage bewirkt, daß erst mit diesem Zeitpunkt die gerichtliche Untersuchung i. S. des § 12 StPO eröffnet ist (BGHSt. 13 186; 14 343).

d) Die Rücknahmebefugnis ist nicht auf den Fall beschränkt, daß sich nach dem bisherigen Stand der Ermittlungen der Strafbefehl als unbegründet erweist. Sie steht vielmehr im freien pflichtmäßigen Ermessen der Staatsanwaltschaft (OLG Darmstadt ZStrW 47 HR 13). Diese kann z. B. bei einem Verkehrsdelikt die Klage fallenlassen, um alsbald eine neue Klage im beschleunigten Verfahren vor einem Verkehrsschnellgericht zu erheben, wenn sie sich davon eine raschere und zweckmäßigere Durchführung des Verfahrens verspricht (OLG Frankfurt DAR 1960 265). Unzulässig wäre ein solches Verhalten im Hinblick auf Art. 101 Abs. 1 Satz 2 GG (gesetzlicher Richter) allerdings, wenn nicht sachliche Gründe der Verfahrensgestaltung, sondern das Bestreben maßgebend wäre, den Strafbefehlsrichter auszuschalten und die Sache vor einen der Person nach anderen Richter zu bringen.

e) Mit der Zurücknahme der Klage ist das gerichtliche Verfahren, ohne daß es eines **Einstellungsbeschlusses** bedarf, kraft Gesetzes beendet; es befindet sich wieder im Stand des staatsanwaltschaftlichen Ermittlungsverfahrens. Die Staatsanwaltschaft kann — gegebenenfalls nach weiteren Ermittlungen — das Verfahren nach § 171 oder nach § 153 Abs. 1, 2 einstellen. Sie kann aber auch auf der Grundlage der bisherigen oder ergänzten Ermittlungen erneut einen Strafbefehl beantragen oder Anklage erheben, denn ein Verbrauch der Strafklage tritt durch die Klagezurücknahme nicht ein (RGSt. 61 99; 63 268; DRiZ 1927 Nr. 244; Feisenberger JZ 9 940). Auch ein etwa ergangener Einstellungsbeschluß würde wegen seiner lediglich deklaratorischen Bedeutung das Recht der Staatsanwaltschaft, von neuem Anklage zu erheben, nicht beschränken (BayObLG JW 1934 3143). Erfolgt keine Zurücknahme, so ist Einstellung nach § 153 Abs. 3 StPO zulässig.

f) Nimmt die Staatsanwaltschaft die Klage zurück und stellt sie das Verfahren ein, so regelt sich die Erstattung der dem Angeklagten erwachsenen notwendigen Auslagen nach § 467 a.

4. Wegen der **Zurücknahme des Einspruchs** vgl. § 409 Abs. 3 und § 302, ferner Anm. 10 zu § 409. Die Zurücknahme erledigt den Einspruch, ohne daß es einer weiteren Entscheidung bedarf. Wegen der kostenrechtlichen Wirkungen der Einspruchszurücknahme vgl. § 473. Ergeht trotz rechtzeitiger Zurücknahme des Einspruchs ein Verwerfungsurteil (§ 412), so ist es auf Rechtsmittel hin unter Belastung der Staatskasse mit den Kosten und den seit der Rechtskraft durch Einspruchszurücknahme erwachsenen notwendigen Auslagen des Angeklagten aufzuheben (OLG Karlsruhe DAR 1960 237); dabei ist es ohne Bedeutung, ob das Gericht die Zurücknahme übersehen hat, oder ob sie ihm nicht bekannt war und auch nicht bekannt sein konnte, etwa bei verspäteter Leerung des am Gerichtsgebäude angebrachten Hausbriefkastens (BayObLG VRS 36 368).

5. Zeitliche Grenze der Zurücknahme von Klage und Einspruch

a) **Rechtspolitische Bedenken gegen § 411 Abs. 1.** Sowohl die Klage wie der Einspruch kann nur bis zum **Beginn der Hauptverhandlung** (vgl. § 243 Abs. 1) zurückgenommen werden. Die Befugnis, durch eine spätere Zurücknahme das bereits begonnene mündliche Verfahren willkürlich zu beendigen, „würde gegen die Ordnung des Verfahrens und die Rücksicht auf die Autorität des Gerichts verstoßen" (Mot. S. 228). Damit weicht das Gesetz bezgl. des Einspruchs von der für die Rechtsmittel geltenden Regelung des § 303 ab, der die Zurücknahme eines Rechtsmittels auch noch nach Beginn der Hauptverhandlung zuläßt, wenn der Gegner zustimmt. Die Zweckmäßigkeit der Rücknahmebeschränkung in § 411 Abs. 1 unterliegt Bedenken (vgl. Lorenz MDR **1962** 626). Die neuen Entwürfe einer StPO wollen unter Abänderung des geltenden Rechts, aber in Übereinstimmung mit den (inzwischen aufgehobenen) §§ 464 f. a. F. RAbgO die Zurücknahme von Klage und Einspruch bis zur Verkündung des Urteils erster Instanz zulassen, und zwar nach Beginn der Hauptverhandlung nur, wenn der Gegner seine Zustimmung gibt (Entw. 1908 u. 1909 § 428; Entw. 1920 § 415 Abs. 4; EGStGB 1930 Art. 70 Ziff. 226). StPO-Entw. 1939 § 397 verlangt außerdem nach Beginn der Hauptverhandlung die Zustimmung des Gerichts. Hieraus Folgerungen für die Auslegung des geltenden Rechts zu ziehen (s. dazu Hiendl NJW **1957** 980), verbietet sich indessen aus der Erwägung, daß das Gesetz v. 4. 8. 1953 bei der Neufassung des § 409 Abs. 3 nur bestimmte für die Rechtsmittel geltende Vorschriften und nicht auch den § 303 für entsprechend anwendbar erklärte (h. M.; vgl. dazu Krüger NJW **1963** 332; Sax JR **1967** 45).

b) **Begriff des Beginns der Hauptverhandlung.** Nach Sax JR **1967** 41, 45 kann aber die „Rücksicht auf die Autorität des Gerichts" heute nicht mehr als der tragende Grund für die zeitliche Begrenzung der Einspruchszurücknahme angesehen werden, er ist vielmehr inhaltlich im „Streben nach einer gerechten Entscheidung" zu suchen. Das Allgemeininteresse würde zwar die Fixierung des Rücknahmerechts auf den Zeitpunkt des Aufrufs der Sache (§ 243 Abs. 1) in der ersten Hauptverhandlung gebieten. Dem steht aber nach Sax der Anspruch des Angeklagten auf rechtliches Gehör (Art. 103 Abs. 1 GG) gegenüber; einen „erträglichen Kompromiß" im Ausgleich dieser Gegensätze sieht Sax darin, die Rücknahme des Einspruchs bis zum Beginn des an die Sachvernehmung anschließenden Teils der Hauptverhandlung zuzulassen. Aber auch dies entfernt sich von der lex lata und bedeutet eine Korrektur des Gesetzes, die nur dem Gesetzgeber zusteht; auch müßte folgerichtig im Zeichen der „Waffengleichheit" der Staatsanwaltschaft die Befugnis zur Klagezurücknahme bis zu diesem Zeitpunkt zugestanden werden.

c) **Zurücknahme, wenn mehrere Hauptverhandlungen stattfinden.** Finden in einer Sache **mehrere Hauptverhandlungen** erster Instanz statt, so fragt sich, ob die Zurücknahme bis zum Beginn der **ersten** oder auch noch bis zum Beginn derjenigen späteren Hauptverhandlung wirksam erfolgen kann, in der das Urteil ergeht.

Nach der bisher schon überwiegend in Rechtsprechung und Schrifttum vertretenen Auffassung, die allerdings z. T. zwischen der Zurücknahme der Klage und der des Einspruchs unterschied, ist die Rücknahme bis zum Beginn einer späteren Hauptverhandlung nur dann zulässig, wenn in der ersten Hauptverhandlung noch nicht zur Sache verhandelt wurde; das gebiete der Zweck der Vorschrift, wie er in der oben (zu a) angeführten Bemerkung der Motive zum Ausdruck kommt (so OLG Schleswig SchlHA **1954** 388; BayObLGSt. **1960** 197; OLGe. Frankfurt MDR **1968** 517; Hamburg MDR **1967** 609 betr. Zurücknahme des Einspruchs; LG Schweinfurt NJW **1965** 1872; Müller-Sax 2; EbSchmidt NachtrBd. I 2; Kl [29] 4; Kleinknecht NJW **1964** 827; Schorn S. 124; Krüger NJW **1963** 332; weitere Nachw. in Anm. 5 b vor Voraufl.). Nach der Gegenmeinung ist die Einspruchs- und Klagezurücknahme bis zum Beginn der neuen Hauptverhandlung zulässig, weil die „Rücksicht auf die Autorität des Gerichts" nur verbiete, dem jetzt zur Entscheidung berufenen Gericht die Entscheidung willkürlich nach Beginn der Hauptverhandlung zu entziehen (vgl. LGe Mosbach NJW **1959** 2130; Baden-Baden NJW **1964** 827 – mit Einschränkungen –; die Voraufl. Anm. 5 b; Hiendl NJW **1957** 980; Lorenz MDR **1962** 627; Dahs NJW **1965** 1872). Diese Gegenmeinung berief sich dabei auch auf die reichsgerichtliche Auslegung des „Beginns der Hauptverhandlung" in § 303. Nachdem aber auch

BGH MDR **1970** 857 – in Abkehr von RGSt. **67** 281 – für § 303 mit billigenswerter Begründung ausgesprochen hat, daß es der materiellen Gerechtigkeit diene, wenn die einseitige Befugnis zur Rechtsmittelzurücknahme mit dem Beginn der **ersten** Hauptverhandlung erlösche, gleichviel ob die Hauptverhandlung noch innerhalb der Frist des § 229 fortgesetzt werden kann oder nicht, ist der Berufung auf die Auslegung des § 303, dessen Heranziehung ohnedies Bedenken unterliegt (Kleinknecht NJW **1964** 827), der Boden entzogen. Auch im Fall des § 411 muß der Gedanke maßgebend sein, daß das Ziel, die materielle Gerechtigkeit zu verwirklichen, eine Begrenzung der Rücknahmebefugnis bis zum Beginn der ersten Hauptverhandlung zur Sache erfordert.

d) Ausgeschlossen ist auch die Rücknahmebefugnis nach Ergehen eines Urteils, wenn dieses aufgehoben und die Sache zur erneuten Verhandlung an die Vorinstanz zurückverwiesen worden ist.

6. Zu Abs. 2.

a) **Grundsatz der Vertretung.** Für die **Hauptverhandlung** gilt als Regel der Grundsatz des § 230, daß gegen den ausgebliebenen Angeklagten eine Hauptverhandlung nicht stattfinden darf. Eine Verhandlung ohne die Anwesenheit des Angeklagten oder eines bevollmächtigten Verteidigers ist daher unzulässig; vgl. § 412. Der Grundsatz, daß der Angeklagte persönlich in der Hauptverhandlung erscheinen muß, wird jedoch nicht bloß durch §§ 233, 234, sondern auch durch die weitergehende Bestimmung des § 411 Abs. 2 eingeschränkt. Das *persönliche Erscheinen* des Angeklagten kann durch das Erscheinen eines bevollmächtigten Vertreters ersetzt werden. In diesem Fall bedarf es auch – anders als im Fall des § 233 – keiner vorherigen richterlichen Vernehmung (OLG Düsseldorf NJW **1960** 1921).

b) **Anordnung des persönlichen Erscheinens.** Das Gericht kann aber **gemäß** § 236 in jedem Fall das **persönliche Erscheinen** des Angeklagten **anordnen** (vgl. Anm. 2e zu § 412). Zwar hat die RTK einen Antrag abgelehnt, nach welchem die Befugnis des § 236 dem Gericht auch hier ausdrücklich beigelegt werden sollte (Prot. S. 695 ff.); allein dieser Beschluß hat kein Gewicht für die Auslegung, da er im Gesetz selbst nicht zum Ausdruck gekommen ist und er überdies den Grundsätzen der StPO widerstreitet. § 236 ist im Interesse der Wahrheitserforschung gegeben, die auch in den geringfügigsten Strafsachen erforderlich ist, wenn sie im Weg des gewöhnlichen Verfahrens bei Gericht anhängig gemacht werden; es ist aber unerfindlich, weshalb die in § 236 bestimmte Befugnis des Gerichts dadurch entbehrlich werden sollte, daß der Hauptverhandlung der Erlaß eines Strafbefehls vorausgegangen ist. Überdies läßt das Gesetz sogar im Privatklageverfahren (§ 387 Abs. 3) die Vorführung des Angeklagten zu (s. dazu auch §§ 433 Abs. 2, 440 Abs. 3, 444 Abs. 2); sie kann also in den Fällen des § 411, wo ein öffentliches Interesse an der Bestrafung des Schuldigen besteht, nicht ausgeschlossen sein. Die Befugnis des Gerichts, das persönliche Erscheinen des Angeklagten anzuordnen, ist unentbehrlich, wenn der Angeklagte einem Zeugen zwecks Wiedererkennung gegenübergestellt werden muß; bestünde kein Gestellungszwang, so würde er, der Schuldige, unter Umständen seine Freisprechung dadurch erzwingen können, daß er in der Hauptverhandlung, statt selbst zu erscheinen, sich vertreten ließe. Die Anwendbarkeit des § 236 wird heute nicht mehr bezweifelt (vgl. BGHSt. **9** 356 = NJW **1956** 1727; OLGe. Dresden HRR **1937** Nr. 1064; Bremen NJW **1962** 1735; über frühere Meinungsverschiedenheiten vgl. Voitus Kontr. 1 133 ff.; Stenglein Anm. 4).

c) **Anwendbarkeit des Abs. 2 auch in der Berufungsinstanz.** Abs. 2 findet auch in der **Berufungsinstanz** Anwendung, da die ratio des Abs. 2 – Auflockerung des Verfahrens in Sachen von geringerer Bedeutung – auch für das Verfahren in der Berufungsinstanz zutrifft. Dies wurde früher vielfach verneint, so z. B. von KG JW **1926** 1247; Alsberg Entsch. 3 145 b; BayObLGSt. **25** 1; HRR **1925** Nr. 463 (weitere Nachweise in Anm. 6b der 20 Aufl. dieses Werkes). Nachdem aber RGSt. **66** 68; JW **1932** 3114 die Frage bejaht hat, haben sich Rechtsprechung und Schrifttum einhellig dieser Auffassung angeschlossen (vgl. BayObLG JW **1932** 3118; **1933** 342; NJW **1956** 839; JZ **1970** 384; KG JW **1932** 125; OLG Dresden DRZ **1933** 201; Düsseldorf JMBlNRW **1955** 140; NJW **1961** 89; **1963** 264; Köln JMBlNRW **1959** 72; Celle NJW **1970** 906; Müller-Sax 3b zu § 329; Kl [30] 5; EbSchmidt 11; Schorn S. 122).

d) **Schriftlichkeit der Vollmacht.** Der Angeklagte (auch ein in der gleichen Sache in Untersuchungshaft befindlicher; allg. M.) kann sich nach Abs. 2 durch einen Verteidiger (§ 138 Abs. 1 und 2) vertreten lassen, wenn dieser eine zur Vertretung ermächtigende **schriftliche Vollmacht** besitzt. Dem Erfordernis der **Schriftlichkeit** ist auch genügt, wenn die Vollmachtsurkunde mit mündlicher Ermächtigung durch den Angeklagten von einem Dritten mit dem Namen des Angeklagten unterzeichnet ist (BayObLG JR **1963** 149 = NJW **1963** 872). Eine schriftliche Vollmacht liegt auch noch vor, wenn der Angeklagte in einer schriftlichen Erklärung oder zu Protokoll gegenüber dem Gericht die Erteilung des Vertretungsauftrags mitgeteilt hat (vgl. OLG Hamburg VRS **35** 205). Die schriftliche Vollmacht muß im Zeitpunkt der Hauptverhandlung vorliegen; eine spätere schriftliche Bestätigung einer mündlich erteilten Vollmacht genügt nicht (OLG Köln MDR **1964** 435).

e) **Vollmacht zur Vertretung.** Die Vollmacht muß, ebenso wie in §§ 234, 387 Abs. 1 usw. den Verteidiger, wie allgemein anerkannt, **ausdrücklich zur Vertretung** ermächtigen. Das hat im Interesse des Angeklagten seinen guten Sinn. Denn kraft der allgemeinen Verteidigervollmacht wird der Verteidiger nur als Beistand des Beschuldigten tätig (§ 137 Abs. 1), während mit der Vertretervollmacht der Angeklagte wichtige Verfahrensrechte — auf Anwesenheit und rechtliches Gehör — in die Hände des Vertreters legt, der an seine Stelle tritt und mit Wirkung für ihn Erklärungen abgeben und entgegennehmen kann. Andererseits ist dem Schutzbedürfnis des Angeklagten aber auch genügt, wenn die Vollmacht sich auf eine ausdrückliche Ermächtigung „zur Vertretung" beschränkt; es ist nicht erforderlich, daß sie auch auf die Vertretung des Angeklagten „in dessen Abwesenheit" lautet (jetzt h. M. nach dem auf Vorlage gemäß § 121 Abs. 2 GVG ergangenen Beschluß BGHSt. **9** 356 = NJW **1956** 1727). Eine Vollmacht „für den Fall der Abwesenheit" reicht aus (OLG Köln NJW **1969** 705). Bedenklich erscheint, wenn OLG Düsseldorf NJW **1961** 89, das früher (JMBlNRW **1955** 140) eine ausdrückliche Bevollmächtigung zur „Vertretung des Angeklagten in dessen Abwesenheit" forderte, jetzt eine formularmäßige Ermächtigung „zu allen den Rechtsstreit betreffenden Prozeßhandlungen" für eine genügend deutliche Vertretungsvollmacht hält. Ausreichend ist dagegen eine schriftliche Vollmacht, die den Verteidiger ermächtigt, in Abwesenheit des Angekl. „zu verhandeln" (OLG Hamm NJW **1963** 1793). Eine Untervollmacht, die der zur Vertretung bevollmächtigte Verteidiger erteilt hat, bedarf nicht des schriftlichen Nachweises (OLG Hamm aaO.).

f) **Begriff der Vertretung.** Zur **„Vertretung"** gehört nicht mehr, als daß der bevollmächtigte Verteidiger für den Angeklagten anwesend ist, eine weitere Mitwirkung an der Verhandlung obliegt ihm so wenig wie dem Angeklagten, wenn dieser selbst anwesend wäre. Eine genügende Vertretung liegt daher auch vor, wenn der Verteidiger lediglich erklärt, er habe keine Informationen vom Angeklagten und keine Anträge stellt (OLG Düsseldorf MDR **1958** 623; Köln NJW **1962** 1735; Schleswig SchlHA **1968** 232; zustimmend Baumhaus NJW **1962** 2337; EbSchmidt NachtrBd. I Rz. 7; Ostler JR **1967** 136 gegen Blei NJW **1962** 2024).

g) **Keine Belehrungspflicht.** Auf die Zulässigkeit des Verfahrens in seiner Abwesenheit braucht der Angeklagte nicht in der Ladung hingewiesen zu werden. §§ 232 Abs. 1, 323 Abs. 1 finden, da die Vorschriften des 6. Buches der Vorschriften der übrigen Bücher vorgehen, keine Anwendung (OLG Köln JMBlNRW **1959** 72; Düsseldorf NJW **1963** 264; Hamburg NJW **1968** 1688).

7. Zu Abs. 3.

a) **ratio legis: Kein Verbot der „reformatio in peius"** Die Mot. S. 238 sagen: „Die Vorschrift des Abs. 3 rechtfertigt sich daraus, daß der Einspruch nicht die Natur eines Rechtsmittels hat, und daß deshalb hier der Gesichtspunkt einer reform. in pejus nicht Platz greift. Der Strafbefehl hat die Wirkung eines Urteils nur unter der Voraussetzung, daß er nicht angefochten wird, der Angeklagte sich vielmehr bei demselben beruhigt. Verlangt der Angeklagte dagegen die mündliche Untersuchung, so muß er sich auch den möglichen Folgen derselben unterwerfen, und das Gericht kann nicht genötigt werden, eine andere Entscheidung zu fällen als diejenige, welche sich *nach dem Ergebnis der Verhandlung* als die gerechte darstellt."

b) Ostler NJW 1968 486 vertritt die Auffassung, daß die Strafe im Urteil gegenüber dem Strafbefehl nur verschärft werden dürfe, wenn die Hauptverhandlung gegenüber dem Akteninhalt des summarischen Verfahrens einen schwererwiegenden Sachverhalt ergeben habe, und sie *müsse* gemildert werden, wenn die Hauptverhandlung gegenüber dem Akteninhalt des summarischen Verfahrens milder zu beurteilende Sachverhaltsumstände ergeben habe. Das soll sich aus dem Grundgedanken des § 410 ergeben, wonach (nach h. M.) nach Rechtskraft des Strafbefehls eine erneute Verfolgung nur unter einem nicht gewürdigten, eine erhöhte Strafbarkeit begründenden rechtlichen Gesichtspunkt möglich ist. Es folge im übrigen auch aus dem Gleichheitsgrundsatz, dem Willkürverbot und dem beherrschenden Grundsatz von Treu und Glauben (§ 242 BGB), wobei allerdings (vgl. Fußnote 11) nur der Fall in Betracht kommen soll, daß derselbe Richter, der den Strafbefehl erlassen hat, alsbald auch im Einspruchsverfahren tätig wird. Dann werde eine Abweichung im Strafmaß als ungerecht, nämlich als eine „Bestrafung" für die Einlegung des Einspruchs und als „Warnung" für andere empfunden. In der Revisionsinstanz werde die ungerechtfertigte Erhöhung der Strafe mit der Verfahrensrüge (§ 344 Abs. 2 Satz 2) angegriffen; sie führe zur Nachprüfung im Wege des Freibeweises, der die Heranziehung der Akten des summarischen Verfahrens ermögliche.

c) All dem kann nicht gefolgt werden, wobei als selbstverständlich vorausgeschickt wird, daß der Richter die Tatsache der Einspruchseinlegung als solche keinesfalls straferschwerend berücksichtigen darf. Aus OLG Zweibrücken MDR 1967 236 = VRS 32 219, auf das sich Ostler für seine Auffassung beruft, kann er nichts herleiten. Dort wird in einem Fall, in dem das Amtsgericht im Urteil die im Strafbefehl festgesetzte Strafe auf den doppelten Betrag festgesetzt und die Revision diese Erhöhung als willkürlich und deshalb rechtsfehlerhaft bemängelt hatte, ausgeführt, die Erhöhung bilde angesichts des Grades des Verschuldens „für sich allein" noch keinen Grund für die Annahme, daß sie möglicherweise auf einer rechtsfehlerhaften Erwägung beruhe; es werde sich jedoch empfehlen, die Gründe einer *solchen* Erhöhung des Strafmaßes (auf das Doppelte) stets in den Urteilsgründen darzulegen. Eine Empfehlung, stets die Gründe einer Erhöhung der Strafe — gleichviel in welchem Ausmaß — darzulegen, ist damit aber nicht ausgesprochen, und noch weniger kann aus der „Empfehlung" hergeleitet werden, daß das Gericht in allen Fällen einer Erhöhung zur Darlegung der Gründe für die Abweichung vom Strafbefehl im Urteil verpflichtet sei. Auch die Berufung auf die Begrenzung einer neuen Verfolgung nach Rechtskraft des Strafbefehls geht fehl. Sie ist gerechtfertigt durch das Bedürfnis nach Rechtsfrieden, wenn der Angeklagte den Strafbefehl hingenommen hat. Damit ist es nicht vergleichbar, wenn der Angeklagte Einspruch gegen den Strafbefehl einlegt; damit hat sich erwiesen, daß eine summarische Erledigung des Verfahrens nicht möglich war. Der Strafbefehl verliert seine Bedeutung als strafrichterliches Erkenntnis, und der Angeklagte sieht sich — mit allen ihren Folgen — in die Rolle eines Angeklagten versetzt, gegen den erstmals auf Grund einer Anklage in einer Hauptverhandlung geurteilt wird. Er hat damit bewußt das Risiko auf sich genommen, daß er dabei besser, aber auch schlechter wegkommen kann, als wenn er sich bei dem Strafbefehl beruhigt hätte. Und was die aus dem Gleichheitssatz hergeleiteten Argumente betrifft: wie ließe es sich rechtfertigen, daß ein Angeklagter, der das Glück hat, daß der Strafbefehlsrichter und der in der Hauptverhandlung entscheidende Richter personengleich sind, sich des Vorzugs erfreut, daß dieser Richter bei gleichgebliebenem Sachverhalt an seine frühere Strafzumessung gebunden bleibt, obwohl doch diese Entscheidung hinfällig geworden ist, während der Angeklagte dieses Vorzugs verlustig geht, wenn er das „Unglück" hat, daß ein anderer Einzelrichter als der Strafbefehlsrichter, oder wenn gar das Schöffengericht entscheidet. OLG Hamm VRS 36 117 (Erhöhung der Strafbefehlsstrafe von 120 auf 600 DM) hat offengelassen, ob der Auffassung von Ostler „überhaupt gefolgt werden kann" und die gegen die Strafzumessung gerichtete Revision verworfen, weil es an Darlegungen gemäß § 344 Abs. 2 Satz 2 im einzelnen fehle, daß die Schuldfeststellungen des Urteils nicht schwerer wögen als das dem Strafbefehl zugrunde liegende Ermittlungsergebnis.

d) Übrigens gilt auch nach dem OWiG 1968, das darin dem § 411 Abs. 3 folgt, das Verbot der reformatio in peius nicht, wenn das Gericht bei einem Einspruch gegen den

Bußgeldbescheid auf Grund einer Hauptverhandlung entscheidet (vgl. § 66 Abs. 2 Nr. 1b: „ohne an den im Bußgeldbescheid enthaltenen Anspruch gebunden zu sein"; dazu Göhler [2] Vorb. 5 vor § 67).

e) Nach § 411 Abs. 3 hat also das Gericht *nicht etwa über die Aufhebung oder Aufrechterhaltung des Strafbefehls* zu entscheiden, sondern es hat zu erkennen, wie wenn er überhaupt nicht erlassen wäre. Der Strafbefehl ist dadurch, daß das Gericht in die Hauptverhandlung eingetreten ist, endgültig außer Kraft gesetzt (RG LZ **14** 929, Celle HRR **1929** Nr. 1533); er findet weder in der Urteilsformel noch in den Urteilsgründen weiter Erwähnung. Ein dem Strafbefehl anhaftender Mangel ist grundsätzlich auf das Verfahren ohne Einfluß (Naumburg LZ 22 140, HRR 1927 Nr. 1175, Alsberg Entsch. 3 141), es sei denn, daß er schwerwiegende Mängel aufweist, die ihm die Eignung nehmen, anstelle eines Eröffnungsbeschlusses die Verfahrensgrundlage zu bilden (vgl. Anm. 4 zu § 409). Hinsichtlich der rechtlichen Qualifizierung der Tat sind für das Gericht lediglich §§ 264, 265 maßgebend; es hat daher gegebenenfalls auch bei sachlicher Unzuständigkeit nach § 270 zu verfahren. Zur Verhängung einer der Art oder dem Maß nach schwereren Strafe ist das Gericht selbst dann befugt, wenn es dasselbe Strafgesetz anwendet, auf Grund dessen der Strafbefehl erlassen war. — Über einen Ausnahmefall, in dem das Verbot der ref. i. p. Platz greift, vgl. Anm. 10f. zu § 409.

f) Da das Urteil auf Grund einer Hauptverhandlung nach vorangegangenem Strafverfahren sich in nichts von einem Urteil in einem Verfahren unterscheidet, in dem eine förmliche Anklage erhoben und das Hauptverfahren eröffnet worden ist, richtet sich auch der Umfang seiner Rechtskraftwirkung nach den allgemeinen Grundsätzen.

8. Bekanntmachung des in Abwesenheit der Angeklagten verkündeten Urteils. War der nicht erschienene Angeklagte i. S. des § 411 Abs. 2 vertreten, so kann die **Zustellung** an den empfangsbevollmächtigten Verteidiger erfolgen — § 145a — (BayObLG NJW **1967** 2124 = JR **1967** 29; OLG Braunschweig NJW **1965** 1194; Oppe NJW **1969** 829). Erfolgt die Zustellung an den Angeklagten und den Verteidiger, so richtet sich gemäß § 37 Abs. 2 ein Fristbeginn nach der letzten Zustellung.

§ 412

(1) Bleibt der Angeklagte ohne genügende Entschuldigung in der Hauptverhandlung aus und wird er auch nicht durch einen Verteidiger vertreten, so wird der Einspruch ohne Beweisaufnahme durch Urteil verworfen.

(2) Ein Angeklagter, dem gegen den Ablauf der Einspruchsfrist Wiedereinsetzung in den vorigen Stand gewährt worden war, kann sie nicht mehr gegen das Urteil beanspruchen.

Literatur: Vogel JW **1933** 2244; Busch JZ **1963** 457

Übersicht

1. Ausbleiben in der Hauptverhandlung

a) **Rechtliche Wertung des Ausbleibens.** Nach den Mot. (S. 228) greift im Fall des Abs. 1 „die Annahme Platz, daß der Angeklagte den Einspruch nur deshalb erhoben habe, um die Strafvollstreckung aufzuschieben". Richtiger ist es, in § 412 Abs. 1 – wie in § 329 (vgl. BGHSt. **15** 287, 289) – eine praesumtio juris et de jure, also eine unwiderlegbare Vermutung dahin zu sehen, daß der unentschuldigt ausgebliebene Angeklagte an der Durchführung der Hauptverhandlung kein Interesse hat und seinen Einspruch als zurückgenommen angesehen wissen will (ebenso BayObLGSt. **1962** 6 = Rpfleger **1962** 147; OLG Hamburg NJW **1965** 315). Durch das *Ausbleiben* wird also der Einspruch in gleicher Weise erledigt wie durch eine Zurücknahme; die Folge des Ausbleibens ist nicht, daß die in dem Strafbefehl angeführten Tatsachen für zugestanden angesehen werden, sondern daß eine *Verhandlung in der Sache selbst überhaupt nicht stattfindet.* Da es aber an einer förmlichen Einspruchszurücknahme, die das Verfahren ohne richterliche Entscheidung beendet (vgl. Anm. 4 zu § 411), fehlt, ist zwingend vorgeschrieben, daß das Gericht die Erledigung des Einspruchs in der Form auszusprechen hat, daß durch Urteil der Einspruch verworfen wird. Das Verwerfungsurteil ist dadurch als reines *prozessuales Formalurteil* gekennzeichnet (OLG Hamburg NJW **1965** 315). Ein solches Verfahren ist mit rechtsstaatlichen Grundsätzen vereinbar; es verstößt weder gegen Art. 6 der Menschenrechtskonvention noch gegen Art. 3 GG (OLG Bremen NJW **1962** 1735).

b) **Verwerfung des Einspruchs.** Die Verwerfung des Einspruchs muß wegen der Unwiderlegbarkeit der Vermutung auch dann geschehen, wenn der unentschuldigt ausgebliebene Angeklagte nach Einspruchseinlegung zu erkennen gegeben hat, daß er an der Durchführung des Verfahrens ein Interesse hat (ebenso OLG Düsseldorf MDR **1966** 608; BayObLG GA **1962** 340; EbSchmidt II 1; Busch JZ **1963** 458; **a. M.** OLG Dresden JW **1929** 104; Königsberg JW **1932** 2920; LG Düsseldorf NJW **1952** 38; vgl. auch Anm. 8 zu § 329); doch bedarf es in solchen Fällen besonders sorgfältiger Prüfung, ob das Ausbleiben des Angeklagten unentschuldigt ist.

c) **Verhandlungsunfähigkeit.** Die im Fall des § 329 viel erörterte Frage, ob der Angeklagte auch dann als „ausgeblieben" anzusehen ist, wenn er zwar erscheint, aber infolge zweifelsfrei *selbstverschuldeter Trunkenheit* absolut verhandlungsunfähig ist, ist zu bejahen (vgl. BGH NJW **1970** 2253; OLG Frankfurt NJW **1968** 217; Kaiser NJW **1968** 185); das gilt auch für § 412; auch hier begründet ein solches Verhalten die Vermutung, daß er an der Durchführung der Hauptverhandlung kein Interesse hat.

d) **Begriff des Ausbleibens.** § 412 spricht zwar nur von einem „*Ausbleiben* in der Hauptverhandlung". Gemeint ist aber, wie sich aus der deutlicher gefaßten Vorschrift des § 329 Abs. 1 ergibt, das Nichterscheinen (oder ein dem gleichstehenden Verhalten, vorstehend c) bei Beginn der Hauptverhandlung (§ 243 Abs. 1); die Verwerfung des Einspruchs entfällt also, wenn der Angeklagte bei Beginn anwesend ist und sich erst nach dem Beginn wieder entfernt.

e) **Trotz des Ausbleibens keine Verwerfung bei offensichtlichen Verfahrenshindernissen.** Während bei förmlicher Zurücknahme des Einspruchs dem Gericht jede Möglichkeit einer Prüfung, ob dem Strafbefehl nicht schwerwiegende Mängel anhaften, fehlt, hat es im Fall des § 412 Abs. 1 sich zwar grundsätzlich ebenfalls jeder Nachprüfung zu enthalten; ist aber ohne jegliche weitere Nachprüfung und Beweisaufnahme offensichtlich, daß der Strafbefehl nicht hätte ergehen dürfen, weil ein nichtbehebbares Strafverfahrenshindernis offensichtlich unbeachtet geblieben ist, so kann dem Gericht nicht zugemutet werden, offenkundiges Unrecht durch die Verwerfung des Einspruchs zu legalisieren, vielmehr wird es hier das Verfahren gemäß § 206a einzustellen haben (vgl. OLG Hamm JMBlNRW **1952** 222; a. M. Busch JZ **1963** 457 und die 19. Aufl. Anm. 1 a). Dagegen ist bei materiellrechtlichen Mängeln ein solches Prüfungsrecht zu verneinen (vgl. OLG Köln JMBlNRW **1963** 96; Frankfurt NJW **1963**, 460; a. M. OLG Hamm NJW **1963**, 1376 betr. Verfassungswidrigkeit des angewandten Gesetzes; s. dazu auch BGH NJW **1963**, 2085).

f) **Folgen des Ausbleibens, wenn der gesetzliche Vertreter oder Erziehungsberechtigte Einspruch eingelegt hat.** Hat der gesetzliche Vertreter des Angeklagten oder der Erziehungsberechtigte eines Heranwachsenden selbständig Einspruch eingelegt (vgl. Anm. 10f. zu § 409), so wird, da § 298, auf den § 409 Abs. 3 verweist, die im Fall des § 412 Abs. 1 auftauchenden Fragen nicht regelt (vgl. Anm. 7 zu § 298), § 330 entsprechend anzuwenden sein, d. h.: der Einspruch ist zu verwerfen, wenn sowohl der Angeklagte als auch der gesetzliche Vertreter (Erziehungsberechtigte) unentschuldigt und unvertreten ausbleiben. Bleibt nur der gesetzliche Vertreter aus, so wird er durch den Angeklagten vertreten (vgl. Anm. 1 zu § 330); bleibt nur der Angeklagte aus, so ist nach pflichtgemäßen Ermessen seine Vorführung anzuordnen oder ohne ihn zu erkennen (vgl. Anm. 3 zu § 330). Eine entsprechende Vorschrift sahen der frühere § 466 RAbgO und § 398 Abs. 2 StPO = Entw. 1939 vor.

g) **Verweigerung der Einlassung zur Sache.** Verweigert der in der Hauptverhandlung erschienene Angeklagte die Einlassung zur Sache, so darf der Einspruch nicht verworfen, sondern es muß in der Sache erkannt werden (KG DJZ **1928** 1199; vgl. auch Anm. 6f. zu § 411: genügende Vertretung durch einen Verteidiger liegt auch vor, wenn dieser zur Sache keine Erklärungen abgibt).

h) **Ordnungsgemäße Ladung mit Säumnisbelehrung als Voraussetzung der Verwerfung.** Voraussetzung der Verwerfung des Einspruchs ist eine *ordnungsmäßige Ladung* zur Hauptverhandlung, entsprechend dem allgemeinen prozessualen Grundsatz, daß eine ordnungsgemäße Ladung Voraussetzung für die an das Nichterscheinen des Angeklagten geknüpften Rechtsfolgen ist (vgl. Koffka JR **1967** 191). Zwar fehlt eine den §§ 323 Abs. 1 Satz 2, 329 entsprechende Vorschrift, daß der Angeklagte in der Ladung auf die Folgen unentschuldigten Ausbleibens hingewiesen werden müßte. Der gesetzgeberische Grund für die Verwerfung des Einspruchs in § 412 ist aber der gleiche wie bei der Verwerfung der Berufung nach § 329. Daher rechtfertigt sich die Folgerung, daß der Angeklagte im Fall des § 412 durch entsprechende Belehrung in gleicher Weise vor den im Fall des Ausbleibens drohenden Folgen geschützt werden muß, wie dies in § 323 Abs. 1 Satz 2 ausdrücklich vorgeschrieben ist (ebenso BayObLGSt. **1962** 6 = Rpfleger **1962** 147; OLG Köln VRS **36** 370 = NJW **1969** 246). Dies gilt auch dann, wenn der Angeklagte früher zu einer terminierten, aber wieder abgesetzten Hauptverhandlung mit entsprechendem Hinweis geladen worden war (OLG Bremen VRS **36** 65 = MDR **1968** 1031). Zur Ordnungsmäßigkeit der Ladung gehört dagegen nicht die Einhaltung der Ladungsfrist (s. unten 2d). § 187 Satz 1 ZPO (i. Verb. mit § 37 StPO), der die Entscheidung, ob eine *Zustellung* als bewirkt anzusehen ist, in das Ermessen des Gerichts stellt, ist im Fall des § 412 unanwendbar (OLG Hamm JMBlNRW **1959** 161).

i) **Das unentschuldigte Ausbleiben** des Beschuldigten und eines Verteidigers ist zwar Voraussetzung für das Verwerfungsurteil, das Entschuldigtsein des ausgebliebenen Angeklagten ist aber kein Verfahrenshindernis für das Verwerfungsurteil, das vom Revisionsgericht von Amts wegen im Wege des Freibeweises nachzuprüfen wäre. BGHSt. **15** 288 = NJW **1961** 567, wonach das unentschuldigte Ausbleiben in der Berufungsinstanz keine von Amtswegen zu prüfende Verfahrensvoraussetzung für die Verwerfung nach § 329 Abs. 1 bildet, gilt auch für § 412 (Busch JZ **1963** 460; OLG Hamburg NJW **1965** 315; Stuttgart NJW **1968** 1733; Küper NJW **1969** 493; vgl. Einleitung S. 122).

2. „ohne genügende Entschuldigung“

a) **Begriff. Nachprüfung.** Bei der Prüfung der Frage, ob ein Verwerfungsurteil zu erlassen ist, kommt es, wie beim Urteil nach § 329 (vgl. dort Anm. 6) nicht darauf an, ob der Angeklagte sich genügend entschuldigt hat, sondern ob er (objektiv) genügend entschuldigt ist (allg. Meinung; vgl. z. B. OLG Dresden HRR **1938** Nr. 1266; KG vom 24. 11. 1955 DRspr. IV 466 Bl. 15; OLGe. Köln NJW **1955** 1243 = MDR **1955** 435; Hamburg JR **1956** 70). Eine rechtzeitig vor dem Termin vorgebrachte genügende Entschuldigung begründet auch dann die Fehlerhaftigkeit des Verwerfungsurteils, wenn der erkennende Richter von ihr ohne sein Verschulden keine Kenntnis hat, etwa weil ihm ein rechtzeitig beim Amtsgericht eingegangenes Entschuldigungsschreiben des Angeklagten infolge verspäteter Leerung des Gerichtsbriefkastens oder infolge langsamen Geschäftsgangs verspätet vorgelegt wurde (BayObLG VRS 37 207 = NJW **1969** 1222 = MDR **1969** 329). Wenn besondere Umstände dazu Anlaß geben, ist *von Amts wegen* zu prüfen, ob das Ausbleiben genügend entschuldigt ist (Busch JZ **1963** 458), und es sind die Entschuldigungsgründe, die der Angeklagte für sein Nichterscheinen vorgebracht hat, oder die sonstwie erkennbar geworden sind, von Amts wegen im Wege des Freibeweises erforderlichenfalls nachzuprüfen und im Urteil zu würdigen (OLG Oldenburg NJW **1964** 830). Die im Urteil darzulegenden Gründe, aus denen das Gericht eine Entschuldigung als nicht genügend bezeichnet, müssen so beschaffen sein, daß das Rechtsmittelgericht (vgl. unten Anm. 5) die Gesetzmäßigkeit der Entscheidung nachprüfen kann (BayObLG NJW **1969** 1222; OLGe. Schleswig SchlHA **1968** 232; Köln GA **1963** 58). Sie müssen also z. B. die Erwägungen angeben, warum eine vorgebrachte Tatsache nicht als Entschuldigungsgrund anerkannt wird (OLG Celle NdsRpfl. **1954** 71) und nur eine bestimmte Feststellung, nicht schon der bloße Verdacht, daß die vorgebrachte Entschuldigung unwahr sei, rechtfertigt die Verneinung der genügenden Entschuldigung (KG aaO.). Ist der Grund des Ausbleibens durch das Vorbringen des Angeklagten oder auf andere Weise bekannt, so muß die Bedeutung dieses Grundes gegenüber der Pflicht zum Erscheinen sorgfältig abgewogen werden; das Ausbleiben ist genügend entschuldigt, wenn dem Angeklagten bei Würdigung der Gründe des Ausbleibens das Erscheinen vor Gericht in diesem Zeitpunkt billigerweise nicht zuzumuten war. Im allgemeinen ist im Interesse des Angeklagten eine weite Auslegung des Begriffs der genügenden Entschuldigung am Platz (OLG Frankfurt DAR **1963** 24; Köln JMBlNRW **1963** 111; BayObLG VRS 37 207 = NJW **1969** 1222; OLG Schleswig SchlHA **1968** 232). Auch eine besonders wichtige und nicht ohne weiteres verschiebbare, also dringende Geschäftsreise z. B., kommt als genügender Entschuldigungsgrund in Betracht (OLGe. Hamburg NJW **1953** 758; Celle NdsRpfl. **1954** 71; Düsseldorf NJW **1960** 1921).

Ist ein *Vertagungsantrag* des Angeklagten ablehnend beschieden worden, so brauchen bei seinem Ausbleiben in der Hauptverhandlung die im Vertagungsantrag vorgebrachten Entschuldigungsgründe nicht erneut überprüft zu werden (OLG Düsseldorf JMBlNRW **1966** 153; s. dazu OLG Hamm NJW **1967** 1152 und BGH NJW **1968** 1544).

Hat das Gericht im Wege des Freibeweisverfahrens das Entschuldigungsvorbringen des Angeklagten geprüft und dabei festgestellt, daß keine genügenden Entschuldigungsgründe vorliegen, so verwirft es den Einspruch, *ohne den ausgebliebenen Angeklagten zum Ermittlungsergebnis zu hören*. Es würde dem Wesen des Strafbefehlsverfahrens als eines beschleunigten Verfahrens widersprechen, wenn ihm vorheriges rechtliches Gehör zum Ergebnis der in seiner Abwesenheit angestellten Ermittlungen gewährt werden müßte. Der Grundsatz des rechtlichen Gehörs (Art. 103 Abs. 1 GG) wird dadurch nicht verletzt, denn ihm ist dadurch genügt, daß der Angeklagte – in gleicher Weise wie der Betroffene im Haftbefehls- und Beschlagnahmeverfahren – Gelegenheit hat, sich nachträglich rechtliches Gehör – durch Einlegung von Rechtsmitteln gegen das Verwerfungsurteil, Antrag auf Wiedereinsetzung in den vorigen Stand (vgl. Abs. 2) – zu verschaffen (OLG Hamm NJW 1965 410; BayObLG NJW **1966** 1981).

b) **Einzelfälle.** Eine genügende Entschuldigung liegt z. B. vor, wenn der Angeklagte sich in anderer Sache in Strafhaft befindet und keine Anhaltspunkte dafür gegeben sind, daß er auf eine Vorführung im Termin verzichtet hat (OLG Köln GA **1963** 58). Zur Problematik des inhaftierten Beschuldigten vgl. auch OLG Stuttgart NJW **1969** 476 m. Anm. Ostermeyer NJW **1969** 1130. Ebenso ist genügend entschuldigt der Angeklagte, der von der begründeten Annahme ausging, sein mit Vertretungsvollmacht versehener Verteidiger werde an seiner Stelle im Hauptverhandlungstermin anwesend sein, während dieser fernblieb (BayObLG VRS 37 207; OLGe. Bremen NJW **1962** 1735; Hamburg NJW **1965** 315; Schleswig SchlHA **1968** 232). Dies gilt aber nicht, wenn das persönliche Erscheinen des Angeklagten gemäß § 236 (s. unten zu 3 a) angeordnet war und sowohl der Angeklagte, wie auch — entgegen seiner Erwartung — der Verteidiger ausbleiben (OLG Bremen aaO.). Genügend entschuldigt ist der Angeklagte auch, wenn der durch Einreichung der Verteidigungs- und Vertretungsvollmacht legitimierte Verteidiger, weil er entgegen § 218 nicht geladen war, Vertagung beantragte und der Angeklagte darauf vertraute, daß dem Antrag stattgegeben werde (OLG Saarbrücken JBl. Saar **1962** 97). Das gleiche gilt, wenn der Angeklagte einen Entbindungsantrag gestellt hatte, die ablehnende Entscheidung des Gerichts ihm aber nicht zugestellt wurde (OLG Hamm NJW **1969** 1129). — Über Fälle genügender Entschuldigung im übrigen vgl. die Anm. zu § 329.

c) **Wartepflicht des Gerichts bei geringfügiger Säumnis.** Ist der Angeklagte **nicht genau zur festgesetzten Terminszeit** anwesend, so entspricht eine sofortige Verwerfung des Einspruchs im allgemeinen nicht der billigen Rücksichtnahme auf die Belange des Angeklagten, denn mit unverschuldeten, kurzfristigen Verspätungen (z. B. infolge Verspätung der Beförderungsmittel, Umhersuchen nach dem Sitzungssaal im weitläufigen Gerichtsgebäude usw.) muß auch bei einem erscheinungsbereiten Angeklagten, namentlich in Großstädten oder wenn der Angeklagte von auswärts kommt, gerechnet werden; mit Recht hat daher die Rechtsprechung in der Verwerfung des Einspruchs wenige Minuten nach der festgesetzten Terminszeit im Anschluß an RGSt. 61 177 (vgl. Anm. 2 zu § 329) einen Gesetzesverstoß erblickt. Die Dauer der Wartepflicht richtet sich nach den besonderen Verhältnissen des Einzelfalles. Doch haben sich gewisse Faustregeln herausgebildet. In einer Mittelstadt sieht OLG Hamm DAR **1962** 341 eine Wartefrist von 5 Minuten, OLG Hamburg NJW **1963** 552; Celle NdsRpfl. **1963** 237 in Großstädten, wenn keine besonderen Erschwernisse (z. B. großstädtische Verkehrsschwierigkeiten) vorliegen, eine solche von 15 Minuten als erforderlich und ausreichend an. EbSchmidt NachtrBd. I Rz. 3 fordert weitergehende Rücksichtnahme. Zur Wartepflicht des Gerichts s. noch BayObLG NJW 1959 2224; OLGe. Frankfurt NJW **1954** 394; Neustadt GA **1961** 186, Hamm VRS **40** 49, Hamburg MDR **1960** 335 = DAR **1960** 117, Schleswig SchlHA **1959** 83. Ein kurzes Zuwarten über die Terminszeit hinaus ist auch geboten, wenn dem Gericht bekannt ist, daß der Angeklagte einen Verteidiger mit Vertretungsvollmacht bestellt hat (BayObLG NJW **1959** 2224). Um dem Rechtsmittelgericht eine Nachprüfung zu ermöglichen, ob das Gericht die Wartepflicht erfüllt hat, empfiehlt es sich, den genauen Zeitpunkt der Verkündung des Verwerfungsurteils im Urteil oder im Sitzungsprotokoll festzustellen (OLG Stuttgart NJW 1962 2023). Im übrigen hat aber, wenn weder der Angeklagte vorher beachtliche Gründe für ein verspätetes Erscheinen mitgeteilt hat noch sonst konkrete Anhaltspunkte für genügende Entschuldigung der Terminsversäumnis gegeben sind, das Gericht keine Veranlassung, den Gründen des Nichterscheinens nachzugehen und z. B. Nachschau nach dem Angeklagten oder seinem Bevollmächtigten im Gerichtsgebäude zu halten (OLG Hamburg JR **1956** 70). —

d) **Bedeutung der Nichteinhaltung der Ladungsfrist.** Der Umstand, daß die **Ladungsfrist** (§ 217) **nicht eingehalten ist,** steht der Verwerfung des Einspruchs nicht entgegen, denn nur der erschienene Angeklagte hat das Recht aus § 217 Abs. 2 (vgl. Anm. 4 zu § 217); die Ordnung der Rechtspflege verlangt, daß der Angeklagte auf Ladung erscheint oder sich vertreten läßt (ebenso RG DRZ **1931** Nr. 501; BayObLG DRZ **1930** Nr. 154; BayObLGSt. 29 193; KG HRR **1926** Nr. 537; OLG Köln MDR **1955** 435 = NJW **1955** 1243; KG VRS **1959** 139; Bremen JR **1959** 391; BayObLG NJW **1967** 457; BGH NJW **1971** 1278; **a. M.** OLG Dresden GA 71 59; Müller-Sax 1 a; EbSchmidt NachtrBd. I Rz. 2; Schorn 118; Koffka JR **1967** 191). Jedoch kann die Nichteinhaltung u. U. das Ausbleiben genügend entschuldigen (KG VRS **1959** 139; BayObLG NJW **1967** 457).

e) Ebenso hindert die **Anordnung des persönlichen Erscheinens** die Verwerfung des Einspruchs nicht, wenn der Angeklagte ohne genügende Entschuldigung und unvertreten ausbleibt (vgl. BayObLG MDR **1963** 700).

3. **Vertretung durch einen bevollmächtigten Verteidiger**

a) Das **Erscheinen eines bevollmächtigten Verteidigers** (vgl. Anm. 6 d zu § 411) schließt – anders als nach §§ 73 Abs. 4, 74 Abs. 2 OWiG – die Verwerfung des Einspruchs auch dann aus, wenn der Angeklagte ausgeblieben ist, obwohl das Gericht gemäß § 236 (vgl. Anm. 6 b zu § 411) sein persönliches Erscheinen angeordnet hatte (OLGe. Dresden HRR **1937** Nr. 1064; Bremen NJW **1962** 1735; Stuttgart NJW **1962** 2023; Hamburg NJW **1968** 1687 = VRS 35 205; Celle NJW **1970** 906; BayObLG MDR **1970** 608 = JZ **1970** 384; ebenso das Schrifttum: s. Küper NJW **1969** 493). Das Gericht kann dann versuchen, das Erscheinen durch einen Vorführungsbefehl oder – soweit der Grundsatz der Verhältnismäßigkeit dies nicht ausschließt – durch einen Haftbefehl zu erzwingen. Es kann aber auch ohne vorangegangenen Versuch gegen den nicht erschienenen Angeklagten verhandeln (so mit Recht OLGe. Hamburg NJW **1969** 1687 = VRS 35 205; Celle NJW **1970** 906), wenn es die Anwesenheit des Angeklagten, dessen Einlassung in der Hauptverhandlung es ja nicht erzwingen kann, nicht zur Wahrheitserforschung (§ 244 Abs. 2) – etwa zwecks Gegenüberstellung mit Zeugen – für unerläßlich ansieht. Auch in der *Berufungsinstanz* entfällt eine Verwerfung der Berufung nach § 329, wenn der Angeklagte trotz Anordnung des persönlichen Erscheinens ausbleibt, aber genügend (§ 411 Abs. 2) vertreten ist, da die Gründe, die zur Aufstellung des § 411 Abs. 2 geführt haben, auch für das Verfahren in der Berufungsinstanz zutreffen (OLG Celle NJW **1970** 906 mit Anm. Küper NJW **1970** 1430; BayObLG MDR **1970** 608).

b) Ist der Angeklagte gemäß § 233 von **der Verpflichtung zum Erscheinen entbunden**, so bedarf er auch eines Vertreters nicht, um die Verwerfung seines Einspruchs abzuwenden. Erscheint der Angeklagte nicht zur Vernehmung vor dem beauftragten oder ersuchten Richter (§ 233 Abs. 2), so kann es sein, daß eine Vernehmung durch Vorführungsbefehl nicht zu erzwingen ist, dem Erlaß eines Haftbefehls (§ 230 Abs. 2) wegen der Geringfügigkeit der ihm zur Last gelegten Tat, wie insbesondere bei Übertretungen, aber der Grundsatz der Verhältnismäßigkeit zwischen Mittel und Zweck entgegensteht (vgl. Einleitung S. 48). Dann bleibt nichts weiter übrig, als den Entbindungsbeschluß aufzuheben und gemäß § 412 Abs. 1 zu verfahren, wenn der Angeklagte ohne genügende Entschuldigung und ohne Vertretung durch einen Verteidiger in der Hauptverhandlung ausbleibt (vgl. OLG Hamburg VRS 36 292).

c) **Verfahren bei Nichtzulassung des gewählten Verteidigers.** Wird ein gewählter Verteidiger, der nicht Rechtsanwalt oder Hochschullehrer ist, vom Gericht *zurückgewiesen,* so ist der Angeklagte unvertreten im Sinne des Abs. 1; das Gericht ist nicht genötigt, zu vertagen, um dem Angeklagten Gelegenheit zur Bestellung eines anderen Verteidigers zu geben (KG DJZ **1928** 462; OLG Köln NJW **1970** 720; EbSchmidt Rz. 6).

4. **Ausbleiben in einer späteren Hauptverhandlung.** Finden in einer Sache *mehrere Hauptverhandlungen* erster Instanz statt, und ist der Angeklagte in der ersten erschienen, so hat sein Ausbleiben in einer späteren die Verwerfung des Einspruchs nicht zur Folge (BayObLG DRZ **1925** Nr. 492; **1928** Nr. 949; HRR **1926** Nr. 1457; Frankfurt NJW **1966** 686; Celle JR **1967** 70), wie auch im Fall des § 329 das Ausbleiben in einer späteren Hauptverhandlung nicht zur Verwerfung der Berufung führt (vgl. Anm. 3 b zu § 329 und BGHSt. 17 188 = NJW **1962** 1117 = JZ **1963** 324; NJW **1969** 1393; a. M. LG Köln NJW **1961** 841 mit zust. Anm. von Schneidewin; Ungewitter NJW **1962** 2144; s. dazu auch Sax JR **1967** 41). Das gilt auch, wenn man annimmt (vgl. Anm. 5 c zu § 411), daß die Zurücknahme des Einspruchs noch bis zum Beginn einer späteren Hauptverhandlung zulässig ist, denn mit der Einlassung auf die erste Hauptverhandlung hat der Angeklagte zum Ausdruck gebracht, daß er an der Durchführung seines Einspruchs interessiert ist. Dem Erscheinen in der ersten Hauptverhandlung steht gleich, wenn der Angeklagte in der ersten Hauptverhandlung genügend entschuldigt ausgeblieben ist (BayObLG DRZ **1928** Nr. 949; a. M. OLG Düsseldorf JW **1930** 3447). Nur dann ist auch im zweiten Hauptverhandlungstermin eine Verwerfung des Einspruchs als Folge des Ausbleibens zulässig, wenn in der ersten Hauptverhandlung ohne Verhandlung zur Sache selbst nur Vertagung erfolgte (OLG Hamburg NJW **1953** 758) oder lediglich die Verfahrensgestaltung erörtert wurde und der

zweite Termin die eigentliche erste Hauptverhandlung darstellt (BayObLGSt. **1952** 58 = JZ 1952 344; OLG Schleswig SchlHA **1954** 388); nach OLG Celle JR **1967** 70 (s. dazu einerseits Sax JR **1967** 41, andererseits EbSchmidt NachtrBd. I Rz. 3 zu § 329) liegt eine „Verhandlung zur Sache" bereits vor, wenn in der ersten Hauptverhandlung die „informatorische Befragung" des Angeklagten und eines Zeugen stattfand. Demgegenüber wollte Art. 70 Nr. 227 EG StGB 1930 durch Ersetzung der Worte „der Hauptverhandlung" in § 412 Abs. 1 durch die Worte „einer Hauptverhandlung erster Instanz" die Verwerfung des Einspruchs auch an das Ausbleiben in einer späteren Hauptverhandlung knüpfen.

5. Rechtsmittel gegen das Verwerfungsurteil

a) Gegen das den Einspruch verwerfende Urteil – über dessen Wesen vgl. oben Anm. 1 a, ferner Anm. 8 f. zu § 329 – steht dem Angeklagten nach Wahl die **Berufung** oder die **Revision** (§§ 312, 335), im Fall des § 313 gemäß § 334 nur die Revision zu. Der Fall des § 313 liegt vor, wenn der Strafbefehl nur auf Geldstrafe wegen einer Übertretung lautete (vgl. Anm. 2 zu § 313 und BGHSt. **13** 289; OLG Hamburg JZ **1963** 480). Der abweichenden Auffassung von EbSchmidt NachtrBd. I Rz. 9, wonach die Anwendbarkeit des § 313 auf das Formalurteil des § 412 der inneren Berechtigung entbehrt, ist entgegenzuhalten, daß § 79 Abs. 1 Satz 1 Nr. 4 OWiG 1968 bei den den Übertretungen vergleichbaren Ordnungswidrigkeiten als Rechtsmittel gegen die Verwerfung des Einspruchs wegen unentschuldigten Ausbleibens (§ 74 Abs. 2) nur die Rechtsbeschwerde zuläßt. Ist die Tat im Strafbefehl irrigerweise als Vergehen statt als Übertretung bezeichnet, so ist die Berufung zulässig (BayObLGSt. **1959** 108). Ist Berufung gemäß § 313 ausgeschlossen, so hat dies, wenn nach Landesrecht auch die Revision ausgeschlossen ist, wie nach § 55 PrFFPG, zur Folge, daß das Verwerfungsurteil unanfechtbar ist (BGH aaO.).

b) *aa)* Die **Berufung** kann nur auf die Behauptung gestützt werden, daß der Einspruch zu Unrecht verworfen worden sei; erweist sich diese Behauptung als unbegründet, so ist auch in der Berufungsinstanz jedes Eingehen auf die Sache selbst ausgeschlossen (allg. Meinung). Legt der Angeklagte *Revision* ein (§§ 313, 335), so ergibt sich diese Folgerung ohne weiteres daraus, daß die Gründe des Verwerfungsurteils keine Erörterung der Sache selbst enthalten und somit für eine auf Verletzung einer materiellen Rechtsnorm gestützte Revisionsbeschwerde keinen Boden bieten. Für die Berufung kann nichts anderes gelten, denn es ist kein Grund erkennbar, der den Gesetzgeber bestimmt haben könnte, die Erörterung der Sache selbst zwar in der ersten Instanz auszuschließen, in der zweiten dagegen zuzulassen; den Angeklagten für sein Ausbleiben mit dem Verlust einer Instanz strafen zu wollen, hätte keinen Sinn (KGJ 9 162; KG HRR **1925** Nr. 981; GA 70 118; BayObLG GA 72 144). Hätte das Gericht erster Instanz, statt den Einspruch zu verwerfen, zu Unrecht in der Sache selbst erkannt, so würde auf die Berufung der Staatsanwaltschaft das Berufungsgericht die Verwerfung des Einspruchs aussprechen müssen.

bb) In der Berufungsinstanz sind nicht nur die bei Verkündung des angefochtenen Urteils dem Amtsgericht bekannten Tatsachen, sondern auch in der Berufungsinstanz neu vorgebrachte Tatsachen zu berücksichtigen (OLG Dresden JW **1929** 1505; HRR **1932** Nr. 84; OLG Jena JW **1929** 1506; KG DJZ **1933** 441; BayObLG JZ **1953** 477 = NJW **1953** 1196; OLG Hamm VRS 23 299; Kl [30] 6; Busch JZ **1963** 460; Schorn S. 137; **a. M.** KG JW **1928**, 834; OLG Kiel GA 76 115 und die 19. Aufl. Anm. 3, wonach die Berücksichtigung neuer Gründe dem Wiedereinsetzungsverfahren [Abs. 2] vorbehalten ist), denn von der Regel, daß in der Berufungsinstanz neue Tatsachen und Beweismittel grundsätzlich unbeschränkt vorgebracht werden können, im Fall des § 412 abzuweichen, ist durch die Besonderheit des Strafbefehlsverfahrens nicht gerechtfertigt und könnte zu großen Härten führen.

c) Die **Revision** kann nur auf die Verfahrensrüge gestützt werden, daß der Einspruch wegen Verletzung des Gesetzes, insbesondere wegen Verletzung der Aufklärungspflicht oder Verkennung des Rechtsbegriffs der genügenden Entschuldigung zu Unrecht verworfen sei (vgl. RGSt. **61** 175, **64** 245; OLGe. Hamburg JZ **1963** 480 [dazu Busch JZ **1963** 457]; NJW **1965** 315; Köln GA **1955** 61; BayObLG DRZ **1931** Nr. 877; HRR **1931** Nr. 1826; Beling Strafprozeßrecht 477 Anm. 1; Mannheim JW **1926** 1250; Doerr JW **1926**

1989). Dabei kann auch als Verletzung des Gesetzes gerügt werden, daß rechtzeitig vorgebrachte Entschuldigungsgründe unberücksichtigt geblieben sind, die dem Erstrichter bei dem Verwerfungsurteil ohne sein Verschulden unbekannt waren (vgl. oben Anm. 2 a; s. dazu auch Krause MDR **1964** 897). Die Wahrheit der für das Ausbleiben vorgebrachten Entschuldigungsgründe hat das Revisionsgericht nicht nachzuprüfen (BayObLG NJW **1966** 191, 1983). Wird nur Sachrüge erhoben, so ist das Urteil darauf hin nachzuprüfen, ob ein Verfahrenshindernis vorliegt (BayObLG Rpfleger **1960** 213). Über die Grenzen der Nachprüfung des Revisionsgerichts – Nachprüfung auch nach der Richtung, ob das angefochtene Urteil die Frage der Entschuldbarkeit des Ausbleibens in „tatsächlicher" Hinsicht zutreffend beurteilt hat? – und über häufige Rechtsfehler bei Anwendung der §§ 329 Abs. 1, 412 Abs. 1, vgl. Busch JZ **1963** 460; Preiser GA **1965** 366; Anm. 11 zu § 329. Hebt das Revisionsgericht auf, weil sowohl das Amtsgericht wie das Berufungsgericht den Begriff der genügenden Entschuldigung verkannt haben, so hebt es beide Urteile auf und verweist die Sache an das Amtsgericht zurück (OLG Köln GA **1955** 61).

6. Wiedereinsetzung (Zu Abs. 2)

a) Aus Abs. 2 folgt, daß die Wiedereinsetzung entsprechend der in §§ 235, 329 Abs. 2 getroffenen Regelung in anderen Fällen zulässig ist (vgl. dazu Anm. 12 zu § 329). Die Möglichkeit der Wiedereinsetzung läßt den Gebrauch der zulässigen Rechtsmittel (Anm. 5) unberührt (vgl. dazu OLG Frankfurt NJW **1964** 1536).

b) Die Einschränkung in § 412 Abs. 2 stellt eine Sondervorschrift dar, die keinen allgemeinen Rechtsgedanken enthält (vgl. Anm. 7 zu § 235). In einigen der neuen Entwürfe einer StPO (zuletzt § 398 Entw. 1939) ist die Vorschrift des Abs. 2 gestrichen, weil sie der inneren Berechtigung entbehre (Begr. zum Entw. 1908 S. 358, Entw. 1909 S. 235).

c) Im Schrifttum wird die Auffassung vertreten, Abs. 2 sei, soweit er sich auf Strafbefehle beziehe, die wegen einer Übertretung begangen sind und ausschließlich auf Geldstrafe lauten (oben Anm. 5 a), nichtig, weil er insoweit gegen Art. 103 Abs. 1 GG (Versagung des rechtlichen Gehörs) verstoße (vgl. Krause MDR **1964**, 896, 898; Schultz MDR **1965** 18). Das trifft nicht zu (ebenso EbSchmidt NachtrBd. I Rz. 5). Auch das OWiG 1968, dessen § 79 Abs. 1 Satz 1 Nr. 4 als Rechtsmittel gegen das Verwerfungsurteil nur die Rechtsbeschwerde kennt, hat in § 74 Abs. 4 Satz 2 bez. der Wiedereinsetzung eine dem § 412 Abs. 2 entsprechende Regelung getroffen.

ZWEITER ABSCHNITT

Verfahren bei Strafverfügungen

Vorbemerkungen

Der 2. Abschnitt trug früher die Überschrift „Verfahren nach vorangegangener polizeilicher Strafverfügung". Art. 6 Abs. 2 Nr. 3 aF EGStPO ermächtigte die Landesgesetzgebung, den Polizeibehörden die Befugnis zu übertragen, Übertretungen durch polizeiliche Strafverfügung zu ahnden und das Verfahren im einzelnen zu regeln, und zwar im Rahmen der in §§ 413 ff. a. F. reichsrechtlich aufgestellten Regeln. Nach § 413 a. F. beschränkte sich die Strafgewalt der Polizeibehörden auf Haft bis zu 14 Tagen, Geldstrafe und Ersatzfreiheitsstrafe sowie eine verwirkte Einziehung. Gegen eine solche Strafverfügung konnte der Beschuldigte Antrag auf gerichtliche Entscheidung stellen oder statt dessen eine etwa landesgesetzlich vorgesehene Beschwerde an die höhere Polizeiaufsichtsbehörde einlegen, die dann endgültig entschied. Es handelte sich also um eine reichsrechtlich zugelassene Delegation der Ausübung von Kriminalstrafgewalt auf die Polizeibehörden. Von dieser Delegationsbefugnis hatten die meisten Länder, insb. Preußen (vgl. §§ 59 ff. PrPolVerwGes. vom 1. 6. 1931 – GS 77 –) und Bayern (Polizeistrafverfügungsges. vom 4. 5. 1939), Gebrauch gemacht. Nach dem 8. 5. 1945 wurde in der damaligen britischen und amerikanischen Besatzungszone durch Anordnungen der Besatzungsmächte das polizeiliche Strafverfügungsrecht beseitigt, während es in der französischen Besatzungszone bestehen blieb. Bei der Wiederherstellung der Rechtseinheit durch das Vereinheitlichungsges. vom 12. 9. 1950 (BGBl. 455) würde allgemein das polizeiliche Strafverfügungsrecht abgeschafft; in diesem Sinn wurden § 6 EGStPO geändert und die §§ 414–418 aufgehoben (vgl. dazu Einleitung S. 21).

Im früheren Land Württemberg-Baden ließ das Ges. über die Friedensgerichtsbarkeit v. 29. 3. 1949 (RegBl. S. 47) zu, daß auf der Gemeindegemarkung begangene Übertretungen durch Strafverfügung der **gemeindlichen Friedensgerichte** geahndet wurden. Dieses Gesetz wurde durch Art. 8 Abschn. III Nr. 93 des Rechtsvereinheitlichungsges. 1950 aufrecht erhalten, um Erfahrungen sammeln zu können, ob sich die Friedensgerichte zu einer allgemeinen Einführung eignen. Die dabei gemachten Erfahrungen auf dem Gebiet der Strafrechtspflege waren nicht ermutigend (vgl. Fischinger DRiZ **1960** 112). Zur gesetzgeberischen Auswertung der Erfahrungen ist es aber nicht gekommen, weil BVerfGE **10** 200 = BGBl. I 1960, 9 die Vorschriften über die Friedensgerichte für verfassungswidrig und nichtig erklärte (vgl. Einleitung S. 197). Das neue bad.-württemb. Gesetz über die Gemeindegerichtsbarkeit v. 7. 3. 1960 (GVBl. 73) sah eine Ausübung von Strafgerichtsbarkeit durch Gemeindegerichte nicht mehr vor.

Um die den Staatsanwaltschaften und Gerichten durch den Wegfall der polizeilichen Strafverfügung entstehende Mehrbelastung in etwa herabzumindern, schuf das Vereinheitlichungsges. vom 12. 9. 1950 als weiteres summarisches Verfahren zur Ahndung von Übertretungen das amtsrichterliche Strafverfügungsverfahren, das sich von dem Strafbefehlsverfahren hauptsächlich dadurch unterscheidet, daß beim Erlaß der Strafverfügung die Staatsanwaltschaft nicht mitwirkt; vielmehr tritt an die Stelle des Antrags der Staatsanwaltschaft auf Erlaß eines Strafbefehls die Vorlage der Vorgänge durch die Polizei bei dem Amtsrichter mit dem Vorschlag, eine Strafverfügung bestimmten Inhalts zu erlassen. Diese Regelung knüpft an die Bestimmungen an, die in der früheren britischen und amerikanischen Besatzungszone nach Beseitigung der polizeilichen Strafverfügung erlassen worden war (vgl. Bayr. Ges. vom 30. 11. 1946, GVBl. **1947** 16; Hess. Ges. vom 16. 5. 1946, GVBl. 164; Württ-Bad. Ges. vom 20. 11. 1945, RegBl. **1946** 1, Brem. Ges. vom 30. 4. 1947, GBl. 66 und die in der britischen Zone durch gleichlautende VOen der OLGPräsidenten i. J. 1946 erlassenen Vorschriften, abgedr. z. B. JBl. Hamm **1946** 115).

Das amtsrichterliche Strafverfügungsverfahren hatte zunächst infolge des ständigen Anwachsens der Verkehrsübertretungen ein sehr großes Anwendungsgebiet; so wurden z. B. allein in Nordrh.-W. i. J. 1959 412 479 Strafverfügungen erlassen. Mit der zunehmenden Umgestaltung von Übertretungen in Ordnungswidrigkeiten, insbesondere der bisherigen Verkehrsübertretungen, ist der Anwendungsbereich des Strafverfügungsverfahrens stark zurückgegangen; so wurden z. B. in Hessen i. J. 1968 192 869 Anträge auf Erlaß von Strafverfügungen gestellt, i. J. 1969 aber nur noch 1360. Bei den verbliebenen Übertretungen erfolgt aber heute noch die Aburteilung überwiegend durch Strafverfügung, wie sich daraus ergibt, daß in Hessen i. J. 1969 1360 Anträgen auf Erlaß von Strafverfügungen nur 624 Anklagen wegen Übertretungen gegenüberstanden (vgl. Hess. JMBl. **1970** 552).

Literatur: Schorn, Das Strafbefehls- und Strafverfügungsverfahren. 1962; Schmidt, Zum Strafverfügungsverfahren nach § 413, MDR **1961** 563.

§ 413

(1) Auf Grund landesrechtlicher Bestimmungen können die Polizeibehörden bei Übertretungen ihre Verhandlungen nach Anhörung des Beschuldigten statt der Staatsanwaltschaft (§ 163 Abs. 2) dem Amtsgericht übersenden. Die Beweismittel sowie die anzuwenden Strafvorschriften sind zu bezeichnen; auch ist ein Vorschlag zum Strafmaß zu machen.

(2) Der Amtsrichter setzt durch Strafverfügung ohne Hauptverhandlung Freiheitsstrafe, Geldstrafe, Fahrverbot, Einziehung, Vernichtung oder Unbrauchbarmachung, allein oder nebeneinander, fest. An den Vorschlag der Polizeibehörde ist er nicht gebunden. Einer Mitwirkung der Staatsanwaltschaft bedarf es nicht.

(3) Der Amtsrichter übersendet die Akten der Staatsanwaltschaft, wenn er Bedenken hat, ohne Hauptverhandlung zu entscheiden, oder wenn er noch weitere Ermittlungen für nötig erachtet.

(4) Die §§ 409 bis 412 gelten entsprechend. Der vorherigen Anhörung des Beschuldigten durch das Gericht (§ 33 Abs. 3) bedarf es nicht.

(5) Der Amtsrichter kann das Verfahren unter den Voraussetzungen des § 153 Abs. 1 einstellen; der Beschluß kann nicht angefochten werden.

Spätere Änderungen: Durch Art. 2 Nr. 8 des 2. Straßenverkehrssicherungsges. v. 26. 11. 1964 (BGHl. I 921) erhielt Abs. 2 bez. der festsetzbaren Strafen und Nebenfolgen eine neue Fassung (vorher: „die Strafe sowie eine etwa verwirkte Einziehung oder die Befugnis zur Beseitigung eines gesetzwidrigen Zustandes"). Durch Art. 8 Nr. 7 des StPÄ Ges. v. 19. 12. 1964 (BGBl. I 1067) wurde in Abs. 1 das Wort „Vernehmung" durch „Anhörung" ersetzt und dem Abs. 4 der Satz 2 angefügt. Die Streichung der „Befugnis zur Beseitigung eines gesetzwidrigen Zustandes" erfolgte durch Art. 2 Nr. 15 EG OWiG v. 24. 5. 1968 (BGBl. I 503). Auf Art. 9 Nr. 18 des 1. Strafrechtsreformges. v. 25. 6. 1969 (BGBl. I 645) beruht die Ersetzung des Wortes „Haft" in Abs. 2 durch „Freiheitsstrafe".

Hierzu aus dem

Jugendgerichtsgesetz vom 4. 8. 1953

(BGBl. I 751) in der jetzt geltenden Fassung

§ 75 Jugendrichterliche Verfügung.

(1) Bei Übertretungen kann der Jugendrichter durch richterliche Verfügung eine Arbeits- oder eine Geldauflage anordnen, auf ein Fahrverbot erkennen oder die Einziehung oder eine Verwarnung aussprechen. Die Heranziehung der Jugendgerichtshilfe ist nicht erforderlich. Im übrigen gilt § 413 Abs. 1 bis 4 der Strafprozeßordnung sinngemäß.

(2) Der Jugendrichter kann das Verfahren unter den Voraussetzungen des § 45 einstellen. Der Beschluß ist nicht anfechtbar.

(3) Kommt der Jugendliche einer Auflage schuldhaft nicht nach, so kann Jugendarrest bis zu vierzehn Tagen verhängt werden, wenn der Jugendliche über die Folgen schuldhafter Nichterfüllung in der Verfügung belehrt worden war. Die Anordnung steht einer jugendrichterlichen Verfügung gleich.

Vgl. dazu unten Anm. 13

Übersicht

1. Landesrechtliche Bestimmungen

a) Umfang der Regelungsbefugnis des Landesgesetzgebers. Die Zulassung amtsrichterlicher Strafverfügungen ist in das **Ermessen des Landesgesetzgebers** gestellt; sie geschieht dadurch, daß das Landesgesetz den Polizeibehörden gestattet, ihre Verhandlungen unmittelbar dem Amtsgericht zu übersenden. Das Landesrecht kann sich dabei darauf beschränken, die Befugnis nur bestimmten Polizeibehörden zu erteilen; es kann auch bestimmen, daß die Polizeibehörden nur bestimmte Arten von Übertretungen oder Übertretungen nur unter bestimmten Voraussetzungen (z. B. nur, wenn eine Geldstrafe zu erwarten ist) zur Ahndung im Strafverfügungsverfahren vorlegen können. Eine weitergehende Regelungsbefugnis steht dem Landesgesetzgeber nicht zu; die in § 413 getroffenen Vorschriften sind vielmehr abschließend.

b) Die geltenden Landesgesetze. Einschlägige Gesetze sind in allen Bundesländern erlassen worden:

In **Bayern** bestimmt Art. 3 des BayAusfGes. z. StPO vom 17. 11. 1956 (GVBl. 254 = SaBl. 1227).

„(1) Die Dienststellen der Landpolizei und der Grenzpolizei sowie die von den Gemeinden zu bestimmenden Dienststellen der Gemeindepolizei sind befugt, bei Übertretungen nach § 413 Abs. 1 der Strafprozeßordnung zu verfahren. Die gleiche Befugnis haben im Rahmen ihrer Zuständigkeit die Gewerbeaufsichtsämter.

(2) Das Staatsministerium des Innern erläßt im Einvernehmen mit dem Staatsministerium der Justiz, im Falle des Abs. 1 Satz 2 außerdem im Einvernehmen mit dem Staatsministerium für Arbeit und soziale Fürsorge die erforderlichen Vollzugsvorschriften."

Zum Vollzug des Gesetzes ist die Bekanntmachung des Bay.Staatsmin. d. Innern vom 18. 5. 1957 (JMBl. 330) ergangen, deren Ziff. 2 allgemeine Bedeutung zukommt. Danach sind in Übertretungsfällen, in denen die rechtliche Beurteilung des Tatbestandes zu Zweifeln Anlaß gibt, die Strafanzeigen gemäß § 163 Abs. 2 der Staatsanwaltschaft zuzuleiten. Das gleiche gilt bei besonders schweren Fällen von Übertretungen, wenn der besonders schwere Fall einer über den Rahmen des § 1 Abs. 2 StGB hinausgehenden Strafdrohung unterliegt. Im Verfahren nach § 163 Abs. 2 StPO entfällt in der Anzeige ein Vorschlag zum Strafmaß.

Die Gesetze von Baden-Württemberg (v. 22. 11. 1960, GBl. 174; VO v. 13. 12. 1960, GBl. 190), Berlin (v. 11. 5. 1951, GVBl. 357), Bremen (v. 18. 12. 1958, GBl. 103 = SaBl. **1959** 63), Hamburg (v. 22. 6. 1951, GVBl. 87), Hessen (v. 27. 3. 1951, GVBl. 13), Niedersachsen (v. 14. 3. 1951, GVBl. 75) Nordrhein-Westfalen (v. 22. 3. 1951, GVBl. 41), Rheinland-Pfalz (v. 21. 11. 1950, GVBl. 309), Saarland (v. 4. 6. 1957, ABl. 515) und Schleswig-Holstein (v. 31. 1. 1951, GVBl. 84), gestatten allgemein den Polizeibehörden (und — so Niedersachsen, Nordrhein-Westfalen und Schleswig-Holstein — den Ordnungsbehörden), ihre Verhandlungen unmittelbar dem Amtsgericht zu übersenden.

Z. T. sind dazu ergänzende Ausführungsbestimmungen ergangen (vgl. z. B. für Baden-Württ. den gemeinsamen MinErl. v. 13. 6. 1961, GABl. 278, i. d. F. v. 10. 11. 1964, „Die Justiz" **1965** 41, der enumerativ bestimmt, in welchen schweren oder problematischen Übertretungsfällen die Polizeidienststellen keine Strafverfügung beantragen dürfen, sondern die Vorgänge der StA zuleiten müssen).

c) Antragsrecht der Polizeibehörde als Verfahrensvoraussetzung. Wird der Erlaß einer Strafverfügung wegen einer Übertretung beantragt, die nach Landesrecht nicht im Strafverfügungsverfahren geahndet werden kann, oder von einer Stelle, die solche Anträge nicht stellen kann, so fehlt es an einer Verfahrensvoraussetzung; der Richter hat demgemäß das Verfahren einzustellen (BayObLG JR **1958** 108; OLG Düsseldorf JMBlNRW **1962** 226).

d) **Antragsrecht der Bundesbahnpolizeibehörden.** Das Landesrecht ist auch befugt, Polizeidienststellen des *Bundes* zur Stellung des Antrags zu ermächtigen; in Betracht kommen insbesondere die Behörden der Bundesbahnpolizei. Daraus, daß nach Art. 73 Nr. 6 GG der Bund die ausschließliche Gesetzgebung über die Bundeseisenbahnen hat, ergeben sich keine Bedenken; durch die Übertragung des Antragsrechts greift das Land nicht in die Befugnisse des Bundes ein, da die Bundesbahnpolizeibehörde nur berechtigt, nicht verpflichtet ist, von dem Antragsrecht Gebrauch zu machen (OLGe Bremen OLGSt. Nr. 2 zu § 413; Schleswig Verkehrsrechtliche Mitteilungen **1965** 13; LG Krefeld MDR **1965** 227; Grethlein-Brunner JGG 3a zu § 75; **a. M.** Franz NJW **1964** 1407). Enthält das Landesrecht keine ausdrückliche Bestimmung über die Bahnpolizei, so kommt es darauf an, ob das Antragsrecht den Polizeibehörden schlechthin übertragen ist – dann ist auch die Bahnpolizei einbegriffen – oder nur bestimmten Polizeibehörden, zu denen die Bahnpolizei nicht gehört (OLG Düsseldorf NJW **1964** 829 = VRS **26** 446; Adam NJW **1963** 1440; **a. M.** Herzig NJW **1963** 800).

In Nordrh.-Westf. ist die Bahnpolizei ermächtigt (OLG Düsseldorf NJW **1964** 829; LG Krefeld MDR **1965** 227), ebenso in Baden-Württ. (§ 1 Abs. 2 Nr. 3 der VO v. 13. 12. 1960, GBl. 190), nicht aber in Bayern (BayObLGSt. **1957** 102). Die in Nordrh.-Westf. bei den RegPräs. als Landespolizeibehörden eingerichteten Verkehrsüberwachungsbereitschaften sind nach § 413 Abs. 1 ermächtigt (BGHSt. **18** 326 = NJW **1963** 1214).

e) Die landesrechtliche Ermächtigung hat Wirkung **nur innerhalb des betreffenden Landes.** Daraus ist mit OLG Frankfurt NJW **1964** 510 zu folgern, daß, wenn die nach dem Recht eines Landes zu Anträgen nach § 413 ermächtigte Polizeibehörde den Antrag bei dem Amtsgericht eines anderen Landes stellt, es an einem wirksamen Antrag und damit an einer Prozeßvoraussetzung für das Strafverfügungsverfahren fehlt (**a. M.** Reissfelder in der Anm. zu der Entscheidung aaO., wonach die Frage unter dem Gesichtspunkt der örtlichen Unzuständigkeit der antragstellenden Behörde zu beurteilen ist).

2. **Umfang des Antragsrechts der Polizeibehörden.** a) Das Strafverfügungsverfahren ist nur zulässig bei *Übertretungen* i. S. des § 1 Abs. 2 StGB, zu denen nach der in § 1 Abs. 4 StGB vorgeschriebenen „abstrakten Betrachtungsweise" die im Regelfall mit Übertretungsstrafe bedrohten Gesetzesverstöße auch dann gehören, wenn in „besonders schweren Fällen" Vergehensstrafe angedroht ist, doch eignen sich diese letzteren Gesetzesverstöße nicht für das Strafverfügungsverfahren, wenn die Polizeibehörde einen besonders schweren Fall als gegeben ansieht (so auch die oben angeführte Bay. Bek. v. 18. 5. 1957).

b) Wegen des Falles, daß der Amtsrichter die Tat als Verbrechen oder Vergehen würdigt oder eine Übertretung annimmt, bei der nach den landesgesetzlichen Vorschriften (Anm. 1) ein Strafverfügungsantragsrecht der Polizei ausgeschlossen ist, vgl. Anm. 8 b.

c) Das Strafverfügungsverfahren ist ferner nur zulässig, wenn das *Ermittlungsverfahren ausschließlich von der Polizei* betrieben worden ist; es entfällt, sobald die Staatsanwaltschaft mitgewirkt hat (vgl. unten Anm. 8). Es ist ferner ausgeschlossen, wenn nach Landesrecht eine summarische Erledigung nur durch Stellung des Antrags auf Erlaß eines Strafbefehls erfolgen kann (vgl. Anm. 14 d zu § 407). Das ist z. B. der Fall bei den Übertretungen nach dem preuß. Forstdiebstahlsges. (vgl. §§ 19, 27), während die Übertretungen nach dem preuß. Feld- und Forstpolizeigesetz früher auch durch polizeiliche Strafverfügung geahndet werden konnten (vgl. §§ 49 Abs. 2, 53) und demgemäß jetzt neben dem Strafbefehlsverfahren auch das Strafverfügungsverfahren zulässig ist. Im § 29 des Reichspressegesetzes war der Erlaß polizeilicher Strafverfügungen bei den durch die Presse begangenen Übertretungen ausgeschlossen. Dem Erlaß richterlicher Strafverfügungen auf Antrag der Polizeibehörde steht diese Vorschrift aber nicht entgegen.

3. **Verhältnis des Strafbefehls- zum Strafverfügungsverfahren**

Übertretungen können summarisch sowohl durch Strafbefehl wie durch Strafverfügung abgeurteilt werden. Es steht aber, auch wenn Landesrecht keine besonderen Regelungen (Anm. 1 b) trifft, nicht im Belieben der Polizei, ob sie bei Übertretungstatbeständen ihre Vorgänge der Staatsanwaltschaft (zur Einleitung des Strafbefehlsverfahrens) oder dem

Amtsrichter zum Erlaß einer Strafverfügung vorlegen will. Der gesetzgeberischen Absicht, zwecks beschleunigter Erledigung das *Bagatellunrecht* dem vereinfachten Strafverfügungsverfahren zuzuweisen, entspricht es vielmehr, daß die Polizeibehörde pflichtgemäß prüfen muß, ob es sich um Bagatellunrecht oder um ernster zu beurteilende Tatbestände handelt; entsprechend dem Ergebnis dieser Prüfung muß sie den einen oder den anderen Weg einschlagen (BVerfGE 22 322 = NJW **1968** 147 = VRS **34** 1,3). Daraus wird zu folgern sein, daß die Staatsanwaltschaft, wenn die Polizeibehörde ihr die Vorgänge vorgelegt hat, nicht in der Lage ist, sie wieder der Polizeibehörde zwecks Übersendung an den Amtsrichter zurückzugeben, sondern darauf beschränkt ist, selbst einen Strafbefehl zu beantragen, wenn sie ein summarisches Verfahren für angebracht hält (vgl. OLG Bremen NJW **1965** 120 m. krit. Anm. Lindemann).

4. Strafgewalt des Amtsrichters im Strafverfügungsverfahren

a) Die **Strafgewalt** des Amtsrichters im Strafverfügungsverfahren umfaßt

aa) die für Übertretungen angedrohten Hauptstrafen bis zum gesetzlichen Höchstmaß (§ 1 Abs. 2 StGB). Darin, daß „Freiheitsstrafe" ohne Angabe einer zeitlichen Begrenzung angedroht ist, sieht EbSchmidt NachtrBd. II zu § 413 einen offensichtlichen Redaktionsfehler. Der Gesetzgeber ging aber, wenn er „Haft" durch „Freiheitsstrafe" ersetzte, offensichtlich davon aus, daß sich das Höchstmaß der Freiheitsstrafe ohne weiteres aus den allgemeinen Vorschriften (§§ 1 Abs. 2, 29 Abs. 2, 75 Abs. 2 StGB) ergebe. Daraus folgt, daß in solchen Fällen, in denen Übertretungen in „besonders schweren Fällen" mit Vergehensstrafe bedroht sind (vgl. Anm. 2), die Festsetzung einer sechs Wochen überschreitenden Freiheitsstrafe, weil ein eine Vergehensstrafe rechtfertigender besonders schwerer Fall vorliege, ausgeschlossen ist. Praktisch wird die Festsetzung von primären Freiheitsstrafen angesichts des § 14 Abs. 1 StGB nur eine geringe Rolle spielen;

bb) die Nebenstrafen und Nebenfolgen des Fahrverbots, der Einziehung, Vernichtung oder Unbrauchbarmachung (vgl. Anm. 5 zu § 407).

b) Die Festsetzung sonstiger Nebenstrafen und Nebenfolgen sowie von Maßregeln der Sicherung und Besserung ist ausgeschlossen. Wenn danach der Amtsrichter – anders als im Strafbefehl nach § 407 Abs. 2 Nr. 2 – auch nicht auf Entziehung der Fahrerlaubnis (§ 42 m StGB) erkennen kann, so ergibt sich doch aus der Verweisung in § 413 Abs. 4 auf § 409 Abs. 3, daß *§ 267 Abs. 6 Satz 2 entsprechend anwendbar* ist. Er muß sich danach, wenn er Fahrerlaubnisentziehung – entgegen dem Vorschlag der Polizeibehörde – für geboten hält, des Erlasses der Strafverfügung enthalten und die Akten der Staatsanwaltschaft übersenden (§ 413 Abs. 3). Der Erlaß der Strafverfügung bedeutet also, daß der Amtsrichter auf Grund einer Prüfung nach dieser Richtung eine Entziehung der Fahrerlaubnis nicht für geboten hält, und er muß, wenn die Entziehung nach der Art der strafbaren Handlung in Betracht kam, in der Strafverfügung kurz die Gründe angeben, die die Abstandnahme von der Entziehung rechtfertigen. Daß die Verweisung auf § 409 Abs. 3 so zu verstehen ist und die entsprechende Anwendung der Vorschrift nicht etwa bedeutet, die Unterlassung der Festsetzung eines **Fahrverbots** (§ 37 StGB) sei zu begründen, ergibt sich aus § 4 Abs. 3 Satz 2 StVG: dort ist in der Frage der Bindung der Verwaltungsbehörde an die Feststellungen des strafrichterlichen Urteils zum Sachverhalt und an die Beurteilung der Schuldfrage und der Eignung zum Führen von Kraftfahrzeugen die Strafverfügung – in gleicher Weise wie der Strafbefehl (Anm. 6 zu § 409) – einem Strafurteil gleichgestellt (vgl. Warda MDR **1965** 7).

5. Stellung und Befugnisse der Polizeibehörde

a) Vor Stellung des Antrags. Im Strafverfügungsverfahren hat die **Polizeibehörde** bis zur Abgabe ihrer Akten an das Amtsgericht die Stellung, die sonst die Staatsanwaltschaft im Ermittlungsverfahren einnimmt. Sie kann daher gemäß § 162 StPO richterliche Untersuchungshandlungen unmittelbar (ohne Inanspruchnahme der Staatsanwaltschaft) bei dem zuständigen Richter beantragen (BGHSt. 12 177 = NJW **1959** 250 = JR **1959** 266 mit Anm. von Dünnebier; OLGe. Hamm JMBlNRW **1956** 60; Celle NdsRpfl. **1968** 47).

b) Begriff und Wesen der Aktenübersendung. Während § 407 Abs. 1 in Durchführung des Anklagegrundsatzes den Erlaß eines Strafbefehls von einem Antrag der Staatsanwaltschaft abhängig macht, ist nach dem Wortlaut des § 413 Abs. 1 der Erlaß einer Strafverfügung lediglich davon abhängig, daß die Polizeibehörde ihre Verhandlungen unmittelbar dem Amtsrichter **„übersendet"**. Zum Übersenden gehört mindestens der aus der Anschrift entnehmbare Wille der Polizeibehörde, daß die Akten dem Amtsgericht **zur Entscheidung** vorgelegt werden. Daher liegt z. B. keine Übersendung i. S. des § 413 vor, wenn die Übersendungsverfügung an „den Oberstaatsanwalt in X über das AG in Y" lautet und die Akten so an das AG Y gelangen (OLG Düsseldorf JMBlNRW **1962** 166) oder wenn die Polizeibehörde ihre Vorgänge noch vor Abschluß ihrer Ermittlungen — weil die Anhörung des Beschuldigten noch aussteht — dem Amtsgericht „mit der Bitte um weitere Veranlassung" übersendet (OLG Köln VRS **34** 275). Daß mit der „Übersendung" nicht nur der tatsächliche Akt einer Aktenübersendung gemeint ist, ergibt sich schon daraus, daß die Polizeibehörde einen bestimmten Vorschlag zum Strafmaß zu machen hat, auch wenn dieser Vorschlag den Amtsrichter nicht bindet. Die Aktenübersendung ist vielmehr die Form, in der die Polizeibehörde (wenn auch stillschweigend) den Erlaß einer Strafverfügung **beantragt**, und es ist in § 413 nicht der das Strafverfahren beherrschende Anklagegrundsatz aufgegeben, sondern lediglich das Anklagemonopol der Staatsanwaltschaft (§ 151) durchbrochen und die Anklagebefugnis insoweit an Stelle der Staatsanwaltschaft der Polizeibehörde übertragen.

c) Der Antrag hat danach die Bedeutung einer **Verfahrensvoraussetzung** (ebenso OLGe. Bremen JZ **1952** 238; Hamm NJW **1958** 1836; Düsseldorf JMBlNRW **1962** 166; BayObLG JR **1958** 108). Die nach dem früheren Recht bestehende Entscheidungsbefugnis der Polizeibehörde ist also zu einer Anklagebefugnis abgeschwächt worden; gegen eine solche Regelung können keinerlei Bedenken aus Art. 92 GG hergeleitet werden. Daraus folgt, daß der Antrag der Polizeibehörde auf Erlaß einer Strafverfügung gegen eine bestimmte Person wegen einer **bestimmten** Übertretung zu richten ist. Der Amtsrichter, dem die Polizeibehörde ihre Verhandlung zwecks Erlasses einer Strafverfügung gegen einen bestimmten Beschuldigten übersendet, ist danach nicht befugt, von Amtswegen eine Strafverfügung gegen eine in den polizeilichen Verhandlungen erwähnte andere Person, die er für überführt hält, Teilnehmer an der fraglichen Übertretung oder Täter einer anderen Übertretung zu sein, zu erlassen, wenn sich der Antrag der Polizeibehörde und der Strafbemessungsvorschlag nicht erkennbar auch auf diese Person erstrecken; eine gleichwohl erlassene Strafverfügung müßte auf Einspruch ohne weiteres wegen mangelnder Verfahrensvoraussetzung aufgehoben und das Verfahren eingestellt werden (OLG Bremen aaO.). Und das gleiche müßte gelten, wenn der Amtsrichter nicht wegen des in dem Antrag bezeichneten bestimmten geschichtlichen Vorgangs, sondern wegen einer anderen aus den übersandten Vorgängen entnehmbaren Übertretung desselben Beschuldigten eine Strafverfügung erlassen würde.

d) Übernahme des Ermittlungsverfahrens durch die Staatsanwaltschaft. Die Staatsanwaltschaft kann, wenn sie von dem bei der Polizeibehörde anhängigen Ermittlungsverfahren Kenntnis erhält, von der Polizeibehörde verlangen, **daß sie sich einer Vorlegung nach § 413 enthalte** und die Vorgänge ihr nach § 163 Abs. 2 übersende (Lindemann NJW 1965 120; Grethlein-Brunner 5a zu § 75 JGG; **a. M.** Schorn S. 149, der aber Ausnahmen bei Sachen von grundsätzlicher Bedeutung zulassen will). Das ist selbstverständlich, wenn die Staatsanwaltschaft den Verdacht eines Vergehens oder Verbrechens als gegeben ansieht. Es gilt aber auch dann, wenn die Staatsanwaltschaft nur eine Übertretung annimmt, aber aus bestimmten Gründen im Einzelfall ein Interesse daran hat, die Sache selbst zu verfolgen, etwa weil sie glaubt, daß sich eine schuldangemessene Bestrafung nur erzielen lasse, wenn sie Strafbefehlsantrag stellt oder Anklage erhebt. Denn die Vertretungsbefugnis (vgl. unten Anm. 12c) ist der Polizeibehörde im Interesse der Entlastung der Staatsanwaltschaft eingeräumt und darum nicht unwiderruflich und unentziehbar, wenn die Staatsanwaltschaft zur Wahrung der grundsätzlich ihr übertragenen Verfolgungsbelange im Einzelfall auf die Entlastung durch die Polizeibehörde verzichtet. Eine allgemeine Weisung, bestimmte Arten von Übertretungen nicht nach § 413 zu behandeln, kann die Staatsanwaltschaft freilich nicht erteilen, unbeschadet der Möglichkeit, bei den polizeilichen Aufsichtsbehörden entsprechende Weisungen an die unterstellten Polizeibehörden anzuregen.

e) Behandlung von „Irrläufern". Anders liegt es, wenn die Polizeibehörde einen Strafverfügungsantrag an das Amtsgericht richtet, dieser *irrtümlich* („Irrläufer") an die Staatsanwaltschaft gelangt und diese, ohne daß besondere Gründe für eine Übernahme der Verfolgung vorliegen, den Erlaß eines Strafbefehls beantragt; sie würde damit in die Befugnisse der Polizeibehörde eingreifen und dem Grundgedanken des § 413, Bagatellunrecht dem Strafverfügungsverfahren zu überlassen (oben Anm. 3), zuwiderhandeln; AG Köln JMBlNRW **1970** 21 geht mit Recht davon aus, daß dann dem Erlaß des Strafbefehls das Verfahrenshindernis der funktionellen Unzuständigkeit der Staatsanwaltschaft entgegensteht.

6. Inhaltliche Erfordernisse des Antrags der Polizeibehörde.

Der Antrag der Polizeibehörde muß zunächst die *Tat* bezeichnen. Bei massenhaft vorkommenden Übertretungen kann dies auch durch formularmäßige „Kurzanzeigen" geschehen, die ein Verzeichnis der Verstöße enthalten, von denen die in Betracht kommenden angekreuzt werden, wie dies bei den früheren Verkehrsübertretungen üblich und von der Rechtsprechung als ausreichend angesehen war (vgl. OLGe. Frankfurt NJW **1962** 118; Hamm JMBlNRW **1963** 82; Celle MDR **1967** 943). Weiterhin muß der Antrag — insoweit entsprechend § 200 — die **Beweismittel** und die **anzuwendenden Strafvorschriften** bezeichnen. Diese Vorschrift bezweckt zwar auch die Individualisierung der Übertretung, deren Ahndung durch Strafverfügung beantragt wird; vor allem soll aber sie dem Amtsrichter die Prüfung, ob eine Strafverfügung zu erlassen sei, erleichtern, denn die Strafverfügung muß nach § 413 Abs. 4, § 409 Abs. 1 das angewendete Strafgesetz und die Beweismittel bezeichnen. Der Amtsrichter kann daher, wenn die vorbezeichneten Angaben fehlen, die Vorgänge der Polizeibehörde zur Nachholung zurückgeben und gegebenenfalls den Erlaß einer Strafverfügung ablehnen. Verzichtet er aber darauf und erläßt er die Strafverfügung mit den in § 409 Abs. 1 bezeichneten Merkmalen, so ist für das weitere Verfahren das Fehlen der Angaben über das anzuwendende Strafgesetz und die Beweismittel bedeutungslos (vgl. OLGe. Hamm VRS **10** 218; Düsseldorf JMBlNRW **1962** 166). Das gleiche gilt, wenn der Antrag den vorgeschriebenen **Vorschlag zum Strafmaß** nicht enthält (OLG Bremen NJW **1965** 120, 121 ist schwerlich im gegenteiligen Sinn zu verstehen), denn diese Vorschrift bezweckt nur, dem Amtsrichter die rasche Findung der angemessenen Strafe dadurch zu erleichtern, daß die Polizeibehörde, die auf Grund ihrer Ermittlungen und ihrer Erfahrungen auf dem Lebensgebiet, auf dem sich die Übertretung bewegt, das Ausmaß der verletzten Interessen gut übersehen kann, sich unverbindlich gutachtlich zum Strafmaß äußert.

Das *Anschreiben,* mit dem die Übersendung der Akten erfolgt und das den ausdrücklichen oder stillschweigenden Antrag auf Erlaß der Strafverfügung enthält (oben Anm. 5 b), ferner die Bezeichnung des anzuwendenden Gesetzes und der Beweismittel sowie der Vorschlag zum Strafmaß, müssen von einer Person ausgehen, die nach den bestehenden Organisationsvorschriften befugt ist, solche Erklärungen namens der Polizeibehörde abzugeben (die also „zeichnungsberechtigt" ist). Der Antrag muß ferner — ebenso wie die Anklageschrift (vgl. Anm. 12 zu § 200) — von dieser unterzeichnet sein.

7. Anhörung des Beschuldigten. Der Erlaß einer Strafverfügung setzt ferner voraus, daß die Polizeibehörde den Beschuldigten **angehört** hat.

a) Nach allgemeinen Vorschriften (§ 163 a Abs. 1) ist der Beschuldigte im Ermittlungsverfahren zu vernehmen; in einfachen Sachen genügt die Gewährung der Gelegenheit zu **schriftlicher** Äußerung. Eine Vernehmung war auch im ursprünglichen Wortlaut des § 413 Abs. 1 gefordert. Das 2. Straßenverkehrssicherungsgesetz v. 26. 11. 1964 ersetzte, nachdem die in Anm. 6 der Vorauflage dargestellten Zweifel über die an eine Vernehmung zu stellenden Anforderungen entstanden waren, das Erfordernis der „Vernehmung" durch „Anhörung", um klarzustellen, „daß es genügt, wenn die Polizei den Beschuldigten anhört und darüber einen Vermerk, nicht aber ein förmliches Vernehmungsprotokoll aufgenommen hat" (amtl. Begr. des RegEntw.). Der Grundgedanke der Änderung ist, daß es sich im Strafverfügungsverfahren, dessen Gegenstand nur Übertretungen sein können, um „einfache Sachen" i. S. des § 163 a Abs. 1 Satz 2 handele, bei denen es genügt, wenn dem Beschuldigten Gelegenheit gegeben wird, sich schriftlich zu äußern, und es deshalb gerechtfertigt sei, das der Strafverfügung vorausgehende polizeiliche Ermittlungsverfahren von der Anwendung des § 163 a Abs. 1 Satz 1 auszunehmen. § 413 Abs. 1 ist demgemäß lex specialis gegenüber § 163 a Abs. 1 Satz 1. § 55 Abs. 1 OWiG 1968 verdeutlicht den gleichen Gedanken, wenn es dort heißt: „§ 163 a Abs. 1 StPO ist mit der Einschränkung anzuwenden, daß es genügt, wenn dem Betroffenen Gelegenheit gegeben wird, sich zu der Beschuldigung zu äußern".

b) Daß dem Beschuldigten Gelegenheit gegeben werden muß, sich **schriftlich** zu äußern (§ 163 a Abs. 1 Satz 2), bedeutet nicht, daß er stets Gelegenheit haben müsse, eine schriftliche Stellungnahme einzureichen; es genügt, wenn seine Stellungnahme schriftlich in den Akten erscheint. In der Regel reicht es aus, wenn der einschreitende Polizeibeamte den Sachverhalt am Tatort mit dem Beschuldigten erörtert und das Ergebnis in Form eines Vermerks festhält, der Bestandteil der Akten wird (OLGe. Celle MDR **1967** 943; Oldenburg NJW **1967** 1096; Oske MDR **1968** 885). Kommt es aber dem Beschuldigten darauf an, daß seine Stellungnahme gerade in der von ihm gewünschten Form aktenkundig wird, so würde es nicht genügen, wenn der einschreitende Polizeibeamte nachträglich die mündliche Stellungnahme des Beschuldigten in einem Vermerk zusammenfaßt, dessen Inhalt und Wortlaut dem Beschuldigten unbekannt bleiben, denn ein solches Verfahren böte dem Beschuldigten keine Gewähr, daß tatsächlich *sein* Vorbringen dem Richter, der auf den Inhalt der Akten angewiesen ist, zu Gesicht kommt. Der einschreitende Polizeibeamte muß also, wenn er in solchen Fällen die Anhörung am Tatort durchführt, die, wenn auch in knappster Form niedergelegten, mündlichen Erklärungen des Beschuldigten ihm auf sein Verlangen zur Genehmigung vorlesen und entweder die Genehmigung vermerken oder sie durch Unterschrift bestätigen lassen (so mit Recht Jünemann, Rechtliches Gehör und Strafverfügungsverfahren. Diss. Münster 1964 S. 119). Eine offensichtlich mangelhaft wiedergegebene Einlassung des Beschuldigten kann zur Anwendung des Abs. 3 führen.

c) § 163 a **Abs. 4** gilt auch für die polizeiliche Anhörung (ebenso Kl [30] 5 A; **a. M.** OLG Oldenburg NJW **1967** 1096). *Für* diese Auffassung spricht auch § 55 Abs. 2 OWiG, wonach bei der nach § 55 Abs. 1 gebotenen Anhörung der Anhörende lediglich von der Verpflichtung zu dem Hinweis entbunden wird, daß es dem Betroffenen freistehe, auch schon vor seiner Vernehmung einen von ihm zu wählenden Verteidiger zu befragen, während im übrigen § 163 Abs. 4 — auch bei der Anhörung durch die Polizei — anwendbar bleibt (Göhler [2] 5 B zu § 55). Die lex posterior des § 55 Abs. 2 OWiG erscheint aber auch bei der Anhörung nach § 413 sinngemäß anwendbar, wenn sie an Ort und Stelle der Tat durch die Polizei erfolgt; insoweit erscheinen die von OLG Oldenburg aaO. angeführten Erwägungen beachtlich. Zu der Frage, welche Bedeutung die Unterlassung der Belehrung hat, vgl. Einleitung S. 171.

d) Dem Recht auf Anhörung ist auch genügt, wenn dem Beschuldigten durch Vorladung zur Vernehmung Gelegenheit zur Äußerung auf die Beschuldigung gegeben wird. Soweit in den landesrechtlichen Polizeigesetzen den Polizeibehörden das Recht zugestanden wird, in Strafsachen das Erscheinen des Beschuldigten zur Vernehmung zu erzwingen, erstreckt sich dieses Recht regelmäßig nicht auf Übertretungen, so daß die Frage, ob solche Erzwingungsvorschriften überhaupt wirksam sind (vgl. BGH NJW **1962** 1020 und dazu Schmidt NJW **1962** 2190), hier keine Rolle spielt. Wenn aber der Beschuldigte auf eine solche Vorladung unentschuldigt ausbleibt und sich auch nicht schriftlich zur Sache äußert, ist er „angehört" (OLG Düsseldorf JZ **1959** 66).

e) Ist der Beschuldigte **abwesend,** so daß ihm keine Gelegenheit zur Äußerung gegeben werden kann, so ist der Erlaß einer Strafverfügung nicht möglich. Wegen des Erlasses einer Strafverfügung, wenn der Beschuldigte zwar vernommen, aber bei Übersendung der Anträge abwesend ist, gilt das in Anm. 11 zu § 407 für den Strafbefehl Ausgeführte sinngemäß.

f) Ist die Anhörung, obwohl sie möglich war, **unterblieben,** so berührt dies — nicht anders als im Strafbefehlsverfahren (vgl. Anm. 13 b zu § 407) — die Wirksamkeit der gleichwohl erlassenen Strafverfügung nicht, der Beschuldigte kann sich nur durch Einspruch wehren. Geschieht dies, so ist die unterlassene Anhörung bedeutungslos, der Beschuldigte findet sein Gehör jetzt in der Hauptverhandlung. Die Anhörung vor Erlaß der Strafverfügung hat also nicht die Bedeutung einer Prozeßvoraussetzung, deren Fehlen zur Verfahrenseinstellung führt (OLGe. Düsseldorf JZ **1959** 66; Hamm NJW **1959** 1791; Stuttgart MDR **1966** 257; Celle MDR **1967** 943; ebenso das Schrifttum; vgl. z. B. Oske MDR **1968** 886).

8. Abgabe der Akten an die Staatsanwaltschaft durch die Amtsrichter

a) Hat der Amtsrichter **Bedenken, ohne Hauptverhandlung zu entscheiden** (vgl. dazu Anm. 6 a zu § 408), so hat er — anders als beim Strafbefehl, da § 408 Abs. 2 in § 413 Abs. 4 bewußt nicht für anwendbar erklärt ist — nicht Hauptverhandlung anzuberaumen, sondern die Akten der Staatsanwaltschaft zur weiteren Verfügung zu übersenden (§ 413 Abs. 3, 1. Alternative). Denn sobald sich herausstellt, daß es nicht möglich ist, den Fall summarisch **ohne Beteiligung der Staatsanwaltschaft** durch Strafverfügung zu erledigen, besteht kein Anlaß mehr, von der normalen Gestaltung eines Strafverfahrens abzuweichen; die weitere Sachbehandlung steht nunmehr der Staatsanwaltschaft als der „Herrin" des vorbereitenden Verfahrens zu und ihr bisher durch das Antragsrecht der Polizeibehörde zurückgedrängtes Anklagemonopol tritt jetzt wieder in Wirksamkeit. Hat der Amtsrichter zur Unrecht Hauptverhandlung anberaumt, so muß, da die Strafverfügung den Eröffnungsbeschluß hier nicht ersetzt, das Verfahren eingestellt werden (OLG Saarbrücken JBl. Saar **1961** 134 = VRS 21 217). Abgabe an die Staatsanwaltschaft ist auch nach ausdrücklicher Vorschrift (§ 413 Abs. 3, 2. Alternative) geboten, wenn der Amtsrichter noch **weitere Ermittlungen für erforderlich hält**; er hat dann nicht das Recht, die Sache zur weiteren Aufklärung der Polizeibehörde zurückzugeben, sondern muß die weitere Behandlung der Staatsanwaltschaft überlassen. Diese ist an die Auffassung des Amtsrichters nicht gebunden, sondern kann — was freilich im allgemeinen nicht zweckmäßig wäre — alsbald Antrag auf Erlaß eines Strafbefehls stellen oder Anklage erheben; sie ist aber auch nicht gehindert, das Verfahren nach § 153 Abs. 1 wegen Geringfügigkeit oder nach § 170 deshalb einzustellen, weil sie eine weitere Aufklärung nicht für erfolgversprechend hält. Der gesetzgeberische Grund für die Vorschrift, daß der Amtsrichter die Vorgänge an die Staatsanwaltschaft weiterzugeben hat, wenn er weitere Ermittlungen für erforderlich hält, ist offenbar der, daß der Versuch einer beschleunigten Erledigung als mißlungen anzusehen ist, wenn es weiterer Ermittlungen bedarf, die die Polizei nicht ohne nähere Weisungen vornehmen kann. Der Amtsrichter würde in die Rolle des ermittelnden Staatsanwalts versetzt, wenn er diese Weisungen zu erteilen hätte; auch ist die Polizei nur Hilfsorgan des Staatsanwalts (§ 161), nicht des Amtsrichters. Mit diesen Erwägungen ist es aber nicht unverträglich, daß der Amtsrichter die Vorgänge nochmals der Polizeibehörde zurückgibt, wenn es sich nur um die Aufklärung eines genau zu bezeichnenden Punktes handelt, und die Polizeibehörde ohne weiteres diese Aufgaben erledigen kann (ebenso Schorn S. 159).

b) Die Abgabe der Sache an die Staatsanwaltschaft ist schließlich auch dann erforderlich, wenn die Tat nach Auffassung des Amtsrichters ein **Verbrechen oder Vergehen** oder eine solche Übertretung darstellt, bei der nach den landesgesetzlichen Vorschriften (vgl. Anm. 2) das Strafverfügungsantragsrecht der Polizeibehörde nicht gegeben ist. In entsprechender Anwendung des § 41 Abs. 2 OWiG gibt er die Sache an die Verwaltungsbehörde ab, wenn er nur eine Ordnungswidrigkeit als gegeben ansieht.

c) Die Abgabe an die Staatsanwaltschaft mit dem Hinweis auf § 413 unterbricht die **Verfolgungsverjährung**, auch wenn in der Übersendungsverfügung nicht angegeben ist, aus welchem der beiden in § 413 Abs. 3 angeführten Gründe die Akten übersandt werden (BGHSt. 20 20 = MDR **1964** 938 = NJW **1964** 2168). Wegen der insoweit bestehenden Streitfragen vgl. Anm. 7 c der Vorauflage; OLGe. Oldenburg MDR **1965** 593 m. Anm. Brückner; Celle MDR **1964** 862; EbSchmidt NachtrBd. I Rz. 15.

9. Ablehnung des Erlasses einer Strafverfügung

a) Der Amtsrichter kann — ohne die Akten der Staatsanwaltschaft zu übersenden — den Erlaß einer Strafverfügung *ablehnen*, wenn der Antrag der Polizeibehörde den formalen Erfordernissen des § 413 Abs. 1 — Anhörung, Angabe des Strafgesetzes und der Beweismittel, Vorschlag zum Strafmaß — nicht entspricht und die Vorgänge der Polizeibehörde zurückgeben; die Polizeibehörde kann dann den Antrag in gehöriger Form erneuern oder die Vorgänge der Staatsanwaltschaft übersenden.

b) Abgesehen von der Behandlung der vorstehend in Anm. 8 erörterten Fälle, daß die Polizeibehörde zum Antrag nicht legitimiert ist und die Tat ein Verbrechen oder Vergehen oder keine Übertretung, sondern eine Ordnungwidrigkeit darstellt, kann der Erlaß der Strafverfügung auch abgelehnt werden, wenn der Antrag sich gegen einen Jugendlichen richtet oder das angegangene Gericht örtlich unzuständig ist. Der Amtsrichter kann den Erlaß einer Strafverfügung aber auch aus *sachlichen* Gründen ablehnen, so wenn die Tat offensichtlich unter kein Strafgesetz fällt, wenn ein unbehebbares Verfahrenshindernis – z. B. Verjährung – vorliegt (vgl. § 206 a), oder wenn eine Überführung des Beschuldigten nicht möglich erscheint. Das ist allerdings umstritten. Nach einer im Schrifttum vertretenen Auffassung (vgl. EbSchmidt NachtrBd. I Rz. 10; Müller-Sax 3 c; Peters 494; H. W. Schmidt MDR 1961 564) hat der Amtsrichter nach § 413 Abs. 3 zu verfahren; diese Vorschrift enthalte nur eine beispielhafte Aufzählung. Indessen rechtfertigt der Grundgedanke des Strafverfügungsverfahrens, Bagatellsachen durch richterliche Entscheidung ohne Mitwirkung der Staatsanwaltschaft zu erledigen, aber auch § 413 Abs. 5, wonach der Amtsrichter, abweichend von der Regel des § 153 Abs. 3, das Verfahren ohne Mitwirkung der Staatsanwaltschaft wegen Geringfügigkeit einstellen kann, die Folgerung, daß auch eine sachlich gebotene Beendigung des Verfahrens, die nicht in dem Erlaß einer Strafverfügung oder der Einstellung nach § 413 Abs. 5 besteht, ohne Mitwirkung der Staatsanwaltschaft zulässig ist, und zwar in entsprechender Anwendung des § 204 (ebenso LG Lüneburg Nds. Rpfl. **1968** 46; Kl [30] 5 E; offengelassen in BGHSt. 20 20). Ein solcher den Erlaß der Strafverfügung ablehnender Beschluß ist dann aber folgerichtig nicht der Polizei (so die Vorauflage Anm. 7 d und Schorn 158), deren Rolle erledigt ist, sondern der Staatsanwaltschaft zuzustellen, die ihn entsprechend § 210 Abs. 2 anfechten kann (ebenso LG Lüneburg und Kl aaO.).

10. Erlaß der Strafverfügung

Bei dem Erlaß der Strafverfügung ist der Amtsrichter – und darin liegt der wesentliche Unterschied gegenüber dem Strafbefehl – weder an die tatsächliche oder rechtliche Beurteilung der Tat durch die Polizeibehörde noch an deren *Vorschlag zum Strafmaß gebunden.* Er kann aber stets nur den bestimmten geschichtlichen Vorgang, der den Gegenstand des polizeilichen Antrags bildete, aburteilen. Im übrigen gilt sinngemäß alles das, was für den Erlaß eines Strafbefehls gilt. Bis zur Zustellung der Strafverfügung kann die Polizeibehörde ihren Antrag und der Amtsrichter die Strafverfügung **zurücknehmen** (vgl. Anm. 9 zu § 409). Eine auf dem polizeilichen Antrag verfügte Anweisung an die Kanzlei, den Entwurf einer dem Antrag entsprechenden Strafverfügung herzustellen, ist noch kein Erlaß der Strafverfügung und damit kein zur Verjährungsunterbrechung geeigneter richterlicher Akt (OLGe. Köln NJW **1962** 504; Hamm JMBl. NRW **1963** 82); s. aber auch OLG Karlsruhe VRS 33 38 über die Bedeutung der richterlichen Verfügung: „nach Antrag."

11. Beschränkte Rechtskraft der Strafverfügung. Wiederaufnahme

Wird die Strafverfügung *rechtskräftig,* so ist ihre strafklageverbrauchende Wirkung in gleicher Weise beschränkt wie (nach h. M.) beim Strafbefehl. Die **Wiederaufnahme** des Verfahrens zugunsten des Verurteilten sieht § 373 a nur bei Strafbefehlen vor. Gleichwohl ist streitig, ob die Vorschrift nicht auch für die Strafverfügung gelte. BVerfGE 22 322 = NJW **1968** 147 hat diese Zweifelsfrage nicht entschieden, sondern lediglich ausgesprochen, daß die die Anwendbarkeit des § 373 a auf Strafverfügungen verneinende Auffassung nicht grundgesetzwidrig sei, da nach der gesetzgeberischen Absicht dem Strafbefehlsverfahren leichte Vergehen und schwere Übertretungen, dem Strafverfügungsverfahren aber die leichteren Übertretungen zugewiesen seien und es weder dem Gleichheitssatz (Art. 3 Abs. 1 GG) noch dem Rechtsstaatsprinzip widerspreche, bei dem typischen Bagatellunrecht die Wiederaufnahme des Verfahrens generell zu versagen. In Rechtsprechung und Schrifttum (vgl. die Übersicht in der Anm. zu § 373 a und bei BVerfGE aaO.) wird überwiegend die entsprechende Anwendbarkeit des § 373 a bejaht. Mit Recht, denn es ist kein innerer Grund erkennbar, etwa den mit einer gleich hohen Übertretungsstrafe Belegten verschieden zu behandeln, je nachdem, ob die Ahndung – trotz der funktionellen Verschiedenheit von Strafbefehl und Strafverfügung (oben Anm. 3) mehr oder weniger zufällig – durch Strafbefehl oder Strafverfügung erfolgt ist. Das gilt um so mehr, als die bisher im Vordergrund des Interesses stehende Masse der Übertretungen, die Verkehrsübertretungen, inzwischen in Ordnungswidrigkeiten umgewandelt sind, bei rechtskräftigen Bußgeldentscheidungen aber, wenn auch mit Einschränkungen, § 85 OWiG **1968** die Wiederaufnahme des Verfahrens vorsieht. Läßt man die Wiederaufnahme bei Strafverfügungen zu, so wirkt die Staatsanwaltschaft wie in anderen Wiederaufnahmeverfahren mit (Pontz GA **1965** 202).

12. Verfahren nach Einspruch. Umfang der Mitwirkung des Staatsanwalts

a) Legt der Beschuldigte gegen die Strafverfügung *Einspruch* ein, so tritt nach §§ 413 Abs. 4, 411 das Verfahren in die gleiche Lage wie beim Einspruch gegen einen Strafbefehl, d. h. es wird von jetzt ab – abgesehen von den Besonderheiten, die sich aus § 411 Abs. 1 ergeben – wie ein Verfahren durchgeführt, in dem auf Anklage hin das Hauptverfahren eröffnet worden ist, wobei die Strafverfügung an die Stelle des Eröffnungsbeschlusses tritt (vgl. dazu BGHSt. **18** 326; OLG Bremen NJW **1965** 120, 121 und Anm. 4 zu § 409). *Anklagesatz* i. S. des § 243 Abs. 3 Satz 1 ist der Schuldvorwurf der Strafverfügung (s. dazu wegen der Begrenzung des Umfangs der Tat durch die Strafverfügung OLG Düsseldorf JMBl. NRW **1970** 213). Die Staatsanwaltschaft ist in dem Verfahren nach Einspruch in gleicher Weise zur Mitwirkung berufen, wie im Verfahren nach Einspruch gegen den Strafbefehl (OLG Karlsruhe VRS 37 208). Daraus folgt, daß (im Verfahren gegen Heranwachsende bei Anwendung von Erwachsenenstrafrecht) eine Abgabe gemäß § 42 Abs. 3 JGG der dort vorgesehenen Zustimmung des Staatsanwalts bedarf (BGHSt. 13 186, 189), vor allem aber, daß eine **Einstellung des Verfahrens wegen Geringfügigkeit** gemäß § 153 Abs. 3 durch den Amtsrichter nur mit Zustimmung der Staatsanwaltschaft möglich ist (ebenso OLG Hamburg NJW **1958** 1887 = JZ **1958** 576 = MDR **1958** 863; LGe. Wuppertal JMBl. NRW **1953** 179; Kleve NJW **1955** 1466; Osnabrück NJW **1956** 883; Spisla NJW **1955** 1466; Schaefer JZ **1958** 576; Schorn S. 164; Kl [30] 8; Schmidt MDR **1961** 564) – eine ohne solche Zustimmung erfolgte Einstellung kann mit der Beschwerde angefochten werden (Anm. 15 a zu § 153; LG Osnabrück aaO.) –, und daß nur die Staatsanwaltschaft, nicht etwa die Polizeibehörde, die Klage gemäß § 411 bis zum Beginn der Hauptverhandlung zurücknehmen kann (ebenso Schorn S. 161).

b) Diese Auffassung scheint sich in der Praxis ganz allgemein durchgesetzt zu haben. Im Schrifttum ist (oder wohl: war) sie umstritten. Nach Rasehorn NJW **1955** 889; **1959** 448 und EbSchmidt 14; NachtrBd. I Rz. 11 soll der besondere Zweck des Strafverfügungsverfahrens, die Mitwirkung der Staatsanwaltschaft zu ihrer Entlastung und Vereinfachung des summarischen Verfahrens zu erübrigen, dazu führen, daß auch im Verfahren nach Einspruch gegen die Strafverfügung die Staatsanwaltschaft nicht beteiligt ist und erst nach der Urteilsverkündung im ersten Rechtszug das Strafverfügungsverfahren in das normale Strafverfahren übergeht. Die in § 413 Abs. 4 vorgeschriebene *entsprechende* Anwendung der §§ 409 ff. bedeute, daß diese Vorschriften nur unter der „selbstverständlichen Voraussetzung der Nichtmitwirkung der Staatsanwaltschaft" anzuwenden seien. Auch zeige die Stellung des die Einstellungsbefugnis des Amtsrichters regelnden Abs. 5 hinter dem Abs. 4 des § 413, der die Vorschriften über das Strafbefehlsverfahren für entsprechend anwendbar erklärt, daß Abs. 5 eine Sondervorschrift enthalte, die den Amtsrichter ohne Rücksicht auf das Verfahrensstadium von der Zustimmung der Staatsanwaltschaft entbinde. Und nach Hess NJW **1956** 92 ergibt sich wenigstens aus dem Zweck des Strafverfügungsverfahrens, Bagatellsachen schnell und unter Entlastung der Staatsanwaltschaft zu erledigen, und der nur entsprechenden Anwendung der §§ 409 ff., daß nach Einlegung des Einspruches die Polizeibehörde die Klage bis zum Beginn der Hauptverhandlung fallenlassen und der Amtsrichter wegen Geringfügigkeit ohne Zustimmung der Staatsanwaltschaft einstellen könne. Wäre der Amtsrichter gezwungen, nach Einlegung des Einspruchs die Akten der Staatsanwaltschaft zur Kenntnis und Stellungnahme zu übersenden, die sie dann der Polizeibehörde zur Äußerung zugehen lasse, ob die Ausführungen der Einspruchsschrift Veranlassung gäben, die Klage fallenzulassen oder wegen Geringfügigkeit einzustellen, so wäre praktisch die Entscheidung über die Einstellung der Polizei übertragen und die Staatsanwaltschaft nur Aktenübermittlungsstelle zwischen Gericht und Polizei.

c) Solche Auffassungen sind mit dem Wortlaut des § 413, aber auch mit Sinn und Zweck des Strafverfügungsverfahrens unvereinbar. Inwieweit die Mitwirkung der Staatsanwaltschaft entfällt, ist in § 413 deutlich umschrieben. Der Erlaß einer Strafverfügung ist nach

§ 413 Abs. 1 nur zulässig, wenn die Polizeibehörde ihre Verhandlungen „statt der Staatsanwaltschaft (§ 163 Abs. 2) dem Amtsgericht" übersendet. Das Strafverfügungsverfahren ist demnach nur in Sachen zulässig, in denen bisher lediglich die Polizei nach § 163 Abs. 1 mit der Sache befaßt war — das Verfahren nach § 413 ist also ausgeschlossen, wenn eine Anzeige bei der Staatsanwaltschaft eingeht und diese sie nach § 161 der Polizei zur Anstellung von Ermittlungen zugeleitet hat — und die Mitwirkung der Staatsanwaltschaft im vorbereitenden Verfahren entfällt jetzt deshalb, weil die Polizei ihre Verhandlungen, die sie nach § 163 Abs. 2 der Staatsanwaltschaft zuleiten müßte, kraft des § 413 Abs. 1 unmittelbar dem Amtsrichter vorlegen darf. Daß der Amtsrichter nach einer solchen Vorlegung das Verfahren — abweichend von § 153 Abs. 3 — ohne Zustimmung der Staatsanwaltschaft einstellen und daß er auch — abweichend von § 33 Abs. 2 — die Strafverfügung ohne Mitwirkung der Staatsanwaltschaft erlassen darf, beruht auf den ausdrücklichen Vorschriften in § 413 Abs. 2 Satz 3 und Abs. 5. Ein darüber hinausgehender Wegfall des Mitwirkungsrechts der Staatsanwaltschaft ist im § 413 nicht vorgesehen und kann auch weder aus der Entstehungsgeschichte des § 413 nach aus Sinn und Zweck der Vorschrift hergeleitet werden. Wenn früher gegen eine *polizeiliche* Strafverfügung Antrag auf gerichtliche Entscheidung gestellt war, so war nach ausdrücklicher Vorschrift (§ 417 a. F.) „das Verfahren vor dem Amtsrichter dasselbe wie im Falle einer von der Staatsanwaltschaft erhobenen und zur Hauptverhandlung verwiesenen Anklage"; die Staatsanwaltschaft hatte also, wie danach unzweifelhaft war und auch nie bezweifelt wurde (vgl. die 19. Aufl. Anm. 3 zu § 416 a. F.) in gleicher Weise mitzuwirken, wie wenn das Verfahren durch eine von ihr erhobene Anklage veranlaßt worden wäre; zu einer Einstellung des Verfahrens durch den Amtsrichter nach § 153 bedurfte es mithin auch damals bereits der Zustimmung der Staatsanwaltschaft. Eine Ausnahme von diesem Grundsatz bestand lediglich darin, daß die Polizeibehörde nach Stellung des Antrags auf gerichtliche Entscheidung befugt war, die von ihr erlassene Strafverfügung zurückzunehmen (§ 414 Abs. 2 a. F.), wobei streitig war, ob das Rücknahmerecht mit der Übersendung der Akten an die Staatsanwaltschaft oder erst mit dem Erlaß eines Urteils ende (vgl. in der 19. Aufl. Anm. 6a zu § 414; auch Ziff. 4 der AusfBest. zu § 62 PrPolVerwGes.). Aber diese Gestaltung war nur die Folgerung daraus, daß die Polizeibehörde eine vorläufige *Entscheidung* getroffen hatte; die Verfügung darüber konnte nur ihr und nicht der Staatsanwaltschaft zustehen. Anders jetzt: Das Strafverfügungsverfahren ist lediglich ein durch den Wegfall der Mitwirkung der Staatsanwaltschaft vereinfachtes Strafbefehlsverfahren, und wenn die Polizeibehörde einen Strafverfügungsantrag stellt, so nimmt sie eine Aufgabe der Staatsanwaltschaft wahr und handelt gewissermaßen als deren Vertreterin; mit dem Erlaß der Strafverfügung aber endet die Vertretungsbefugnis der Polizeibehörde und die Strafverfügung steht jetzt einem Strafbefehl gleich mit der Wirkung, daß das weitere Verfahren den gleichen Regeln folgt, als hätte die Staatsanwaltschaft einen Strafbefehlsantrag gestellt und der Amtsrichter einen Strafbefehl erlassen. Diese Betrachtungsweise entspricht auch allein dem Sinn des summarischen Verfahrens: stellt sich durch die Erhebung des Einspruchs heraus, daß der Versuch, die Übertretung summarisch zu ahnden, mißlungen ist, so hat der Angeklagte ein Recht auf eine strafgerichtliche Untersuchung nach den allgemeinen Vorschriften.

d) Stellt sich in der Hauptverhandlung die Tat als Vergehen dar, so wird die Hauptverhandlung unter Beachtung des § 265 durchgeführt, soweit die Zuständigkeit des Einzelrichters nach § 25 Nr. 1 und 2b GVG gegeben ist. Auch erscheint es bei der inneren Verwandtschaft der Strafverfügung mit dem Strafbefehl zulässig, daß die Staatsanwaltschaft bis zum Beginn der Hauptverhandlung einen Antrag nach § 25 Nr. 2c GVG stellt (vgl. Anm. 9c zu § 407). Bei Überschreitung seiner sachlichen Zuständigkeit muß der Amtsrichter nach § 270 verfahren. — Das ergehende Sachurteil hat die gleiche Rechtskraftwirkung wie ein im Verfahren auf Anklage und Eröffnungsbeschluß ergehendes Urteil.

13. Verfahren gegen Jugendliche und Heranwachsende. Gegen **Jugendliche** ist der Erlaß einer Strafverfügung ausgeschlossen; bei ihnen gibt es nur die jugendrichterliche Verfügung (§ 75 JGG, abgedr. vor Anm. 1). Gegen **Heranwachsende** ist, da § 75 in § 109 nicht für anwendbar erklärt ist, eine jugendrichterliche Verfügung nicht möglich. Aber auch eine Strafverfügung nach § 413 ist ausgeschlossen, wenn der Richter Jugendstrafrecht anwendet, da dann eine Strafe, wie sie nach § 413 festgesetzt werden kann, nicht in Betracht kommt.

Eine Strafverfügung kann daher gegen einen Heranwachsenden nur erlassen werden, wenn der Jugendrichter Erwachsenenstrafrecht anwendet (vgl. Nr. 3 der Richtlinien zu § 109 JGG; BGHSt. 13 186, 187; Dallinger-Lackner 39 zu § 109 JGG). Die Polizeibehörde muß daher schon bei ihren Ermittlungen prüfen, ob nach § 105 JGG Jugendstrafrecht oder allgemeines Strafrecht anwendbar erscheint und muß, wenn sie die Anwendbarkeit des Erwachsenenstrafrechts bejaht, bei der Übersendung der Akten an den Jugendrichter nach § 413 Abs. 1 die Gründe für diese Auffassung darlegen. Die Bekanntm. des BayStaatsmin. d. Innern v. 18. 5. 1957 (vgl. Anm. 1 unter b) bestimmt in Nr. 4: „In Anzeigen wegen Übertretungen, die durch Heranwachsende im Sinn des § 1 Abs. 2 JGG begangen sind, ist stets zu vermerken, ob der Täter den Eindruck erweckt hat, daß er nach seiner geistigen und sittlichen Entwicklung noch einem Jugendlichen gleichsteht. Ist dies der Fall, so ist die Strafanzeige gemäß § 163 Abs. 3 StPO der Staatsanwaltschaft zuzuleiten. Andernfalls kann die Anzeige wie eine solche gegen einen Erwachsenen behandelt werden." Einer Heranziehung der Jugendgerichtshilfe bedarf es im Strafverfügungsverfahren gegen Heranwachsende nicht (Dallinger-Lackner 19 zu § 107 JGG).

14. Polizeiliche Verwarnungen bei Übertretungen. Die *landesgesetzlich* den Polizeibehörden übertragene Befugnis, bei leichteren Übertretungen eine *Verwarnung mit Verwarnungsgeld* zu erteilen, ist mit dem GG (Art. 92, 101 Abs. 1 Satz 2) vereinbar (BVerfG NJW **1967** 1748; dazu Hagedorn NJW **1967** 1902; Cordier NJW **1968** 1123) und hat in Art. 154 EG OWiG 1968, der § 56 Abs. 2 bis 4 OWiG für entsprechend anwendbar erklärt, eine bundesgesetzliche Grundlage erhalten. Wegen der Verzehrwirkung vgl. Einleitung S. 60 f; s. dazu auch BayObLG MDR **1970** 1031. Waren die gesetzlichen Voraussetzungen einer solchen Verwarnung nicht gegeben (z. B. weil sich die Zuwiderhandlung als Vergehen erweist), so wird bei Verurteilung im anschließenden Strafverfahren die bezahlte Gebühr – anders als nach vorausgegangenem Strafbefehl oder Strafverfügung, vgl. Anm. 5 a zu § 410 – nicht auf die erkannte Geldstrafe angerechnet, vielmehr muß die Polizeibehörde die erteilte Verwarnung widerrufen oder zurücknehmen und die Gebühr zurückzahlen (BayObLG NJW **1961** 1270; a. M. Göhler [2] 9 zu § 56 OWiG).

§§ 414–418

(weggefallen)

(vgl. Vorbem. vor § 413)

§§ 419–429

(weggefallen)

Der frühere 3. Abschnitt „Verfahren bei Zuwiderhandlungen gegen die Vorschriften über die Erhebung öffentlicher Angaben und Gefälle" befaßte sich mit den nach Maßgabe landesrechtlicher Vorschriften (vgl. § 6 Abs. 2 Nr. 3 a. F. EGStPO) zulässigen **Strafbescheiden der Verwaltungsbehörden** bei Zuwiderhandlungen gegen Abgabevorschriften, mit dem Verfahren auf eine von der Verwaltungsbehörde selbst erhobene Klage und mit dem Anschluß der Verwaltungsbehörde als Nebenkläger am gerichtlichen Verfahren. Diese Vorschriften verloren in der Hauptsache ihre Bedeutung, als durch die Reichsabgabenordnung diese Materie, insbesondere des Strafbescheidsverfahren der Finanz- und Zollämter reichsrechtlich geregelt wurde; sie behielten ihre Bedeutung nur für solche öffentlichen Abgaben, die nicht in den Regelungsbereich der RAbgO fielen. Das Vereinheitlichungsges. v. 12. 9. 1950 (BGBl. 455) beließ zwar in diesem Umfang der Landesgesetzgebung das Recht, bei Zuwiderhandlungen gegen Abgabevorschriften das Verfahren zu regeln, namentlich die vorläufige Straffestsetzung durch Strafbescheid der Verwaltungsbehörden zuzulassen, schränkte aber durch Änderung des § 6 Abs. 2 [neue Nr. 2] die Gesetzgebungsbefugnis der Länder dahin ein, daß sie nur auf die Verfahrensvorschriften der RAbgO (§§ 421 ff., 440 ff.) verweisen könnten. Damit wurden die §§ 419–429 entbehrlich. Ob Strafbescheide der Verwaltungsbehörden wegen des Rechtsprechungsmonopols der Gerichte (Art. 92 GG) mit dem GG unvereinbar oder ob nicht wenigstens die ein Strafbescheidverfahren zulassenden Bundes-

und Landesvorschriften mit dem Beitritt der Bundesrepublik zur Menschenrechtskonvention außer Kraft getreten seien, war im Schrifttum streitig, während die Rechtsprechung (BGHSt. 13 102 = NJW **1959** 1230 mit Übersicht über den damaligen Stand der Meinungen; BFHE **66** 517 = NJW **1958** 846) zunächst die Frage der Weitergeltung bejahten. Über Einzelfragen, die die Modifizierung der §§ 450—452 a. F. RAbgO (Wahlrecht des Beschuldigten, gegen den Strafbescheid des Finanzamts Beschwerde an die Oberfinanzdirektion einzulegen oder Antrag auf gerichtliche Entscheidung zu stellen) durch Art. 19 Abs. 4 GG zum Gegenstand hatten, ist in den Anm. der Vorauflage zu § 419—429 a. F. StPO berichtet. Durch Urteil v. 6. 6. 1967 (BVerfGE 22 49 = NJW **1967** 1219) erklärte das BVerfG die Befugnis der Finanzämter, durch Strafbescheid Kriminalstrafen vorläufig festzusetzen, für unvereinbar mit Art. 92 GG und sprach die Nichtigkeit der §§ 421 Abs. 2, 445, 447 Abs. 1 a. F. RAbgO aus. Mit Gesetz v. 10. 8. 1967 (BGBl. I 877) zog der Gesetzgeber die verfahrensrechtlichen Folgerungen aus dieser Entscheidung durch Erlaß neuer verfassungskonformer Vorschriften über die Mitwirkung der Finanzbehörden im Steuerstrafverfahren. Er überließ den Finanzämtern grundsätzlich die Befugnis, Ermittlungen wegen Steuervergehen in eigner Verantwortlichkeit zu führen, dagegen wurde die Strafbescheidsbefugnis auf das Recht, einen richterlichen Strafbefehl und die Einziehung im objektiven Verfahren zu beantragen und im gerichtlichen Verfahren gehört zu werden, abgeschwächt (§§ 435, 436, 440, 441 RAbgO). Ferner wurden durch das Gesetz vom 12. 8. 1968 (BGBl. I 953) die leichteren Steuervergehen zu Ordnungswidrigkeiten umgestaltet, die die Finanzämter im Bußgeldverfahren ahnden können. Für das Bußgeldverfahren gelten in 1. Linie die verfahrensrechtlichen Vorschriften des OWiG 1968; ergänzende Vorschriften enthält der 4. Abschnitt des 3. Teils der RAbgO (§§ 446—449).

Von einem Abdruck und der Erläuterung der das Strafverfahren betreffenden Vorschriften ist abgesehen; insoweit muß auf das Spezialschrifttum (vgl. z. B. Lohmeyer SchlHA **1969** 25) verwiesen werden. Auch für eine Erörterung von Fragen des Übergangsrechts (vgl. z. B. OLG Karlsruhe NJW **1968** 1941) ist hier kein Raum.

DRITTER ABSCHNITT

Sicherungsverfahren

Vorbemerkungen

1. Der heutige 3. Abschnitt ist als 3 a. Abschnitt durch Art. 2 Ziff. 37 des Ges. v. 24. 11. 1933 (RGBl. I 1000) eingefügt worden und zieht die verfahrensrechtlichen Folgerungen aus der Schaffung des § 42 b StGB, wonach gegen denjenigen, der im Zustand der Zurechnungsunfähigkeit den äußeren Tatbestand eines Verbrechens oder Vergehens rechtswidrig verwirklicht hat, das Gericht die Unterbringung in einer Heil- oder Pflegeanstalt anordnen kann, wenn die öffentliche Sicherheit es erfordert. Ein (subjektives) Strafverfahren kann nur betrieben werden mit dem Ziel, eine gerichtliche Entscheidung darüber herbeizuführen, ob eine bestimmte Person eine Strafe verwirkt, ob sie also schuldhaft und rechtswidrig die Tatbestandsmerkmale eines Strafgesetzes verwirklicht hat; die Erhebung einer öffentlichen Klage wegen eines Verbrechens oder Vergehens und die Eröffnung des Hauptverfahrens entfällt daher, wenn der Beschuldigte nicht hinreichend verdächtig ist, zur Zeit der Tat zurechnungsfähig gewesen zu sein. Die Anordnung der Unterbringung im Fall des § 42 b Abs. 1 hat aber gerade zur Voraussetzung, daß der Täter zur Tatzeit zurechnungsunfähig war. Um in den Fällen, in denen davon auszugehen ist, daß das Hauptverfahren nicht eröffnet wird, weil der Täter bei der Tatbestandsverwirklichung nicht zurechnungsfähig war, die gerichtliche Entscheidung über die Anordnung der Unterbringung herbeiführen zu können, ist das selbständige (= objektive) *Sicherungsverfahren* geschaffen worden. Obwohl es wesensmäßig vom eigentlichen (auf die Feststellung strafrechtlicher Schuld gerichteten) Strafverfahren verschieden ist, denn es bezweckt nur die Sicherung der Allgemeinheit vor den aus dem gefährlichen Zustand eines Menschen drohenden Gefahren, spielt es sich technisch grundsätzlich in den Formen und nach den Regeln des Strafverfahrens ab (§ 429 b) — „unechter Strafprozeß" —, soweit nicht die besonderen Umstände und Zwecke dieses Verfahrens Abweichungen erfordern. Das selbständige Sicherungsverfahren entspricht wesensmäßig dem objektiven Einziehungsverfahren nach § 440. Gegenüber vermindert Zurechnungsfähigen gibt es kein selbständiges Sicherungsverfahren, da nach § 42 b Abs. 2 die Unterbringung hier nur *neben* einer Strafe angeordnet werden kann (RGSt. 69 263).

Im selbständigen Sicherungsverfahren nehmen nur der Unterzubringende und die Staatsanwaltschaft die Stellung Prozeßbeteiligter ein. Den ersteren bezeichnet das Gesetz als „Beschuldigten" (vgl. §§ 429 c), obwohl ihm eine strafrechtliche Schuld gerade nicht vorgeworfen wird; eine neutrale Bezeichnung (etwa „Betroffener", wie § 413 StPO-Entw. 1939 vorschlägt) an Stelle dieser fehlsamen Abkürzung, die die Einsicht in das Wesen des Sicherungsverfahrens als eines aliud gegenüber dem Strafverfahren zu trüben geeignet ist, wäre richtiger gewesen (ebenso Henkel 417; Peters 500). Die Wahl des Ausdrucks „Beschuldigter" damit zu rechtfertigen, das Gericht müsse immer auch prüfen, ob der Betroffene nicht doch schuldhaft gehandelt habe (§ 429 d), er sei „Eventualbeschuldigter" – so Müller-Sax zu § 429 a – geht nicht an; die Gesetzessprache muß sich nach dem im Vordergrund stehenden Untersuchungsthema richten. Der Erläuterer muß sich aber dem technischen Sprachgebrauch des Gesetzes anpassen, um ebenso wie dieser einen Mehraufwand an umschreibenden Worten zu vermeiden. Aus dem Zweck des Sicherungsverfahrens, drohende Gefahren von der Allgemeinheit abzuwenden, ergibt sich, daß ein Anschluß als Nebenkläger (§ 395) oder ein Auftreten als entschädigungsberechtigter Verletzter (§ 403), die die Wahrung der Belange des einzelnen Verletzten bezwecken, nicht in Betracht kommt.

2. Die derzeitige Beschränkung des Sicherungsverfahrens auf die selbständige Unterbringung gemeingefährlicher Geisteskranker entspricht nicht dem praktischen Bedürfnis (Henkel 416). § 71 StGB in der ab 1. 10. 1973 geltenden Fassung des 2. Strafrechtsreformges. v. 4. 7. 1969 (BGBl. I 717) erweitert deshalb im Anschluß an frühere, z. T. noch weitergehende Entwürfe (vgl. § 69 StGB-Entw. 1936, § 411 StPO-Entw. 1939, § 103 StGB-Entw. 1962) die Voraussetzungen der selbständigen Anordnung von Maßregeln der Besserung und Sicherung nach zwei Richtungen, indem er a) die Zahl der Maßregeln, die selbständig – ohne Verbindung mit einem subjektiven Strafverfahren – angeordnet werden können, vermehrt. Die selbständige Anordnung ist künftig zulässig bei Unterbringung in einer psychiatrischen Krankenanstalt, in einer Entziehungsanstalt oder in einer sozialtherapeutischen Anstalt, bei Entziehung der Fahrerlaubnis und beim Berufsverbot – und b) die selbständige Anordnung dieser Maßregeln auch gegen zur Tatzeit Schuldfähige zuläßt, wenn ein Strafverfahren gegen den Täter wegen dessen Verhandlungsunfähigkeit (z. B. bei nachträglichem Verfall in Geisteskrankheit) nicht durchführbar ist. Bei Undurchführbarkeit eines subjektiven Strafverfahrens wegen des Verfahrenshindernisses der Niederschlagung sehen im allgemeinen die Straffreiheitsgesetze (so schon § 13 des Straffreiheitsges. v. 17. 7. 1954, BGBl. I 203 und zuletzt § 4 des Straffreiheitsges. v. 20. 5. 1970, BGBl I 509) vor, daß Maßregeln der Sicherung und Besserung unter sinngemäßer Anwendung des § 429 Abs. 1, 2 selbständig angeordnet werden können (vgl. dazu Anm. 3 b zu § 429 a).

3. In der Richtung dieser Reformbestrebungen liegt es, wenn BGHSt. 13 91 = BGH NJW 1959 1185 mit Zustimmung der h. M. (a. M. Armbruster NJW 1959 1644) es für zulässig erklärt, daß in einem Sicherungsverfahren nach §§ 429 a ff. gegen einen zur Tatzeit Zurechnungsunfähigen neben der Unterbringung in einer Heil- und Pflegeanstalt auch die Entziehung der Fahrerlaubnis nach § 42 m StGB angeordnet wird, obwohl § 42 m StGB die Entziehung der Fahrerlaubnis nur neben einem Freispruch wegen erwiesener oder nicht auszuschließender Zurechnungsunfähigkeit vorsieht. Wegen eines Sonderfalles, in dem im Strafverfahren die Unterbringung auch gegen einen Zurechnungsfähigen ohne Verbindung mit einer Bestrafung angeordnet werden kann, vgl. Anm. 1 c zu § 429 d.

§ 429 a

Liegen Anhaltspunkte dafür vor, daß der Beschuldigte eine mit Strafe bedrohte Handlung im Zustand der Zurechnungsunfähigkeit begangen hat, und führt die Staatsanwaltschaft das Strafverfahren wegen der Zurechnungsunfähigkeit des Beschuldigten nicht durch, so kann sie den Antrag stellen, seine Unterbringung in einer Heil- oder Pflegeanstalt selbständig anzuordnen (Sicherungsverfahren).

Literatur: Dörffler, Das Sicherungsverfahren DJ **1933** 749; Henkel ZStW **57** 702 ff.; **58** 167 ff.; Nagler GerS. **112** 133 ff., 144 ff., 308 ff.; L. Schäfer-Wagner-Schafheutle, Komm. z. Gewohnheitsverbrecherges. 1934.

Übersicht

1. Zurechnungsunfähigkeit als Voraussetzung des Sicherungsverfahrens

a) Voraussetzung für das Sicherungsverfahren ist *negativ,* daß die Staatsanwaltschaft **ein Strafverfahren wegen der Zurechnungsunfähigkeit des „Beschuldigten"** (vgl. Vorbem. 1 vor § 429 a) **nicht durchführt.** Unter Zurechnungsunfähigkeit ist lediglich der in §§ 51 Abs. 1, 55 Abs. 1, StGB umschriebene Zustand zu verstehen; mangelnde Reife des Jugendlichen (§ 3 JGG) ist keine Zurechnungsunfähigkeit (BayObLGSt. **1958** 263 = ZBlJR **1959** 29). Diese Voraussetzung des § 429 a Abs. 1 ist einmal dann gegeben, wenn die Staatsanwaltschaft von vornherein davon absieht, die öffentliche Anklage zu erheben oder wenn sie eine erhobene öffentliche Anklage zulässigerweise (§ 156) zurücknimmt, weil sie erwartet, daß die Eröffnung des Hauptverfahrens wegen Zurechnungsunfähigkeit zur Tatzeit abgelehnt werde. Sie ist aber auch — über den insoweit ungenauen Wortlaut des § 429 a Abs. 1 hinaus — gegeben, wenn nach Erhebung der öffentlichen Klage das Gericht wegen der Zurechnungsunfähigkeit die Eröffnung des Hauptverfahrens ablehnt oder den Angeschuldigten außer Verfolgung setzt (§ 204 Abs. 2); § 211 steht dann der Einleitung des Sicherungsverfahrens nicht entgegen (RGSt. **72** 145). Ist dagegen das Hauptverfahren mit dem Ziel der Urteilsfällung über die Täterschaft und Schuld des Angeklagten eröffnet, so ist für ein selbständiges Sicherungsverfahren kein Raum mehr. Vielmehr muß jetzt, soweit nicht etwa eine durch geistige Erkrankung begründete Verhandlungsunfähigkeit dem entgegensteht (vgl. Anm. 3 zu § 205 u. Anm. 4 zu § 206 a), die Hauptverhandlung durchgeführt und durch Urteil über die Schuld des Angeklagten entschieden werden. Lautet das Urteil auf Freisprechung, weil die Zurechnungsunfähigkeit des Angeklagten zur Tatzeit feststeht (§ 260), so kann, wenn im übrigen die Voraussetzungen des § 42 b gegeben sind, in dem freisprechenden Urteil die Unterbringung in einer Heil- oder Pflegeanstalt angeordnet werden; sieht das Gericht entgegen einem in der Hauptverhandlung gestellten Antrag der Staatsanwaltschaft von der Anordnung ab, so wird die Ablehnung in der Urteilsformel nicht erwähnt, vielmehr müssen sich die Urteilsgründe mit dem Antrag auseinandersetzen (§ 267 Abs. 6).

b) Die Anordnung der Unterbringung war dagegen nach früherer Auslegung nicht möglich, wenn Freispruch geboten ist, weil **Zweifel gegen die Zurechnungsfähigkeit nicht behoben werden können** (vgl. RGSt. **69** 14; **70** 128; BGHSt. **14** 68, 71; LK [8] 3 a. E. zu § 51), ohne daß jedoch die Zurechnungsunfähigkeit zur Überzeugung des Gerichts festgestellt ist, denn § 42 b wurde dahin ausgelegt, daß eine Anordnung nach dieser Vorschrift die positive Feststellung der Zurechnungsunfähigkeit voraussetze (LK [8] II 1 zu § 42 b).

Mit dieser Auslegung hat indessen BGHSt. **18** 167 = NJW **1963** 547 = MDR **1963** 325 gebrochen und läßt mit Recht die Anordnung der Unterbringung auch dann zu, wenn die Zurechnungsfähigkeit des Angeklagten mindestens erheblich vermindert ist und Freispruch erfolgen muß, weil die Zurechnungsunfähigkeit nicht mit Sicherheit auszuschließen ist. Die bisherige Auslegung des § 42 b StGB führte zu dem befremdlichen Ergebnis, daß der Gefährliche bei unaufklärbarem Zweifel, ob nur erheblich verminderte Zurechnungsfähigkeit oder bereits Zurechnungsunfähigkeit vorlag, nicht nur von Strafe, sondern — vorbehaltlich der landesrechtlichen Unterbringungsmöglichkeiten (vgl. Anm. 4 b) — auch von Unterbringung freibleiben mußte, obwohl das Bedürfnis für eine Unterbringung handgreiflich ist; der Gefährliche erfuhr dadurch einen über den Zweck des Satzes: in dubio pro reo hinausgehenden ungerechtfertigten Vorteil (wegen einer entsprechenden Entwicklung der Rechtsprechung bei § 42 m StGB vgl. BGHSt. **14** 68 und bei § 330 a StGB vgl. BGHSt. **9** 390). Der Wandel der Auslegung führt dazu, daß das Sicherungsverfahren nunmehr schon zulässig ist, wenn mindestens erheblich verminderte Zurechnungsfähigkeit feststeht, aber im Hinblick auf den Grundsatz: in dubio pro reo keine hinreichende Aussicht besteht, daß im Strafverfahren die Zurechnungsfähigkeit des Beschuldigten festgestellt werde (so auch BGHSt. 22 1 = JZ **1968** 531 mit abl. Anm. Sax = NJW **1968** 412; OLG Hamm JMBlNRW **1963** 34).

c) **Ein Übergang vom (subjektiven) Strafverfahren zum selbständigen Sicherungsverfahren** ist nach Eröffnung des Hauptverfahrens ausgeschlossen. Die Sache bleibt im ordentlichen Strafverfahren auch anhängig, wenn das Rechtsmittel des freigesprochenen Angeklagten sich zulässigerweise auf die Anordnung der Unterbringung beschränkt (vgl. RGSt. 69 12; BGHSt. 5 267) oder das Rechtsmittel des Staatsanwalts sich dagegen wendet, daß die Unterbringung des Freigesprochenen nicht angeordnet wurde.

2. Vorliegen von Anhaltspunkten

Positive Voraussetzung für den Antrag auf selbständige Anordnung der Unterbringung ist das *Vorliegen von Anhaltspunkten,* daß der „Beschuldigte" eine mit Strafe bedrohte Handlung im Zustand der Zurechnungsunfähigkeit begangen hat. Damit weicht dem Wortlaut nach § 429 a von § 170 ab, der für die Erhebung der Anklage im Strafverfahren fordert, daß nach den Ermittlungen *genügender* Anlaß dazu vorliegt. Daß indessen das bloße Vorliegen von Anhaltspunkten, wie nach § 159, zur Antragstellung nicht ausreichend ist, sondern der Erfolg des Antrags wahrscheinlich sein muß (so auch Lüttger GA **1957** 210), ergibt sich schon aus der Erwägung, daß der auch im Sicherungsverfahren nötige Eröffnungsbeschluß (vgl. Anm. 3 zu § 429 b) im Hinblick auf §§ 429 b Abs. 1, 203 nur ergehen darf, wenn die Wahrscheinlichkeit besteht, daß die Voraussetzungen des § 42 b Abs. 1 StGB gegeben sind, und daß die Staatsanwaltschaft dem bei ihrer Entschließung Rechnung zu tragen hat (vgl. Anm. 4 zu § 170); das ist wohl auch gemeint, wenn Nr. 182 RiStBV bestimmt, der Staatsanwalt dürfe den Antrag nur stellen, „wenn der Schutz der Allgemeinheit es fordert, den zurechnungsunfähigen Beschuldigten in einer Heil- oder Pflegeanstalt unterzubringen (§ 42 b StGB)". Es muß also zunächst ein „hinreichender Verdacht" vorliegen, daß der „Beschuldigte" rechtswidrig den äußeren Tatbestand eines Verbrechens oder Vergehens mit „natürlichem" Tatwillen verwirklicht hat (vgl. Schönke-Schröder Rz. 2 ff. zu § 42 b). Es müssen ferner genügende Anhaltspunkte gegeben sein, daß die öffentliche Sicherheit die Unterbringung erfordert (vgl. dazu LK [8] Anm. 2 b, 3 zu § 42 b). Dabei ist auch zu prüfen, ob der *Grundsatz der Verhältnismäßigkeit* von Mittel und Zweck eine Unterbringung zuläßt (vgl. § 42 a Abs. 2 n. F. und BGHSt. **20** 232: wegen zweier Notbetrugstaten, § 264 a StGB, mit Schäden von etwa je 7 DM läßt sich eine Unterbringung nach § 429 a nicht rechtfertigen; s. dazu unten Anm. 4). Und es muß schließlich für die Staatsanwaltschaft nach dem Stand der Ermittlungen kein vernünftiger Zweifel daran bestehen, daß der Beschuldigte zur Tatzeit zurechnungsunfähig war, oder es muß wenigstens bei einem unaufklärbaren Zweifel, ob erheblich verminderte Zurechnungsfähigkeit oder schon Zurechnungsunfähigkeit vorlag, keine hinreichende Aussicht bestehen, daß die Zurechnungsfähigkeit vor Gericht festgestellt würde (vgl. Anm. 1).

3. Bedeutung von Verfahrenshindernissen für das Sicherungsverfahren

§ 429 a Abs. 1 macht die Stellung des Sicherungsverfahrensantrags davon abhängig, daß die Staatsanwaltschaft das Strafverfahren *gerade wegen der Zurechnungsunfähigkeit* des Beschuldigten nicht durchführt. Das Gesetz geht hierbei von dem Regelfall aus, daß die Staatsanwaltschaft das Strafverfahren durchführen würde, wenn nicht die Zurechnungsunfähigkeit dem entgegenstünde. Dagegen ist in § 429 a die Frage nicht geregelt, welche Folgen sich für das Sicherungsverfahren ergeben, wenn gegen einen Zurechnungsfähigen das Strafverfahren *wegen eines Verfahrenshindernisses* nicht durchgeführt werden könnte. Soweit es sich um die Unterbringung vermindert Zurechnungsfähiger in einer Heil- oder Pflegeanstalt handelt, hat die Rechtsprechung aus § 42b Abs. 2 StGB, wonach „die Unterbringung neben die Strafe tritt", hergeleitet, daß auf Unterbringung im Urteil stets nur in Verbindung mit einem Strafausspruch erkannt, eine Unterbringung also nicht angeordnet werden kann, wenn die Verhängung einer Strafe durch Niederschlagung kraft Straffreiheitsgesetzes ausgeschlossen ist (RGSt. 69 262; a. M. Brandstetter, Komm. z. Straffreiheitsges. 1954 Anm. 12 zu § 13; vgl. dazu Vorbem. 2 vor § 429 a). Folgerichtig schließen dann auch andere Verfahrenshindernisse, die die Verhängung einer Strafe unmöglich machen, zugleich die Anordnung der Unterbringung aus. Diese Erwägungen haben für die selbständige Unterbringung Zurechnungsunfähiger, bei denen ja begrifflich die Koppelung von Strafe und Maßregel der Sicherung und Besserung ausgeschlossen ist, keine Bedeutung; hier muß selbständig geprüft werden, welche Wirkungen ein Verfahrenshindernis, das der Durchführung eines Strafverfahrens gegen einen (wenn auch nur vermindert) Zurechnungsfähigen entgegenstünde, für das Sicherungsverfahren hat.

a) Bei der **Verjährung** besteht hier kein Problem. Denn § 67 Abs. 5 StGB bestimmt ausdrücklich, daß mit der Verjährung der Strafverfolgung auch die Befugnis erlischt, auf Grund der Tat Maßregeln der Sicherung und Besserung anzuordnen.

b) Unproblematisch ist auch die Frage, welche Auswirkung die **Niederschlagung eines Strafverfahrens** durch Straffreiheitsgesetz hinsichtlich der Zulässigkeit eines selbständigen Sicherungsverfahrens hat. An sich liegt der Gedanke nahe, die Befugnis des Staates, Maßregeln der Sicherung und Besserung anzuordnen, ebenso wie den Strafanspruch als Folge der Tatbestandsverwirklichung aufzufassen — § 25 Nr. 2b GVG spricht geradezu von Nebenfolgen und versteht darunter auch die genannten Maßregeln (vgl. die Anm. zu § 25) — und aus dem Verzicht auf den Strafanspruch auf den Verzicht auf die Nebenfolgen zu schließen. Dem steht aber die Erwägung entgegen, daß aus der Tat des Zurechnungsunfähigen ein Strafanspruch nicht erwächst und daß die Befugnis, die Unterbringung in einer Heil- oder Pflegeanstalt anzuordnen, die einzige strafrechtliche Folge der Tatbestandsverwirklichung darstellt. Einen Verzicht auf diese Folge anzunehmen, widerspricht aber in der Regel dem Sinn der Gewährung von Straffreiheit. Denn mit dieser will der Gesetzgeber dem Täter das Strafübel ersparen; daraus folgt aber keineswegs, daß er auch auf den Schutz der Allgemeinheit vor künftigen Gesetzesverletzungen verzichten wolle, den die Unterbringung bezweckt. Wenn daher ein Straffreiheitsgesetz sich darauf beschränkt, die Einstellung der Strafverfahren wegen bestimmter Straftaten vorzuschreiben und die Einleitung neuer Strafverfahren zu verbieten, so steht eine solche Vorschrift grundsätzlich der Einleitung und Durchführung eines selbständigen Sicherungsverfahrens bei entsprechenden Tatverwirklichungen nicht entgegen (vgl. OLG Hamburg HRR **1935** Nr. 758). Die neueren Amnestiegesetze haben nicht nur dies ausdrücklich anerkannt, sondern darüber hinaus in den Fällen, in denen eine Maßregel der Sicherung und Besserung nur in Verbindung mit einer Strafe ausgesprochen werden kann, unter Durchbrechung der Folgerungen, die sich nach der formalen Rechtslogik aus dem Verzicht auf den Strafanspruch für die Anordnung von Maßregeln ergeben, und in Erweiterung des § 429 a die Zulässigkeit selbständiger Sicherungsverfahren trotz Einstellung des Strafverfahrens zugelassen (vgl. Vorbem. 2 vor § 429 a).

c) **Fehlender Strafantrag.** Die vorstehend geschilderte gesetzgeberische Einstellung muß leitend sein bei der Beantwortung der viel umstrittenen Frage, ob, wenn es sich bei dem Strafgesetz, dessen äußerer Tatbestand verwirklicht ist, um ein **Antragsdelikt** handelt, der fehlende Strafantrag das selbständige Sicherungsverfahren ausschließt. In dieser Frage ging schon die Rechtsprechung des RG auseinander: RG JW **1937** 2373 erklärte das Fehlen des Strafantrags für bedeutungslos; RGSt. **71** 218 und 322; **73** 155; RG JW **1937** 2899 sahen dagegen darin ein Hindernis für das Sicherungsverfahren. Der BGH hat (nach anfänglichem Schwanken) das Antragserfordernis verneint (BGHSt. 5 140 = NJW **1954** 280 = MDR **1954** 116; NJW **1958** 1643 und das von Dallinger MDR **1954** 152 mitgeteilte Urteil v. 19. 1. 1954 — 5 StR 699/53 —; der 1. Strafsen. hat die abweichende Auffassung des Urteils v. 21. 4. 1953 — 1 StR 2/53 — nach BGH NJW **1958** 1643 aufgegeben). Im Schrifttum (vgl. frühere Übersichten bei Dallinger aaO. und LK [8] III 1 vor § 42 a) gehen die Auffassungen nach wie vor auseinander: das Strafantragserfordernis wird z. B. bejaht von Schönke-Schröder Rz. 8 zu § 42b; Rz. 49 zu § 61; Dreher 1 C; Lackner-Maaßen 2a zu § 42b; Schlegl NJW **1968** 25; Peters 500; es wird z. B. verneint von Müller-Sax Vorb. 2 vor § 429a; EbSchmidt Nachtr.Bd. I Rz. 17; Kl [30] 4 zu § 429a; Henkel 416; Bruns JZ **1954** 731). Auch die jüngste Gesetzgebung bringt wohl keinen Beitrag zur Klärung des Problems: § 41 b Abs. 2 StGB schließt zwar die selbständige Anordnung der Einziehung (Unbrauchbarmachung) als Sicherungsmaßnahme aus, wenn der Strafantrag und entsprechende Verfolgungsvoraussetzungen fehlen, aber die Interessenlage ist dort eine andere. Auch § 71 StGB in der ab 1. 10. 1973 geltenden Fassungen des 2. StrRG erwähnt zwar von den Verfahrenshindernissen nur die Verhandlungsunfähigkeit, die die selbständige Anordnung von Maßregeln nicht hindert (vgl. Vorbem. 2), aber selbst wenn diese Vorschrift künftig als eine abschließende Aufzählung der Verfahrenshindernisse aufzufassen wäre, die eine selbständige Anordnung nicht hindern, verbietet es sich, daraus Folgerungen für die Auslegung des jetzt geltenden Rechts zu ziehen.

Von den Vertretern der Auffassung, die den Strafantrag fordern, wird geltend gemacht, wenn bei dem vermindert Zurechnungsfähigen (§ 42b Abs. 2 StGB) der fehlende Strafantrag Bestrafung und Unterbringung ausschließe, der Verletzte also insoweit die Entscheidung über die Unterbringung in der Hand habe, könne für die selbständige Unterbringung des Zurechnungsunfähigen nichts anderes gelten. Auch wird darauf verwiesen, die Maßregeln der Sicherung und Besserung seien bei der Zweispurigkeitskonstruktion des StGB in gleicher Weise wie die Strafe Rechtsfolgen der Tatbestandsverwirklichung, und wenn § 61 StGB bei fehlendem Strafantrag die „Verfolgung" ausschließe, so hindere das sowohl eine Bestrafung wie die selbständige Anordnung der Unterbringung. Aber keines dieser Argumente ist zwingend.

aa) Der Verletzte hat es allerdings in der Hand, durch Nichtgebrauch seines Strafantragsrechts die Bestrafung (und damit freilich zwangsläufig auch die Unterbringung) zu verhindern. Aber bei der selbständigen Anordnung treten seine Belange gegenüber dem Schutzbedürfnis der Allgemeinheit zurück.

bb) Auch die „formalistische" Erwägung (EbSchmidt), die selbständige Anordnung sei eine Verfolgung i. S. des § 61 StGB, ist nicht durch gesetzliche Vorschriften zwingend geboten und mit den praktischen Bedürfnissen nicht vereinbar. Nach § 429 b Abs. 1 gelten für das Sicherungsverfahren — worunter das Verfahren in seiner Gesamtheit zu verstehen ist — die Vorschriften „über das Strafverfahren" (nicht: die Vorschriften der StPO) nur **sinngemäß**. Die Vorschriften über den Strafantrag aber gehören, wie heute allgemein anerkannt (vgl. LK = Mösl [9] 1 zu § 61 StGB), materiell dem Verfahrensrecht an; sie sind also, mögen sie auch im StGB stehen, ihrem Wesen nach Vorschriften „über das Strafverfahren" und demgemäß nur sinngemäß, d. h. nur insoweit anwendbar, als es mit Sinn und Zweck des Sicherungsverfahrens vereinbar ist. Das Strafantragserfordernis bezweckt, bei Straftaten, bei denen weniger die Interessen der Allgemeinheit als die des privaten Verletzten auf dem Spiel stehen oder bei denen — wie etwa im Fall des § 236 StGB — der Verletzte ein beachtliches Interesse daran hat, daß die mit der Tat zusammenhängenden Vorgänge nicht gegen seinen Willen zum Gegenstand eines Strafverfahrens gemacht und dadurch einem mehr oder weniger großen Personenkreis bekannt werden, dem Verletzten einen maßgeblichen Einfluß darauf einzuräumen, ob ein Strafverfahren unterbleiben soll. Der erstere Gesichtspunkt steht bei *sinngemäßer* Anwendung der Strafantragsvorschriften der Durchführung des Sicherungsverfahrens nicht entgegen, denn es handelt sich hier nicht um die der Privatdisposition überlassene Frage, ob wegen eines in der Vergangenheit liegenden Tuns bestraft werden soll, sondern ob von der Allgemeinheit in Zukunft von einer Person, die sich durch die Verwirklichung des Straftatbestandes als gefährlich erwiesen hat, drohende Gefahren abgewendet werden sollen; es kann aber nicht vom Willen einer Privatperson abhängen, ob der Allgemeinheit der erforderliche Schutz zuteil wird. Und ebenso muß, wenn Grund des Strafantragserfordernisses der Gesichtspunkt ist, das Interesse des Verletzten an möglichster Geheimhaltung der Tat zu respektieren — ein Interesse, das der Staatsanwalt im Rahmen seines Ermessens (unten Anm. 4) abwägen wird —, dieses Interesse zurücktreten gegenüber einem überwiegenden Interesse der Allgemeinheit, vor drohenden künftigen Tatbestandsverwirklichungen geschützt zu werden. Auch würde es dem Grundgedanken des selbständigen Sicherungsverfahrens, aus Gründen der Arbeitsökonomie dem *Strafgericht* bei Straftatbestandsverwirklichungen die Entscheidung über die Unterbringung zu übertragen, widersprechen, wenn man den Staatsanwalt zwingen wollte, in Fällen, in denen er die Anordnung der Unterbringung für erforderlich erachtet, die Akten der Verwaltungsbehörde zu übergeben, damit diese nach den landesrechtlichen Vorschriften eine Unterbringung durch den Richter im Verfahren der freiwilligen Gerichtsbarkeit herbeiführt (vgl. unten Anm. 4). Es sind also die gleichen Erwägungen wie die, die die neueren Amnestiegesetze (vgl. oben Anm. 3 b) veranlaßt haben, dem Verfahrenshindernis der Niederschlagung für das Sicherungsverfahren keine Bedeutung beizumessen. Daß die Verjährung nach § 67 Abs. 5 StGB anders wirkt (vgl. oben Anm. 3 a), bildet keinen Gegengrund, denn hier ist der Gedanke maßgebend, der ungenutzte Ablauf einer langen Zeit habe gezeigt, daß von dem Täter keine Gefahren mehr drohen, die abgewendet werden müßten.

4. Opportunitätsprinzip beim Antrag auf Sicherungsverfahren

a) Die Staatsanwaltschaft **„kann"** den Antrag auf selbständige Anordnung der Unterbringung stellen. Für sie gilt also insoweit nicht das Legalitätsprinzip (§ 152 Abs. 2), sondern die Entschließung über die Stellung des Antrags liegt in ihrem pflichtmäßigen Ermessen (RGSt. **71** 218; RG JW **1935** 532 Nr. 37, 2368 Nr. 18; Nr. 182 RiStBV); über die Folgerungen, die sich daraus ergeben, vgl. Anm. 2 zu § 429 b.

b) In Ausübung ihrer Ermessensfreiheit kann die Staatsanwaltschaft insbesondere von einem Antrag nach § 429 a absehen, um die Vorgänge an die Verwaltungsbehörde zur weiteren Behandlung nach Maßgabe der **landesrechtlichen Vorschriften über die Unterbringung gemeingefährlicher** (d. h. sich selbst oder anderen gefährlicher) **Geisteskranker** und Alkohol- oder Rauschgiftsüchtiger abzugeben. Die Unterbringung kann auch hier nur durch gerichtliche Entscheidung erfolgen (Art. 104 Abs. 2 GG), wobei in Ermangelung einer landesrechtlichen Vorschrift, welcher Richter zuständig ist, der Zivilrichter im Verfahren der freiwilligen Gerichtsbarkeit entscheidet (BGH NJW **1952** 543; a. M. BVerwG NJW **1955** 804, das die Verwaltungsgerichte für zuständig hält). In den Landesgesetzen ist regelmäßig dem Richter der freiw. Gerichtsbarkeit die Entscheidung übertragen. Das Unterbringungsverfahren im einzelnen ist in den Landesgesetzen nicht einheitlich geregelt (vgl. Baumann Unterbringungsrecht [1966] und die Übersichten bei Franke NJW **1959** 1561; Kersting JZ **1959** 550). Es gelten in Bremen Ges. v. 16. 10. 1962, GBl. 203; Bayern Ges. v. 5. 6. 1958, GVBl. 521; Berlin Ges. v. 5. 6. 1958, GVBl. 735; Rheinl.-Pf. Ges. v. 19. 2. 1959, GVBl. 91; Schlesw. Holstein Ges. v. 26. 8. 1958, GVBl. 271; Hamb. Ges. v. 17. 8. 1949, GVBl. 177; Hess. Ges. v. 19. 5. 1952, GVBl. 111; Nds. §§ 10—12 des Ges. v. 21. 3. 1951, GVBl. 79; Bad.-Württ. Ges. v. 16. 5. 1955, GVBl. 87; Nordrh.-Westf. Ges. v. 2. 12. 1969, GVBl. 872; Saarland Ges. v. 10. 12. 1969, ABl. **1970** 22). Das Bundesges. über das gerichtliche Verfahren bei Freiheitsentziehungen v. 29. 6. 1956 (BGBl. I 599) erfaßt diese Fälle nicht; es regelt nur das Verfahren bei den bundesgesetzlich vorgesehenen Freiheitsentziehungsfällen (vgl. Kersting JZ **1956** 716).

Eine bereits nach Landesrecht angeordnete Unterbringung machte nach bisheriger Rechtsprechung eine strafrichterliche Unterbringungsanordnung im allgemeinen entbehrlich, weil sie in der Regel keine geringere Sicherheit der Allgemeinheit biete (vgl. BGHSt. **12** 50; **17** 123). Ein Bedürfnis für das Sicherungsverfahren wurde angenommen, wenn das Landesrecht sich gegenüber bundesrechtlichen Unterbringungsmöglichkeiten Subsidiarität beilegt (BGHSt. **7** 61; **12** 50) oder die Entscheidung über eine vorläufige Entlassung oder längere Beurlaubung nicht dem Richter vorbehalten, sondern dem Anstaltsleiter übertragen hat (BGHSt. **19** 348; NJW **1967** 686; **1971** 1850; dazu kritisch Schmidt-Futterer MDR **1967** 357). In BGH NJW **1971** 1093 ist nunmehr der Satz, daß landesrechtliche und strafgerichtliche Unterbringung im allgemeinen gleichwertig seien, weitgehend eingeschränkt, insbes. dadurch, daß schon jede in weiterem Umfang als nach Bundesrecht zulässige Entlassung und jede landesgesetzlich vorgesehene Möglichkeit einer Beurlaubung die Gleichwertigkeit ausschließt. Ferner bestehen Beschränkungen des Sicherungsverfahrens durch den Grundsatz der Verhältnismäßigkeit, wie sie BGHSt. **20** 232 mit der Folge annahm, daß nur eine Unterbringung nach Landesrecht in Betracht komme, nach BGH NJW **1971** 1849 im

Hinblick auf § 42 a Abs. 2 n. F. StGB nicht mehr. Die **freiwillige** Unterbringung eines Zurechnungsunfähigen durch den gesetzlichen Vertreter in einer geschlossenen Anstalt macht das Sicherungsverfahren nicht entbehrlich, weil jederzeit mit einer Entlassung auf dessen Verlangen gerechnet werden muß (BGH NJW **1971** 1849).

5. Auch gegen **Jugendliche und Heranwachsende** ist das selbständige Sicherungsverfahren zulässig (§§ 2, 7, 105 JGG); wegen der sachlichen Zuständigkeit vgl. Anm. 8 b zu § 429 b.

§ 429 b

(1) Für das Sicherungsverfahren gelten sinngemäß die Vorschriften über das Strafverfahren, soweit nichts anderes bestimmt ist.

(2) Der Antrag steht der öffentlichen Klage gleich. An die Stelle der Anklageschrift tritt eine Antragsschrift, die den Erfordernissen der Anklageschrift entsprechen muß. Wird im Urteil die Unterbringung nicht angeordnet, so ist auf Ablehnung des Antrags zu erkennen.

(3) Für das Sicherungsverfahren ist die Srafkammer als erkennendes Gericht des ersten Rechtszuges zuständig.

Spätere Änderungen: Abs. 3 ist durch das Vereinheitlichungsges. v. 12. 9. 1950 neu gefaßt (vgl. unten Anm. 8 a).

Übersicht

1. Sinngemäße Anordnung der Strafverfahrensvorschriften. Da das Sicherungsverfahren kein echtes Strafverfahren ist (vgl. Vorbem. 1 vor § 429 a), können die für das Strafverfahren geltenden Regeln nur **sinngemäß** angewendet werden; zur sinngemäßen Anwendung gehört auch die Rücksichtnahme auf die besonderen Umstände, Ziele und Zwecke des Verfahrens (vgl. Anm. 3 c zu § 429 a). Abweichungen vom Strafverfahren ergeben sich insbesondere aus der Aufhebung des Legalitätsprinzips (Anm. 4 zu § 429 a) und aus § 429 c. Der Begriff „Sicherungsverfahren" umfaßt dabei das Verfahren in allen seinen Abschnitten, nicht nur das Stadium der gerichtlichen Anhängigkeit. Aus § 429 c ergibt sich, daß es — abweichend von § 205 — der Verhandlungsfähigkeit des „Beschuldigten" nicht bedarf; ebenso ist die Bestellung eines gesetzlichen Vertreters nicht erforderlich (RGSt. 70 176; BGH NJW **1952** 674; Niethammer ZWehrR IV 284). Auch im Sicherungsverfahren ist Voruntersuchung zulässig (OLG Bremen NJW **1960** 1586). Vgl. noch § 80 a.

2. Die Antragsschrift

a) An die Stelle der Anklageschrift tritt nach **Abs. 2** eine **Antragsschrift,** die den Erfordernissen einer Anklageschrift entsprechen, also stets auch das wesentliche Ergebnis der Ermittlungen enthalten muß, da die Ausnahmevorschrift des § 200 Abs. 2 Satz 2 im Hinblick auf § 429 b Abs. 3 nicht anwendbar ist. Die besondere Antragsschrift bildet die **Prozeßvoraussetzung** für das gerichtliche Verfahren, deren Fehlen in jedem Stadium von Amts wegen zur Verfahrenseinstellung führt (RGSt. 68 291). Daraus folgt, daß auf eine die Durchführung eines Strafverfahrens bezweckende Anklageschrift hin das Hauptverfahren im Sicherungsverfahren nicht eröffnet werden kann, wenn der Eröffnungsrichter die Zurechnungsfähigkeit verneint, denn das würde bedeuten, daß der Eröffnungsrichter in unzulässiger Weise in das Ermessen des Staatsanwalts, ob er das selbständige Sicherungsverfahren betreiben will, eingreift (ebenso RGSt. 72 143; h. M.). Umgekehrt kann dagegen auf einen Sicherungsverfahrensantrag hin das Gericht das Hauptverfahren als Strafverfahren eröffnen (vgl. Anm. 1 a zu § 429 d). Zulässig ist es, mit einer Anklageschrift **hilfsweise** einen Sicherungsverfahrensantrag für den Fall zu verbinden, daß das Eröffnungsgericht die Zurechnungsfähigkeit des Angeschuldigten nicht als hinreichend dargetan, aber hinreichenden Verdacht der Zurechnungsunfähigkeit als gegeben ansehen sollte (ebenso RGSt. 72 144; Müller-Sax 3 c zu § 429 a). Dagegen wäre es – gegen Peters 499 – nicht genügend, daß die Staatsanwaltschaft sich bei Bedenken des Eröffnungsrichters mit einer Behandlung der Anklage als Antragsschrift einverstanden erklärt, denn damit wären dem Beschuldigten die Möglichkeiten, sich nach § 201 gerade gegen den Antrag zu wenden (vgl. Anm. 3), entzogen (so auch Müller-Sax 3 c zu § 429 a).

b) Unzulässig ist es, nach Anklageerhebung beim Amtsgericht und Eröffnung des Hauptverfahrens wegen hervorgetretener Bedenken gegen die Zurechnungsfähigkeit bei dem Landgericht einen Sicherungsverfahrensantrag zu stellen, denn dann steht nach dem Grundsatz des § 429 b Abs. 1 dem Betrieb des Sicherungsverfahrens das **Verfahrenshindernis der Rechtshängigkeit** des subjektiven Verfahrens entgegen. Die Strafkammer könnte auch nicht das anhängige Strafverfahren mit dem Sicherungsverfahren zur gemeinsamen Verhandlung und Entscheidung verbinden, denn die §§ 4, 5 StPO sind unanwendbar, da es sich nicht um zusammenhängende Strafsachen, sondern nur um Verfahren verschiedener Art handelt. Es muß dann das Sicherungsverfahren eingestellt (§ 429 b Abs. 1, § 206 a) und das Verfahren vor dem zuerst angegangenen Gericht durchgeführt werden (BGHSt. 22 185 = NJW 1968 1730 = VRS 35 204 = MDR 1968 859).

3. **Verfahren nach Stellung des Sicherungsantrags.** Der Antrag steht der öffentlichen Klage gleich. §§ 169 a, 169 b sind entsprechend anwendbar. Das Gericht muß, wenn der Antrag bei ihm eingeht, zunächst nach § 201 verfahren. Zugleich ist dem Betroffenen nach § 140 Abs. 1 Nr. 3 ein Verteidiger zu bestellen. Demnächst ist über den Antrag in gleicher Weise wie über eine Anklage zu entscheiden. Genügt die Antragsschrift den wesentlichen Erfordernissen des § 429 b nicht, so muß das Gericht die Eröffnung des Sicherungs-(haupt)-verfahrens bis zur Beseitigung des Mangels ebenso ablehnen, wie es im Strafverfahren bei wesentlichen Mängeln der Anklageschrift zu verfahren hat (RG JW 1935 532 Nr. 37, 2368 Nr. 18; vgl. Anm. 13 zu § 200). Die Eröffnung wird durch begründeten Beschluß gemäß § 204 abgelehnt, wenn rechtliche oder tatsächliche Bedenken entgegenstehen, etwa wenn kein hinreichender Verdacht der Täterschaft oder keine hinreichende Anhaltspunkte vorliegen, daß die Tatbestandsverwirklichung im Zustand der Zurechnungsunfähigkeit erfolgt ist (vgl. Anm. 1 zu § 429 a). Wird die Eröffnung des Hauptverfahrens im Sicherungsverfahren beschlossen – unter gleichzeitiger Entscheidung über die Fortdauer einer einstweiligen Unterbringung (§ 126 a) gemäß § 207 Abs. 4 –, so finden die allgemeinen Vorschriften über die Vorbereitung der Hauptverhandlung entsprechende Anwendung; zu ihnen tritt § 429 c Abs. 2 (vgl. dort Anm. 1 c); auch ist § 246 a Satz 2 zu beachten. Der Antrag kann nach Eröffnung des Hauptverfahrens nicht mehr zurückgenommen werden (§ 156); beim Übergang vom Sicherungs- zum Strafverfahren nach § 429 d ersetzt er die Anklageschrift.

4. **Hauptverhandlung**

a) Für die **Durchführung der Hauptverhandlung** gelten die allgemeinen Vorschriften (einschl. des § 246 a StPO – vgl. dazu BGHSt. 9 1 – und des § 171 a GVG) mit den Besonderheiten, die sich aus § 429 c ergeben. Auch die Angaben des geisteskranken oder geistesschwachen Beschuldigten sind im Sicherungsverfahren Beweismittel und nach dem Grundsatz der freien Beweiswürdigung zu werten; denn auch ein Geisteskranker kann in der Lage sein, einfache ihn betreffende Lebensvorgänge zu erfassen und wiederzugeben oder bestimmte einfache Fragen zu beantworten, auch wenn er sonst außerstande ist, einer oft schwierigen Verhandlung zu folgen (BGHSt. 2 269).

b) Das **Urteil** lautet grundsätzlich nur auf Anordnung der Unterbringung – die Auswahl und Bezeichnung der Anstalt ist nicht Sache des Gerichts (RGSt. **70** 177; OLG Hamm SJZ **1950** 213) –, oder auf Ablehnung des Antrags, die an die Stelle der Freisprechung tritt (BGH NJW **1970** 1242). Die Anordnung setzt positive Feststellung der Zurechnungsunfähigkeit oder doch wenigstens einen unbehebbaren Zweifel voraus, ob erheblich verminderte Zurechnungsfähigkeit oder Zurechnungsunfähigkeit vorlag. Kann eine solche Feststellung nicht getroffen werden, so muß das Gericht den Antrag ablehnen und nach § 429 d verfahren. Der Antrag ist nach dem Grundsatz in dubio pro reo auch abzulehnen, wenn zweifelhaft bleibt, ob der Beschuldigte die ihm zur Last gelegte mit Strafe bedrohte Handlung begangen hat, oder ob ihm ein Rechtfertigungsgrund oder ein anderer Schuldausschließungsgrund als Zurechnungsunfähigkeit oder ein Strafaufhebungsgrund wie Rücktritt vom Versuch (Schlegel NJW **1967** 25) zur Seite steht (BGHSt. **13** 91, 94). Ein Freispruch kommt im Sicherungsverfahren, da ja keine Entscheidung über Schuld oder Nichtschuld begehrt wird, grundsätzlich nicht in Betracht. Liegt dem Eröffnungsbeschluß die Annahme mehrerer selbständiger Handlungen zugrunde und wird eine der Taten in der Hauptverhandlung nicht erwiesen, so erfolgt keine Teilablehnung (noch weniger ein Teilfreispruch), denn es ist dann nur einer von mehreren Unterbringungsgründen weggefallen (RG DJ **1939** 1088); wegen der Kostenentscheidung in einem solchen Fall s. unten Anm. 5.

c) **Anwendbarkeit der §§ 264, 265.** § 264 ist zwar in dem Sinn entsprechend anwendbar, daß die Unterbringungsanordnung nur auf eine der im Eröffnungsbeschluß bezeichneten oder auf Nachtragsantrag (§ 266) hin durch Beschluß in das Verfahren einbezogenen Handlungen gestützt werden kann. Das schließt aber nicht aus, daß bei der Prüfung, ob die öffentliche Sicherheit die Unterbringung erfordert, auch Taten berücksichtigt werden, die nicht Gegenstand der Antragsschrift sind, wenn sie lediglich zur Vervollständigung des Bildes über die Persönlichkeit und Gefährlichkeit des Beschuldigten herangezogen werden (ebenso Müller-Sax 6 zu § 429 a). Daß § 265 in der Hauptverhandlung unanwendbar sei, weil es auf die genauere rechtliche Qualifikation nicht ankomme (so Müller-Sax 1 c), kann für § 265 Abs. 1 nicht zugegeben werden. Denn da die Unterbringungsanordnung voraussetzt, daß die Verwirklichung des äußeren Tatbestandes eines bestimmten Strafgesetzes mit „natürlichem" Tatwillen festgestellt wird, so ist es für die Verteidigung des Beschuldigten sehr wohl von Bedeutung zu wissen, welchen Straftatbestand das Gericht als Grundlage der Unterbringungsanordnung in Erwägung zieht (ebenso jetzt EbSchmidt NachtrBd. I Rz. 6).

d) **Verbindung eines Strafverfahrens mit einem Sicherungsverfahren.** Durch Beschluß gemäß § 4 kann bei **Tatmehrheit** ein selbständiges Sicherungsverfahren mit einem bereits eröffneten Strafverfahren gegen denselben Beschuldigten **verbunden** werden; die Urteilsformel muß dann für beide Verfahren Entscheidung treffen und lautet gegebenenfalls auf Freispruch und Unterbringung oder auf Verurteilung und Ablehnung der Unterbringung (RGSt. **73** 314), während die Ablehnung in der Urteilsformel nicht in Erscheinung tritt, wenn nur das Hauptverfahren in einem Strafverfahren eröffnet ist und auf Freispruch und Anordnung der Unterbringung angetragen wird (vgl. § 267 Abs. 6).

5. **Verfahrenskosten. Kostenmäßig** steht die selbständige Anordnung der Unterbringung gemäß § 465 Abs. 1 einer Verurteilung zu Strafe, die Ablehnung des Sicherungsantrags einem Freispruch gleich (RG HRR **1939** Nr. 604; **1940** Nr. 138). Hat der Eröffnungsbeschluß mehrere selbständige Handlungen zum Gegenstand, von denen nur ein Teil als erwiesen angesehen wird (vgl. oben Anm. 4 b), so erfolgt Kostenverteilung in gleicher Weise wie bei einem Urteil, das teils auf Strafe, teils auf Freispruch lautet („*insoweit* zu tragen, als sie durch das Verfahren wegen einer Tat entstanden sind, wegen deren eine Maßregel gegen ihn angeordnet wird"). RG HRR **1939** Nr. 1012; **1940** Nr. 137, 138; RGSt. **73** 306.

6. Wirkung der Rechtskraft

a) Ein im *Strafverfahren* ergangenes rechtskräftiges, freisprechendes Urteil verbraucht den Strafanspruch mit der Wirkung, daß wegen der Tat, die den Gegenstand des Strafverfahrens bildete, ein selbständiges Sicherungsverfahren nicht mehr betrieben werden kann (vgl. RGSt. **68** 171, 384, 392; **69** 170; BGHSt. **11** 322; EbSchmidt Anm. 16; a. M. Nagler GerS **112** 334, 487). Das bedarf, wenn der Freispruch wegen Verneinung der Täterschaft oder wegen eines Unrechtsausschließungsgrundes oder wegen eines anderen Schuldausschließungsgrundes als der Zurechnungsunfähigkeit erfolgt, keiner Begründung. Aber auch der Freispruch wegen Zurechnungsunfähigkeit steht einem nachträglichen selbständigen Sicherungsverfahren entgegen, denn das Gericht war in der Lage und verpflichtet, zu prüfen, ob mit dem Freispruch eine Anordnung nach § 42 b StGB zu verbinden sei. Die Nichtanordnung entspricht daher einer Verneinung der Anordnungsvoraussetzungen; es geht mithin nicht an, wenn Nagler aaO. die Zulässigkeit des nachträglichen Sicherungsverfahrens damit begründen will, die Rechtskraft des Strafurteils verbiete nur eine nochmalige Behandlung der Straffrage, nicht eine erneute Würdigung des Sachverhalts unter dem ganz anderen Gesichtspunkt des Sicherungserfordernisses. Auch wenn im Strafurteil die Anordnung unterbleibt, weil Gefährlichkeit und Sicherungsbedürfnis verneint werden, ist ein nachträgliches Sicherungsverfahren wegen neu hervorgetretener, die Gefährlichkeit offenbarender Umstände ausgeschlossen; es gilt hier das gleiche, wie wenn im Sicherungsverfahren die Anordnung rechtskräftig abgelehnt wird (s. darüber sogleich).

b) Kraft der in § 429 b Abs. 1 angeordneten Geltung der allgemeinen strafverfahrensrechtlichen Regeln wird auch durch ein im selbständigen *Sicherungsverfahren* ergangenes rechtskräftiges Urteil, es mag auf Anordnung oder Ablehnung lauten, sowohl ein Strafanspruch wie auch ein Sicherungsanspruch verbraucht; in der im Sicherungsverfahren ergehenden Entscheidung liegt, soweit es sich um den Strafanspruch handelt, gewissermaßen der Freispruch wegen Zurechnungsunfähigkeit hinsichtlich einer möglichen strafbaren Handlung (vgl. BGHSt. **11** 319, 322; **13** 91, 94; **16** 198, 199). Dies ergibt sich aus der Erwägung, daß das Gericht stets sein Augenmerk darauf zu richten hat, ob der Beschuldigte nicht doch — entgegen der Annahme des Eröffnungsbeschlusses — zurechnungsfähig ist und daß es gemäß § 429 d in das Strafverfahren übergehen muß, wenn sich die Zurechnungsfähigkeit des Beschuldigten herausstellt (vgl. Anm. 1 zu § 429 d). Erweist sich also nach Rechtskraft einer selbständigen Unterbringungsanordnung, daß der Beschuldigte im Zeitpunkt der Tat zurechnungsunfähig war, so ist die Durchführung eines Strafverfahrens ausgeschlossen (ebenso OLG Hamm JMBl. NRW **1949** 202; Schäfer-Wagner-Schafheutle, Gewohnheitsverbrecherges. Anm. 1 g zu § 429 b). Das gleiche gilt selbstverständlich, wenn die Unterbringung abgelehnt wird, weil der Beschuldigte nicht der Täter sei, es gilt aber auch dann, wenn die Ablehnung nur darauf gestützt wird, daß die öffentliche Sicherheit die Unterbringung nicht erfordere, denn nicht diese Begründung, sondern die Feststellung, daß die Voraussetzungen des § 42 b StGB nicht gegeben seien, wird rechtskräftig (ebenso RGSt. **68** 171, 384, 393; **69** 172 und überwiegend das Schrifttum, z. B. EbSchmidt 14; Schäfer-Wagner-Schafheutle 288; Dörffler DJ **1933** 751; a. M. Henkel ZStrW **1958** 214; Lehrb. 418 und ZStW **81** 987; Peters 501).

Mithin steht die rechtskräftige Ablehnung wegen mangelnder Gefährlichkeit einem neuen Sicherungsverfahren auf Grund der in dem früheren Eröffnungsbeschluß bezeichneten Taten auch dann entgegen, wenn sich nach Rechtskraft neue Anhaltspunkte für die Gefährlichkeit ergeben. Bestehen diese Anhaltspunkte in der erneuten Verwirklichung von Verbrechens- oder Vergehenstatbeständen, so rechtfertigt natürlich dieser Umstand ein neues Sicherungsverfahren, wobei die in dem früheren Urteil gewürdigten Tatbestandsverwirklichungen, auch wenn sie nicht die Grundlage des neuen Verfahrens bilden können, doch zur Vervollständigung des Bildes herangezogen werden dürfen (s. oben Anm. 4 c). Ergibt sich dagegen nachträglich die Gefährlichkeit aus anderen Gesichtspunkten, so ist dem praktischen Bedürfnis dadurch genügt, daß ein Unterbringungsverfahren auf Grund der Landesunterbringungsgesetze (vgl. Anm. 4 b zu § 429 a) betrieben werden kann; ein solches Unterbringungsverfahren wäre übrigens selbst dann zulässig, wenn das Strafgericht die Unterbringung — gleichviel ob wegen fehlender Täterschaft oder mangelnder Gefährlichkeit —

ablehnt und keine neuen Gesichtspunkte nachträglich hervortreten. Denn ebensowenig wie die Ablehnung einer Unterbringung durch den Richter der freiwilligen Gerichtsbarkeit den Strafrichter hindert, die Unterbringung nach § 429 a anzuordnen, ebensowenig hindert die vorgängige Ablehnung im selbständigen Sicherungsverfahren den Richter der freiwilligen Gerichtsbarkeit, auf der Grundlage der für ihn bestehenden Vorschriften und seiner eigenen Ermittlungen die Unterbringung anzuordnen.

7. Wiederaufnahme gegen das Sicherungsurteil

Die Möglichkeit der Wiederaufnahme des Verfahrens *zugunsten* des nach § 429 a Untergebrachten wegen neuer Tatsachen und Beweismittel ergibt sich unmittelbar aus § 359 Nr. 5. Ist durch rechtskräftiges Urteil der Unterbringungsantrag abgelehnt worden, so ist eine Wiederaufnahme des selbständigen Sicherungsverfahrenens *zu ungunsten* des Beschuldigten nach § 362 Nr. 4, § 429 b Abs. 1 nur möglich, wenn die Ablehnung wegen Verneinung der Täterschaft erfolgte und er ein Geständnis über die Täterschaft ablegt. Stellt sich in einem solchen Fall zugleich heraus, daß der Beschuldigte entgegen der Annahme in dem rechtskräftig abgeschlossenen Sicherungsverfahren zur Tatzeit zurechnungsfähig war, so kann nach dem Sinn des § 429 d das Verfahren in Form des Strafverfahrens wiederaufgenommen werden. Ausnahmsweise ist auch eine Wiederaufnahme in Form des Strafverfahrens zuungunsten des Beschuldigten denkbar, dessen Unterbringung selbständig angeordnet wurde, dann nämlich, wenn er (vgl. den von OLG Hamm JMBl. NRW **1949** 202 = SJZ **1950** 622 entschiedenen Fall) die Zurechnungsunfähigkeit zur Tatzeit vorgetäuscht hatte und dies gesteht. Dann kann die bloße Unterbringung als „Freispruch" i. S. des § 362 Nr. 4 und das Geständnis der Zurechnungsfähigkeit als „Geständnis der strafbaren Handlung", d. h. als Geständnis, daß nicht nur der äußere Tatbestand einer strafbaren Handlung erfüllt, sondern eine Straftat begangen wurde, angesehen werden (ebenso Peters 501)

8. Zuständigkeitsfragen. a) § 429 b Abs. 3 a. F. bestimmte: „Wäre für das Strafverfahren das Reichsgericht oder das Oberlandesgericht in erster Instanz oder das Schwurgericht zuständig, so tritt für das Sicherungsverfahren die große Strafkammer an ihre Stelle." Die Vorschrift bezweckte danach damals eine Entlastung der vorgenannten erstinstanzlichen Gerichte; sie ließ die Zuständigkeit der Amtsgerichte, soweit sie bei Annahme der Zurechnungsfähigkeit für das Strafverfahren gegeben war, auch für das selbständige Sicherungsverfahren unberührt. Die neue, auf dem Vereinheitlichungsges. vom 12. 9. 1950 beruhende Fassung, die den in der britischen und amerikanischen Besatzungszone bestehenden Rechtszustand übernahm, bezweckt demgegenüber auch eine *Zuständigkeitskonzentration:* während im Strafverfahren auch der Einzelrichter in den Fällen des § 25 Nr. 2 b, c GVG – wegen des § 25 Nr. 2 a dagegen vgl. § 384 Abs. 1 Satz 2 StPO – unter Freisprechung wegen Zurechnungsunfähigkeit die Unterbringung in einer Heil- oder Pflegeanstalt anordnen kann (vgl. die Anm. zur § 25 GVG), ist durch § 429 b Abs. 3 dem Schöffengericht und dem Einzelrichter die Zuständigkeit für das selbständige Sicherungsverfahren entzogen und der großen Strafkammer (§ 76 Abs. 2 GVG) übertragen. Die Zuständigkeitskonzentration bezweckt offenbar, bei der verhältnismäßig kleinen Zahl der Anwendungsfälle des § 429 a – in Hessen ist im Jahre 1954 ein Antrag aus § 429 a, in den Jahren 1955 und 1956 kein derartiger Antrag gestellt worden (vgl. Bek. vom 1. 3. 1957, HessJMBl. S. 19) – einer kleineren Zahl von Richtern zu ermöglichen, ausreichende Erfahrungen zu sammeln, um eine möglichst gleichmäßige Anwendung der Vorschrift, insbesondere in der Frage der Unterbringungsbedürftigkeit zu gewährleisten. Die Konzentration bei der Strafkammer greift auch in den Fällen Platz, in denen ein nicht behebbarer Zweifel besteht, ob der Beschuldigte zur Tatzeit zurechnungsunfähig war oder nicht (vgl. Anm. 1 b zu § 429 d). Statt bei der normalen großen Strafkammer kann der Staatsanwalt unter den Voraussetzungen des § 26 GVG den Antrag auch bei der Jugendschutzkammer stellen (vgl. OLG Hamm JMBl. NRW **1963** 34).

b) Im Sicherungsverfahren gegen **Jugendliche** und **Heranwachsende** richtet sich die sachliche Zuständigkeit nach den §§ 40, 41 JGG. Danach ist grundsätzlich das Jugendschöffengericht zuständig (§ 40 Abs, 1), es sei denn, daß dieses vor Eröffnung des Hauptverfahrens die Sache wegen ihres besonderen Umfanges der Jugendkammer zur Übernahme vorlegt und diese sie übernimmt (§ 40 Abs. 2, § 41 Abs, 1 Nr. 2 JGG) (ebenso OLGe. Karlsruhe JZ

1957 31; Oldenburg NJW 1959 1200; LG Waldshut NJW 1956 1448; Dallinger-Lackner 4 zu § 40, 7 zu § 41; Grethlein-Brunner 2d zu § 41; a. M. OLG Hamm JMBl. NRW 1955 116, das die Jugendkammer für zuständig erklärt).

c) Im **Strafverfahren** kann es zu einer Befassung der Strafkammer allein mit der Entscheidung über die Anordnung der Unterbringung kommen, wenn nach Revision gegen ein Urteil des Schwurgerichts das Revisionsgericht nur wegen der Unterbringungsfrage aufhebt und gemäß § 354 Abs. 3 StPO statt an das Schwurgericht an die Strafkammer zurückverweist, weil deren Zuständigkeit ausreicht (BGH NJW 1959 1332 = MDR 1959 630). Wird aber die Wiederaufnahme gegen ein schwurgerichtliches Urteil wegen nachträglich erkannter Zurechnungsunfähigkeit des Verurteilten angeordnet und steht dann nur noch die Unterbringung in Frage, so muß das Schwurgericht in einer Hauptverhandlung darüber entscheiden. In einem solchen Fall ist § 371 Abs. 2 unanwendbar, weil nicht ein objektives Verfahren betrieben wird, sondern im Strafverfahren eine Entscheidung über Schuld oder Nichtschuld zu treffen ist (BGHSt. 14 64).

9. Wegen der Vollstreckung der Unterbringungsanordnung vgl. die Anm. zu § 463 a.

§ 429 c

(1) Ist im Sicherungsverfahren das Erscheinen des Beschuldigten vor Gericht wegen seines Zustandes unmöglich oder aus Gründen der öffentlichen Sicherheit oder Ordnung unangebracht, so kann das Gericht die Hauptverhandlung durchführen, ohne daß der Beschuldigte zugegen ist.

(2) In diesem Falle ist der Beschuldigte vor der Hauptverhandlung durch einen beauftragten Richter unter Hinzuziehung eines Sachverständigen zu vernehmen. Von dem Vernehmungstermin sind die Staatsanwaltschaft, der Beschuldigte, der Verteidiger und der gesetzliche Vertreter zu benachrichtigen. Ihrer Anwesenheit bei der Vernehmung bedarf es nicht.

(3) Fordert es die Rücksicht auf den Zustand des Beschuldigten oder ist eine ordnungsmäßige Durchführung der Hauptverhandlung sonst nicht möglich, so kann das Gericht im Sicherungsverfahren nach der Vernehmung des Beschuldigten zur Sache die Hauptverhandlung durchführen, auch wenn der Beschuldigte nicht oder nur zeitweise zugegen ist.

(4) Soweit eine Hauptverhandlung ohne den Beschuldigten stattfindet, können seine früheren Erklärungen, die in einem richterlichen Protokoll enthalten sind, verlesen werden. Das Protokoll über die Vorvernehmung nach Absatz 2 Satz 1 ist zu verlesen.

1. Im Strafverfahren darf nach §§ 232, 233 auch da, wo eine Hauptverhandlung ausnahmsweise in Abwesenheit des Angeklagten zulässig ist, eine Maßregel der Sicherung und Besserung nicht verhängt werden, weil die Verhängung einer solchen Maßregel eine eingehende Prüfung der Persönlichkeit des Beschuldigten erfordert. Die **Bedeutung** des § 429 c, der inhaltlich und auch der Fassung nach im wesentlichen aus Art. 70 Nr. 152 EGStGB 1930 übernommen worden ist, besteht darin, daß er von dem grundsätzlichen Erfordernis der Anwesenheit des Beschuldigten unter bestimmten Voraussetzungen Ausnahmen zuläßt, weil nach dem Zweck des Sicherungsverfahrens die Anordnung der Unterbringung nicht daran scheitern darf, daß der Beschuldigte verhandlungsunfähig ist.

a) Nach **Abs. 1** kann während der *ganzen* Hauptverhandlung auf die Anwesenheit des Beschuldigten verzichtet werden, wenn sein Erscheinen vor Gericht wegen seines Zustandes geradezu unmöglich oder aus Gründen der öffentlichen Sicherheit oder Ordnung unangebracht ist. Das Erscheinen kann zunächst dadurch *unmöglich* sein, daß der Zustand des Beschuldigten nach ärztlicher Auffassung es verbietet, ihn vor Gericht zu verbringen (Transportunfähigkeit). Als *unmöglich* ist das Erscheinen ferner auch dann anzusehen, wenn von dem Auftreten in der Verhandlung, insbesondere als Folge der damit verbundenen Erregung, ernste Gefahren für den Zustand des Beschuldigten (z. B. Selbstmordgefahr) drohen (insoweit teilweise a. M. die 19. Auflage S. 1466). Denn es kann dem Gericht nicht zugemutet werden, sich mit der Verantwortung für einen solchen Ausgang zu belasten, und auch vom Standpunkt des Beschuldigten aus gesehen ist die Beschränkung prozessualer Rechte das bei weitem geringere Übel gegenüber einer ernstlich drohenden Gefahr einer erheblichen

Verschlechterung seines Zustands. Die bloße aus dem Geisteszustand des Beschuldigten sich ergebende Verhandlungsunfähigkeit macht dagegen sein Erscheinen nicht unmöglich. *Unangebracht* aus Gründen der öffentlichen Sicherheit oder Ordnung ist das Erscheinen, wenn bei dem Zustand des Beschuldigten mit Tobsuchtsanfällen, tätlichen Angriffen, Ausbruchsversuchen usw. während des Transports oder der Hauptverhandlung zu rechnen ist.

b) Um dem Gericht, das ohne den Beschuldigten verhandeln muß, wenigstens mittelbar den Eindruck seiner Persönlichkeit zu geben und ihn mittelbar zu Wort kommen zu lassen, ist der Beschuldigte **vor der Hauptverhandlung zu vernehmen** (**Abs. 2**), und das Protokoll *muß* in der Hauptverhandlung verlesen werden (Abs. 4 Satz 2), während andere vor der Hauptverhandlung abgegebene Erklärungen, die in einem richterlichen Protokoll enthalten sind (z. B. solche, die im Vorverfahren aufgenommen wurden, als der Beschuldigte noch als zurechnungsfähig angesehen wurde) ohne die Einschränkungen in § 254 verlesen werden *können*. Die Vernehmung nach Abs. 2 geschieht durch einen *beauftragten Richter*, also durch ein Mitglied der Strafkammer, bei der die Sache nach Eröffnung des Hauptverfahrens anhängig ist. Der vernehmende Richter braucht aber demnächst in der Hauptverhandlung nicht mitzuwirken (ebenso BGHSt. 2 1 = NJW 1952 478 = JR 1952 69). Denn Urteilsgrundlage kann nur das demnächst verlesene Protokoll bilden; der persönliche Eindruck des Vernehmenden ist verfahrensrechtlich nicht verwertbar, da die Verwendung von Wahrnehmungen eines an der Entscheidung mitwirkenden Richters, die die anderen Mitglieder nicht gemacht haben, gegen § 261 (vgl. dort Anm. 3) verstieße. Andererseits genügt aber auch die Vernehmung durch einen *ersuchten* Richter — abweichend von § 233 Abs. 2 — nicht (BGHSt. 2 1). Denn die Mitglieder der Strafkammer, bei der die Zuständigkeit konzentriert ist (vgl. Anm. 8 zu § 429 b), können kraft ihrer Erfahrungen aus einschlägigen Sachen und aus ihrer Vertrautheit mit der Praxis der Kammer besser als ein fremder Richter beurteilen, ob bei der Vernehmung hervortretende Umstände es als möglich und geboten erscheinen lassen, den Beschuldigten doch in der Hauptverhandlung anzuhören und einen entsprechenden Beschluß anzuregen.

c) Die nach **Abs. 2** erforderliche **Zuziehung eines Sachverständigen** zur Vernehmung ist unverzichtbar; der Vorschrift ist nicht genügt, wenn der Sachverständige nur zum Teil der Vernehmung beigewohnt hat, es sei denn, daß die Unwesentlichkeit des Teils, bei dem er fehlte, feststeht (RGSt. 72 182; Schneider-Neuenburg DStR 1938 378). Die Vorschrift über die Benachrichtigung vom Vernehmungstermin entspricht dem § 233 Abs. 3; daß der Beschuldigte von dem Termin nur zu „benachrichtigen" ist, erklärt sich daraus, daß er sich stets in Verwahrung befindet und vorgeführt wird. Satz 3 des Abs. 2, wonach es der Anwesenheit der zu Benachrichtigenden bei der Vernehmung nicht bedarf, bezieht sich naturgemäß nur auf Staatsanwaltschaft, Verteidiger und gesetzlichen Vertreter, denn ohne den Beschuldigten ist eine Vernehmung ja nicht möglich.

d) Sind die Voraussetzungen des Abs. 1 dafür, die *ganze* Hauptverhandlung in Abwesenheit des Beschuldigten durchzuführen, nicht gegeben, so kann nach **Abs. 3** die Hauptverhandlung **wenigstens zum Teil** ohne seine Gegenwart durchgeführt werden. Für das Strafverfahren bestimmen die §§ 231 Abs. 2, 247, unter welchen Voraussetzungen ausnahmsweise eine Hauptverhandlung zum Teil ohne die Anwesenheit des Angeklagten durchführbar ist. § 429c Abs. 3 läßt die Abwesenheit in erheblich weiterem Umfang zu. Danach ist **nach der Vernehmung** des Beschuldigten zur Sache (§ 243 Abs. 3) dessen weitere Anwesenheit entbehrlich, falls und soweit es die Rücksicht auf den Zustand des Beschuldigten erfordert (also um dessen Gesundheitszustand zu schonen) oder eine ordnungsmäßige Durchführung der Hauptverhandlung sonst nicht möglich ist (z. B. weil der erregte Beschuldigte ständig stört). Soweit hiernach die Hauptverhandlung ohne den Beschuldigten stattfindet, können — über § 254 hinaus — nach **Abs. 4 Satz 1** seine früheren Erklärungen, auch wenn sie in einem zunächst gegen den Beschuldigten betriebenen Strafverfahren abgegeben wurden, verlesen werden, wenn sie in einem richterlichen Protokoll enthalten sind; die Verlesung ist zu protokollieren (§ 273). Nimmt der Beschuldigte nach vorübergehender Abwesenheit wieder an der Hauptverhandlung teil, so ist, anders als in § 247 Abs. 1 Satz 3, eine Unterrichtung des Beschuldigten über den wesentlichen Inhalt der Verhandlungsergebnisse während seiner Abwesenheit nicht vorgeschrieben (Kl [30] 3), entspricht aber, soweit nicht wiederum die Rücksicht auf den Zustand des Beschuldigten oder die ordnungsmäßige Durchführung der Hauptverhandlung dies ausschließt, einem nobile officium des Vorsitzenden (ebenso Müller-Sax 4).

2. Sowohl im Fall des Abs. 1 wie dem des Abs. 3 muß der nach § 140 Abs. 1 Nr. 3 **notwendige Verteidiger** ununterbrochen anwesend sein (vgl. § 338 Nr. 5). Dagegen ist — anders als bei der Vernehmung nach Abs. 2 — die ständige Anwesenheit des nach § 246 a in der Hauptverhandlung zu vernehmenden Sachverständigen nicht erforderliche (vgl. Anm. 2 und 3 zu § 246 a).

§ 429 d

(1) Ergibt sich im Sicherungsverfahren nach der Eröffnung des Hauptverfahrens die Zurechnungsfähigkeit des Beschuldigten, und ist das Gericht für das Strafverfahren nicht zuständig, so spricht es durch Beschluß seine Unzuständigkeit aus und verweist die Sache an das zuständige Gericht. § 270 Abs. 2 und 3 gilt entsprechend.

(2) Ergibt sich im Sicherungsverfahren nach er Eröffnung des Hauptverfahrens die Zurechnungsfähigkeit des Beschuldigten, und ist das Gericht auch für das Strafverfahren zuständig, so ist der Beschuldigte auf die veränderte Rechtslage hinzuweisen und ihm Gelegenheit zur Verteidigung zu geben. Behauptet er, auf die Verteidigung nicht genügend vorbereitet zu sein, so ist auf seinen Antrag die Hauptverhandlung auszusetzen. Ist auf Grund des § 429 c in Abwesenheit des Beschuldigten verhandelt worden, so sind diejenigen Teile der Hauptverhandlung zu wiederholen, bei denen der Beschuldigte nicht zugegen war.

Literatur: Fraeb, GerS 112 76 ff.

1. § 429 d regelt nach seinem Wortlaut nur den Fall, daß sich im selbständigen Sicherungsverfahren **nach der Eröffnung des Hauptverfahrens** die Zurechnungsfähigkeit des Beschuldigten ergibt. In diesem Fall wird das Sicherungsverfahren ins Strafverfahren übergeleitet, und zwar in der Weise, daß das Gericht, wenn es auch für das Strafverfahren zuständig ist, das Verfahren als Strafverfahren fortsetzt, während es bei sachlicher Unzuständigkeit für das Strafverfahren die Sache an das zuständige Gericht verweist. Der Wortlaut der Vorschrift ist aber zu eng, denn nicht erst nach Eröffnung, sondern schon bei der Beschlußfassung über die Eröffnung des Hauptverfahrens kann die Notwendigkeit der Überleitung vom Sicherungs- in das Strafverfahren eintreten, so z. B., wenn sich aus der Antragsschrift ergibt, daß die Zurechnungsunfähigkeit lediglich in der mangelnden Reife (§ 3 JGG; s. Anm. 1 zu § 429 a) erblickt wurde (BayObLGSt. 1958 263 = ZBlJR 1959 29). Die Zurechnungsfähigkeit „ergibt sich", wenn hinreichend wahrscheinlich ist, daß der Beschuldigte nicht zurechnungsunfähig, sondern zurechnungsfähig ist; des Hinzutritts neuer Umstände bedarf es nicht.

a) Im **Ermittlungsverfahren** (§ 160) kann in der Regel zwischen Strafverfahren und Sicherungsverfahren zunächst nicht unterschieden werden; nur ausnahmsweise ist dies von vornherein möglich, z. B. wenn nach dem Ergebnis eines wegen einer früheren Tat durchgeführten Strafverfahrens ohne weiteres davon auszugehen ist, daß der Beschuldigte auch die jetzt den Gegenstand der Ermittlungen bildende Tat im Zustand der Zurechnungsunfähigkeit begangen hat. Im allgemeinen aber wird erst, wenn sich Anhaltspunkte für eine zur Tatzeit bestehende Zurechnungsunfähigkeit ergeben, ein Sachverständigengutachten (§§ 80 a, 81) Klarheit bringen, ob Anklage zu erheben ist oder ggbf. ein Sicherungsantrag gestellt werden kann. Beantragt die Staatsanwaltschaft Eröffnung der Voruntersuchung, so berechtigen Anhaltspunkte dafür, daß der Angeschuldigte bei Tatbegehung zurechnunsunfähig gewesen sei, die Ablehnung des Antrags nicht, denn die Voruntersuchung soll erst in Fortsetzung der Ermittlungstätigkeit des Vorverfahrens die Grundlagen für eine Beurteilung des Geisteszustandes des Beschuldigten schaffen (vgl. Anm. 2 zu § 180). Wenn aber nach durchgeführter Voruntersuchung die Staatsanwaltschaft die Außerverfolgungsetzung des Angeschuldigten beantragt, weil er zur Tatzeit zurechnungsunfähig gewesen sei und das Gericht dieser Auffassung nicht beitritt, so kann es nach Maßgabe des § 208 das Hauptstrafverfahren eröffnen; dagegen kann es, wenn es selbst die Zurechnungsunfähigkeit zur

Tatzeit annimmt, entgegen einem Antrag auf Außerverfolgungsetzung oder auf Eröffnung des Haupt(straf)verfahrens die Eröffnung des Hauptsicherungsverfahrens nicht beschließen, weil es damit in die Ermessensfreiheit der Staatsanwaltschaft eingreifen würde (vgl. Anm. 2 zu § 429 b). Nach durchgeführter Voruntersuchung ist also die Überleitung des Straf- in das Sicherungsverfahren nur in der Weise möglich, daß die Staatsanwaltschaft mit dem Antrag auf Außerverfolgungsetzung einen Sicherungsantrag verbindet und das Gericht diesen Anträgen entspricht. Erhebt die Staatsanwaltschaft die öffentliche Klage durch Einreichung einer Anklageschrift, und hält das Eröffnungsgericht die Zurechnungsfähigkeit zur Tatzeit nicht für gegeben, so ist ebenfalls die Eröffnung des Sicherungshauptverfahrens nur zulässig, wenn die Staatsanwaltschaft dies wenigstens hilfsweise beantragt hat (Anm. 2 zu § 429 b). Umgekehrt kann auf einen Sicherungsantrag hin das beschließende Gericht, wenn es die Zurechnungsunfähigkeit nicht für dargetan ansieht, in entsprechender Anwendung des § 208 und nach Maßgabe des § 209 das Hauptstrafverfahren eröffnen. Ein solcher Beschluß verpflichtet die Staatsanwaltschaft gem. § 208 Abs. 2 zu etwa erforderlicher Ergänzung der Antragsschrift; die Nachreichung einer förmlichen Anklageschrift zu verlangen besteht kein Anlaß. Der Beschluß kann vor der Staatsanwaltschaft nur insoweit angefochten werden, als die Strafkammer (§ 429 b Abs. 3) die Verweisung an ein Gericht niederer Ordnung ausgesprochen hat.

b) Nach der früheren Auslegung des § 42 b Abs. 1 StGB war die Anordnung der Unterbringung ohne gleichzeitige Bestrafung nur möglich, wenn das Gericht positiv feststellen konnte, daß der Angeklagte zur Tatzeit zurechnungsunfähig war (vgl. Anm. 1 zu § 429 a). Folgerichtig war auch eine Anordnung der Unterbringung nach § 42 b im selbständigen Sicherungsverfahren nur möglich, wenn das Gericht nach dem Ergebnis der Hauptverhandlung die Überzeugung gewonnen hat, daß der Beschuldigte zur Tatzeit zurechnungsunfähig war. Von diesem Standpunkt aus war für die Fortsetzung des selbständigen Sicherungsverfahrens schon dann kein Raum mehr, wenn die Frage, ob der Angeklagte zur Tatzeit zurechnungsunfähig war oder nur erheblich vermindert zurechnungsfähig (§ 51 Abs. 2 StGB) war, nicht geklärt werden konnte, denn dann stand nicht mehr die selbständige Anordnung der Unterbringung, sondern die Entscheidung über die Schuld in Frage. Dem gegenüber vertrat BGHSt. **16** 198 = JR **1961** 466 mit zust. Anm. Potrykus = JZ **1962,** 501 = NJW **1961** 2170 die Auffassung, daß auch in einem solchen Falle im Sicherungsverfahren weiter verhandelt und entschieden werden könne, wenn das Gericht auch für das Strafverfahren zuständig wäre, weil die Strafklage auch durch die Entscheidung im Sicherungsverfahren verbraucht werde. In Wahrheit nahm BGHSt. **16** 198 den Bruch mit der bisherigen Auslegung des § 42 b StGB vorweg, der erst durch BGHSt. **18** 167 = NJW **1963** 547 vollzogen wurde (vgl. Anm. 1 zu § 429 a). Die neue Auslegung des § 42 b StGB hat aber — über BGHSt. **16** 198 hinaus — für die Auslegung des § 429 d die Folge, daß diese Vorschrift erst zum Zuge kommt, wenn sich im Sicherungsverfahren zur Überzeugung des Gerichts ergibt, daß der Beschuldigte mindestens erheblich vermindert zurechnungsfähig war; bei einem unaufklärbarem Zweifel, ob erheblich verminderte Zurechnungsfähigkeit oder bereits Zurechnungunfähigkeit vorlag, bleibt die ausschließliche Zuständigkeit der Strafkammer (§ 429 b Abs. 3) auch dann bestehen, wenn für das Strafverfahren ein Gericht höherer Ordnung zuständig wäre (ebenso BGHSt. 22 1,5 f = NJW **1968** 412, 413; **a. M.** Peters 499; Sax JZ **1962** 501; **1968** 531).

c) Der Übergang vom Sicherungs- zum Strafverfahren ist auch dann möglich, wenn das im Sicherungsverfahren ergangene, auf Unterbringung lautende Urteil **auf die Revision des Beschuldigten aufgehoben,** die Sache zurückverwiesen und nunmehr die (erheblich verminderte) Zurechnungsfähigkeit festgestellt wird. Dann steht § 358 Abs. 2 der Verhängung einer Strafe entgegen. Die Unterbringung darf aber erneut angeordnet werden, obwohl § 42 b Abs. 2 StGB eine solche nur neben einer Strafe vorsieht, da sonst der Täter einen über den Zweck des Verbots der reformatio in peius hinausgehenden ungerechtfertigten Vorteil erfahren würde, wenn auch die Unterbringung ausgeschlossen wäre (so mit Recht BGHSt. **11** 319).

d) Ist auf **Anklage hin das Hauptverfahren im Strafverfahren eröffnet** und stellt sich jetzt die Zurechnungsunfähigkeit heraus, so ist **ein Übergang vom Strafverfahren zum Sicherungs-**

verfahren ausgeschlossen (ebenso Niethammer ZWehrR IV 290; Müller-Sax Vorbem. 3; EbSchmidt 1; a. M. RKGE 1 136; Peters 499). Einem solchen Übergang stünde zunächst das Bedenken entgegen, daß es an dem Sicherungsantrag als Verfahrensvoraussetzung fehlt, ganz abgesehen davon, daß damit in die Ermessensausübung der Staatsanwaltschaft eingegriffen würde. Die Staatsanwaltschaft wäre auch nicht in der Lage, ihre Anklage in einen Sicherungsantrag umzudeuten oder einen solchen nachzuschieben, denn mit der Eröffnung des Hauptverfahrens ist die Anklage ihrer Verfügung entzogen (§ 156) und es muß nunmehr in einer Hauptverhandlung über Schuldig oder Nichtschuldig entschieden werden, wobei dann bei nachgewiesener Zurechnungsunfähigkeit mit einem Freispruch die Anordnung der Unterbringung verbunden werden kann. Anders liegt es nur, wenn sich nach Eröffnung des Hauptverfahrens die dauernde Verhandlungsunfähigkeit des Angeschuldigten infolge Geisteskrankheit herausstellt und das Strafverfahren durch Einstellung nach § 206 a sein Ende findet; dieser Fall ist nach Sinn und Zweck des § 429 a dem gleichzustellen, daß das Eröffnungsgericht schon den Antrag auf Eröffnung wegen erwiesener Zurechnungsunfähigkeit zurückweist, so daß die Staatsanwaltschaft nunmehr aus § 429 a vorgehen kann.

2. Ist die Strafkammer **für das Strafverfahren nicht zuständig (Abs. 1),** so hat sie durch Beschluß ihre Unzuständigkeit auszusprechen und die Sache an das zuständige Gericht zu verweisen. Abweichend von §§ 269, 270 Abs. 1 ist dieses Verfahren auch dann vorgeschrieben, wenn ein Gericht niederer Ordnung (Schöffengericht oder Einzelrichter) sachlich zuständig ist (ebenso EbSchmidt 5), dies aber nicht im Interesse des Angeklagten, der ja nicht beschwert ist, wenn ein Gericht höherer Ordnung entscheidet, sondern zur Entlastung des Gerichts, nachdem die Gründe für die Zuständigkeitskonzentration bei der Strafkammer (vgl. Anm. 8 zu § 429 b) weggefallen sind. Daraus folgt, daß nach dem auch hier verwertbaren Grundgedanken des § 269 kein nach § 338 Nr. 4 revisibler Gesetzesverstoß vorliegt, wenn die Strafkammer die Sache nicht an das Amtsgericht verweist, sondern (unter Beachtung des Abs. 2) in der Annahme einer auch weiterhin bestehenden besonderen Bedeutung der Sache die Hauptverhandlung durchführt, was nach begonnener Hauptverhandlung auch aus prozeßökonomischen Gründen vielfach geboten ist (BGHSt. 21 334, 356 = NJW 1968 710; Müller-Sax 3 a).

3. Ist die Strafkammer **auch für das Strafverfahren zuständig (Abs. 2),** so verwandelt sich kraft Gesetzes das Sicherungs- in ein Strafverfahren, und es tritt kraft Gesetzes der Sicherungsantrag an die Stelle einer Anklageschrift, der Eröffnungsbeschluß im Sicherungsverfahren an die Stelle eines Eröffnungsbeschlusses im Strafverfahren. Die Veränderung wird dem Angeklagten deutlichgemacht durch ein dem § 265 nachgebildetes Verfahren. Nach Abs. 2 Satz 2 hat der Angeklagte ein Recht auf **Aussetzung.** Aus der Verwendung des Begriffs „Aussetzung" (§ 228) im Gegensatz zu „Unterbrechung" (§ 229) ergibt sich, daß, wenn der Angeklagte (oder sein Verteidiger) Aussetzung verlangt, die Verhandlung für einen Zeitraum von mehr als 10 Tagen auszusetzen ist. Die Bestimmung der Aussetzungsdauer im übrigen steht im pflichtgemäßen Ermessen des Gerichts (BGHSt. 13 121 = NJW 1959 1332 = JR 1959 347 = MDR 1959 680; BGHSt. 13 342). Begnügt sich der Angeklagte mit einer bloßen Unterbrechung, also einem Zeitraum von nicht mehr als 10 Tagen, so steht die Entscheidung über die erforderliche Vorbereitungsdauer nur dem Angeklagten, nicht dem Gericht zu (BGH aaO. S. 122 f.). Der Aussetzungsanspruch wird ausgelöst durch die bloße Behauptung des Angeklagten, auf die Verteidigung nicht genügend vorbereitet zu sein; eine Entscheidung über die Erforderlichkeit der Aussetzung steht dem Gericht nicht zu (BGH aaO.). Zur weiteren Wahrung der Rechte des Angeklagten schreibt Abs. 2 Satz 3 vor, daß die Teile der Hauptverhandlung, an denen er aus den Gründen des § 429 c nicht teilgenommen hat, zu **wiederholen** sind, d. h. die Hauptverhandlung muß insoweit von neuem durchgeführt werden. Soweit sich indessen die Gründe der Abwesenheit mit denjenigen decken, die in einem Strafverfahren nach § 247 das Gericht berechtigt hätten, ohne den Angeklagten zu verhandeln, genügt es, wenn die Wiederholung in Form der Unterrichtung durch den Vorsitzenden nach § 247 Abs. 1 Satz 3 erfolgt; daß die Wiederholung in vollem Umfang durch eine Unterrichtung nach § 247 Abs. 1 Satz 3 ersetzt werden könnte (so wohl Müller-Sax 4), läßt sich mit Wortlaut und Sinn der Vorschrift nicht vereinbaren.

§ 429 e

(weggefallen)

§ 429e ließ die **selbständige Anordnung der Sicherungsverwahrung** zu („nachträgliches Sicherungsverfahren"), wenn ein Deutscher im Ausland wegen Verbrechens oder Vergehens zu Freiheitsstrafe verurteilt war und bei inländischer Verurteilung auf Sicherungsverwahrung hätte erkannt werden können. Diese Vorschrift verlor ihre praktische Bedeutung, als mit der Einführung des Personalitätsprinzips für Straftaten Deutscher im Ausland (§ 3 StGB i. d. F. der VO vom 6. 5. 1940, RGBl. I 754) die inländische Aburteilung von Auslandstaten Deutscher allgemein möglich wurde und die im Ausland erkannte und vollzogene Strafe gemäß § 7 a. F. – jetzt § 60 Abs. 3 – StGB lediglich anzurechnen ist. § 429 e wurde durch das 3. Strafrechtsänderungsges. vom 4. 8. 1953 (BGBl. I 735) als entbehrlich aufgehoben.

VIERTER ABSCHNITT

Verfahren bei Einziehungen und Vermögensbeschlagnahmen

Vorbemerkungen

1. a) Der 4. Abschnitt bestand bisher aus den §§ 430 bis 433 a. F. Von ihnen regelten die §§ 430 bis 432 das Verfahren in den Fällen, in denen nach § 42 a. F. StGB – jetzt § 41 b StGB – oder nach anderen gesetzlichen Vorschriften **selbständig** auf Einziehung, Vernichtung oder Unbrauchbarmachung erkannt werden kann, während § 433 die Beschlagnahme des Vermögens solcher Beschuldigter betraf, gegen die wegen bestimmter gegen den Staat gerichteter Delikte die öffentliche Klage oder ein Haftbefehl erlassen worden ist.

b) Zugleich mit der Neuregelung des materiellen Rechts der Einziehung (§§ 40 – 42 n. F. StGB) durch Art. 1 Nr. 2ff. EG OWiG v. 24. 5. 1968 (BGHl. I 503) ist auch durch Art. 2 Nr. 16 dieses Gesetzes der 4. Abschnitt völlig umgestaltet worden. Neu eingestellt wurden die §§ 430 bis 439, 441, 442. An die Stelle des § 430 a. F. ist § 440 getreten. § 433 a. F., der durch das 8. Strafrechtsänderungsges. v. 25. 6. 1968 (BGBl. I 741) neugefaßt wurde, ist jetzt § 443. Ergänzt ist diese Regelung durch die Einfügung eines neuen 5. Abschnitts „Verfahren bei Festsetzung von Geldbußen gegen juristische Personen und Personenvereinigungen" (§ 444), der die verfahrensrechtlichen Folgerungen aus der Schaffung des § 42 n. F. StGB zieht.

2. Die Neufassung der §§ 430ff. **bezweckt** vor allem die Verwirklichung der seit langem erhobenen Forderung, daß am **subjektiven** Verfahren gegen einen bestimmten Täter auch solche Personen zu beteiligen seien, die nicht Beschuldigte sind, in deren Rechte aber durch die Entscheidung über die Einziehung, Vernichtung, Unbrauchbarmachung eines Gegenstandes oder die Verfallerklärung (§ 442) eingegriffen werden kann. Die Entwicklungsgeschichte dieses Problems ist in der Vorauflage (vgl. insbes. Vorbem. 7 vor § 430 a. F.) eingehend dargestellt worden. Sie braucht hier, da das Ganze der Rechtsgeschichte angehört, nur noch kurz skizziert zu werden.

a) Für den Fall, daß die Einziehung einer Sache nur unter der Voraussetzung zulässig war, daß sie dem Täter oder einem Teilnehmer gehört (§ 40 a. F. StGB, jetzt § 40 n. F.), vertrat die damals h. M. die Auffassung, es sei für die Beteiligung eines Dritten bei dem Verfahren, das sich gegen einen bestimmten Beschuldigten richtet, kein Raum, da die StPO eine Hinzuziehung nur nach Maßgabe der §§ 430ff. vorsehe. Daraus ergaben sich Schwierigkeiten, wenn im Urteil die Einziehung eines Gegenstandes in der Annahme ausgesprochen war, er gehöre dem Beschuldigten, während ein Dritter sich berühmte, der wirkliche Eigentümer zu sein*. Der zunächst versuchte Ausweg, die Einziehung als Nebenstrafe richte sich

* Vgl. dazu Creifelds, Die strafrechtliche Einziehung gegen den „Dritteigentümer", JR **1955** 403; Arndt, Die fehlerhafte Einziehung, NJW **1957** 856; Vogel, Die Rechtsstellung des Dritteigentümers im Falle ungerechtfertigter Einziehung GA **1958** 33; Gilsdorf, Die verfassungsrechtlichen Schranken der Einziehung JZ **1958** 641, 685; Beckmann, Die fehlerhafte Einziehung von täterfremdem Eigentum nach § 40 StGB, GA **1960** 205.

nur gegen den Täter oder Teilnehmer, und die im Urteil getroffene Feststellung, daß der Verurteilte Eigentümer sei, entfalte keine Wirkung gegenüber einem unbeteiligten Dritten, der der wirkliche Eigentümer sei (vgl. RGSt. 57 335; GA Bd. 69 177), entfiel als die Auffassung durchdrang, daß der Staat mit der Rechtskraft des die Einziehung aussprechenden Urteils Eigentum am Einziehungsgegenstand ohne Rücksicht darauf erwerbe, ob im Urteil die Eigentumsfrage richtig beurteilt worden sei (so jetzt ausdrücklich § 41 a Abs. 1 StGB). Die nunmehr vereinzelt versuchten Konstruktionen, die Eigentumsrechte des tatunbeteiligten Dritteigentümers durch die Annahme einer Nichtigkeit des auf Einziehung lautenden Spruchs zu wahren, weil die Einziehung täterfremden Eigentums gegen Art. 14 GG verstoße (so Schmidt NJW 1957 1628), oder weil sie eine „rechtlich unmögliche Rechtsfolge" darstelle (so Beckmann GA 1960 205), fanden mit Recht keine Zustimmung. Die Frage konnte vielmehr jetzt nur noch dahin lauten, ob und unter welcher Voraussetzung die Entziehung des Eigentums gegenüber dem tatunbeteiligten Dritten durch das objektiv unrichtige Urteil dem Betroffenen Ansprüche auf Entschädigung gegen die Staatskasse unter dem Gesichtspunkt eines „enteignungsgleichen Eingriffs" verschaffe. Die Auffassung des Schrifttums in dieser Frage gingen auseinander. Der Bereinigung dieses Fragenkomplexes dienen jetzt § 41 c StGB und § 439 StPO.

b) Eine weit größere Aktualität erlangte das Problem der Beteiligung des tatunbeteiligten Dritteigentümers am subjektiven Verfahren in den Fällen, in denen die Einziehung von Gegenständen und ähnliche Maßnahmen zugelassen oder vorgeschrieben war, **auch wenn der einzuziehende Gegenstand dem Täter oder Teilnehmer nicht gehörte**, zumal die Gesetzgebung auf dem Gebiet des Nebenstrafrechts zeitweise im Übermaß dazu überging, die Einziehung als Sicherungsmaßregel vorzusehen. Für den tatunbeteiligten Dritten konnte ein Bedürfnis, an dem subjektiven Verfahren beteiligt zu werden, insbesondere unter dem Gesichtspunkt bestehen, bei zwingend vorgeschriebener Einziehung darzutun, daß in der Person des Beschuldigten die Einziehungsvoraussetzungen nicht gegeben seien, bei fakultativer Einziehung darüber hinaus auch darzulegen, daß ein Einziehungsbedürfnis nicht bestehe. Die Rechtsprechung hielt aber – nach anfänglichem Schwanken (vgl. RGSt. 5 375; 8 362; 12 212) – unter weitgehender Zustimmung des Schrifttums daran fest, daß § 304 Abs. 2 StPO zwar den Personen, die als dinglich Berechtigte von einer Beschlagnahme als Einziehungsgegenstand berührt werden, das Recht der Beschwerde gewähre, daß sie aber in dem subjektiven Verfahren als Ganzem, soweit es die Frage der Einziehung betraf, nicht die Stellung Prozeßbeteiligter erlangten, also nicht zur Wahrung ihrer Rechte auftreten und nicht gegen das Einziehungsurteil Rechtsmittel einlegen könnten (vgl. RGSt. 34 388; 66 405; 69 35; BGHSt. 6 62; 7 334). Sieht man von den dogmatischen Erwägungen, mit denen dies begründet wurde, ab, so stand im Hintergrund die Befürchtung, daß durch Hinzuziehung Dritter, die nur durch Nebenfolgen der Verurteilung betroffen werden konnten, der zügige Fortgang des Verfahrens erschwert, die Entscheidung „zur Hauptsache" – über Schuld und Strafe – unangemessen verzögert werden könne. Schwierigkeiten ergaben sich dann freilich bei der Vollstreckung der im Urteil angeordneten Nebenfolge gegenüber dem davon betroffenen Dritten, wenn (ausnahmsweise) die Beschlagnahme der einzuziehenden Gegenstände vor dem Urteil unterblieben war. Es wurden Bedenken dagegen erhoben, daß die Staatsanwaltschaft als Vollstreckungsbehörde auf Grund des in § 451 Abs. 1 bezeichneten Vollstreckungstitels dem Besitzer den eingezogenen Gegenstand wegnehmen lassen könne, wenn der Besitzer nicht in der Urteilsformel angeführt worden sei.

3. Diese Rechtslage wurde im Laufe der Zeit zunehmend als unangemessen und reformbedürftig empfunden. Die **Reformforderungen** gingen nach 2 Richtungen: materiellrechtlich nach Einschränkung der Voraussetzungen der Einziehbarkeit, und verfahrensrechtlich nach Beteiligung des von einer Einziehungsentscheidung Betroffenen am subjektiven Strafverfahren. Diese Forderungen haben sich schließlich durchgesetzt.

4. **Materiellrechtlich** wurden die Einziehungsvoraussetzungen stufenweise eingeengt. Es war deutlich geworden, daß nicht in allen Fällen, in denen das Gesetz die sog. unterschiedslose Einziehung zuließ oder vorschrieb, die Einziehung eine zur Abwendung von Gefahren für die Allgemeinheit erforderliche Maßnahme war. Zur Erklärung der Tatsache, daß sich der tatunbeteiligte Eigentümer als Folge strafbaren Tuns des Täters den Verlust seines Eigen-

tums gefallen lassen müsse, hatte sich die Rechtsprechung zunächst mit der formalen Konstruktion einer dinglichen Haftung des Eigentümers für fremde Schuld beholfen (vgl. RGSt. 62 49, 52; 69 389), ohne sich – im Zeichen des Gesetzespositivismus – zu fragen, wie es sich rechtfertigen lasse, daß der „Unschuldige" für fremde Schuld einstehen müsse, warum etwa der Eigentümer des gestohlenen Kraftfahrzeugs, das der Dieb zum Schmuggeln, oder des gestohlenen Jagdgewehrs, das der Dieb zum Wildern benutzte, sich den Verlust seines Eigentums durch Einziehung gefallen lassen müsse. Die an diese Härtefälle anknüpfenden kritischen Bemühungen um eine aus Gründen der Gerechtigkeit gebotene Rücksichtnahme auf die Interessen des Dritteigentümers führten, wie in der Voraufl. (Vorbem. 5 B vor § 430 a. F.) dargestellt, im Lauf der Zeit, verstärkt aber unter der Herrschaft des Art. 14 GG (Eigentumsgarantie) mehr und mehr zu der Auffassung, daß eine Einziehung mit Wirkung gegenüber dem tatunbeteiligten Dritteigentümer nur zulässig sei, wenn – über das die Einziehung zulassende Gesetz hinaus – ein *besonderer Rechtfertigungsgrund* vorliege (vgl. BGHSt. **1** 353; **2** 311; **4** 344; **19** 123, 126; **21** 66, 68), sei es in Form eines konkreten Sicherungsbedürfnisses der Allgemeinheit oder deshalb, weil den Dritten ein Vorwurf hinsichtlich der Verwendung seines Eigentums zur Tatbegehung treffe, oder weil er in vorwerfbarer Weise „tatbeteiligte" Gegenstände erworben hatte. Auch wurde aus Art. 14 GG die Folgerung gezogen, daß dem durch die Einziehung „enteigneten" Dritteigentümer ein Entschädigungsanspruch zu gewähren sei, es sei denn, daß ihn hinsichtlich der Verwendung seines Eigentums zur Tat oder des Erwerbs in die Tat verstrickter Gegenstände ein Vorwurf traf. Solche Gedanken fanden – in wechselnder Gestalt – ihren Niederschlag auch in den StGB-Entwürfen von 1930 (§ 52 Abs. 3) und 1936 (§ 77 Abs. 2), in Novellen, durch die der Einziehungszwang durch Härteklauseln gemildert wurde, in gerichtlichen Entscheidungen, die im Wege der Rechtsanalogie solche Härteklauseln in noch bestehende Vorschriften mit Einziehungszwang hineintrugen (vgl. BGHSt. 9 96; BayObLG MDR 1957 434), oder Vorschriften, die die Einziehung vorschrieben („ist"), in „Kann"-Vorschriften umdeuteten (vgl. BGHSt. 21 66), und schließlich in Novellen, die bei zwingend gebotener unterschiedsloser Einziehung bei bestimmten Straftaten unter gewissen Voraussetzungen eine angemessene Entschädigung des betroffenen Eigentümers vorsahen.

Den **Abschluß dieser Entwicklung** bildet die Reform des materiellen Einziehungsrechts durch das EG OWiG 1968 (§§ 40–42 n. F. StGB). Deren Inhalt ist hier nicht darzustellen. Soweit es nicht bei der Erläuterung der neuen §§ 430 ff. ohnedies deren Erörterung bedarf, muß wegen der Einzelheiten der materiellrechtlichen Neuerungen auf die Erläuterungswerke zum StGB verwiesen werden.

5. Mit den der Reform 1968 vorausgehenden, auf die materiellrechtliche Beschränkung der Einziehbarkeit gerichteten Bemühungen und mit der Gewährung von Entschädigungsansprüchen aus Anlaß rechtskräftiger Einziehung waren aber die schutzwürdigen Belange des von einer Einziehung Betroffenen nicht hinreichend gewahrt. Denn wie sollte der Grundsatz, daß es bei unterschiedslos zugelassener Einziehung eines besonderen die Einziehung rechtfertigenden Grundes bedürfe, ohne die Beteiligung des Eigentümers am subjektiven Strafverfahren verfahrensrechtlich sachgemäß durchgeführt werden können? Und wie sollten die Rechtsverhältnisse am Einziehungsgegenstand, soweit es bei der Entscheidung darauf ankam, und Entschädigungsfragen sachgemäß ohne Verfahrensbeteiligung solcher Dritter geklärt werden können, die Rechte am Einziehungsgegenstand geltend machten? Diese Überlegungen führten zu der Forderung nach **Beteiligung der Einziehungsinteressenten am subjektiven Verfahren.** Auch sie wurde stufenweise verwirklicht.

a) Eine **allgemeine** Regelung für ein *Teilrechtsgebiet,* die sowohl materiell wie verfahrensrechtlich den Reformwünschen Rechnung trug, brachte zunächst das OWiG v. 25. 3. 1952 für das Ordnungsunrecht und die Strafdrohungen aus Mischtatbeständen (§ 1 Abs. 3). Im Anschluß an § 45 des Devisenges. v. 4. 2. 1935 (RGBl. I 106) bestimmte § 19 materiellrechtlich, daß eine an sich „unterschiedslos" vorgesehene Einziehung der producta et instrumenta sceleris und der scelere quaesita (§ 18 Abs. 1, 2) unterbleibe, wenn der Täder oder Teilnehmer nicht Eigentümer ist, „es sei denn, daß der Eigentümer die Zuwiderhandlung kannte oder kennen mußte oder von ihr einen Vorteil gehabt hat, dessen Zusammenhang mit der Zuwiderhandlung ihm erkennbar war". Wurde auf Einziehung erkannt, so hatte zwar der mit Rechtskraft der Entscheidung eintretende Übergang des Eigentums am Einziehungsgegenstand auf den Staat auch das Erlöschen beschränkt dinglicher Rechte am Einziehungsgegenstand zur Folge (§ 22); der Drittberechtigte war aber aus der Staatskasse zu entschädigen, es sei denn, daß er die Zuwiderhandlung kannte oder kennen mußte oder von ihr einen Vorteil gehabt hatte, dessen Zusammenhang mit der Zuwiderhandlung ihm erkennbar war (§ 23). Die *verfahrensrechtlich* bedeutsame Neuerung bestand – in Anknüpfung an § 45 WiStG 1949 – darin, daß der tatunbeteiligte Dritteigentümer und die beschränkt dinglich Drittberechtigten auf Antrag oder von Amts wegen am subjektiven Straf- oder Bußgeldverfahren zu beteiligen waren, um ihnen Gelegenheit zu geben, ihre Rechte geltend zu machen (§ 24). Sie erhielten im Strafverfahren die Befugnisse eines Angeklagten zur selbständigen Wahrnehmung. Waren sie unverschuldet außerstande, ihre Rechte im subjektiven Strafverfahren oder im objektiven Einziehungsverfahren wahrzunehmen, so eröffnete ihnen § 26 die Möglichkeit, ihre Rechte in einem *Nachtragsverfahren* geltend zu machen; der Dritteigentümer konnte die Aufhebung der Einziehung, der beschränkt Drittberechtigte Entschädigung erlangen. Damit wurden die Folgerungen aus der Eigentumsgarantie (Art. 14 GG) und aus dem Grundsatz des rechtlichen Gehörs (Art. 103 Abs. 1 GG) gezogen.

b) Die Einziehungsregelung des OWiG 1952 übernahm in der Folgezeit § 7 des Wirtschaftsstrafges. v. 9. 7. 1954 (BGBl. I 175) – § 7 –, und sie fand von da an in Nebengesetzen Eingang, die entweder auf das WiStG oder auf das OWiG verwiesen oder entsprechende selbständige Vorschriften vorsahen (vgl. über die Rechtsentwicklung im einzelnen die Nachweise in Vorbem. 5 b B – Bd. II S. 217 – der Vorauflage).

c) Damit entstand eine seltsame Differenz im Rechtsgefüge: während das OWiG und die ihm angepaßten strafrechtlichen Nebengesetze die Beteiligung der von einer Einziehung Betroffenen am subjektiven Strafverfahren vorsahen, unterblieb eine entsprechende Gleichschaltung des allgemeinen Strafprozeßrechts, und die h. M. verblieb bei der Auffassung, daß, wenn es an abweichenden Vorschriften der Nebengesetze fehle, die StPO eine Beteiligung einziehungsbetroffener tatunbeteiligter Personen am subjektiven Strafverfahren nicht kenne. Sachlich war diese unterschiedliche Behandlung nicht zu rechtfertigen; sahen doch – von früheren StPO-Entwürfen abgesehen – schon sowohl Art. 70 Ziff. 236 EG StGB-Entw. 1930 (vgl. Einleitung zu diesem Werk Bd. I S. 37) wie §§ 415 ff. StPO-Entw. 1939 (vgl. Einl. S. 39) die Zuziehung der Einziehungsbeteiligten zum subjektiven Strafverfahren vor und erblickten darin einen wesentlichen Fortschritt und die Schließung einer die Beteiligten ungerecht benachteiligenden Lücke des geltenden Rechts. So erhoben sich im Schrifttum Stimmen, die schon auf dem Boden des geltenden Rechts die Möglichkeit einer Verwirklichung der Reformforderungen durch rechtsanaloge Anwendung der §§ 24 bis 26 OWiG 1952 in allen Strafverfahren sahen, weil diese Vorschriften Grundsätze von allgemeiner Gültigkeit zum Ausdruck brächten (vgl. die Ausführungen in Bd. II S. 221 der Vorausfl.).

d) Diese Bestrebungen kamen zum Durchbruch, als BGHSt. 19 7 (GrSen.) = NJW 1963 1988) die aus dem Gebot des rechtlichen Gehörs sich ergebende Notwendigkeit, den tatunbeteiligten Dritteigentümer am subjektiven Strafverfahren zu beteiligen, ihm insbesondere das Recht zur Einlegung von Rechtsmitteln gegen ein auf Einziehung lautendes Urteil zuzugestehen, im Grundsatz anerkannte. Dies geschah freilich mit Einschränkungen. Die Entscheidung befaßte sich nur mit der sog. unterschiedslosen Einziehung und ließ die Frage offen, ob ein Eigentumsprätendent auch im Fall des § 40 StGB rechtsmittelberechtigt sei (S. 9). Sie lehnte es auch ab, einen für *alle* Fälle der unterschiedslosen Einziehung geltenden Grundsatz über Art und Umfang der Beteiligung auszusprechen, weil in Fällen schwerer Kriminalität die Schuldfrage und die Frage der Hauptstrafe im Vordergrund stünden und die Beteiligung der Einziehungsinteressenten das Recht des Angeklagten auf Abschluß des Verfahrens innerhalb angemessener Zeit beeinträchtigen könnte. Auch könnten in Staatsschutzstrafsachen sich aus einer uneingeschränkten Beteiligung des Einziehungsinteressenten Schwierigkeiten ergeben, die eine Wahrung der Belange der Einziehungsbeteiligten auf andere Weise nahelegen könnten. Eine rechtsähnliche Anwendung hielt BGHSt. 19 7 bei der unterschiedslosen Einziehung nach § 28 a. F. des Weingesetzes v. 25. 7. 1930 für geboten, weil hier die Bedeutung der Einziehung „im allgemeinen nicht hinter der Schuld- und Straffrage zurücktrete“. BGHSt. 21 66 hat auf dieser Grundlage die Notwendigkeit einer Verfahrensbeteiligung bei Vergehen gegen das Lebensmittelgesetz anerkannt, weil auch hier die Bedeutung der Einziehung „nicht oder nicht wesentlich" hinter der Schuld- und Straffrage zurücktrete.

6. Der Gesetzgeber des Jahres 1968 ist über diese vorsichtigen Schritte der Rechtsprechung auf neuen Wegen hinausgegangen. Er hat, den Geboten der Art. 14 und 103 Abs. 1 GG entsprechend, die Verfahrensbeteiligung der von einer Einziehung in ihren Rechten Betroffenen allgemein vorgeschrieben (§ 431 Abs. 1). Er macht dabei keinen Unterschied zwischen den Fällen der unterschiedslosen Einziehung und den Fällen, in denen die Einziehung das Eigentum des Täters oder Teilnehmers voraussetzt. Vielmehr ist auch in den letzteren Fällen ein Dritter zu beteiligen, der glaubhaft macht, daß nicht der Täter, sondern er Eigentümer sei. Der Dritte braucht nicht einmal Tatunbeteiligter zu sein; er muß nur „ein anderer als der Angeschuldigte" sein, so daß auch ein Tatbeteiligter, der nicht Angeschuldigter ist, am Verfahren zu beteiligen ist (vgl. Anm. IV 1 b zu § 431).

Der Gesetzgeber weicht auch insofern von der Rechtsprechung ab, als er nicht darauf abstellt, ob die Bedeutung der Einziehung nicht hinter der Schuld- und der Straffrage zurücktritt. Andererseits hat sich aber auch der Gesetzgeber den in BGHSt. 19 7 geäußerten Bedenken, die sich aus einer allgemeinen, uneingeschränkten Verfahrensbeteiligung ergeben können (s. oben 5 d), nicht verschlossen. Die Vorschriften in § 430 (vgl. dort Anm. 3 c) und in § 431 Abs. 2, 7 zielen darauf ab, ihnen Rechnung zu tragen.

7. Entschädigung

a) Nach § 41 a StGB geht mit der Rechtskraft der auf Einziehung lautenden Entscheidung das Eigentum an der Sache oder das eingezogene Recht auf den Staat über, ohne Rücksicht darauf, wem das Eigentum gehört oder das Recht zusteht. Beschränkt dingliche Rechte Dritter am Einziehungsgegenstand bleiben bestehen, sofern das Gericht nicht unter den Voraussetzungen des § 41 a Abs. 2 ihr Erlöschen anordnet. Nach § 41 c StGB werden „Dritte" aber für ihren dadurch entstehenden Rechtsverlust in Geld aus der Staatskasse entschädigt, und zwar derjenige, der zur Zeit der Rechtskraft der Entscheidung Eigentümer (Rechtsinhaber) war, und die Inhaber beschränkt dinglicher Rechte, wenn deren Erlöschen angeordnet wurde. Unter den in § 41 c Abs. 2 bestimmten Voraussetzungen entfällt der Anspruch auf Entschädigung, doch kann aus Billigkeitsgründen eine Entschädigung gewährt werden (Abs. 3). Dabei sind „Dritte" i. S. der Vorschrift nicht Täter oder Teilnehmer, auch nicht der tatunbeteiligte Dritteigentümer, dem gegenüber eine Einziehung nach § 40 a zulässig ist; „Dritter" ist aber auch derjenige, dem in Wirklichkeit die Sache zur Zeit der Rechtskraft der Entscheidung gehörte (das Recht zustand), wenn dem Gericht sein Recht unbekannt blieb, und es infolgedessen die Rechtsverhältnisse bezgl. des Gegenstandes unrichtig beurteilte.

b) Die **verfahrensrechtliche Ergänzung** der materiellrechtlichen Entschädigungsregelung enthält § 436 Abs. 3 StPO, der aber dem Strafgericht nur einen beschränkten Aufgabenbereich zuweist. War der Dritte ohne sein Verschulden am subjektiven Verfahren nicht beteiligt, oder trotz Anordnung seiner Beteiligung nicht in der Lage, die daraus sich ergebenden Rechte wahrzunehmen, so kann er seine unberücksichtigt gebliebenen Rechte in einem Nachverfahren (§ 439) geltend machen mit dem Ziel, eine gerichtliche Entscheidung des Inhalts zu erlangen, daß die rechtskräftige Entscheidung „ihm gegenüber nicht gerechtfertigt" sei. Er ist aber nicht auf diesen Weg beschränkt, sondern hat die Wahl zwischen dem Weg des § 439 und dem Entschädigungsbegehren aus § 41 c StGB, über das der Zivilrichter entscheidet. Das Nachverfahren hat praktisch keine Bedeutung, wenn der Staat nicht mehr in der Lage ist, den eingezogenen Gegenstand dem Antragsteller, falls sein Antrag Erfolg hat, zurückzugeben. Deshalb bestimmt § 68 StVollstrO, daß die Vollstreckungsbehörde von der üblichen Verwertung eines rechtskräftig eingezogenen Gegenstandes (§§ 63 ff. StVollstrO) absieht, wenn damit zu rechnen ist, daß das Nachverfahren beantragt wird.

8. Vollstreckungsrechtliches

Mit der Rechtskraft der Einziehungsentscheidung wird der Staat zwar gemäß § 41 a StGB originär – also ohne daß es weiterer Vollstreckungshandlungen bedarf – Eigentümer des eingezogenen Gegenstandes. Befindet sich dieser aber nicht (durch Beschlagnahme oder freiwillige Herausgabe) in amtlichem Gewahrsam, so kann die rechtskräftige Entscheidung gegen einen *Einziehungsbeteiligten* (§ 431 Abs. 1 Satz 1) durch Wegnahme auf Grund der Entscheidung als Vollstreckungstitel (§ 451) nur vollstreckt werden, wenn sich aus dem Rubrum der Entscheidung, in dem der Einziehungsbeteiligte aufgeführt ist, in Verbindung mit dem Tenor der Entscheidung ergibt, daß dieser zur Herausgabe verpflichtet ist. Das ist, wenn der Einziehungsbeteiligte Eigentumsrechte geltend machte (§ 431 Abs. 1 Satz 1 Nr. 1), ohne weiteres der Fall, denn indem die Entscheidung auf Einziehung lautet, bringt sie zum Ausdruck, daß sein Eigentum verneint wurde oder die Einziehung nicht hindert. Machte der Einziehungsbeteiligte beschränkt dingliche Rechte geltend (§ 431 Abs. 1 Satz 1 Nr. 2), so bildet die Einziehungsentscheidung ihm gegenüber nur dann einen Vollstreckungstitel, wenn in ihr das Erlöschen der Rechte angeordnet ist (§ 41 a Abs. 2 Satz 2, 3). In den übrigen Fällen, in denen ein Dritter im Besitz der rechtskräftig eingezogenen Sache ist, muß der Fiskus, wenn freiwillige Herausgabe verweigert wird, seinen durch den Eigentumserwerb nach § 41 a Abs. 1 StGB begründeten Herausgabeanspruch (§ 985 BGB) im Wege der Klage vor dem Zivilgericht geltend machen; ob dies geschehen soll, entscheidet nach § 61 Abs. 4, 5 StVollstrO die oberste Justizbehörde (vgl. dazu Pohlmann Rpfleger **1968** 264, 270 f).

9. **Bußgeldverfahren.** Gemäß § 46 OWiG gelten die §§ 430 ff. grundsätzlich sinngemäß auch, wenn über die Einziehung als Nebenfolge einer Ordnungswidrigkeit (§§ 18 ff. OWiG) zu entscheiden ist. Dies gilt sowohl im Verfahren der Verwaltungsbehörde wie auch für das gerichtliche Bußgeldverfahren. Die ergänzenden oder abweichenden Vorschriften, die den Besonderheiten des Bußgeldverfahrens Rechnung tragen, finden sich in §§ 87, 88 OWiG.

10. Zur **Entstehungsgeschichte** der §§ 430 ff. Der Entw. des EG OWiG (BT-Drucks. V/1319 v. 20. 1. 1967) enthielt die Vorschriften, die im wesentlichen dem jetzt geltenden Recht entsprechen. Der Entw. wurde in der 92. Sitzung des Bundestages v. 3. 2. 1967 federführend dem Rechtsausschuß überwiesen, der in seiner 54. Sitzung v. 19. 10. 1967 die Bildung eines Unterausschusses „EG OWiG" beschloß. Dieser beriet in 2 Sitzungen. Über die vom Rechtsausschuß beschlossenen Änderungen gegenüber dem Entw. des EG OWiG gibt der Bericht des Rechtsausschusses v. 4. 3. 1968 zu V/2601 Auskunft; sie betreffen die §§ 430, 431, 434, 435, 436, 437. Grund und Tragweite dieser Änderungen, die die Zustimmung des Bundestages fanden, sind jeweils bei den einzelnen Vorschriften vermerkt.

§ 430

(1) Fällt die Einziehung eines Gegenstandes oder des Wertersatzes neben der zu erwartenden Strafe oder Maßregel der Sicherung und Besserung nicht ins Gewicht, oder würde das Verfahren, soweit es die Einziehung betrifft, einen unangemessenen Aufwand erfordern oder die Herbeiführung der Entscheidung über die anderen Rechtsfolgen der Tat unangemessen erschweren, so kann das Gericht mit Zustimmung der Staatsanwaltschaft in jeder Lage des Verfahrens die Verfolgung der Tat auf die anderen Rechtsfolgen beschränken.

(2) Im vorbereitenden Verfahren kann die Staatsanwaltschaft die Beschränkung vornehmen. Die Beschränkung ist aktenkundig zu machen.

(3) Das Gericht kann die Beschränkung in jeder Lage des Verfahrens wieder aufheben. Einem darauf gerichteten Antrag der Staatsanwaltschaft ist zu entsprechen. Wird die Beschränkung wieder aufgehoben, so gilt § 265 entsprechend.

(4) Während der Voruntersuchung stehen die in den Absätzen 1 und 3 bezeichneten Befugnisse dem Untersuchungsrichter zu.

Zur Entstehungsgeschichte: Wegen einer Änderung des § 430 Abs. 3 Satz 3 gegenüber dem Entw. EG OWiG vgl. unten Anm. IV 3.

I. Grundgedanke

§ 430, der die Vereinfachung, Beschleunigung und klarere Ausgestaltung des Verfahrens bezweckt, stellt eine Erweiterung der Grundgedanken der §§ 154, 154 a dar. Nach § 154 kann von der Verfolgung unwesentlicher Nebendelikte abgesehen werden, wenn die Strafe oder Maßregel der Sicherung und Besserung, zu der die Verfolgung führen kann, neben der wegen einer *anderen* Tat zu erwartenden Strafe oder Maßregel nicht ins Gewicht fällt.

In Fortentwicklung dieses Gedankens, das Verfahren im Interesse besserer Aufklärung und Beschleunigung auf die wesentlichen Teile zu konzentrieren, ermöglicht § 154 a eine Beschränkung der Verfolgung durch Ausklammerung einzelner abtrennbarer Teile *derselben Tat* (i. S. des § 264 StPO) und einzelner von mehreren Gesetzesverletzungen bei Tateinheit, wenn sie für die zu erwartende Strafe oder Maßregel nicht ins Gewicht fallen. § 430 ermöglicht eine weitere Beschränkung auf den wesentlichen Prozeßstoff, indem er gestattet, *einzelne Rechtsfolgen* einer im übrigen verfolgten Tat, nämlich die Einziehung eines Gegenstandes (§§ 40, 40 a, 41, 42 StGB), des Wertersatzes (§ 40 c StGB) von der Verfolgung auszunehmen. Der Einziehung stehen die in § 442 bezeichneten Nebenfolgen gleich. Dabei geht § 430 insofern über die §§ 154, 154 a hinaus, als er dem in diesen Vorschriften vorgesehenen Beschränkungsgrund zwei weitere Gründe hinzufügt (unten Anm. III 2, 3).

II. Anwendungsbereich

Die Anwendung des § 430 setzt voraus, daß die Tat wegen ihrer übrigen Rechtsfolgen verfolgt wird. § 430 ist daher nicht anwendbar, wenn nur die Einziehung den Gegenstand des Verfahrens bildet. Jedoch enthält für das Nachverfahren § 439 Abs. 5 eine entsprechende Vorschrift und auch im selbständigen Einziehungsverfahren erscheint § 430 Abs. 1 sinngemäß anwendbar (s. Anm. III 3 c zu § 440). Bedeutungslos ist es, ob es sich bei der Einziehung und den ihr in § 442 gleichgestellten Nebenfolgen um Nebenstrafen, strafähnliche Maßnahmen oder Sicherungsmaßnahmen handelt, und ob sie fakultativ zugelassen oder zwingend vorgeschrieben sind.

III. Voraussetzungen der Beschränkung

1. Die Beschränkung ist zunächst zulässig, wenn die Einziehung usw. (Anm. I) neben der zu erwartenden Strafe oder Maßregel der Sicherung und Besserung **nicht ins Gewicht fällt.**

a) Allgemein läßt sich sagen, daß die Einziehung nicht ins Gewicht fällt, wenn die übrigen zu erwartenden Rechtsfolgen zum notwendigen Schutz der Rechtsordnung genügen (Kl [30] 3; EbSchmidt NachtrBd. II Rz. 3), wenn also, soweit die Einziehung straf- oder strafähnlichen Charakter hat, bereits die Hauptstrafe vollständig die Funktion des Unrechtsausgleichs, der gerechten Vergeltung, erfüllt, oder, soweit die Sicherungsfunktion im Vordergrund steht, dem Sicherungsbedürfnis völlig durch die anderen Rechtsfolgen genügt wird.

b) Dies trifft nicht zu, wenn die Voraussetzungen des **§ 40 Abs. 2 Nr. 2 StGB** bejaht werden, denn hier dient die Einziehung gerade der Beseitigung einer auch bei Berücksichtigung aller übrigen Umstände noch von dem Gegenstand ausgehenden Gefahr für die Allgemeinheit oder der Abwendung einer noch bestehenden Gefahr der Verwendung des Gegenstandes zur Begehung weiterer mit Strafe bedrohter Handlungen. Werden diese Voraussetzungen als gegeben angesehen, so scheidet schon begrifflich die Annahme aus, daß die Einziehung im Hinblick auf die anderen zu erwartenden Rechtsfolgen der Tat nicht ins Gewicht falle. Dem steht nicht entgegen, daß auch im Fall des § 40 Abs. 2 Nr. 2 die Einziehung nicht zwingend vorgeschrieben ist („kann"; „nur zulässig"), denn wenn die Voraussetzungen dieser Vorschrift vorliegen, so fordert die Ausübung des pflichtgemäßen Ermessens, von der „Kann"-Möglichkeit Gebrauch zu machen. Ebenso im Ergebnis EbSchmidt, NachtrBd. II Rz. 3, dessen Begründung, die „Kann"-Vorschrift des § 40 Abs. 2 Nr. 2 werde durch § 41 a Abs. 2 Satz 2 StGB in eine „Muß"-Vorschrift umgewandelt, freilich nicht zutrifft, denn der Zwang zur Anordnung des Erlöschens von Drittrechten am Einziehungsgegenstand, aus dem EbSchmidt den Zwang zur Einziehung selbst herleitet, wird ja nach dieser Vorschrift erst ausgelöst, *wenn* das Gericht die Einziehung anordnet und sie auf § 40 Abs. 2 Nr. 2 stützt.

c) Die Begründung zu § 430 (Drucks. V/1319 S. 74) führt in diesem Zusammenhang aus: „Dabei [nämlich bei der Frage, ob die Einziehung neben anderen zu erwartenden Rechtsfolgen der Tat nicht ins Gewicht fällt] ist die Einziehung auch für den Fall in Beziehung zu der zu erwartenden Strafe zu setzen, daß *ein anderer als der Angeklagte* Eigentümer des Einziehungsgegenstandes ist. Denn die Einziehung ist keine selbständige Maßnahme gegenüber Dritten, sondern eine Rechtsfolge der Tat des Angeklagten. Ihre Bedeutung muß deshalb nach den sonstigen Rechtsfolgen der Tat beurteilt werden". Dem ist zuzustimmen. Allerdings ist z. B. die „erweiterte" Einziehung nach § 40a, soweit sie durch Verweisung auf diese Vorschrift zugelassen ist, an die Voraussetzung eines vorwerfbaren Verhaltens des tatunbeteiligten Dritten geknüpft. Aber diese Einziehung wird, wenn sie sich auch gegenüber dem Dritten auswirkt, lediglich gegenüber dem Angeklagten als Folge seiner Tat ausgesprochen; der Dritteigentümer ist nur Einziehungsbeteiligter (§ 431). Es ist deshalb zwangsläufig, daß die Abwägung, ob die erweiterte Einziehung neben den übrigen zu erwartenden Rechtsfolgen der Tat nicht ins Gewicht fällt, nur im Hinblick auf die sonstigen *gegen den Angeklagten* zu erwartenden Maßnahme erfolgen kann, während eine Abwägung gegenüber dem Dritten entfällt, da mit Wirkung ihm gegenüber andere Maßnahmen als die Einziehung nicht in Betracht kommen.

2. Die Beschränkung ist weiterhin zulässig, wenn das Verfahren, soweit es die Einziehung betrifft, einen **unangemessenen Aufwand** erfordern würde.

a) Hier ist also an den Fall gedacht, daß die Einziehung zwar gegenüber der zu erwartenden Strafe oder Maßregel der Sicherung und Besserung ins Gewicht fällt, daß aber das die Einziehung betreffende Verfahren mit einem unangemessenen Aufwand verbunden wäre (Beispiel nach der Begr. zu § 430 – S. 74 –: wenn neben einer geringen Geldstrafe die Einziehung eines Luftgewehrs in Frage steht, die Anordnung der Einziehung jedoch eine umfangreiche Beweisaufnahme erfordern würde mit einem Kostenaufwand, der im Verhältnis zur Bedeutung der Einziehung unangemessen wäre).

b) Bei dem **„Aufwand"** ist hier vorzugsweise an das Maß der Mühewaltung von Gericht, Staatsanwaltschaft und Beweispersonen bei umfangreichen oder schwierigen Beweisaufnahmen, an den ihnen entstehenden Zeitverlust und den damit verbundenen Kostenaufwand gedacht. Dieser Aufwand ist **unangemessen,** wenn er zu der Bedeutung der Einziehung in keinem sinnvollen Verhältnis steht. Bei der „Bedeutung" der Einziehung kann es dabei entscheidend darauf ankommen, ob sie Straf-, strafähnlichen oder Sicherungscharakter hat. So kann im Fall des § 40 Abs. 2 Nr. 2 StGB die Schwere der drohenden Gefahr auch einen hohen Aufwand rechtfertigen, doch läßt sich – dies gegen EbSchmidt aaO. Rz. 5 – nicht sagen, daß, wenn eine Einziehung nach § 40 Abs. 2 Nr. 2 in Betracht käme, der Gesichtspunkt des unangemessenen Aufwands stets entfiele.

c) Zu dem **„Verfahren, soweit es die Einziehung betrifft",** gehört sowohl das der Anordnung der Beteiligung (§ 431 Abs. 1 Satz 1) vorausgehende Verfahren, z. B. bei Ermittlung von Einziehungsinteressenten, deren Beteiligung am Strafverfahren in Frage steht (vgl. Anm. II 2 c zu § 431) wie auch das Verfahren nach Erlaß des Beteiligungsbeschlusses.

3. Die Beschränkung ist schließlich zulässig, wenn die Entscheidung über die anderen Rechtsfolgen der Tat **unangemessen erschwert** würde. Hier ist in 1. Linie an einen unverhältnismäßigen **Zeitverlust** gedacht, der durch die Aufklärung der Einziehungsvoraussetzungen, insbesondere der Rechtsverhältnisse am Einziehungsgegenstand entstünde, während die Sache im übrigen entscheidungsreif ist, so etwa, wenn mehrere Personen wegen ihres angeblichen Rechts am Einziehungsgegenstand die Beteiligung erzwingen, oder wenn eine zeitraubende kommissarische Vernehmung einer Mehrzahl von Zeugen an verschiedenen Orten nötig wäre, auch wenn der Kostenaufwand sich in erträglichen Grenzen hält, oder wenn auf Zeugen gewartet werden muß, die für längere Zeit nicht zur Verfügung stehen. „Entsprechend ihrer Wirkung als Nebenfolge der Straftat soll die Einziehung eine Nebenfrage bleiben, derentwegen das Strafverfahren von seiner eigentlichen Aufgabe nicht abgelenkt werden darf" (Begr. aaO. S. 74). Die Vorschrift ermöglicht es, dem Grundsatz des § 431 Abs. 7 Rechnung zu tragen, daß durch eine Verfahrensbeteiligung der Fortgang des Verfahrens nicht aufgehalten werden soll, und gibt die Handhabe, auszuschließen, daß durch die Beteiligung das Recht des Angeklagten auf Abschluß des Verfahrens innerhalb angemessener Zeit (vgl. Art. 6 MRK und dazu LG Frankfurt JZ 1971 234) beeinträchtigt wird. Sie kann ferner in Staatsschutzstrafsachen dazu dienen, aus Gründen der Geheimhaltung den Kreis der Verfahrensbeteiligten zu beschränken. Mit § 430 läßt sich dem Bedenken begegnen, die früher von BGHSt. 19 7 gegen eine uneingeschränkt zulässige Verfahrensbeteiligung der Einziehungsinteressenten erhoben worden waren (vgl. Vorbem. 5 d vor § 430).

4. Eine scharfe Trennung der 3 Beschränkungsvoraussetzungen ist nicht möglich und auch nicht notwendig; sie können sich im Einzelfall überschneiden.

IV. Die **Zuständigkeit zur Ausscheidung** der Einziehung usw. ist in § 430 übereinstimmend mit § 154 a geregelt, so daß sich eine Erläuterung im einzelnen erübrigt und ergänzend auf die dortigen Erläuterungen verwiesen werden kann.

1. Im **vorbereitenden Verfahren** steht die Entscheidung der Staatsanwaltschaft zu. Eine Beschränkung ist aktenkundig zu machen; sie hindert die StA nicht, die Beschränkung im Lauf des Ermittlungsverfahrens oder bei Erhebung der Anklage wieder aufzuheben.

2. Nach **Einreichung der Anklageschrift** kann das Gericht (nicht der Vorsitzende allein) in jeder Lage des Verfahrens die Beschränkung anordnen; es bedarf dazu der Zustimmung der Staatsanwaltschaft. Eine von der Staatsanwaltschaft im Vorbereitungsverfahren oder eine nach Einreichung der Anklageschrift vom Gericht mit Zustimmung der Staatsanwaltschaft angeordnete Beschränkung kann das Gericht in jeder Lage des Verfahrens *wieder aufheben.* Dazu bedarf es nicht der Zustimmung der Staatsanwaltschaft. Letztere ist aber in der Lage, ihre im Vorbereitungsstadium getroffene Beschränkung und ihre Zustimmung zur Beschränkung durch das Gericht zu *widerrufen,* indem sie einen Einbeziehungsantrag stellt, dem das Gericht entsprechen muß.

3. Bei einer Wiederaufhebung der Beschränkung gilt nach § 430 Abs. 3 Satz 3 § 265 **ensprechend.** In § 154 a Abs. 3 Satz 3 lautet die entsprechende Vorschrift dahin, daß § 265 Abs. 4 sinngemäß anzuwenden sei. Diesem Wortlaut wollte sich § 430 Abs. 3 Satz 3 des Entw. EG OWiG anschließen. Im Rechtsausschuß (vgl. dessen schriftlichen Bericht zu Drucks. V/2601 v. 4. 3. 1968) wurde aber die Beschränkung der entsprechenden Anwendbarkeit auf § 265 Abs. 4 gestrichen und § 265 in vollem Umfang für entsprechend anwendbar erklärt: § 430 Abs. 3 Satz 3 könne nicht ohne weiteres mit § 154 a Abs. 3 Satz 3 verglichen werden, denn bei der Einziehung von Gegenständen könne es um Werte von erheblicher Bedeutung gehen, auch könne die Beteiligung von Einziehungsinteressenten in Betracht kommen.

V. **Sonderfälle**

1. Im **Strafbefehlsverfahren** kann der Richter gemäß § 408 nur entsprechend dem Antrag der Staatsanwaltschaft den Strafbefehl erlassen. Er muß also, sofern eine Einigung mit der Staatsanwaltschaft nicht zustande kommt, Hauptverhandlung anberaumen, wenn er die Ausklammerung der Einziehung durch die Staatsanwaltschaft im Strafbefehlsantrag nicht für gerechtfertigt oder entgegen dem Strafbefehlsantrag die Ausscheidung der Einziehung für geboten hält (vgl. Anm. 3 b zu § 408).

2. Im **Strafverfügungsverfahren** entscheidet, soweit eine Einziehung bei Übertretungen überhaupt in Betracht kommt, über deren Ausscheiden bei Erlaß der Strafverfügung der Amtsrichter allein.

3. Auch im **Privatklageverfahren** entscheidet über Ausklammerung und Wiedereinbeziehung allein der Amtsrichter (vgl. §§ 384 Abs. 4, 385 Abs. 5).

4. Der **Nebenkläger** hat keinen Einfluß auf die Ausscheidung und Wiedereinbeziehung des Verfahrens über die Einziehung; § 397 Abs. 2 ist einer entsprechenden Anwendung nicht zugänglich (ebenso Kl [30] 4 zu § 397; 5 zu § 430).

5. Bei **Steuervergehen** hat das Finanzamt, wenn es das Ermittlungsverfahren selbständig durchführt (§ 421 Abs. 2 RAbgO), die Rechte und Pflichten der Staatsanwaltschaft (§ 433 RAbgO) und kann daher im Ermittlungsverfahren und beim Strafbefehlsantrag (§ 435) die Einziehung ausscheiden (s. dazu § 440 RAbgO). Im gerichtlichen Verfahren, soweit es sich um die Beschränkung oder Wiedereinbeziehung handelt, hat das Finanzamt zwar im Rahmen des § 441 RAbgO ein Anhörungsrecht, aber kein Gestaltungsrecht, das dem der Staatsanwaltschaft entspräche.

VI. Rechtsmittel. Gerichtliche Entscheidungen über Beschränkung oder Wiedereinziehung ergehen in Beschlußform, nachdem zuvor den Beteiligten rechtliches Gehör gewährt ist (§ 33). Eine Beschwerde des Beschuldigten, Privat- oder Nebenklägers oder Einziehungsbeteiligten ist gemäß § 305 Satz 1 ausgeschlossen. Dies gilt aber auch für die Staatsanwaltschaft, wenn sie sich dadurch beschwert fühlt, daß das Gericht ohne ihre Zustimmung eine Beschränkung vorgenommen oder entgegen ihrem Antrag eine Wiedereinbeziehung unterlassen hat (ebenso EbSchmidt NachtrBd. II Rz. 10 zu § 430; a. M. Kl [30] 7; s. dazu auch zu § 154 a einerseits EbSchmidt NachtrBd. I Rz. 16 und andererseits zu § 154 Kohlhaas in diesem Kommentar Anm. 7, sowie BGH NJW 1957 637).

VII. Verhältnis des § 430 zu § 40 b Abs. 1 StGB (Verhältnismäßigkeitsgrundsatz). Der Grundsatz der Verhältnismäßigkeit von Mittel und Zweck gilt – über den Wortlaut des § 40 b Abs. 1 StGB hinaus – als ein alle Eingriffe des Staats beherrschender Grundsatz allgemein für die Einziehung und die ihr entsprechenden Rechtsfolgen, auch wo sie nicht in das Ermessen des Gerichts gestellt, sondern zwingend vorgeschrieben sind (vgl. Nachw. bei LK-Schäfer Rdn. 3 zu § 40 b). Er stellt ein *materiellrechtliches* Verbot an den Richter dar, die Einziehung anzuordnen, wenn sie zur Bedeutung der begangenen Tat und zum Vorwurf, der den Täter oder Teilnehmer, in den Fällen des § 40 a StGB auch den tatunbeteiligten Dritten trifft, außer Verhältnis steht. Soweit dieses Verbot reicht, ist für eine Ermessensmaßnahme nach § 430 kein Raum. Eine Verletzung des Verhältnismäßigkeitsgrundsatzes bedeutet einen Eingriff in die Rechte des von der Einziehung betroffenen Angeklagten oder Einziehungsbeteiligten, dessen er sich mit den zulässigen Rechtsmitteln erwehren kann; bei Verletzung des Verhältnismäßigkeitsgrundsatzes beruht das Urteil i. S. des § 337 Abs. 1 StPO stets auf einer Verletzung des Gesetzes. § 430 StPO dagegen enthält als *Verfahrens*vorschrift eine *Ermächtigung* an Strafverfolgungsbehörde und Gericht, zwecks Vereinfachung und Beschleunigung des Verfahrens unwesentliche Nebenfolgen auszuscheiden, und dies grundsätzlich nicht im Individualinteresse des Angeklagten oder Einziehungsbeteiligten, sondern im Interesse der Allgemeinheit an einer zügigen Strafrechtspflege. Der Angeklagte und der Einziehungsbeteiligte haben kein Recht darauf, daß von der Ermächtigung Gebrauch gemacht werde – der Angeklagte auch nicht unter dem Gesichtspunkt der Beschleunigung seines Verfahrens zwecks Aburteilung „innerhalb einer angemessenen Frist“ (Art. 5 Abs. 3 Satz 2; Art. 6 Abs. 1 der Menschenrechts-Konvention; vgl. dazu BGHSt. 21 81, aber auch LG Frankfurt JZ 1971 234) –, und gegen ein Urteil, das, der materiellen Rechtslage entsprechend, auf Einziehung erkennt, können grundsätzlich nicht Rechtsmittel mit der Begründung ergriffen werden, daß es bei zweckmäßiger Verfahrensbeschränkung nicht zur Einstellung gekommen wäre.

§ 431

(1) Ist im Strafverfahren über die Einziehung eines Gegenstandes zu entscheiden und erscheint glaubhaft, daß

1. der Gegenstand einem anderen als dem Angeschuldigten gehört oder zusteht oder

2. ein anderer an dem Gegenstand ein sonstiges Recht hat, dessen Erlöschen im Falle der Einziehung angeordnet werden könnte (§ 41 a Abs. 2 Satz 2, 3 des Strafgesetzbuches), so ordnet das Gericht an, daß der andere an dem Verfahren beteiligt wird, soweit es die Einziehung betrifft (Einziehungsbeteiligter). Das Gericht kann von der Anordnung absehen, wenn infolge bestimmter Tatsachen anzunehmen ist, daß die Beteiligung nicht ausführbar ist. Das Gericht kann von der Anordnung auch dann absehen, wenn eine Partei, Vereinigung oder Einrichtung außerhalb des räumlichen Geltungsbereichs dieses Gesetzes zu beteiligen wäre, die Bestrebungen gegen den Bestand oder die Sicherheit der Bundesrepublik Deutschland oder gegen einen der in § 92 Abs. 2 des Strafgesetzbuches bezeichneten Verfassungsgrundsätze verfolgt, und wenn den Umständen nach anzunehmen ist, daß diese Partei, Vereinigung oder Einrichtung oder einer ihrer Mittelsmänner den Gegenstand zur Förderung ihrer Bestrebungen zur Verfügung gestellt hat; in diesem Falle genügt es, vor der Entscheidung über die Einziehung des Gegenstandes den Besitzer der Sache oder den zur Verfügung über das Recht Befugten zu hören, wenn dies ausführbar ist.

(2) Das Gericht kann anordnen, daß sich die Beteiligung nicht auf die Frage der Schuld des Angeschuldigten erstreckt, wenn

1. die Einziehung im Falle des Absatzes 1 Nr. 1 nur unter der Voraussetzung in Betracht kommt, daß der Gegenstand dem Angeschuldigten gehört oder zusteht, oder

2. der Gegenstand nach den Umständen, welche die Einziehung begründen können, dem Einziehungsbeteiligten auch auf Grund von Rechtsvorschriften außerhalb des Strafrechts ohne Entschädigung dauernd entzogen werden könnte.

(3) Ist über die Einziehung des Wertersatzes gegen eine juristische Person oder eine Personenvereinigung zu entscheiden (§ 42 in Verbindung mit § 40 c des Strafgesetzbuches), so ordnet das Gericht deren Beteiligung an.

(4) Die Verfahrensbeteiligung kann bis zum Ausspruch der Einziehung und, wenn eine zulässige Berufung eingelegt ist, bis zur Beendigung der Schlußvorträge im Berufungsverfahren angeordnet werden.

(5) Der Beschluß, durch den die Verfahrensbeteiligung angeordnet wird, kann nicht angefochten werden. Wird die Verfahrensbeteiligung abgelehnt oder eine Anordnung nach Absatz 2 getroffen, so ist sofortige Beschwerde zulässig.

(6) Erklärt jemand bei Gericht oder bei der Staatsanwaltschaft schriftlich oder zu Protokoll oder bei einer anderen Behörde schriftlich, daß er gegen die Einziehung des Gegenstandes keine Einwendungen vorbringen wolle, so wird seine Verfahrensbeteiligung nicht angeordnet oder die Anordnung wieder aufgehoben.

(7) Durch die Verfahrensbeteiligung wird der Fortgang des Verfahrens nicht aufgehalten.

Zur Entstehungsgeschichte. Über die Änderungen des Reg. Entw. des EG OWiG durch den Bundestags-Rechtsausschuß (betr. Änderung des Abs. 1 Satz 2 und des Abs. 6, Einfügung des Abs. 3) vgl. im folgenden Anm. III 1 a, VIII und XI 6.

I. Begriff des Einziehungsbeteiligten. Durch § 431 ist neben dem Nebenkläger (§ 395) für (subjektive) Strafverfahren, in denen über die Einziehung eines Gegenstandes und die in § 442 bezeichneten Nebenfolgen zu entscheiden ist, unter dem terminus technicus „Einziehungsbeteiligter" eine weitere Figur eines am Strafverfahren **Nebenbeteiligten** geschaffen worden. Die Erlangung der Stellung eines Einziehungsbeteiligten ist an formale und an materiellrechtliche Voraussetzungen gebunden.

1. **Formale** Voraussetzung ist eine **gerichtliche Anordnung,** daß der Betreffende am Strafverfahren beteiligt wird, soweit es die Einziehung betrifft (§ 431 Abs. 1 Satz 1). Diese Anordnung ist erst zulässig, sobald gegen eine bestimmte Person die öffentliche Klage (vgl. dazu unten Anm. II 3 a) erhoben ist oder erhoben wird. Das ergibt sich aus dem Wortlaut des § 431 Abs. 1 Satz 1 („Angeschuldigter") in Verb. mit § 157 StPO. Im vorbereitenden Verfahren gibt es keine Einziehungsbeteiligten, sondern nur **Einziehungsinteressenten** (vgl. § 432).

2. **Materiellrechtliche** Voraussetzung ist, daß eine bestimmte rechtliche Beziehung des Nebenbeteiligten zum Einziehungsgegenstand glaubhaft erscheint, nämlich, a) daß der Gegenstand ihm gehört oder (bei Rechten) zusteht, oder b) daß er an dem Einziehungsgegenstand ein sonstiges, d. h. ein beschränktes dingliches Recht hat, dessen Erlöschen im Falle einer Einziehung nach § 41 a Abs. 2 Satz 2, 3 StGB angeordnet werden könnte.

II. Das Anordnungsverfahren

1. a) Die **Beteiligungsanordnung** ergeht grundsätzlich in Beschlußform (§ 431 Abs. 5). Sie ist dem Einziehungsinteressenten bekanntzumachen, wobei nach § 35 Abs. 2 Satz 2 formlose Mitteilung genügt, sofern der Beschluß nicht mit einer Beschränkung nach § 431 Abs. 2 verbunden ist.

b) Beim **Fehlen** eines ausdrücklichen Beschlusses können Maßnahmen genügen, aus denen sich der Anordnungswille des Gerichts ergibt, z. B. im Verfahren nach § 440 die Anhörung zum Einziehungsantrag der Staatsanwaltschaft und die Aufnahme in das Rubrum der Einziehungsentscheidung (OLG Zweibrücken NJW **1970** 1758).

c) Die Anordnung erfolgt grundsätzlich von Amts wegen, wenn dem Gericht die in § 431 Abs. 1 Satz 1 bezeichneten Beziehungen des Betreffenden („eines anderen als des Angeschuldigten") zum Einziehungsgegenstand glaubhaft erscheinen. Eines Antrages oder auch nur einer Anregung des Einziehungsinteressenten oder der Staatsanwaltschaft auf Anordnung der Beteiligung bedarf es nicht; auch wenn derjenige, der ein Recht am Einziehungsgegenstand hat oder zu haben glaubt, sich untätig verhält, muß seine Verfahrensbeteiligung angeordnet werden, wenn dem Gericht auf Grund der Ermittlungen das Bestehen seines Rechts glaubhaft erscheint. Wird aber eine Anordnung beantragt oder angeregt, so bedarf es einer Entscheidung durch Beschluß, und ein ablehnender Beschluß ist nach § 431 Abs. 5 anfechtbar.

2. Das Gesetz fordert – anders als etwa § 26 Abs. 2 – nicht, daß die materiellrechtlichen Beteiligungsvoraussetzungen von jemandem durch aktive Tätigkeit glaubhaft gemacht sind, sondern nur, daß sie **glaubhaft erscheinen.**

a) Ein Recht erscheint glaubhaft, wenn Tatsachen vorliegen, die darauf schließen lassen, daß es **wahrscheinlich besteht.** Das Gericht muß grundsätzlich die Beteiligung anordnen, sobald ihm Umstände bekannt werden, die auf wahrscheinlich bestehende Drittrechte hinweisen, welche durch eine Einziehungsanordnung beeinträchtigt werden können.

b) Dabei sind an den **Grad der Wahrscheinlichkeit** keine zu hohen Anforderungen zu stellen; darauf deutet schon die fast pleonastisch wirkende Wendung „glaubhaft erscheint" – glaubhaft = wahrscheinlich; glaubhaft erscheint = wahrscheinlich erscheint – hin. Denn wenn die einigermaßen naheliegende, die „ernsthafte" (so Göhler 3 A zu § 87 OWiG) Möglichkeit eines Eingriffs in Drittrechte in Frage steht, so verlangen die Grundsätze der Eigentumsgarantie (Art. 14 GG) und des rechtlichen Gehörs (Art. 103 Abs. 1 GG), daß den Dritten in möglichst weitem Umfang Gelegenheit gegeben wird, durch Teilnahme am Verfahren Schaden von sich abzuwenden (vgl. dazu auch BayObLG NJW **1955** 1527).

c) Die **Grenzen dieser Pflicht,** die Beteiligung als Einziehungsberechtigter anzuordnen, wird durch die in § 431 **Abs. 1 Satz 2** statuierte **Ausnahme vom Anordnungszwang** deutlich gemacht. Danach kann das Gericht von der Beteiligungsanordnung absehen wenn infolge bestimmter Tatsachen anzunehmen ist, daß die Beteiligung *nicht ausführbar* ist. Diese Vorschrift (s. dazu unten III 1) knüpft an § 431 Abs. 2 a. F. StPO an, wonach Personen, „die einen rechtlichen Anspruch auf den Gegenstand der Einziehung, Vernichtung oder Unbrauchbarmachung haben", zu dem Termin über die selbständige Einziehung zu laden waren, „soweit dies ausführbar erscheint". Dies wurde (vgl. Anm. 6 b zu § 431 a. F. in der Vorauflage) dahin ausgelegt, daß das Gericht zwar nicht in jedem Fall erst umfangreiche und das Verfahren verzögernde langwierige Ermittlungen nach dem Vorhandensein von Einziehungsbeteiligten anstellen müßte; wo aber dem Gericht bekannt gewordene Umstände auf Drittrechte hinweisen und Anschrift und Einziehungsbeteiligung der in Betracht kommenden Personen sich ohne besonderen Zeitaufwand klären ließ, mußte das Gericht entsprechende Erhebungen anstellen und ggbf. die Zuziehung der Drittberechtigten veranlassen (vgl. BayObLG NJW 1955 1527). Die in § 431 getroffene Regelung geht darüber noch hinaus. Sie knüpft die Pflicht zur Beteiligungsanordnung bereits an die Voraussetzung, daß das Bestehen eines Drittrechts, das durch eine Einziehungsentscheidung betroffen wird, glaubhaft erscheint, und nur die Unausführbarkeit der Beteiligung bildet die Grenze der Anordnungspflicht (von der weiteren Ausnahme in § 431 Abs. 1 Satz 3 kann in diesem Zusammenhang abgesehen werden; s. dazu unten III 2). Das bedeutet, daß dem Vorhandensein durch eine Einziehungsanordnung gefährdeter Drittrechte in weitestem Umfang nachzugehen ist, für die Beteiligungsanordnung aber schon das Glaubhafterscheinen eines beeinträchtigungsfähigen Drittrechts genügt. Es bedarf danach, wenn sich, insbesondere aus dem Ermittlungsverfahren (vgl. § 432) genügende Anhaltspunkte für das wahrscheinliche Bestehen von Drittrechten ergeben, keiner eingehenden Aufklärung. Unter sinngemäßer Anwendung des Grundsatzes in dubio pro reo ist vielmehr im Zweifel, insbesondere bei ernsthafter konkretisierter Berühmung eines Einziehungsinteressenten, die Beteiligungsanordnung zu treffen und die weitere Klärung, inwieweit einziehungshindernde oder bestandsgefährdete Drittrechte tatsächlich bestehen, kann dem Strafverfahren überlassen bleiben (ähnlich Göhler 3 A zu § 87 OWiG). Wenn allerdings ganz ungewiß bleibt, wem der Einziehungsgegenstand gehört oder zusteht, entfällt die Anordnung einer Verfahrensbeteiligung.

3. Die Frage der Beteiligungsanordnung ist (von Amts wegen, auf Antrag oder Anregung) zu prüfen, wenn **„im Strafverfahren über die Einziehung eines Gegenstandes zu entscheiden ist“**.

a) **„im Strafverfahren“**. Der Zeitraum, während dessen die Verfahrensbeteiligung angeordnet werden kann und demgemäß vom Gericht die Anordnungsfrage zu prüfen ist, beginnt mit der Erhebung der öffentlichen Klage und endet nach Maßgabe des § 431 Abs. 4 (unten Anm. IX). Bei Erhebung der öffentlichen Klage durch Antrag auf gerichtliche Voruntersuchung oder durch Einreichung einer Anklageschrift ist der Eingang dieser Schriften, bei mündlicher Anklageerhebung im beschleunigten Verfahren (§ 212 a) dieser Zeitpunkt maßgebend. Im Strafbefehls- und Strafverfügungsverfahren entscheidet der Eingang des Antrags auf Erlaß des Strafbefehls bzw. der Eingang der polizeilichen Verhandlungen beim Amtsrichter. Unter den Voraussetzungen des § 431 Abs. 6 entfällt die Prüfungs- und Anordnungspflicht.

b) **„über die Einziehung eines Gegenstandes zu entscheiden ist“**

aa) Das bedeutet zunächst, daß das Vorliegen der gesetzlichen Voraussetzungen, unter denen eine Einziehung zulässig ist, *wahrscheinlich* sein muß; das entspricht dem allgemeinen Grundsatz des § 203 und liegt in der Richtung des § 431 Abs. 7, dessen Grundgedanke auch dazu zwingt, eine Belastung des Strafverfahrens durch entbehrliche Anordnungen der Verfahrensbeteiligung auszuschließen.

bb) Liegt diese Voraussetzung vor, so ist zu unterscheiden:

α) Über die Einziehung ist regelmäßig „zu entscheiden“, wenn sie ohne Rücksicht auf die Eigentumsverhältnisse vorgesehen ist, sei es, daß sie zwingend vorgeschrieben ist (§§ 40 Abs. 4, 41 StGB), oder zwar nur zugelassen ist, die Sicherung vor einer Gefahr aber die Anordnung notwendig macht (§ 40 Abs. 2 Nr. 2 Abs. 3, 4 StGB). Aber auch dann ist über die Einziehung nicht zu entscheiden, wenn *offensichtlich der Verhältnismäßigkeitsgrundsatz* (§ 40 b StGB), der auch bei zwingend vorgeschriebener Einziehung durchgreift (VII zu § 430), einer Einziehung entgegensteht. Ist die Einziehung im Ermittlungsverfahren oder im Strafverfahren ausgeschieden (§ 430), so lebt die Prüfungs- und Anordnungspflicht erst mit einem Wiedereinbeziehungsbeschluß auf.

β) Ist die Einziehung nur *fakultativ* (in einer „Kann“-Vorschrift; §§ 40 Abs. 2 Nr. 1, 40 a StGB) vorgesehen, ohne daß eine Beschränkungsanordnung gemäß § 430 getroffen ist oder die Anwendbarkeit des Verhältnismäßigkeitsgrundsatzes auf der Hand liegt, so liegt an sich die Einziehung stets im Bereich des Möglichen; erst mit dem Erlaß der Entscheidung, in der die Einziehung ausgesprochen oder von ihr abgesehen wird, wird offenbar, welchen Gebrauch das Gericht von seiner „Kann“-Befugnis macht. Die bis zur Entscheidung offene Möglichkeit einer Einziehung kann aber allein noch nicht zum Erlaß einer Beteiligungsanordnung zwingen, denn sonst wäre die Anordnung in zahlreichen Fällen notwendig, in denen nach Sachlage praktisch nicht mit einer Einziehung zu rechnen ist. Nach Kl [30] 3 B zu § 431; 3 A zu § 444 ist die erforderliche Einschränkung darin zu suchen, daß bei einer durch eine „Kann“-Vorschrift zugelassenen Einziehung über die Einziehung i. S. des § 431 Abs. 1 Satz 1 nur dann „zu entscheiden“ ist, wenn *zu erwarten* ist, daß das Gericht die Einziehung aussprechen wird, denn nur dann sei eine Beteiligung des Einziehungsinteressenten zwecks Gewährung des rechtlichen Gehörs geboten.

Gegen diese Umschreibung bestehen Bedenken. Angenommen, ein von einer Einziehung nach § 40 a StGB bedrohter Einziehungsinteressent habe schon im Ermittlungsverfahren erklärt, daß er gegen die Einziehung Einwendungen vorbringen wolle (§ 432 Abs. 2), die Staatsanwaltschaft habe aber die Einziehung in der Anklageschrift beantragt, so würde es, wenn das Gericht im Zusammenhang mit der Eröffnung des Hauptverfahrens von Amts wegen über die Beteiligung zu entscheiden hat, nach der „Erwartungs“-Theorie darauf ankommen, ob nach Auffassung des beschließenden Gerichts zu erwarten (=wahrscheinlich) ist, daß künftig das erkennende Gericht sein Ermessen zum Nachteil des Einziehungsinteressenten ausüben wird. Hält es eine Ausübung des Ermessens in diesem Sinn nicht für wahrscheinlich, so müßte es die Anordnung der Verfahrensbeteiligung ablehnen. Nehmen Staatsanwaltschaft und Einziehungsinteressent die Ablehnung hin (§ 431 Abs. 5), und führt erst die Beratung nach der im übrigen durchgeführten Hauptverhandlung zu dem Ergebnis, daß es angebracht sei, die Einziehung nach § 40a StGB anzuordnen, so sähe sich das Gericht in die Zwangslage versetzt, entweder auf eine für erforderlich erachtete Einziehung zu verzichten oder in die Hauptverhandlung wieder einzutreten zwecks Beteiligung des Drittberechtigten auf die Gefahr hin, daß eine neue Hauptverhandlung notwendig ist (vgl. § 229), denn das Gericht könnte nicht ohne Verletzung der Verfahrensvorschriften die Einziehung anordnen und die Klärung der Drittrechte dem Nachverfahren (§ 439) überlassen.

Die „Erwartungs"-Formel erscheint danach zu eng; für die Frage, ob „über die Einziehung zu entscheiden ist", müssen weitergehende Merkmale maßgebend sein.

Eine gewissen Fingerzeig für die Behandlung der Beteiligungsanordnung könnte § 140 Abs. 1 Nr. 3 bieten, wonach die Mitwirkung eines Verteidigers notwendig ist, wenn das Verfahren zu der in das pflichtmäßige Ermessen gestellten Untersagung der Berufsausübung (§ 42 l StGB: „kann") „führen kann". Hier kommt es darauf an, ob bei der Befassung des Gerichts mit der eingereichten Anklage Umstände vorhanden sind, oder ob Umstände in der Hauptverhandlung auftreten, die dem Gericht Anlaß geben, sich mit der Frage des Berufsausübungsverbots *„zu befassen"* (so BGHSt. 4 320). Die dort angeführte Erwägung, es sei belanglos, ob es wirklich zu der Anordnung kommt, denn darüber werde auf Grund der Beratung, also nach Durchführung der Hauptverhandlung entschieden, nach dem Willen des Gesetzes solle aber wegen der erheblichen Nachteile, die durch die gerichtliche Entscheidung für den Angeklagten entstehen *können,* an der Hauptverhandlung ein Verteidiger mitwirken, beanspruchen mutatis mutandis auch für die Beteiligung des Drittberechtigten am Strafverfahren Geltung. Hier kommt es nach dem Zweck der Verfahrensbeteiligung, dem Drittberechtigten das rechtliche Gehör in der der Entscheidung über die Einziehung vorausgehenden Hauptverhandlung zu gewähren, für die Notwendigkeit einer Beteiligungsanordnung darauf an, ob bei Erhebung der öffentlichen Anklage Umstände vorhanden sind oder später hervortreten, die dem erkennenden Gericht Anlaß geben können, sich mit der Frage einer Anordnung der Einziehung *„zu befassen".*

Praktisch bedeutet das, daß bei fakultativ vorgesehener Einziehung i. S. des § 431 Abs. 1 Satz 1 über die Einziehung schon dann „zu entscheiden" ist, wenn nach den im Zeitpunkt der Entscheidung über die Beteiligungsanordnung bekannten Umständen damit zu rechnen ist, daß das erkennende Gericht sich — wenn man will: „ernstlich" — vor die Frage gestellt sieht, ob es in Ausübung seines Ermessens die Einziehung anordnen soll oder nicht. Gegenstand der Prognose des beschließenden Gerichts ist also so gesehen nicht, ob das erkennende Gericht dann wahrscheinlich die Einziehung anordnen wird, sondern ob eine solche Konfrontation des Gerichts mit der Einziehungsfrage wahrscheinlich ist — dann ordnet es die Verfahrensbeteiligung an —, oder so wenig wahrscheinlich ist, daß die Frage des rechtlichen Gehörs überhaupt nicht akut wird. Im praktischen Ergebnis mag freilich der Unterschied gegenüber der Auffassung, die hier auf die Erwartung der Einziehungsanordnung abstellt, nicht eben groß sein.

γ) *Umstände, die bei fakultativer Einziehung zur Anordnung der Beteiligung führen,* liegen in der Regel vor, wenn die Staatsanwaltschaft bei Erhebung der Anklage die Einziehung oder eine der in § 442 bezeichneten Nebenfolgen anstrebt. Sie muß dies dann, damit das Urteil durch Anführung des Nebenbeteiligten gegen diesen als Vollstreckungstitel verwertet werden kann, unter namentlicher Bezeichnung des Nebenbeteiligten im Anklagesatz zum Ausdruck bringen (Kl [30] 2 E zu § 200). Ein solcher Antrag, der stillschweigend das Verlangen nach Anordnung der Verfahrensbeteiligung enthält, bindet zwar weder das erkennende noch das beschließende Gericht, wie diese Gerichte ja auch ohne einen entsprechenden Antrag von Amts wegen die Beteiligung anzuordnen haben, wenn sie die Voraussetzungen dafür als gegeben erachten. Er hat aber die Wirkung, daß das Gericht, wenn eine Ablehnung der Anordnung (§ 431 Abs. 5) nicht aus anderen Gründen gerechtfertigt ist, die Verfahrensbeteiligung im Regelfall anordnen muß, weil das erkennende Gericht gegenüber dem Antrag der Staatsanwaltschaft zu einer Entscheidung der Frage gezwungen ist, ob es in Ausübung pflichtgemäßen Ermessens die Einziehung anordnen soll oder nicht.

III. Ausnahme von der Anordnungspflicht

1. zu § 431 Abs. 1 Satz 2. Nach dieser Vorschrift kann, obwohl die Voraussetzungen des § 431 Abs. 1 Satz 1 vorliegen, von der Anordnung der Verfahrensbeteiligung abgesehen werden, wenn „**infolge bestimmter Tatsachen** anzunehmen ist, daß die Beteiligung **nicht ausführbar ist**".

a) Diese Vorschrift knüpft (vgl. oben Anm. II 2c) an den die selbständige Einziehung betreffenden § 431 Abs. 2 a. F. StPO an. Sie lautete im Entw. EG OWiG dahin, daß von der Anordnung abgesehen werden könne, „wenn die Beteiligung nicht ausführbar erscheint". Die Gesetz gewordene Fassung beruht auf den Bschlüssen des Rechtsausschusses. Die Änderung bezweckt nach dem Ausschußbericht (zu V 2601 v. 4. 3. 1968) lediglich eine nähere Konkretisierung der Voraussetzungen des Absehens; eine sachliche Abweichung von der bisherigen Rechtsprechung zu § 431 Abs. 2 a. F. sei damit nicht beabsichtigt.

b) § 431 Abs. 2 a. F. besagte, daß Personen, die einen rechtlichen Anspruch auf den Gegenstand der Einziehung haben, zur mündlichen Verhandlung über die Einziehung zu laden seien, „soweit dies ausführbar erscheint". Die frühere Auslegung (vgl. RGSt. 69 32, 37), die in den Worten, „soweit dies ausführbar erscheint" die Eröffnung eines Ermessensspielraums sah, der es mehr oder weniger in das Ermessen des Gerichts stellte, ob und in welchem Umfang von der Möglichkeit der Zuziehung von Einziehungsbeteiligten Gebrauch zu machen sei, war bereits in Rechtsprechung und Schrifttum aufgegeben (vgl. dazu Anm. 6 zu § 431 a. F. in der Vorauflage); eine „Unausführbarkeit der Ladung" wurde angenommen, wenn entweder das Gericht umfangreiche und das Verfahren verzögernde langwierige Ermittlungen nach dem Vorhandensein von Einziehungsinteressenten anstellen müßte oder der Ladung bekannter (sich meldender oder von Amts wegen ermittelter) Einziehungsinteressenten unüberwindliche Schwierigkeiten entgegenstünden.

c) Nach dem Sachzusammenhang der jetzt geltenden Verfahrensvorschriften kann die „**Unausführbarkeit der Beteiligung**" nicht darin gesehen werden, daß Ermittlungen nach dem Vorhandensein von Einziehungsinteressenten einen unangemessenen Aufwand erfordern oder die Herbeiführung der Entscheidung über die anderen Rechtsfolgen der Tat unangemessen erschweren, denn insoweit gewährt das Gesetz in § 430 dadurch Abhilfe, daß es die Ausscheidung der Einziehung zuläßt (vgl. Anm. III 2, 3 zu § 430). „Unausführbarkeit der Beteiligung" liegt auch nicht vor, wenn Ermittlungen nach dem Vorhandensein von Einziehungsinteressenten nicht dazu führen, daß das Bestehen von Drittrechten bestimmter Personen glaubhaft erscheint, denn dann fehlt es bereits an den in § 431 Abs. 1 Satz 1 statuierten Voraussetzungen der Pflicht zur Beteiligungsanordnung. Unausführbarkeit der Beteiligung kommt vielmehr in Betracht, wenn es aus faktischen Gründen nicht möglich erscheint, eine als Einziehungsinteressent in Betracht kommende Person (etwa durch Bekanntgabe eines Beteiligungsbeschlusses) am Verfahren zu beteiligen. Die amtl. Begründung (BT-Drucks. V/1319 S. 75), die im übrigen wegen des Begriffs der „Nichtausführbarkeit" außer auf § 431 Abs. 2 a. F. auf § 350 StPO verweist, führt zu § 431 Abs. 1 Satz 2 aus: „Dadurch sollen unangemessene Verzögerungen des Strafverfahrens vermieden werden. Die Beteiligung wird insbesondere dann nicht ausführbar erscheinen, wenn sie wegen unbekannten Aufenthalts des Einziehungsinteressenten, wegen ungenauer Absenderangaben im Falle von Druckschriften, wegen Verschleierung durch fingierte Angaben oder durch Strohmänner oder aus sonstigen Gründen auf zu große Schwierigkeiten stößt." Eb Schmidt NachtrBd. II Rz. 4 ist zuzugeben, daß ein Teil dieser Beispiele nicht einschlägig ist. Denn wenn z. B. aus bestimmten Tatsachen, die auch auf einschlägigen speziellen oder allgemeinen Erfahrungen beruhen können, zu folgern ist, daß ein wirklich Berechtigter Strohmänner auftreten läßt, so ist das Drittrecht des Strohmannes nicht glaubhaft, und der infolge der Verschleierungsmaßnahmen nicht zu ermittelnde Dritte scheidet schon deshalb als Einziehungsinteressent aus, weil als „anderer" nur eine bestimmte Person in Betracht kommt.

2. zu § 431 Abs. 1 Satz 3

a) Diese Vorschrift läßt das Absehen von der Beteiligungsanordnung auch dann zu, wenn eine **Partei**, Vereinigung oder Einrichtung (über diese Begriffe vgl. z. B. §§ 84, 85, 86 Abs. 1

Nr. 3 StGB) **außerhalb des räumlichen Geltungsbereichs dieses Gesetzes** (vgl. dazu § 86 Abs. 1 Nr. 3 StGB) zu beteiligen wäre, die Bestrebungen gegen den Bestand oder die Sicherheit der BRD oder gegen einen der in § 92 Abs. 2 StGB bezeichneten Verfassungsgrundsätze (über diese Begriffe vgl. § 92 Abs. 3 StGB) verfolgt, vorausgesetzt, daß den Umständen nach diese Partei, Vereinigung oder Einrichtung oder einer ihrer Mittelsmänner (über diesen Begriff vgl. z. B. § 94 Abs. 1 Nr. 1 StGB) den Gegenstand zur Förderung ihrer Bestrebung zur Verfügung gestellt hat. Der Grund für diese Ausnahme liegt darin, daß die Beteiligung solcher Parteien usw. das Verfahren erheblich erschweren könnte und im Hinblick auf ihre verfassungswidrigen Bestrebungen grundsätzlich unangemessen wäre (Begr. S. 75). Ihre Nichtbeteiligung, wenn anzunehmen ist, daß sie oder ihre Mittelsmänner den Gegenstand zur Förderung ihrer verfassungswidrigen oder sicherheitsgefährdenden Bestrebungen zur Verfügung gestellt haben, verstößt nicht gegen Art. 103 Abs. 1 GG, weil es „nicht Aufgabe der Verfassung sein kann, das förmliche Recht an den Gegenständen solcher Personen zu schützen, welche die Gegenstände zu derartigen Zwecken zur Verfügung gestellt haben" (Begr. S. 75).

b) Bei Absehen von einer Verfahrensbeteiligung des Eigentümers, Rechtsinhabers oder dinglich Berechtigten muß dann aber wenigstens („genügt es") als eine Art Ersatz der Beteiligung vor der Entscheidung über die Einziehung des Gegenstandes der **Besitzer** der Sachen, der die **tatsächliche Verfügungsgewalt** über sie hat, oder bei Einziehung eines Rechts derjenige, der darüber verfügen kann, ohne Rechtsinhaber zu sein, gehört (ihm Gelegenheit zur Äußerung gegeben) werden. Diese Personen werden dann, über die Wahrnehmung etwaiger eigner durch die Einziehung berührter Interessen hinaus, im Rahmen der Anhörung gewissermaßen als Sachwalter des Berechtigten tätig, ohne Verfahrensbeteiligte zu sein. Voraussetzung der Anhörung ist, daß sie ausführbar ist (oben Anm. III 1 c). Diese Regelung gilt ohne Rücksicht darauf, ob die Sache (das Recht) beschlagnahmt oder sonst sichergestellt ist. Sie ist auf Parteien, Vereinigungen und Einrichtungen *außerhalb* des räumlichen Geltungsbereichs der StPO beschränkt, weil bei Parteien usw. innerhalb des Geltungsbereichs die geltenden Regelungen hinsichtlich der verbotenen Parteien und Einrichtungen ausreichen.

3. Liegen die Voraussetzungen zu vorstehend 1 und 2 für ein Absehen von der Anordnung der Verfahrensbeteiligung vor, und will das Gericht von seiner Ermächtigung zum Absehen Gebrauch machen, so erübrigt sich auch eine Klärung, ob Drittrechte i. S. des § 431 Abs. 1 Satz 1 glaubhaft erscheinen (ebenso Kl [30] 5; EbSchmidt NachtrBd. II Rz. 5).

IV. Die Einziehungsbeteiligten im einzelnen

1. Nach **§ 431 Abs. 1 Satz 1 Nr. 1** ist zu beteiligen ein **anderer** – auch eine juristische Person oder Personenvereinigung; s. dazu unten Anm. VIII – als der Angeschuldigte, wenn glaubhaft erscheint, daß ihm die körperliche Sache **gehört** oder das Recht **zusteht.** Die Eigentums- oder Rechtsinhaberverhältnisse sind nach materiellem Recht (§§ 40–42 StGB), wenn im übrigen die Voraussetzungen der Einziehung vorliegen, nach mehreren Richtungen von Bedeutung.

a) **Die Einziehung** nach § 40 Abs. 1, 2 Nr. 1 StGB setzt voraus, daß der Gegenstand **zur Zeit der Entscheidung** (d. h. der letzten tatrichterlichen Entscheidung) dem Täter oder Teilnehmer gehört oder zusteht. Auf das Eigentum im Zeitpunkt der Entscheidung über die Einziehung kann es aber bei der vorangehenden Entscheidung über die Anordnung der Beteiligung nicht ankommen. Hier genügt, daß Eigentum (Rechtsinhaberschaft) im Zeitpunkt der Anordnung glaubhaft erscheint. Wer also Eigentum oder Rechtsinhaberschaft am Gegenstand, der instrumentum oder productum sceleris oder Beziehungsgegenstand (§ 40 Abs. 4 StGB) war, im Zeitpunkt der Entscheidung über die Verfahrensbeteiligung für sich in Anspruch nimmt, hat das Interesse, im Verfahren über die Einziehung darzutun, daß der Gegenstand jetzt ihm gehört (zusteht) und demgemäß nach dem gewöhnlichen Verlauf der Dinge auch im Zeitpunkt der Entscheidung nicht dem Täter oder Teilnehmer gehören (zustehen) wird, so daß die Voraussetzungen einer Einziehung nicht gegeben sind.

b) Auch ein **Teilnehmer** (Mittäter, Anstifter, Gehilfe; §§ 47 ff. StGB), der nicht selbst Angeschuldigter ist (z. B. bei Abtrennung des Verfahrens wegen Verhandlungsunfähigkeit), kommt als Einziehungsbeteiligter in Betracht, so, wenn er geltend macht, Eigentümer des Tatwerkzeugs zu sein, und eine Einziehung des „dem Täter oder Teilnehmer" gehörenden Gegenstandes (§ 40 Abs. 2 Nr. 1) abwenden, z. B. dartun will, daß eine Einziehung des ihm gehörigen Gegenstandes entfalle, weil er ohne sein Wissen vom Täter zur Tat benutzt worden sei (letzteres str.; vgl. LK = Schäfer Rdn. 26 zu § 40 StGB), oder wenigstens erreichen will, daß das Gericht von der „Kann"-Vorschrift keinen Gebrauch macht.

Wird in einem solchen Fall der Einziehungsbeteiligte (durch Verbindung) in das Verfahren einbezogen, so wird die Beteiligungsanordnung ipso jure gegenstandslos.

c) Ebenso ist bei der **erweiterten Einziehung nach § 40** a Voraussetzung, daß der Quasi-Hehler (Nr. 1) oder Quasi-Begünstiger (Nr. 2) Eigentümer oder Rechtsinhaber zur Zeit der Entscheidung ist. Er ist, wenn Einziehung nach § 40 a in Betracht kommt (oben Anm. II 3 b, bb β) und glaubhaft erscheint, daß er jetzt Eigentümer (Rechtsinhaber) ist, am Verfahren zu beteiligen und erhält damit als präsumtiver Eigentümer zur Zeit der Entscheidung über die Einziehung Gelegenheit darzutun, daß die objektiven und subjektiven Voraussetzungen der Einziehung in der Person des Täters oder in der eigenen Person nicht vorliegen oder daß keine Veranlassung bestehe, von der „Kann"-Vorschrift Gebrauch zu machen.

d) In anderen Fällen ist die Einziehung **ohne Rücksicht auf die Eigentumsverhältnisse zur Zeit der Entscheidung** zulässig (§ 40 Abs. 2 Nr. 2, Abs. 3) oder zwingend vorgeschrieben (§§ 40 Abs. 4, 41). Die Beteiligung des Dritteigentümers soll ihm dann Gelegenheit geben, im Strafverfahren geltend zu machen, daß die Voraussetzungen der Einziehung nicht gegeben seien, z. B. daß sein Eigentum nicht Tatwerkzeug gewesen sei (§ 40 Abs. 2 Nr. 1), daß die Gefährlichkeit i. S. des § 40 Abs. 2 Nr. 2 zu verneinen sei, daß der Einziehung der Verhältnismäßigkeitsgrundsatz entgegenstehe, oder daß im Fall des § 41 die Grenzen der Abs. 2, 3 durch eine Einziehung seines Eigentums überschritten würden.

e) Im Sinn des § 431 Abs. 1 Satz 1 Nr. 1 **„gehört"** eine Sache (oder steht ein Recht zu) einem anderen als dem Angeschuldigten auch dann, wenn der andere nicht Alleineigentümer (alleiniger Rechtsinhaber), sondern nur Mitberechtigter nach ideellen Bruchteilen oder zur gesamten Hand ist. Nr. 1 ist also nur dann unanwendbar, wenn der Angeschuldigte Alleineigentümer (alleiniger Rechtsinhaber) ist, oder wenn alle Mitberechtigten Angeschuldigte sind. Die Frage, ob und inwieweit i. S. des § 40 Abs. 2 Nr. 1 StGB Miteigentum (Mitberechtigung) nach ideellen Bruchteilen oder zur gesamten Hand ein einziehungsfähiges Recht darstellt (vgl. dazu LK-Schäfer Rz. 40 ff. zu § 40 StGB), spielt hier keine Rolle.

f) Für die Einziehungsbeteiligung ist die streitige Frage ohne Bedeutung, ob bei **Sicherungs- und Vorbehaltseigentum** die formale Rechtslage oder eine wirtschaftliche Betrachtungsweise maßgebend ist, ob also der Sicherungsnehmer oder der besitzende Sicherungsgeber, der besitzende Vorbehaltskäufer oder der Vorbehaltsverkäufer als Eigentümer (Rechtsinhaber) im Sinn der Vorschriften anzusehen ist, die die Zulässigkeit der Einziehung vom Eigentum des Täters oder Teilnehmers (seiner Rechtsinhaberschaft) zur Zeit der Entscheidung abhängig machen (vgl. dazu LK-Schäfer Rz. 29 ff. zu § 40 StGB; OLG Oldenburg NJW **1971** 769; BayObLG VRS **40** 422). Denn je nachdem die Frage beantwortet wird, fällt der tatunbeteiligte Vorbehaltsverkäufer (Sicherungsnehmer) entweder unter Nr. 1 oder — als Inhaber eines pfandrechtsähnlichen Rechts — unter Nr. 2.

2. Nach § 431 **Abs. 1 Satz 1 Nr. 2** ist am Verfahren zu beteiligen ein anderer (als der Angeschuldigte), der (glaubhaft erscheinend) **an dem Gegenstand ein sonstiges Recht hat, dessen Erlöschen im Fall der Einziehung angeordnet werden könnte.** Nach § 41 a Abs. 2 Satz 1 StGB bleiben, wenn mit der Rechtskraft eines die Einziehung anordnenden Urteils das Eigentum an der Sache oder das eingezogene Recht auf den Staat übergeht, Rechte Dritter an dem Gegenstand grundsätzlich bestehen. Da die Berechtigten durch die Einziehung nicht beeinträchtigt werden, besteht auch kein Bedürfnis und kein Anlaß, sie am Strafverfahren zu beteiligen. Der Grundsatz, daß Rechte Dritter am Einziehungsgegenstand bestehen bleiben, ist aber in § 41 a Abs. 2 Satz 2 und 3 nach zwei Richtungen durchbrochen.

a) das Gericht **muß** nach § 41 a Abs. 2 Satz 2 das Erlöschen dieser Rechte anordnen, wenn es die Einziehung darauf stützt, daß die Voraussetzungen des § 40 Abs. 2 Nr. 2, Abs. 3 StGB vorliegen. In diesem Fall ist die ohne Rücksicht auf die Eigentumsverhältnisse zulässige Einziehung eine Sicherungsmaßregel zur Abwendung von dem Gegenstand für die Allgemeinheit drohender Gefahren. Der Gegenstand soll aus dem Verkehr gezogen werden; damit wäre das Bestehenbleiben von Rechten am Gegenstand, die den Berechtigten zu Besitz und Nutzung des Gegenstandes berechtigen, unverträglich. Der Berechtigte wird aber grundsätzlich für den Verlust seines Rechts nach § 41 c Abs. 1 StGB entschädigt. Die Entscheidung über die Entschädigung trifft der Zivilrichter. § 41 a Abs. 2 Satz 2 StGB gilt auch bei einer Einziehung nach § 41 StGB, denn dabei handelt es sich generell um gefährliche Gegenstände i. S. des § 40 Abs. 2 Nr. 2 (ebenso Dreher [32] 4 zu § 41 a).

b) Das Gericht **kann** nach § 41 a Abs. 2 **Satz 3** StGB das Erlöschen eines Rechts auch dann anordnen, wenn nicht eine Sicherungseinziehung, sondern eine Einziehung mit Straf- oder strafähnlichem Charakter (§ 40 Abs. 2 Nr. 1, § 41 a) in Betracht kommt und dem Berechtigten nach § 41 c Abs. 2 Nr. 1 oder 2 StGB eine Entschädigung nicht zu gewähren ist, weil er sich in einer Weise verhalten hat, die einem Eigentümer gegenüber die erweiterte Einziehung nach § 40 a StGB rechtfertigen würde, d. h. wenn er wenigstens leichtfertig dazu beigetragen hat, daß die Sache oder das Recht Mittel oder Beziehungsgegenstand der Tat oder ihrer Vorbereitung gewesen ist, oder wenn er Gegenstand oder Recht in Kenntnis der Umstände, die eine Einziehung (Unbrauchbarmachung) zulassen, in verwerflicher Weise erworben hat. Der Berechtigte hat dann zwar keinen Anspruch auf Entschädigung, es kann ihm aber gemäß § 41 a Abs. 3 StGB nach Ermessen des Gerichts eine Entschädigung gewährt werden, soweit es eine unbillige Härte wäre, sie ihm zu versagen.

c) In diesen beiden Fällen (a und b) eines durch Anordnung des Erlöschens drohenden Rechtsverlusts wird der Berechtigte am Verfahren beteiligt, um ihm Gelegenheit zu geben, die Anordnung der Einziehung oder wenigstens, soweit sie nicht nach Abs. 2 Satz 2 zwangsläufige Folge der Einziehung ist, die Anordnung des Erlöschens seines Rechts abzuwenden oder mindestens, wenn der Anspruch auf Entschädigung versagt ist, eine Entschädigung nach Billigkeit zu erlangen (vgl. III zu § 436).

d) **„Sonstige Rechte"** am Gegenstand der Einziehung usw. sind nur beschränkt **dingliche** Rechte wie Hypothek, Pfandrecht (§§ 1204 ff. BGB), Nießbrauch (§§ 1030 ff. BGB). **Obligatorische** Rechte wie der Anspruch des Käufers auf Übereignung der Kaufsache, der Anspruch des Mieters, Pächters oder Entleihers auf Überlassung und Belassung des Besitzes und der Nutzung des vermieteten und verpachteten Gegenstandes sind keine „Rechte am Einziehungsgegenstand", ebensowenig die Rechtsstellung, die durch Pfändung und Überweisung eines persönlichen Herausgabeanspruchs begründet ist (RGSt. **56** 379). Auch der bloße **Besitz** der Sache ist kein sonstiges Recht und begründet nicht die Beteiligung am Strafverfahren (**a. M.** zu § 431 a. F. BayObLG MDR **1955** 693). Noch weniger kommen als Einziehungsberechtigte Personen in Betracht, die, ohne daß ihnen das Erlöschen eines dinglichen Rechts droht, lediglich ein Interesse daran haben, daß die Anordnung der Einziehung unterbleibt (RGSt. **18** 299). Sicherungseigentümer und Vorbehaltseigentümer kommen hier als Inhaber pfandrechtsähnlicher Rechte nur in Betracht, wenn man entsprechend der Lehre von der wirtschaftlichen Betrachtungsweise den Sicherungsnehmer und den Vorbehaltsveräußerer nicht als Vollrechtsinhaber ansieht (vgl. oben Anm. IV 1 f.).

3. Besteller und Adressaten von Druckschriften

a) Die Beschränkung des Kreises der Einziehungsbeteiligten auf die dinglich Berechtigten hat zur Folge, daß bei **Einziehung einer Druckschrift** (vgl. § 41 StGB) von der Beteiligung des **Adressaten** oder **Bestellers der Druckschrift als solchem** abgesehen wird, wenn er kein Eigentum oder beschränktes dingliches Recht an der Schrift erlangt hat. Daher sind Adressaten von Sendungen, die der Post zur Beförderung übergeben sind, als solche keine Einziehungsbeteiligte, da die Post nur Bote des Absenders ist und das Vertragsverhältnis zwischen Post und Absender keine Rechte des Empfängers am Beförderungsgegenstand und keine Rechte gegen die Post begründet (vgl. aus der Rechtsprechung zu § 431 a. F. BGH GA **1961** 55; Wagner MDR **1961** 93, 97; a. M. Konow NJW **1961** 397).

Sie können nur Einziehungsbeteiligte werden, wenn sie nach den maßgeblichen zivilrechtlichen Vorschriften schon vor dem Empfang Eigentum erlangen, wie z. B. bei Import aus Dänemark nach dem dort geltenden Recht mit der erfolgten Absendung einer schon vorher bezahlten Lieferung (vgl. OLG Hamm NJW **1970** 1754 = MDR **1970** 943; LG Bayreuth NJW **1970** 574). Bei dem Abdruck der zahlreichen Entscheidungen, die sich mit der Frage befassen, ob die Beschlagnahme und selbständige Einziehung im objektiven Verfahren (§ 440) der aus dem Ausland durch die Post eingeführten unzüchtigen Schriften wegen Verletzung des Postgeheimnisses (Art. 10 GG) unzulässig ist, falls sie von der Post der Zollbehörde gestellt sind und diese sie an die Staatsanwaltschaft weitergeleitet hat (vgl. zuletzt – bejahend – BGH NJW **1970** 2071), ist vielfach die Rechtsgrundlage für die Beteiligung der Adressaten am Verfahren nicht erörtert; jedoch kann es sich nur um Fälle handeln, in denen der Adressat deshalb als Einziehungsberechtigter in Betracht kommt, weil er bereits Eigentum erlangt hatte.

b) Die Begr. (S. 75) führt zu dieser Rechtslage **gegenüber Bedenken,** die **aus verfassungsrechtlicher Sicht** – wegen Beeinträchtigung des **Grundrechts auf Information** – gegen die Nichtbeteiligung der Adressaten erhoben werden könnten, aus: „Seine (des Bestellers oder Adressaten) Beteiligung ist nicht etwa im Hinblick auf sein Recht auf freie Unterrichtung nach Art. 5 Abs. 1 GG geboten. Soll eine Druckschrift im Strafverfahren eingezogen werden, so geht es dabei nicht um die gesetzlichen Grenzen der freien Unterrichtungsmöglichkeit, sondern um die Grenzen der freien Meinungsäußerung. Das Recht auf freie Unterrichtung wird durch die Einziehung einer Druckschrift nur mittelbar berührt: Mit der Einziehung verliert die Quelle ihre allgemeine Zugänglichkeit. Erst die weitere, mittelbare Folge davon ist eine eingeengte Unterrichtungsmöglichkeit. Das Recht auf freie Unterrichtung selbst wird also nicht unmittelbar angetastet. Art. 103 Abs. 1 GG gewährt aber nur demjenigen rechtliches Gehör, den die gerichtliche Entscheidung rechtlich unmittelbar bindet. Diese Wirkung tritt für den Besteller oder Adressaten einer Druckschrift, die im Strafverfahren eingezogen wird, zweifelsfrei nicht ein."

c) Diese Begründung ist allerdings durch die neuere Rechtsentwicklung in Frage gestellt*. Nach der Rechtsprechung des BVerfG (vgl. NJW **1970** 235 betr. Verfassungsbeschwerde des Bestellers einer Schrift) steht die Informationsfreiheit in der grundgesetzlichen Ordnung gleichwertig neben der Meinungs- und Pressefreiheit; sie ist die Voraussetzung der der Meinungsäußerung vorausgehenden Meinungsbildung, also nicht nur ein unselbständiger Reflex der Meinungsäußerungsfreiheit. Das Grundrecht auf ungehinderte Information ist allerdings auf die Unterrichtung „aus allgemein zugänglichen Quellen" beschränkt; diese Voraussetzung ist nach BVerfG aaO. aber in der Regel schon gegeben, wenn die Informationsquelle technisch geeignet und bestimmt ist, der Allgemeinheit, d. h. einem individuell nicht bestimmbaren Personenkreis, Informationen zu verschaffen. Zeitungen und andere Massenkommunikationsmittel seien daher von Natur aus allgemein zugängliche Informationsquellen, die die Eigenschaft als allgemein zugängliche Quellen auch dann nicht verlören, wenn durch staatliche Maßnahmen wie Einziehungen, Einfuhrverbote oder -beschränkungen die Möglichkeit des allgemeinen Zugangs beeinträchtigt werde. Das Informationsrecht findet nach Art. 5 Abs. 2 GG weiterhin seine Schranken in den Vorschriften der allgemeinen Gesetze. Strafgesetze, die die Informationsfreiheit (oder Freiheit der Meinungsäußerung) einschränken, müssen aber ihrerseits im Licht der Bedeutung dieses Grundrechts gesehen und so ausgelegt werden, daß der besondere Wertgehalt dieses Grundrechts gewahrt bleibt, d. h. es bedarf einer Abwägung zwischen den durch das Grundrecht geschützten Interessen und dem Rechtsgut, dessen Schutz das einfache Gesetz bezweckt; die Abwägung kann ergeben, daß der Schutz des einfachen Gesetzes zurücktreten muß (BVerfGE 7 198, 230; 20 162, 176; 21 239, 243; NJW **1970** 235; BGHSt. 23 64; NJW **1970** 437; JZ **1970** 685).

Aus dieser verfassungrechtlichen Sicht folgert Eser NJW **1970** 784, 786, daß dem tatunbeteiligten Informationsinteressenten (Besteller, Adressat) auch prozessual die Möglichkeit gegeben werden müsse, seine Rechte als Einziehungsbeteiligter geltend zu machen.

---

*) **Literatur:** Faller, Güterabwägung bei Einziehung von Schriften. Zur Konkretisierung der Grundrechte des Art. 5 GG, MDR **1971** 1.

Doch kann es sich hierbei nur um eine Forderung de lege ferenda handeln, das rechtliche Gehör in Form der Verfahrensbeteiligung nicht nur zum Schutz dinglicher Rechte am Einziehungsgegenstand zu gewähren. Auf dem Boden des geltenden Rechts kann diese Forderung nicht zu einer erweiterten Auslegung des § 431 Abs. 1 Satz 1 führen. Ihre Verwirklichung würde nicht nur schwierige Abwägungsfragen — schon im Vorverfahren; vgl. § 432 — aufwerfen, sondern auch den Kreis der Einziehungsbeteiligten in einem Maß ausweiten, daß die zügige Abwicklung des Verfahrens in Frage gestellt wäre und Staatsanwaltschaft wie Gericht praktisch vielfach zu einer Ausklammerung der Einziehung nach § 430 gezwungen wären. Im übrigen bleibt ja auch das Informationsrecht nach der lex lata nicht schutzlos, da dem in seinem dinglichen Recht nicht berührten Besteller und Adressaten der Weg der Verfassungsbeschwerde offensteht.

V. Der regelmäßige Umfang der Verfahrensbeteiligung

Die Beteiligungsanordnung nach § 431 Abs. 1 Satz 1 lautet grundsätzlich dahin, daß „der andere" (also eine bestimmte physische oder juristische Person, Personenvereinigung usw.), dessen Recht glaubhaft erscheint, **„an dem Verfahren beteiligt wird, soweit es die Einziehung betrifft"**. Mit der Beteiligungsanordnung erlangt der Einziehungsinteressent die Stellung des Einziehungsbeteiligten, und zwar von der Eröffnung des Hauptverfahrens und den ihm gleichstehenden Verfahrensakten an mit den Befugnissen, die sich aus §§ 433 Abs. 1, 436 Abs. 2 ergeben. In diesem Bereich kann er sich aller verfahrensrechtlich zulässigen Einwirkungsmittel und Gestaltungsmöglichkeiten bedienen, um die Anordnung der Einziehung abzuwenden oder ein anderes ihm günstiges Ergebnis zu erreichen, z. B. Maßnahmen nach § 40 b Abs. 2 StGB, Bestehenlassen seiner beschränkt dinglichen Rechte (§ 41 a Abs. 2 Satz 3), Erlangung einer Entschädigung aus Billigkeitsgründen (§ 41 c Abs. 3 StGB, § 436 Abs. 3 Satz 2 StPO). Diese Befugnisse erstrecken sich auch auf die Frage der **Schuld des Angeklagten**, d. h. auf die Frage, ob die Voraussetzungen vorliegen, unter denen der Angeklagte schuldig gesprochen und verurteilt werden kann, oder die Voraussetzungen, bei deren Vorliegen er unverurteilt (bei Freispruch oder Einstellung des Verfahrens) aus dem Verfahren hervorgeht. Denn wenn der Angeklagte nicht verurteilt wird, so entfällt z. B. ohne weiteres die Möglichkeit einer Einziehung nach §§ 40, 40 a StGB.

VI. Beschränkung des Umfangs der Verfahrensbeteiligung (zu § 431 Abs. 2)

Nach § 431 Abs. 2 kann das Gericht unter den dort bestimmten Voraussetzungen den normalen Umfang der Beteiligungsbefugnisse (Anm. V) einschränken und anordnen, daß sich die Beteiligung **nicht auf die Frage der Schuld des Angeschuldigten** erstreckt.

1. Nach Abs. 2 Nr. 1 kann die Beschränkung angeordnet werden, wenn die Einziehung nur unter der Voraussetzung in Betracht kommt, daß die Sache dem Angeschuldigten gehört oder das Recht ihm zusteht (vgl. § 40 Abs. 1, Abs. 2 Nr. 1 StGB).

a) Wenn dieser Fall vorliegt, kann es berechtigt und angemessen sein, den Einziehungsbeteiligten von der Beteiligung an der Schuldfrage auszuschließen und ihm dadurch die sachliche Legitimation zu entziehen, aus eigenem Recht zur Frage der Schuld des Angeschuldigten Stellung zu nehmen. Denn da die Einziehung schon entfällt, wenn nicht nachgewiesen ist, daß der Gegenstand zur Zeit der Entscheidung dem Angeschuldigten gehört oder zusteht, kann den schutzwürdigen Belangen des Einziehungsbeteiligten genügt sein, wenn er am Verfahren nur insoweit beteiligt wird, als es um die Klärung der Rechtsverhältnisse an dem Gegenstand geht, dessen Einziehung in Betracht kommt.

b) Die Möglichkeit, den Umfang der Verfahrensbeteiligung einzuengen, dient der Beschränkung des Prozeßstoffs. Sie trägt dem Bedenken Rechnung, die früher von der h. M. gegen die Zuziehung von Einziehungsinteressenten zum subjektiven Strafverfahren aus der Befürchtung erhoben wurden, daß durch eine solche Zuziehung das Verfahren wegen eines Nebenpunktes ausgeweitet und in seinem zügigen Ablauf gehindert werden könnte (vgl. Vorbem. 2 b vor § 430). Es wird sich empfehlen, von der „Kann"-Vorschrift weitgehend Gebrauch zu machen. Es kann dies aber z. B. unangebracht sein, wenn es sich bei der Einziehung um bedeutende Werte handelt und die Rechtsverhältnisse am Einziehungsgegenstand verwickelt und schwer überschaubar sind.

c) **Unanwendbar** ist Abs. 2 Nr. 1, wenn eine Einziehung nach § **40** a StGB in Frage steht. Denn hier kommt es nicht darauf an, ob der Gegenstand dem Angeschuldigten, sondern ob er dem Einziehungsbeteiligten gehört oder zusteht. Diesem mußte, da auch die Voraussetzungen des § 40 Abs. 1 StGB erfüllt sein müssen, eine Beteiligung nicht nur gestattet werden, um darzutun, daß in seiner Person die Einziehungsvoraussetzungen nach § 40 a Nr. 1, 2 nicht erfüllt sind, sondern es mußte ihm auch ermöglicht werden, sich einer ihn treffenden Einziehung durch Beteiligung an dem Verfahren erwehren zu können, soweit es die Frage betrifft, ob in der Person des Angeschuldigten die Einziehungsvoraussetzungen des § 40 Abs. 1 gegeben sind.

2. **Nach Abs. 2 Nr. 2** ist die Beschränkung zulässig, wenn der Gegenstand nach den Umständen, die die Einziehung begründen können, dem Einziehungsbeteiligten auch *auf Grund von Rechtsvorschriften außerhalb des Strafrechts* dauernd entzogen werden könnte.

a) Diese Vorschrift knüpft an § 41 c Abs. 2 Nr. 3 StGB an. Danach wird einem tatunbeteiligten Dritten für den Rechtsverlust, den er durch die Anordnung der Einziehung oder des Erlöschens am Einziehungsgegenstand bestehender beschränkter dinglicher Rechte erleidet, eine Entschädigung nicht gewährt, wenn es nach den Umständen, welche die Einziehung begründet haben, auf Grund von Rechtsvorschriften außerhalb des Strafrechts zulässig wäre, den Gegenstand dem Dritten ohne Entschädigung dauernd zu entziehen. Gedacht ist dabei hauptsächlich an den Fall, daß es nach den Polizeigesetzen der Länder zulässig ist, einen Gegenstand wegen seiner objektiven oder nach den Umständen des Falles begründeten Gefährlichkeit für die Allgemeinheit aus präventiv-polizeilichen Gründen dem Berechtigten dauernd zu entziehen, und eine Entschädigung – abgesehen von der Auskehrung eines bei der Verwertung des Gegenstandes erzielten Erlöses – nicht in Betracht kommt, weil in diesen Gesetzen die aus der Sozialbindung sich ergebenden Grenzen des Eigentums bestimmt sind (Art. 14 Abs. 1 Satz 2 GG). Wegen der Einzelheiten muß auf die Erläuterungswerke zu § 41 c verwiesen werden (vgl. z. B. LK-Schäfer Rdn. 7 zu § 41 c). In diesen Fällen – das ist der Grund für die Beschränkbarkeit der Verfahrensbeteiligung – „bildet die Straftat **nicht die materielle Grundlage** für die Einziehung, sondern nur den **Anlaß** dafür, daß der Entzug des Gegenstandes im Strafverfahren angeordnet wird. Es reicht deshalb in diesem Fall zur Gewährung des rechtlichen Gehörs aus, wenn der Einziehungsbeteiligte nur zu den besonderen Einziehungsvoraussetzungen gehört wird, welche die eigentliche Grundlage für die Einziehung des Gegenstandes bilden, z. B. zur Frage der Gefährlichkeit des Gegenstandes" (Begr. S. 60).

c) Anders liegt es dagegen, wenn das Gericht das Erlöschen des beschränkten dinglichen Rechts eines Dritten am Einziehungsgegenstand gemäß § 41 a Abs. 2 Satz 2 StGB anordnen muß oder gemäß Satz 3 aaO. anordnen kann, weil dem Dritten eine Entschädigung nach § 41 c Abs. 2 **Nr. 1 oder 2 StGB** nicht zu gewähren ist. Denn die Anordnung des Erlöschens hat im Fall des Satzes 2 ihren **Grund** – nicht nur ihren Anlaß – in der Begehung einer Straftat; im Fall des Satzes 3 hat sie außerdem zur Voraussetzung, daß den Dritten ein besonderer Schuldvorwurf trifft, der seine Wurzel in der Begehung der Tat hat. Die Schuld des Angeklagten bildet demgemäß die materielle Grundlage der Einziehung, und der Einziehungsbeteiligte muß folgerichtig Gelegenheit haben, sich zu ihr zu äußern. Die Beteiligung des beschränkt dinglichen Rechtsinhabers zur Schuldfrage kann demgemäß in diesen Fällen nicht ausgeschlossen werden.

3. Hat das Gericht die Beteiligung ohne eine nach Abs. 2 zulässige Beschränkung angeordnet, so fragt sich, ob und unter welchen Voraussetzungen es eine Beschränkung **nachträglich anordnen**, seinen ursprünglichen Anordnungsbeschluß also teilweise widerrufen kann. Daß das Gericht jederzeit **nach freiem Ermessen** eine dem Einziehungsbeteiligten einmal eingeräumte Rechtsposition beschränken könnte, erscheint nicht angängig (vgl. dazu auch unten Anm. X 2; **a. M.** wohl Kl [30] 9 A). Dagegen ist eine nachträgliche Beschränkung zulässig, wenn sich erst später eine Verfahrenslage ergibt, die die Voraussetzungen des Abs. 2 erfüllt, z. B. wenn zunächst das Verfahren, soweit es die Einziehung betrifft, unter dem Gesichtspunkt des § 40 Abs. 2 Nr. 2 StGB betrieben wurde, dieser Gesichtspunkt aber fallengelassen und als Rechtsgrundlage der Einziehung nur § 40 Abs. 2 Nr. 1 angesehen

wird. Dagegen kann das Gericht jederzeit eine zunächst getroffene *Beschränkung* der Beteiligungsanordnung *zurücknehmen;* ein solcher Beschluß ist gemäß § 431 Abs. 5 unanfechtbar, da er nicht in die Rechte Dritter eingreift.

VII. Der Einziehungsbeteiligte als Zeuge

Nach § 433 hat der Einziehungsbeteiligte im Rahmen seiner Beteiligung die Befugnisse eines Angeklagten. Er rückt zwar nicht in die Stellung eines Angeklagten ein, aber er kann sich wie ein Angeklagter gegen den auf strafrechtliche Vorschriften aus Anlaß einer Straftat gegründeten Eingriff der Staatsgewalt in seine Rechte wehren. Dadurch wird er, soweit sich seine Beteiligung auch auf die Frage der Schuld des Angeklagten erstreckt, unfähig, Zeuge zu sein (RGSt. 46 88; BGHSt. 9 250) – im Gegensatz zum Nebenkläger (vgl. die Anm. zu § 395). Wenn aber die Verfahrensbeteiligung sich kraft besonderer gerichtlicher Anordnung nicht auf die Frage der Schuld des Angeklagten erstreckt, bestehen in dem der Beteiligung entzogenen Bereich keine Bedenken gegen die Vernehmung des Einziehungsbeteiligten als Zeugen zur Schuldfrage.

VIII. Erweiterte Verfahrensbeteiligung (zu Absatz 3)

Der im Entw. EG OWiG noch nicht enthaltene und erst bei den Ausschußberatungen eingefügte Abs. 3 erweitert die Voraussetzungen des § 431 Abs. 1 über die Anordnung einer Verfahrensbeteiligung. Nach § 42 StGB wird die Handlung bestimmter Vertreter juristischer Personen und bestimmter Personenvereinigungen, die den Vertretern gegenüber unter den übrigen Voraussetzungen der §§ 40 bis 40 c und 41 c StGB die Einziehung eines Gegenstandes oder des Wertersatzes zulassen oder den Ausschluß der Entschädigung begründen würde, dem vertretenen Verband „zugerechnet". Das bedeutet, daß die Einziehung nach §§ 40 Abs. 2 Nr. 1, 40 a zulässig (nach § 40 Abs. 4 zulässig oder vorgeschrieben) ist, wenn nicht der handelnde Vertreter, sondern die vertretene juristische Person oder Personenvereinigung im Zeitpunkt der Entscheidung Eigentümerin oder Rechtsinhaberin des Gegenstandes ist und daß Entsprechendes für die Versagung der Entschädigung nach § 41 c Abs. 2 gilt. In diesen Fällen ist der vertretene Verband nach § 431 Abs. 1 Satz 1 Nr. 1 am Verfahren zu beteiligen. Nach § 431 Abs. 1 Satz 1 Nr. 2 ist der vertretene Verband zu beteiligen, wenn er an dem Einziehungsgegenstand ein beschränktes dingliches Recht hat, dessen entschädigungsloses Erlöschen kraft der Zurechnung angeordnet werden könnte. Einer verfahrensrechtlichen Ergänzung des § 431 Abs. 1 Satz 1 bedurfte danach der Fall, daß materiellrechtlich gemäß § 42 StGB auf Einziehung des *Wertersatzes* (§ 40 c) erkannt werden kann, weil der Handelnde die Einziehung von Gegenständen, die zur *Tatzeit* dem vertretenen Verband gehörten oder zustanden, vereitelte. Diese Lücke schließt Abs. 3, indem er auch für diesen Fall die Anordnung der Beteiligung des Vertretenen vorsieht. Zu der Frage, wann über die Einziehung des Wertersatzes „zu entscheiden" ist, vgl. oben Anm. II 3 b. Die verfahrensbeteiligte juristische Person oder Personenvereinigung wird durch die zur rechtsgeschäftlichen Vertretung berufenen Organe vertreten (vgl. Anm. III 3 zu § 444)

IX. Zeitliche Grenzen der Beteiligungsanordnung (zu Absatz 4)

1. Nach § 431 Abs. 4 kann die Beteiligung (von der Erhebung der öffentlichen Klage ab, oben Anm. II 3 a) ohne weiteres bis zum Ausspruch der Einziehung, d. h. der Verkündung des die Einziehung aussprechenden erstinstanzlichen Urteils angeordnet werden. In der Berufungsinstanz ist die Anordnung (bis zur Beendigung der Schlußvorträge, § 258) nur möglich, wenn *zulässige* Berufung eingelegt ist. Zulässige Berufung können der Staatsanwalt, der Angeklagte oder Nebenkläger einlegen. Der Einziehungsinteressent kann nicht Berufung einlegen, um die Anordnung seiner Verfahrensbeteiligungzu erreichen, denn ein Drittberechtigter ist selbständig (gemäß § 433 Abs. 1) rechtsmittelberechtigt nur, wenn vor der erstinstanzlichen Entscheidung seine Beteiligung angeordnet worden und er dadurch in die Rechtsstellung eines Einziehungsbeteiligten eingerückt war. Auch gegen einen Strafbefehl oder eine Strafverfügung, wenn darin die Einziehung festgesetzt ist, kann ein Drittberechtigter selbständig Einspruch nur einlegen (vgl. § 438 Abs. 2), wenn spätestens bei Erlaß des Strafbefehls (der Strafverfügung) seine Beteiligung angeordnet worden ist; andernfalls kommt die Anordnung einer Beteiligung nach Erlaß des Strafbefehls nur in Betracht, wenn der Angeklagte zulässig Einspruch eingelegt hat.

2. War die Beteiligung des Dritten nicht vor der Entscheidung (durch Urteil, Strafbefehl, Strafverfügung) angeordnet, und wird das Urteil nicht durch Berufung seitens eines Rechtsmittelberechtigten, Strafbefehl oder Strafverfügung nicht durch Einspruch des Angeklagten angefochten, so bleibt der Dritte darauf angewiesen, seine Rechte im Nachverfahren gemäß § 439 geltend zu machen.

X. Anfechtbarkeit der Entscheidung über die Verfahrensbeteiligung (zu Absatz 5); **Zurücknahme der Beteiligungsanordnung**

1. Der die Verfahrensbeteiligung **anordnende** Beschluß ist unanfechtbar, weil er nicht in die Rechte Dritter eingreift.

2. a) Die Unanfechtbarkeit schließt nicht aus, daß das Gericht die Anordnung **zurücknimmt**, wenn es sich herausstellt, daß ihr die verfahrensrechtliche Grundlage fehlt. So z. B., wenn das Gericht die Beteiligung des Adressaten oder Bestellers einer Schrift (§ 41 StGB) angeordnet hatte, ohne zu prüfen, ob er Eigentümer geworden war (vgl. oben Anm. IV 3), und sich demnächst ergibt, daß ein Eigentumserwerbsgrund nicht besteht und nicht einmal behauptet wird (vgl. LG Bayreuth NJW **1970** 575), oder wenn die rechtlichen Erwägungen, die das Gericht zur Annahme eines bestehenden Drittrechts veranlaßt hatten, erkennbar unzutreffend sind. Weitergehend ist aber die Zurücknahme auch als zulässig anzusehen, wenn das Drittrecht **nicht mehr glaubhaft erscheint**, z. B. weil tatsächliche Angaben des Einziehungsbeteiligten über die Eigentumsverhältnisse, die der Beteiligungsanordnung zugrunde liegen, sich als unrichtig herausstellen. Die Rechtslage ist insoweit eine andere als bei der Zurücknahme der Zulassung als Nebenkläger (vgl. Anm. 4 zu § 396), weil die Zurücknahme der Beteiligungsanordnung sachlich die Ablehnung einer Verfahrensbeteiligung i. S. des § 431 Abs. 5 Satz 2 darstellt, gegen die der Beschwerte mit der sofortigen Beschwerde angehen kann. In diesem Sinn ist Kl [30] 2 und 9 A (s. auch LG Bayreuth NJW **1970** 575) zuzustimmen, daß die Beteiligungsanordnung jederzeit aufhebbar sei, weil sie nur „deklaratorische“ Bedeutung habe.

b) Dagegen erscheint es nicht angängig, die Beteiligungsanordnung **in der Hauptverhandlung** vor dem Urteil zurückzunehmen, weil nach deren Ergebnis das Drittrecht nicht mehr glaubhaft erscheine. Denn das würde, da bei alsbaldiger Urteilsverkündung eine Beschwerdeentscheidung zu spät käme, im Hinblick auf § 307 bedeuten, daß entweder die Hauptverhandlung (entgegen § 431 Abs. 7) auszusetzen wäre, oder der in die Rolle eines bloßen Einziehungsinteressenten gedrängte Dritte die Möglichkeit verlöre, ein ihm nachteiliges Urteil aus eignem Recht anzufechten. In solchen Fällen muß über das Drittrecht im Urteil entschieden werden.

c) Wird eine Beteiligung erst in der Berufungsinstanz angeordnet, so ist sie ohne weiteres hinfällig, wenn sich herausstellt, daß eine zulässig eingelegte Berufung eines Rechtsmittelberechtigten nicht vorliegt.

3. a) Die **Ablehnung** der Verfahrensbeteiligung oder die gemäß § 431 Abs. 2 angeordnete Beschränkung sind abweichend von § 305 Satz 1 mit der sofortigen Beschwerde (§ 311; vgl. dazu §§ 35, 35 a) anfechtbar. Das gleiche gilt für eine spätere Rücknahme (vorstehend zu 2) oder die nachträgliche Einschränkung (oben Anm. VI 3) einer angeordneten Beteiligung.

b) **Beschwerdeberechtigt** sind alle, die durch die Entscheidung betroffen werden (§ 304 Abs. 2), in 1. Linie der Einziehungsinteressent, ferner der Angeklagte, aber auch die Staatsanwaltschaft, wenn sie die Beteiligung angeregt hat (vgl. oben Anm. II 3 b, bb γ) oder zugunsten des Einziehungsinteressenten tätig wird (§ 296 Abs. 2).

c) Ein unangefochten gebliebener und ein die sofortige Beschwerde verwerfender Beschluß haben grundsätzlich für das ganze Verfahren Geltung, schließen aber eine spätere Anordnung der Verfahrensbeteiligung nicht aus, wenn nachträglich Umstände hervortreten, die nunmehr die Voraussetzungen des § 431 Abs. 1 Satz 1 als gegeben erscheinen lassen. Der Gesetzgeber hat – darin liegt der Grund für die Abweichung sowohl von § 305 Satz 1 wie von § 431 Abs. 7 – eine Verzögerung des Verfahrens, die durch die Durchführung des

Beschwerdeverfahrens eintreten kann, in Kauf genommen, um das Nachverfahren des § 439 wegen der Gefahr widersprechender Entscheidungen auf die unumgänglich notwendigen Fälle zu beschränken (Begr. S. 76). Damit wäre es unvereinbar, wenn nicht trotz Rechtskraft eines Ablehnungs- oder Beschränkungsbeschlusses erneut über die Verfahrensbeteiligung oder ihren Umfang entschieden werden könnte.

XI. Beteiligungsverzicht (zu § 431 Absatz 6)

1. Der Beteiligungsverzicht kann sowohl von einem Einziehungsinteressenten, und zwar schon im vorbereitenden Verfahren (vgl. Anm. I 2 d zu § 432), wie auch von einem Einziehungsbeteiligten erklärt werden.

2. Die hier vorgesehene Erklärung, gegen die Einziehung des Gegenstandes keine Einwendungen vorbringen zu wollen, stellt lediglich einen Verzicht auf eine künftige oder schon angeordnete Verfahrensbeteiligung, nicht aber einen Verzicht **auf die Rechte am Einziehungsgegenstand selbst dar.** Er entbindet das Gericht nicht von der Verpflichtung, bei der Entscheidung über die Einziehung die den Einziehungsgegenstand betreffenden Rechtsverhältnisse zu prüfen und zu berücksichtigen; dabei kann der Beteiligungsverzicht nach den Umständen des Falles wohl als Beweisanzeichen gewertet werden (insoweit a. M. Kl [30] 10 A). Trotz der nur verfahrensrechtlichen Wirkung des Beteiligungsverzichts kommt ihm praktisch eine Bedeutung im Sinne einer Preisgabe der Rechte des Verzichtenden am Einziehungsgegenstand insofern zu, als er im Hinblick auf § 439 Abs. 1 Nr. 2 von einer späteren Geltendmachung seiner Rechte im Nachverfahren ausgeschlossen ist.

3. Für den Verzichtenden hat der Verzicht den Vorteil, daß er, wenn er sich nicht gegen die Einziehung einer ihm gehörenden Sache wehren will, nicht nach § 433 Abs. 2 zur Teilnahme an der Verhandlung gezwungen werden kann (Begr. S. 76). Dagegen schließt der Verzicht nicht aus, daß das Gericht, dem die Klärung der Einziehungsvoraussetzungen obliegt, den Dritten als **Zeugen** vernimmt (ebenso Göhler 3 G zu § 87 OWiG), etwa wenn die Staatsanwaltschaft die Einziehung eines Gegenstandes gemäß § 40 Abs. 1, 2 Nr. 1 beantragt, der Angeklagte aber geltend macht, daß der Gegenstand nicht ihm, sondern dem Dritten gehöre oder zustehe.

4. Der Beteiligungsverzicht wirkt **für das ganze Verfahren** und ist grundsätzlich **unwiderruflich,** also z. B. auch dann, wenn der Dritte die Erklärung abgegeben hat, weil er in diesem Zeitpunkt wegen fehlender Glaubhaftmachungs- oder Beweismittel eine Beteiligung am Verfahren zur Geltendmachung seiner Rechte für aussichtslos hielt und später in den Besitz solcher Mittel gelangt, die ihn von dem Beteiligungsverzicht abgehalten hätten, wenn sie im damaligen Zeitpunkt vorhanden gewesen wären. Eine andere Frage ist dann, ob er nicht bei einer solchen Sachlage etwa Rechte im Nachverfahren mit der Begründung geltend machen kann, daß ihm die Nichtbeteiligung am Strafverfahren nicht zum Verschulden (§ 439 Abs. 1 Nr. 2) gereiche.

5. Die Bestimmung über die **Form des Beteiligungsverzichts** entspricht der Regelung des § 158 Abs. 2; auf die Anmerkungen zu dieser Vorschrift, insbes. über den Begriff der „anderen Behörde" (vgl. dort Anm. 11) kann verwiesen werden. In Steuerstrafsachen steht das ermittelnde Finanzamt (§ 421 RAbgO) der Staatsanwaltschaft gleich.

6. Abs. 6 betrifft nur den Fall der Erhebung von Einwendungen gegen die Einziehung **eines Gegenstandes.** Die Worte „des Gegenstandes", die im Entw. EG OWiG fehlten, sind bei den Beratungen des Rechtsausschusses (vgl. BT-Drucks. zu V/2601 v. 4. 3. 1968) eingefügt worden, um klarzustellen, daß die Vorschrift nicht bei Einziehung des Wertersatzes (§ 40 c StGB) anzuwenden ist.

XII. Keine Beeinträchtigung des Fortgangs des Verfahrens (zu Absatz 7)

1. Die Vorschrift, wonach der Fortgang des Strafverfahrens durch die Verfahrensbeteiligung (d. h. durch das Verfahren, das die Anordnung der Verfahrensbeteiligung zum Gegenstand hat, und durch die Beteiligung des Einziehungsbeteiligten nach erfolgter Beteiligungs-

anordnung) nicht aufgehalten wird, lehnt sich an die entsprechende, für den Ausschluß des Nebenklägers in § 398 Abs. 1 getroffene Regelung an (vgl. die Erläuterungen zu dieser Vorschrift).

2. Abs. 7 enthält einen Hinweis darauf, daß das Gericht durch die notwendige Beteiligung eines Dritten am subjektiven Strafverfahren nicht von seiner eigentlichen Aufgabe abgelenkt werden soll, den Schuldigen schnell der verdienten Strafe zuzuführen, den Unschuldigen aber von den Nachteilen, die das Strafverfahren mit sich bringt, so bald wie möglich freizustellen. Andererseits darf aber auch das dem Dritten zustehende rechtliche Gehör nicht ausgehöhlt werden. Eine Reihe von Vorschriften dienen dem Zweck, den Interessengegensatz auszugleichen und die Gefahr einer Beeinträchtigung der primären Zwecke des Strafverfahrens auf ein erträgliches Maß zurückzudrängen, ohne dadurch das rechtliche Gehör zu verkümmern, so etwa § 436 Abs. 2 über die Beschränkung des Beweisantragsrechts des Einziehungsbeteiligten, und §§ 431 Abs. 2, 437, 438 Abs. 2 über den Ausschluß oder die Begrenzung der Nachprüfung des Schuldspruchs, ferner § 435 Abs. 1, wonach der Einziehungsbeteiligte nicht zur Hauptverhandlung geladen, sondern ihm nur der Termin bekanntgemacht wird und er infolgedessen kein Recht auf Einhaltung einer bestimmten Ladungsfrist hat (vgl. Wuttke SchlHA 1970 189, 191 und Anm. II 4 zu § 435; über weitergehende Folgerungen von Wuttke aus Abs. 7 vgl. Anm. IV 2 c, bb zu § 433).

3. Andererseits hat der Gesetzgeber eine Folgerung aus Abs. 7, wie sie sich in § 398 Abs. 2 findet, nicht gezogen. Denn abgesehen von den vorgenannten Einzelvorschriften konnte der Gesetzgeber über die Verlautbarung einer „legislativen Wunschvorstellung“, daß wegen der Nebenfolge der Einziehung das Verfahren zur Hauptsache nicht in vermeidbarer Weise verzögert werden solle, nicht hinausgehen, da die Belange des Einziehungsinteressenten und des Einziehungsbeteiligten, die letzlich durch die Art. 14 GG (Eigentumsgarantie) und 103 Abs. 1 GG (Grundsatz des rechtlichen Gehörs) mit Rechtsschutz ausgestattet sind, ihre verfahrensrechtliche Berücksichtigung verlangen. Die Begr. (s. 76) führt denn auch mit Recht aus: „Das Gericht wird im Einzelfall zu prüfen haben, inwieweit dieser Grundsatz [des § 431 Abs. 7] durch den Anspruch des Einziehungsbeteiligten auf rechtliches Gehör eingeschränkt wird.“ Die Folgerungen hat der Gesetzgeber z. T. noch während der parlamentarischen Behandlung des Entw. EG OWiG gezogen. So lautete z. B. § 436 Abs. 1 Satz 1 im Entw.: „Bleibt der Einziehungsbeteiligte in der Hauptverhandlung trotz ordnungsgemäßer Terminsnachricht aus, oder konnte er wegen der Kürze der Zeit nicht mehr benachrichtigt werden, so kann ohne ihn verhandelt werden.“ Bei den Ausschußberatungen (vgl. BT-Drucks. zu V/2601 v. 4. 3. 1968) sind die Worte „oder konnte er ...'benachrichtigt werden“ gestrichen worden, weil sonst der Anspruch des Einziehungsbeteiligten auf rechtliches Gehör verletzt sein könnte. Wegen einer weiteren dem Grundsatz des rechtlichen Gehörs Rechnung tragenden Änderung des Entw. vgl. zu § 435 vor Anm. I; s. ferner oben Anm. X 3 c.

Wesentliche Einschränkungen der Rechte im Beteiligungsanordnungs- und im Strafverfahren zwecks Beschleunigung des Verfahrens zur Hauptsache hätten zwangsläufig zur Erweiterung der Voraussetzungen eines Nachverfahrens führen müssen; gerade das sollte aber, schon wegen der Gefahr widersprechender Entscheidungen, vermieden und das Nachverfahren „auf die unumgänglich notwendigen Fälle beschränkt werden“ (Begr. S. 76). Ein unangemessener Aufwand und eine unangemessene Verzögerung oder Erschwerung der Entscheidung zur Hauptsache durch das die Einziehung betreffende Verfahren kann aber nach § 430 durch eine Ausscheidung der Einziehung ausgeschlossen werden. Wird davon kein Gebrauch gemacht, so bedeutet der Grundsatz des Abs. 7 lediglich eine Aufforderung an das Gericht, bei Wahrung der zugunsten des Einziehungsbeteiligten und Einziehungsinteressenten geschaffenen Verfahrensvorschriften nach Kräften auf eine zügige Abwicklung hinzuwirken.

§ 432

(1) Ergeben sich im vorbereitenden Verfahren Anhaltspunkte dafür, daß jemand als Einziehungsbeteiligter in Betracht kommt, so ist er zu hören, wenn dies ausführbar erscheint. § 431 Abs. 1 Satz 3 gilt entsprechend.

(2) Erklärt derjenige, der als Einziehungsbeteiligter in Betracht kommt, daß er gegen die Einziehung Einwendungen vorbringen wolle, und erscheint glaubhaft, daß er ein Recht an dem Gegenstand hat, so gelten, falls er vernommen wird, die Vorschriften über die Vernehmung des Beschuldigten insoweit entsprechend, als seine Verfahrensbeteiligung in Betracht kommt.

I. Rechtsstellung des Einziehungsinteressenten (zu Absatz 1)

1. Die Rechtsstellung als **Einziehungsbeteiligter** wird erst durch den gerichtlichen Beschluß erlangt, der die Beteiligung am Verfahren anordnet, und ein solcher Beschluß kann erst ergehen, wenn Anklage gegen eine bestimmte Person durch Einreichung einer Anklageschrift oder einen dem gleichstehenden Akt erhoben ist (vgl. Anm. II 3 a zu § 431). Vor diesem die Beteiligung anordnenden Beschluß ist ein Dritter, der von der Einziehung betroffen werden kann, nur **Einziehungsinteressent.** Als solcher hat er bereits bestimmte prozessuale Möglichkeiten und Befugnisse. So kann er, sobald Anklage erhoben ist, die Anordnung seiner Verfahrensbeteiligung anregen und gegen einen ablehnenden Beschluß sofortige Beschwerde einlegen. Schon im Ermittlungsverfahren kann er mit Wirkung für das künftige Verfahren auf seine Verfahrensbeteiligung verzichten (§ 431 Abs. 6). Allgemein räumt § 432 Abs. 1 im vorbereitenden Verfahren, das gemäß § 160 Abs. 3 auch die Klärung der Umstände zum Gegenstand hat, die für die Strafbemessung und Anordnung von Sicherungsmaßregeln und damit für die Anordnung der Einziehung und gleichstehender Maßnahmen (§ 422) von Bedeutung sind, in dem es aber noch keine Einziehungsbeteiligten geben kann, dem Einziehungsinteressenten eine bestimmte Rechtsstellung ein, indem er ihm ein **Recht auf Gehör** gewährt.

2. Nach § 432 Abs. 1 ist ein Dritter – ein Nichtbeschuldigter – zu **hören,** wenn sich Anhaltspunkte dafür ergeben, daß er (im Fall einer künftigen Anklageerhebung) als Einziehungsbeteiligter i. S. des § 431 Abs. 1 Satz 1, Abs. 3 in Betracht kommt.

a) **Hören** bedeutet: Gelegenheit zur Äußerung geben. Eine bestimmte Form der Anhörung ist nicht vorgeschrieben (vgl. zu § 432 Abs. 2 unten Anm. II 1 b); allgemein bedeutet die Pflicht zum Anhören, daß dem Einziehungsinteressenten Gelegenheit gegeben werden muß, alles das vorzubringen, was zur Abwendung eines ihn möglicherweise treffenden Rechtsverlusts geeignet ist (vgl. dazu Einleitung S. 161).

b) Die Voraussetzungen der Anhörungspflicht sind, der Natur der Sache entsprechend, weiter als die der Anordnungspflicht nach § 431 Abs. 1 Satz 1. Die betroffenen Rechte brauchen noch nicht glaubhaft zu erscheinen; es genügt, wenn sich Anhaltspunkte dafür ergeben, daß jemand – im Fall der Anklageerhebung – „als Einziehungsbeteiligter **in Betracht kommt**". Die Anhörungspflicht entsteht also, wenn sich nach dem Stand und den Ergebnissen des Ermittlungsverfahrens irgendwie „abzeichnet, daß über die Einziehung eines Gegenstandes zu befinden sein wird und daß ein anderer als der Beschuldigte daran ein Recht hat" (Begr. S. 76).

c) Die Anhörungspflicht **entfällt,** wenn schon nach den Ergebnissen des Ermittlungsverfahrens dessen Einstellung zu erwarten und auch ein selbständiges Einziehungsverfahren (§ 440) nicht zu erwarten ist. Das gleiche gilt, wenn der Dritte bereits in diesem Stadium eine Verzichtserklärung nach § 431 Abs. 6 abgibt. Schließlich entfällt im Ermittlungsverfahren dem Grundsatz des § 431 Abs. 1 Satz 2 entsprechend die Anhörung, wenn sie **„nicht ausführbar"** ist (vgl. Anm. II 2 c zu § 431).

d) Die Anhörungspflicht verfolgt **mehrere Zwecke.** Sie liegt einmal im Interesse des Dritten, der u. U. von vornherein durch seine Darlegungen eine Gefährdung seiner Rechte abwenden kann, so daß z. B. die Staatsanwaltschaft, wenn Erledigung durch Strafbefehl in Frage steht, von einem Antrag auf Einziehung, bei Erhebung einer Anklage in anderer Form von einer Anregung der Einziehung absieht oder sich zur Ausklammerung der Einziehung nach § 430 entschließt. Sie liegt aber auch im Interesse der Strafverfolgungsorgane, indem sie zu einer Verzichtserklärung des Dritten nach § 431 Abs. 6 führen, oder die Grundlage für Entschließungen und Entscheidungen nach §§ 430, 431 Abs. 1 Satz 1, 2 und Abs. 2

bilden kann. Sie dient schließlich der Verwirklichung des Grundsatzes des § 431 Abs. 7, indem die Anhörung im Vorverfahren weitgehend Ermittlungen ersparen kann, die sonst erst nach Erhebung der Anklage in Betracht kämen.

e) Die in § 432 Abs. 1 **Satz 2** vorgeschriebene **entsprechende Anwendung des § 431 Abs. 1 Satz 3** bedeutet, daß unter den dort bezeichneten Voraussetzungen auch von der Anhörung einer Partei, Vereinigung und Einrichtung außerhalb des räumlichen Geltungsbereichs der StPO abgesehen werden kann, und daß es genügt, wenn in diesen Fällen der Besitzer der Sache oder der zur Verfügung über das Recht Befugte gehört wird.

II. Vernehmung des Einziehungsinteressenten (zu Absatz 2)

1. Gibt der Einziehungsinteressent vor oder nach seiner Anhörung eine Erklärung nach § 431 Abs. 6 ab, so steht er von da ab, auch soweit das Ermittlungsverfahren die Klärung der Einziehungsvoraussetzungen zum Gegenstand hat (vgl. Anm. XI 3 zu § 431), als **Zeuge** zur Verfügung. Erklärt er umgekehrt bei seiner Anhörung, daß er gegen die Einziehung Einwendungen vorbringen wolle, und erscheint glaubhaft, daß er ein Recht an dem Gegenstand hat, so gelten im Fall seiner förmlichen **Vernehmung** die Vorschriften über die Vernehmung des Beschuldigten insoweit entsprechend, als seine Verfahrensbeteiligung in Betracht kommt.

a) Mit den Worten „erscheint glaubhaft, daß er ein Recht an dem Gegenstand hat", nimmt § 432 Abs. 2 auf die Voraussetzungen der Beteiligungsanordnung nach § 431 Abs. 1 Satz 1 Bezug; es muß also nach dem Ergebnis der Ermittlungen „glaubhaft erscheinen", d. h. wahrscheinlich sein (vgl. Anm. II 2 zu § 431), daß der Gegenstand dem Einziehungsinteressenten gehört (zusteht), oder daß er ein beschränkt dingliches Recht an dem Gegenstand hat, dessen Erlöschen im Fall der Einziehung angeordnet werden könnte.

b) Abs. 2 findet aber nur Anwendung, **falls** der Einziehungsinteressent vernommen wird, falls also nicht schon die bloße Anhörung ausreicht, um die Belange des Interessenten zu wahren und den Verfolgungsorganen die Grundlage für die hinsichtlich der Einziehung und Beteiligungsanordnung zu treffenden Entschließungen zu verschaffen (oben Anm. I). Die Worte „falls er vernommen wird" bezwecken also eine Klarstellung, die „der unerwünschten Auslegung vorbeugen soll, daß derjenige, der als Einziehungsbeteiligter in Betracht kommt, nach den Vorschriften über die Vernehmung des Beschuldigten zu vernehmen sei und deshalb nach § 163 a Abs. 1 StPO einen unbedingten Anspruch auf seine Vernehmung und unter Umständen auch auf das Schlußgehör nach § 169 b StPO habe. Das ist nicht gewollt und auch nicht geboten. Aus Abs. 1 folgt, daß der Einziehungsbeteiligte im vorbereitenden Verfahren lediglich zu hören ist und auch nur dann, wenn dies ausführbar erscheint" (Begr. zu § 432 S. 77).

c) Daß auf die Vernehmung des Einziehungsinteressenten, soweit seine Verfahrensbeteiligung in Betracht kommt, die Vorschriften über die Vernehmung des Beschuldigten entsprechend anwendbar sind, hat seinen **Grund** darin, daß der Einziehungsinteressent, wenn er sich gegen die Einziehung wehrt, **in eigner Sache** tätig ist. Insoweit kann er nicht als objektiver Zeuge auftreten, seine Rolle im Ermittlungsverfahren entspricht vielmehr insoweit der des Beschuldigten, weil er von den Rechtsfolgen der Straftat betroffen wird und sich ggbf. (vgl. §§ 40 a, 41 a Abs. 2 Satz 3, 41 c Abs. 2 StGB) auch gegen den Vorwurf eignen vorwerfbaren Verhaltens verteidigt. „Die Verteidigungsposition, in der sich z. B. der Eigentümer einer von der Einziehung bedrohten Sache bei dem Verdacht eines besonderen Schuldvorwurfs befindet, der die Einziehung ihm gegenüber rechtfertigen könnte, würde sonst in unangemessener Weise eingeschränkt werden, wenn er zunächst in die Zeugenstellung gedrängt würde" (Begr. S. 73).

d) Dies gilt aber nur, soweit **„seine Verfahrensbeteiligung in Betracht kommt"**, d. h. soweit er sich zu den Fragen äußert, auf die sich seine künftige Verfahrensbeteiligung (nach § 431 Abs. 1 Satz 1) erstreckt, also bei der Vernehmung zu den zur Einziehungsfrage gehörenden Tatsachen, zu denen er im Fall der Anordnung seiner Beteiligung gehört werden müßte. Außerhalb dieses Bereichs der Verteidigung eigner Belange kommt er als Zeuge in Betracht.

e) Bei dem Einziehungsbeteiligten kann das Gericht nach § 431 Abs. 2 eine Beschränkung seiner Beteiligung anordnen. Eine entsprechende **Beschränkung der Beteiligung** des Einziehungsinteressenten am Ermittlungsverfahren nach § 432 ist aber nicht möglich. Der abweichenden Auffassung von Kl [30] 3 A, der Einziehungsinteressent könne bei einer zu erwartenden Anordnung nach § 431 Abs. 2 als Zeuge zur Schuldfrage vernommen werden, ist nicht zuzustimmen: wie sollen die Vernehmungspersonen im Ermittlungsverfahren beurteilen können, ob das Gericht von der „Kann"-Vorschrift des § 431 Abs. 2 Gebrauch macht?

2. Die **entsprechende Anwendbarkeit** der Vorschriften über die Vernehmung des Beschuldigten bedeutet die entsprechende Anwendung des § 163 a. Danach ist der Einziehungsinteressent insbesondere am Beginn der Vernehmung darüber zu belehren, daß die Einziehung des Gegenstandes, an dem er wahrscheinlich ein Recht hat, in Betracht kommt. Die in Frage stehenden Einziehungsvorschriften sind ihm zu nennen; von dieser Verpflichtung sind Polizeibeamte, in Steuerstrafverfahren die ihnen gleichstehenden Finanzbeamten, entbunden (§ 163 a Abs. 4 Satz 1). Anträgen des Einziehungsinteressenten auf Aufnahme von Beweisen ist zu entsprechen, wenn sie auf die Verneinung oder Abmilderung (§ 40 b Abs. 2 StGB) der Einziehungsvoraussetzungen abzielen und von Bedeutung sind (§ 163 a Abs. 2). Er ist darauf hinzuweisen, daß es ihm freistehe, ob er sich zur Einziehungsfrage äußern wolle oder nicht (§ 163 a Abs. 4 Satz 2; § 136 Abs. 1 Satz 2). Das ist namentlich von Bedeutung für die Frage, ob sich der Einziehungsinteressent vorwerfbar verhalten hat (§§ 40 a, 41 a Abs. 2 Satz 3, 41 c Abs. 2 Nr. 1, 2 StGB), oder ob die Gefahr besteht, daß der Gegenstand der Begehung mit Strafe bedrohter Handlungen dienen werde (§ 40 Abs. 2 Nr. 2 StGB). Die Belehrung erstreckt sich auch darauf, daß der Interessent vor seiner Vernehmung einen von ihm zu wählenden Vertretungsberechtigten i. S. des § 434 (nicht: einen „Verteidiger"; s. Anm. I zu § 434) befragen könne (§ 163 a Abs. 4 Satz 2, § 136 Abs. 1 Satz 2); die abweichende Auffassung von Kl [30] 3 C beruht offenbar auf der nicht zu billigenden Meinung (vgl. Anm. II 1 zu § 434), daß im Ermittlungsverfahren die Mitwirkung eines dem Verteidiger vergleichbaren Vertreters nicht in Betracht kommt (gegen Kleinknecht auch EbSchmidt NachtrBd. II Rz. 6). Die hier abgelehnte Auffassung findet auch darin keine Stütze, daß § 55 Abs. 2 OWiG die Vernehmungsperson von der Pflicht entbindet, den Betroffenen (und damit auch den Einziehungsinteressenten) auf die Konsultationsmöglichkeit hinzuweisen, denn die StPO kennt keine entsprechende Vorschrift für den Beschuldigten und damit auch nicht für den in einer vergleichbaren Lage befindlichen Einziehungsinteressenten, es sei denn, daß man sie in § 434 finden wollte.

3. Die Frage, wie zu verfahren ist, wenn jemand zunächst lediglich informatorisch oder als Zeuge vernommen worden ist und dann hervortritt, daß er Einziehungsinteressent oder Beschuldigter ist, bedarf hier keiner besonderen Erörterung; insoweit gelten die allgemeinen Grundsätze (vgl. dazu von Gerlach NJW 1969 776).

§ 433

(1) Von der Eröffnung des Hauptverfahrens an hat der Einziehungsbeteiligte, soweit dieses Gesetz nichts anderes bestimmt, die Befugnisse, die einem Angeklagten zustehen. Im beschleunigten Verfahren gilt dies vom Beginn der Hauptverhandlung, im Strafbefehls- oder Strafverfügungsverfahren vom Erlaß des Strafbefehls oder der Strafverfügung an.

(2) Das Gericht kann zur Aufklärung des Sachverhalts das persönliche Erscheinen des Einziehungsbeteiligten anordnen. Bleibt der Einziehungsbeteiligte, dessen persönliches Erscheinen angeordnet ist, ohne genügende Entschuldigung aus, so kann das Gericht seine Vorführung anordnen, wenn er unter Hinweis auf diese Möglichkeit durch Zustellung geladen worden ist.

I. Beginn der Beteiligungsbefugnisse (zu Absatz 1)

Während § 431 die Voraussetzungen und die Form der Beteiligungsanordnung sowie den Umfang der Verfahrensbeteiligung regelt und bestimmt, von welchem Zeitpunkt an und bis zu welchem Zeitpunkt eine Beteiligungsanordnung möglich ist, normiert § 433 Abs. 1 im Grundsatz die **Rechtsstellung** dessen, der durch gerichtliche Anordnung Einziehungsbeteiligter geworden ist, und setzt den Zeitpunkt fest, von dem an im normalen Strafverfahren, im beschleunigten Strafverfahren (§§ 212–212 b), im Strafbefehlsverfahren (§ 407) und im Strafverfügungsverfahren (§ 413) die aus der Rechtsstellung sich ergebenden Befugnisse ausgeübt werden können.

II. Die Rechtsstellung des Einziehungsbeteiligten im normalen Strafverfahren im allgemeinen (zu § 433 Absatz 1 Satz 1)

1. Im **normalen Strafverfahren** hat der Einziehungsbeteiligte von der Eröffnung des Hauptverfahrens (§ 207) ab grundsätzlich („soweit dieses Gesetz nichts anderes bestimmt") die **Befugnisse**, die einem **Angeklagten** zustehen. Der Zeitpunkt der Eröffnung des Hauptverfahrens – nicht der für die Anordnung der Beteiligung maßgebliche Zeitpunkt der Anklageerhebung – ist gewählt, weil erst in diesem Zeitpunkt – angesichts der Nichtzurücknehmbarkeit der öffentlichen Klage (§ 156) – feststeht, daß es zu einer gerichtlichen Entscheidung über die Einziehung kommen wird (Begr. S. 77).

2. Das Gesetz hat dem Einziehungsbeteiligten im Umfang seiner Verfahrensbeteiligung nur die **Befugnisse eines Angeklagten** zugewiesen und auch dies nur mit Einschränkungen (vgl. §§ 436 Abs. 2, 437). Es hat also nicht etwa die für den Angeklagten geltenden Vorschriften insgesamt für entsprechend anwendbar erklärt, dem Einziehungsbeteiligten *also nicht die Rechtsstellung eines Angeklagten* zugewiesen, denn „die Rechtsstellung des Einziehungsbeteiligten ist mit der des Angeklagten sicher dann nicht vergleichbar, wenn er die gegen den Angeklagten gerichtete Einziehung auf Grund seines Rechts bekämpft. Die Regelung bedeutet daher nicht, daß der Einziehungsbeteiligte einem Angeklagten gleichgestellt werden soll, sondern sie will dem Einziehungsbeteiligten lediglich in technisch einfacher Weise ein größtmögliches Maß an prozessualen Rechten sichern" (Begr. S. 77). Aus der Verweisung auf die dem Angeklagten zustehenden Befugnisse ergibt sich, daß Einschränkungen der verfahrensrechtlichen Befugnisse des Angeklagten ohne weiteres auch die Befugnisse des Einziehungsbeteiligten begrenzen.

3. **Geschäftsfähigkeit als Erfordernis selbständiger Befugniswahrnehmung?**

a) Für das selbständige Einziehungsverfahren nach §§ 430 ff. a. F. wurde angenommen, daß der Einziehungsbeteiligte seine Befugnisse **selbständig** (persönlich) nur ausüben könne, wenn er **geschäftsfähig** sei (vgl. in der Voraufl. Vorb. 9 vor § 430 m. Nachw.). Diese Auffassung stützt sich auf RGSt. 29 52. Dort war ausgeführt, daß es zwar bei einem Angeklagten nicht auf seine Geschäftsfähigkeit und seine Prozeßfähigkeit (vgl. § 51 ZPO), sondern nur auf seine Verhandlungsfähigkeit (vgl. Einl. S. 121) ankomme, daß dies aber nicht für den Einziehungsinteressenten gelte, da es sich für ihn *lediglich* um die Wahrung vermögensrechtlicher Ansprüche handele. Daß er nach § 431 Abs. 3 a. F. alle dem Angeklagten zustehenden Befugnisse ausüben könne, besage nicht, daß er sie persönlich uneingeschränkt ausüben könne; für diese Frage seien vielmehr die allgemeinen Grundsätze über die Wahrnehmung vermögensrechtlicher Interessen maßgebend. Daß es sich für den Einziehungsbeteiligten „*nur* um die Wahrung seiner Vermögensinteressen" handele, führt auch – in anderem Zusammenhang (betr. die Frage der Bedeutung des Todes des Einziehungsbeteiligten; s. unten Anm. V) – BGHSt. 12 273, 277 aus.

b) Die Neuordnung des materiellen und prozessualen Einziehungsrechts zwingt zu einer Nachprüfung, ob diese Grundsätze heute noch – auch bei Beteiligung am subjektiven Verfahren – Geltung beanspruchen, obwohl auch die Begr. zum Entw. EG OWiG (Drucks. V/1319 S. 73) ganz im Einklang mit der Rechtspr. von RG und BGH bei Beschreibung der rechtlichen Stellung des Einziehungsbeteiligten ausführt: „Im Gegensatz zum Angeklagten geht es für den Einziehungsbeteiligten *nur* um vermögensrechtliche Interessen". In dem zu § 433 n. F. erwachsenen Schrifttum werden vom RGSt. 29 52 abweichende Auffassungen vertreten.

aa) So genügt nach Kl [30] 4 zur Wahrnehmung der einem Angeklagten zustehenden Befugnisse durch den Einziehungsbeteiligten allgemein Verhandlungsfähigkeit, so z. B. für Anträge und Rechtsmittel wie auch für die Erklärung nach § 431 Abs. 6, da sie keinen materiellrechtlichen Verzicht enthalte (vgl. Anm. XI zu § 431); nur für vermögensrechtliche *Verfügungen* bedürfe der in der Geschäftsfähigkeit beschränkte Einziehungsbeteiligte nach § 107 BGB der Einwilligung des gesetzlichen Vertreters; im übrigen habe der gesetzliche Vertreter im Prozeß nur die gesetzlich besonders eingeräumten Befugnisse (z. B. zur selbständigen Einlegung von Rechtsmitteln, § 298).

bb) Dagegen ist nach Göhler [2] 2 A zu § 87 OWiG zu unterscheiden:

α) nimmt im Fall des § 40 Abs. 2 Nr. 1 (= § 18 Abs. 2 Nr. 1 OWiG) der tatunbeteiligte Einziehungsinteressent den Gegenstand als Eigentümer (Rechtsinhaber) für sich in Anspruch, und stellt er mit dieser Behauptung die Voraussetzung der Einziehung in Frage, so nimmt er im Strafverfahren eine Stellung ein, die der des Hauptintervenienten im Zivilprozeß (§ 64 ZPO) vergleichbar ist; er handelt dann nur in Wahrnehmung vermögensrechtlicher Interessen und kann nach den in RGSt. 29 52 ausgesprochenen Grundsätzen, wenn er in der Geschäftsfähigkeit beschränkt ist, Prozeßhandlungen nur durch seinen gesetzlichen Vertreter vornehmen lassen;

β) anders liege es in den Fällen des § 40 a (= § 19 OWiG). Da hier die Einziehung gegenüber dem Einziehungsbeteiligten strafähnliche Bedeutung habe, weil sie an sein vorwerfbares Verhalten anknüpfe, „rückt" der Einziehungsbeteiligte „in die Stellung eines Angeklagten ein"; zur Wahrnehmung seiner Befugnisse bedürfe es daher wie bei dem Angeklagten selbst nur der Verhandlungsfähigkeit. Ein entsprechendes „Einrücken" finde auch statt, wenn gegenüber einem Einziehungsbeteiligten, der ein beschränkt dingliches Recht am Einziehungsgegenstand hat, wegen seines vorwerfbaren Verhaltens das entschädigungslose Erlöschen seines Rechts angeordnet werden kann (§§ 41 a Abs. 2 Satz 3, 41 c Abs. 2 Nr. 1, 2 StGB). Endlich rücke der Einziehungsbeteiligte „in eine ähnliche Stellung" wie der Angeklagte auch im Fall des § 40 Abs. 2 Nr. 2 (= § 18 Abs. 2 Nr. 2 OWiG) ein, da bei der Entscheidung, ob der generell gefährliche Gegenstand auch „nach den Umständen" die Allgemeinheit gefährdet, und ob individuelle Gefährlichkeit (Gefahr der Verwendung zur Begehung mit Strafe oder Geldbuße bedrohter Handlungen) besteht, grundsätzlich die Person und das Verhalten des Eigentümers (Rechtsinhabers) in die Beurteilung einbezogen werden müsse.

c) Die Unterscheidungen, die Göhler aaO. trifft, laufen also auf folgende Erwägungen hinaus: gibt ausschließlich die Tatsache, wer (im für die Entscheidung über die Einziehung maßgeblichen Zeitpunkt) Eigentümer (Rechtsinhaber) ist, den Ausschlag, ob eine Einziehung zulässig ist oder nicht, so handelt es sich gewissermaßen um einen im Rahmen des Strafprozesses ausgetragenen Streit über zivilrechtliche Rechtsverhältnisse am Einziehungsgegenstand. Dieser Streit könnte ebensogut Gegenstand eines dem Strafprozeß vorangehenden oder neben ihm einhergehenden Zivilprozesses sein, und so gut in einem solchen Verfahren der Einziehungsinteressent oder Einziehungsbeteiligte als Kläger prozeßfähig sein muß, so gut gilt dies auch bei dem in das Strafverfahren verlagerten Rechtsstreit, namentlich, wenn die Verfahrensbeteiligung gemäß § 431 Abs. 2 Nr. 1 beschränkt worden ist. Steht dagegen als Voraussetzung der Einziehung oder des Erlöschens beschränkt dinglicher Rechte ein in der Vergangenheit liegendes vorwerfbares Verhalten des Einziehungsbeteiligten in Frage (§ 40 a; § 41 a Abs. 2 Satz 2, 3 StGB), oder beurteilt sich die generelle oder individuelle Gefährlichkeit, die die Einziehung als Sicherungsmaßregel ohne Rücksicht auf die Eigentumsverhältnisse (§ 40 Abs. 2 Nr. 2) zuläßt, auch nach Gefahrmomenten in der Person des Einziehungsbeteiligten und nach seinem künftig zu erwartenden oder zu besorgenden Verhalten, so ist der Prozeßstoff der rein vermögensrechtlichen Beurteilung entzogen, und die Persönlichkeit und das Verhalten des Einziehungsbeteiligten werden in gleicher Weise Gegenstand der Ermittlungen und der richterlichen Wertung wie das des Angeklagten; der Einziehungsbeteiligte verteidigt, wenn er sich gegen eine ihm nachteilige Beurteilung wehrt, mehr als nur vermögensrechtliche Belange.

d) Dieser hier nur skizzierten Betrachtungsweise (ihre Auswirkungen in monografischer Weise bis in alle Fallgestaltungen durchzuprüfen, würde den einem Erläuterungswerk gezogenen Rahmen überschreiten), steht aber *eine andere Überlegung* entgegen: dringt der Einziehungsbeteiligte mit seinen Anträgen, die auf Abstandnahme von der Einziehung und auf Bestehenbleiben seiner beschränkt dinglichen Rechte abzielen, nicht durch, so steht nunmehr die Frage einer Entschädigung (§ 41 c StGB) im Vordergrund. Wird die Einziehung auf § 40 a bestützt, so scheidet der Einziehungsbeteiligte von vornherein aus dem Kreis der nach § 41 c Abs. 1 Entschädigungsberechtigten aus (vgl. LK = Schäfer 2 zu § 41 c); der Eigentumsverlust durch die Einziehung erfolgt hier kraft Gesetzes entschädigungslos. Im übrigen ist zwar die Entscheidung über die Entschädigung Sache des Zivilrichters, jedoch sieht § 436 Abs. 3 Satz 1 eine den Zivilrichter bindende Entscheidung des Strafrichters über die Entschädigung dem Grunde nach, Satz 2 auch eine Entscheidung über Grund und Betrag vor. Das Schweigen der strafrichterlichen Entscheidung über die Entschädigung beinhaltet dann die Auffassung des Strafrichters, daß nach dem Ergebnis des Strafverfahrens gesetzliche Gründe einem Entschädigungsanspruch nicht entgegenstehen, und die Entscheidung hat insofern, mag dies auch den Zivilrichter nicht binden, eine gewisse faktische Bedeutung für einen Entschädigungsprozeß vor dem Zivilrichter.

So gesehen geht es also beim Beteiligungsverfahren letzlich um *vermögensrechtliche* Interessen. Wenn nunmehr unter veränderten Verhältnissen zu dem Problem Stellung zu nehmen ist, ob die selbständige Wahrnehmung der Rechte des Einziehungsbeteiligten Prozeßfähigkeit erfordert, so fragt sich, ob der vermögensrechtliche Aspekt oder der subjektiv-persönliche Einschlag der Einziehungsvoraussetzungen entscheidend ist, eine Frage, die übrigens auch in anderem Zusammenhang — vgl. unten Anm. IV 2 c, bb; s. auch Anm. I zu § 434 — wieder auftaucht.

Berücksichtigt man, daß in dem dem Strafverfahren nachfolgenden Verfahren vor dem Zivilrichter der frühere Einziehungsbeteiligte prozeßfähig sein muß, so dürfte die Auffassung den Vorzug verdienen, die schon für den „Vorprozeß" Prozeßfähigkeit des Einziehungsbeteiligten verlangt. Auch erwecken die Unterscheidungen, die Göhler aaO. trifft, Bedenken. Ihm ist zuzustimmen, daß auch heute noch die in RGSt. 29 52 angestellten Erwägungen durchgreifen, wenn die Einziehbarkeit lediglich von der Eigentumsfrage abhängig ist und die Verfahrensbeteiligung des Einziehungsbeteiligten lediglich die Klärung der Eigentumsfrage zum Gegenstand hat. Es geht aber im Interesse der Rechtsklarheit schwerlich an, bei jeder Änderung des prozessualen Bildes der Frage der Prozeßfähigkeit verschiedene Bedeutung zuzumessen. etwa Prozeßfähigkeit zu fordern, wenn der Verfahrensbeteiligte das auf § 40 Abs. 2 Nr. 1 gestützte Einziehungsurteil mit der Begründung angreift, der Vorderrichter habe zu Unrecht das Eigentum des Täters zur Zeit der Entscheidung festgestellt, dagegen Verhandlungsfähigkeit genügen zu lassen, wenn das angegriffene Urteil zwar das Eigentum des Einziehungsbeteiligten feststellt, die Einziehung aber auf § 40 a stützt. Und bei einer *wahlweise* mit § 40 Abs. 2 Nr. 1 und § 40 a begründeten Entscheidung (vgl. LK = Schäfer Rdn. 21 zu § 40 a) könnte am Ende gar unterschieden werden, inwieweit das Rechtsmittel bemängelt, daß das Urteil nicht die Möglichkeiten zur Feststellung des Eigentums des Einziehungsbeteiligten erschöpft habe, und inwieweit es die zu § 40 a getroffenen Feststellungen angreift. Danach wird an der Auffassung von RGSt. 29 52 trotz veränderter Rechtslage festzuhalten sein.

III. Rechtsstellung und Befugnisse des Einziehungsbeteiligten im Hauptverfahren

1. Über die der Hauptverhandlung vorausgehenden Maßnahmen vgl. § 435.

2. In der **Hauptverhandlung** hat der Einziehungsbeteiligte im Umfang seiner Verfahrensbeteiligung das Recht auf Anwesenheit und rechtliches Gehör. Für seine Vernehmung gilt § 243 Abs. 4. Er kann im Rahmen seiner Beteiligung (§ 431 Abs. 2) Anträge stellen, insbesondere Beweisanträge, soweit nicht § 436 Abs. 2 entgegensteht. Er hat Anspruch auf Befragung nach § 257, auf Erteilung des letzten Wortes — § 258 Abs. 2, 3 — (vgl. dazu BGHSt. 17 28, 32 = NJW 1962 501 = MDR 1962 332 zu § 431 Abs. 3 a. F.). Er kann insbesondere Rechtsmittel einlegen (§ 437) und Rechtsbehelfe ergreifen (§ 438).

3. Bei der Ausübung dieser Befugnisse ist er **unabhängig vom Verhalten des Angeklagten** selbst. Soweit es zur Wahrung seiner Rechte erforderlich und eine Beschränkung nach § 431 Abs. 2 nicht angeordnet ist, kann er der erhobenen Strafklage in allen ihren Teilen widersprechen und das Nichtvorhandensein einer die Einziehung usw. begründenden Tat darlegen. Läßt der Angeklagte ein auf Einziehung lautendes Urteil durch Rechtsmittelverzicht

oder Nichtanfechtung rechtskräftig werden, so hindert dies den Einziehungsbeteiligten nicht, ein auf Wegfall oder Milderung (§ 40 b Abs. 2, 3 StGB) beschränktes Rechtsmittel einzulegen usw.

IV. Zur Frage der Befugnis des Einziehungsinteressenten, die Wiederaufnahme des Verfahrens zu betreiben

Eine besondere Frage ist, ob zu den „Befugnissen, die dem Angeklagten zustehen", auch das Recht des Einziehungsbeteiligten gehört, gegen ein auf Einziehung (oder die in § 442 bezeichneten Nebenfolgen) lautendes Urteil durch Antrag auf **Wiederaufnahme des Verfahrens** (§ 359) anzugehen. Die Erörterung dieser Frage soll hier auf den praktisch wichtigsten Fall, die Wiederaufnahme nach § 359 Nr. 5 (Beibringung neuer Tatsachen oder Beweismittel), beschränkt werden. Als Beispiel käme etwa in Betracht: in Anwendung des § 40 a StGB ist rechtskräftig auf Einziehung erkannt, weil der Einziehungsbeteiligte leichtfertig dazu beigetragen habe, daß eine ihm zur Zeit der Entscheidung gehörende Sache Tatwerkzeug gewesen sei. Im Strafverfahren hat er sich nach besten Kräften unter Ausnutzung aller ihm nach § 433 Abs. 1 zustehenden Befugnisse, aber erfolglos, gegen den Vorwurf der Leichtfertigkeit gewehrt. Erst nach Rechtskraft des Urteils gelingt ihm die Beibringung neuer Zeugen, deren glaubwürdige Aussagen den Vorwurf der Leichtfertigkeit entkräften und der Einziehungsanordnung die Grundlage entziehen können.

1. Die Frage nach der Befugnis eines Einziehungsbeteiligten, die Wiederaufnahme des Verfahrens zu betreiben, war für den Fall des § 432 a. F., der die dem Einziehungsbeteiligten zustehenden Rechtsmittel gegen eine im **objektiven** Verfahren ergangene, auf Einziehung lautende Entscheidung regelte, umstritten. Die h. M. (vgl. die Darstellung der Vorauflage in Anm. 3 zu § 432 a. F.) lehnte die Möglichkeit einer Wiederaufnahme hauptsächlich mit der Begründung ab, daß das Gesetz dem Einziehungsbeteiligten nur Rechtsmittel zubillige, zu denen der Rechtsbehelf des Antrags auf Verfahrenswiederaufnahme nicht gehöre, und daß es auch nicht angehe, gegen die in Urteilsform ergangene Entscheidung die Wiederaufnahme zuzulassen, die gegenüber einer in Beschlußform (§ 431 Abs. 4 a. F.) ergangenen Einziehungsentscheidung ausgeschlossen sei, weil gegenüber Beschlüssen eine förmliche Wiederaufnahme nicht in Betracht komme. Auch wurde geltend gemacht, wenn im subjektiven Verfahren auf Einziehung erkannt sei, könne der Verurteilte gemäß § 363 nicht die Wiederaufnahme mit dem Ziel des Wegfalls der Einziehung betreiben; weitergehende Rechte als der Verurteilte im subjektiven Verfahren könne der Einziehungsbeteiligte im objektiven Verfahren nicht haben (vgl. OLG Neustadt NJW 1953 1565).

2. Diese Fragen sind heute durch die Einführung des Nachverfahrens (§ 439) praktisch insoweit erledigt, als es darum ging, dem am objektiven Verfahren ohne sein Verschulden unbeteiligt gebliebenen Drittberechtigten einen Weg zur nachträglichen Geltendmachung seiner Rechte zu eröffnen. Im Beispielsfall liegen aber die Voraussetzungen eines Nachverfahrens nicht vor, da unser Einziehungsbeteiligter im Strafverfahren beteiligt war und alle ihm damals zur Verfügung stehenden Verteidigungsmöglichkeiten wahrgenommen hat, so daß § 439 Abs. 1 Nr. 2 nicht eingreift. Abhilfe wäre nur im Weg einer Wiederaufnahme des Verfahrens möglich.

a) Einem solchen steht § 363 nicht entgegen. Denn der Wegfall einer angeordneten Einziehung ist keine „geringere Bestrafung", die nur in Anwendung eines milderen Strafgesetzes möglich wäre (§§ 359 Nr. 5, 363 Abs. 1). Sie steht vielmehr nach der neueren Betrachtungsweise, die sich auf § 85 Abs. 2 Satz 2 OWiG 1968 berufen kann, einem „Freispruch" (hinsichtlich der Nebenfolge) gleich (ebenso Kl [30] 1 A zu § 363; Göhler 6 A d zu § 85 OWiG und früher bereits Hartstange Anm. zu OLG Neustadt NJW 1953 1565; s. aber auch unten Anm. IV 3 b).

b) Auch § 439 Abs. 6 stellt kein Hindernis dar. Denn diese Vorschrift, die eine Wiederaufnahme des Verfahrens nach § 359 Nr. 5 zu dem Zweck, die in § 439 Abs. 1 bezeichneten Einwendungen geltend zu machen, für ausgeschlossen erklärt, besagt lediglich, daß ein Rechtsschutzbedürfnis für eine Verfahrenswiederaufnahme in dem Umfang nicht bestehe, als der von einer Einziehungsentscheidung betroffene Dritte in der Lage sei, auf Beseitigung der ihm gegenüber eingetretenen Wirkungen der Einziehungsentscheidung im Wege des Nachverfahrens nach § 439 Abs. 1 hinzuwirken. § 439 Abs. 6 bedeutet also nur die deklaratorische Klarstellung eines Rechtszustandes, wie er sich aus allgemeinen Auslegungsgrundsätzen auch dann ergäbe, wenn Abs. 6 nicht bestünde (vgl. auch die Begr. S. 81 zu § 439 Abs. 6: „Abs. 6 stellt klar, daß die Wiederaufnahme des Verfahrens auf Grund neuer Tatsachen oder Beweismittel zu dem Zweck ausgeschlossen ist, gegen die Einziehung Einwendungen nach Abs. 1 geltend zu machen. Wegen der Möglichkeit des Nachverfahrens sind die Rechte des Einziehungsinteressenten ausreichend gewahrt)." § 439 Abs. 6 enthält also keine Regel von allgemeiner Bedeutung in dem Sinn, daß es einem Einziehungsbeteiligten, der seine Rechte im subjektiven Verfahren wahrgenommen hat, verwehrt sei, unter Berufung auf neue Tatsachen oder Beweismittel gegen das rechtskräftige, auf Einziehung lautende Urteil mit dem Antrag auf Wiederaufnahme des Verfahrens anzugehen. Im Gegenteil: § 439 Abs. 6 deutet darauf hin, daß der Gesetzgeber von der Möglichkeit einer Wiederaufnahme gegen eine rechtskräftige Einziehungsentscheidung ausgegangen ist und es ihm zur Vermeidung von Zweifeln darauf ankam, lediglich das Verhältnis des Nachverfahrens zur Wiederaufnahme nach § 359 Nr. 5 klarzustellen. So geht denn auch das Schrifttum zu § 439 davon aus, daß durch Abs. 6 die übrigen Wiederaufnahmemöglichkeiten (§ 359 Nr. 1–4) nicht ausgeschlossen seien (vgl. Kl 9; EbSchmidt NachtrBd. II Rz. 16; Wuttke SchlHA 1970 190; Göhler 8 zu § 87 OWiG).

c) Bei dieser Sachlage kann sich nur fragen, ob besondere Gründe vorliegen, die den von der Einziehungsentscheidung betroffenen Drittberechtigten, der im subjektiven Verfahren seine Rechte als Einziehungsbeteiligter wahrgenommen hat, von einem Angehen gegen die rechtskräftige Entscheidung nach § 359 Nr. 5 ausschließen.

aa) Solche Gründe können nicht darin gefunden werden, daß § 433 dem Einziehungsberechtigten die Befugnisse eines *Angeklagten* zuspricht, die Verfahrenswiederaufnahme aber nur zugunsten des *Verurteilten* in Betracht kommt. Denn den Verurteilten, wenn er als Antragsteller auftritt (§ 365), bezeichnet das Gesetz als „Angeklagten" (§ 366 Abs. 2). Die Befugnis zur Stellung des Wiederaufnahmeantrags gehört damit zu den Befugnissen des Angeklagten, die auch dem Einziehungsberechtigten zustehen. Aus diesem Grunde ist es auch ohne Bedeutung, daß die Rechtsstellung als Einziehungsberechtigter im Strafverfahren mit der rechtskräftigen Beendigung des Strafverfahrens erlischt: auch seine Befugnisse wirken über das Strafverfahren hinaus, wenn ausnahmsweise die Beseitigung des ihn treffenden Urteils in Frage steht.

bb) Nach Wuttke SchlHA 1970 189, 191 ist aber der Einziehungsbeteiligte aus *inneren Gründen* vom Recht, die Wiederaufnahme des Verfahrens zu beantragen, ausgeschlossen. Mit dem Begriff „Verurteilter" in § 359 knüpfe das Gesetz an die Begriffe der Schuld und Strafe an; Schuld- und Strafausspruch enthielten ein sozialethisches Unwerturteil. Für die „nichttätergerichtete" Einziehung gelte das aber auch dann nicht, wenn die Einziehung (vgl. § 40a StGB) an vorwerfbares Verhalten des Einziehungsbetroffenen anknüpfe; ihm gegenüber erschöpfe sich der Einziehungsausspruch in der Anordnung einer Rechtsfolge, ohne gleichzeitig auf seine Stellung in der Gemeinschaft deklassierend einzuwirken. Der Ausschluß der Wiederaufnahme entspreche im übrigen dem Grundsatz des § 431 Abs. 7 und widerspreche weder dem Gleichheitsgrundsatz (Art. 3 Abs. 1 GG) noch dem Rechtsstaatprinzip.

Diesen Ausführungen kann nicht gefolgt werden; sie beinhalten keine zwingenden Gründe, die dem Einziehungsberechtigten zugebilligten „Befugnisse des Angeklagten" über die vom Gesetz selbst (z. B. in §§ 436 Abs. 2, 437) vorgesehenen Einschränkungen hinaus einzuengen. Ob die Anordnung der Nebenfolge für den Betroffenen „deklassierend" wirkt oder nicht, kann für die Frage der Wiederaufnahme keine entscheidende Rolle spielen: auch wer durch „wertneutrale" Bußgeldentscheidung mit einer Nebenfolge belegt ist, kann dagegen den Weg der Wiederaufnahme des Verfahrens beschreiten (vgl. § 85 Abs. 2 Satz 2). Übrigens erscheint es auch nicht überzeugend, daß das Urteil nicht auch gegenüber dem Dritten ein sozialethisches Unwerturteil enthalte, wenn es gegen ihn den Vorwurf der Quasi-Hehlerei oder Quasi-Begünstigung erhebt (§ 40a StGB) und ihm deshalb auch eine Entschädigung versagt (§ 41c Abs. 2 StGB, § 436 Abs. 3 StPO; s. dazu auch oben III 3 b, bb).

3. Die Voraussetzungen, unter denen der Einziehungsbeteiligte gegen das rechtskräftige Einziehungsurteil mit dem Wiederaufnahmeantrag angehen kann, sind aber begrenzt.

a) Ziel des Wiederaufnahmeverfahrens kann nur die Beseitigung der Einziehungsanordnung sein. Dies auf dem Wege über die Verneinung der Schuld des Angeklagten zu erreichen, kommt nur in Betracht, wenn die Beteiligung nicht nach § 431 Abs. 2 beschränkt war, und darüber hinaus müssen die Beschränkungen der Nachprüfung des Schuldspruchs, die § 437 für Rechtsmittel vorsieht, erst recht für den ausnahmsweise zulässigen Rechtsbehelf des Wiederaufnahmeantrags gelten.

b) Im übrigen fordert der Grundsatz des § 359 Nr. 5, daß bei Maßregeln der Sicherung und Besserung (im technischen Sinn des § 42 a StGB) nur eine **wesentlich** andere Entscheidung erstrebt werden kann, auch eine sinngemäße Begrenzung der Wiederaufnahme, soweit sie auf den Wegfall von Nebenfolgen gerichtet ist. Sie ist in rechtsanaloger Anwendung des § 85 Abs. 2 OWiG darin zu finden, daß der Wegfall vermögensrechtlicher Nebenfolgen nur erstrebt werden kann, wenn deren Wert 200 DM übersteigt (ebenso Kl [30] 6 D zu § 359; 1 A zu § 363).

4. Die Entscheidung über den Wegfall der Einziehung kann in sinngemäßer Anwendung der §§ 371 Abs. 2, 431 Abs. 7 im Beschlußverfahren angeordnet werden; auch erscheint die sinngemäße Anwendung des § 439 Abs. 5 angebracht.

V. Bedeutung des Todes des Einziehungsbeteiligten während des Verfahrens

Da der Einziehungsbeteiligte nur die Befugnisse, nicht die Rechtsstellung des Angeklagten hat, wird durch den Tod des Einziehungsbeteiligten während des Strafverfahrens die Verfahrensbeteiligung nicht ohne weiteres gegenstandslos. Es trifft aber andererseits auch nicht zu, daß sich durch den Tod des Einziehungsbeteiligten die Beteiligungsanordnung niemals von selbst erledige, vielmehr an seiner Stelle stets seine Erben in das Verfahren eintreten, wie dies unter Berufung auf BGHSt. 12 273, 277 Kl [30] 5; EbSchmidt NachtrBd. II Rz. 5; Göhler 5 zu § 87 OWiG annehmen. Vielmehr ist zu unterscheiden:

1. Die strafähnliche erweiterte Einziehung nach § 40 a setzt voraus, daß der Dritte **im Zeitpunkt der Entscheidung** (d. h. der letzten tatrichterlichen Entscheidung) **Eigentümer** (Rechtsinhaber) des Einziehungsgegenstandes ist. Stirbt er vor dem Ergehen der Entscheidung, so ist — nicht anders als gegenüber dem Täter im Fall des § 40 Abs. 1 Nr. 1 (vgl. LK = Schäfer Rz. 37 zu § 40) — eine Einziehung ausgeschlossen, denn in der Person des Erben, der zur Zeit der Entscheidung Eigentümer ist, sind die Voraussetzungen des § 40 a nicht erfüllt; die Verfahrensbeteiligung wird hinfällig, ohne daß es eines (deklaratorischen) Beendigungsbeschlusses bedarf.

2. Entsprechendes wird anzunehmen sein, wenn die Anordnung der Verfahrensbeteiligung gemäß § 431 Abs. 1 Satz 1 Nr. 2 darauf gestützt ist, daß ein Dritter ein **beschränkt dingliches Recht** am Einziehungsgegenstand hat, dessen Erlöschen nach § 41 a Abs. 2 Satz 3 deshalb angeordnet werden könnte, weil ihm gemäß § 41 c Abs. 2 Nr. 1, 2 eine Entschädigung nicht gewährt wird. Denn die Anordnung des Erlöschens unter Versagung der Entschädigung hat hier in gleicher Weise strafähnliche Wirkung wie die erweiterte Einziehung nach § 40 a; auch diese strafähnliche Wirkung gilt nur demjenigen Drittrechtsinhaber, der sich vorwerfbar i. S. des § 41 c Abs. 2 Nr. 1, 2 verhalten hat. Es ist deshalb folgerichtig anzunehmen, daß mit dem Tod des Dritten die Möglichkeit einer Erlöschensanordnung und der Ausschluß der Entschädigung entfällt; dann wird auch hier die Verfahrensbeteiligung ipso iure gegenstandslos.

3. Wo dagegen die Einziehung **Sicherungscharakter** hat und ohne Rücksicht auf die Eigentums- und sonstigen Rechtsverhältnisse am Einziehungsgegenstand zulässig oder vorgeschrieben ist (§ 40 Abs. 2 Nr. 2, Abs. 3, 4 § 41), muß allerdings der Grundsatz durchgreifen, daß als Zweck der Verfahrensbeteiligung nur die Wahrung vermögensrechtlicher Interessen des Einziehungsberechtigten in Betracht kommt und diese Aufgabe nach seinem Tod den Erben zufällt, die kraft der ergangenen Verfahrensbeteiligungsanordnung nunmehr an seiner Stelle in das Verfahren eintreten.

VI. Anordnung des persönlichen Erscheinens (zu § 433 Absatz 2)

1. a) Die Verfahrensbeteiligungsanordnung gewährt dem Einziehungsbeteiligten von dem in § 433 Abs. 1 bestimmten Zeitpunkt an die Befugnisse eines Angeklagten. Indem das Gesetz davon Abstand nimmt, ihm die Rechtsstellung eines Angeklagten beizulegen, will es dem Einziehungsbeteiligten grundsätzlich überlassen, ob er seine Rechte wahrnehmen und von den ihm zugebilligten Befugnissen Gebrauch machen will; gegen seinen Willen soll er grundsätzlich nicht in das Strafverfahren gezogen werden. Er wird daher zur Hauptverhandlung nicht geladen, sondern nur vom Termin benachrichtigt (§ 435); es steht ihm frei, der Hauptverhandlung fernzubleiben (§ 436), oder sich in ihr vertreten zu lassen (§ 434).

b) Da der Einziehungsbeteiligte aber im Umfang seiner Verfahrensbeteiligung nicht **Zeuge** sein kann (vgl. Anm. VII zu § 431; Anm. II zu § 432), bedarf es einer Vorschrift, die es ermöglicht, eine etwa zur Erforschung der Wahrheit erforderliche Mitwirkung *nichtzeugenschaftlicher Art* des Einziehungsbeteiligten sicherzustellen; das gilt insbesondere dann, wenn eine Einschränkung der Verfahrensbeteiligung nach § 431 Abs. 2 nicht erfolgt ist. Zu diesem Zweck sieht § 433 Abs. 2 vor, daß das Gericht zur Aufklärung des Sachverhalts das persönliche Erscheinen des Einziehungsbeteiligten und unter Umständen auch dessen Vorführung anordnen kann. Die Begr. des Entw. EG OWiG (s. 77) führt dazu aus: „Der Sinn dieser Vorschrift ist es nicht, den Einziehungsbeteiligten gegen seinen Willen in das Verfahren zu zwingen. Die Vorschrift ist vielmehr notwendig, um das Wissen des Einziehungsbeteiligten auch im Hinblick auf die dem Angeklagten zur Last gelegte Tat nutzbar zu machen. Seine Anwesenheit in der Hauptverhandlung kann unter Umständen auch zum Zwecke einer Gegenüberstellung mit Zeugen oder mit dem Angeklagten geboten sein." Das Gesetz geht also davon aus, daß der Einziehungsbeteiligte, auch wenn und soweit er nicht unter Zeugniszwang steht, doch bei seinem Erscheinen zur Aufklärung beitragen kann; die Erörterungen in der Hauptverhandlung können ihm auch Veranlassung zu einem Beteiligungsverzicht (§ 431 Abs. 6) geben.

2. Die Vorschrift des § 433 Abs. 2 Satz 2 über die Befugnis des Gerichts, die Anordnung des persönlichen Erscheinens bei Ausbleiben ohne genügende Entschuldigung durch Vorführung (Vorführungsbefehl, § 314, nicht auch durch Verhaftung) zu erzwingen, entspricht den Vorschriften der §§ 230 Abs. 2, 236, 329, 387 Abs. 3 StPO, § 74 Abs. 2 OWiG.

a) Zur Frage, ob und inwieweit sich Einschränkungen des Vorführungsrechts aus dem **Verhältnismäßigkeitsgrundsatz** ergeben, vgl. EbSchmidt JZ **1968** 354, 357; zur Bedeutung des Verhältnismäßigkeitsgrundsatzes allgemein s. auch Einleitung S. 48.

b) Wegen der Begriffe **„Ausbleiben"** und **„ohne genügende Entschuldigung"** kann auf Anm. 1, 2 zu § 412 verwiesen werden.

c) Die Anordnung der Vorführung setzt voraus, daß der Einziehungsbeteiligte – über die Terminsbekanntmachung nach § 435 Abs. 1 hinaus – unter Hinweis auf die Vorführungsmöglichkeit zum Termin **durch Zustellung geladen** worden ist. Der Einhaltung einer Ladungsfrist (§ 217) bedarf es aber nicht; ihre Einhaltung gehört im Hinblick auf § 431 Abs. 7 nicht zu den „Befugnissen" des Einziehungsbeteiligten, wie sie einem Angeklagten zustehen (s. auch Anm. V zu § 434).

d) Die Anordnung des persönlichen Erscheinens und der Vorführung ist auch zulässig, wenn der Einziehungsbeteiligte eine Vertretungsperson (§ 434) bestellt hat.

e) Die Anordnung des persönlichen Erscheinens hindert das Gericht nicht, gemäß § 436 ohne den ordnungsgemäß benachrichtigten Einziehungsbeteiligten zu verhandeln, wenn er – gleichviel ob mit oder ohne genügende Entschuldigung – ausbleibt. Doch kann eine Verletzung des dem Einziehungsbeteiligten zu gewährenden rechtlichen Gehörs darin liegen, daß sein Ausbleiben genügend entschuldigt ist und das Gericht, obwohl es zur Klärung des Sachverhalts sein Erscheinen für erforderlich hält, verhandelt, ohne durch überwiegende Gründe der Strafrechtspflege (§ 431 Abs. 7) dazu genötigt zu sein.

f) Kommt der Einziehungsbeteiligte zugleich **als Zeuge** in Betracht, weil es sich um sein Wissen über Tatsachen handelt, die nicht die Einziehung betreffen (§ 431 Abs. 1 Satz 1: „soweit es die Einziehung betrifft"), oder im Fall einer Beschränkung nach § 431 Abs. 2 um sein Wissen zur Schuld des Angeklagten, so erübrigen sich Maßnahmen nach § 433 Abs. 2, da das Erscheinen dann durch die weiterreichenden Maßnahmen der §§ 48, 51 gewährleistet ist.

g) Ist der Einziehungsbeteiligte **nicht eine natürliche Person,** so kommt die Ladung und Vorführung vertretungsberechtigter Organe oder einzelner Organmitglieder (vgl. § 42 Abs. 1 StGB) in Betracht. Im Fall des § 431 Abs. 1 Satz 3 übernimmt der Sachbesitzer oder der über das Recht Verfügungsbefugte die Rolle eines Einziehungsbeteiligten.

VII. Beginn der Befugnisse des Einziehungsbeteiligten bei besonderen Verfahrensarten (zu § 433 Absatz 1 Satz 2)

Die Vorschrift enhält eine Sonderregelung über den Beginn der Befugnisse des Einziehungsbeteiligten für die Fälle, in denen — anders als im normalen Verfahren (Satz 1) — ein Eröffnungsbeschluß nicht erlassen wird.

1. Im **Strafbefehls- und Strafverfügungsverfahren** ist der Beginn der Befugnisse auf den Zeitpunkt des Erlasses von Strafbefehl und Strafverfügung festgesetzt, um dem Einziehungsbeteiligten den selbständigen Einspruch (§ 438 Abs. 2) zu ermöglichen; demgemäß ist unter *„Erlaß"* der Zeitpunkt der Zustellung (§ 438 Abs. 1) zu verstehen (vgl. 8 c zu § 409). Mit der Zurücknahme der öffentlichen Klage (§ 411 Abs. 1) erschöpfen sich die Befugnisse in dem Anspruch auf Erstattung der durch die Verfahrensbeteiligung entstandenen notwendigen Auslagen (§ 467 a Abs. 3).

2. Im **beschleunigten** Verfahren (§ 212) ist der Beginn der Hauptverhandlung (§ 243 Abs. 1 Satz 1) maßgebend; das Gesetz klärt damit für die Frage des Befugnisbeginns die sonst auftauchende Zweifelsfrage (vgl. BGHSt. 15 314, 316), welches Ereignis des beschleunigten Verfahrens — Terminbestimmung, Beginn der Hauptverhandlung oder Beginn der Vernehmung des Beschuldigten — im Sinn des § 156 der Eröffnung des Hauptverfahrens gleichzustellen ist, mit der im Normalverfahren die Befugnisse des Einziehungsbeteiligten beginnen.

§ 434

(1) Der Einziehungsbeteiligte kann sich in jeder Lage des Verfahrens auf Grund einer schriftlichen Vollmacht durch einen Rechtsanwalt oder eine andere Person, die als Verteidiger gewählt werden kann, vertreten lassen. Die für die Verteidigung geltenden Vorschriften der §§ 137 bis 139, 145 a bis 149 und 218 sind entsprechend anzuwenden.

(2) Das Gericht kann dem Einziehungsbeteiligten einen Rechtsanwalt oder eine andere Person, die als Verteidiger bestellt werden darf, beiordnen, wenn die Sach- oder Rechtslage schwierig ist, oder wenn der Einziehungsbeteiligte seine Rechte nicht selbst wahrnehmen kann.

Zur Entstehungsgeschichte

Im Entw. EG OWiG fehlten in Abs. 1 Satz 2 die Worte „und § 218". Sie sind während der Ausschußberatungen eingefügt worden, um klarzustellen, daß auch dem Vertreter eine Terminsnachricht (§ 435 Abs. 1) zuzustellen ist (vgl. BT-Drucks. zu V/2601 v. 4. 3. 1968).

I. Bedeutung der Vertretung

Der Einziehungsbeteiligte braucht grundsätzlich am Verfahren **nicht persönlich mitzuwirken,** insbesondere in der Hauptverhandlung nicht zu erscheinen (vgl. aber § 434 Abs. 2). Er kann sich aber, wie § 434 Abs. 1 im Anschluß an § 431 Abs. 3 a. F. StPO (vgl. auch §§ 234, 411 Abs. 2) bestimmt, bei der Ausübung der ihm zustehenden Befugnisse (§ 433 Abs. 1 Satz 1) *vertreten* lassen. Das Gesetz spricht hier, ebenso wie § 431 Abs. 3

a. F., bewußt von „Vertretung“ und vermeidet es, den Vertreter als „Verteidiger“ zu bezeichnen. Zwar kann die Einziehung mit der Wirkung eines Rechtsverlusts gegenüber dem Einziehungsbeteiligten an die Voraussetzung geknüpft sein, daß dieser sich vorwerfbar verhalten hat (§§ 40 a, 41 a Abs. 2 Satz 2, 3 41 c Abs. 1, 2); er wird sich dann gegen den Vorwurf „verteidigen“. Aber in den anderen Fällen drohenden Rechtsverlusts nimmt der Einziehungsbeteiligte im Strafprozeß nur eine Stellung ein, die der eines Hauptintervenienten im Zivilprozeß vergleichbar ist (Anm. II 3 c zu § 433), so daß hier bei der Vertretungsperson der Gedanke an den Prozeßbevollmächtigten des Zivilprozesses nahe liegt. Ganz abgesehen davon, daß schon diese unterschiedliche Lage es ausschließt, die Wahrnehmung der Befugnisse durch den Vertreter als „Verteidigung“ zu bezeichnen, wäre diese Bezeichnung auch in in Fällen der ersteren Art unangemessen, weil gegenüber dem Einziehungsbeteiligten nicht über dessen *strafrechtliche* Schuld zu entscheiden ist, sondern darüber, ob eine gegen den Angeklagten gerichtete Maßnahme unter Eingriff in das Vermögen tatunbeteiligter (oder wenigstens „nichtangeschuldigter“; vgl. Anm. IV 1 b zu § 431) Dritter zulässig ist, und die Wahrung dieser bedrohten Vermögensinteressen durch einen Bevollmächtigten kann nur dessen Bezeichnung als Vertreter rechtfertigen. In der technischen Ausgestaltung der Vertretung schließt sich allerdings das Gesetz an die für die Verteidigung geltenden Vorschriften an. Das geht so weit, daß es zwar keine notwendige Bestellung als Gegenstück der notwendigen Verteidigung, wohl aber neben der Bestellung eines Vertreters durch den Einziehungsbeteiligten auch eine Bestellung („Beiordnung“) von Amts wegen durch das Gericht gibt (Abs. 2).

II. „in jeder Lage des Verfahrens“

1. Das Recht, sich in jeder Lage des Verfahrens vertreten zu lassen, steht nach dem Wortlaut des § 434 dem **Einziehungsbeteiligten** zu. Die Rechtsstellung eines Einziehungsbeteiligten wird durch den gerichtlichen Beschluß erlangt, der die Verfahrensbeteiligung anordnet, und ein solcher Beschluß kommt erst in Betracht, sobald die öffentliche Klage erhoben oder ein ihr gleichgestellter Akt vorgenommen ist (vgl. Anm. II 3 a zu § 431). Daraus entnimmt Kl [30] 1, daß das Recht, sich vertreten zu lassen, trotz des weitergehenden Wortlauts „in jeder Lage des Verfahrens“, sich nur auf das (mit der Erhebung der Klage usw. beginnende) *gerichtliche* Verfahren erstreckt. Die Richtigkeit dieser auf den Gesetzeswortlaut gestützten Auffassung wird aber dadurch in Frage gestellt, daß § 432 bereits im vorbereitenden Verfahren dem Einziehungs*interessenten* eine bestimmte Rechtsstellung zuweist, und es für den Einziehungsinteressenten zur sachgemäßen Wahrnehmung dieser Rechtsstellung geboten sein kann, sich der Mitwirkung eines Rechtskundigen zu bedienen, der später im Hauptverfahren den Einziehungsbeteiligten bei der Wahrnehmung seiner Befugnisse (§ 433 Abs. 1) vertreten kann. Gewiß wäre auch ohne ausdrückliche Vorschrift der Einziehungsinteressent nicht gehindert, Erklärungen wie die, daß er gegen die Einziehung keine Einwendungen vorbringen wolle (§ 431 Abs. 6), oder umgekehrt, daß er gegen die Einziehung Einwendungen vorbringen wolle (§ 432 Abs. 2), durch jede mit schriftlicher Vollmacht versehene Person abgeben zu lassen oder sich etwa bei rechtlichen oder tatsächlichen Ausführungen zu den den Einziehungsgegenstand betreffenden Rechtsverhältnissen anläßlich seiner Anhörung (§ 432 Abs. 1) der Mitwirkung eines Rechtskundigen zu bedienen, der kraft Bevollmächtigung auch gegenüber der Strafverfolgungsbehörde tätig ist. Einem solchen Bevollmächtigten, auch wenn er zu dem in § 138 Abs. 1 genannten Personenkreis (Rechtsanwälte, Rechtslehrer) gehört, würden dann aber die besonderen Befugnisse eines Vertreters i. S. des § 434 fehlen. Er hätte insbesondere im Ermittlungsverfahren kein Akteneinsichtsrecht (im Umfang des § 147) und keine Zustellungsvollmacht (§ 145 a). Es wäre dann auch – entgegen der hier vertretenen Auffassung (vgl. Anm. II 2 zu § 432) – richtig, daß bei der Vernehmung des Einziehungsinteressenten (§ 432 Abs. 2) ein Hinweis auf die Konsultationsmöglichkeit (§§ 136 Abs. 1 Satz 2, 163 a Abs. 3, 4) entbehrlich wäre. Schließlich entfiele, wenn § 434 nur Anwendung findet, falls der Drittberechtigte die Rechtstellung eines Einziehungsbeteiligten erlangt hat, konsequenterweise im Vorverfahren die gerichtliche Zulassung von Beiständen mit Anspruch auf Gehör (§ 149 Abs. 3), obwohl § 434 Abs. 1 Satz 2 ohne Einschränkung den § 149 für entsprechend anwendbar erklärt.

2. Ganz offensichtlich lag es aber nicht in der Absicht des Gesetzes, mit der Wahl des Wortes „Einziehungsbeteiligter“ die Bedeutung der Worte „in jeder Lage des Verfahrens“, auf das gerichtliche Verfahren einzuschränken. Denn die Begr. zu § 434 (Drucks. V/1319 S. 76) bemerkt mit dürren Worten, „daß auch der Vertreter des Einziehungsinteressenten im Vorverfahren die Akten einsehen kann (§ 147)“. Das allein ist auch sachgemäß. Denn eine Beschränkung der verteidigerähnlichen Befugnisse eines Vertreters, der in seiner Person die Voraussetzungen des § 434 erfüllt, im Ermittlungsverfahren widerspräche der ratio des § 432, schon im Ermittlungsverfahren nach Möglichkeit weitgehend die Beteiligungsvoraussetzungen zu klären und das Hauptverfahren nach dieser Richtung zu entlasten. Eine Beschränkung der Vertretungsmöglichkeit im Vorverfahren würde bedeuten, daß manche Fragen erst im Beteiligungsanordnungsverfahren (vgl. § 431 Abs. 5 Satz 2) oder gar erst in der Hauptverhandlung hervorträten und der Klärung bedürften, und daß damit der Grundsatz des § 431 Abs. 7 noch mehr an Bedeutung verlöre.

3. Der Ausdruck „Einziehungsbeteiligter“ in § 434 Abs. 1 Satz 1 ist hiernach in einem weiteren, auch den Einziehungsinteressenten i. S. des § 432 mitumfassenden Sinn zu verstehen (ebenso EbSchmidt NachtrBd. II Rz. 2). Das muß dann für den Abs. 2 des § 434 in gleicher Weise wie für Abs. 1 gelten; eine unterschiedliche Behandlung hätte keine inneren Gründe für sich.

III. Der gewählte Vertreter

1. Der Einziehungsbeteiligte, der Einziehungsinteressent und der gesetzliche Vertreter dieser Personen (§ 137 Abs. 2) können den Vertreter aus dem gleichen Personenkreis **bestellen**, der als Verteidiger gewählt werden kann (Rechtsanwälte, Rechtslehrer, andere Personen nur mit Genehmigung des Gerichts, § 138). Für die Übertragung der Vertretung auf Referendare gilt § 139 entsprechend. Anwendbar ist nach § 434 Abs. 1 Satz 2 auch § 146; die „entsprechende“ Anwendbarkeit dieser Vorschrift ist dahin zu verstehen, daß nicht nur die gemeinsame Vertretung mehrerer Einziehungsbeteiligter (z. B. des Dritteigentümers und des am Einziehungsgegenstand beschränkt dinglich Berechtigten), sondern – unter der Voraussetzung fehlender Interessenkollision – auch die Kombination als Verteidiger des Angeklagten und als Vertreter des Einziehungsbeteiligten zulässig ist.

2. Der Vertreter bedarf einer **schriftlichen Vollmacht** (vgl. dazu Anm. 6 zu § 411). Er wird durch seine Bestellung zugleich Beistand (vgl. § 137 Abs. 1), wie die Verweisung auf § 137 in § 434 Abs. 1 Satz 2 ergibt. Da der Bestellte nicht Verteidiger, sondern aufgabenmäßig Vertreter ist, bedarf es – anders als im Fall des § 411 Abs. 2 (vgl. dort Anm. 6 e) – nicht einer Vollmacht, die **ausdrücklich** zur Vertretung ermächtigt; es genügt, wenn sich aus der Vollmacht mit hinreichender Deutlichkeit ergibt, daß dem Bevollmächtigten die Wahrnehmung der Befugnisse des Einziehungsbeteiligten übertragen ist. Dazu kann auch eine allgemeine „Verteidiger“-Vollmacht ausreichen, wenn Verteidigungsaufgaben nicht in Frage stehen.

3. **Inhaltlich** umfaßt die Vertretungsbefugnis des gewählten Vertreters die Wahrnehmung aller dem Einziehungsbeteiligten zustehenden Befugnisse, insbesondere die Akteneinsicht (§ 147), die sich entsprechend den Grenzen der Verfahrensbeteiligung nur auf die Aktenteile bezieht, die für die Verfahrensbeteiligung von Bedeutung sein können, ferner die Stellung von Beweisanträgen (mit der Einschränkung des § 436 Abs. 2), die Einlegung von Rechtsmitteln und Rechtsbehelfen (vgl. Anm. IV zu § 433). Der verteidigerähnlichen Aufgabe des Vertreters entspricht es, daß Einschränkungen, die für den Verteidiger bei Wahrnehmung seiner Aufgaben gelten, auch den Vertreter treffen, so etwa die Beschränkungen nach §§ 297, 302 Abs. 2. Nach dem Sinn dieser Vorschriften, die Entscheidung über wesentliche verfahrensgestaltende Akte dem Beschuldigten zu belassen, wird bei ihrer entsprechenden Anwendung auch die Abgabe einer Beteiligungsverzichtserklärung (§ 431 Abs. 6) nicht schon durch die Vertretungsvollmacht gedeckt, sondern erfordert eine ausdrückliche Ermächtigung.

IV. Beiordnung eines Vertreters (zu § 434 Absatz 2)

1. Die Vorschrift über die Beiordnung eines Vertreters lehnt sich an § 140 Abs. 2 an, jedoch ist die Beiordnung nicht Sache des Vorsitzenden, sondern des Gerichts, das für das Hauptverfahren zuständig oder bei dem das Verfahren anhängig ist (§ 141 Abs. 4), und dieses befindet darüber stets nach pflichtmäßigem Ermessen („kann"). Darüber, daß die Beiordnung auch im Ermittlungsverfahren zulässig ist, vgl. oben Anm. II.

2. Die Beiordnung erfolgt von Amts wegen oder auf Antrag der Staatsanwaltschaft oder des Einziehungsbeteiligten oder -interessenten. Erwägt das Gericht von Amts wegen die Beiordnung, so kann sich eine Anfrage bei dem Einziehungsbeteiligten empfehlen, ob er selbst einen Vertreter bestellen wolle (Kl [30] 2 C).

3. Der Kreis der beiordnungsfähigen Vertreter ist in Abs. 2 anders bestimmt als der der Wahlvertreter nach Abs. 1. Beigeordnet werden können außer Rechtsanwälten „andere Personen, die als Verteidiger bestellt werden dürfen". Damit verweist das Gesetz auf § 142 Abs. 2 (Referendare). Der Sinn dieser Verweisung ist allerdings nicht eindeutig. Nach § 142 Abs. 2 können Referendare mit mindestens $1^1/_4$ jähriger Beschäftigung im Justizdienst nur für den ersten Rechtszug als Pflichtverteidiger bestellt werden, jedoch nicht bei dem Gericht, dessen Richter sie zur Ausbildung überwiesen sind; in bestimmten Fällen, insbesondere wenn die Hauptverhandlung im 1. Rechtszug vor dem Landgericht stattfindet, können sie nicht beigeordnet werden. Die Frage ist, ob § 434 Abs. 2 mit der Verweisung auf „eine andere Person, die als Verteidiger bestellt werden darf" besagen will, daß Referendare nur dann als Vertreter beigeordnet werden können, wenn es sich um ein Strafverfahren handelt, in dem sie auch einem Angeklagten als Pflichtverteidiger beigeordnet werden könnten, oder ob die Vorschrift, da ja eine notwendige Verteidigung nicht in Frage steht und es auch keine der notwendigen Verteidigung entsprechende notwendige Vertretung gibt, nur auf die generellen Voraussetzungen der Bestellung eines Referendars ($1^1/_4$ jährige Beschäftigung im Justizdienst usw.) verweist. Die Frage ist wohl im Sinn der ersten Alternative zu beantworten. Für die zweite Alternative könnte sprechen, daß die Aufgabe des beigeordneten Referendars nur in der Vertretung des Einziehungsbeteiligten (oder Einziehungsinteressenten) bei seinen Bemühungen um die Abwendung ihm nachteiliger *Nebenfolgen* besteht. Dem steht entgegen, daß grundsätzlich der Einziehungsbeteiligte sich gegen eine ihn berührende Einziehung auch dadurch wehren kann, daß er eine die Einziehung rechtfertigende Tat des Beschuldigten oder Angeschuldigten verneint. Das aber bedeutet, daß der Vertreter sich im Interesse des Einziehungsbeteiligten dem Verteidiger des Beschuldigten in dem Bemühen zugesellt, dessen Freistellung von dem gegen ihn erhobenen Vorwurf herbeizuführen. Wenn das Gesetz aber einem Referendar die Eignung abspricht, bei Fällen schweren Vorwurfs als Verteidiger aufzutreten, so muß dies folgerichtig auch für den Referendar als Vertreter des Einziehungsbeteiligten gelten, der bei der Wahrnehmung seiner Aufgaben in eine der des Verteidigers ähnliche Lage gedrängt sein kann. Dieser Gesichtspunkt würde allerdings nicht Platz greifen, wenn auf Grund einer Anordnung gemäß § 431 Abs. 2 die Beteiligung sich nicht auf die Frage der Schuld des Angeschuldigten erstreckt. Indessen geht es wohl nicht an, die Fälle unterschiedlich zu behandeln, denn das Gericht ist jederzeit in der Lage, eine Beschränkungsanordnung nach § 431 Abs. 2 wieder aufzuheben (vgl. Anm. VI 3 zu § 431); in einem solchen Fall müßte dann der beigeordnete Vertreter, ggf. mit der Folge einer Verfahrensverzögerung wechseln; solche Verzögerungen sollen aber gemäß § 431 Abs. 7 gerade vermieden werden.

4. Nach § 142 Abs. 1 wird der Pflichtverteidiger vom Vorsitzenden möglichst aus der Zahl der bei einem Gericht des Gerichtsbezirks zugelassenen Rechtsanwälte ausgewählt. Diese Vorschrift ist zwar in § 434 Abs. 1 Satz 2 – ebenso wie alle anderen die notwendige Verteidigung betreffenden Vorschriften – nicht für entsprechend anwendbar erklärt. Jedoch bestehen gegen eine sinngemäße Anwendung der Bestimmung, die einen der Natur der Sache entsprechenden Grundgedanken von allgemeiner Gültigkeit zum Ausdruck bringt, keine Bedenken, auch nicht nach der Richtung, die Auswahl des Vertreters dem Vorsitzenden zu überlassen, nachdem das Gericht die Beiordnung eines Vertreters beschlossen hat. Da die Auswahl nur „möglichst" aus dem in § 142 Abs. 1 bezeichneten Kreis erfolgen soll, können auch außerhalb des Gerichtsbezirks zugelassene Anwälte beigeordnet werden, wenn es nach Sachlage geboten erscheint.

5. Der beigeordnete Rechtsanwalt ist gemäß § 48 Abs. 1 Nr. 1 BRAO zur **Übernahme der Vertretung verpflichtet**; im Sinn dieser Vorschrift ist er „einer Partei auf Grund anderer Vorschriften zur vorläufig unentgeltlichen Wahrnehmung ihrer Rechte beigeordnet". Er erhält gemäß §§ 95, 97, 102 BRAGebO Gebühren aus der Staatskasse; sein gebührenrechtliches Verhältnis zu dem Einziehungsbeteiligten richtet sich nach §§ 100, 102 BRAGebO.

6. Die **Beiordnungsgründe** (Schwierigkeit der Sach- oder Rechtslage, Unfähigkeit des Einziehungsbeteiligten, seine Rechte selbst wahrzunehmen) sind den Bestellungsgründen des § 140 Abs. 2 parallel gestaltet. Es kann daher zunächst auf die sinngemäß verwertbaren Ausführungen Anm. III 3, 4 zu § 140 verwiesen werden. Zu ergänzen ist, daß die *Schwierigkeit* der Sach- und Rechtslage hier nicht an der ganzen Strafsache zu messen ist, sondern nur die Schwierigkeiten zu berücksichtigen sind, die das Verfahren bereitet, soweit es die Einziehung betrifft. Das ist von besonderer Bedeutung bei einer Beschränkung der Verfahrensbeteiligung nach § 431 Abs. 2. Bei der *Unfähigkeit* des Einziehungsbeteiligten, seine Rechte selbst wahrzunehmen, ist nicht nur auf seine persönlichen Fähigkeiten abzustellen, die ihn unabhängig von der Schwierigkeit der Sach- und Rechtslage hindern, selbst sachgemäß seine Rechte wahrzunehmen, wie Taubheit, Blindheit, hochgradige Schwerhörigkeit, Sprachbehinderung, Geistesschwäche oder geringe Intelligenz, die ihm die Erkenntnis und Würdigung der für die Frage der Einziehung bedeutsamen rechtlichen und tatsächlichen Umstände unmöglich machen. Vielmehr kommen auch Gründe anderer Art in Betracht, die ihn hindern, sein Recht auf Anwesenheit im Termin selbst wahrzunehmen, wie Krankheit, weite Entfernung, Auslandsaufenthalt usw. Da jedoch die Anwesenheit des Einziehungsbeteiligten im Hauptverhandlungstermin nicht vorgeschrieben ist (§ 436), so muß es – nicht anders als etwa bei einem vom Erscheinen in der Hauptverhandlung entbundenen Angeklagten (§ 233 Abs. 2) – zulässig sein, den am Erscheinen in der Hauptverhandlung verhinderten Einziehungsbeteiligten auf seinen Antrag durch einen beauftragten oder ersuchten Richter vernehmen zu lassen und dadurch die Beiordnung eines Vertreters zu erübrigen.

7. **Umfang der Beiordnung.** Da die Beiordnung im pflichtgemäßen Ermessen des Gerichts steht, so liegt es auch im Rahmen der Ermessensfreiheit, eine Beiordnung, statt sie abzulehnen, nur *beschränkt* auf bestimmte Abschnitte des Verfahrens anzuordnen, z. B. nur zur Einlegung der sofortigen Beschwerde nach § 431 Abs. 5 und für das Beschwerdeverfahren oder nur für den 1. Rechtszug, so daß ggf. über die Beiordnung in der Berufsinstanz neu entschieden werden müßte, oder nur für das Wiederaufnahmeverfahren (oben Anm. III 3). Vgl. dazu Anm. 11 zu § 141.

8. **Anfechtbarkeit.** Der die Beiordnung anordnende Beschluß ist grundsätzlich unanfechtbar, da er nicht in Rechte Dritter eingreift. Eine Ausnahme gilt, wenn zwar die Beiordnung angeordnet, aber ein Vertreter bestellt wird, der nicht zu dem Kreis der bestellungsfähigen Personen gehört (vgl. dazu Anm. 12 zu § 141). Ein eine beantragte Beiordnung ablehnender Beschluß ist mit (einfacher) Beschwerde anfechtbar; § 305 Satz 1 ist unanwendbar, da die Entscheidung nicht in innerem Zusammenhang mit der Urteilsfällung steht (vgl. dazu § 431 Abs. 5). Beschwerdeberechtigt sind der Einziehungsbeteiligte und die Staatsanwaltschaft. Revision wegen Nichtbeiordnung ist gemäß §§ 336, 338 Nr. 8 zulässig, wenn das Gericht seine Ermessensfreiheit rechtsmißbräuchlich oder rechtsirrtümlich ausgeübt oder die Beiordnungsmöglichkeit völlig außer acht gelassen hat (vgl. zu alledem Anm. 14 zu § 141).

9. Die Beiordnung kann (durch Beschluß des Gerichts) **zurückgenommen** werden, wenn infolge veränderter Umstände die Voraussetzungen einer Beiordnung weggefallen sind, z. B. wenn durch die Beweisaufnahme die zunächst bestehenden Schwierigkeiten hinsichtlich der Sach- und Rechtslage völlig behoben sind – ein bloßer Wechsel in der Beurteilung, ob Schwierigkeiten vorlagen, die die Beiordnung erforderlich machten, würde nicht genügen (vgl. BGHSt. 7 69) – oder der Einziehungsbeteiligte wieder selbst seine Rechte wahrnehmen kann, z. B. nach Genesung von einer Krankheit, nach Rückkehr von einem Auslandsaufenthalt. Das gleiche gilt – in sinngemäßer Anwendung des § 143 –, wenn der Einziehungsbeteiligte selbst einen anderen Vertreter bestellt.

V. **Zur entsprechenden Anwendbarkeit des § 218**

Der Einziehungsbeteiligte wird zum Hauptverhandlungstermin nicht geladen, sondern erhält nach § 435 Abs. 1 nur Terminsnachricht. Die nur entsprechende Anwendung des § 218 (vgl. dazu oben vor Anm. I) bedeutet, daß auch der Vertreter nicht geladen wird, sondern nur Terminsnachricht erhält. Während aber der Einziehungsbeteiligte als solcher keinen Anspruch auf Einhaltung einer der Ladungsfrist entsprechenden Frist hat (VI 2c zu § 433), ist daraus, daß § 218 ohne Einschränkungen für entsprechend anwendbar erklärt wird, zu folgern, daß dem Vertreter gegenüber kraft der Verweisung in § 218 Abs. 1 Satz 2 die Frist des § 217 einzuhalten ist (ebenso Kl [30] 5 zu § 434; EbSchmidt NachtrBd. II Rz. 2 zu § 435). Das hat dann freilich zur Folge, daß in den Fällen, in denen der Einziehungsbeteiligte einen Vertreter gewählt hat, dessen Wahl dem Gericht angezeigt ist, oder dem Einziehungsbeteiligten ein Vertreter beigeordnet ist, auch dem Einziehungsbeteiligten gegenüber die Frist des § 217 zu wahren ist, da die Frist nicht gut für beide verschieden sein kann.

§ 435

(1) Dem Einziehungsbeteiligten wird der Termin zur Hauptverhandlung durch Zustellung bekanntgemacht; § 40 gilt entsprechend.

(2) Mit der Terminsnachricht wird ihm, soweit er an dem Verfahren beteiligt ist, die Anklageschrift und in den Fällen des § 207 Abs. 2 der Eröffnungsbeschluß mitgeteilt.

(3) Zugleich wird der Einziehungsbeteiligte darauf hingewiesen, daß
1. auch ohne ihn verhandelt werden kann und
2. über die Einziehung auch ihm gegenüber entschieden wird.

Zur Entstehungsgeschichte. § 435 lautete im Entw. EG OWiG: „Dem Einziehungsbeteiligten wird der Termin zur Hauptverhandlung durch Zustellung bekanntgemacht, wenn dies ausführbar erscheint.“ Für die Gesetz gewordene, auf den Beschlüssen des BT-Rechtsausschusses (vgl. BT-Drucks. zu V/2601 v. 4. 3. 1968) beruhende Fassung des Abs. 1 war die Erwägung maßgebend, daß der Einziehungsbeteiligte, dessen Verfahrensbeteiligung einmal angeordnet ist, einen Anspruch darauf habe, daß ihm der Termin zur Hauptverhandlung bekanntgegeben wird; daher sei das Gericht, wenn dies auf Schwierigkeiten stoße, verpflichtet, ihm den Termin durch öffentliche Zustellung bekanntzumachen.

I. Nach § 436 Abs. 1 kann ohne den Einziehungsbeteiligten (§ 431 Abs. 1 Satz 1) nur verhandelt werden, wenn er trotz **ordnungsgemäßer Terminsnachricht** ausbleibt. § 435 umschreibt die Voraussetzungen, denen eine ordnungsgemäße Terminsnachricht genügen muß; sie ist nur ordnungsgemäß, wenn auch die Abs. 2, 3 beachtet sind.

II. **Die Terminsnachricht (zu § 435 Absatz 1)**

1. Nach dieser Vorschrift wird der Hauptverhandlungstermin dem Einziehungsbeteiligten **bekanntgemacht.** Er wird also — anders als der Angeklagte (§ 216) — nicht zum Termin **geladen.** Damit wird zum Ausdruck gebracht, daß es dem Einziehungsbeteiligten, sofern dessen persönliches Erscheinen nicht angeordnet ist (§ 433 Abs. 2), überlassen bleibt, ob er an der Hauptverhandlung teilnehmen und die ihm eingeräumten Befugnisse wahrnehmen will (Begr. S. 78).

2. Die Benachrichtigung erfolgt durch **Zustellung** (§ 37), notfalls durch öffentliche Zustellung gemäß § 40 (s. oben vor Anm. I). Für die Bewirkung der Ladung gelten §§ 36, 214 Abs. 1.

3. Hat der Einziehungsbeteiligte einen **Vertreter** bestellt und ist dies dem Gericht angezeigt, oder ist ihm ein solcher Vertreter beigeordnet worden (§ 434), so ist gemäß § 434 Abs. 1 Satz 2 i. Verb. mit § 218 auch dieser vom Termin zu benachrichtigen, und zwar ebenfalls durch Zustellung. Ausnahmsweise bedarf es der Benachrichtigung des Vertreters nicht, wenn feststeht, daß er auf andere Weise sichere Kenntnis vom Termin erlangt hat (OLG Hamm NJW **1969** 705). Wegen der Folgen der Nichtbenachrichtigung des Vertreters vgl. OLG Hamburg MDR **1971** 70.

4. Der Einziehungsbeteiligte hat grundsätzlich **keinen Anspruch auf eine** der Ladungsfrist (§ 217) entsprechende **Benachrichtigungsfrist** (VI 2 c zu § 433). Eine Ausnahme ergibt sich praktisch, wenn er einen Vertreter bestellt oder ihm ein solcher beigeordnet ist (V zu § 434). Daraus, daß der für entsprechend anwendbar erklärte § 218 auf § 217 verweist, kann nicht gefolgert werden, daß auch ein Einziehungsbeteiligter ohne gewählten oder beigeordneten Vertreter Anspruch auf Einhaltung der Ladungsfrist habe. Denn wie sich aus der Entstehungsgeschichte des § 434 (vgl. dort vor Anm. I) ergibt, lag es nicht in der Absicht des Gesetzgebers, mit der Verweisung auf § 218 zugleich einen Anspruch des Einziehungsbeteiligten auf Einhaltung einer Ladungsfrist zu begründen; diese Verweisung ist (nachträglich) nur eingefügt worden, um klarzustellen, daß auch dem Vertreter eine Terminsnachricht zuzustellen ist. Eine andere Frage ist aber, ob nicht der Anspruch des Einziehungsbeteiligten auf rechtliches Gehör (Art. 103 Abs. 1 GG) auch bei Berücksichtigung des Grundsatzes des § 431 Abs. 7 gesetzwidrig verkürzt wird, wenn ihm nicht die zur zweckvollen Wahrnehmung seiner Befugnisse in der Hauptverhandlung unbedingt erforderliche Zeit verbleibt.

III. Anklageschrift und Eröffnungsbeschluß (zu Absatz 2)

1. Während dem Angeschuldigten zur Gewährung des rechtlichen Gehörs die Anklageschrift nach § 201 alsbald, dem Angeklagten der Eröffnungsbeschluß nach § 215 spätestens mit der Ladung zum Hauptverhandlungstermin mitgeteilt wird, wird dem Einziehungsbeteiligten die Anklageschrift erst zusammen mit der Terminsnachricht und der Eröffnungsbeschluß nur dann mitgeteilt, wenn das Gericht die Anklage nur mit Änderungen zur Hauptverhandlung zuläßt. Von der Erhebung der Anklage erhält der Einziehungsbeteiligte vorher nur dann Kenntnis, wenn das Gericht schon im Stadium von der Erhebung der Anklage ab bis zur Terminsnachricht seine Beteiligung am Verfahren angeordnet hat (§ 431 Abs. 1 Satz 1).

2. Anklageschrift und ggf. Eröffnungsbeschluß werden dem Einziehungsbeteiligten zusammen mit der Terminsnachricht auch dann mitgeteilt, wenn seine Verfahrensbeteiligung **erst im späteren Verlauf des Hauptverfahrens** angeordnet wird. Geschieht dies, weil erst jetzt die Einziehung in Erwägung gezogen wird, so bedarf es außer der Terminsbenachrichtigung mit dem in § 435 Abs. 1 bis 3 bezeichneten Inhalt auch gegenüber dem Einziehungsbeteiligten keines Hinweises auf die Gründe der nachträglichen Anordnung der Verfahrensbeteiligung, da nach der Rechtsprechung eine *Umgestaltung* der Anklage, die zu einem Hinweis an den Angeklagten auf die Veränderung des rechtlichen Gesichtspunkts nötigt (§ 265), nicht vorliegt, wenn die Verhängung von Nebenfolgen, d. h. von Nebenstrafen und Sicherungsmaßregeln – abgesehen von den Maßregeln der Sicherung und Besserung im technischen Sinn (§ 42 a StGB) – in Erwägung gezogen wird, auch wenn sie zwingend vorgeschrieben ist (vgl. BGHSt. 16 47; 18 66; 22 336).

3. Wird **Nachtragsanklage** (§ 266) erhoben und gibt erst diese den Anlaß zur Anordnung der Verfahrensbeteiligung, so muß grundsätzlich die Hauptverhandlung ausgesetzt werden, um den Einziehungsbeteiligten in der in § 435 vorgeschriebenen Form zu benachrichtigen. An die Stelle der Anklageschrift (§ 435 Abs. 2) tritt bei mündlich erhobener Nachtragsanklage der in § 266 Abs. 2 bezeichnete Teil der Sitzungsniederschrift; der Mitteilung der ursprünglichen Anklageschrift bedarf es nur, wenn ihr Inhalt zum Verständnis der Nachtragsanklage, soweit sie die Einziehung betrifft, erforderlich ist.

4. Wird eine Hauptverhandlung, von der der Einziehungsbeteiligte in der nötigen Form benachrichtigt war, über die Frist des § 229 hinaus angesetzt, so müssen nicht nur der Angeklagte und sein Verteidiger schriftlich geladen (vgl. Nr. 134 Abs. 2 RiStBV), sondern auch der Einziehungsbeteiligte und sein Vertreter von dem neuen Termin selbst dann schriftlich benachrichtigt werden, wenn sie im Termin ohne genügende Entschuldigung ausgeblieben waren (vgl. Anm. I 4 zu § 436); einer Wiederholung der Mitteilung und Hinweise nach § 435 Abs. 2, 3 bedarf es nicht.

5. **a)** Die Anklageschrift wird dem Einziehungsbeteiligten nur mitgeteilt, **„soweit er an dem Verfahren beteiligt"**, d. h. soweit ihr Inhalt für die Frage der Einziehung von Bedeutung ist. Denn „ihm die Anklageschrift insgesamt mitzuteilen, kann unter Umständen nicht angemessen sein; der Einziehungsbeteiligte würde sonst auch über Vorgänge unterrichtet werden, die für die Einziehung ohne Bedeutung sind, deren Bekanntgabe jedoch für den Angeklagten abträglich sein könnte" (Begr. S. 78). Auch der gegenüber der Anklage geänderte Eröffnungsbeschluß wird ihm nur mitgeteilt, wenn und soweit die Änderungen auch die Frage der Einziehung betreffen. Eine inhaltlich beschränkte Mitteilung kommt inbesondere in Betracht, wenn wegen mehrerer Taten Anklage erhoben ist und nur bei einer von ihnen die Möglichkeit besteht, daß der Einziehungsbeteiligte von der Einziehung betroffen werden könnte. Die Entscheidung über den Umfang der Beschränkung trifft der Vorsitzende.

b) Trotz des nach dem Gesetzeswortlaut anscheinend zwingenden Charakters der Beschränkung („wird ihm, soweit er an dem Verfahren beteiligt ist ... mitgeteilt") handelt es sich in Wirklichkeit um eine „Kann"-Vorschrift, wie sich auch aus der vergleichbaren, die Zustellung des Urteils betreffenden Vorschrift des § 436 Abs. 4 Satz 2 ergibt (ebenso Kl [30] 2; EbSchmidt NachtrBd. II Rz. 3 spricht von einer Ordnungsvorschrift, was auf das gleiche hinausläuft). Im Vordergrund steht die Ersparung vermeidbaren, weil überflüssigen Schreibwerks, vielleicht auch der Gedanke, es für den Einziehungsbeteiligten leichter überschaubar zu machen, worauf es für ihn ankommt. Dagegen tritt der in der Begr. (vorstehend a) angeführte Gesichtspunkt, den Angeklagten vor der ihm abträglichen Bekanntgabe von Prozeßstoff zu bewahren, der für die Einziehungsfrage nicht von Bedeutung ist, zurück, denn davon kann sich der Einziehungsbeteiligte ja doch regelmäßig durch Teilnahme an der Hauptverhandlung Kenntnis verschaffen. Für das Gericht aber, das über die Beschränkung des mitzuteilenden Inhalts der Anklageschrift Bestimmung trifft, kann sich eine Mehrbelastung ergeben, die durch eine Einsparung an Schreibwerk nicht aufgewogen wird, zumal die Frage der Abscheidung des für den Einziehungsbeteiligten bedeutsamen Teils von dem anderen Prozeßstoff oft zweifelhaft sein kann. Auch eine Ausscheidung des auf die Frage der *Schuld* bezüglichen Teils, wenn etwa der die Verfahrensbeteiligung anordnende Beschluß gleichzeitig bekanntgegeben wird und eine Beschränkung nach § 431 Abs. 2 enthält, kann problematisch sein, denn wenn die Beschränkung mit Erfolg angefochten wird (§ 431 Abs. 5), müßte der ausgesparte Teil nachträglich mitgeteilt werden.

6. **Bei öffentlicher Zustellung der Terminsnachricht** (§ 435 Abs. 1 Halbsatz 2) wird nur die Nachricht als solche, verbunden mit den Hinweisen nach § 435 Abs. 3, bekanntgemacht, während es einer Zustellung von Anklageschrift und Eröffnungsbeschluß nicht bedarf (§§ 279 Abs. 1 Satz 2, 433 Abs. 1 Satz 1).

IV. Weitere Hinweise (zu Absatz 3)

Durch den Hinweis nach Abs. 3 Nr. 1 soll der Einziehungsbeteiligte über die Folgen seines Fernbleibens (§ 436 Abs. 1 Satz 1) und durch den Hinweis nach Abs. 3 Nr. 2 über die Tragweite der bevorstehenden Entscheidung (§ 41 a Abs. 1, 2 Satz 2, 3 StGB) unterrichtet werden. Der Hinweis gemäß § 436 Abs. 3 Satz 3 kann zwar schon mit der Terminsnachricht verbunden werden, gehört aber nicht zu den Voraussetzungen einer ordnungsgemäßen Terminsnachricht i. S. des § 436 Abs. 1 Satz 1.

V. Besondere Verfahrensarten

1. Im **beschleunigten Verfahren** (§ 212 a) bedarf es nicht der Einreichung einer Anklageschrift (§ 212 a Abs. 2 Satz 1) und im Fall des § 212 a Abs. 3 Satz 1 nicht einmal der Ladung des Beschuldigten. Da ein Einziehungsbeteiligter aber auch am beschleunigten Verfahren zu beteiligen ist — nur den Beginn seiner „Befugnisse" verlegt § 433 Abs. 1 Satz 2 auf den Beginn der Hauptverhandlung — und § 435 keine Einschränkung für das beschleunigte Verfahren vorsieht, kommt ein beschleunigtes Verfahren ohne Einreichung einer Anklageschrift nur in Betracht, wenn entweder eine Enziehung mit Wirkung gegenüber tatunbeteiligten Dritten nicht in Frage steht oder der Einziehungsbeteiligte eine Erklärung nach § 431 Abs. 6 abgegeben hat oder er im Fall des § 212 a Abs. 3 Satz 1 sich mit einer form-

losen Benachrichtigung einverstanden erklärt (vgl. „freiwillig" in § 212a Abs. 3 Satz 1 und „Befugnisse, die einem Angeklagten zustehen" in § 433 Abs. 1 Satz 1, sowie § 431 Abs. 7). Im letzteren Fall ergibt sich die entsprechende Dispositionsbefugnis des Einziehungsbeteiligten aus der weiterreichenden Befugnis des § 431 Abs. 6.

2. Im **Strafbefehls- und Strafverfügungsverfahren** gilt § 438 Abs. 1 (vgl. dessen Satz 2).

§ 436

(1) Bleibt der Einziehungsbeteiligte in der Hauptverhandlung trotz ordnungsgemäßer Terminsnachricht aus, so kann ohne ihn verhandelt werden. § 235 ist nicht anzuwenden.

(2) Auf Beweisanträge des Einziehungsbeteiligten zur Frage der Schuld des Angeklagten ist § 244 Abs. 3 Satz 2, Abs. 4 bis 6 nicht anzuwenden.

(3) Ordnet das Gericht die Einziehung auf Grund von Umständen an, die einer Entschädigung des Einziehungsbeteiligten entgegenstehen, so spricht es zugleich aus, daß dem Einziehungsbeteiligten eine Entschädigung nicht zusteht. Dies gilt nicht, wenn das Gericht eine Entschädigung des Einziehungsbeteiligten für geboten hält, weil es eine unbillige Härte wäre, sie zu versagen; in diesem Fall entscheidet es zugleich über die Höhe der Entschädigung (§ 41 c Abs. 3 des Strafgesetzbuches). Das Gericht weist den Einziehungsbeteiligten zuvor auf die Möglichkeit einer solchen Entscheidung hin und gibt ihm Gelegenheit, sich zu äußern.

(4) War der Einziehungsbeteiligte bei der Verkündung des Urteils nicht zugegen und auch nicht vertreten, so ist ihm das Urteil zuzustellen. Das Gericht kann anordnen, daß Teile des Urteils, welche die Einziehung nicht betreffen, ausgeschieden werden.

Zur Entstehungsgeschichte. § 436 Abs. 1 lautete im Entw. EG OWiG: „Bleibt der Einziehungsbeteiligte ... Terminsnachricht aus, oder konnte er wegen der Kürze der Zeit nicht mehr benachrichtigt werde, so kann ...". Die Worte „oder konnte er ... benachrichtigt werden" sind bei den Beratungen des BT-Ausschusses (vgl. BT-Drucks. zu V/2610 v. 4. 3. 1968) gestrichen worden, weil sonst der Anspruch des Einziehungsbeteiligten auf rechtliches Gehör verletzt sein könnte (vgl. dazu Anm. XII zu § 431).

I. Ausbleiben in der Hauptverhandlung (zu Absatz 1)

1. Durch die i. S. des § 435 ordnungsmäßige Terminsnachricht wird es dem Einziehungsbeteiligten ermöglicht, selbst oder durch einen Vertreter (§ 434) in der Hauptverhandlung zur Wahrung seiner Rechte die Befugnisse auszuüben, die ihm nach § 433 Abs. 1 zustehen. Es ist nunmehr seine Sache, ob er von dieser Möglichkeit Gebrauch machen will. Aus dem Grundsatz des § 431 Abs. 7, daß durch die Verfahrensbeteiligung – d. h. hier: die Anordnung der Verfahrensbeteiligung – der Fortgang des Verfahrens nicht aufgehalten wird, zieht Abs. 1 im Anschluß an § 431 Abs. 3 a. F. die Folgerung, daß, wenn der ordnungsmäßig geladene Einziehungsberechtigte nicht erscheint und auch nicht vertreten wird (§ 434), ohne ihn verhandelt und (vgl. § 435 Abs. 3 Nr. 2) geurteilt wird.

2. Auch dann kann ohne ihn verhandelt werden, wenn er **trotz Anordnung des persönlichen Erscheinens** (§ 433 Abs. 2) ausbleibt; das Gericht ist nicht verpflichtet, sein Erscheinen durch Vorführung zu erzwingen, und auch einen erlassenen Vorführungsbefehl kann es zurücknehmen ohne Rücksicht darauf, ob er ausführbar war oder nicht.

3. Der **Begriff des Ausbleibens** ist hier in einem weiteren Sinn als in § 412 (vgl. dort Anm. 1 d) zu verstehen. Ohne den Einziehungsbeteiligten kann auch dann verhandelt werden, wenn er zu Beginn der Hauptverhandlung anwesend oder vertreten ist und sich erst nach diesem Zeitpunkt unvertreten entfernt.

4. Mit seinem Ausbleiben und für dessen Dauer begibt sich der nicht vertretene Einziehungsbeteiligte der Befugnisse, die ihm wie einem Angeklagten zustehen. Damit ist – unbeschadet der Wahrheitserforschungspflicht des Gerichts (§ 244 Abs. 2) – eingeschlossen der Wegfall der als Reflexrechte sich äußernden besonderen Pflichten, die dem Gericht gegenüber dem anwesenden oder vertretenen Einziehungsbeteiligten obliegen, wie z. B. die Befra-

gungspflicht nach §§ 257, 258 Abs. 3 oder der Hinweis nach § 436 Abs. 3 Satz 3 (unten Anm. III 7). Der Einziehungsbeteiligte wird insoweit behandelt, als sei er nicht vorhanden. Erhalten aber bleiben solche Rechte und Reflexrechte, die unabhängig vom Ausbleiben bestehen wie die Pflicht des Gerichts, bei einer die Dauer des § 229 übersteigenden Unterbrechung der Hauptverhandlung den Einziehungsbeteiligten und seinen Vertreter zu benachrichtigen (vgl. Anm. III 4 zu § 435).

5. **Zu Absatz 1 Satz 2.** Die Folgen des Ausbleibens trotz ordnungsmäßiger Terminsbenachrichtigung treten nach § 436 Abs. 1 Satz 2 unabhängig davon ein, ob das Ausbleiben genügend entschuldigt ist oder nicht. Dies gilt auch dann, wenn die Terminsnachricht ordnungsmäßig zugestellt ist, der Einziehungsbeteiligte aber davon unverschuldet keine Kenntnis erlangt hat. Mit dem Ausschluß der Wiedereinsetzung gegen die Versäumung der Hauptverhandlung, die Satz 2 zur Bereinigung einer zu § 431 Abs. 3 a. F. entstandenen Streitfrage (vgl. Anm. 8 b der Vorauflage) ausdrücklich vorschreibt, zieht das Gesetz die Folgerungen aus dem Grundsatz des § 431 Abs. 7. Eine Verletzung des Grundrechts des rechtlichen Gehörs (Art. 103 Abs. 1 GG) liegt darin nicht. Denn der Einziehungsbeteiligte, der selbst oder dessen Vertreter ohne sein Verschulden ausgeblieben war, kann einmal seine Einwendungen durch Rechtsmittel gegen das ihn beschwerende Urteil nachholen, und zwar (falls nicht eine Beschränkung nach § 431 Abs. 2 unanfechtbar ausgesprochen war) zum Schuldspruch nach § 437 Abs. 1 auch dann, wenn er in der früheren Hauptverhandlung ohne sein Verschulden zum Schuldspruch nicht gehört wurde. Er kann ferner seine Rechte, die er in den Tatsacheninstanzen ohne sein Verschulden nicht wahrnehmen konnte, im Wege des Nachverfahrens geltend machen (vgl. § 439 Abs. 1).

II. Beweisantragsrecht des Einziehungsbeteiligten (zu Absatz 2)

1. Diese Vorschrift, der § 78 Abs. 1 OWiG entspricht, stellt **eine Ausnahme von dem Grundsatz des § 433 Abs. 1 Satz 1** dar, wonach der Einziehungsbeteiligte im Bereich seiner Beteiligung die einem Angeklagten zustehende Befugnisse hat, indem sie auch in den Fällen, in denen eine Beschränkung der Beteiligung nach § 431 Abs. 2 nicht erfolgt ist, den Umfang des Beweisantragsrechts beschränkt, soweit es sich um die Frage der **Schuld des Angeklagten** (vgl. Anm. V zu § 431) handelt. Das Gesetz geht dabei davon aus, daß das Erfordernis des rechtlichen Gehörs nicht gebietet, den Einziehungsbeteiligten mit den vollen Rechten des Angeklagten auszustatten, weil es im Gegensatz zum Angeklagten nur um vermögensrechtliche Interessen geht (Begr. S. 73, 78).

2. Die Außerkraftsetzung der Regeln des Strengbeweises hat, wenn dies auch – anders als in § 384 Abs. 3 – nicht ausdrücklich ausgesprochen ist, sinngemäß zur Folge, daß das Gericht über Beweisanträge des Einziehungsbeteiligten zur Frage der Schuld des Angeklagten nach pflichtmäßigem Ermessen entscheidet. Die Beweisanträge des Einziehungsbeteiligten stellen insoweit der Sache nach nur Beweisanregungen dar. Der Einziehungsbeteiligte hat zwar das Recht der unmittelbaren Ladung von Zeugen und Sachverständigen (§§ 220 i. Verb. mit 433 Abs. 1 Satz 2), die Entbindung vom Strengbeweis entbindet inhaltlich aber auch das Gericht von der Verpflichtung des § 245, die Beweisaufnahme zur Frage der Schuld des Angeklagten zugunsten des Einziehungsbeteiligten auf die präsenten Beweismittel zu erstrecken (vgl. Göhler [2] zu § 78 OWiG und Anm. 3 Abs. 2 zu § 384). Infolge der Unanwendbarkeit des § 244 Abs. 6 ist das Gericht nicht verpflichtet, durch Beschluß zu entscheiden, wenn es Beweisanregungen keine Folge gibt.

3. Unberührt bleibt aber die **Aufklärungspflicht** des Gerichts nach § 244 Abs. 2. Der Einziehungsbeteiligte kann demgemäß bei Nichtberücksichtigung seiner Beweisanträge eine Revision zwar nicht auf Verletzung des § 338 Nr. 8, wohl aber auf die Verletzung der Aufklärungspflicht (§§ 337, 344 Abs. 2 Satz 2) stützen. Mit Rücksicht auf die Aufklärungspflicht kann das Gericht regelmäßig einen Beweisantrag nicht deshalb übergehen, weil es das Gegenteil der unter Beweis gestellten Tatsache als bereits erwiesen ansieht (OLG Hamm NJW 1969 2161). Dies ist nur ausnahmsweise zulässig, wenn nach seiner Auffassung der Sachverhalt auf Grund verläßlicher Beweismittel so eindeutig geklärt ist, daß die beantragte Beweiserhebung an seiner Überzeugung nichts ändern würde (OLG Köln JMBl NRW 1955 131 zu § 384 Abs. 2; OLG Hamm NJW 1969 2161 zu § 78 Abs. 1 OWiG).

III. Entscheidungen zur Entschädigungsfrage (zu Absatz 3)

1. § 41c StGB regelt, unter welchen Voraussetzungen der von einer rechtskräftigen Einziehungsentscheidung betroffene Dritte aus der Staatskasse entschädigt wird. Die Frage, ob und in welchem Umfang ein Entschädigungsanspruch eines Dritten, auch wenn er Einziehungsbeteiligter ist, besteht, hat das Gesetz **grundsätzlich den Zivilgerichten** überlassen, weil es sich um Ansprüche aus Eingriffen mit bürgerlich-rechtlicher Wirkung handelt und die Erörterung der Entschädigungsfrage das Strafverfahren unangemessen belasten könnte. Dieser Grundsatz ist aber in Abs. 3 Satz 1 und 2 nach 2 Richtungen von **Ausnahmen** durchbrochen.

2. Zu Absatz 3 Satz 1

a) Nach dieser Vorschrift spricht das Strafgericht bei einer Einziehung **„auf Grund von Umständen, die einer Entschädigung des Einziehungsbeteiligten entgegenstehen"**, zugleich aus, daß dem Einziehungsbeteiligten eine Entschädigung nicht zusteht. Mit der (wenig klaren) Wendung: „auf Grund von Umständen ... entgegenstehen" sollen, wie sich aus der Begr. (unten zu d) ergibt, die Fälle umschrieben werden, in denen sich *unmittelbar* aus den vom Gericht angenommenen Einziehungsvoraussetzungen ergibt, daß ein Entschädigungsanspruch nach § 41c StGB nicht besteht. Die bisher zu § 436 Abs. 3 erwachsene Rechtsprechung und Literatur neigt aber zu einer Auslegung, die, wie es scheint, mit den gesetzgeberischen Intentionen nicht in Einklang steht (unten Anm. III 4).

b) **Eindeutige Beispiele** für die Anwendbarkeit des § 436 Abs. 3 Satz 1 wären etwa: Hängt die Einziehung nach § 40 Abs. 2 Nr. 1 StGB davon ab, ob der Angeklagte A als Täter oder der Einziehungsbeteiligte B zur Zeit der Entscheidung Eigentümer des Tatwerkzeugs ist, und ordnet das Gericht die Einziehung an, weil A Eigentümer sei, so spricht es im Urteil aus, daß dem B eine Entschädigung nicht zustehe. Denn indem es das Eigentum des A bejahte und damit das des B verneinte, hat es die Einziehung auf Grund von Umständen angeordnet, die einer Entschädigung des B (wegen seines fehlenden Eigentums) entgegenstehen. Oder: ordnet das Gericht im Urteil gegen den der Wilderei angeklagten A gemäß §§ 40a, 295 StGB die Einziehung der Jagdgeräte an, die zur Zeit der Entscheidung dem Einziehungsbeteiligten B gehören, so muß es im Urteil zugleich einen Entschädigungsanspruch des B verneinen. Denn indem es die Einziehungsvoraussetzungen des § 40a bejahte, hat es die Einziehung auf Grund von Umständen ausgesprochen, die — unmittelbar aus dem Gesetz ablesbar — einer Entschädigung des B entgegenstehen, da B, gegen den sich die strafähnliche Einziehung nach § 40a voraussetzungsgemäß richtet, nicht Dritter i. S. des § 41c Abs. 1 ist (vgl. LK = Schäfer Rdn. 2 zu § 41c StGB). Daß überdies die Bejahung der Voraussetzungen des § 40a begrifflich eine Bejahung der Voraussetzungen bildet, unter denen nach § 41c Abs. 2 Nr. 1, 2 eine Entschädigung nicht gewährt wird, spielt dabei keine Rolle. Oder: ordnet das Gericht zusammen mit der Einziehung gemäß § 41a Abs. 2 Satz 3 das Erlöschen eines beschränkt dinglichen Rechts des Einziehungsbeteiligten am Einziehungsgegenstand an, dann beinhaltet die Bejahung der Voraussetzungen des § 41a Abs. 2 Satz 3 zugleich die Bejahung der Versagungsvoraussetzungen des § 41c Abs. 2 Nr. 1 oder 2 und zwingt zu dem Ausspruch, daß dem Einziehungsbeteiligten (§ 431 Abs. 1 Satz 1 Nr. 2) eine Entschädigung nicht zustehe. Oder: hat das Gericht die Verfahrensbeteiligung gemäß § 431 Abs. 2 Nr. 2 beschränkt, so liegt ebenfalls eine Einziehung auf Grund von Umständen vor, die einer Entschädigung — nämlich nach § 41c Abs. 2 Nr. 3 — entgegenstehen.

c) Jedenfalls in Fällen dieser Art, in denen unmittelbar aus den Umständen, auf die das Gericht die Einziehung stützt, der Ausschluß der Entschädigung folgt, hat der Strafrichter zugleich förmlich auszusprechen, es stehe dem Einziehungsbeteiligten eine Entschädigung nicht zu; er hat also mit der Einziehung eine negative Entscheidung über die Entschädigung **dem Grunde nach** zu verbinden. Das beruht auf Gründen der **Prozeßökonomie**. Es soll nicht nur zur Entlastung des Zivilrichters und zur beschleunigten Erledigung der Entschädigungsfrage die auf die Aufklärung des Sachverhalts verwendete Mühe des Strafrichters nutzbar gemacht, sondern es sollen vor allem auch widersprechende Entscheidungen vermieden werden, die sonst möglich wären. Bestünde § 436 Abs. 3 nicht, so könnte z. B. (vgl. die oben genannten Beispielsfälle), wenn das Gericht die Einziehung angeordnet hätte, weil der Angeklagte A und nicht der Einziehungsbeteiligte B Eigentümer des Tatwerkzeugs sei, B den Zivilrichter angehen, der, an die Entscheidung des Strafrichters nicht gebunden, in der Lage wäre, die Eigentumsfrage zugunsten des B zu entscheiden, ihm einen Entschädigungsanspruch zuzubilligen und damit die Entscheidung über die Einziehung ihrer vermögensrechtlichen Wirkung nach wieder zu beseitigen. Indem aber das Gesetz hier dem Strafrichter Aufgaben des Zivilrichters überträgt, ist damit ohne weiteres der Grundsatz, daß Strafurteile den Zivilrichter nicht binden, außer Kraft gesetzt; die strafrichterliche Negativentscheidung wirkt Rechtskraft auch für den Zivilrichter.

d) Die Berücksichtigung prozeßwirtschaftlicher Belange findet aber ihre Grenze an den eigentlichen Zwecken des Strafverfahrens, wie dies in § 431 Abs. 7 zum Ausdruck kommt. Der Gesetzgeber war deshalb bemüht, den Bereich der Pflicht zum Negativausspruch eng zu umgrenzen; er glaubte das mit der Wendung zu erreichen, wonach die Pflicht, die Einziehungsentscheidung mit einer die Entschädigung betreffenden Negativentscheidung zu verbinden, nur besteht, wenn das Gericht die Einziehung und das Erlöschen beschränkt dinglicher Rechte am Einziehungsgegenstand *auf Grund von Umständen anordnet, die einer Entschädigung des Einziehungsbeteiligten entgegenstehen.* Die Begr. führt auf S. 79 dazu aus: „Bei der gebotenen *engen Auslegung dieser Ausnahmevorschrift* [des § 436 Abs. 3 Satz 1] ist eine zusätzliche Erschwernis für das Strafverfahren nicht zu befürchten. Der Richter hat die Rechtsfolge der für den Einziehungsbeteiligten entschädigungslosen Einziehung nur dann auszusprechen, wenn sich diese Rechtsfolge *unmittelbar* aus den Umständen ergibt, auf die er die Einziehung stützt. Erfolgt die Einziehung z. B. aus *Sicherungsgründen,* so ist für einen solchen Ausspruch kein Raum. Der Richter hat dann der Frage, ob den Einziehungsbeteiligten evtl. auch ein besonderer Schuldvorwurf trifft, gar nicht nachzugehen. Nur in den Fällen, in denen aus der Bejahung der Einziehungsvoraussetzungen *unmittelbar* folgt, daß dem Einziehungsbeteiligten eine Entschädigung, abgesehen von Härtefällen (s. Satz 2) nicht zusteht, soll der Strafrichter dafür zuständig sein, dies auszusprechen, also nicht auch in anderen Fällen." Danach kommt also bei einer Einziehung, die als Sicherungsmaßnahme ohne Rücksicht auf die Eigentumsverhältnisse und ohne Rücksicht darauf erfolgt, ob der Dritte mit Bezug auf Verwendung oder Erlangung des Einziehungsgegenstandes vorwerfbar gehandelt hat, ein Negativausspruch nicht in Betracht, es sei denn, daß über eine Billigkeitsentschädigung zu entscheiden ist (darüber sogleich).

3. **Zu Absatz 3 Satz 2.** Von dem Grundsatz des § 436 Abs. 3 Satz 1 – Verpflichtung lediglich zum Negativausspruch – **enthält Abs. 3 Satz 2** eine **Ausnahme.** In den Fällen, in denen nach § 41 c Abs. 2 StGB ein Entschädigungsanspruch des von der Einziehungsanordnung betroffenen Dritten nicht besteht, kann ihm nach § 41 c Abs. 3 eine Entschädigung gewährt werden, soweit es eine *unbillige Härte* wäre, sie zu versagen. An diese Vorschrift knüpft § 436 Abs. 3 Satz 2 an: hält das Gericht, obwohl die Versagungsvoraussetzungen des § 41 c Abs. 2 vorliegen, eine Entschädigung des Einziehungsbeteiligten deshalb für geboten, weil die Versagung eine unbillige Härte wäre, so entfällt selbstverständlich der Negativausspruch („Dies gilt nicht ..."), und der Strafrichter entscheidet über die Entschädigung nach Billigkeit zugleich mit der Einziehungsanordnung nicht nur dem Grund, sondern auch der Höhe nach. Auch diese Lösung beruht auf der prozeßökonomischen Überlegung, daß der Strafrichter, wenn er schon – ausnahmsweise – die Voraussetzungen einer Entschädigung nach Billigkeit dem Grunde nach bejaht, ohne besonderen Verfahrensaufwand beurteilen kann, in welchem Ausmaß der entschädigungslose Rechtsverlust unbillig wäre.

4. Ob die Voraussetzungen eines Negativausspruchs nach § 436 Abs. 3 Satz 1 gegeben sind, oder ob ausnahmsweise eine Entschädigung nach Billigkeitsgründen in Betracht kommt, hat das Gericht **von Amts wegen** zu prüfen (BGH NJW **1970** 818, 820). Dabei sind aber die Grenzen zu berücksichtigen, die dem Recht und der Pflicht des Strafrichters zu Entscheidungen über die Entschädigung durch § 436 Abs. 3 gezogen sind. Eine Entscheidung über eine Entschädigung nach Billigkeit kommt nur in Betracht, wenn Umstände in das Blickfeld des Strafrichters getreten sind, die eine Versagung als unbillige Härte erscheinen lassen. Im übrigen ist ein Negativausspruch nur geboten, wenn sich der Ausschluß

einer Entschädigung *unmittelbar* aus den Umständen ergibt („*auf Grund* von Umständen..."); s. oben Anm. III 2 a, c, d. § 436 Abs. 3 besagt eben nicht, daß in allen Fällen einer Sicherungseinziehung, die festgestelltermaßen in Drittrechte eingreift, eine Aufklärung und Entscheidung geboten sei, ob Umstände vorliegen, die nach § 41 c Abs. 2 StGB einer Entschädigung entgegenstehen (so aber LG Bayreuth NJW **1970** 574, 577; OLG Hamm NJW **1970** 1754, 1757, wohl auch EbSchmidt NachtrBd. II Rz. 6). Und noch weniger ist dem § 436 Abs. 3 zu entnehmen, das Strafgericht habe über die Entschädigung nach Billigkeit stets dann zu entscheiden, wenn dem Einziehungsbeteiligten eine Entschädigung nach § 42 c Abs. 2 nicht zu gewähren ist.

Eine so weit gehende Aufklärungs- und Entscheidungspflicht wollte der Gesetzgeber dem Strafrichter – entsprechend dem Grundsatz des § 431 Abs. 7 – gerade nicht auferlegen. Sie läßt sich auch nicht aus der Erwägung rechtfertigen, die unausgesprochen oder (vgl. OLG Hamm aaO.) erkennbar den vorgenannten Entscheidungen zugrunde liegt, daß nämlich zunächst über die Versagungsvoraussetzungen nach § 41 c Abs. 2 zu befinden sei, um auf dieser Grundlage beurteilen zu können, ob eine Billigkeitsentschädigung nach § 41 c Abs. 3 in Betracht komme. Denn die Entschädigung nach Billigkeit stellt eine Ausnahme von dem Grundsatz des § 41 c Abs. 2 StGB dar; über sie ist nur zu befinden, wenn Gesichtspunkte von Gewicht hervortreten oder geltend gemacht werden, die dem Richter eine Billigkeitsentschädigung *geboten* erscheinen lassen, während es den gesetzgeberischen Intentionen (vgl. die Ausführungen der Begr. oben Anm. III 2 d) widerspricht, daß als Vorstufe einer solchen Prüfung allgemein das Vorliegen der Versagungsvoraussetzungen des § 41 c Abs. 2 StGB zu prüfen wäre.

5. Unterbleibt eine gebotene Negativentscheidung, so kann die Ergänzung der Einziehungsentscheidung durch Einlegung der zulässigen Rechtsmittel gegen das Urteil erstrebt werden. Legt nur der Einziehungsbeteiligte Rechtsmittel gegen das Urteil ein, so steht nach OLG Hamm NJW 1970 1754, 1757 das Verbot der reformatio in peius der Ergänzung durch den Negativausspruch nicht entgegen, wenn die Einziehung als Sicherungsmaßnahme angeordnet ist. Wird ein Einziehungsurteil ohne Negativausspruch rechtskräftig, so ist der Dritte nicht gehindert, Entschädigungsansprüche im Weg des Zivilprozesses geltend zu machen.

6. Wegen der Form der Entscheidung des Rechtsmittelgerichts, wenn die Entscheidung, die eine Billigkeitsentschädigung zuspricht, nur hinsichtlich der Höhe der Entschädigung angefochten wird, vgl. § 437 Abs. 4.

7. Zu § 436 Absatz 3 Satz 3. a) Satz 3 enthält eine **Sondervorschrift über die Gewährung des rechtlichen Gehörs**, bevor eine Entscheidung nach Abs. 3 Satz 1 oder 2 ergeht. Sie wurde getroffen, weil die Beteiligungsanordnung nur die Einziehung, d. h. die Entscheidung über die Einziehung betrifft (§ 431 Abs. 1 Satz 1: „soweit es die Einziehung betrifft") und dem Einziehungsbeteiligten nur in diesem Punkt die Befugnisse des Angeklagten (§ 433 Abs. 1) zustehen. Die Hinweispflicht nach Satz 3 entspricht damit der gegenüber dem Angeklagten bestehenden Hinweispflicht nach § 265. Dieser Hinweis braucht nicht in der Hauptverhandlung, sondern kann z. B. schon in der Ladung zusammen mit dem Hinweis nach § 435 Abs. 3 erfolgen (Begr. S. 79). Die Hinweispflicht in der Hauptverhandlung entfällt, wenn der Einziehungsbeteiligte trotz ordnungsmäßiger Terminsnachricht ohne Vertretung in der Hauptverhandlung ausbleibt (vgl. oben Anm. I 4).

IV. Zustellung des Urteils (zu § 436 Absatz 4)

1. Der trotz ordnungsmäßiger Terminsnachricht ohne Vertretung i. S. des § 434 ausbleibende Einziehungsbeteiligte begibt sich zwar seines Rechts, in der Hauptverhandlung die ihm zustehenden Befugnisse (§ 433 Abs. 1 Satz 1) auszuüben. Sein Recht, seine Belange im Rechtsmittelverfahren oder im Nachverfahren (§ 439) geltend zu machen, soll ihm aber nicht beschnitten werden. Deshalb schreibt Abs. 4 vor, daß ihm das Urteil *zuzustellen* ist, und zwar, wie sich aus § 435 Abs. 1 Halbsatz 2 ergibt, notfalls durch öffentliche Zustellung (vgl. § 40 Abs. 2). Da das Gesetz ohne Einschränkung die Zustellung „des Urteils" anordnet, ist es auch zuzustellen, wenn eine Einziehung nicht angeordnet wird (ebenso Kl [30] 5; Eb-

Schmidt NachtrBd. II Rz. 7); der Einziehungsbeteiligte soll in diesem Fall Kenntnis davon erhalten, daß seine Rechte durch die Entscheidung nicht betroffen sind. § 145 a ist entsprechend anwendbar (§ 434 Abs. 1 Satz 2).

2. War der Einziehungsbeteiligte oder sein Vertreter bei der Verkündung des Urteils anwesend, so beginnt die Frist zur Einlegung eines Rechtsmittels mit der Verkündung (§§ 314 Abs. 2, 341 Abs. 2 i. Verb. mit § 433 Abs. 1 Satz 1), andernfalls mit der Zustellung. Entsprechendes wird auch für die Wirkung einer im Urteil angeordneten Einziehung als Veräußerungsverbot (§ 41 a Abs. 3 StGB) zu gelten haben.

3. Abs. 4 Satz 2 enthält eine dem § 435 Abs. 2 entsprechende Vorschrift über die Ausscheidung von Teilen des Urteils, die die Einziehung nicht betreffen (vgl. dazu Anm. III 5 b zu § 435).

§ 437

(1) Im Rechtsmittelverfahren erstreckt sich die Prüfung, ob die Einziehung dem Einziehungsbeteiligten gegenüber gerechtfertigt ist, auf den Schuldspruch des angefochtenen Urteils nur, wenn der Einziehungsbeteiligte insoweit Einwendungen vorbringt und im vorausgegangenen Verfahren ohne sein Verschulden zum Schuldspruch nicht gehört worden ist. Erstreckt sich hiernach die Prüfung auch auf den Schuldspruch, so legt das Gericht die zur Schuld getroffenen Feststellungen zugrunde, soweit nicht das Vorbringen des Einziehungsbeteiligten eine erneute Prüfung erfordert.

(2) Im Berufungsverfahren gilt Absatz 1 nicht, wenn zugleich auf ein Rechtsmittel eines anderen Beteiligten über den Schuldspruch zu entscheiden ist.

(3) Im Revisionsverfahren sind die Einwendungen gegen den Schuldspruch innerhalb der Begründungsfrist vorzubringen.

(4) Wird nur die Entscheidung über die Höhe der Entschädigung angefochten, so kann über das Rechtsmittel durch Beschluß entschieden werden, wenn die Beteiligten nicht widersprechen. Das Gericht weist sie zuvor auf die Möglichkeit eines solchen Verfahrens und des Widerspruchs hin und gibt ihnen Gelegenheit, sich zu äußern.

Zur Entstehungsgeschichte. Im Entw. EG OWiG lautete Abs. 4: „Wird nur ... durch Beschluß entschieden". Die Ergänzung des Satzes durch: „wenn die Beteiligten nicht widersprechen" und die Hinzufügung des jetzigen Satzes 2 erfolgte im Rechtsausschuß des Bundestages (vgl. BT-Drucks. V/2601 v. 4. 3. 1968) und trägt dem Grundsatz Rechnung, daß der Verzicht auf eine sonst erforderliche Hauptverhandlung nicht ohne Einverständnis der Beteiligten zulässig sein soll.

I. Zur Rechtsmittelbefugnis des Einziehungsbeteiligten im allgemeinen

Daß der Einziehungsbeteiligte aus eigenem Recht zur Einlegung von Rechtsmitteln gegen das die Einziehung betreffende Urteil befugt ist, ergibt sich aus § 433 Abs. 1 Satz 1. Voraussetzung der Rechtsmittelbefugnis ist, daß die Stellung als Einziehungsbeteiligter bereits (durch Beteiligungsanordnung gemäß § 431 Abs. 1 Satz 1) vor dem Urteil erlangt ist (vgl. Anm. IX zu § 431). Voraussetzung der Zulässigkeit des Rechtsmittels ist, daß der Einziehungsbeteiligte durch die Anordnung der Einziehung, des Einziehungsvorbehalts (§ 40 b Abs. 2 StGB), des Erlöschens eines beschränkt dinglichen Rechts (§ 41 a Abs. 2 StGB), durch die Versagung einer Entschädigung (§ 41 c Abs. 2 StGB, § 436 Abs. 3 Satz 1) oder die Entscheidung über die Höhe einer Billigkeitsentschädigung (§ 41 c Abs. 3 StGB, § 436 Abs. 3 Satz 2) **beschwert** ist.

II. Beschränkte Nachprüfung des Schuldspruchs (zu Absatz 1)

1. Nach § 431 Abs. 2 kann das Gericht unter den dort vorgesehenen Voraussetzungen anordnen, daß sich die Verfahrensbeteiligung nicht auf die Frage der Schuld des Angeklagten erstreckt. Ist eine solche Beschränkungsanordnung erfolgt, so ergibt sich schon daraus, daß der Einziehungsbeteiligte nicht aus eignem Recht die Schuldfrage zum Gegenstand der Nachprüfung in der Rechtsmittelinstanz machen kann.

2. Aber auch wenn eine Anordnung nach § 431 Abs. 2 nicht erfolgt ist, wird der Schuldspruch im Rechtsmittelverfahren (Berufungs- und Revisionsverfahren) nur in beschränktem Umfang nachgeprüft. Und zwar gilt dies nicht nur dann, wenn der Einziehungsbeteiligte (sein Vertreter, § 434, oder sein gesetzlicher Vertreter, § 298) ein Rechtsmittel eingelegt hat, sondern, wie sich aus der Sonderregelung des Abs. 2 (unten Anm. III) ergibt, auch dann, wenn ein anderer Beteiligter das Rechtsmittel eingelegt hat, das den Schuldspruch unberührt läßt. Diese Regelung beruht auf der Erwägung, daß andernfalls der Einziehungsbeteiligte „aus rein vermögensrechtlichen Interessen das Gericht zu einer weiteren Nachprüfung des Schuldspruchs würde zwingen können, als sie auf die Einwendungen der unmittelbar Beteiligten vorgenommen werden müßte" (Begr. S. 73). § 437 Abs. 1 stellt danach eine Sonderregelung dar, die den Grundsatz der §§ 327, 352 über den Umfang der Nachprüfung des Rechtsmittelgerichts gegenüber dem Einziehungsbeteiligten beschränkt.

3. **Die Erstreckung der Nachprüfung** des Rechtsmittelgerichts **auf den Schuldspruch** (soweit sie nicht durch eine Anordnung nach § 431 Abs. 2 ohnedies ausgeschlossen ist) setzt kumulativ voraus

a) daß der Einziehungsbeteiligte **Einwendungen zum Schuldspruch vorbringt.** Eine Nachprüfung der Schuldfrage von Amts wegen findet also nicht statt;

b) daß der Einziehungsberechtigte im vorausgegangenen Verfahren **ohne sein Verschulden zum Schuldspruch nicht gehört worden ist.**

Eine solche *unverschuldete Nichtanhörung* zum Schuldspruch kann z. B. darauf beruhen, daß der Einziehungsbeteiligte ohne seine Schuld nicht rechtzeitig die Nachricht vom Termin erhielt, etwa bei einer Ersatzzustellung nach §§ 181 ff. ZPO (vgl. dazu Anm. 8 b zu § 409), oder weil die Terminsnachricht versehentlich unterblieben war, daß er trotz rechtzeitiger Benachrichtigung ohne seine Schuld am Erscheinen im Termin verhindert war, oder daß er darauf vertrauen durfte, sein Vertreter (§ 434) werde im Termin anwesend sein, während dieser fernblieb usw. (vgl. dazu auch Anm. 2 b zu § 411), daß ihm wesentliche rechtliche oder tatsächliche Umstände erst während des 2. Rechtszuges bekannt wurden, oder daß er unverschuldet erst im 2. Rechtszug beteiligt wurde. Ein *Verschulden* kann darin bestehen, daß er trotz Kenntnis der eine Verfahrensbeteiligung im 1. Rechtszug rechtfertigenden Umstände sich im Ermittlungsverfahren (§ 432) und während des 1. Rechtszuges untätig verhielt und erst im 2. Rechtszug seine Beteiligung erstrebte und erlangte, oder daß er die durch Beteiligungsanordnung im 1. Rechtszug erlangten Befugnisse nicht oder nicht genügend wahrnahm.

4. Ob die Voraussetzungen für die Erstreckung der Nachprüfung auf den Schuldspruch vorliegen, hat das Gericht, wenn Veranlassung dazu besteht, **von Amts wegen** nachzuprüfen; es verfährt dabei nach den Grundsätzen des Freibeweises, wobei es insbesondere den Einziehungsbeteiligten zur Stellungnahme auffordern und dessen Erklärungen frei würdigen kann.

5. Im allgemeinen ist danach ein erneutes Eingehen auf den Schuldspruch ausgeschlossen, so daß dem Einziehungsbeteiligten im Normalfall zur Nachprüfung der Schuldfrage nur **eine** Tatsacheninstanz zur Verfügung steht, soweit diese Frage nicht überhaupt nach § 431 Abs. 2 von der Beteiligung ausgenommen ist. In der Rechtsmittelinstanz kann der Einziehungsbeteiligte im Regelfall nur geltend machen, daß die besonderen Einziehungsvoraussetzungen zu Unrecht angenommen worden seien, daß z. B. im Fall des § 40 Abs. 2 Nr. 1 StGB das Eigentum des Täters zur Zeit der Entscheidung zu Unrecht bejaht sei, wenn der Einziehungsbeteiligte Eigentumsrechte am Einziehungsgegenstand geltend macht, daß im Fall des § 40 Abs. 2 Nr. 2 StGB die angenommene Gefährlichkeit oder Gefahr nicht bestehe, daß im Fall des § 40 a StGB kein vorwerfbares Verhalten des Einziehungsbeteiligten vorliege, daß auch bei Zugrundelegung der Feststellungen zur Schuld des Angeklagten der Verhältnismäßigkeitsgrundsatz verletzt sei (§ 40 b StGB), daß der Schrift die in § 41 StGB bezeichnete Gefährlichkeit fehle, daß, von der Schuld des Angeklagten abgesehen, die Voraussetzungen für die Anordnung des Erlöschens beschränkt dinglicher Rechte (§ 41 a Abs. 2 StGB) und für die Versagung einer Entschädigung (§ 41 c Abs. 2, 3 StGB) nicht vorlägen.

6. Wenn sich – ausnahmsweise – die **Prüfung auch auf den Schuldspruch erstreckt**, sieht **Abs. 1 Satz 2** für die Berufungsinstanz eine **Beschränkung der Aufklärungspflicht** vor. Das Berufungsgericht ist dann nicht gehalten, die gesamte Beweisaufnahme – wenn auch mit den Erleichterungen der §§ 436 Abs. 2, 323 Abs. 2, 325 – zu wiederholen. Es legt vielmehr seiner Entscheidung die zur Frage der Schuld des Angeklagten getroffenen Feststellungen des ersten Richters zugrunde, **soweit nicht das Vorbringen des Einziehungsbeteiligten eine erneute Prüfung erfordert.** Das bedeutet: das Berufungsgericht ist zwar – anders als z. B. das Beschwerdegericht im Fall des § 464 Abs. 3 Satz 2 – nicht in vollem Umfang an die tatsächlichen Feststellungen des Vorderrichters gebunden. Aber es besteht eine relative **Bindung** in dem Umfang, als nicht das zulässige Vorbringen des Einziehungsbeteiligten eine erneute Prüfung erforderlich macht. Das Ausmaß der erforderlichen neuen Prüfung und damit die Entbindung von den tatsächlichen Feststellungen der Vorinstanz kann, je nach den zulässigen Einwendungen des Berufungsführers verschieden weit sein: Beschränkt sich das Vorbringen auf einen einzelnen Punkt, und sind die insoweit getroffenen tatsächlichen Feststellungen von den übrigen tatsächlichen Feststellungen des Schuldspruchs trennbar, so bleiben die letzteren bei Bestand und werden ungeprüft dem Urteil zugrunde gelegt. Es kann aber auch nach dem Vorbringen des Einziehungsbeteiligten und auf Grund einzelner Beweise erforderlich sein, die gesamte Beweisaufnahme zu wiederholen (Begr. S. 80). Inwieweit auf Beweisanträge des Einziehungsbeteiligten einzugehen ist, richtet sich wiederum nach § 436 Abs. 2.

7. **Zur Frage der Bedeutung der Rechtsmittelentscheidung, wenn nur der Einziehungsbeteiligte Berufung eingelegt und damit Erfolg hat.** Die Berufung des Einziehungsbeteiligten bezweckt, wie sich aus § 437 Abs. 1 Satz 1 ergibt, die Nachprüfung, ob „die Einziehung (die Entscheidung zur Einziehungsfrage) *ihm gegenüber gerechtfertigt* ist". Der Einziehungsbeteiligte kann nicht Rechtsmittel zugunsten des Angeklagten einlegen. Greift er – zulässigerweise – den Schuldspruch des 1. Urteils an, so bezweckt er lediglich eine Änderung des Urteils, soweit es die Einziehung betrifft, zu seinen Gunsten. Hat z. B. der erste Richter den Angeklagten wegen gefährlicher Körperverletzung zu Strafe verurteilt und die Einziehung des Tatwerkzeugs auf § 40 a Nr. 1 gestützt, und macht der Einziehungsbeteiligte zulässigerweise geltend, die Voraussetzungen einer Einziehung nach § 40 a Nr. 1 in Verb. mit § 40 Abs. 2 Nr. 1 lägen deshalb nicht vor, weil der Angeklagte nicht rechtswidrig, sondern in Notwehr gehandelt habe, so wird, wenn der Einziehungsbeteiligte damit Erfolg hat, auf seine Berufung hin das Urteil lediglich insoweit aufgehoben, als die Einziehung angeordnet ist. Hatte sich der Angeklagte bei dem Urteil beruhigt und es rechtskräftig werden lassen, so bleibt das 1. Urteil, von der Einziehung abgesehen, bei Bestand (unbeschadet der Möglichkeit einer Wiederaufnahme des Verfahrens nach § 359 Nr. 5), obwohl der Schuldspruch des 1. Richters mit den Feststellungen des Berufungsrichters unvereinbar ist.

Ebenso liegt es, wie anzunehmen, wenn in dem Beispielsfall der Einziehungsbeteiligte mit seiner Einwendung durchdringt, daß der Verurteilung des Angeklagten ein vom 1. Richter übersehenes *Verfahrenshindernis* wie Verjährung der Niederschlagung durch ein Straffreiheitsgesetz entgegengestanden habe: dann wäre folgerichtig das Verfahren, soweit es die Einziehung betrifft, einzustellen. An der Rechtskraft des Urteils im übrigen, das der Angeklagte hingenommen hat, würde sich aber nicht ändern. Der sonst geltende Grundsatz, daß bei einer Teilanfechtung des Urteils das Rechtsmittelgericht, wenn es ein Verfahrenshindernis feststellt, die sich hieraus ergebenden Folgerungen für das Verfahren *in seiner Gesamtheit* zieht (vgl. Einleitung S. 81 f), gilt dann hier nicht, weil nach ausdrücklicher Vorschrift (§ 437 Abs, 1 Satz 1) das lediglich vom Einziehungsbeteiligten eingelegte Rechtsmittel nur die Prüfung herbeiführt, ob die Einziehung ihm gegenüber gerechtfertigt ist. Das Ergebnis mag unbillig erscheinen; es ist aber darauf hinzuweisen, daß auch im Nachverfahren (§ 439) ein Erfolg des Einziehungsbeteiligten nichts an dem Bestand des rechtskräftigen Urteils im übrigen ändert. Von dem sehr umstrittenen Standpunkt aus (vgl. zu § 357 Anm. 1; EbSchmidt NachtrBd. I Rz. 8), daß § 357 in der Berufungsinstanz entsprechend anwendbar sei, ließe sich an eine noch weitergehende, die oben erörterten Fälle umfassende, entsprechende Anwendbarkeit des § 357 denken; dieser Frage kann aber hier nicht weiter nachgegangen werden.

III. Zu Absatz 2

Die Beschränkungen des Abs. 1 in der Nachprüfung des Schuldspruchs gelten im **Berufungs**verfahren nicht, wenn zugleich auf die Berufung eines anderen Beteiligten (des Angeklagten, des Staatsanwalts oder Nebenklägers) über den **Schuldspruch** zu entscheiden ist. An dieser Voraussetzung fehlt es, wenn das Rechtsmittel des anderen Rechtsmittelberechtigten sich auf einen abtrennbaren Teil des Urteils beschränkt, der den Schuldspruch unberührt läßt, z. B. bei Beschränkung der Berufung auf das Strafmaß (vgl. dazu die Anm. zu § 327). Die Vorschrift des Abs. 2 beruht auf der Erwägung, daß von den anderen Beteiligten unter Umständen zum Schuldspruch völlig neue Tatsachen und Beweismittel vorgebracht werden können und es nicht angebracht wäre, dem Einziehungsbeteiligten die Möglichkeit abzuschneiden, hierzu Stellung zu nehmen (Begr. S. 80), sofern er nicht überhaupt gemäß § 431 Abs. 2 von der Beteiligung zur Schuldfrage ausgeschlossen ist.

IV. Revisionsverfahren (zu Absatz 3)

1. Die Anwendbarkeit des Abs. 3 setzt zunächst voraus, daß eine Verfahrensbeteiligung zeitgerecht (§ 431 Abs. 4) angeordnet ist, also bis zum Ausspruch der Einziehung im 1. Rechtszug und, wenn zulässige Berufung eingelegt ist, bis zur Beendigung der Schlußvorträge im Berufungsverfahren. In diesem Fall wirkt die Anordnung der Verfahrensbeteiligung auch für die Revisionsinstanz. Die Beteiligung zur Schuldfrage in diesem Verfahrensstadium ist aber weiter davon abhängig, daß keine Beschränkung nach § 431 Abs. 2 angeordnet ist und daß weiterhin die in Abs. 1 Satz 1 – er gilt auch in der Revisionsinstanz („im Rechtsmittelverfahren") – umschriebenen Voraussetzungen vorliegen, unter denen ausnahmsweise eine Beteiligung des Einziehungsbeteiligten zum Schuldspruch in den Rechtsmittelinstanzen vorgesehen ist.

2. **Absatz 1 Satz 2** ist für das Revisionsverfahren ohne Bedeutung, da hier eine „erneute Prüfung" (nämlich in tatsächlicher Hinsicht) nicht in Betracht kommt. Auch ein dem Abs. 2 entsprechender Grundsatz kommt für die Revisionsinstanz nicht in Frage, da der Anknüpfungspunkt dieser Vorschrift – die Möglichkeit des Vorbringens neuer Tatsachen und Beweismittel durch andere Rechtsmittelberechtigte (oben Anm. III) – in der Revisionsinstanz ausfällt.

3. Soweit hiernach eine Beteiligung des Einziehungsbeteiligten zum Schuldspruch in der Revisionsinstanz in Betracht kommt, ist zu unterscheiden:

a) Legt der Einziehungsbeteiligte Revision ein, so beschränken sich seine „Einwendungen" gegen den Schuldspruch (Abs. 1 Satz 1, Abs. 3) auf die Rüge von Gesetzesverletzungen (§ 337). Diese Einwendungen muß er innerhalb der Revisionsbegründungsfrist (§ 345 Abs. 1) und (vgl. § 433 Abs. 1 Satz 1) in der Form des § 345 Abs. 2 vorbringen.

b) Legt ein anderer Rechtsmittelberechtigter Revision ein, so kann die Verfahrensbeteiligung des Einziehungsbeteiligten durch Einwendungen gegen den Schuldspruch ebenfalls – der grundsätzlich auf die Nachprüfung der Rechtsanwendung beschränkten Tätigkeit des Revisionsgerichts entsprechend – nur in Form der Erhebung zulässiger Rechtsrügen erfolgen (ebenso Kl [30] 4 B; Göhler [2] 5 D b zu § 87 OWiG). Die Begründungsfrist, innerhalb deren der Einziehungsbeteiligte, der nicht selbst Revision eingelegt hat, nach Abs. 3 seine Einwendungen vorbringen muß, ist die für den Revisionsführer laufende Revisionsbegründungsfrist; legen verschiedene Rechtsmittelberechtigte zu verschiedenen Zeiten Revision ein, so ist die zuletzt ablaufende Begründungsfrist maßgebend. Auch hier bedarf es wohl zur Erhebung der Einwendungen der Form des § 345 Abs. 2.

4. Für die **Berufungs**instanz fehlt es an einer dem Abs. 3 entsprechenden Frist, weil § 317 keine obligatorische Begründungsfrist kennt.

5. Hat der Einziehungsbeteiligte mit seinen Einwendungen wegen der dem Revisionsverfahren entsprechenden Beschränkungen der Nachprüfung keinen Erfolg, so bleibt ihm ggf. die Möglichkeit, nach § 439 vorzugehen.

V. Entscheidung bei Anfechtung der Höhe der Entschädigung (zu Absatz 4)

1. Zur Entstehungsgeschichte s. oben vor Anm. I.

2. Während die Abs. 1 bis 3 des § 437 die Frage der Beteiligung des Einziehungsbeteiligten bezgl. der Nachprüfung des Schuldspruchs in der Rechtsmittelinstanz zum Gegenstand haben, behandelt Abs. 4 die **Form der Entscheidung** für einen Sonderfall der Anfechtung. Abs. 4, der eine Verfahrensvereinfachung bezweckt und ein Vorbild in § 406 a Abs. 2 Satz 2 hat (s. auch § 72 Abs. 1 OWiG), knüpft an § 436 Abs. 3 Satz 2 an, wonach das Gericht, wenn es die Entschädigung eines Einziehungsbeteiligten aus Billigkeitsgründen für geboten hält, ausnahmsweise auch über die Höhe der Entschädigung befindet. Diese Entscheidung ergeht im 1. Rechtszug durch Urteil. Der Einziehungsbeteiligte kann es nur wegen der Höhe der Entschädigung anfechten, da er durch die Zuerkennung der Billigkeitsentscheidung dem Grunde nach nicht beschwert ist; die Staatsanwaltschaft kann es sowohl dem Grund wie der Höhe nach anfechten. Abs. 4 regelt den Fall, daß auf das Rechtsmittel des Einziehungsbeteiligten oder infolge der Beschränkung des Rechtsmittels der Staatsanwaltschaft (§§ 318, 352) nur die Entscheidung über die Höhe der Entschädigung mit den zulässigen Rechtsmitteln (Berufung, Revision, Sprungrevision) angefochten wird. Das Rechtsmittelgericht kann nach seinem Ermessen statt durch Urteil nach durchgeführter Hauptverhandlung durch Beschluß im schriftlichen Verfahren entscheiden, vorausgesetzt, daß die Beteiligten *nicht widersprechen*. Zuvor sind die Beteiligten, wie **Abs. 4 Satz 2** in wörtlicher Übereinstimmung mit § 72 Abs. 1 OWiG (s. auch § 436 Abs. 3 Satz 3 StPO und Anm. III 7 zu § 436) ausspricht, auf die Möglichkeit eines solchen Verfahrens und des Widerspruchs hinzuweisen, und es ist ihnen Gelegenheit zugeben, sich zu äußern.

3. Entscheidung durch Beschluß

a) Sie kommt hauptsächlich in Betracht, wenn das Gericht eine Hauptverhandlung als entbehrlich ansieht, weil ihm der Sachverhalt durch die Ergebnisse des vorangegangenen Verfahrens ausreichend geklärt erscheint, oder weil der Sachverhalt nicht schwierig und der geltend gemachte Anspruch nicht hoch ist.

b) Zwar sind die Vorschriften der StPO über das Beschwerdeverfahren nicht für entsprechend anwendbar erklärt. Dem auf Verfahrensvereinfachung gerichteten Zweck der Vorschrift widerspricht es aber nicht, wenn das Gericht in entsprechender Anwendung des § 308 Abs. 2 und unter Berücksichtigung des Grundsatzes des rechtlichen Gehörs **Ermittlungen geringeren Umfangs anordnet oder selbst vornimmt** (anders im Fall des § 72 Abs. 1 OWiG Göhler [2] 1 A).

c) Der **Widerspruch** auch nur **eines** Beteiligten, z. B. der Staatsanwaltschaft, schließt eine Entscheidung durch Beschluß aus (vgl. OLG Frankfurt VRS 37 212). Zu den widerspruchsberechtigten Beteiligten gehören auch der gesetzliche Vertreter des Einziehungsbeteiligten und der Erziehungsberechtigte (§ 298 StPO, § 67 Abs. 3 JGG; s. dazu Anm. II 3 zu § 433). Der Widerspruch, der dem Gericht gegenüber zu erklären ist, bedarf keiner Form und keiner Begründung.

d) Jeder Beteiligte kann mit bindender Wirkung auf sein Widerspruchsrecht **verzichten**, so daß sein späterer Widerruf wirkungslos ist, dem Gericht aber Veranlassung geben kann, von einer Entscheidung im Beschlußverfahren Abstand zu nehmen und die Hauptverhandlung durchzuführen. Ein solcher Widerspruchsverzicht liegt noch nicht vor, wenn das Gericht — in der Regel im Zusammenhang mit dem Hinweis nach Abs. 4 Satz 2 — eine angemessene, wenn auch kurze Frist zur Erklärung des Widerspruchs setzt und der Beteiligte in der Frist nicht antwortet. Ein nach Fristablauf, aber vor Erlaß der Entscheidung, d. h. bevor der unterschriebene Beschluß zur Zustellung in den Geschäftsgang gegeben ist, eingehender Widerspruch ist zu beachten (OLG Hamburg MDR **1969** 950; BayObLG VRS 37 457; Göhler [2] 1 B f zu § 72 OWiG m. w. Nachweisen). Unbeachtlich ist ein nach Fristablauf *und* nach Erlaß der Entscheidung eingehender Widerspruch.

4. Der Beschluß des Rechtsmittelgerichts ist **unanfechtbar**. Das ist selbstverständlich, wenn das Revisionsgericht entscheidet. Es gilt aber auch für die Entscheidung des Berufungs-

gerichts, denn das Gesetz kennt kein Rechtsmittel gegen einen Beschluß als Surrogat für das sonst erforderliche Berufungsurteil, und überdies ist es ja der Sinn der auf Vereinfachung und Beschleunigung gerichteten Vorschrift, das Verfahren mit dem Beschluß alsbald abzuschließen. Hat aber das Gericht durch Beschluß entschieden, ohne die Beteiligten zuvor auf die Möglichkeit eines solchen Verfahrens hinzuweisen und ohne ihnen Gelegenheit zur Stellungnahme zu geben, so wird es bei nachträglichem Widerspruch in entsprechender Anwendung des Grundgedankens der §§ 33 a, 311 a seinen Beschluß aufzuheben und durch Urteil zu entscheiden haben.

5. Auch das **Revisionsgericht** kann gemäß Abs. 4 durch Beschluß über die Revision entscheiden, wenn das Berufungsgericht über die Berufung gegen das 1. Urteil durch Urteil entschieden hat; unberührt bleibt aber die Befugnis des Revisionsgerichts, ohne Rücksicht auf den Widerspruch eines Beteiligten gemäß § 349 Abs. 2, 3 durch Beschluß zu entscheiden.

6. Auch im Beschlußverfahren kann sich der Einziehungsbeteiligte gemäß § 434 Abs. 1 vertreten lassen, und es kann ihm ein Vertreter nach § 434 Abs. 2 beigeordnet werden.

7. Wegen entsprechender Anwendung des § 437 Abs. 4 im Nachverfahren und im selbständigen Einziehungsverfahren vgl. § 441 Abs. 4.

§ 438

(1) Wird die Einziehung durch Strafbefehl oder durch Strafverfügung angeordnet, so wird der Strafbefehl oder die Strafverfügung auch dem Einziehungsbeteiligten zugestellt. § 435 Abs. 3 Nr. 2 gilt entsprechend.

(2) Ist nur über den Einspruch des Einziehungsbeteiligten zu entscheiden, so gelten § 439 Abs. 3 Satz 1 und § 441 Abs. 2, 3 entsprechend.

1. **Summarische Verfahren und Beteiligungsanordnung**

a) Auf Einziehung und die ihr nach §§ 407 Abs. 2 Nr. 1, 442 gleichstehenden Nebenfolgen kann durch **Strafbefehl** nur erkannt werden, wenn die Staatsanwaltschaft (bei Steuervergehen ggf. das Finanzamt; vgl. Anm. 8 d zu § 407) es beantragt (vgl. Anm. 3 a zu § 408). Der Einziehungsinteressent wird ggf. schon im Ermittlungsverfahren beteiligt (§ 432). Vom Eingang des die Einziehung mitumfassenden Strafbefehlsantrag ab kann seine Beteiligung angeordnet werden (§ 431 Abs. 1 Satz 1); den Zeitpunkt, von dem ab dem Einziehungsbeteiligten die Befugnisse eines Angeklagten zustehen, regelt § 433 Abs. 1 Satz 2.

b) Im **Strafverfügungsverfahren** kann die Einziehungsbeteiligung von der Übersendung der Akten durch die Polizeibehörde ab (§ 413 Abs. 1) angeordnet werden; die Befugnisse eines Angeklagten erlangt der Einziehungsbeteiligte auch hier erst mit dem Erlaß der Strafverfügung.

c) Im allgemeinen erfolgt die Anordnung der Verfahrensbeteiligung nicht durch besonderen, dem Erlaß von Strafbefehl oder Strafverfügung vorangehenden Beschluß, sondern im Strafbefehl (Strafverfügung) selbst. Der Erlaß des die Einziehung anordnenden Strafbefehls (Strafverfügung) hat die in § 41 a Abs. 3 StGB bezeichnete Sperrwirkung (Veräußerungsverbot), auch wenn gegen ihn Einspruch eingelegt wird.

2. Für **Entschädigungsentscheidungen** nach § 436 Abs. 3 ist im summarischen Verfahren kein Raum, da ein dem Erlaß des Strafbefehls vorangehender Hinweis und die Gewährung vorgängigen gerichtlichen Gehörs (§ 436 Abs. 3 Satz 3) mit dem Zweck einer beschleunigten Erledigung nicht vereinbar wären.

3. **Einziehung ohne Anordnung der Verfahrensbeteiligung**

a) Ist die durch Strafbefehl (Strafverfügung) angeordnete Einziehung mit dem Eingriff in Drittrechte verbunden, ohne daß vor oder in der Entscheidung die Verfahrensbeteiligung des Dritten angeordnet wurde, so hat der Betroffene keine Möglichkeit, aus eigenem Recht

Einspruch einzulegen. Denn dieses Recht steht nur einem Einziehungsbeteiligten zu, und eine Beteiligungsanordnung nach Erlaß des Strafbefehls während der Einspruchsfrist ist ausgeschlossen, da ein solcher Beschluß nach § 431 Abs. 4 nur bis zum Ausspruch der Einziehung möglich, die Einziehung aber bereits im Strafbefehl ausgesprochen ist. Erst wenn der Angeklagte Einspruch einlegt, besteht wieder die Möglichkeit, die Verfahrensbeteiligung anzuordnen. Denn da bei rechtzeitig eingelegtem Einspruch der Strafbefehl die Funktion des Eröffnungsbeschlusses für das weitere Verfahren übernimmt (vgl. Anm. 2 zu § 411), liegt die gleiche Sachlage vor, wie wenn im gewöhnlichen Strafverfahren nach Erhebung der Anklage das Hauptverfahren eröffnet ist (bedenklich dagegen die Konstruktion in der amtl. Begr. (S. 80), § 431 Abs. 4 stehe einer Beteiligungsanordnung nicht entgegen, weil der Einspruch des Angeklagten den Strafbefehl und damit auch den Ausspruch der Einziehung „beseitige". Denn der Strafbefehl wird durch den Einspruch zwar seiner Bedeutung als Entscheidung — vorbehaltlich der §§ 411 Abs. 1, 412 — entkleidet, aber nicht „beseitigt").

b) Läßt aber der Angeklagte durch Nichtgebrauch des Rechtsbehelfs oder Einspruchverzicht den Strafbefehl rechtskräftig werden, so bleibt dem Betroffenen der Weg des Nachverfahrens (§ 439) oder unabhängig davon der Weg der Geltendmachung von Entschädigungsansprüchen (§ 41 c StGB) vor dem Zivilrichter. Das gleiche gilt, wenn der Angeklagte den eingelegten Einspruch bis zum Beginn der Hauptverhandlung zurücknimmt oder die Rücknahmefiktion des § 412 Platz greift, mag auch zwischenzeitlich die Verfahrensbeteiligung angeordnet sein. Denn mit der Zurücknahme des Einspruchs mit der Folge der Rechtskraft des Strafbefehls entzieht der Angeklagte dem weiteren Verfahren die Grundlage; die Beteiligungsanordnung wird gegenstandslos.

4. Strafbefehl (Strafverfügung) mit Beteiligungsanordnung

a) Ist die Beteiligung vor oder bei Erlaß des Strafbefehls — ggf. mit der Beschränkung nach § 431 Abs. 2 — angeordnet, so richtet sich zwar die Anordnung der Einziehung unmittelbar gegen den Beschuldigten als Adressaten. Da die Einziehung sich aber auch gegen den Dritten auswirkt, sieht das Gesetz in Abwandlung der für das normale Verfahren nach Einreichung einer Anklageschrift und Eröffnung des Hauptverfahrens geltenden Vorschriften Maßnahmen vor, die dem Einziehungsbeteiligten die Wahrnehmung der ihm nach § 433 Abs. 1 Satz 1 zustehenden Befugnisse ermöglichen sollen.

aa) Der Strafbefehl mit dem in § 409 bezeichneten Inhalt ist auch ihm zuzustellen (§ 438 Abs. 1 Satz 1) und (§ 409 Abs. 2) seinem gesetzlichen Vertreter mitzuteilen. Hat der Einziehungsbeteiligte einen Vertreter (§ 434), so gilt § 145 a (§ 434 Abs. 1 Satz 2).

bb) Nach § 438 Abs. 1 Satz 2 gilt § 435 Abs. 3 Nr. 2 entsprechend, d. h. es muß deutlich zum Ausdruck gebracht werden, daß die Einziehungsanordnung eine auch ihm gegenüber wirksame Entscheidung darstelle.

cc) Der Strafbefehl muß die Eröffnung enthalten, daß die Einziehungsanordnung ihm gegenüber „vollstreckbar" werde, wenn nicht binnen einer Woche nach der Zustellung bei dem Amtsgericht schriftlich oder zu Protokoll der Geschäftsstelle Einspruch erhoben wird und daß der Einspruch auch dem Einziehungsbeteiligten zustehe. Das ist zwar nicht ausdrücklich im Gesetz ausgesprochen. Da aber die in § 409 Abs. 1 vorgeschriebene Zustellung des Strafbefehls an den Beschuldigten auch seine zuverlässige Belehrung über sein Einspruchsrecht bezweckt, kann die Vorschrift, daß der Strafbefehl auch dem Einziehungsbeteiligten zuzustellen sei, keine andere Bedeutung haben, als daß auch er über sein selbständiges Einspruchsrecht (§ 438 Abs. 2) zu belehren sei. Es folgt dies auch aus der sinngemäßen Anwendbarkeit des § 435 Abs. 3 Nr. 2 und aus § 433 Abs. 1 Satz 1. Zur Belehrung über das Einspruchsrecht gehört auch der Hinweis auf das Recht, mündliche Verhandlung und Entscheidung durch Urteil zu beantragen — §§ 438 Abs. 2 i. V. mit § 441 Abs. 3 — (ebenso Kl [30] 6 C).

b) § 438 Abs. 1 schreibt zwar vor, daß *„der* Strafbefehl" mitzuteilen sei. Das schließt aber — in sinngemäßer Anwendung der §§ 435 Abs. 2, 436 Abs. 4 Satz 2 — nicht aus, daß der Inhalt des Strafbefehls nur insoweit wiedergegeben wird, als er für die Verfahrensbeteiligung von Bedeutung ist, z. B. wenn ein Strafbefehl Straffestsetzungen wegen mehrerer selbständiger Straftaten enthält und die Einziehung nur aus einer der Tat hergeleitet wird.

5. Verfahren nach Erlaß des Strafbefehls

a) **Legt nur der Beschuldigte Einspruch ein,** so richtet sich das weitere Verfahren im allgemeinen nach den Vorschriften, die für das normale Verfahren nach schriftlicher Anklage und Eröffnung des Hauptverfahrens gelten. Der Einziehungsbeteiligte erhält danach Terminsnachricht gemäß § 435; der Mitteilung des Strafbefehls (§ 435 Abs. 2) bedarf es naturgemäß nur, wenn die Beteiligungsanordnung erst nach dem Erlaß des Strafbefehls erfolgt ist. *Bleibt der Angeklagte* ohne genügende Entschuldigung und unvertreten *in der Hauptverhandlung* aus, so wird nach § 412 sein Einspruch verworfen. Wird das Verwerfungsurteil rechtskräftig, so endet damit auch die Verfahrensbeteiligung; die Rechtslage ist die gleiche wie in dem Fall, daß die Einziehungsbeteiligung erst nach Einspruch des Beschuldigten angeordnet ist (vgl. oben Anm. 3). Der Einziehungsbeteiligte kann dann seine Rechte nach § 439 geltend machen oder Entschädigungsansprüche vor dem Zivilprozeßgericht einklagen, nicht anders als in den Fällen, in denen der Angeklagte von der Einlegung des Einspruchs absieht, auf ihn verzichtet oder den eingelegten Einspruch rechtzeitig (§ 411) förmlich zurücknimmt. *Bleibt* dagegen *der Einziehungsbeteiligte unvertreten in der Hauptverhandlung aus,* während der Angeklagte erschienen oder vertreten ist, so kann nach § 436 Abs. 1 ohne den Einziehungsbeteiligten verhandelt werden; auf ihn ist § 412 auch nicht entsprechend anwendbar.

b) Für den Fall, daß **nur der Einziehungsbeteiligte aus eignem Recht** (§ 433 Abs. 1) **Einspruch** einlegt, während der Beschuldigte sich bei dem Strafbefehl beruhigt, sei es, daß er die Einspruchsfrist ungenutzt verstreichen läßt, auf den Einspruch verzichtet, den eingelegten Einspruch rechtzeitig zurücknimmt (§ 411) oder sein Einspruch gemäß § 412 verworfen wird, enthält *Abs. 2* des § 438 eine *Sondervorschrift,* die eine Vereinfachung des Verfahrens bezweckt und dem Umstand Rechnung trägt, daß nach Rechtskraft des Strafbefehls gegenüber dem Beschuldigten nur noch über vermögensrechtliche Belange zu entscheiden ist. Und zwar gilt diese Vorschrift ohne Rücksicht darauf, ob der Einziehungsbeteiligte im Falle der Anberaumung eines Termins zur mündlichen Verhandlung ohne genügende Entschuldigung und unvertreten ausbleibt, oder ob er genügend entschuldigt ist oder selbst erscheint oder nach § 434 vertreten wird; im ersteren Fall ist, da er nach § 436 Abs. 1 nicht zu erscheinen braucht, eine entsprechende Anwendung des § 412 ausgeschlossen.

Die Besonderheiten des Verfahrens bestehen darin, daß

aa) § 439 Absatz 3 Satz 1 entsprechend anwendbar ist, d. h., daß das Gericht den *Schuldspruch* des gegenüber dem Beschuldigten rechtskräftigen Strafbefehls nicht nachprüft, wenn es im Fall eines wirksamen Einspruchs *durch den Angeklagten* zulässig gewesen wäre, den Einziehungsbeteiligten nach § 431 Abs. 2 von der Beteiligung zur Frage der Schuld des Angeklagten auszuschließen. Es bedarf also zum Ausschluß der Nachprüfung des Schuldspruchs keiner besonderen förmlichen Anordnung (eine schon vor oder bei Erlaß des Strafbefehls getroffene Anordnung behält aber ihre Bedeutung), sondern der Einspruch hat von vornherein nur eine beschränkte Wirkung, wenn das Gericht die Voraussetzungen als gegeben ansieht, die es in einem durch den Einspruch des Beschuldigten eröffneten Strafverfahren zu einem Beschluß nach § 431 Abs. 2 berechtigt hätten.

Liegen dagegen die Beschränkungsvoraussetzungen *nicht* vor, so kann der Einziehungsbeteiligte im Verfahren nach Einspruch auch zur Schuldfrage Stellung nehmen, und die Pflicht des Gerichts, den Sachverhalt auch insoweit vollständig aufzuklären, unterliegt bei Durchführung einer Hauptverhandlung — unbeschadet des § 436 Abs. 2 — keiner Beschränkung. Den Rechtsbehelf des Einspruchs wie ein Rechtsmittel zu behandeln (vgl. § 437 Abs. 1 Satz 2), hätte dem Grundsatz des rechtlichen Gehörs widersprochen. Denn der Strafbefehl enthält keine Gründe, und der Strafbefehlsrichter gründet seine Überzeugung zur Schuldfrage nur auf den Inhalt der Akten. Es fehlt also an den Garantien einer vollständigen Sachaufklärung, die die Hauptverhandlung bietet, und damit entfallen die Voraussetzungen, die im Verfahren nach Einspruch eine dem § 437 Abs. 1 Satz 2 entsprechende Beschränkung der Aufklärungspflicht bezgl. der Schuldfrage rechtfertigen könnten.

bb) die Absätze 2, 3 des § 441 entsprechend gelten, also grundsätzlich durch Beschluß und nur ausnahmsweise auf Grund mündlicher Verhandlung entschieden wird. Diese Verfahrensvereinfachung beruht, wie die ähnliche Vorschrift des § 437 Abs. 4, auf der Erwägung, daß nur über die Einziehung, also eine Maßnahme lediglich vermögensrechtlicher Art entschieden wird.

Ist Termin zur mündlichen Verhandlung anberaumt, weil die Staatsanwaltschaft es beantragte oder das Gericht mündliche Verhandlung anordnete, und bleibt der gemäß § 435 Abs. 1 benachrichtigte Einziehungsbeteiligte unvertreten (§ 434) aus, so kann das Gericht nach § 433 Abs. 1 ohne ihn verhandeln. Es kann aber auch, wenn die Staatsanwaltschaft mündliche Verhandlung beantragt hatte, mit deren Einverständnis zum Beschlußverfahren übergehen.

Hatte der Einziehungsbeteiligte die mündliche Verhandlung beantragt, so muß freilich auch dann, wenn er unvertreten ausbleibt, die mündliche Verhandlung – ggf. unter Erzwingung des Erscheinens (§ 433 Abs. 2) – durchgeführt und durch Urteil entschieden werden (zweifelnd EbSchmidt NachtrBd. II Rz. 9). Einen Fingerzeig, wie frühere Erklärungen zur Wahrnehmung seiner Rechte verwertet werden können, bietet § 74 Abs. 1 OWiG (Bekanntgabe des wesentlichen Inhalts seiner früheren Vernehmung und etwaiger schriftlicher oder protokollarischer Erklärungen zur Sache), gegen dessen rechtsanaloge Anwendung insoweit keine Bedenken bestehen (Kl [30] 6 D). Dagegen scheidet eine sinngemäße Anwendung des § 74 Abs. 2 OWiG (Möglichkeit der Verwerfung des Einspruchs ohne Beweisaufnahme, wenn der Betroffene bei Anordnung seines persönlichen Erscheinens ohne genügende Entschuldigung ausbleibt) aus, denn das liefe auf eine entsprechende Anwendung des § 412 StPO hinaus, die, als dem Grundsatz des § 436 Abs. 1 widersprechend, nicht im Gesetz vorgesehen ist.

c) Der Fall, daß **sowohl der Beschuldigte als auch aus eignem Recht der Einziehungsbeteiligte Einspruch eingelegt haben**, wirft keine besonderen Probleme auf: er wird so behandelt, als sei nach schriftlich erhobener Anklage das Hauptverfahren eröffnet und die Beteiligung angeordnet worden. Der aus eignem Recht eingelegte Einspruch des Einziehungsbeteiligten hat auch dann keine selbständige Bedeutung, wenn der Angeklagte durch Tod oder dauernde Verhandlungsfähigkeit aus dem Verfahren ausscheidet, denn der Strafbefehl hatte mit der wirksamen Einlegung des Einspruchs durch den Angeklagten nur noch die Funktion eines Eröffnungsbeschlusses. Es bleibt dann nur die Frage, ob das subjektive Strafverfahren in ein objektives Verfahren übergeleitet werden kann (vgl. dazu Anm. VI zu § 440).

d) Hat der Einziehungsbeteiligte mit dem selbständigen Einspruch (§ 438 Abs. 2) Erfolg, so wird der rechtskräftige Strafbefehl, soweit er die angeordnete Einziehung betrifft, aufgehoben; andernfalls wird der Einspruch verworfen. Wegen der Kosten und Auslagen vgl. §§ 472 b, 473.

§ 439

(1) Ist die Einziehung eines Gegenstandes rechtskräftig angeordnet worden, und macht jemand glaubhaft, daß er

1. zur Zeit der Rechtskraft der Entscheidung ein Recht an dem Gegenstand gehabt hat, das infolge der Entscheidung beeinträchtigt ist oder nicht mehr besteht und

2. ohne sein Verschulden weder im Verfahren des ersten Rechtszuges noch im Berufungsverfahren die Rechte des Einziehungsbeteiligten hat wahrnehmen können,

so kann er in einem Nachverfahren geltend machen, daß die Einziehung ihm gegenüber nicht gerechtfertigt sei. § 360 gilt entsprechend.

(2) Das Nachverfahren ist binnen eines Monats nach Ablauf des Tages zu beantragen, an dem der Antragsteller von der rechtskräftigen Entscheidung Kenntnis erlangt hat. Der Antrag ist unzulässig, wenn seit Eintritt der Rechtskraft zwei Jahre verstrichen sind.

(3) Das Gericht prüft den Schuldspruch nicht nach, wenn nach den Umständen, welche die Einziehung begründet haben, im Strafverfahren eine Anordnung nach § 431 Abs. 2 zulässig gewesen wäre. Im übrigen gilt § 437 Abs. 1 entsprechend.

(4) Wird das vom Antragsteller behauptete Recht nicht erwiesen, so ist der Antrag unbegründet.

(5) Vor der Entscheidung kann das Gericht mit Zustimmung der Staatsanwaltschaft die Anordnung der Einziehung aufheben, wenn das Nachverfahren einen unangemessenen Aufwand erfordern würde.

(6) Eine Wiederaufnahme des Verfahrens nach § 359 Nr. 5 zu dem Zweck, die Einwendungen nach Abs. 1 geltend zu machen, ist ausgeschlossen.

I. Zur Entstehungsgeschichte der Vorschrift

Ein tatunbeteiligter Drittberechtigter kann trotz der jetzt eröffneten Möglichkeit der Beteiligung am subjektiven Strafverfahren durch die rechtskräftig angeordnete Einziehung mit den in § 41 a StGB bezeichneten Wirkungen Rechtsverluste erleiden, wenn er ohne sein Verschulden nicht am Verfahren beteiligt war (§ 431 Abs. 1 Satz 1) oder er trotz der angeordneten Verfahrensbeteiligung nicht in der Lage war, seine Befugnisse als Einziehungsbeteiligter wahrzunehmen. Dann stehen ihm zwar Entschädigungsansprüche aus § 41 c StGB zu. Der Grundsatz des rechtlichen Gehörs (Art. 103 Abs. 1 GG) verlangt aber, daß ihm nachträglich Gehör gewährt, d. h. ihm ein Rechtsbehelf an die Hand gegeben wird, der, soweit möglich, zu einer Wiederherstellung der verlorengegangenen Rechte führt, so daß er sich so steht, wie er sich bei rechtzeitiger Gewährung des Gehörs gestanden hätte. Diesem Zweck dient § 439, der damit ein Gegenstück zu §§ 33 a, 311 a darstellt.

Das Bedürfnis nach einer dem § 439 entsprechenden Vorschrift ist seit langem anerkannt. Schon zu der Zeit, als die h. M. noch die Beteiligung eines Einziehungsinteressenten am subjektiven Strafverfahren als unzulässig ansah und nur die Beteiligung am selbständigen Einziehungsverfahren (§§ 430ff. a. F.; §§ 440f. n. F.) in Betracht kam, waren, wie in der Vorauflage (Anm. 3 zu § 432) ausführlicher dargestellt, eine Reihe von Möglichkeiten erörtert worden, eine Art restitutio in integrum zu erreichen (durch Einwendungen nach §§ 458, 462; „Widerruf" der rechtskräftigen Einziehungsanordnung, Wiederaufnahme des Verfahrens), die aber durchweg auf Bedenken stießen. So blieb der Appell an den Gesetzgeber, einen Weg zur Wiederherstellung unberücksichtigt gebliebener Drittrechte zu schaffen. § 421 StPO-Entw. 1939 schlug vor, daß der Einziehungsinteressent binnen bestimmter Frist Einwendungen gegen die rechtskräftig angeordnete Einziehung in einem formlosen Nachverfahren geltend machen könne, wenn er zum Verfahren nicht zugezogen war oder ohne eignes Verschulden die Hauptverhandlung versäumte. In §§ 25, 26 Abs. 3 OWiG 1952 und in § 7 WiStG 1954 ging dieser Gedanke in das geltende Recht ein, freilich beschränkt auf bestimmte Teilrechtsgebiete. Da der diesen Vorschriften zugrunde liegende Rechtsgedanke aber allgemeingültiger Natur ist, war es zwangsläufig, ihm auch für das Strafverfahren generell durch eine ausdrückliche Vorschrift Anerkennung zu verschaffen, „denn für den Rechtsinhaber, der am Verfahren nicht beteiligt worden ist, wirkt sich die Anordnung der Einziehung wie ein Eingriff durch die öffentliche Gewalt aus, gegen den nach Art. 19 Abs. 4 GG die Anrufung des Gerichts möglich sein muß" (Begr. S. 74).

II. Zulässigkeitsprüfung (zu Absatz 1, 2)

1. Das Nachverfahren hat die Prüfung zum Gegenstand, ob die Einziehung dem Dritten gegenüber gerechtfertigt ist. Es setzt einen *Antrag* des Dritten voraus (Abs. 2) und zerfällt in zwei Verfahrensabschnitte. Der erste Abschnitt hat die Prüfung der *Zulässigkeit* des Antrags zum Gegenstand; erst wenn diese bejaht wird, ist Raum für die Prüfung der *Begründetheit* des Antrags (unten III). Vgl. dazu ergänzend § 441.

2. Voraussetzung des Nachverfahrens ist zunächst, daß die Einziehung eines Gegenstandes für alle Beteiligten (absolut) *formell rechtskräftig* angeordnet ist. Das ist auch der Fall, wenn das im übrigen rechtskräftige Urteil nur in einem Punkt (§§ 318, 352) angefochten ist, der die Einziehung nicht berührt. Eine Einziehung ist i. S. des § 439 auch angeordnet, wenn ein Vorbehalt der Einziehung rechtskräftig angeordnet ist (§ 40 b Abs. 2 StBG),

denn durch die Befolgung der Anweisung kann das Drittrecht *beeinträchtigt* werden (§ 439 Abs. 1 Nr. 1). Die Anordnung der Einziehung des Wertersatzes (§ 40c StGB) kommt für das Nachverfahren nicht in Betracht, da damit nicht in Rechte Dritter eingegriffen wird.

3. Der Dritte („jemand", d. h. ein anderer als der Verurteilte) kann den *Antrag* selbst oder durch einen Bevollmächtigten stellen. Der gesetzliche Vertreter ist selbständig antragsberechtigt. Der Antragsteller kann auch einen Vertreter i. S. des § 434 bestellen, und es kann ihm ein Vertreter nach § 434 Abs. 2 beigeordnet werden (vgl. Anm. II zu § 434). Der Antrag auf Nachverfahren ist, dem Antrag auf Wiederaufnahme vergleichbar, ein *Rechtsbehelf*, der darauf gerichtet ist, die Wirkung der Rechtskraft der Entscheidung, soweit sie die Einziehung betrifft, zu beseitigen. Das Gesetz enhält aber keine dem § 365 entsprechende Vorschrift. Für den Antrag gelten daher keine besonderen Formvorschriften; es genügt also ein schriftlicher Antrag oder ein Antrag zu Protokoll des Urkundsbeamten des Gerichts – § 441 Abs. 1 Satz 1 – (anders § 366) und die Staatsanwaltschaft ist nicht zugunsten des Dritten antragsberechtigt (vgl. aber Abs. 5 und unten Anm. V).

4. Der Dritte muß nach Abs. 1 Nr. 1 **glaubhaft machen,** daß er zur Zeit der Rechtskraft der Entscheidung ein Recht an dem Gegenstand gehabt hat, das infolge der Entscheidung beeinträchtigt ist oder nicht mehr besteht.

a) **Über die Mittel der Glaubhaftmachung** vgl. Anm. 6 zu § 26. Der eigene Eid und die eigene eidesstattliche Versicherung des Dritten kommen als Glaubhaftmachungsmittel nicht in Betracht, denn der Dritte nimmt in diesem Stadium des Verfahrens eine Stellung ein, die der des Einziehungsinteressenten im Ermittlungsverfahren entspricht (vgl. § 432 Abs. 2: Behandlung wie ein Beschuldigter). Der Gedanke läßt sich auch so wenden, daß er das nachträgliche Einrücken in die Rolle eines Einziehungsbeteiligten mit den Befugnissen eines Angeklagten (§ 433 Abs. 1) erstrebt (so EbSchmidt NachtrBd. II Rz. 8). Bei jeder Betrachtungsweise entfallen Eid und eidesstattliche Versicherung für ihn als Mittel der Glaubhaftmachung (so auch Kl [30] 2 A).

b) Die Glaubhaftmachung obliegt nach dem Wortlaut des Gesetzes auch dem, der am Strafverfahren bereits **als Einziehungsbeteiligter beteiligt** war (vgl. unten 5 a, bb), weil sein Recht glaubhaft erschien (§ 431 Abs. 1 Satz 1). Dieses Ergebnis ist gewollt. „Darin liegt keine Unbilligkeit. Denn die ursprüngliche Glaubhaftmachung kann durch die im Urteil getroffenen Feststellungen ausgeräumt sein" (Begr. S. 81).

c) Der Antragsteller muß glaubhaft machen, daß er ein Recht am Gegenstand **zur Zeit der Rechtskraft der Entscheidung** hatte, denn die Wirkungen der Einziehung treffen nur den in diesem Zeitpunkt berechtigten Dritten (§§ 41 a, 41 c StGB). Ist der in diesem Zeitpunkt Berechtigte verstorben, so sind Antragsteller seine Erben, die sein Recht glaubhaft machen müssen. *„Recht am Einziehungsgegenstand"* ist sowohl das Eigentum an einer Sache und die Rechtsinhaberschaft eines Rechts wie ein beschränkt dingliches Recht an dem Gegenstand.

d) Es muß glaubhaft gemacht sein, daß das Recht infolge der Entscheidung **nicht mehr besteht** – weil das Eigentum an der Sache oder das Recht gemäß § 41 a Abs. 1 auf den Staat übergegangen oder ein beschränkt dingliches Recht durch Anordnung des Erlöschens gemäß § 41 a Abs. 2 Satz 2, 3 StGB untergegangen ist – oder *beeinträchtigt* ist, weil bei Einziehungsvorbehalt Maßnahmen i. S. des § 40 b angeordnet und durchgeführt sind, die mit Verlust oder wirtschaftlicher Beeinträchtigung des Eigentums verbunden waren (vgl. LK = Schäfer Rdn. 4 zu § 41 c).

5. Außerdem muß der Dritte nach **Abs. 1 Nr. 2** glaubhaft machen, daß er **ohne sein Verschulden** weder im Verfahren des 1. Rechtszugs noch im Berufungsverfahren **die Rechte des Einziehungsbeteiligten hat wahrnehmen können.**

a) Diese Voraussetzungen liegen vor (vgl. dazu Anm. II 3 zu § 437)

aa) wenn der Antragsteller ohne sein Verschulden überhaupt nicht in die Rechtsstellung eines Einziehungsbeteiligten eingerückt ist, insbesondere weil er von der Verstrickung seines Eigentums oder Rechts in die Straftat oder mit Strafe bedrohte Handlung keine Kenntnis hatte, oder

bb) wenn er zwar Einziehungsbeteiligter war, aber etwa die Terminsnachricht ihn nicht oder nicht rechtzeitig erreichte oder er am Erscheinen in der Hauptverhandlung und an der Sorge für Vertretung verhindert war. Unverschuldete Nichtwahrnehmung liegt aber auch vor, wenn die Verfahrenslage die Erlangung der Stellung eines Einziehungsbeteiligten oder die Wahrnehmung der Rechte eines solchen ausschloß, so, wenn er zwar von einem auf Einziehung lautenden Urteil vor dessen Rechtskraft Kenntnis erlangte, eine Beteiligung in der Rechtsmittelinstanz aber entfiel, weil der Angeklagte das Urteil hinnahm (wegen des Strafbefehls vgl. Anm. 5 zu § 438), oder wenn seine Beteiligung so spät in der letzten Tatsacheninstanz (§ 431 Abs. 4) angeordnet wurde, daß seine Beteiligung sich praktisch auf die *Revisionsinstanz* beschränkte, in der er mit tatsächlichem Vorbringen ausgeschlossen war, oder wenn im Fall einer Einziehung nach § 40 Abs. 2 Nr. 1 oder § 40 a ein Wechsel des Eigentums erst in der Zeit nach der Hauptverhandlung in der letzten Tatsacheninstanz vor Eintritt der Rechtskraft erfolgt.

b) Konnte der Einziehungsbeteiligte dagegen seine Rechte wahrnehmen, so ist es ohne Bedeutung, wenn das Gericht seinen Ausführungen und Einwendungen nicht folgte oder sie gar versehentlich unberücksichtigt ließ. Im letzteren Fall liegt nur ein Fehlverhalten des Gerichts vor, dessen sich der Einziehungsbeteiligte — nicht anders als in einem entsprechenden Fall der Angeklagte — nur mit den gesetzlich zulässigen Rechtsmitteln im Strafverfahren erwehren kann. Das gleiche gilt, wenn das Gericht eine Beschränkung der Verfahrensbeteiligung (§ 431 Abs. 2) ohne die gesetzlichen Voraussetzungen anordnete; dann stand der Weg der sofortigen Beschwerde (§ 431 Abs. 5) zur Verfügung, und der Angeklagte könnte auch nicht geltend machen, daß seine sofortige Beschwerde zu Unrecht verworfen worden sei.

6. Nach **Abs. 2** ist die Zulässigkeit des Nachverfahrensantrags ferner **an zwei zeitliche Voraussetzungen** gebunden:

a) nach **Abs. 2 Satz 1** muß der Antrag binnen Monatsfrist nach Ablauf des Tages gestellt werden, an dem der Antragsteller von der rechtskräftigen Entscheidung Kenntnis erlangt hat. Da es auf die Kenntnis der **rechtskräftigen** Entscheidung ankommt, ist es für den Fristablauf ohne Bedeutung, ob und wann der Antragsteller von einer noch nicht rechtskräftigen Entscheidung Kenntnis erlangt hat. Wegen der Fristberechnung vgl. § 43, wegen der Wiedereinsetzung gegen die Versäumung der Frist §§ 44, 45. Die Feststellung der Kenntniserlangung bereitet Schwierigkeiten, wenn der Einziehungsinteressent oder -beteiligte den Prozeßverlauf nicht im einzelnen verfolgt hat, namentlich aber dann, wenn er von der Verstrickung des Gegenstandes in ein Strafverfahren keine Kenntnis erlangte; deshalb sieht Abs. 2 Satz 2 eine absolute Ausschlußfrist vor. Kenntnis von der rechtskräftigen Entscheidung bedeutet positive Kenntnis — Kennenmüssen genügt nicht —, daß eine Entscheidung ergangen und daß sie formell rechtskräftig ist, und zwar eine Entscheidung über die Einziehung; dagegen braucht der Dritte nicht zu wissen, welche Folgen sich mit der Rechtskraft der Entscheidung für seine Rechtsstellung ergaben.

Die Wahrung der Frist ist *Prozeßvoraussetzung* für das Nachtragsverfahren, ihre Nichtwahrung stellt ein Prozeßhindernis für die Durchführung des Nachtragsverfahrens dar. Nach allgemeinen Grundsätzen (vgl. Einl. S. 81) wird das Vorliegen der Prozeßvoraussetzungen in jeder Lage des Verfahrens von Amts wegen im Wege des Freibeweises geprüft; es bedarf also keiner Glaubhaftmachung der Fristwahrung durch den Antragsteller. Dabei kann die Frage auftauchen, ob sich ein unaufklärbarer Zweifel, ob die Frist gewahrt ist oder nicht, zum Nachteil oder zum Vorteil des Antragstellers auswirkt. Da der Antragsteller als der von einer rechtskräftigen Entscheidung — nach seinem Vorbringen — unmittelbar Betroffene praktisch in die Rolle eines Angeklagten eingerückt ist, der sich mit Rechtsbehelfen des Eingriffs der staatlichen Strafgewalt in seine Güter zu erwehren sucht, erhebt sich auch hier die grundsätzliche Frage, ob die Entscheidung im Sinne von „im Zweifel zugunsten des Rechtsmittels“ oder „im Zweifel zugunsten der Rechtskraft“ zu fallen hat. EbSchmidt NachtrBd. II Rz. 4 beantwortet sie im letzteren Sinn; der Verfasser dieser

Zeilen neigt unter Bezugnahme auf seine Ausführungen in der Einleitung S. 87 ff., 91 zu der entgegengesetzten Annahme (ebenso Kl [30] 5).

b) **nach Absatz 2 Satz 2** ist unabhängig davon, ob die Frist nach Abs. 2 Satz 1 zu laufen begonnen hat oder überhaupt noch nicht in Lauf gesetzt war, der Antrag unzulässig, wenn seit Eintritt der formellen absoluten Rechtskraft (oben Anm. II 2) **zwei Jahre** verstrichen sind (§ 25 Abs. 3 OWiG 1952, der eine dem § 439 Abs. 2 Satz 1 StPO entsprechende relative Frist nicht kannte, hatte die Frist auf 1 Jahr begrenzt). Eine ähnliche Kombination einer relativen mit einer absoluten Antragsfrist ist in § 586 Abs. 2 ZPO bei der zivilprozessualen Wiederaufnahme des Verfahrens vorgesehen. Die Setzung einer absoluten Frist bezweckt die Wahrung des Rechtsfriedens (Begr. S. 74). Die Frist des Satzes 2 beginnt, anders als die des Satzes 1, mit dem Tag des Eintritts der Rechtskraft. Sie ist eine absolute Ausschlußfrist; gegen ihre Versäumnis gibt es keine Wiedereinsetzung (§§ 44, 45).

7. Zu § 439 Absatz 1 Satz 2. Diese Vorschrift erklärt **den § 360 für entsprechend anwendbar,** wonach durch den Antrag auf Wiederaufnahme des Verfahrens die Vollstreckung des Urteils nicht gehemmt wird, das Gericht jedoch einen Aufschub sowie eine Unterbrechung der Vollstreckung anordnen kann.

a) Zur Klarstellung der Bedeutung der Vorschrift ist zunächst vorauszuschicken: Nach § 41 a Abs. 1 StGB geht, wenn die Einziehung eines Gegenstandes angeordnet ist, das Eigentum an der Sache oder das eingezogene Recht kraft Gesetzes auf den Staat über; er erwirbt originär Eigentum und Recht. Ebenso gehen mit der Rechtskraft der Entscheidung die beschränkt dinglichen Rechte unter, deren Erlöschen gemäß § 41 a Abs. 2 angeordnet ist. Besonderer Vollstreckungshandlungen zur Ausführung der Entscheidung bedarf es bei Sachen nur, wenn sie zur Zeit der Rechtskraft sich nicht in amtlicher Verwahrung (infolge Beschlagnahme oder freiwilliger Herausgabe) befinden. Ist der Gegenstand in den Händen des Verurteilten, gegen den auf Einziehung erkannt ist, oder des Einziehungsbeteiligten, der nach der Entscheidung zur Herausgabe verpflichtet ist, weil er im Spruch als Einziehungsbeteiligter bezeichnet und die Einziehung des ihm gehörigen oder von ihm in Anspruch genommenen Gegenstandes angeordnet ist, und gibt der Besitzer ihn trotz Aufforderung nicht freiwillig heraus, oder läßt eine Aufforderung den Vollstreckungserfolg gefährdet erscheinen, so erfolgt die Vollstreckung nach § 463 StPO, § 883 ZPO, indem der Gerichtsvollzieher auf Grund eines schriftlichen Vollstreckungsauftrags (§ 61 Abs. 2 StVollstrO) dem Herausgabepflichtigen den Gegenstand wegnimmt. Wird dieser dort nicht vorgefunden, so kann der Herausgabepflichtige zur eidesstattlichen Versicherung über den Verbleib angehalten werden; davon ist aber nach § 62 Abs. 1 StVollstrO in der Regel abzusehen, sofern die Versicherung wesentlichen Feststellungen der Entscheidung widersprechen würde. Ist der Gegenstand im Gewahrsam des Einziehungsbeteiligten, und verweigert dieser die Herausgabe mit der Begründung, daß er an dem Gegenstand ein ihn zum Besitz berechtigendes beschränkt dingliches Recht habe, so kann gegen ihn auf Grund der Entscheidung nur vollstreckt werden, wenn in ihr das Erlöschen des Rechts angeordnet worden ist. Ob im übrigen der Anspruch auf Herausgabe (§ 985 BGB) im Wege der *Klage* gegen ihn geltend gemacht werden soll, entscheidet die oberste Justizbehörde (§ 61 Abs. 4 StVollstrO). Befindet sich der Gegenstand in der Hand eines *Dritten* (eines anderen als des Verurteilten oder des Einziehungsbeteiligten), so kann gegen ihn nicht unmittelbar aus dem die Einziehung und das Erlöschen beschränkt dinglicher Rechte anordnenden Urteil vorgegangen werden, denn einen Vollstreckungstitel bildet das Urteil nur gegen denjenigen, den es als Verurteilten oder Einziehungsbeteiligten, der die Einziehung zu dulden hat, nennt. Der Fiskus kann gegen den dritten Gewahrsamsinhaber, der einer Aufforderung zur Herausgabe nicht nachkommt, auf Grund des mit der Rechtskraft (ggf. lastenfrei) erworbenen Eigentums nur mit einer Klage auf Herausgabe (§ 985 BGB) vorgehen; ob das geschehen soll, entscheidet auch hier die oberste Justizbehörde (§ 61 Abs. 5 StVollstrO).

Abgesehen von den auf Besitzerlangung gerichteten Handlungen kommen als vollstreckungsähnliche Maßnahmen noch solche Handlungen in Betracht, die die äußere Kenntlichmachung des mit der Rechtskraft der Entscheidung vollzogenen Eigentumserwerbs des Staates bezwecken, wie z. B. bei Einziehung eines Grundstücks oder bei Anordnung des Erlöschens von Rechten an einem Grundstück die Berichtigung des Grundbuchs.

b) Die in § 439 Abs. 1 Satz 2 abgeordnete entsprechende Anwendung des § 360 läßt die unmittelbar kraft Gesetzes mit der Rechtskraft des Urteils eingetretenen Wirkungen der Einziehung (Erwerb des Eigentums, Erlöschen beschränkt dinglicher Rechte) unberührt und bezieht sich lediglich auf die oben bezeichneten Maßnahmen, die als Vollstreckung im weiteren Sinn auf die Erlangung des Besitzes und die äußere Kenntlichmachung des Rechtsübergangs gerichtet sind. Sie werden durch den Antrag auf das Nachtragsverfahren nicht gehemmt, das Gericht kann aber ihren Aufschub oder, falls sie schon begonnen haben, ihre Unterbrechung anordnen.

c) Ergänzt wird diese Regelung durch § 68 StVollstrO. Danach sind die Vollstreckungsbehörden angewiesen, wenn damit zu rechnen ist, daß das Nachtragsverfahren beantragt wird, von der **Verwertung** eingezogener Gegenstände (durch öffentliche Versteigerung, freihändigen Verkauf usw.) einstweilen abzusehen. Diese Vorschriften gelten erst recht, wenn ein Nachverfahren bereits beantragt ist (Pohlmann RPfleger **1968** 264, 271).

8. **Fehlen die Zulässigkeitsvoraussetzungen des Nachverfahrensantrags** gemäß Abs. 1, 2, so wird er durch Beschluß (§ 441 Abs. 2) als unzulässig verworfen.

III. Die sachliche Prüfung (zu Absatz 3, 4)

1. Wird der Antrag als **zulässig befunden**, so bedarf es keines besonderen Zulassungsbeschlusses, vielmehr geht das Nachverfahren ohne weiteres in das Stadium der **sachlichen** Nachprüfung über (wegen der Form der Entscheidung vgl. § 441 Abs. 3).

2. **Nachprüfung des Schuldspruchs.** Im Strafverfahren (§ 431) erstreckt sich die Beteiligung nicht auf die *Frage der Schuld* des Angeschuldigten, wenn das Gericht gemäß § 431 Abs. 2 eine dahin gehende Anordnung trifft; eine solche Beschränkung anzuordnen, ist gemäß § 431 Abs. 2 („kann“) in sein pflichtmäßiges Ermessen gestellt. Im Nachtragsverfahren, in dem bereits ein rechtskräftiger Schuldspruch vorliegt, bedarf es keiner besonderen Beschränkungsanordnung, vielmehr ist gemäß *§ 439 Abs. 3 Satz 1* der Schuldspruch bereits *kraft Gesetzes* von der Nachprüfung ausgeschlossen, wenn im Strafverfahren eine Beteiligungsbeschränkung *zulässig gewesen wäre,* weil die Voraussetzungen des § 431 Abs. 2 vorlagen. Ob dies der Fall ist, richtet sich „nach den Umständen, welche die Einziehung begründet haben“, d. h. die Prüfung erfolgt unter Zugrundelegung der Urteilsgründe. „Im übrigen“, d. h. wenn der Antragsteller, weil es an den Voraussetzungen des § 431 Abs. 2 Nr. 1, 2 fehlte, im Strafverfahren hätte beteiligt werden müssen, gilt nach § 439 *Abs. 3 Satz 2* § 437 Abs. 1 entsprechend, d. h. der Schuldspruch des Urteils wird in gleicher Weise wie im Rechtsmittelverfahren nur auf Einwendungen des Antragstellers in begrenztem Umfang nachgeprüft. War der Antragsteller bereits Einziehungsbeteiligter des Strafverfahrens, und war bereits eine Beschränkung nach § 431 Abs. 2 angeordnet, so ist das Gericht der Prüfung im Nachtragsverfahren enthoben, ob eine Anordnung nach § 431 Abs. 2 zulässig gewesen wäre. Ist die Einziehung durch rechtskräftigen Strafbefehl (Strafverfügung) angeordnet worden, so gelten hinsichtlich der Nachprüfung des Schuldspruchs die gleichen Grundsätze wie bei einer Nachprüfung im Strafverfahren nur auf den Einspruch des Einziehungsbeteiligten hin (vgl. Anm. 5 b zu § 438).

3. **Die Entscheidung**

a) Nach **Absatz 4** wird der Antrag, ohne daß es einer weiteren Prüfung bedarf, als **unbegründet** verworfen, wenn das vom Antragsteller **behauptete Recht** (Abs. 1 Satz 1 Nr. 1) **nicht erwiesen** ist. Der Antrag kann also nur Erfolg haben, wenn das behauptete Recht zur Überzeugung des Gerichts erwiesen ist; ein unaufklärbarer Zweifel geht zu Lasten des Antragstellers. Diese Regelung, die konstruktiv in etwa ein Gegenstück in § 186 StGB („wenn nicht diese Tatsache erweislich wahr ist“) findet, bedeutet nicht, daß den Antragsteller eine Beweislast nach den Regeln des bürgerlichen Rechts und des Zivilprozesses träfe. Vielmehr hat das Gericht von Amts wegen zu prüfen, ob das behauptete Recht besteht. Ein „non liquet“ belastet aber den Antragsteller. „Dies ist nicht zuletzt deshalb geboten, weil das Nachverfahren lange Zeit nach dem Strafverfahren stattfinden kann, und Beweismittel, die in diesem Verfahren noch zur Verfügung standen, inzwischen verlorengegangen sein können“ (Begr. S. 81). Das hier verwendete Argument der „langen Zeit“

wirkt freilich insofern nicht recht überzeugend, als die Antragsfristen ja zeitlich begrenzt sind (§ 439 Abs. 2). Die innere Rechtfertigung wird darin zu finden sein, daß es sich bei dem Nachtragsverfahren nur um vermögensrechtliche Belange handelt und daß es unter diesem Gesichtspunkt gerechtfertigt ist, Eingriffe in die Rechtskraft der Entscheidung in engen Grenzen zu halten, zumal den Betroffenen, wäre er nur darauf angewiesen, Entschädigungsansprüche aus § 41 c StGB vor dem Zivilrichter geltend zu machen, die Beweislast für den Bestand des Rechts nach allgemeinen Beweislastregeln träfe.

b) **Ist das Recht erwiesen,** so ist nach § 439 Abs. 1 zu prüfen, ob die Einziehung und die Anordnung des Erlöschens von Rechten (§ 41 c Abs. 2 StGB) dem Antragsteller „gegenüber gerechtfertigt" ist. Das Gericht prüft also im Nachverfahren, wie im Strafverfahren zu entscheiden gewesen wäre, wenn der Antragsteller seine Rechte hätte wahrnehmen können. Es ist dabei aber nicht auf das damals vorhandene Beweismaterial beschränkt, sondern entscheidet auf Grundlage der jetzt zur Verfügung stehenden Erkenntnismöglichkeiten („nicht gerechtfertigt sei"). Kann es nicht die Überzeugung gewinnen, daß die Einziehung gerechtfertigt sei, so wirkt sich der Zweifel zugunsten des Antragstellers aus (Begr. § 81; K I [30] 8), wie ja auch im vorausgegangenen Strafverfahren, ein Zweifel, ob die Einziehungsvoraussetzungen voll erfüllt sind, nach dem Grundsatz in dubio pro reo zu einer Abstandmaßnahme von der Einziehung geführt hätte (Begr. S. 8).

c) Ist hiernach die Einziehung gerechtfertigt, so wird der Antrag als unbegründet verworfen. Andernfalls wird die Anordnung der Einziehung insoweit *„aufgehoben"* (vgl. § 439 Abs. 5), als sie dem Antragsteller gegenüber nicht gerechtfertigt ist. Wendet sich z. B. der Antragsteller nur gegen eine Erlöschensanordnung (§ 41 a Abs. 2 StGB), so wird nur diese aufgehoben.

IV. Wirkung der dem Antrag stattgebenden Entscheidung

1. Die rechtskräftige Aufhebung der Einziehung stellt **rückwirkend** den Rechtszustand wieder her, wie er im Zeitpunkt der Rechtskraft der Vorentscheidung bestanden hätte, wenn diese die den Antragsteller belastende Einziehungsanordnung nicht enthalten hätte. Die Aufhebungsentscheidung hat daher unabhängig davon zu ergehen, welches rechtliche oder tatsächliche Schicksal der Einziehungsgegenstand in der Zwischenzeit erlitten hat; eine Entscheidung über den Nachverfahrensantrag wird also nicht z. B. dadurch gegenstandslos, daß die eingezogene Sache in der Zwischenzeit verwertet worden oder durch Zufall untergegangen ist.

2. Das Gericht des Nachverfahrens hat nicht darüber zu entscheiden, welche Rechtsfolgen sich im übrigen für den Antragsteller aus der Aufhebung der Einziehung ergeben, etwa ob ihm bei einer zwischenzeitlichen Verwertung der Sache durch die Vollstreckungsbehörde Ansprüche aus ungerechtfertigter Bereicherung gegen den Justizfiskus zustehen usw. Darüber zu entscheiden ist nach dem Grundsatz des § 41 c StGB, der nur in § 436 Abs. 3 durchbrochen ist, nicht Sache des Straf-, sondern des Zivilgerichts.

V. Aufhebung der Einziehungsanordnung wegen unangemessenen Verfahrensaufwands (zu Absatz 5)

Die Möglichkeit, die Anordnung der Einziehung „vor der Entscheidung" wegen unangemessenen Aufwands des Nachverfahrens aufzuheben, entspricht der Regelung in § 430, wonach das Gericht die Einziehung mit Zustimmung der Staatsanwaltschaft in jeder Lage des Verfahrens von der Verfolgung ausnehmen kann. Die Aufhebung nach Abs. 5 kann auch hier „in jeder Lage des Verfahrens" erfolgen, also nicht erst nach Bejahung der Zulässigkeit des Nachverfahrensantrags, sondern schon nach Eingang des Antrags, wenn erkennbar wird, daß das Nachverfahren einen gegenüber der Bedeutung der Einziehung unangemessenen Aufwand erforderlich macht. Die Aufhebung hat, da sie das Nachverfahren beendet, die gleiche Wirkung wie eine rechtskräftige Entscheidung durch Urteil oder Beschluß (§ 441 Abs. 4) nach durchgeführtem Nachverfahren. Sie erfolgt in jedem Fall durch Beschluß. Sie ist unanfechtbar, denn der Antragsteller ist nicht beschwert, und die Staatsanwaltschaft hat zugestimmt; § 441 Abs. 2 könnte nur Anwendung finden, wenn die Aufhebung ohne Zustimmung der Staatsanwaltschaft erfolgt wäre.

VI. Ausschluß der Wiederaufnahme des Verfahrens (zu Absatz 6)

Wegen der Bedeutung des Abs. 6 vgl. Anm. IV 2 b zu § 433.

VII. Kosten

Bei Zurücknahme oder Erfolglosigkeit des Antrags treffen den Antragsteller die Kosten des Verfahrens (§ 473 Abs. 1, Abs. 5 Nr. 2). Hat der Antrag Erfolg, so fallen die Kosten des Nachverfahrens und die dem Antragsteller erwachsenen notwendigen Auslagen der Staatskasse zur Last, sei es, daß man § 467 sinngemäß anwendet (so Göhler [2] 8 G zu § 87 OWiG; Kl [30] 10) oder dies aus § 473 Abs. 3, Abs. 5 Nr. 2 folgert. Hat der Antrag nur deshalb Erfolg, weil die Einziehungsanordnung wegen unangemessenen Verfahrensaufwands (§ 439 Abs. 5) aufgehoben wird, so wird eine sinngemäße Anwendung des § 472 b Abs. 2 angemessen sein, wonach die Überbürdung der Auslagen des Nebenbeteiligten auf die Staatskasse nicht zwingend vorgeschrieben, sondern nur fakultativ zugelassen ist.

VIII. Zivilprozessuale Geltendmachung von Entschädigungsansprüchen

§ 439 gibt dem, der die Einziehung ihm gegenüber für nicht gerechtfertigt hält, die Möglichkeit, eine Aufhebung der Einziehung herbeizuführen, nötigt ihn aber nicht zur Beschreitung dieses Weges. Diese Vorschrift überläßt es vielmehr dem in seinen Rechten Beeinträchtigten, die Entscheidung hinzunehmen und statt dessen den Entschädigungsanspruch nach § 41 c StGB im Wege des Zivilprozesses geltend zu machen (allg. M.; vgl. die Nachweise in LK-Schäfer Rz. 3 zu § 41 c). Sind die Fristen des § 439 Abs. 2 verstrichen, so bleibt ihm überhaupt nur dieser Weg. Der Dritte wird sich mit seinen Ansprüchen in der Regel zunächst an die zuständige Justizverwaltung wenden (grundsätzlich an die Justizverwaltung des Landes, dessen Gericht im ersten Rechtszug entschieden hat, an die Bundesjustizverwaltung nur, wenn Sondervorschriften – vgl. § 24 des Ges. über die Kontrolle von Kriegswaffen v. 20. 4. 1961, BGBl. I 444, i. d. F. von Art. 7 EGOWiG 1968 – eine Einziehung zugunsten des Bundes vorsehen; vgl. LK-Schäfer Rz. 2 zu § 41 a StGB). Die Entscheidung im Verwaltungsweg ist nach § 68 a StVollstrO Sache der obersten Justizbehörde oder der von ihr bestimmten Stelle. Kommt eine Einigung nicht zustande, so entscheidet das Zivilprozeßgericht. Eine Entscheidung des Strafrichters nach § 436 Abs. 3 Satz 1, 2 bindet aber auch den Zivilrichter.

§ 440

(1) Die Staatsanwaltschaft und der Privatkläger können den Antrag stellen, die Einziehung eines Gegenstandes oder des Wertersatzes selbständig anzuordnen, wenn dies gesetzlich zulässig und die Anordnung nach dem Ergebnis der Ermittlungen zu erwarten ist.

(2) In dem Antrag ist der Gegenstand zu bezeichnen. Ferner ist anzugeben, welche Tatsachen die Zulässigkeit der selbständigen Einziehung begründen. Im übrigen gilt § 200 entsprechend.

(3) Die §§ 431 bis 436 und 439 gelten entsprechend.

I. Wesen des selbständigen Einziehungsverfahrens

1. Die §§ 440, 441 behandeln das selbständige Einziehungsverfahren (sog. „objektives Verfahren“), das früher in den §§ 430–432 a. F.* geregelt war. Sie betreffen das Verfahren in den Fällen, in denen nach gesetzlicher Vorschrift („wenn dies gesetzlich zulässig ist“) die Einziehung eines Gegenstandes, des Wertersatzes (§ 40 c StGB) und eine der in § 442 bezeichneten Nebenfolgen *selbständig* angeordnet werden kann, d. h. außerhalb eines Straf-

*) **Schrifttum** zu §§ 430–432 a. F.: Friedländer, Das objektive Verfahren nach dem Reichsstrafprozeßrecht (Leipz Diss. 1895); Schoetensack, Der Konfiskationsprozeß (1905); Hugo Mayer, Das objektive Verfahren auf Privatklage (Tübingen Diss. 1910); Niethammer StW 7 307 ff.; derselbe DRiZ 1933 197; Lichtenberger im Bericht der amtl. Strafprozeßkommission (1938) 481; Nagler GerS 113 1 ff.; Bohnekamp, Das sog. objektive Verfahren, Würzburger Diss. 1935.

verfahrens gegen einen bestimmten Beschuldigten (außerhalb des *subjektiven* Strafverfahrens) mit dem Ziel einer Entscheidung über seine Schuld oder Nichtschuld und ohne Verbindung mit einem Urteil, in dem eine solche Entscheidung getroffen wird. Wie beim selbständigen Sicherungsverfahren (vgl. Vorbem. 1 vor § 429 a) handelt es sich auch bei dem selbständigen Einziehungsverfahren um einen „unechten" Strafprozeß, um ein Verfahren, das sich zwar in den Formen eines „echten" (subjektiven) Strafverfahrens abspielt, das sich aber von diesem grundlegend dadurch unterscheidet, daß es eben nicht die Entscheidung über den Vorwurf strafrechtlicher Schuld zum Gegenstand hat, sondern die Entscheidung über die Zulässigkeit von selbständiger Anordnung der Einziehung und anderer Nebenfolgen, die je nach den über die Einziehbarkeit usw. getroffenen Vorschriften sogar angeordnet werden können, ohne daß überhaupt ein schuldhafter, die Entstehung eines staatlichen Strafanspruchs bewirkendes Verhalten vorzuliegen braucht. Eine Entscheidung über einen strafrechtlichen Schuldvorwurf kommt nur ggf. als Inzidententscheidung zu einer Voraussetzung der selbständigen Einziehbarkeit in Betracht.

2. Die §§ 440, 441 regeln nur die **verfahrensrechtlichen** Voraussetzungen und den Verlauf eines selbständigen Einziehungsverfahrens, enthalten aber keine eigene Vorschrift darüber, unter welchen materiellrechtlichen Voraussetzungen eine Einziehung selbständig, d. h. ohne Verbindung mit einem Strafausspruch gegen eine bestimmte Person, angeordnet werden kann. Vielmehr verweist § 440 insoweit auf Vorschriften außerhalb der StPO, nach denen dies gesetzlich zulässig ist. Diese Verweisung bezieht sich in 1. Linie auf § 41 b StGB, in dem im einzelnen beschrieben ist, unter welchen Voraussetzungen auf Einziehung eines Gegenstandes oder des Wertersatzes (§ 40 c StGB) oder auf Unbrauchbarmachung — gleichviel ob diese Maßnahmen im Allgemeinen oder Besonderen Teil des StGB oder im Nebenstrafrecht zugelassen oder vorgeschrieben sind — *selbständig* erkannt werden kann.

II. Die materiellrechtlichen Voraussetzungen der selbständigen Einziehung

Eine eingehende Erörterung des § 41 b StGB liegt außerhalb des Rahmens der Erläuterungen zu § 440. Es bedarf hier nur insoweit eines summarischen Überblicks über die dort getroffene Regelung, als es zum Verständnis des § 440 erforderlich ist, während im übrigen auf die Erläuterungswerke zum StGB (vgl. z. B. LK-Schäfer zu § 41 b) zu verweisen ist.

§ 41 b StGB unterscheidet 3 Fallgruppen:

1. **§ 41 b Absatz 1** betrifft die selbständige Einziehung usw. in den Fällen, in denen die Maßnahme nebenstraf- oder strafähnlichen Charakter hat. Danach muß oder kann auf Einziehung des Gegenstandes oder des Wertersatzes oder auf Unbrauchbarmachung selbständig erkannt werden, wenn wegen einer *Straftat* aus *tatsächlichen* Gründen keine bestimmte Person verfolgt oder verurteilt werden kann, aber im übrigen die Voraussetzungen vorliegen, unter denen die Maßnahme vorgeschrieben oder zugelassen ist.

a) § 41 b Absatz 1 setzt also voraus, daß eine **Straftat**, d. h. eine schuldhafte und rechtswidrige Tatbestandsverwirklichung, begangen und aus ihr ein verfolgbarer staatlicher Strafanspruch erwachsen ist, der eine zugelassene oder (zwingend) vorgeschriebene Einziehung rechtfertigen würde, daß aber aus *tatsächlichen* Gründen die Verfolgung oder Verurteilung einer bestimmten Person nicht möglich ist.

b) An einer **Straftat** fehlt es, wenn die Rechtswidrigkeit durch Rechtfertigungsgründe, die Schuld durch Schuldausschließungsgründe ausgeschlossen ist, oder wenn dem Täter persönliche Strafausschließungsgründe (z. B. § 247 Abs. 2 StGB) oder Strafaufhebungsgründe (z. B. Rücktritt vom Versuch, § 46 StGB) zur Seite stehen.

c) An einem **verfolgbaren Strafausspruch** fehlt es, wenn einer subjektiven Verfolgung **rechtliche Verfahrenshindernisse** entgegenstehen, wie Verjährung, fehlender Strafantrag, dauernde Verhandlungsunfähigkeit (vgl. Einleitung S. 121), die Zugehörigkeit zu einem Gesetzgebungsorgan (Immunität). Hierher gehört ferner das Verbot der Doppelbestrafung (Art. 103 Abs. 3 GG), das auch z. B. eingreift, wenn eine zulässige Einziehung in einem früheren subjektiven Verfahren versehentlich nicht ausgesprochen ist, oder wenn nach den landesrechtlichen Vorschriften die *Polizei* wegen einer Übertretung wirksam eine Verwarnung mit Verwarnungsgeld erteilt hat, weil dann die Tat nicht mehr als Übertretung verfolgt werden kann (Art. 154 EGOWiG i. Verb. mit § 56 Abs. 4 OWiG) und damit auch die Möglichkeit einer späteren selbständigen Einziehung entfällt.

Die *Niederschlagung durch ein Straffreiheitsgesetz* ist zwar ein Verfahrenshindernis, schließt aber die selbständige Einziehung und Unbrauchbarmachung nicht aus, da in den neueren Straffreiheitsgesetzen (vgl. zuletzt § 4 Abs. 2 des Straffreiheitsges. v. 20. 5. 1970, BGBl. I 509) regelmäßig von der Niederschlagung der erfaßten Straftaten die Einziehung und Unbrauchbarmachung ausgenommen werden und daher also Gegenstand der selbständigen Einziehung sind.

Der *Tod des Täters* ist zwar kein Verfahrenshindernis, sondern schließt begrifflich die Einleitung und Fortsetzung eines subjektiven Verfahrens gegen den Täter aus. Er ist aber andererseits auch kein „tatsächlicher Grund" i. S. des § 41 b Abs. 1, der die Verfolgung oder Verurteilung einer bestimmten Person ausschließt (s. unten d), da die Einziehungsvoraussetzungen des § 40 Abs. 2 Nr. 1, § 40 a StGB (Eigentum zur Zeit der Entscheidung) entfallen, wenn nicht der Täter oder Teilnehmer oder der Quasi-Begünstigte oder Quasi-Hehler (§ 40 a), sondern der Erbe des Täters (Teilnehmers) oder des i. S. des § 40 a vorwerfbar Handelnden zur Zeit der Entscheidung Eigentümer ist.

d) Die Voraussetzung, daß aus **tatsächlichen** Gründen keine bestimmte Person verfolgt oder verurteilt werden kann, ist z. B. gegeben, wenn der Täter unerkannt bleibt, unter mehreren Tatverdächtigen nicht zu ermitteln ist, wegen ausländischen Wohnsitzes für die inländische Gerichtsbarkeit unerreichbar ist oder sich der Verfolgung und Verurteilung durch Flucht oder Verbergen entzieht. *Abwesenheit* des Täters ist danach, obwohl sie im allgemeinen ein rechtliches Verfahrenshindernis darstellt, nach Sinn und Zweck des § 41 b StGB ein tatsächliches Verfahrenshindernis. Dagegen ermöglicht das bloße Ausbleiben des Angeklagten in der Hauptverhandlung keine selbständige Einziehung; insoweit besteht vielmehr gemäß § 230 Abs. 1 ein rechtliches Hindernis (**a. M. KG HRR 1934 Nr. 1322**).

e) Daß „**im übrigen** die Voraussetzungen, unter denen die Maßnahme vorgeschrieben oder zugelassen ist, vorliegen" müssen, bedeutet, daß alle Voraussetzungen gegeben sein müssen, unter denen wegen der Straftat die Einziehung usw. angeordnet werden könnte, wenn nicht aus den vorbezeichneten tatsächlichen Gründen die Verfolgung oder Verurteilung des Täters (Teilnehmers) für dauernd oder auf Zeit ausgeschlossen wäre. Es setzt also z. B. eine selbständige Einziehung nach § 41 b Abs. 1 i. Verb. mit § 40 Abs. 2 Nr. 1, § 40 a, wenn der Täter unbekannt bleibt, die Feststellung voraus, daß der Unbekannte in vollem Umfang die objektiven und subjektiven Voraussetzungen der Einziehung nach diesen Vorschriften erfüllt hat und alle übrigen Voraussetzungen einer Verurteilung — rechtzeitige Stellung des etwa erforderlichen Strafantrags, Nichtverjährung und Fehlen von persönlichen Strafausschließungs- und Strafaufhebungsgründen — gegeben sind.

2. § 41 b **Absatz 2 StGB** bestimmt: „In den Fällen des § 40 Abs. 2 Nr. 2, Abs. 3 und des § 41 ist Abs. 1 auch dann anzuwenden, wenn aus **rechtlichen** Gründen keine bestimmte Person verfolgt werden kann und das Gesetz nichts anderes bestimmt. Einziehung und Unbrauchbarmachung dürfen jedoch nicht angeordnet werden, wenn Antrag, Ermächtigung, Strafverlangen, Anordnung der Strafverfolgung oder die Zustimmung zu ihr fehlen."

a) § 41 b Abs. 2 betrifft die Voraussetzungen der selbständigen Einziehung usw. in den Fällen, in denen die Maßnahme, weil sie ohne Rücksicht auf die Eigentumsverhältnisse wegen der von dem Gegenstand generell oder individuell drohenden Gefahren zulässig oder vorgeschrieben ist, **Sicherungscharakter** hat. Er erweitert die Voraussetzungen der selbständigen Einziehung nach zwei Richtungen:

aa) einmal genügt (vgl. § 40 Abs. 2 Nr. 2 i. Verb. mit Abs. 3, 4 und § 41) eine *„mit Strafe bedrohte Handlung"*, d. h. eine objektive rechtswidrige Verwirklichung des äußeren Straftatbestands mit sog. „natürlicher Schuld", während es bedeutungslos ist, ob der Täter im strafrechtlichen Sinn schuldhaft gehandelt hat. Das Verschulden kann durch fehlende Zurechnungsfähigkeit, durch Notstand oder Fehlen des inneren Tatbestandes (Tatbestandsirrtum, entschuldbarer Verbotsirrtum) ausgeschlossen sein;

bb) nicht nur tatsächliche Gründe, sondern auch *rechtliche* Gründe, die der Verfolgung oder Verurteilung einer bestimmten Person entgegenstehen würden (oben 1 c), hindern die selbständige Einziehung nicht. Dies gilt z. B. für das Verbot „ne bis in idem“; daher steht die Rechtskraft eines freisprechenden oder einstellenden Urteils, das über die Einziehung oder Unbrauchbarmachung nicht entschieden hat, einer späteren selbständigen Anordnung im Verfahren nach § 440 nicht entgegen, wenn die Maßnahme Sicherungscharakter hat (BGHSt. **6** 62, 64). Auch kann, wenn der zu Strafe und Einziehung Verurteilte im Wiederaufnahmeverfahren wegen fehlender Zurechnungsfähigkeit unter Aufhebung der Einziehung freigesprochen wurde, die ohne Rücksicht auf die Eigentumsverhältnisse als Sicherungsmaßregel vorgesehene Einziehung im selbständigen Verfahren nachgeholt werden (OLG Hamm GA **1958** 378). Insbesondere hindert nach der Rechtsprechung (vgl. BGHSt. **6** 62; **21** 367, 370; **23** 64, 67), die im Schrifttum teils Zustimmung erhalten, teils Widerspruch erfahren hat (vgl. dazu LK-Schäfer Rdn. 10 zu § 41 b), die *Verjährung* der Strafverfolgung die selbständige Einziehung nicht, da das gegenstandsbedingte Sicherungsbedürfnis fortbestehen kann, auch wenn das Strafbedürfnis gegenüber dem Täter durch Zeitablauf entfällt.

Auch der *Tod* des Tatbeteiligten bildet hier kein Hindernis, da mit ihm das gegenstandsbezogene Sicherungsbedürfnis nicht entfällt. Bei einem *Wechsel der Gesetzgebung* ist für die Zulässigkeit der selbständigen Einziehung das zur Zeit der Entscheidung geltende Recht anwendbar, da der Begriff der „Maßregeln der Sicherung und Besserung“ i. S. des § 2 Abs. 4 StGB nicht im technischen Sinn des § 42 a StGB zu verstehen ist, sondern nach herrschender, wennschon nicht unbestrittener Meinung auch die Einziehung und Unbrauchbarmachung umfaßt, sofern sie den Charakter einer Sicherungsmaßnahme haben (BGHSt. **16** 49, 56; **19** 63, 69; **23** 64, 67; OLG Hamm NJW **1970** 1745).

b) Ausnahmen von dem Grundsatz (s. oben a, bb), daß rechtliche Gründe, die eine subjektive Verfolgung ausschließen, die selbständige Einziehung usw. als Sicherungsmaßnahme nicht hindern, gelten

aa) wenn das *Gesetz* (ausdrücklich oder nach dem Sinn der Vorschrift) *etwas anderes bestimmt;* so schließen Exemptionen von der deutschen Gerichtsbarkeit (vgl. §§ 18, 19 GVG; Art. VII des Nato-Truppenstatuts) auch eine selbständige Einziehung in Ausübung deutscher Gerichtsbarkeit aus,

bb) in den in § 41 Abs. 2 Satz 2 StGB bestimmten Fällen, wonach eine selbständige Einziehung ausgeschlossen ist, wenn zu einer subjektiven Verfolgung ein *Verfolgungsverlangen* oder eine Verfolgungszustimmung einer dritten Stelle (wie der Strafantrag des Verletzten) als Verfahrensvoraussetzung erforderlich wäre und diese fehlt. Dies beruht auf der Erwägung, daß die Interessen dessen, dem die Entschließung darüber eingeräumt ist, ob der Täter verfolgt und die Sache in einer Hauptverhandlung (in der Regel öffentlich) erörtert werden soll, beeinträchtigt würden, wenn er zwar durch Nichtgebrauch seines Antragsrechts und entsprechender Rechte eine subjektive Verfolgung verhindern könnte, aber ein selbständiges Anordnungsverfahren hinnehmen müßte, in dem (ggf. in mündlicher öffentlicher Verhandlung, § 441 Abs. 3) zu prüfen wäre, ob eine Straftat begangen ist oder eine mit Strafe bedrohte Handlung vorliegt.

3. a) § 41 b **Absatz 3 StGB bestimmt:** „Abs. 1 ist auch anzuwenden, wenn das Gericht von Strafe absieht, oder wenn das Verfahren nach einer Vorschrift eingestellt wird, die dies nach dem Ermessen der Staatsanwaltschaft oder des Gerichts oder im Einvernehmen beider zuläßt.“ Hier ist also der Grundsatz der Abs. 1, 2 des § 41 b, daß eine selbständige Einziehung usw. nur zulässig ist, wenn keine bestimmte Person verfolgt oder verurteilt werden kann, aufgegeben und eine selbständige Einziehung auch dann zugelassen, wenn die Verfolgung oder Verurteilung einer bestimmten Person möglich wäre, davon aber abgesehen wird, weil gesetzliche Vorschriften dies gestatten. In diesen Fällen soll die Freiheit der Entschließung der zuständigen Stellen, ob sie von der ihnen eingeräumten Befugnis, von Verfolgung oder Bestrafung abzusehen, Gebrauch machen wollen, nicht durch die Besorgnis beschränkt werden, daß die Freistellung von der Hauptstrafe auch die Anordnung der Einziehung usw. ausschließe, obwohl ein so weit gehender Verzicht auf eine staatliche Reaktion nach den Umständen des Falles unangemessen wäre.

b) Die hier in Betracht kommenden Voraussetzungen sind

aa) wenn das Gericht nach einer Vorschrift des materiellen Strafrechts, die dies gestattet, von Strafe absieht (vgl. z. B. §§ 16, 83 a, 84 Abs. 4, 5, 83 Abs. 3 StGB usw.),

bb) wenn das Verfahren nach Ermessen („kann") in zugelassener Durchbrechung des Verfolgungszwangs eingestellt wird, und zwar durch die Staatsanwaltschaft allein (vgl. z. B. §§ 153 b, 153 c, 154 Abs. 1 usw.) oder durch das Gericht allein (z. B. gemäß § 383 Abs. 2) oder durch Gericht oder Staatsanwaltschaft im Einvernehmen beider Stellen (vgl. z. B. §§ 153 Abs. 2, 3, 153 a, 153 d, 154 a Abs. 2 StPO, § 47 Abs. 2 JGG).

c) **Unanwendbar ist Abs.** 3 im Fall des § 154 d StPO, weil hier der Grund für die zugelassene Einstellung des Verfahrens, die Ersparung der Prüfung komplizierter vorgreiflicher Fragen, in gleicher Weise durchgreift, wenn die selbständige Anordnung der Einziehung in Frage steht.

d) Wegen weiterer Einzelheiten muß auf die Erläuterungswerke zu § 41 b StGB verwiesen werden (vgl. z. B. LK-Schäfer Rdn. 13 ff. zu § 41 b StGB).

III. Der Antrag auf selbständige Einziehung

1. Die Durchführung des objektiven Verfahrens erfolgt nur auf Antrag. **Antragsberechtigt** sind die Staatsanwaltschaft, der Privatkläger (Privatklageberechtigte) und das Finanzamt gemäß § 436 RAbgO in den Fällen, in denen es das Ermittlungsverfahren wegen Steuervergehen selbständig durchführen kann (§ 421 Abs. 2 RAbgO).

2. Der Antrag ist, wie sich insbesondere aus der in § 440 Abs. 2 Satz 2 angeordneten entsprechenden Anwendung des § 200 ergibt, eine **besondere Form der Erhebung der Strafklage.** Ein wirksamer Antrag ist danach in gleicher Weise Prozeßvoraussetzung des objektiven Verfahrens wie im subjektiven Verfahren die wirksame Erhebung der Klage (vgl. Einleitung S. 93 ff.).

3. Ob einer **Zurücknahme** des Antrags zeitliche Grenzen gesetzt sind, war schon unter der Herrschaft des § 430 a. F. streitig (vgl. in der Voraufl. Anm. 4 a zu § 430 a. F.).

a) Der **Privatkläger** kann die Privatklage in jeder Lage des Verfahrens zurücknehmen (§ 391 Abs. 1 Satz 1); daraus folgt, da die Beschränkungen des Rücknahmerechts nach § 391 Abs. 1 Satz 2 hier keine Rolle spielen, daß auch der Antrag des Privatklägers nach § 440 in jeder Lage des Verfahrens (bis zum Erlaß einer formell rechtskräftigen Entscheidung des Gerichts) zurücknehmbar ist (h. M.).

b) Anders liegt es, wenn die **Staatsanwaltschaft** (oder an ihrer Stelle das Finanzamt) den Antrag gestellt hat. § 156 ist allerdings nicht unmittelbar anwendbar, da ein Eröffnungsbeschluß im objektiven Verfahren nicht ergeht (unten IV 1). Daraus wird gefolgert, daß auch der Antrag der Staatsanwaltschaft in jeder Lage des Verfahrens bis zur Entscheidung des Gerichts zurückgenommen werden könne (vgl. EbSchmidt 8 zu § 430 a. F. und NachtrBd. II Rz. 14 zu § 440; Kl [30] 4). Dem ist nur zuzustimmen, soweit die Entscheidung durch Beschluß getroffen wird (§ 441 Abs. 2). Kommt es aber zur Hauptverhandlung (§ 441 Abs. 3), so muß der Grundgedanke des § 156 durchgreifen, daß die Staatsanwaltschaft eine Sache nicht mehr der gerichtlichen Entscheidung entziehen kann, sobald feststeht, daß über den wirksam zur Entscheidung gestellten Sachverhalt durch Urteil auf Grund einer Hauptverhandlung zu entscheiden ist (ebenso RG JW 1920 562; Müller-Sax 1 b; Dalcke-Fuhrmann-Schäfer 3, je zu § 430 a. F.); dabei wird man als maßgebenden Zeitpunkt den Beginn des sachlichen Teils der Hauptverhandlung anzusehen haben. Die Gegenmeinung kann sich demgegenüber nicht darauf berufen, daß für die Stellung des Antrags das Opportunitätsprinzip gelte (so EbSchmidt aaO.), denn die Ermessensfreiheit, ob ein Antrag gestellt werden soll, beinhaltet weder begrifflich noch sinngemäß eine schlechthin geltende Freiheit des Antragstellers, über den Fortbestand des Antrags zu befinden, wenn er einmal wirksam gestellt ist. Auch ist nicht einzusehen, warum eine Anwendung des Grundgedankens des § 156 nur Sinn hätte, wenn mit der Sachentscheidung im objektiven Verfahren ein Strafklageverbrauch verbunden wäre (so Kl aaO.). Denn einmal handelt es sich um die auf anderer Ebene liegende grundsätzliche Frage, ob und wie lange die Staatsanwaltschaft in die Herrschaft des Gerichts über das Verfahren eingreifen kann, und im übrigen schafft das rechtskräftige Urteil auch Gewißheit über das rechtliche Schicksal des einziehungsbedrohten Gegenstandes. Ist rechtskräftig eine Einziehung angeordnet, so schließt dies in einem späteren subjektiven Verfahren eine erneute Entscheidung zur Einziehungsfrage aus.

c) Der Umstand, daß hiernach eine Zurücknahme des Antrags in der Hauptverhandlung nicht möglich ist, schließt aber nicht aus, daß das **Gericht mit Zustimmung der Staatsanwaltschaft von einer Entscheidung absieht**, wenn der Gegenstand der Einziehung von geringer Bedeutung ist oder das Verfahrens einen unangemessenen Aufwand erfordern würde (a. M. Kl [30] 8 B). Zwar ist § 430 (vgl. dessen Abs. 1) in § 440 Abs. 3 nicht für entsprechend anwendbar erklärt und seine unmittelbare Anwendbarkeit ist auf das subjektive Verfahren beschränkt (vgl. II zu § 430), § 430 Abs. 1 enthält aber, wie sich aus § 439 Abs. 5 ergibt, einen Gedanken von allgemeingültiger Bedeutung. Den § 430 Abs. 1 trotz fehlender Verweisung sinngemäß anzuwenden erscheint um so weniger bedenklich, als die nach § 430 Abs. 2 im Vorverfahren bestehende selbständige Ausklammerungsbefugnis ihre Entsprechung darin findet, daß im objektiven Verfahren die Staatsanwaltschaft über die Herbeiführung der selbständigen Einziehung nach Ermessensgrundsätzen entscheidet (unten 4).

4. Die Staatsanwaltschaft (ebenso wie Privatkläger und Finanzamt) kann den Antrag stellen, d. h. die Stellung des Antrags ist in ihr (selbstverständlich pflichtmäßiges, BGHSt. 20 255) Ermessen gestellt. Der Anklagezwang (§ 152) besteht hier nicht; es gilt Opportunitätsprinzip (RiStBV Nr. 183 Abs. 1). Das gilt auch dann, wenn nach materiellem Recht eine Einziehung *zwingend* vorgeschrieben ist (wie z. B. im Fall des § 41 StGB). Denn eine solche Vorschrift richtet sich nur an das Gericht, das, wenn die Einziehungsvoraussetzungen im übrigen erfüllt sind, auf Einziehung erkennen muß, *falls* es durch einen wirksamen Antrag mit der Sache befaßt wird, sie läßt aber die Ermessensfreiheit der Staatsanwaltschaft nach § 440 Abs. 1 unberührt (h. M.; vgl. BGHSt. 2 23; 7 357; 23 208, 210 = NJW 1970 437 = JZ 1970 513; MDR 1966 779; OLG Celle NJW 1966 1135; EbSchmidt 8; Müller-Sax 6; Kl 3; Peters 517; Henkel 420).

Dieser Umfang der Ermessensfreiheit, die vollständige Unterstellung des Antrags unter das Opportunitätsprinzip, findet im subjektiven Verfahren sein Gegenstück in der Ausklammerungsbefugnis des Staatsanwalts im Ermittlungsverfahren nach § 430 Abs. 2 (vgl. oben 3 c). Steht der Verhältnismäßigkeitsgrundsatz, der über den Wortlaut des § 40 b StGB hinaus auch bei zwingend vorgeschriebener Einziehung Beachtung erfordert (BGH NJW 1970 1964; vgl. dazu BGHSt. 20 253) einer selbständigen Einziehung entgegen, so fehlt es bereits an der gesetzlichen Zulässigkeit der Einziehung, die nach § 440 Abs. 1 Voraussetzung für die Stellung des Antrags ist. Auch wenn die Einziehung nicht unverhältnismäßig ist, kann die Staatsanwaltschaft von einem Antrag, gleichviel ob die Einziehung vorgeschrieben oder nur zugelassen ist, absehen, wenn die Aufklärung, ob die gesetzlichen Voraussetzungen der selbständigen Einziehung vorliegen, für sie selbst oder für das Gericht einen unangemessenen Aufwand erfordern würde (BGHSt. 7 357; 20 257). Sie prüft auch, ob trotz Erfüllung der gesetzlichen Voraussetzungen einer selbständigen Einziehung ein Bedürfnis dafür besteht; ein solches entfällt insbesondere, wenn die Möglichkeit besteht, den Gegenstand formlos aus dem Verkehr zu entfernen, sei es, daß keine Einziehungsinteressenten vorhanden sind oder daß vorhandene Einziehungsinteressenten sich zu einem Beteiligungsverzicht (§ 431 Abs. 6 i. Verb. mit § 440 Abs. 3) bereitfinden (Nr. 183 Abs. 3 RiStBV) oder auf die Rechte am Einziehungsgegenstand verzichten (BGHSt. 20 257).

5. Voraussetzung für die Stellung eines Antrags ist außer der gesetzlichen Zulässigkeit der selbständigen Einziehung nach ausdrücklicher Vorschrift, daß **die Anordnung nach dem Ergebnis der Ermittlungen zu erwarten ist.** Damit zieht das Gesetz die Folgerungen aus der rechtlichen Natur des Antrags als einer besonderen Form der Strafklage (oben III 2). So wie im subjektiven Verfahren die Erhebung der öffentlichen Klage voraussetzt, daß die Ermittlungen genügenden Anlaß dazu bieten (§ 170), d. h. (vgl. § 203), daß eine spätere Verurteilung wahrscheinlich ist, setzt auch die Stellung des Antrags voraus, daß ihr Erfolg nach dem Ergebnis der Ermittlungen *wahrscheinlich* ist (ebenso Kl [30] 4; EbSchmidt

NachtrBd. II Rz. 12). Ein Mehr wird mit den Worten: „die Anordnung nach dem Ergebnis der Ermittlungen zu erwarten ist“ nicht verlangt. Das Gesetz wollte mit diesen Worten kein neues, bisher unbekanntes Erfordernis aufstellen, sondern lediglich den schon auf dem Boden des früher geltenden Rechts anerkannten Grundsatz förmlich verlautbaren, daß die Staatsanwaltschaft keinen Antrag stellen darf, wenn sie nicht mit einem Erfolg rechnet.

6. **Inhalt und Form des Antrags**

a) § 440 Abs. 2 trifft zur Klarstellung früher bestehender Zweifelsfragen (vgl. Eb. Schmidt 7) Bestimmung **über den Inhalt des Antrags,** der mit den durch die Sache gebotenen Abweichungen den Erfordernissen einer Anklageschrift im subjektiven Verfahren angeglichen ist. Er muß danach den Gegenstand bezeichnen, der eingezogen werden soll, und zwar so genau, wie er auch in der erstrebten Einziehungsentscheidung bezeichnet werden müßte (vgl. unten Anm. V 3). Er muß ferner angeben, welche Tatsachen die Zulässigkeit der selbständigen Einziehung begründen, insbesondere also darlegen, aus welchen tatsächlichen (§ 41 b Abs. 1 StGB) oder rechtlichen (Abs. 2 aaO.) Gründen keine bestimmte Person verfolgt oder verurteilt werden kann. Die ergänzend („im übrigen“) angeordnete entsprechende Anwendung des § 200 bedeutet, daß im Fall des § 41 b Abs. 1 StGB die die Einziehung rechtfertigende Tat der aus tatsächlichen Gründen nicht verfolgbaren Person, Tatzeit und Tatort, die gesetzlichen Merkmale der Straftat (vgl. dazu oben Anm. II 1 e) und die anzuwendenden Strafvorschriften, im Fall des § 41 b Abs. 2 z. B. die Straftat oder die mit Strafe bedrohte Handlung angegeben und die in § 40 Abs. 2 Nr. 2 bezeichnete Gefahr dargelegt werden müssen usw. Ferner sind die Beweismittel, das zur Entscheidung berufene Gericht (§ 441 Abs. 1), bekannte Einziehungsinteressenten (vgl. § 432) und etwa schon bestellte Vertreter (§ 434) zu benennen, auch nach Maßgabe des § 200 Abs. 2 das wesentliche Ermittlungsergebnis darzustellen.

b) Im übrigen ist eine **Form** des Antrags nicht ausdrücklich vorgeschrieben. Im selbständigen, vom subjektiven Strafverfahren völlig getrennten Einziehungsverfahren bedarf es, wie sich aus der Bezugnahme auf § 200 („Anklageschrift“) ergibt, einer Antragsschrift. Soweit der Antrag im Zusammenhang mit einem subjektiven Verfahren gestellt werden kann (vgl. unten Anm. VI), genügt eine formfreie Erklärung, die deutlich erkennen läßt, daß eine selbständige Einziehung begehrt werde (vgl. BGHSt. 7 356, 358; 9 250, 252).

7. Im **Strafbefehls-** und **Strafverfügungsverfahren** kommt eine selbständige Einziehung nicht in Betracht, da der Antrag stets auf die Bestrafung einer bestimmten Person gerichtet ist.

8. **Kein Anschluß als Nebenkläger.** In den Fällen, in denen nach früherem Recht das Finanz(Zoll-)amt selbst wegen Steuer- und Zollvergehen die öffentliche Klage erheben konnte und in einem von der Staatsanwaltschaft betriebenen Verfahren die Stellung eines Nebenklägers hatte, wurde ihm auch die Befugnis zuerkannt, sich an einem selbständigen Einziehungsverfahren als Nebenkläger zu beteiligen (vgl. BGHSt. 9 250, 252). Diese Fälle spielen jetzt keine Rolle mehr, nachdem durch die neuere Gesetzgebung die Vorschriften beseitigt sind, die Verwaltungsbehörden zur Wahrnehmung der von ihnen betreuten fiskalischen Interessen im Strafverfahren die Stellung eines Nebenklägers einräumten oder ihr das Recht gaben, sich als Nebenkläger dem Verfahren anzuschließen. Nach § 395 setzt der Anschluß als Nebenkläger eine erhobene öffentliche Klage, d. h. eine Klage im subjektiven Verfahren voraus. Im selbständigen Einziehungsverfahren ist eine Nebenklage ebensowenig zulässig wie im Sicherungsverfahren nach §§ 429 a ff. (vgl. Anm. 9 a zu § 395).

IV. Das gerichtliche Verfahren

1. **Absatz** 3 des § 440 erklärt die §§ 431 bis 436 und 439 für **entsprechend** anwendbar. Dazu tritt ergänzend § 441. Die Sachentscheidung ergeht grundsätzlich durch Beschluß (§ 441 Abs. 2). Auch wenn mündliche Verhandlung stattfindet und durch Urteil entschieden wird, gelten nach § 441 Abs. 3 nur die Vorschriften über die Hauptverhandlung – nicht die gesamten Vorschriften über das Hauptverfahren – entsprechend. Ein *Eröffnungsbeschluß* oder ein ihm entsprechender besonderer Zulassungsbeschluß ergeht also auch in

diesen Fällen nicht (BGH NJW 1962 500, 501). Andererseits setzt aber jede Sachentscheidung einen zulässigen Antrag voraus (vgl. § 441 Abs. 3: „Über einen *zulässigen* Antrag wird auf Grund mündlicher Verhandlung durch Urteil entschieden ...").

2. Zulässigkeitsprüfung

a) Die gerichtliche Prüfung beginnt danach stets mit der Prüfung der **Zulässigkeit** des Antrags, also damit, ob ein wirksamer Antrag (von einem gesetzlich Antragsberechtigten, beim örtlich und sachlich zuständigen Gericht) gestellt ist, ob er den gesetzlichen Voraussetzungen des § 440 Abs. 1, 2 entspricht, und ob nicht ein besonderes Verfahrenshindernis der Durchführung des Verfahrens entgegensteht.

b) Zur „gesetzlichen Zulässigkeit" der selbständigen Einziehung und damit zu den Voraussetzungen, unter denen ein Antrag auf selbständige Einziehung gestellt werden kann, gehört im Regelfall (§ 41 b Abs. 1, 2; Ausnahme § 41 b Abs. 3), **daß keine bestimmte Person verfolgt oder verurteilt werden kann.** Die Nichtverfolgbarkeit einer bestimmten Person ist damit Verfahrensvoraussetzung des objektiven Verfahrens, ihre Verfolgbarkeit ist ein Verfahrenshindernis, das in jeder Lage des Verfahrens, auch in der Revisionsinstanz, von Amts wegen zu berücksichtigen ist (BGHSt. 21 55; jetzt h. M., die auch von EbSchmidt NachtrBd. II Rz. 11 geteilt wird, der seine frühere Wertung des Merkmals als „besondere Zulässigkeitsbedingung" im Sinne einer Prozeßvoraussetzung verstanden wissen will).

c) **Wem die Entscheidung darüber, ob keine bestimmte Person verfolgt oder verurteilt werden kann, gebührt,** war schon unter der Herrschaft der §§ 430 ff. a. F. streitig; auch die Rechtsprechung des RG war uneinheitlich (vgl. in der Voraufl. Anm. 7 zu § 430 a. F.) Die Streifrage besteht auch unter der Herrschaft der §§ 440 ff. n. F. weiter, obwohl deren Fassung Anhaltspunkte für eine bestimmte Auslegung bietet (vgl. unten dd.).

aa) Die eine Auffassung (vgl. OLG Celle NJW 1958 1837 m. Nachw.) geht dahin, daß die Entscheidung grundsätzlich der *Staatsanwaltschaft* gebühre und das Gericht an ihre Auffassung gebunden sei, es sei denn, daß ihre tatsächliche Würdigung eines Sachverhalts durch einen Rechtsirrtum beeinflußt sei. Denn aus dem Anklagemonopol der Staatsanwaltschaft (§ 152 Abs. 1) ergebe sich, daß sie nicht durch Ablehnung des selbständigen Einziehungsverfahrens gezwungen werden könne, gegen ihre Überzeugung öffentliche Klage gegen eine bestimmte Person zu erheben oder von der Herbeiführung einer sachlich gebotenen Einziehung abzusehen.

bb) Die überwiegende Gegenmeinung ging und geht umgekehrt davon aus, daß das *Gericht* über die selbständige Einziehung zu entscheiden hat und daraus notwendigerweise folge, daß es zu prüfen habe, ob die gesetzlichen Voraussetzungen einer selbständigen Einziehung in tatsächlicher und rechtlicher Hinsicht erfüllt seien (vgl. RGSt. 38 100; RG Recht 26 Nr. 1215; OLG Hamm NJW 1953 1683; EbSchmidt NachtrBd. I Rz. 3; Peters 517).

cc) Eine vermittelnde Meinung geht schließlich dahin, daß „nach der Grundkonzeption des Strafprozeßrechts" grundsätzlich die Staatsanwaltschaft entscheide und das Gericht den Antrag nur dann als unzulässig verwerfe, wenn sich aus der Begründung des Antrags oder aus den Akten *ohne weiteres* ergibt, daß die Annahme der Staatsanwaltschaft aus tatsächlichen Gründen nicht zutrifft oder auf Rechtsirrtum beruht (so OLG Hamm NJW 1970 1754; Kl [30] 5; ähnlich Müller-Sax 1 d).

dd) Den Vorzug verdient die oben zu bb) dargestellte Auffassung. Dabei ist von dem Wortlaut des § 441 Abs. 3 auszugehen. Danach entscheidet das Gericht sachlich nur über einen *zulässigen* Antrag; damit ist der Charakter eines den Anforderungen des § 440 genügenden Antrags als Prozeßvoraussetzung eindeutig verlautbart. An diesem Charakter nimmt das wesentliche Element des selbständigen Einziehungsverfahrens, die Nichtverfolgbarkeit einer bestimmten Person teil; sie ist selbst Prozeßvoraussetzung (BGHSt. 21 55; oben Anm. 2 b). Aus dem Wesen der Prozeßvoraussetzung aber ergibt sich, daß sie — entsprechend den allgemein für Prozeßvoraussetzungen geltenden Grundsätzen — in jeder Lage des Verfahrens von Amts wegen vom Gericht zu beachten und im Wege des Freibeweises nachprüfbar ist (Einl. S. 81 ff.). Also kann das Gericht nicht darauf beschränkt sein, den Antrag daraufhin zu prüfen, ob die Annahme der Nichtverfolgbarkeit einer bestimmten Person auf Rechtsirrtum beruht oder in tatsächlicher Hinsicht **offensichtlich** unzutreffend ist, sondern muß jedem Zweifel nachgehen können. Danach ist auch eine Beschränkung der richterlichen Nachprüfung, wie sie die oben zu cc) genannte vermittelnde Meinung vertritt, „ mit der Grundkonzeption des Strafprozeßrechts" **nicht** vereinbar.

3. **Erweiterte Zulässigkeitsprüfung**

Zur Zulässigkeitsprüfung gehört ferner aber auch die Prüfung, ob die Anordnung **nach dem Ergebnis der Ermittlungen zu erwarten ist.** Der Antrag kann danach auch als unzulässig verworfen werden, wenn die materiellrechtlichen Voraussetzungen einer selbständigen Einziehung nicht hinreichend dargetan sind (vgl. Lüttger GA 1957 210) oder gar, wenn ein Erfolg des Antrags außerhalb jeder Wahrscheinlichkeit liegt, z. B. wenn die Einziehung schon nach Aktenlage handgreiflich unverhältnismäßig wäre (§ 40 b StGB), wenn die in § 40 Abs. 2 Nr. 2 StGB bezeichnete Gefahr ersichtlich nicht besteht, oder wenn die Einziehung einer Schrift beantragt ist, aber bei einer Abwägung zwischen dem Einziehungsgebot und den Grundrechten der Meinungs- und Informationsfreiheit (Art. 5 GG) nach den Grundsätzen der „Wechselwirkung" das Grundrecht zweifellos vorrangig ist (vgl. BGHSt. 23 208 = NJW 1970 437; s. dazu näher LK = Schäfer Rdn. 6 zu § 41 StGB). Denn es kann dem Gericht nicht zugemutet werden, ein Verfahren durchzuführen, wenn mit einem Erfolg des Antrags von vornherein nicht zu rechnen ist. Verwirft es den Antrag aus diesem Grund durch Beschluß, so kann ihn der Antragsteller mit der sofortigen Beschwerde anfechten (§ 441 Abs. 2).

4. Ein **Verfahrenshindernis** besonderer Art, das der Durchführung eines selbständigen Einziehungsverfahrens entgegensteht, kommt in Betracht, wenn ein **Beweisverwertungsverbot** durch die selbständige Einziehung verletzt würde. In der vielerörterten Frage, was rechtens ist, wenn aus dem Ausland eingeführte und an private Besteller gerichtete Sendungen mit einzelnen unzüchtigen Schriften von der Post (zulässigerweise) nach den zollrechtlichen Vorschriften der Zollbehörde vorgelegt werden und diese sie unter Verletzung des Postgeheimnisses (Art. 10 GG) an die Staatsanwaltschaft weiterleitet, die die selbständige Einziehung beantragt, hat BGH NJW 1970 2071 (s. auch OLGe Zweibrücken MDR 1970 945; Hamm NJW 1970 1754) den Standpunkt vertreten, daß eine selbständige Einziehung ausgeschlossen sei; die in unzulässiger Weise erlangte Schrift sei als Beweismittel unverwertbar, weil in solchen Fällen das staatliche Verfolgungsinteresse keinen Vorrang vor der Wahrung des Postgeheimnisses habe.

5. Die **Eigenschaft eines Einziehungsbeteiligten** wird auch im selbständigen Verfahren gemäß § 440 Abs. 3 i. Verb. mit § 431 Abs. 1 Satz 1 erst durch den in § 431 Abs. 1 Satz 1 bezeichneten Beschluß begründet. Da es aber einen „Angeschuldigten" (§ 431 Abs. 1 Satz 1 Nr. 1) im selbständigen Verfahren nicht gibt, kann für die Anwendung der Vorschrift der Zeitpunkt, von dem ab eine Beteiligungsanordnung zulässig ist, nur der Eingang des Antrags auf selbständige Einziehung bei dem zuständigen Gericht sein, der der Anklageschrift entspricht. Und da es einen Eröffnungsbeschluß nicht gibt, fällt der Beginn der Befugnisse des Einziehungsbeteiligten (§ 433 Abs. 1) mit der Anordnung der Verfahrensbeteiligung zusammen.

6. Nimmt das Gericht in Aussicht, im **Beschlußverfahren** sachlich zu entscheiden (§ 441 Abs. 2), so wird dem Einziehungsbeteiligten in entsprechender Anwendung des § 433 Abs. 1 i. Verb. mit § 201 Abs. 1 Satz 1 die Antragsschrift zur Äußerung zugestellt. Dabei wird er auf sein Recht hingewiesen, gemäß § 441 Abs. 3 mündliche Verhandlung zu beantragen, und ihm zweckmäßigerweise eine angemessene Frist zur Ausübung des Antragsrechts gesetzt. Eines besonderen Hinweises, daß über die Einziehung ihm gegenüber entschieden werde (vgl. § 435 Abs. 3 Nr. 1), bedarf es nicht. Dieser Hinweis hat im subjektiven Verfahren seinen Sinn, wo der Angeklagte der Adressat der Einziehungsanordnung ist und deshalb Veranlassung besteht, den Einziehungsbeteiligten darüber zu belehren, daß die Einziehung *auch* ihm gegenüber wirksam sei, während im selbständigen Einziehungsverfahren der Einziehungsbeteiligte von vornherein Adressat der Einziehungsanordnung ist.

Soll *auf Grund mündlicher Verhandlung* entschieden werden (§ 441 Abs. 3), so erhält der Einziehungsbeteiligte Terminsnachricht gemäß § 435 Abs. 1, 2, 3 Nr. 1; einer erneuten Übersendung der Antragsschrift (§ 435 Abs. 2) bedarf es nicht, wenn die mündliche Verhandlung auf seinen Antrag hin stattfindet.

Auch bei beabsichtigter Entscheidung im Beschlußverfahren gilt für die Zustellung der Antragsschrift die Vorschrift des § 40. Denn der Grundgedanke des § 435 Abs. 1 Halbsatz 2, daß der Grundsatz des rechtlichen Gehörs (Art. 103 Abs. 1 GG) das Gericht dazu verpflichtet, alle Möglichkeiten auszuschöpfen, dem Einziehungsbeteiligten Kenntnis von dem Verfahren zu verschaffen und ihm Gelegenheit zur Ausübung seiner Befugnisse zu geben, gilt auch dann, wenn eine Entscheidung durch Beschluß in Aussicht genommen ist; eine unterschiedliche Behandlung des Einziehungsbeteiligten, je nachdem, ob durch Beschluß oder Urteil entschieden wird, wäre sachlich nicht gerechtfertigt.

7. Ergänzend ist zu **Absatz 3** auszuführen:

a) § **430** ist nicht unter den entsprechend anwendbaren Vorschriften aufgeführt. Das erklärt sich daraus, daß § 430 auf das subjektive Verfahren zugeschnitten ist, in dem die Nebenfolge der Einziehung nur eine Nebenrolle spielt, während sie im objektiven Verfahren der einzige Prozeßgegenstand ist. Im übrigen konnte der Gesetzgeber davon ausgehen, daß die auch im objektiven Verfahren erwünschte Ausscheidung von Fällen, in denen die Einziehung bedeutungslos ist oder – schon im Ermittlungsverfahren der Staatsanwaltschaft, aber auch im gerichtlichen Verfahren – einen unangemessenen Aufwand erfordern würde, dadurch erreicht werde, daß für die Stellung des Antrags das Opportunitätsprinzip gilt (oben Anm. III 4). Kraft des Opportunitätsprinzips ist die Staatsanwaltschaft, wenn die Entscheidung im Beschlußverfahren getroffen werden soll, in der Lage, ihren Antrag bis zur gerichtlichen Entscheidung zurückzunehmen. Erweist sich aber erst im Falle einer Entscheidung auf Grund mündlicher Verhandlung nach Beginn des sachlichen Teils, daß der Verfahrensaufwand unangemessen hoch ist, so muß es möglich sein, entsprechend dem Grundgedanken des § 430 Abs. 1 zu verfahren, wenn man die Lösung nicht auf dem dogmatisch bedenklichen Weg finden will, daß die Staatsanwaltschaft, ohne an § 156 gebunden zu sein, durch jederzeitige Antragsrücknahme dem gerichtlichen Verfahren ein Ende bereiten kann (vgl. oben Anm. III 3 b).

b) Die §§ **431, 432** gelten sinngemäß. § 431 Abs. 4 ist mit der Maßgabe sinngemäß anwendbar, daß bei einer Entscheidung im schriftlichen Verfahren die Verfahrensbeteiligung, wenn zulässige sofortige Beschwerde (durch einen anderen Verfahrensbeteiligten) eingelegt ist (§ 441 Abs. 2), bis zum Erlaß des Beschlusses des Beschwerdegerichts angeordnet werden kann, der die Einziehung anordnet oder die Beschwerde gegen die erstinstanzliche Einziehungsanordnung verwirft.

c) § **433 Absatz 2** ist auch bei einer Entscheidung im schriftlichen Verfahren, und zwar auch in der Beschwerdeinstanz anwendbar; § 309 Abs. 1 steht dem nicht entgegen.

d) § **434** ist uneingeschränkt anwendbar.

e) § **435** ist anwendbar, wenn auf Grund mündlicher Verhandlung entschieden wird. Wegen seiner sinngemäßen Anwendbarkeit bei einer Entscheidung im schriftlichen Verfahren vgl. oben 6.

f) § **436** ist in vollem Umfang anwendbar, wenn auf Grund mündlicher Verhandlung entschieden wird. Bei einer Entscheidung im schriftlichen Verfahren ist außer Abs. 1 auch Abs. 2 unanwendbar, da hier stets nach den Grundsätzen des Freibeweises verfahren wird. Sinngemäß anwendbar sind dagegen auch hier Abs. 3 und Abs. 4 mit der Maßgabe, daß der Beschluß zuzustellen ist.

g) § **437** ist nicht für entsprechend anwendbar erklärt, denn er ist auf das subjektive Verfahren zugeschnitten („Schuldspruch") und setzt voraus, daß gegen den Angeklagten ein auf Einziehung lautendes Urteil ergangen ist. Wegen der Rechtsmittel gegen die im objektiven Verfahren ergangenen Entscheidungen vgl. § 441 Abs. 2, 3 Satz 2 und Abs. 4 und die Anm. dort.

h) § **438** ist nicht für entsprechend anwendbar erklärt, weil im objektiven Verfahren eine Entscheidung nicht durch Strafbefehl oder Strafverfügung ergehen kann.

i) § **439** ist sinngemäß anwendbar. Die Verweisung auf § 439 Abs. 1 Nr. 2 ist dahin zu lesen, daß der Betroffene glaubhaft machen muß, er habe bei der Entscheidung im schriftlichen Verfahren (§ 441 Abs. 2) ohne sein Verschulden weder im 1. Rechtszug noch in der Beschwerdeinstanz die Rechte des Einziehungsbeteiligten wahrnehmen können. Unter „Schuldspruch" i. S. des § 439 Abs. 3 sind die Ausführungen zur Schuld des Täters oder Teilnehmers, der nicht im subjektiven Verfahren verfolgt oder verurteilt werden kann, zu verstehen, soweit nach materiellem Recht das Vorliegen einer Straftat Voraussetzung der Einziehung ist; das gleiche gilt, soweit § 439 Abs. 3 Satz 2 den § 437 Abs. 1 für entsprechend anwendbar erklärt.

8. Da die Verfolgbarkeit einer bestimmten Person (§ 41 b Abs. 1, 2 StGB) eine von Amts wegen zu beachtende Prozeßvoraussetzung des objektiven Verfahrens darstellt, muß — **auch noch in der Revisionsinstanz** — das Verfahren eingestellt werden, sobald sich ergibt, daß die bestimmte Person — entgegen der bisherigen Annahme — verfolgbar ist oder erst im Verlauf des objektiven Verfahrens für eine subjektive Verfolgung zur Verfügung steht (BGHSt. **21** 55).

9. Auch im selbständigen Verfahren kann ein **Beschlagnahmebeschluß** erlassen werden (RGSt. **44** 280). Dagegen ist eine Postbeschlagnahme (§ 99), soweit nicht Sonderregelungen eingreifen, unzulässig, weil das Gesetz dem objektiven Einziehungsverfahren grundsätzlich nicht die Bedeutung beimißt, die den schwerwiegenden Eingriff in das Brief- und Postgeheimnis rechtfertigen würde (BGH JZ **1971** 33).

V. Die gerichtliche Entscheidung

1. Da es an einem Angeklagten fehlt, ist § 263 unanwendbar; es entscheidet stets, auch wenn die Einziehung Sicherungsmaßregel ist, die einfache Mehrheit (so schon das ältere Schrifttum — Nachw. in Anm. 9 a zu § 431 in der Vorauflage — und jetzt auch Kl [30] 8 B).

2. Die Entscheidung lautet entweder auf Zurückweisung (Verwerfung) des Antrags als unzulässig oder sachlich unbegründet, bei Erfolg des Antrags je nach den Vorschriften des materiellen Rechts auf Einziehung des Gegenstandes oder des Wertersatzes (§ 40 c StGB) oder eine mildere Maßnahme (§ 40 b Abs. 2, 3 StGB) oder Einziehung verbunden mit Unbrauchbarmachung (§ 41 StGB) oder Einziehung verbunden mit einer Anordnung des Erlöschens von beschränkten Drittrechten (§ 41 a Abs. 2 StGB) und einem Ausspruch über die Entschädigung (§ 41 c Abs. 2, 3, § 436 Abs. 2). Steht ein nachträglich entstandenes Verfahrenshindernis, wie die Möglichkeit einer subjektiven Verfolgung, einer Sachentscheidung entgegen, so ist die Einstellung des Verfahrens nach § 260 Abs. 3 (vgl. BGHSt. **21** 55, 57) oder — im Beschlußverfahren — in entsprechender Anwendung dieser Bestimmung auszusprechen. Lautet der Antrag lediglich auf Einziehung bestimmter Einzelexemplare einer Schrift, so darf das Gericht nicht darüber hinaus die ganze Auflage der Schrift einziehen (OLG München GA **1961** 28). Eines förmlichen Ausspruchs, daß ein Einziehungsbeteiligter die Entscheidung gegen sich gelten lassen müsse, bedarf es nicht, da die Entscheidung — unbeschadet der §§ 439, 440 Abs. 3 — kraft Gesetzes (§ 41 a StGB) allen von der Einziehung Betroffenen gegenüber wirksam wird (RGSt. **69** 41, vgl. oben Ann. IV 6).

3. Bezeichnung des Einziehungsgegenstandes

a) Wird auf Einziehung erkannt, so ist der Einziehungsgegenstand so **genau zu bezeichnen**, daß zweifelsfrei erkennbar ist, was eingezogen wird (RG JW **1935** 949); ein auf dem Weg des § 458 Abs. 1 nicht behebbarer Zweifel macht die Einziehung unvollziehbar. Auch wenn sich der Gegenstand in amtlicher Verwahrung befindet, genügt ein allgemeiner Ausspruch, etwa daß „die beschlagnahmten Gegenstände" eingezogen werden, nicht.

b) Ebenso bedarf es bei einer Einziehung von **Schriften** (§ 41 StGB) grundsätzlich einer Aufzählung in der Entscheidungsformel, mindestens aber einer Darlegung in den Gründen, wie weit die Einziehungsanordnung der Formel reicht; eine Bezugnahme auf die Antragsschrift genügt nicht (BGH NJW **1962** 2019). Nur bei besonders umfangreichem beschlagnahmten Material können die Anforderungen nach dieser Richtung gemildert werden (BGHSt. 9 431). Der die Einziehung veranlassende *Inhalt* der Schrift muß in der Einziehungsentscheidung genau, mindestens in seinem Kern, bezeichnet werden (BGHSt. **11** 31; **17** 388; **23** 65, 78; NJW **1970** 818, 820). Dies ist besonders bedeutsam, weil es in der Revisionsinstanz dem Revisionsgericht grundsätzlich verwehrt ist, eigene ergänzende Feststellungen über den Inhalt zu treffen (BGH aaO.). Die Beschränkungen der Einziehung nach § 41 Abs. 2, 3 StGB sind auszusprechen. Die Entscheidungsgründe müssen auch erkennen lassen, daß § 41 Abs. 5 StGB nicht übersehen ist (OLG Düsseldorf NJW **1967** 1143); die tatrichterliche Entscheidung, daß eine Beschränkung durch Ausscheidung von Teilen nicht möglich ist, ist einer Nachprüfung durch die Revisionsinstanz regelmäßig entzogen (RGSt. **4** 29, 87). Der Eigentumsübergang nach § 41 a Abs. 1 StGB erstreckt sich grundsätzlich auf alle Stücke mit dem in der Einziehungsentscheidung bezeichneten Inhalt im Geltungsbereich des Gesetzes ohne Rücksicht darauf, ob sie beschlagnahmt waren, oder ob dem Gericht ihr Vorhandensein bekannt war.

4. **Die Einziehungsbeteiligten sind** im Rubrum der Entscheidung **anzuführen,** um ihnen gegenüber einen Vollstreckungstitel in solchen Fällen zu haben, in denen sich der eingezogene Gegenstand nicht bereits in amtlicher Verwahrung befindet (vgl. Anm. II 7 a zu § 439).

5. **Kosten**

a) Wird die Einziehung angeordnet, so kann der Einziehungsbeteiligte, da er nicht Angeklagter oder Verurteilter i. S. des § 465 ist, nicht zu den allgemeinen **Kosten** des Einziehungsverfahrens verurteilt werden; das entspricht der bisherigen Rechtsprechung (vgl. RGSt. **74** 334; BGHSt. **16** 49, 57). Dagegen können dem Einziehungsbeteiligten nach § 472 b Abs. 1 die durch seine Beteiligung erwachsenen *besonderen* Kosten, z. B. die Kosten einer durch seine unbegründeten Einwendungen notwendig gewordenen Beweisaufnahme, auferlegt werden. Die *notwendigen Auslagen* seiner Verfahrensbeteiligung trägt der Einziehungsbeteiligte grundsätzlich selbst; ausnahmsweise können sie nach § 472 b Abs. 1 Satz 2 einem anderen Nebenbeteiligten auferlegt werden. Nach § 473 Abs. 1 treffen ihn die Kosten eines von ihm erfolglos eingelegten oder zurückgenommenen Rechtsmittels.

b) Wird die Einziehung nicht angeordnet, so treffen den Einziehungsbeteiligten keine Verfahrenskosten. Hinsichtlich seiner notwendigen Auslagen gilt nicht eine dem § 467 Abs. 1 entsprechende Regelung, vielmehr greift die Sonderregelung des § 472 b Abs. 2 Platz.

VI. Übergang vom Verfahren gegen eine bestimmte Person zum selbständigen Einziehungsverfahren

1. § 440 stellt zur Herbeiführung einer nach materiellem Recht (§ 41 b StGB) zugelassenen selbständigen Einziehung eine besonders geregelte Verfahrensart zur Verfügung. Die Einleitung eines solchen Verfahrens ist aber nicht der einzige prozessuale Weg einer selbständigen Anordnung der Einziehung (und der in § 442 bezeichneten weiteren Nebenfolgen), vielmehr ist diese in gewissem Umfang bereits im Zusammenhang mit einem subjektiven (gegen einen bestimmten Angeklagten gerichteten) Verfahren zulässig. Diese Entwicklung hat sich schrittweise vollzogen.

a) Nach der früher h. M. war der Übergang vom subjektiven Strafverfahren zum objektiven Einziehungsverfahren bei Einstellung des Verfahrens, etwa wegen dauernder Verhandlungsunfähigkeit des Angeklagten, grundsätzlich ausgeschlossen (vgl. RGSt. **52** 283; **53** 79; **54** 11; **66** 421; BGHSt. **6** 62; BayObLG NJW **1957** 1148), außer wenn das Gesetz selbst, wie z. B. § 13 Straffreiheitsges. 1954, eine Ausnahme vorsah (BGHSt. 9 250). Gegenüber dem Einwand, daß es doch prozeßökonomisch sinnvoller sei, die von Staatsanwaltschaft und Gericht für ein subjektives Verfahren geleistete Arbeit durch Überleitung des subjektiven in ein objektives Verfahren mit dem beschränkten Ziel einer selbständigen Einziehung nutzbar zu machen, statt die Staatsanwaltschaft nach Abbruch des subjektiven Verfahrens zu zwingen, von neuem ein Verfahren durch einen Antrag nach (jetzt) § 440 zu betreiben, wurden für die ablehnende Haltung hauptsächlich drei Gesichtspunkte angeführt:

aa) das Strafverfahren habe die Entscheidung über Täterschaft und Schuld zum Gegenstand und sei damit wesensmäßig verschieden vom selbständigen Einziehungsverfahren,

bb) Verfahrensgrundlage des objektiven Verfahrens sei der in das Ermessen der Staatsanwaltschaft gestellte Antrag (§ 440 Abs. 1); ihn könne die nach dem Legalitätsgrundsatz erhobene Anklage nicht ersetzen, weil sonst in die Ermessensfreiheit der Staatsanwaltschaft eingegriffen werde.

cc) der Kreis der Beteiligten sei in beiden Verfahren verschieden: im selbständigen Verfahren seien außer der Staatsanwaltschaft nur die Einziehungsbeteiligten, nicht aber der „Täter“ beteiligt und der Täter daher nicht rechtsmittelberechtigt, wenn er nicht zufällig einen rechtlichen Anspruch auf den Einziehungsgegenstand habe, während im subjektiven Verfahren die Einziehungsinteressenten nicht mit verfahrensrechtlichen Befugnissen beteiligt seien, und nur der Angeklagte die Einziehung anfechten könne, und zwar auch dann, wenn er am Einziehungsgegenstand kein dingliches Recht habe. Dieses letztere Argument – von BGHSt. 6 62 in den Vordergrund gestellt – ist inzwischen durch die Regelung in §§ 430 ff. n. F. gegenstandslos geworden.

b) Abweichend von dem Grundsatz zu a) wurde die selbständige Einziehung im subjektiven Strafverfahren dann als zulässig anerkannt, wenn der Angeklagte aus tatsächlichen oder rechtlichen Gründen freizusprechen oder das Verfahren gegen ihn wegen eines Verfahrenshindernisses einzustellen war, die ohne Rücksicht auf die Eigentumsverhältnisse zulässige Einziehung sich aber als „polizeiliche“ *Sicherungsmaßnahme* darstellte und der Angeklagte mindestens den äußeren Tatbestand der die Einziehung rechtfertigenden Strafdrohung verwirklicht hatte; insoweit war, „das *Strafverfahren* weiterzuführen“ (so – betr. die Einstellung des subjektiven Verfahrens wegen Verjährung der Strafverfolgung – BGHSt. 6 62 unter Berufung auf RGSt. 4 87; **34** 388; **44** 315; **66** 420 und dem zustimmend BGHSt. **18** 136, 138; **21** 367, 370; s. auch BGHSt. **14** 392).

c) Wenn ein Straffreiheitsgesetz die Einstellung anhängiger gerichtlicher Verfahren anordnet, davon aber die Einziehung – auch als Nebenstrafe – ausnimmt, war früher nach h. M. nach Einstellung des Verfahrens in der Hauptsache durch gerichtliche Entscheidung dessen Fortsetzung mit dem Ziel einer Entscheidung über die selbständige Einziehung unzulässig. „Im Interesse der Vereinfachung und Kostenersparnis“ (amtl. Begr. S. 18) sprach schließlich beim Straffreiheitsgesetz 1954 der Gesetzgeber die Zulässigkeit förmlich aus und ordnete an, daß das anhängige Verfahren insoweit als selbständiges Verfahren „weitergeführt“ werde (§ 13 Abs. 5 Straffreiheitsges. 1954). Um dem Grundgedanken des § 430 a. F. Rechnung zu tragen, daß die Staatsanwaltschaft über Notwendigkeit und Zweckmäßigkeit eines selbständigen Verfahrens nach Ermessensgrundsätzen entscheide, war nach der Rechtsprechung (vgl. BGHSt. 7 356; 9 250) Voraussetzung der „Weiterführung“, daß die Staatsanwaltschaft einen förmlichen Antrag stellte oder wenigstens ihren Willen zur Durchführung der selbständigen Einziehung zu erkennen gab. Dies konnte auch stillschweigend (konkludent) durch Handlungen geschehen, die den Willen der Staatsanwaltschaft deutlich erkennbar machen. Rechtsprechung und Schrifttum (vgl. die Vorauflage Vorbem. 12 – S. 226 – vor § 430 a. F.) schritten auf dieser Bahn fort. Nach BGHSt. 23 64 = NJW **1969** 1970 gilt der Grundsatz der „Weiterführung“ als selbständiges Verfahren mit dem beschränkten Ziel der selbständigen Einziehung nach Einstellung des subjektiven Strafverfahrens auch dann, wenn das Straffreiheitsgesetz (hier: das Straffreiheitsges. v. 9. 7. 1968, BGBl. I 773) nicht ausdrücklich bestimmt, daß das anhängige und eingestellte Strafverfahren insoweit fortgesetzt werden dürfe. Denn diese Möglichkeit entspreche einem allgemeinen Grundsatz, zu vermeiden, daß umfangreiche Beweisaufnahmen in einem späteren neuen selbständigen Verfahren wiederholt werden müßten; ein solcher Grundsatz sei heute um so weniger bedenklich, als nach §§ 430 ff. n. F. die Einziehungsberechtigten auch am subjektiven Verfahren zu beteiligen seien, und die in BGHSt. 6 62 gegen die Überleitung eines subjektiven in ein objektives Verfahren geäußerten Bedenken angesichts der Angleichung beider Verfahren durch das EGOWiG 1968 nicht mehr bestünden. Das Verfahren ist danach „als selbständiges Einziehungsverfahren i. S. des § 440 n. F. fortzuführen“ (BGHSt. 23 64, 67).

d) § 41 b Abs. 3 n. F. StGB hat schließlich die Möglichkeit eröffnet, auf Einziehung auch dann selbständig zu erkennen, wenn **in der Hauptverhandlung** gegen den Angeklagten unter Schuldigsprechung auf Absehen von Strafe erkannt (§ 260 Abs. 4 Satz 2) oder das Verfahren nach den Vorschriften über die Lockerung des Legalitätsprinzips eingestellt wird (oben Anm. II 3). Es kann nicht zweifelhaft sein, daß auch in diesen Fällen die Erwägungen durchgreifen, die dazu geführt haben, bei Einstellung anhängiger Strafverfahren wegen Verjährung oder Niederschlagung durch Straffreiheitsgesetz die Weiterführung mit dem Ziel der selbständigen Einziehung zuzulassen, und es spielt dabei keine Rolle, ob die Einziehung Nebenstrafe (§ 40 Abs. 2 Nr. 1) ist, strafähnlichen Charakter hat (§ 40 a StGB) oder sich als Sicherungsmaßnahme darstellt (§ 40 Abs. 2 Nr. 2, 3, 4 StGB). Voraussetzung ist aber auch hier, daß die Staatsanwaltschaft (der Privatkläger) den Willen auf Durchführung der selbständigen Einziehung kundgibt (oben zu c).

2. **a)** In folgerichtiger Fortsetzung dieser Entwicklung von Gesetzgebung und Rechtsprechung muß es als ein allgemeiner Grundsatz angesehen werden, daß die Fortführung des anhängigen subjektiven Verfahrens mit dem beschränkten Ziel der Entscheidung über die selbständige Einziehung zulässig ist, wenn sich ein die Durchführung des Strafverfahrens ausschließendes Verfahrenshindernis herausstellt, das nicht zugleich auch einer selbständigen Einziehung entgegensteht (ebenso Schönke-Schröder 12 zu § 41 b StGB; **a. M.** Dreher [32] 1 zu § 41 b; Kl [30] 9). Danach ist z. B. eine „Weiterführung" des Verfahrens zur selbständigen Einziehung nach §§ 40 Abs. 2 Nr. 1 oder 40 a i. Verb. mit § 41 b Abs. 1 StGB auch zulässig, wenn der Angeklagte nach Beginn der Hauptverhandlung sich der Aburteilung durch Flucht ins Ausland entzieht, wo er für die deutsche Gerichtsbarkeit unerreichbar ist, und zur selbständigen Einziehung nach § 40 Abs. 2 Nr. 2 i. Verb. mit § 41 b Abs. 2 StGB auch dann, wenn der Angeklagte dauernd verhandlungsunfähig wird.

b) Was die **Rechtsnatur des** mit beschränktem Ziel **weitergeführten Verfahrens** anlangt, so sprach BGHSt. 6 62 von einer „Weiterführung des **Strafverfahrens**", von der Vorstellung ausgehend, daß ein Übergang vom subjektiven zum objektiven Verfahren ausgeschlossen sei. Von diesem Standpunkt aus war das die selbständige Einziehung betreffende weitergeführte Verfahren ein Teil der Hauptverhandlung und unterlag den Regeln über die Hauptverhandlung. Dagegen ist in den die Wirkungen der Niederschlagung behandelnden Entscheidungen im Anschluß an den Wortlaut des § 13 Abs. 5 Straffreiheitsges. 1954 von einer „Fortführung des Verfahrens als selbständiges Einziehungsverfahren (§ 440 n. F.)" die Rede (vgl. BGHSt. 23 64, 67). Das bedeutet, daß das die selbständige Einziehung betreffende Verfahren, auch wenn es im unmittelbaren Zusammenhang mit dem subjektiven Verfahren „fortgeführt" wird, den besonderen Vorschriften des § 441 Abs. 2 bis 4 betr. Entscheidung durch Beschluß ohne mündliche Verhandlung oder durch Urteil auf Grund mündlicher Verhandlung mit den entsprechend verschiedenen Rechtsmitteln unterliegt. Von dieser Gestaltung geht auch der bereits auf der Neuregelung des Einziehungsrechts beruhende § 4 Abs. 2, 3 des Straffreiheitsges. v. 20. 5. 1970 (BGBl I 509) aus. Danach können Einziehung und Unbrauchbarmachung, auf die sich die Niederschlagung nicht erstreckt, in einem neuen selbständigen Verfahren angeordnet werden (Abs. 2). Es kann aber auch das subjektive Verfahren „weitergeführt" werden, und das Gericht kann durch Beschluß entscheiden, wenn dies in einem selbständigen Verfahren zulässig wäre (Abs. 3). Mit dem § 4 Abs. 3 aber verweist das Straffreiheitsges. 1970 auf § 441 Abs. 2, 3.

Die Lösung dieses Gesetzes enthält allgemeingültige Grundsätze für alle Fälle, in denen nach Beendigung des subjektiven Strafverfahrens dessen „Fortführung" mit dem beschränkten Ziel einer gemäß § 41 b StGB zulässigen selbständigen Einziehung in Frage steht, so insbesondere im Fall des § 41 b Abs. 3 StGB, wenn das Gericht von Strafe absieht oder das Verfahren auf Grund einer das Legalitätsprinzip lockernden Vorschrift einstellt (ebenso für den entsprechenden Fall einer Einstellung nach § 47 Abs. 2 OWiG Göhler [2] 11 A zu § 87 OWiG). Denn der bei der Niederschlagung maßgebliche Gesichtspunkt — aus prozeßökonomischen Gründen zu vermeiden, daß die für die Zwecke des subjektiven Verfahrens erbrachten Beweisaufnahmen in einem neuen selbständigen Verfahren wiederholt werden müßten — fordert auch Beachtung, wenn die Einziehung gemäß § 41 b StGB unabhängig von einem Schuld- oder Strafausspruch zulässig ist. Mit der Verweisung in § 4 Abs. 3 des Straffreiheitsges. 1970 auf § 441 Abs. 2, 3 ist implicite auch die bisherige Rechtsprechung (oben 1 c) legalisiert, daß auch die Fortführung des anhängigen Verfahrens von einer dem förmlichen Antrag nach § 440 Abs. 1 entsprechenden Erklärung der Staatsanwaltschaft abhängt und damit ihre Entschließungsfreiheit gewahrt bleibt.

c) Im Fall des § 41 b Abs. 2 StGB ist eine solche „Fortführung“ auch dann möglich, wenn die Hauptverhandlung mit dem Tod des Angeklagten ihr Ende findet (oben Anm. II 2 a, bb), denn der prozeßökonomische Grund für die Zulässigkeit der Weiterführung des Verfahrens mit beschränktem Ziel trifft auch dann zu; eine unterschiedliche Behandlung des Todes gegenüber den Verfahrenshindernissen im engeren Sinn würde der inneren Rechtfertigung entbehren.

d) Unzulässig ist stets ein Übergang vom objektiven zum subjektiven Verfahren, da es — anders als im Fall des § 429 d — an einem „Beschuldigten“ fehlt.

§ 441

(1) Die Entscheidung über die Einziehung im Nachverfahren (§ 439) trifft das Gericht des ersten Rechtszuges, die Entscheidung über die selbständige Einziehung (§ 440) das Gericht, das im Falle der Strafverfolgung einer bestimmten Person zuständig wäre. An die Stelle des Schwurgerichts tritt die Strafkammer. Für die Entscheidung über die selbständige Einziehung ist örtlich zuständig auch das Gericht, in dessen Bezirk der Gegenstand sichergestellt worden ist.

(2) Das Gericht entscheidet durch Beschluß, gegen den sofortige Beschwerde zulässig ist.

(3) Über einen zulässigen Antrag wird jedoch auf Grund mündlicher Verhandlung durch Urteil entschieden, wenn die Staatsanwaltschaft oder sonst ein Beteiligter es beantragt oder das Gericht es anordnet; die Vorschriften über die Hauptverhandlung gelten entsprechend. Wer gegen das Urteil eine zulässige Berufung eingelegt hat, kann gegen das Berufungsurteil nicht mehr Revision einlegen.

(4) Ist durch Urteil entschieden, so gilt § 437 Abs. 4 entsprechend.

I. § 441 enthält gemeinsame Verfahrensvorschriften über die Entscheidung im Nachverfahren (§ 439) und über die im selbständigen Verfahren (§ 440). Er folgt dabei weitgehend den Vorschriften des bisherigen Rechts.

II. Sachliche und örtliche Zuständigkeit

1. Die sachliche und örtliche Zuständigkeit ist im Fall des § 439 dadurch festgelegt, daß — mit der Abweichung gemäß Abs. 1 Satz 2 — das Gericht entscheidet, das im vorangegangenen Verfahren erstinstanzlich entschieden hat.

2. Im Fall des § 440

a) Die sachliche Zuständigkeit des Gerichts bestimmt sich danach, welches Gericht nach den allgemeinen Vorschriften für die subjektive Verfolgung einer bestimmten Person (des Täters oder Teilnehmers) zuständig wäre. Danach ist zwar die Zuständigkeit des Schwurgerichts ausgeschlossen (Abs. 1 Satz 2), wohl aber kann das Oberlandesgericht im 1. Rechtszug zuständig sein (§ 120 GVG). Ist die strafrechtliche Würdigung der Tat und demzufolge auch die sachliche Zuständigkeit des Gerichts *nicht mit Gewißheit* festzustellen, so ist das Gericht mit der umfassenderen Zuständigkeit als zuständig anzusehen (ebenso EbSchmidt 10, 11 zu § 430 a. F.). Kommen als Einziehungsgrundlage mehrere strafbare Handlungen in Betracht, so liegt es im Ermessen der Staatsanwaltschaft, welche von ihnen sie in der Antragsschrift (§ 440 Abs. 2) bezeichnen will; danach richtet sich die sachliche Zuständigkeit. Die Staatsanwaltschaft hat es dann in der Hand, durch entsprechende Beschränkung der Einziehungsgrundlage die sachliche Zuständigkeit eines Gerichts niederer Ordnung zu begründen, wenn dessen Zuständigkeit zur Entscheidung über die Einziehungsfrage ausreicht (vgl. dazu Wagner MDR 1961 98; OLG Celle NJW 1966 1135).

b) Auch die örtliche Zuständigkeit bestimmt sich nach den allgemeinen Vorschriften, die für die subjektive Verfolgung gelten oder — wenn der Täter nur eine mit Strafe bedrohte Handlung begangen hat — bei schuldhaftem Handeln gelten würden; das entspricht dem bisherigen Recht (vgl. RGSt. **15** 235). Neu ist **Satz 3** des Abs. 1, der — als Parallele zu § 9 — für das selbständige Verfahren aus Gründen der Zweckmäßigkeit die örtliche Zuständigkeit zusätzlich auch für das Gericht begründet, in dessen Bezirk der Gegenstand sichergestellt (§ 94) worden ist. Ist ein den Gerichtsstand bestimmender Ort in der Bundesrepublik nicht vorhanden oder nicht zu ermitteln, so wird gemäß § 13 a das zuständige Gericht vom Bundesgerichtshof bestimmt (RG Rspr. 9 290). Wird auf Grund mündlicher Verhandlung entschieden (§ 441 Abs. 3 Satz 1), so darf im Verhandlungstermin gemäß § 441 Abs. 3 Satz 1 Halbsatz 2 eine Unzuständigkeitserklärung nicht mehr von Amts wegen, auf Einwand eines Einziehungsbeteiligten aber nur bis zum Beginn der Verhandlung zur Sache ausgesprochen werden (RGSt. **19** 427; RG Recht **18** Nr. 2360).

III. Form der Entscheidung

1. Die Entscheidung des Gerichts ergeht nach **Abs. 2** grundsätzlich durch **Beschluß**, der mit sofortiger Beschwerde (§ 311) anfechtbar ist.

a) Entschieden wird im schriftlichen Verfahren. Vor der Entscheidung hat das Gericht nach § 33 Abs. 2, 3 die Staatsanwaltschaft und die Einziehungsbeteiligten zu hören. Da das Verfahren durch den Antrag der Staatsanwaltschaft in Gang gesetzt wird, bedeutet das Erfordernis der Anhörung, daß der Staatsanwaltschaft nach Abschluß der Ermittlungen Gelegenheit zur Stellungnahme zu geben ist. Stellt der Privatkläger den Antrag (§ 440 Abs. 1), so ist die Anhörung der Staatsanwaltschaft entbehrlich (§ 377 Abs. 1). Zur Anhörung der Einziehungsbeteiligten nach § 33 Abs. 3 gehört, daß Ermittlungsergebnisse, die neue Tatsachen oder Beweise enthalten, ihnen bekanntzugeben sind, falls eine frühere Anhörung, insbesondere nach § 432, diese nicht zum Gegenstand hatte.

b) Die **Ermittlungen** erfolgen formlos von Amts wegen nach pflichtmäßigem Ermessen des Gerichts (**nach den Regeln des Freibeweises**). Zulässig sind dabei auch eidliche Vernehmungen von Zeugen durch den beauftragten oder ersuchten Richter. Da die Vorschriften über das Beschwerdeverfahren nicht für entsprechend anwendbar erklärt sind, § 309 Abs. 1 also unanwendbar ist, ist die Vornahme mündlicher Erörterungen, die sich deutlich von der förmlichen mündlichen Verhandlung (§ 441 Abs. 3; unten Anm. IV) abheben — etwa zur Vernehmung oder Gegenüberstellung von Zeugen — nicht ausgeschlossen.

c) Der Strafsenat des Oberlandesgerichts entscheidet nach § 122 Abs. 2 GVG in der Besetzung mit 3 Mitgliedern. Daß eine Besetzung mit 5 Mitgliedern geboten wäre, wenn gemäß § 441 Abs. 3 durch Urteil zu entscheiden wäre, spielt keine Rolle. Nur besonders bedeutungsvolle Entscheidungen, die im subjektiven Verfahren in Beschlußform getroffen werden, ergehen in der für die Hauptverhandlung vorgeschriebenen Besetzung; dazu gehört der nur vermögensrechtliche Belange betreffende Beschluß im selbständigen Einziehungsverfahren nicht (ebenso Müller-Sax 5 b; EbSchmidt NachtrBd. I Rz. 22, je zu § 431 a. F.; **a. M.** OLG Celle NdsRpfl. **1954** 175).

d) Im übrigen unterscheidet sich das Beschlußverfahren, was die Zuziehung der Einziehungsbeteiligten und den Inhalt der Entscheidung anlangt, in nichts von dem Verfahren, in dem die Entscheidung auf Grund mündlicher Verhandlung durch Urteil (§ 441 Abs. 3) ergeht. Der Beschluß ist zu begründen (§ 34) und, mit Rechtsbelehrung versehen, allen Einziehungsbeteiligten zuzustellen (§§ 35, 35 a), wobei die Zustellung an einen bevollmächtigten Vertreter genügt (§§ 440 Abs. 3, 434, 145 a). § 33 a findet Anwendung.

2. Entsprechend der bisherigen Regelung (§ 431 Abs. 1 a. F.) kann nach § 441 Abs. 3 die Entscheidung durch **Urteil auf Grund mündlicher Verhandlung** ergehen.

a) Das Gericht **kann** mündliche Verhandlung anordnen. Es steht also grundsätzlich im Ermessen des Gerichts, ob es ohne mündliche Verhandlung durch Beschluß oder auf Grund mündlicher Verhandlung durch Urteil entscheiden will; maßgeblich ist, ob das

Gericht sich zu einer sachgemäßen Entscheidung auch ohne mündliche Verhandlung in der Lage sieht.

b) Die mündliche Verhandlung und Entscheidung durch Urteil ist jedoch **zwingend** geboten, wenn die Staatsanwaltschaft, der antragstellende Privatkläger oder ein Einziehungsbeteiligter es beantragen. Voraussetzung ist aber, daß nach §§ 439, 440 zulässiger Antrag gestellt ist („über einen zulässigen Antrag ..."); ein unzulässiger Antrag wird stets durch Beschluß verworfen, der nach § 441 Abs. 2 anfechtbar ist.

c) Eine ähnliche Regelung ist in § 72 OWiG vorgesehen, wonach über den Einspruch des Betroffenen gegen den Bußgeldbescheid der Verwaltungsbehörde durch Beschluß im schriftlichen Verfahren entschieden wird, falls das Gericht eine Hauptverhandlung nicht für erforderlich hält und der Betroffene sowie die Staatsanwaltschaft diesem Verfahren nicht widersprechen; andernfalls wird auf Grund einer Hauptverhandlung durch Urteil entschieden (§ 71 OWiG).

d) § 441 Abs. 2, 3 gilt entsprechend, wenn im Fall der Anordnung eine Einziehung durch Strafbefehl oder Strafverfügung nur über den Einspruch des Einziehungsbeteiligten zu entscheiden ist (§ 438 Abs. 2; Anm. 5 b zu § 438).

e) Wegen der Belehrung des Einziehungsbeteiligten über sein Recht, mündliche Verhandlung zu beantragen, vgl. Anm. IV 6 zu § 440.

IV. Entscheidung durch Urteil im besonderen

1. Das Gericht kann, solange es nicht durch Beschluß entschieden und dieser Beschluß durch Herausgabe Wirksamkeit erlangt hat, jederzeit zur **Anordnung der mündlichen Verhandlung** übergehen; es kann aber auch, wenn es (ohne Antrag eines Beteiligten) mündliche Verhandlung angeordnet hat, eine bereits terminierte Hauptverhandlung wieder absetzen und durch Beschluß entscheiden.

2. **Der Antrag auf mündliche Verhandlung**

a) Für die Stellung des Antrags auf mündliche Verhandlung ist weder eine besondere Form noch eine Begründung vorgeschrieben, auch eine **zeitliche Begrenzung** nicht vorgesehen. Der Antrag kann daher so lange gestellt werden, als das Gericht nicht über den Antrag auf selbständige Einziehung (§ 440 Abs. 1) durch Beschluß entschieden und den Beschluß herausgegeben hat (vgl. Anm. I 3 zu § 33). Ein gestellter Antrag kann auch nach Terminsanberaumung, aber entsprechend dem Grundgedanken der §§ 303, 411 wohl nur bis zum Beginn der mündlichen Verhandlung zurückgenommen werden; doch können die übrigen Antragsberechtigten den Antrag übernehmen oder das Gericht nachträglich die mündliche Verhandlung anordnen, so daß es dann bei dem anberaumten Termin bleibt.

b) Die Staatsanwaltschaft soll den Antrag auf mündliche Verhandlung nur stellen, wenn eine solche wegen der Bedeutung oder der Schwierigkeit der Sache oder im Interesse der Einziehungsbeteiligten geboten erscheint (Nr. 183 Abs. 2 RiStBV).

3. Wird der Antrag auf selbständige Einziehung für zulässig befunden (vgl. Anm. IV 1, 2 zu § 440), und liegt ein Antrag der Staatsanwaltschaft oder eines Einziehungsbeteiligten auf mündliche Verhandlung oder eine entsprechende gerichtliche Anordnung (beim Land- oder Oberlandesgericht des Kollegiums) vor, so bestimmt der Vorsitzende den Termin zur mündlichen Verhandlung; ein Eröffnungsbeschluß oder ein ihm entsprechender Zulassungsbeschluß ergeht nicht (Anm. IV 1 zu § 440).

4. Wie schon früher § 431 Abs. 1 a. F., so bezeichnet auch § 441 Abs. 3 den abzuhaltenden Termin als **„mündliche Verhandlung"** und erklärt die Vorschriften über die Hauptverhandlung nur für entsprechend anwendbar, während §§ 429 c und d für die mündliche Verhandlung im Sicherungsverfahren die Bezeichnung „Hauptverhandlung" gebrauchen. Die unterschiedliche Formulierung erklärt sich daraus, daß das selbständige Verfahren zwar in den Formen und mit den Rechtsschutzgarantien des Strafverfahrens, aber nicht

gegen eine bestimmte Person — im Strafverfahren gegen den Angeklagten, im Sicherungsverfahren gegen den Unterzubringenden, der dort technisch „Beschuldigter" heißt (vgl. Vorbem. 1 vor § 429 a) — betrieben wird; die Einziehungsbeteiligten haben zwar zur Verteidigung ihrer dinglichen Rechte die „Befugnisse" eines Angeklagten (§§ 440 Abs. 3, 433 Abs. 1), aber sie stehen im übrigen dem Angeklagten nicht gleich (RGSt. 37 270), was insbesondere in kostenrechtlicher Hinsicht bedeutsam ist (vgl. Anm. V 5 zu § 440). Denn das Gericht hat zwar festzustellen, ob der äußere und, soweit nach den materiellrechtlichen Einziehungsvoraussetzungen erforderlich, der innere Tatbestand einer strafbaren Handlung verwirklicht und dabei der Gegenstand eine die Einziehung rechtfertigende Rolle gespielt hat, aber diese Feststellungen haben nicht das Ziel, über die strafrechtliche Schuld eines Beteiligten zu entscheiden.

5. a) **Die entsprechende Anwendung der für die Hauptverhandlung geltenden Vorschriften** bedeutet u. a., daß der Staatsanwalt den dem Anklagesatz entsprechenden Teil der Antragsschrift verliest (§ 243 Abs. 3 Satz 1). Die Vorschriften über die Öffentlichkeit (§§ 169 ff. GVG) finden Anwendung. Dem Einziehungsbeteiligten gebührt das letzte Wort — § 258 Abs. 2, 3 — (BGHSt. 17 28, 32 = NJW **1962** 501). Sein Vertreter (§ 434) nimmt die Stelle des Verteidigers ein. Es gelten sinngemäß auch für die Beweisaufnahme die allgemeinen Vorschriften, soweit sich nicht aus §§ 431 Abs. 2, 436 Abs. 2 und im Nachtragsverfahren aus § 439 Abs. 3 Abweichungen ergeben. Es ist daher unzulässig, daß Erklärungen, die der Einziehungsbeteiligte früher als Beschuldigter abgegeben hat, vom Gericht verwertet werden, wenn sie nicht in der gesetzlich vorgeschriebenen Weise (§§ 250, 253) festgestellt sind (RG I 137/20 v. 26. 4. 1920). Einzuziehende Druckschriften (§ 41 StGB) müssen verlesen werden, soweit sie für die Entscheidung bedeutsam sind (BGHSt. 11 29; NJW 1962 2019).

b) Auch für die **Vernehmung und Beeidigung von Zeugen** gelten die allgemeinen Vorschriften (RGSt. 48 85). Im Nachverfahren (§ 439) ist der Angeklagte des früheren subjektiven Verfahrens Zeuge, wenn er als Auskunftsperson vernommen wird; ebenso im selbständigen Einziehungsverfahren der Beschuldigte eines vorangegangenen subjektiven Verfahrens oder derjenige, der im Fall eines subjektiven Verfahrens Beschuldigter wäre, soweit er nicht selbst Einziehungsbeteiligter ist.

c) Der Einziehungsbeteiligte selbst kann nicht Zeuge sein (RGSt. 46 88; BGHSt. 9 250; EbSchmidt NachtrBd. I Rz. 3; Müller-Sax 2 e je zu § 431 a. F.). Denn wenn der Einziehungsbeteiligte auch nur die Rechte und nicht die Rechtsstellung eines Angeklagten hat (§ 440 Abs. 3, § 433 Abs. 1), so bleibt es doch dabei, daß er gegen einen ihm durch die Entscheidung drohenden Eingriff in seine Rechte kämpft und insofern „Gegner" des Antragstellers ist und eine parteiähnliche Rolle spielt, während die Aufgabe des Zeugen — der Idee nach — in der objektiven wahrheitsgetreuen Übermittlung seines Wissens *ohne subjektive Zielrichtung* besteht (vgl. Einleitung S. 68). Daher muß der in der Vorauflage (Anm. 4 b zu § 431 a. F.) unternommene Versuch aufgegeben werden, die Unvereinbarkeit der Stellung des Einziehungsbeteiligten mit der eines Zeugen auf die Fälle zu beschränken, in denen der Einziehungsbeteiligte der Täter der mit Strafe bedrohten Handlung ist oder sich, wie im Fall des § 40 a StGB, von dem Verdacht vorwerfbaren Verhaltens, das die Einziehung rechtfertigt, zu reinigen sucht, oder als Vertretener sich die Handlung eines Vertretenen zurechnen lassen muß (§ 431 Abs. 3). Daß nach herrschender, wenn schon nicht unbestrittener Meinung der Nebenkläger (vgl. Anm. 4 zu § 397) und der Antragsteller im Adhäsionsverfahren (vgl. Anm. 5 zu § 404) trotz subjektiver Zielrichtung hinsichtlich des Ausgangs des Strafverfahrens Zeugen sein können, steht auf einem anderen Blatt.

d) Der Staatsanwaltschaft steht es, gleichviel ob die Einziehungsbeteiligten erschienen sind oder nicht, im Termin frei, bezgl. der im Antrag bezeichneten Gegenstände statt der Unbrauchbarmachung die Einziehung zu beantragen oder den gestellten Antrag aus einem neuen, in der Antragsschrift nicht angegebenen rechtlichen Gesichtspunkt zu begründen, ohne daß es der Zustimmung der etwa anwesenden oder der vorherigen Unterrichtung der vom Termin benachrichtigten, aber nicht erschienenen Einziehungsbeteiligten i. S. des § 265 bedarf (RGSt. 37 270; RG IV 781/18 v. 17. 1. 1919; vgl. dazu Anm. III 2 zu § 435).

e) Hinsichtlich der Form der Entscheidung und ihrer Begründung gelten die §§ 260, 267 (RGSt. 41 21).

V. Rechtsmittel

1. Die in **Beschlußform** ergehende Endentscheidung ist nach § 441 Abs. 2 mit der sofortigen **Beschwerde** anfechtbar. Das gilt gemäß § 304 Abs. 4 Satz 2 Nr. 5 auch für die Einziehung betreffende Beschlüsse der Oberlandesgerichte in Sachen, in denen die Oberlandesgerichte im 1. Rechtszug zuständig sind; Beschwerdegericht ist hier der Bundesgerichtshof (§ 135 Abs. 2 GVG).

2. Entscheidung durch Urteil

a) Da auch nach mündlicher Verhandlung nur über einen **zulässigen** Antrag durch Urteil entschieden wird (§ 441 Abs. 3), wird ein Antrag, der sich erst in der Hauptverhandlung als unzulässig erweist (Anm. IV 1, 2 zu § 440), durch Beschluß verworfen, der nach § 441 Abs. 2 anfechtbar ist.

b) Für die Anfechtung der in **Urteilsform** ergehenden Sachentscheidung gelten grundsätzlich die allgemeinen Regeln mit den aus Abs. 3 Satz 2, Abs. 4 sich ergebenden Abweichungen und Einschränkungen. Danach ist das erstinstanzliche Urteil der Strafkammer und des Oberlandesgerichts mit der Revision anfechtbar. Dagegen hat bei amtsgerichtlichen Urteilen jeder Anfechtungsberechtigte nur *ein* Rechtsmittel, und zwar *wahlweise* Berufung oder Revision. Diese Regelung, die der in § 55 Abs. 2 Satz 1 JGG vorgeschriebenen Rechtsmittelbeschränkung enspricht, bezweckt einmal eine Vereinfachung und Beschleunigung des Verfahrens und zum anderen eine gewisse Angleichung an die Regelung des Beschlußverfahrens, in dem es nur ein Rechtsmittel gibt. Die Revision gegen das amtsgerichtliche Urteil ist also nicht Sprungrevision i. S. des § 335, sondern Wahlrevision. Trotz dieser Abweichung gelten auch hier die zu § 335 entwickelten Grundsätze über die Ausübung eines Wahlrechts durch unbestimmte Anfechtung des Urteils unter Nachholung der Wahl innerhalb der Frist für die Revisionsbegründung und durch Übergang von der eingelegten Berufung zur Revision oder von der eingelegten Revision zur Berufung und über die Behandlung der Anfechtung als Berufung, wenn keine oder keine genügende Begründung (§§ 344, 337) gegeben wird. Anwendbar ist auch § 335 Abs. 3, wenn ein Anfechtungsberechtigter Revision, ein anderer Berufung eingelegt hat. Auf Einzelheiten ist an dieser Stelle nicht einzugehen; es darf auf die Erläuterungen zu § 355 und zu § 55 JGG (vgl. etwa Grethlein-Brunner 3) verwiesen werden.

c) Die in § 441 **Abs. 4 vorgeschriebene entsprechende Anwendung des § 437 Abs. 4** bedeutet: Wird im Nachverfahren oder im selbständigen Einziehungsverfahren durch Urteil über Grund und Höhe eines Entschädigungsanspruchs (§ 436 Abs. 3 Satz 2) entschieden und nur die Entscheidung über die Höhe der Entschädigung mit Berufung oder Revision angefochten, so kann das Rechtsmittelgericht durch Beschluß über das Rechtsmittel entscheiden, falls kein Beteiligter widerspricht; auf diese Möglichkeit und das Recht des Widerspruchs werden die Beteiligten zuvor hingewiesen und erhalten die Gelegenheit, sich zu äußern.
Der Beschluß des Rechtsmittelgerichts ist unanfechtbar (Kl [30] 5; EbSchmidt NachtrBd. II Rz. 10; vgl. Anm. V 4 zu § 437).

Ohne Rücksicht auf die Zustimmung der Beteiligten kann das Rechtsmittelgericht durch Beschluß über das Rechtsmittel entscheiden, wo dies nach den allgemeinen Vorschriften (§§ 319, 346, 349 Abs. 1, 2, 4) zulässig ist.

VI. Wirkung der Rechtskraft

1. Wegen der Bedeutung der **rechtskräftigen Aufhebung der Einziehung im Nachverfahren** vgl. Anm. IV zu § 439.

2. Wird im selbständigen Einziehungsverfahren — gleichviel ob durch Beschluß oder Urteil — **rechtskräftig die Einziehung angeordnet**, so hat dies die in § 41 a StGB bezeich-

neten Wirkungen, unbeschadet der Möglichkeit des Nachverfahrens nach § 440 Abs. 3 i. Verb. mit § 439.

3. Ist der Antrag auf selbständige Einziehung rechtskräftig als unbegründet verworfen, so darf, da die Rechtskraft sich nur auf den im Antrag bezeichneten Tatvorgang bezieht, ein neues Verfahren auf Grund eines anderen selbständigen Tatvorgangs stattfinden, z. B. die Einziehung einer Druckschrift auf Grund eines anderen selbständigen Verbreitungsakts (RGSt. 46 421; Peters 518). Auch besteht kein Hindernis, später ein subjektives Strafverfahren gegen eine *bestimmte* Person einzuleiten, z. B. bei nachträglicher Ergreifung des flüchtigen Täters (allg. M.) und in diesem nochmals über die Einziehung zu entscheiden, wenn *neue* eine Einziehung rechtfertigende Tatsachen hervortreten.

§ 442

Vernichtung, Unbrauchbarmachung, Beseitigung eines gesetzwidrigen Zustandes und Verfallerklärung stehen im Sinne der §§ 430 bis 441 der Einziehung gleich.

1. In § 430 a. F. (jetzt § 440) war das selbständige Verfahren vorgesehen für die Fälle, in denen nach § 42 a. F. StGB oder nach anderen gesetzlichen Vorschriften auf Einziehung, Vernichtung oder Unbrauchbarmachung selbständig erkannt werden kann. An diese Vorschrift knüpft § 442 an, indem er für die Anwendung der §§ 430 bis 441 die in § 442 genannten Nebenfolgen der Einziehung gleichstellt. Den Kreis der über die Einziehung hinaus in Betracht kommenden Nebenfolgen umschreibt § 442 in Anlehnung an §§ 407 Abs. 2, 413 Abs. 2 („Vernichtung, Unbrauchbarmachung, Verfallerklärung“). Wegen dieser Begriffe vgl. die Anm. zu § 407. Außerdem ist als der Einziehung gleichstehende Nebenfolge die Beseitigung eines gesetzwidrigen Zustandes angeführt (vgl. z. B. § 30 WZG). Nicht genannt ist die Einziehung des *Wertersatzes*. Sie kann im subjektiven Strafverfahren gemäß § 40 c Abs. 1 StGB nur gegen den Täter oder Teilnehmer angeordnet werden, wenn ihm der Gegenstand zur Zeit der Tat gehörte oder zustand und er dessen Einziehung durch Verwertungs- oder Vereitelungsmaßnahmen unmöglich machte; Rechte Dritter werden dadurch, daß dem Täter (Teilnehmer) die Zahlung eines Geldbetrages auferlegt wird, nicht berührt. Soweit nach § 40 c Abs. 2 StGB die Einziehung von Wertersatz auch neben der Einziehung eines mit Rechten Dritter belasteten Gegenstandes möglich ist, gelten für die Einziehung des Gegenstandes selbst die §§ 430 ff. unmittelbar. Im übrigen ist die Einziehung des Wertersatzes, soweit sie verfahrensrechtlich in Betracht kommt, in §§ 430, 431 Abs. 3, 440 Abs. 1 berücksichtigt.

2. Auch bei der **Verfallerklärung** von Gegenständen kommen als Einziehungsbeteiligte nur die in § 431 Abs. 1 Satz 1 Nr. 1, 2 bezeichneten Personen in Betracht. Daher kann, wenn bei Bestechung des Angestellten eines geschäftlichen Betriebes gemäß § 12 Abs. 3 UWG über den Verfall der empfangenen Bestechungsvorteile an den Staat zu entscheiden ist, nicht die Beteiligung des Geschäftsherrn angeordnet werden, da der Geschäftsherr an den Bestechungsvorteilen kein Eigentum erworben hat, und sein schuldrechtlicher Anspruch gemäß § 667 BGB auf Herausgabe der Vorteile gegen den Angestellten kein Recht am Einziehungsgegenstand – vgl. Anm. IV 2 d zu § 431 – darstellt (BGHSt. 20 210 = MDR 1965 675).

§ 443

(1) Das im Geltungsbereich dieses Gesetzes befindliche Vermögen eines Beschuldigten, gegen den wegen eines Verbrechens nach den §§ 81 bis 83 Abs. 1, §§ 94, 96 Abs. 1, §§ 97 a oder 100 des Strafgesetzbuches die öffentliche Klage erhoben oder Haftbefehl erlassen worden ist, kann mit Beschlag belegt werden. Die Beschlagnahme umfaßt auch das Vermögen, das dem Beschuldigten später zufällt. Sie wirkt, wenn sie nicht vorher aufgehoben wird, bis zur rechtskräftigen Beendigung des Verfahrens.

(2) Die Beschlagnahme wird durch den Richter angeordnet. Bei Gefahr im Verzug kann die Staatsanwaltschaft die Beschlagnahme vorläufig anordnen; die vorläufige Anordnung tritt außer Kraft, wenn sie nicht binnen drei Tagen vom Richter bestätigt wird.

(3) Die Vorschriften der §§ 291 bis 293 gelten entsprechend.

1. **Zur Entstehungsgeschichte:** § 443 (früher § 433) lautete ursprünglich: „Auf die im § 93 des Strafgesetzbuchs vorgesehene Beschlagnahme des Vermögens eines Beschuldigten finden die Bestimmungen der §§ 291 bis 293 entsprechende Anwendung.“ Danach waren die Voraussetzungen einer Vermögensbeschlagnahme bei Hoch- und Landesverrat im StGB geregelt; § 433 beschränkte sich auf die Regelung des Verfahrens bei der Beschlagnahme. Durch das Ges. vom 24. 4. 1934 (RGBl. I 341) wurde § 93 StGB aufgehoben; § 433 erhielt eine neue Fassung, die inhaltlich der heute geltenden entspricht. Die jetzige Fassung beruht auf Art. 4 Nr. 7 des 1. Strafrechtsänderungsges. v. 30. 8. 1951 (BGBl. I 739) und Art. 3 Nr. 9 des 8. Strafrechtsänderungsges. v. 25. 6. 1968 (BGBl. I 741).

2. **Grundgedanke.** Nach § 94 StPO können nur Gegenstände beschlagnahmt werden, die als Beweismittel von Bedeutung sein können oder der Einziehung unterliegen. Die §§ 283, 284, 290 erweitern die Beschlagnahmevoraussetzungen im *Verfahren gegen Abwesende*. Nach §§ 283, 284 können zur Deckung der den Angeschuldigten möglicherweise treffenden höchsten Geldstrafe und der Verfahrenskosten einzelne Vermögensgegenstände, und, wenn eine solche Deckung nicht ausführbar erscheint, sein ganzes im Bereich der inländischen Gerichtsbarkeit befindliches Vermögen mit Beschlag belegt werden. Nach § 290 ist – als Mittel zur Erzwingung der Gestellung – die Vermögensbeschlagnahme auch zulässig, wenn die öffentliche Klage erhoben ist und Gründe vorliegen, die den Erlaß eines Haftbefehls rechtfertigen würden (vgl. Anm. 1 zu §§ 290–294). Demgegenüber setzt § 443 nicht voraus, daß der Beschuldigte abwesend ist. Der Zweck der Vermögensbeschlagnahme ist hier also ein anderer als in §§ 284, 290: sie ist eine **Sicherungsmaßnahme**; sie soll bei einem schwerster Straftaten gegen den Staat Beschuldigten verhindern, daß er sein Vermögen während des Strafverfahrens zu weiteren einschlägigen Straftaten verwendet oder anderen zu diesem Zweck überläßt (BGHSt. 19 1 = MDR **1963** 43; EbSchmidt 3); sie soll, so gesehen, den Beschuldigten „unschädlich machen“. Ebenso wie die Vermögensbeschlagnahme nach § 290 entfällt, wenn feststeht, daß mit ihrer Hilfe die Gestellung des Abwesenden vor Gericht nicht erzwungen werden kann (vgl. Anm. 1 zu §§ 290–294), ist auch eine Beschlagnahme nach § 443 ausgeschlossen, wenn die Gefahr, der § 443 begegnen will, aus anderen Gründen nicht besteht.

3. **Verfahren.** Die Beschlagnahme setzt voraus, daß wegen eines der in Abs. 1 bezeichneten Verbrechen entweder die öffentliche Klage (durch Antrag auf Voruntersuchung, EbSchmidt 4) erhoben oder ein Haftbefehl erlassen ist.

a) Die Beschlagnahme steht im **Ermessen des Gerichts.** Zuständig ist der jeweils mit der Sache befaßte Richter, also im vorbereitenden Verfahren der Amtsrichter (§§ 162, 165) oder der Ermittlungsrichter des Oberlandesgerichts oder Bundesgerichtshofs (§ 168 a), in der Voruntersuchung der Untersuchungsrichter (vgl. dazu Anm. II 1 zu § 98), sonst das jeweils zuständige Gericht.

b) Der Beschlagnahmebeschluß ist gemäß §§ 443 Abs. 3, 291 **im Bundesanzeiger bekanntzumachen** und erlangt mit der ersten Bekanntmachung im Bundesanzeiger die in § 292 beschriebene Wirkung. Da aber – anders als im Fall der §§ 284, 290 – der Beschuldigte nicht notwendig abwesend ist, ist ihm unabhängig von der Bekanntmachung im Bundesanzeiger der Beschluß nach dem Grundsatz des § 35 (mit Gründen versehen, § 34) bekanntzumachen, soweit dies ausführbar und – vgl. § 101 – ohne Gefährdung des Zwecks der Maßnahme möglich ist (ebenso Müller-Sax 5 a). Eine solche Bekanntmachung hat nicht die mit der ersten Bekanntmachung im Bundesanzeiger verbundene Wirkung, daß Verfügungen des Beschuldigten unter Lebenden schlechthin nichtig sind – absolutes gesetzliches Veräußerungsverbot i. S. des § 134 BGB (vgl. Anm. 1 zu § 292) –, sondern setzt, ebenso wie die Beschlagnahme nach § 94, nur ein relatives Veräußerungsverbot nach § 135 BGB in Wirksamkeit.

c) Gegen den Beschlagnahmebeschluß findet einfache Beschwerde nach § 304 statt; vgl. dazu §§ 120 Abs. 3, 135 Abs. 2GVG.

4. Bei **Gefahr im Verzug** (vgl. Anm. II 2 zu § 98) kann die Staatsanwaltschaft – aber nicht ihre Hilfsbeamten i. S. des § 152 GVG – die Beschlagnahme vorläufig anordnen; die Voraussetzungen des § 443 Abs. 1 müssen auch hier gegeben sein. Auch die vorläufige Anordnung ist, soweit ausführbar und angemessen, dem Beschuldigten bekanntzugeben, wie dies in § 101 für die vorläufige Postbeschlagnahme und die vorläufige Anordnung der Überwachung des Fernmeldeverkehrs durch die Staatsanwaltschaft vorgeschrieben ist. Wie dort (vgl. §§ 100 Abs. 2, 100 b Abs. 1) tritt die vorläufige Anordnung ipso iure außer Kraft, wenn sie nicht binnen 3 Tagen vom Richter bestätigt wird. Die Dreitagefrist rechnet, wie anzunehmen, von der vollen rechtlichen Wirksamkeit der Beschlagnahme, also von der ersten Bekanntmachung im Bundesanzeiger ab. Denn auch die vorläufige Anordnung, die mit der formlosen Bestätigung durch den Richter die Bedeutung einer von vornherein durch den Richter angeordneten Beschlagnahme erlangt, ist im Bundesanzeiger bekanntzumachen, während es einer entsprechenden Bekanntmachung der Bestätigung nicht bedarf (**a. M.** Müller-Sax 5 b). Art. 70 Ziff. 236 EG StGB-Entwurf 1930 (dort § 433 a Abs. 2 StPO), auf dessen Vorschlägen § 433 Abs. 2 Satz 2 beruht, wollte dies klarstellen, indem er die Bekanntmachung des Beschlusses über die Beschlagnahme und ihre Aufhebung und der vorläufigen Anordnung (aber nicht der Bestätigung) im Reichsanzeiger vorsah. Bei der Berechnung der Dreitagefrist wird der Bekanntmachungstag gemäß § 42 nicht mitgerechnet. Zur Wahrung der Frist genügt es, wenn während ihres Laufs das Gericht einen schriftlichen Bestätigungsbeschluß erläßt, für dessen Bekanntgabe an den Beschuldigten das in Anm. 3 b Gesagte gilt. Eine verspätete Bestätigung ist als neue richterliche Beschlagnahme anzusehen.

5. Wegen der Bedeutung der in **Abs. 3** für entsprechend anwendbar erklärten §§ 291 bis 293 im übrigen wird auf die Anmerkungen zu diesen Vorschriften Bezug genommen. Spätestens mit der Rechtskraft der das Verfahren beendigenden Entscheidung endet kraft Gesetzes die Wirkung der Beschlagnahme. Um dies nach außen kundzumachen, bedarf es eines die Beendigung der Beschlagnahme deklaratorisch aussprechenden Beschlusses, der – wie ein vor rechtskräftiger Verfahrensbeendigung gefaßter Aufhebungsbeschluß (§ 293 Abs. 2) – der Bekanntmachung in den Blättern bedarf, in denen der Beschlagnahmebeschluß und die vorläufige Anordnung der Staatsanwaltschaft veröffentlicht wurden.

FÜNFTER ABSCHNITT

Verfahren bei Festsetzung von Geldbußen gegen juristische Personen und Personenvereinigungen

Vorbemerkungen

Der 5. Abschnitt enthielt ursprünglich Vorschriften über das Verfahren gegen Abwesende, die sich der Wehrpflicht entzogen. Nach Wegfall der allgemeinen Wehrpflicht nach dem 1. Weltkrieg wurden in den 5. Abschnitt die „Besonderen Vorschriften für das Verfahren bei militärischen Straftaten, für Strafsachen gegen Angehörige der Reichswehr und für Militärstrafsachen“ eingestellt (i. d. F. der VO v. 22. 3. 1924, RGBl. I 336). Die Wiedereinführung der Militärgerichtsbarkeit i. J. 1933 und die Wiedereinführung der allgemeinen Wehrpflicht führten zu einer Umgestaltung des 5. Abschnitts (Art. 7 des Ges. v. 28. 6. 1935, RGBl. I 844). Nach dem 2. Weltkrieg wurden diese Vorschriften gegenstandslos und fielen bei der Neufassung der StPO durch das Vereinheitlichungsges. v. 12. 9. 1950 (BGBl. 455) weg. Die jetzige Fassung des 5. Abschnitts beruht auf dem EGOWiG v. 24. 5. 1968 (BGBl. I 503).

§ 444

(1) Ist im Strafverfahren als Nebenfolge der Tat des Angeschuldigten über die Festsetzung einer Geldbuße gegen eine juristische Person oder eine Personenvereinigung zu entscheiden (§ 26 des Gesetzes über Ordnungswidrigkeiten), so ordnet das Gericht deren Beteiligung an dem Verfahren an, soweit es die Tat betrifft. § 431 Abs. 4, 5 gilt entsprechend.

(2) Die juristische Person oder die Personenvereinigung wird zur Hauptverhandlung geladen; bleibt ihr Vertreter ohne genügende Entschuldigung aus, so kann ohne sie verhandelt werden. Für ihre Verfahrensbeteiligung gelten im übrigen die §§ 432 bis 434, 435 Abs. 2, 3 Nr. 1, § 436 Abs. 2, 4, § 437 Abs. 1 bis 3, § 438 Abs. 1 und, soweit nur über ihren Einspruch zu entscheiden ist, § 441 Abs. 2, 3 sinngemäß.

(3) Für das selbständige Verfahren gelten die §§ 440, 441 Abs. 1 bis 3 sinngemäß. Örtlich zuständig ist auch das Gericht, in dessen Bezirk die juristische Person oder die Personenvereinigung ihren Sitz oder eine Zweigniederlassung hat.

I. Die Bedeutung des § 444 im allgemeinen

1. § 444 regelt die verfahrensrechtliche Durchführung des § 26 OWiG, der bestimmt:

„(1) Hat jemand als vertretungsberechtigtes Organ einer juristischen Person oder als Mitglied eines solchen Organs, als Vorstand eines nicht rechtsfähigen Vereins oder als Mitglied eines solchen Vorstandes oder als vertretungsberechtigter Gesellschafter einer Personenhandelsgesellschaft eine Straftat oder eine Ordnungswidrigkeit begangen, durch die

1. Pflichten, welche die juristische Person oder die Personenvereinigung treffen, verletzt worden sind, oder
2. die juristische Person oder die Personenvereinigung bereichert worden ist oder werden sollte,

so kann gegen diese als Nebenfolge der Straftat oder Ordnungswidrigkeit eine Geldbuße festgesetzt werden.

(2) Die Geldbuße beträgt

1. im Falle einer vorsätzlichen Straftat bis zu hunderttausend Deutsche Mark,
2. im Falle einer fahrlässigen Straftat bis zu fünfzigtausend Deutsche Mark

. . . (betr. das Höchstmaß der Geldbuße im Falle einer Ordnungswidrigkeit).

(3) § 13 Abs. 4 und § 14 gelten entsprechend.

(4) Kann wegen der Straftat oder Ordnungswidrigkeit aus tatsächlichen Gründen keine bestimmte Person verfolgt oder verurteilt oder eine Geldbuße gegen eine bestimmte Person nicht festgesetzt werden, so kann gegen die juristische Person oder die Personenvereinigung eine Geldbuße selbständig festgesetzt werden, wenn die Voraussetzungen des Abs. 1 im übrigen vorliegen. Dasselbe gilt, wenn das Gericht von Strafe absieht oder das Verfahren nach einer Vorschrift eingestellt wird, die dies nach dem Ermessen der Verfolgungsbehörde oder des Gerichts oder im Einvernehmen beider zuläßt."

2. Nach § 26 OWiG kann also, wenn jemand als Organ (Organmitglied) einer juristischen Person, als Vorstand (Vorstandsmitglied) eines nicht rechtsfähigen Vereins (§ 54 BGB) oder als vertretungsberechtigter Gesellschafter einer Personenhandelsgesellschaft (OHG, §§ 105 ff. HGB; Kommanditgesellschaft, §§ 161 ff. HGB) eine Straftat der in § 26 bezeichneten Art begangen hat, als *Nebenfolge* der von der natürlichen Person (dem Organ usw.) begangenen Straftat gegen die juristische Person oder Personenvereinigung selbst eine Geldbuße (ggf. auch selbständig) festgesetzt werden. Mit der Charakterisierung dieser Geldbuße als *Nebenfolge* des Handelns der natürlichen Person sollte das dogmatische Bedenken ausgeräumt (oder beschwichtigt) werden, daß die juristische Person oder Personenvereinigung, obwohl sie nicht als „Handelnder" im Sinne sanktionsbewehrter Vorschriften anzusehen ist, strafähnlichen Maßnahmen ausgesetzt ist.

3. Eine ähnliche Form der Anordnung strafähnlicher Maßnahmen gegen eine juristische Person oder Personenvereinigung als Nebenfolge der Straftat des Organs der juristischen Person oder des Vertretungsberechtigten einer Personenvereinigung sieht § 42 StGB vor. Danach kann in den Fällen der §§ 40 Abs. 2 Nr. 1, Abs. 4, 40 a StGB eine Sache im Eigentum der juristischen Person usw. oder ein ihr zustehendes Recht eingezogen, die juristische Person usw. zum Wertersatz (§ 40 c StGB) herangezogen und ihr die Entschädigung wegen Entziehung oder Beeinträchtigung ihrer Drittrechte (§ 41 c Abs. 2 StGB) versagt werden, wenn dem Organ (Vertreter) gegenüber, wäre er Eigentümer der Sache oder Rechtsinhaber, die Einziehung des Gegenstandes oder des Wertersatzes oder die Versagung der Entschädigung zulässig wäre. Dies geschieht durch die Konstruktion, daß die Handlung der natürlichen Person des Vertreters der vertretenen juristischen Person usw. „zugerechnet"

wird. Auch die Konstruktion der „Zurechnung" trägt dem dogmatischen Bedenken Rechnung, daß der Vertretene selbst nicht handeln und daher die Tatfolge nicht unmittelbar gegen ihn festgesetzt werden, sondern ihn nur als Nebenfolge der Straftat der natürlichen Person (des Organs oder Vertreters) treffen kann.

4. a) **Der legislative Grund,** die Festsetzung einer Geldbuße gegen die juristische Person usw. (den „Verband") als Nebenfolge der Straftat des Organs (Vertreters) zuzulassen, ist der gleiche wie bei der „Zurechnung" nach § 42 b StGB. Er wird darin gesehen, daß zwar Kriminalgeldstrafen gegen den Verband nicht in Betracht kämen, daß es aber grundsätzlich zulässig sei und einem unabweislichen praktischen Bedürfnis entspreche, wenigstens strafähnliche Sanktionen vermögensrechtlicher Art gegen den Verband verhängen zu können, wenn seine Organe bei seiner Vertretung gegen sanktionsbewehrte Vorschriften verstoßen. Andernfalls würde dem Verband eine dem Gleichbehandlungsgrundsatz zuwiderlaufende Vorzugsstellung gegenüber dem Einzelunternehmer bei vergleichbaren Gesetzesverstößen eingeräumt. Denn der Einzelunternehmer werde mit einer Sanktion unter Berücksichtigung des Wertes seines Unternehmens belegt, während bei dem Verband, wenn nur das Organ in Anspruch genommen werden könnte, die Höhe der Sanktion sich nach dessen persönlichen und wirtschaftlichen Verhältnissen richten müßte und die hiernach zulässige Strafe in keinem angemessenen Verhältnis zur Tragweite der Tat stehe (vgl. Göhler [2] Vorbem. 3, 4 vor § 26 OWiG und LK = Schäfer Rdn. 1 ff. zu § 42 BGB).

b) Im Schrifttum (vgl. Jescheck Allg. T. 156) wird die Lösung des § 26 OWiG als verfehlt bezeichnet, weil auch die Geldbuße — wie die Strafe — Verschulden voraussetze. Als Ausweichmöglichkeit wird Gewinnabschöpfung beim Verband durch entsprechende Ausgestaltung der Einziehungs- oder Verfahrensvorschriften vorgeschlagen. Diesen Reformbestrebungen trägt die Neuregelung des Verfalls (vgl. insbes. § 73 Abs. 3) in dem am 1. 10. 1973 in Kraft tretenden Allg. Teil des StGB i. d. F. des 2. Strafrechtsreformges. v. 9. 7. 1969 (BGBl. I 717) Rechnung, doch werden dadurch nicht alle Fälle erfaßt, in denen § 26 OWiG eine Sanktion gegen den „Verband" als Folge einer Straftat des Organs zuläßt.

5. a) Wenn im Strafverfahren gegen das Organ (Vertreter) über die mit Wirkung gegen die juristische Person (Personenvereinigung) gemäß § 42 StGB zugelassene Einziehung zu entscheiden ist, bedurfte es wegen der Beteiligung der juristischen Person (Personenvereinigung) am Strafverfahren — von § 431 Abs. 3 (vgl. dort Anm. VIII) abgesehen — keiner besonderen Vorschriften. Die Festsetzung einer Geldbuße gemäß § 26 OWiG ist an sich wesensverschieden von einer Einziehung nach § 42 StGB. Denn hier wird in einem Strafverfahren gegen einen bestimmten Angeklagten zugleich *gegen* die juristische Person (Personenvereinigung), obwohl das Strafverfahren sich nicht gegen sie richtet, eine Sanktion ergriffen, während bei einer Einziehung, mag sie auch einen Dritten treffen, der Ausspruch der Einziehung gegen den Angeschuldigten gerichtet ist. Die juristische Person usw. ist danach, weil eine unmittelbar gegen sie gerichtete Sanktion in Frage steht, prozessual in einer Lage, die der eines Angeschuldigten ähnlich ist; der Grundsatz des rechtlichen Gehörs verlangt, daß ihr im Strafverfahren eine Stellung eingeräumt wird, die dieser besonderen Lage Rechnung trägt. Da das Gesetz aber sowohl die die juristische Person (Personenvereinigung) kraft „Zurechnung" treffende Einziehung wie auch die Festsetzung der Geldbuße als Nebenfolgen der Straftat der natürlichen Person ansieht, haben beide Fälle gemeinsam, daß auch die Entscheidung über die Nebenfolge der Bußgeldfestsetzung grundsätzlich (vorbehaltlich des § 444 Abs. 3) *einheitlich* mit der Entscheidung über die Straftat getroffen wird. § 444 hat deshalb die Beteiligung der juristischen Person (Personenvereinigung) am Strafverfahren gegen das Organ (Vertreter) in enger Anlehnung an die Vorschriften über das Verfahren bei der Einziehung geregelt.

b) Der Unterschied zwischen den beiden Nebenfolgen zwingt aber dazu, daß im subjektiven Verfahren gegen das Organ (Vertreter) die Geldbuße gegen die juristische Person (Personenvereinigung) nur festgesetzt werden darf, wenn letztere am Verfahren beteiligt wird. Das verlangt einmal der legislatorische Zweck des § 26 OWiG, wonach Grund und Höhe der Geldbuße gegen die juristische Person usw. davon abhängen, daß eine nach den persönlichen und wirtschaftlichen Verhältnissen der natürlichen Person (des Organs, Vertreters) bemessene Strafe allein in keinem angemessenen Verhältnis zur Tragweite der Tat steht. Wenn so die Strafe gegen die natürliche Person und die Geldbuße gegen den vertretenen Verband sich gewissermaßen zusammengefaßt als *die* angemessene Sanktion darstellen, müssen beide Komponenten in *einem* Strafzumessungsakt aufeinander abgestimmt werden. Die gleichzeitige Entscheidung über Strafe und Geldbuße wird ferner auch durch den Grundsatz ne bis in idem (Art. 103 Abs. 3 GG) gefordert, denn in denjenigen Fällen, in denen das Organ an dem Kapital des vertretenen „Verbandes" beteiligt ist – wie insbesondere bei der Ein-Mann-GmbH – könnte eine von der Bestrafung des Vertreters zeitlich getrennte Bußgeldfestsetzung gegen den Vertretenen einer grundgesetzwidrigen Doppelbestrafung mindestens nahekommen (vgl. Göhler [2] 3 zu § 26 OWiG). Endlich zwingen auch prozeßökonomische Gesichtspunkte (Vermeidung von Doppelarbeit und Ausschliessung der Gefahr widersprechender Entscheidungen) zu der Forderung, daß über die Folgen, die sich aus dem gleichen Sachverhalt gegen die natürliche Person des Vertreters und die vertretene juristische Person oder Personenvereinigung ergeben, in ein und demselben Verfahren entschieden wird.

c) Alle diese Gesichtspunkte schließen aus, daß eine Geldbuße gegen die juristische Person (Personenvereinigung) festgesetzt wird, wenn sie nicht am Strafverfahren gegen die natürliche Person des Organs oder Vertreters beteiligt ist. Bei der Regelung der Beteiligung der juristischen Person (Personenvereinigung) am Strafverfahren in Anlehnung an die Vorschriften über die Beteiligung Drittberechtigter im Strafverfahren, in dem über die Einziehung zu entscheiden ist, mußten deshalb diejenigen die Einziehung betreffenden Vorschriften ausgeschieden werden, die mit dem Grundsatz unvereinbar sind, daß die Festsetzung einer Geldbuße ohne Verfahrensbeteiligung ausgeschlossen ist, wie z. B. die Abs. 2, 6 und 7 des § 431.

6. Wie § 444 für das Strafverfahren, so enthält § 88 OWiG ergänzende verfahrensrechtliche Vorschriften für den Fall, daß im *Bußgeldverfahren* als Nebenfolge der Ordnungswidrigkeit einer natürlichen Person (Organs, Vertreters) eine Geldbuße gegen eine juristische Person oder eine Personenvereinigung festgesetzt wird.

7. Eine Erläuterung der Begriffsmerkmale des § 26 OWiG im einzelnen ist nicht Sache der Erläuterungen zu § 444; insoweit muß auf die Erläuterungswerke zum OWiG und, soweit die gleichen Begriffsmerkmale in § 42 StGB verwendet werden, auf die Erläuterungswerke zum StGB verwiesen werden.

II. Die Beteiligungsanordnung (zu Absatz 1)

1. Abs. 1 trifft die Vorschriften über die Anordnung der Verfahrensbeteiligung (Voraussetzungen, Form, Anfechtbarkeit usw.), die denjenigen für die Beteiligung bei der Einziehung in § 431 entsprechen. Dies geschieht teils durch selbständige Vorschriften, die mit Berücksichtigung der unterschiedlichen Verfahrenslage Vorschriften des § 431 nachgebildet sind (§ 444 Abs. 1 Satz 1), teils durch Verweisung auf bestimmte Vorschriften des § 431 als entsprechend anwendbar (§ 444 Abs. 1 Satz 2).

2. § 444 Abs. 1 **Satz 1** ist dem § 431 Abs. 1 Satz 1 nachgebildet. Aus der Verwendung des Begriffs *„Angeschuldigter"* ergibt sich auch hier, daß die Verfahrensbeteiligung der juristischen Person oder Personenvereinigung erst angeordnet werden kann, wenn gegen die natürliche Person (Organ, Organmitglied, Vertreter) die öffentliche Klage erhoben ist (§ 157). Im Strafbefehlsverfahren (vgl. § 407 Abs. 2 Nr. 1) steht der öffentlichen Klage der Antrag auf Erlaß des Strafbefehls gleich, in dem auch auf Geldbuße gegen die juristische Person oder Personenvereinigung angetragen wird.

3. Die Anordnung der Verfahrensbeteiligung erfolgt, wenn über die Festsetzung einer Geldbuße **„zu entscheiden ist"**. Dies ist der Fall, wenn a) die Voraussetzung des § 26 OWiG *wahrscheinlich* vorliegen (vgl. Anm. III 3 b zu § 431), und b) die Festsetzung einer Geldbuße, die in das gerichtliche Ermessen gestellt ist („kann") nicht unwahrscheinlich ist („in Betracht kommt", so – neutral – Göhler [2] 2 zu § 88 OWiG; zu der abweichenden Auffassung von Kl [30] 3 A und EbSchmidt NachtrBd. II Rz. 7, die verlangen, daß die Festsetzung der Geldbuße „zu erwarten" ist, vgl. Anm. III 3 b, bb, 5 zu § 431. S. auch unten Anm. II 6 e).

4. Mit der Anordnung wird die juristische Person oder Personenvereinigung Verfahrensbeteiligte des Strafverfahren, **„soweit es die Tat betrifft"**, d. h. die Tat des Organs, derentwegen über die Festsetzung einer Geldbuße gegen sie zu entscheiden ist. Das ist von Bedeutung, wenn das Verfahren gegen das Organ wegen mehrerer Taten betrieben wird und nur eine oder einzelne i. S. des § 26 OWiG die Grundlage für die Festsetzung einer Geldbuße gegen die juristische Person (Personenvereinigung) bilden können.

5. § 444 **Abs. 1 Satz** 2 erklärt die Abs. 4 und 5 des § 431 für entsprechend anwendbar. Von § 431 **Abs.** 5 ist dessen Satz 1 (Unanfechtbarkeit des die Verfahrensbeteiligung anordnenden Beschlusses) in vollem Umfang anwendbar. In § 431 Abs. 5 Satz 2 sind die Worte „oder eine Anordnung nach Abs. 2 getroffen" gegenstandslos, da § 431 Abs. 2 im Verfahren nach § 444 unanwendbar ist (vgl. unten Anm. 6 b). Im übrigen besagt die entsprechende Anwendung des § 431 Abs. 5 Satz 2 lediglich, daß die Staatsanwaltschaft gegen eine die Verfahrensbeteiligung ablehnende Entscheidung sofortige Beschwerde einlegen kann.

a) Die **juristische Person** (Personenvereinigung) wird durch eine solche ablehnende Entscheidung **nicht beschwert** und ist daher nicht beschwerdeberechtigt, da nach dem Sinn des § 444 eine Geldbuße gegen die juristische Person (Personenvereinigung) nur festgesetzt werden darf, wenn sie am Verfahren beteiligt worden ist (oben Anm. I 5). Wird aber — abgesehen von dem Fall der Festsetzung der Geldbuße durch Strafbefehl, in dem die Festsetzung der Geldbuße zeitlich mit der Anordnung der Verfahrensbeteiligung zusammenfallen kann — die Geldbuße unzulässigerweise durch Urteil festgesetzt, ohne daß vorher die Verfahrensbeteiligung angeordnet ist, so bleibt der juristischen Person (Personenvereinigung) der Weg, das Urteil anzufechten; eine nachträgliche Erwehrung in einem Nachtragsverfahren nach Art des § 439 kommt nicht in Betracht (vgl. unten Anm. IV 6). Man hat dann konstruktiv entweder im Urteil den stillschweigenden (aber verspäteten) Ausspruch der Beteiligungsanordnung zu sehen, der der juristischen Person (Personenvereinigung) wenigstens die Möglichkeit eröffnet, als Verfahrensbeteiligte das Urteil anzufechten (so Göhler [2] 2 zu § 88 OWiG), oder muß sich zu dem Grundsatz bekennen, daß auch ein Nichtverfahrensbeteiligter eine gegen ihn gerichtete Entscheidung anfechten kann, die nur gegen einen Verfahrensbeteiligten ergehen durfte. Die Frist zur Anfechtung beginnt dann erst mit der Zustellung der Entscheidung; vorher kann die Entscheidung der juristischen Person (Personenvereinigung) gegenüber nicht rechtskräftig werden.

b) Der **Staatsanwaltschaft** ist das Recht der sofortigen Beschwerde aus prozeßökonomischen Gründen eingeräumt. Bestünde nämlich Abs. 5 Satz 2 nicht, so würde sie (vgl. § 305) das Urteil selbst mit der Begründung anfechten können, das Gericht habe zu Unrecht die Festsetzung einer Geldbuße gegen die juristische Person (Personenvereinigung) nicht in Betracht gezogen und von deren Beteiligung abgesehen (Begr. S. 83).

6. Indem § 444 Abs. 1 Satz 2 nur bestimmte Vorschriften des § 431 für anwendbar erklärt, ist damit zum Ausdruck gebracht, daß die übrigen Vorschriften des § 431 unanwendbar sind.

a) § 431 **Absatz 1 Satz** 2, 3 sind unanwendbar. Der Grundsatz des rechtlichen Gehörs verlangt, daß die juristische Person (Personenvereinigung), gegen die eine Geldbuße, wenn auch als Nebenfolge der Straftat der natürlichen Person, festgesetzt werden kann, am Verfahren beteiligt wird; ist die Beteiligung „nicht ausführbar", so scheidet die Festsetzung einer Geldbuße aus.

b) Eine Beschränkung der Beteiligung entsprechend § 431 **Abs.** 2 ist ausgeschlossen. Denn da materiellrechtlich die Begehung einer **Straftat** durch die natürliche Person Voraussetzung für die Festsetzung eine Geldbuße ist, besteht der Sinn der Verfahrensbeteiligung ja gerade darin, der juristischen Person (PersVereinigung) die Beteiligung zur Frage der Schuld des Angeschuldigten zu ermöglichen.

c) § 431 **Absatz** 6 ist unanwendbar. Denn mit der gesetzgeberischen Konzeption, daß die Anordnung der Verfahrensbeteiligung zwingend geboten ist, wenn über die Festsetzung einer Geldbuße gegen die jur. Person (PersVereinigung) zu entscheiden ist, wäre es unvereinbar, wenn das Gericht auf Grund einer Erklärung, keine Einwendungen gegen die Festsetzung einer Geldbuße erheben zu wollen, von einer Anordnung der Verfahrensbeteiligung absehen oder die getroffene Anordnung wieder aufheben müßte, gleichwohl aber eine Geldbuße festsetzen könnte. Es steht danach zwar im Belieben der jur. Person (PersVereinigung), in welchem Umfang sie von den Befugnissen Gebrauch machen will, die ihr durch die Anordnung der Verfahrensbeteiligung erwachsen, jedoch ist eine dem § 431 Abs. 6 entsprechende Erklärung rechtlich bedeutungslos und würde die jur. Person (PersVereinigung) nicht hindern, das Urteil, in dem eine Geldbuße festgesetzt ist, wegen unterlassener Anordnung der Verfahrensbeteiligung anzufechten, auch wenn die Anordnung im Hinblick auf ihre vorangegangene Erklärung unterblieben war.

d) Den § 431 Absatz 7 für entsprechend anwendbar zu erklären, wurde für entbehrlich angesehen, „weil es bei der Festsetzung der Geldbuße gegen juristische Personen oder Personenvereinigungen selten vorkommen wird, daß die Verfahrensbeteiligung den Ablauf des Verfahrens hemmt. Kommt es aber zu einer verspäteten Verfahrensbeteiligung, so muß das Verfahren in der Regel unterbrochen und wiederholt werden, weil dann die Frage der Geldbuße gegen die juristische Person oder Personenvereinigung meist den Schwerpunkt des Verfahrens bilden wird" (Begr. S. 83).

e) Schließlich hat das Gesetz davon abgesehen, den § 430 für entsprechend anwendbar zu erklären, weil es, wie die Begr. (S. 83) ausführt, einer Regelung, die Festsetzung der Geldbuße unter bestimmten Voraussetzungen aus dem Verfahren auszuscheiden, nicht bedürfe. „Dabei kann" — so heißt es aaO. — „dahingestellt sein, ob sich diese Regelung schon wegen des Opportunitätsprinzips erübrigt, das auch für die Festsetzung einer Geldbuße gegen juristische Personen und Personenvereinigungen gilt (vgl. § 26 OWiG „kann"). Auf eine dem § 430 entsprechende Vorschrift kann jedenfalls deswegen verzichtet werden, weil die Verfahrenslage bei der Festsetzung einer Geldbuße eine andere ist als bei der Entscheidung über die Einziehung. Hier kann das Verfahren besonders dadurch erschwert werden, daß u. U. mehrere Personen wegen ihres angeblichen Rechts an dem Einziehungsgegenstand die Beteiligung an dem Verfahren erzwingen und dann dessen Ablauf verzögern können. Schon die Aufklärung der Rechtsverhältnisse an dem Einziehungsgegenstand kann einen erheblichen Verfahrensaufwand erfordern. Soweit das Verfahren dagegen die Geldbuße gegen juristische Personen oder Personenvereinigungen betrifft, ist das Gericht nicht gezwungen, mehrere Personen zu beteiligen und deren Rechtsverhältnisse zu dem Täter aufzuklären. Es beteiligt die juristische Person oder Personenvereinigung auch nicht auf deren Drängen, sondern weil sich die Rechtsfolge der Geldbuße gerade gegen sie richtet. Ihre Beteiligung wird danach im allgemeinen das Verfahren nicht unnötig erschweren. Es wird im übrigen auch selten sein, daß die Geldbuße gegen juristische Personen (Personenvereinigungen) im Vergleich zu den anderen Rechtsfolgen der Tat nur ein unwesentlicher Nebenpunkt ist. Denn sie bezweckt ja gerade, ein angemessenes Verhältnis zwischen der Tragweite der Tat und den Rechtsfolgen hierfür herzustellen, weil die nach den persönlichen und wirtschaftlichen Verhältnissen des Täters zu bemessende Strafe oft unzureichend sein wird. Es wird danach kaum in Betracht kommen, die Rechtsfolge der Geldbuße gegen juristische Personen oder Personenvereinigungen aus dem Verfahren auszuscheiden."

Diese Ausführungen tragen die Entschließung des Gesetzgebers, von einer Verweisung auf § 430 abzusehen. Eine dem § 430 entsprechende Ausscheidung der Geldbußefestsetzung in geeigneten Fällen ermöglicht aber das Opportunitätsprinzip (§ 26 OWiG „kann"). Die Staatsanwaltschaft kann bei Anklageerhebung von einem Antrag auf Festsetzung einer Geldbuße absehen, wenn nach ihrer Auffassung keine Umstände vorliegen, die dem Gericht Veranlassung geben, die Festsetzung einer Geldbuße in Erwägung zu ziehen (vgl. Anm. II 3b zu § 431). Das Gericht kann „ausscheiden", indem es die Beteiligung nicht anordnet („ablehnt"); dagegen kann die Staatsanwaltschaft sofortige Beschwerde einlegen (§ 431 Abs. 5). Ist die Beteiligung angeordnet, so kann das Gericht den Anordnungsbeschluß aufheben, wenn es in Ausübung seines Ermessens eine Geldbuße nicht mehr in Erwägung zieht; es ist dann nicht mehr über die Festsetzung einer Geldbuße „zu entscheiden". Gegen einen solchen Beschluß, der eine „Ablehnung" der Verfahrensbeteiligung darstellt, kann die Staatsanwaltschaft sofortige Beschwerde einlegen. Ist die „Ablehnung" rechtskräftig, so scheidet die juristische Person (Personenvereinigung) aus dem Verfahren aus; damit wird die Festsetzung einer Geldbuße ausgeschlossen. In der Hauptverhandlung kommt aber eine solche Form des Ausscheidens praktisch nur mit Zustimmung der Staatsanwaltschaft in Betracht, da ihr sonst in diesem Stadium des Verfahrens die Möglichkeit sofortiger Beschwerde gegen den Ablehnungsbeschluß genommen ist; es muß daher bei verweigerter Zustimmung im Urteil über die Festsetzung der Geldbuße entschieden werden.

III. Die Verfahrensbeteiligung (zu Absatz 2)

1. Abs. 2 regelt die Verfahrensbeteiligung in Anlehnung an die entsprechenden bei der Einziehung geltenden Vorschriften. Dabei trifft Satz 1 selbständige, von § 435 Abs. 1 und § 436 Abs. 1 abweichende Regelungen. Satz 2 zählt die entsprechend anwendbaren Vorschriften des Verfahrens bei Einziehungen auf.

2. Im **Ermittlungsverfahren** ist **§ 432** sinngemäß anzuwenden. Im Sinn des Abs. 1 Satz 1 des § 432 sind diejenigen Personen zu hören, die im Rechtsleben die juristische Person oder Personenvereinigung repräsentieren, wenn das als Beschuldigter in Betracht kommende Organ, Organmitglied usw. weggedacht wird. Für die Vernehmung dieser Personen gilt § 432 Abs. 2, wenn sie erklären, Einwendungen gegen die Festsetzung einer Geldbuße vorbringen zu wollen. Ob bei einer Mehrheit von Vertretungsberechtigten die Anhörung *eines* Vertretungsberechtigten genügt, richtet sich nach den Umständen des Falles. Die Einschränkung in Abs. 1 Satz 1 des § 432 „wenn dies ausführbar erscheint" hat praktisch kaum Bedeutung; bei den juristischen Personen kommt, wenn der Angeklagte der einzige Vertreter ist, eine Vertreterbestellung nach § 29 BGB in Betracht; bei den Personenvereinigungen obliegt die Vertretung den übrigen Mitgliedern der Vereinigung. Im übrigen bietet § 434 Abs. 2 eine Handhabe, um die Rechte der juristischen Person (Personenvereinigung) wahrnehmen zu lassen. Abs. 1 Satz 2 des § 432 ist ohne Bedeutung, da § 431 Abs. 1 Satz 3 im Verfahren nach § 444 unanwendbar ist.

3. Vom Eingang der Anklageschrift an kann die Beteiligung angeordnet werden. Angeordnet wird die Beteiligung der juristischen Person oder Personenvereinigung als solcher, nicht etwa die Beteiligung bestimmter Personen, die als Vertreter der juristischen Person (Personenvereinigung) im Verfahren zur Wahrnehmung ihrer Beteiligungsbefugnisse in Betracht kommen. Im Sinn des *§ 433 Abs. 1* ist Verfahrensbeteiligter danach die juristische Person (Personenvereinigung) als solche; die Ausübung der ihr nach § 433 Abs. 1 zustehenden Befugnisse ist Sache derjenigen natürlichen Personen, die nach den gesetzlichen, satzungsmäßigen oder innerorganisatorischen Vorschriften die juristische Person (Personenvereinigung) im Rechtsleben vertreten, wenn und soweit das Organ, gegen das sich das Strafverfahren richtet, an der Vertretung verhindert ist. Im Sinn des **§ 433 Abs. 2** ist aber, wie sich aus § 444 Abs. 2 Satz 1 Halbsatz 2 ergibt, Verfahrensbeteiligter, dessen persönliches Erscheinen erzwungen werden kann, wenn er ohne genügende Entschuldigung ausbleibt, diejenige natürliche Person, die bei Verhinderung des angeklagten Organs (Vertreters) vertretungsberechtigt ist. § 434 ist anwendbar (s. oben III 2).

4. a) Unanwendbar ist **§ 435 Absatz 1**, wonach der Einziehungsbeteiligte von der Hauptverhandlung lediglich Terminsnachricht erhält, aber nicht geladen wird, und **§ 436 Abs. 1**, wonach ohne den Einziehungsbeteiligten verhandelt werden kann, wenn er trotz ordnungsmäßiger Terminsnachricht ausbleibt. Nach § 444 Abs. 2 Satz 1 wird die juristische Person (Personenvereinigung) vielmehr zum Hauptverhandlungstermin geladen, und ohne sie kann nur verhandelt werden, wenn ihr Vertreter **ohne genügende Entschuldigung** ausbleibt. Damit trägt das Gesetz der Tatsache Rechnung, daß die juristische Person (Personenvereinigung), weil die Geldbuße **gegen sie** festgesetzt werden kann, sich prozessual in einer Lage befindet, die der eines Angeklagten ähnlich ist. Die Ladung muß den sinngemäß anwendbaren Vorschriften des § 435 Abs. 2 und Abs. 3 Nr. 1 entsprechen, d. h. es sind die Anklageschrift mit dem für die Frage der Festsetzung einer Geldbuße bedeutsamen Inhalt, in den Fällen des § 207 Abs. 2, soweit die Änderung auch die Frage der Festsetzung einer Geldbuße betrifft, auch der Eröffnungsbeschluß mitzuteilen, und es ist darauf hinzuweisen, daß auch ohne die juristische Person (Personenvereinigung) verhandelt werden kann, wenn ihr Vertreter ohne genügende Entschuldigung ausbleibt. Bei einer Ersatzzustellung ist das Verbot nach § 37 StPO i. Verb. mit § 185 ZPO zu beachten: i. S. des § 185 ZPO ist das angeklagte

Organ (Vertreter) „Gegner" der juristischen Person (Personenvereinigung), an die die Zustellung erfolgen soll (vgl. Anm. 5 e zu § 37). Anders als bei der Terminsnachricht nach § 435 Abs. 1 (vgl. dort Anm. II 4) ist hier die Ladungsfrist des § 217 zu beachten. § 436 Abs. 1 Satz 2 betr. Unanwendbarkeit des § 235 findet im Fall des § 444 keine Anwendung, denn § 436 Abs. 1 Satz 2 hat zur Voraussetzung, daß im Verfahren zur Einziehung auch dann ohne den Einziehungsbeteiligten verhandelt werden kann, wenn sein Ausbleiben entschuldigt ist, während § 444 Abs. 2 Satz 1 eine Verhandlung ohne die juristische Person (Personenvereinigung) nur zuläßt, wenn ihr Vertreter ohne genügende Entschuldigung ausbleibt.

b) Aus dem Wortlaut des § 444 Abs. 2 Satz 1 Halbsatz 2 „bleibt **ihr** Vertreter" (Singular) kann nicht entnommen werden, daß es bei einer **Mehrheit von Vertretungsberechtigten** nach der Auffassung des Gesetzes genüge, wenn nur **ein** Vertreter geladen oder in der Hauptverhandlung gehört wird. Die mehreren Vertretungsberechtigten können sich allerdings, soweit nicht gesetzliche Vorschriften entgegenstehen (vgl. §§ 27 Abs. 2, 664 BGB), darauf einigen, daß dem Gericht gegenüber nur *eine* Person als Vertreter auftritt. Es liegt aber nicht im Ermessen des Gerichts, sich etwa, wenn von dem aus 3 Personen bestehenden Vorstand einer juristischen Person einer der Angeklagte ist, auf die Anhörung eines der beiden verbliebenen Vorstandsmitglieder zu beschränken. Der Fall entschuldigten Ausbleibens liegt dann vielmehr auch vor, wenn zwar das eine Vorstandsmitglied unentschuldigt ausbleibt, das Ausbleiben des anderen aber genügend entschuldigt ist. Der Grundsatz des § 28 Abs. 2 BGB, daß bei Willenserklärungen, die der juristischen Person gegenüber abzugeben sind, die Abgabe gegenüber einem Vorstandsmitglied genügt, verträgt keine entsprechende Anwendung auf den Fall der Beteiligung der juristischen Person am Strafverfahren gemäß § 444.

c) Über entschuldigtes Ausbleiben vgl. Anm. 2 zu § 412. Erscheinen eines Bevollmächtigten (§ 434) schließt unentschuldigtes Ausbleiben aus.

5. a) Von den **übrigen Vorschriften des** § 436 ist Abs. 3 unanwendbar, da Entschädigungsansprüche (§ 41 c Abs. 2, 3 StGB) nicht in Betracht kommen. Anwendbar ist dagegen kraft ausdrücklicher Verweisung **§ 436 Abs. 2.** Diese Regelung, von EbSchmidt NachtrBd. II Rz. 16 als eigenartig, unsachgemäß und verfehlt kritisiert, erklärt sich daraus, daß gemäß § 78 Abs. 1 OWiG im gerichtlichen Bußgeldverfahren gegen eine natürliche Person das Gericht den Umfang der Beweisaufnahme – unbeschadet des § 244 Abs. 2 StPO – (nach pflichtmäßigem Ermessen) bestimmt. Der der Verweisung in § 444 Abs. 2 Satz 2 auf § 436 Abs. 2 zugrunde liegende gesetzgeberische Gedanke ist also, daß zwar die Beteiligung der juristischen Person (Personenvereinigung) am Strafverfahren, soweit es sich um die Frage der Schuld des angeklagten Organs (Vertreters) handelt, nicht ausgeschlossen wird (§ 431 Abs. 2 also keine Anwendung findet), daß aber hinsichtlich der Schuld der natürlichen Person (des Organs), sofern sie durch „Zurechnung" die Grundlage für die Festsetzung der Geldbuße gegen die juristische Person bildet, das Gericht über den Umfang der Beweisaufnahme in gleicher Weise nach pflichtgemäßem Ermessen und ohne Bindung an § 244 Abs. 3 bis 6 befindet wie in den Fällen, in denen die Festsetzung einer Geldbuße gegen eine natürliche Person wegen einer Ordnungswidrigkeit Gegenstand des Verfahrens ist. Darüber, daß schon aus § 244 Abs. 2 ein Verbot der Vorwegnahme des Beweisergebnisses zu folgern ist, vgl. Anm. II 3 zu § 436.

b) Ferner ist **§ 436 Absatz 4** für anwendbar erklärt. Da das Urteil, soweit es eine Geldbuße gegen die juristische Person festsetzt, ihr gegenüber als Vollstreckungstitel dienen soll (vgl. § 449, §§ 89, 91 OWiG, § 87 StVollstrO), muß im Tenor die juristische Person (Personenvereinigung) genau unter Angabe von Namen, Anschrift der Vertretungsberechtigten und des Prozeßbevollmächtigten (§ 434) bezeichnet werden.

IV. Rechtsmittel, Rechtsbehelfe

1. Hinsichtlich der Anfechtung des eine Geldbuße festsetzenden **Urteils** verweist § 444 Abs. 2 Satz 2 auf die sinngemäß anwendbaren Vorschriften in § 437 Abs. 1 bis 3. Einer Erörterung bedarf nur die Verweisung auf § 437 Abs. 1. Kraft der *sinngemäßen* Anwendung

des § 437 Abs. 1 ist die Vorschrift etwa dahin zu lesen: „Im Rechtsmittelverfahren erstreckt sich die Prüfung, ob die gegen die juristische Person (Personenvereinigung) festgesetzte Geldbuße gerechtfertigt ist, auf den Schuldspruch des angefochtenen Urteil gegen das Organ nur . . ." Demgegenüber führt Kl [30] 7 B aus: „Hat die jur. Person oder Personenvereinigung die Anordnung *als solche (nicht nur die Höhe der* Geldbuße) angefochten, so erstreckt sich die Nachprüfung auch auf den Schuldausspruch, wenn sie im vorausgegangenen Verfahren zu diesem ohne ihr Verschulden nicht gehört worden ist und gegen ihn Einwendungen erhebt." Diese Ausführungen sind offenbar dahin zu verstehen, daß eine Nachprüfung des Schuldspruchs mit den Beschränkungen des Abs. 1 ohne weiteres ausscheide, wenn die jur. Person (Personenvereinigung) nicht die Festsetzung einer Geldbuße überhaupt, sondern nur ihre Höhe anficht. Indessen kann der Angriff gegen die Höhe der Geldbuße auch einen Angriff auf die Schuldfestellungen darstellen. Das gilt jedenfalls dann, wenn das Urteil in der Annahme einer vorsätzlichen Straftat auf eine Geldbuße von mehr als 50 000 DM lautet und die Berufung sich gegen die Höhe der Geldbuße mit der Begründung richtet, daß das Organ (Vertreter) lediglich eine fahrlässige Straftat begangen habe (vgl. § 26 Abs. 2 OWiG). Aber auch innerhalb des gesetzlichen Rahmens der Geldbuße kann die Bemessung verschieden hoch ausfallen, je nachdem ob das Gericht eine vorsätzliche oder eine fahrlässige Straftat des Organs als gegeben ansieht. Ganz allgemein soll sich ja nach der gesetzgeberischen Grundkonzeption die Höhe der Geldbuße gegen die juristische Person (Personenvereinigung) danach orientieren, wie die von dem Organ (Vertreter) begangene Tat bewertet wird (Göhler [2] 5 zu § 26), und es soll, wenn etwa das Gericht, von einer „altruistischen Handlungsweise" des Organs ausgehend, auf eine geringere Geldstrafe erkennt, eine Geldbuße gegen die juristische Person (Personenvereinigung) in einer Höhe festgesetzt werden können, daß Strafe und Geldbuße zusammen in einem angemessenen Verhältnis zur Tragweite der Tat stehen (vgl. Göhler 4 zu § 26 OWiG und oben Anm. I 5 b). Es kann danach die Bemessung der Höhe der Geldbuße unter verschiedenen Gesichtspunkten von der dem Bereich des Schuldspruchs zugehörigen Würdigung der Handlungsweise des Täters abhängen, und es wird demgemäß § 437 Abs. 1 auch dann anwendbar sein, wenn sich das Rechtsmittel zwar nur gegen die Höhe der Geldbuße richtet, aber auf Gründe gestützt ist, die den Schuldspruch angehen.

2. a) Wird die Geldbuße gegen die juristische Person (Personenvereinigung) **in einem Strafbefehl** festgesetzt (§ 407 Abs. 2 Nr. 1), so ist **§ 438 Abs. 1 Satz 1** sinngemäß anwendbar. § 444 Abs. 2 Satz 2 verweist zwar uneingeschränkt auf § 438 Abs. 1, doch hat dessen Satz 2 keine Bedeutung, denn des bei der Einziehung erforderlichen Hinweises, daß über die Einziehung auch dem Einziehungsbeteiligten gegenüber entschieden werde (vgl. Anm. 4 a, bb zu § 438), bedarf es in abgewandelter Form nicht, da sich ja aus dem Inhalt des Strafbefehls mit voller Deutlichkeit ergibt, daß sich die Festsetzung der Geldbuße gegen die juristische Person (Personenvereinigung) richtet. An die Stelle einer Verweisung auf sinngemäße Anwendung des § 438 Abs. 2 ist eine selbständige und inhaltlich gleichbedeutende Verweisung auf § 441 Abs. 2, 3 getreten.

b) Daraus, daß § 444 Abs. 2 uneingeschränkt auf § 438 Abs. 1 verweist, kann nicht gefolgert werden, daß eine Geldbuße gegen die juristische Person usw. auch durch **Strafverfügung** festgesetzt werden könne (so aber EbSchmidt NachtrBd. II Rz. 18), denn § 413 Abs. 2 läßt – im Gegensatz zur § 407 Abs. 2 Nr. 1 – die Festsetzung einer solchen Nebenfolge durch Strafverfügung nicht zu.

3. § 444 Abs. 2 enthält **keine Verweisung auf § 439**. Ein Nachverfahren kommt nicht in Betracht, da eine Geldbuße immer nur festgesetzt werden darf, wenn die juristische Person (Personenvereinigung) am Verfahren beteiligt wird. Ist die Geldbuße in einer Entscheidung ohne Beteiligung der juristischen Person am Verfahren festgesetzt worden, so bleibt ihr der Weg der Anfechtung der Entscheidung (oben Anm. II 5 a).

V. Festsetzung der Geldbuße im selbständigen Verfahren (zu Absatz 3)

1. Unter den Voraussetzungen des § 26 Abs. 4 OWiG kann gegen die juristische Person (Personenvereinigung) eine Geldbuße **selbständig** festgesetzt werden. Die materiellen Voraussetzungen des § 26 Abs. 4 OWiG sind dem § 41 b Abs. 1, 3 StGB nachgebildet. Inso-

weit kann auf die Ausführungen in Anm. II zu § 440 verwiesen werden. Das selbständige Festsetzungs*verfahren* regelt § 444 Abs. 3 durch Verweisung auf die sinngemäß anwendbaren §§ 440, 441 Abs. 1 bis 3.

2. Danach steht es, wenn wegen einer schuldhaft rechtswidrigen Organtat i. S. des § 26 Abs. 1 keine bestimmte Person verfolgt oder verurteilt werden kann, im pflichtmäßigen Ermessen der Staatsanwaltschaft, die selbständige Festsetzung einer Geldbuße gegen die juristische Person (Personenvereinigung) zu beantragen, wenn die Festsetzung nach dem Ergebnis der Ermittlungen zu erwarten ist (§ 440 Abs. 1). Die sinngemäße Anwendung des § 440 Abs. 2 Satz 1 bedeutet, daß der Antrag auf eine *bestimmte* Geldbuße zu richten ist. Soweit § 440 Abs. 3 für sinngemäß anwendbar erklärt ist, gilt dies nur für diejenigen der dort aufgeführten Vorschriften, die auch im subjektiven Verfahren wegen der Beteiligung der juristischen Person (Personenvereinigung) für anwendbar erklärt sind (§ 444 Abs. 1, 2). Die Verweisung auf § 441 Abs. 1 Satz 3 ist gegenstandslos; statt dessen bestimmt § 444 Abs. 3 Satz 2, daß örtlich zuständig auch das Gericht ist, in dessen Bezirk die juristische Person (Personenvereinigung) ihren Sitz oder eine Zweigniederlassung hat.

3. Da die selbständige Festsetzung der Geldbuße voraussetzt, daß tatsächliche Gründe der Verfolgung oder Verurteilung eines bestimmten Organtäters entgegenstehen, ist die Festsetzung der Geldbuße im selbständigen Verfahren ausgeschlossen, wenn das Organ (Vertreter) aus rechtlichen Gründen nicht verfolgt werden kann (vgl. Anm. II 1 zu § 440). Es muß also festgestellt werden können, daß ein Organ oder Vertreter schuldhaft und rechtswidrig einen Strafbestand der in § 26 Abs. 1 bezeichneten Art verwirklicht hat und keine rechtlichen Verfolgungshindernisse bestehen; jedoch braucht nicht festgestellt zu werden, welche von mehreren in Betracht kommenden Personen der wirkliche Täter ist. S. dazu auch OLG Hamm JR **1971** 383 m. Krit. Anm. Göhler.

4. Wegen der Kosten vgl. § 472 b.

§§ 445 bis 448
(weggefallen)

Kolibri 360 GmbH
Ferdinand-Jühlke-Straße 7
99095 Erfurt, Deutschland
produktsicherheit@kolibri360.de